Eva Stahl **Wolf Dietrich von Salzburg**

Eva Stahl

Wolf Dietrich von Salzburg

Weltmann auf dem Bischofsthron

Biographie

Amalthea

Für den Schutzumschlag wurde ein Kniebild des dreißigjährigen Wolf Dietrich verwendet, das sich im Eigentum des Salzburger Museums Carolino Augusteum befindet.

2. Auflage, 1987

© 1980 by Amalthea Verlag Ges.m.b.H., Wien · München
Alle Rechte vorbehalten
Satz: Ludwig Auer, Donauwörth
Druck und Binden: Wiener Verlag, Himberg bei Wien
Printed in Austria 1987
ISBN 3-85002-230-7

Inhalt

Vorwort und Quellengeschichte 9
Die Familie 21
Der Kardinal 40
Die Vorbereitung 59
Der Schauplatz 81
Die Erfüllung 94
Salome Alt 117
Der Reichstag zu Regensburg 134
Die Angehörigen 176
Das Münster brennt 203
Das »ewige Statut« 239
Das Salz 278
Das letzte Kapitel 316
Silber, Gold und Juwelen 359
Der Prozeß 379
Im Spiegel 421
Tod und Überlebende 437
Anhang 467

»... angewandten vleiss lassen belieben
und die vielleicht fürgeloffene errores
der uralten zeit unrichtigkeit zueschreiben und bedenken«
Johann Steinhauser, um 1610

Wolf Dietrich von Raitenau, 1587 bis 1611 Fürsterzbischof und Landesherr von Salzburg, wurde im Laufe seiner Regierungszeit zur interessantesten Gestalt auf dem Thron des Erzstiftes, ja zu einer der faszinierendsten Erscheinungen des österreichisch-süddeutschen Raumes überhaupt. Sein Schicksal läßt sich an Romantik mit Richard Löwenherz, an selbstverschuldeter Tragik mit Ottokar von Böhmen, an politischem Format mit seinem siegreichen Gegenspieler Maximilian von Wittelsbach, dem ersten Kurfürsten Bayerns, vergleichen. Erst durch ihn wurden die politischen Möglichkeiten des kleinen, geistlich regierten Pufferstaates zwischen Österreich und Bayern ausgeschöpft, nur er benützte seine Reichsunmittelbarkeit zum Eingreifen in die europäische Politik. Als typischer Renaissanceherrscher im aufkommenden Barock gestaltete er sein Privatleben ebenso unbekümmert wie er seine politischen Ambitionen verfolgte. Die lebenslange Verbindung des Erzbischofs mit der schönen Ratsherrntochter Salome Alt rückt ihn uns menschlich näher, gibt aber zugleich seinem Dasein das inkriminierende Moment.

Damit sind jedoch die Facetten dieses ungewöhnlichen Kirchenfürsten keineswegs erschöpft. Vielfach begabt und interessiert betätigte sich Wolf Dietrich als Sammler, Kunstförderer, Bauherr, Stadtplaner, Verwaltungsjurist, theologischer und politischer Schriftsteller, als glänzender Redner und schwieriger Verhandlungspartner. Seinem Großmut, Gerechtigkeitssinn, der hohen Bildung und dem Arbeitsfleiß standen Sprunghaftigkeit, Prunksucht, Jähzorn und ein bis zur Unvernunft gesteigerter Eigenwille gegenüber. Erfolge, welche er mittels glänzender Geistesgaben und durch zielstrebigen Fleiß mühsam errungen hatte, machte er durch Selbstüberschätzung und hemmungsloses Temperament auf tragische Weise zunichte.

Trotz mancher Ansätze kam es bisher zu keiner umfassenden Darstellung dieses einzigartigen Schicksals. Paradoxerweise war es nicht Mangel, sondern eher die überwältigende Fülle des

Stoffes, die eine Verwirklichung biographischer Pläne vereitelte. Die Vielseitigkeit dieses Welt- und Kirchenfürsten, sein Hervortreten auf sachlich wie örtlich weit auseinanderliegenden Gebieten, sein anstößiges Privatleben, die geheimgehaltenen Vorgänge während und nach seiner Verhaftung, Falschmeldungen und Vertuschungsversuche, der unter Ausschluß der Öffentlichkeit in Rom gegen ihn geführte Prozeß, seine zunächst umstrittene Bautätigkeit, ja sogar noch sein Tod und die weisungswidrige Grablegung erzwangen von Geschichtsforschern die Beschränkung auf streng umrissene Einzelthemen. In derartigen Studien mußten schon aus Raummangel die inneren Zusammenhänge, das Vor-, Nach- und Nebenher, Ursachen und Motive außer acht bleiben.

Gerade diese Zusammenhänge aufzuzeigen, der charakterlichen Entwicklung des Salzburger Fürsten ebenso wie den Motiven seiner Handlungsweise nachzuspüren, den Verlauf seines Lebens zu begründen, war daher wesentliches Anliegen meiner Arbeit.

Bei den Nachforschungen dazu erging es mir wie manchem Wünschelrutengänger, dessen eben entdeckte Quelle sich nur als kleiner Ausläufer eines Netzes von Adern erweist, die unterirdisch miteinander verbunden, auseinander gespeist und von einander abhängig sind. Trotz jahrelanger Arbeit an verschiedenen Schauplätzen (Salzburg, Wien, München, Florenz und Hohenems) wäre es schon rein zeitlich nicht möglich gewesen, jeden dieser Fäden bis an seinen Ursprung zu verfolgen. Daher habe ich Sekundärquellen herangezogen, soweit sie sich als verläßlich und belegt erwiesen. Sie sind mit ihren Dokumentationen im Literaturverzeichnis angeführt.

Was die ursprünglichen Quellen betrifft, so stellen die im Salzburger Landesarchiv aufbewahrten Protokolle des Domkapitels, des erzbischöflichen Hofrats, die besonderen Akten des Landesherrn (causae domini) ebenso wie die im Wiener Haus-Hof- und Staatsarchiv enthaltenen Schriften und Dokumente unschätzbare historische Grundlagen und eine ausgezeichnete Kontrollmöglichkeit dar. Dasselbe gilt für dokumentarische und illustrative Stücke in Salzburger und Münchner Museen sowie für die

Privatarchive in Hohenems, Gmünd (Kärnten) und Rasen in Südtirol.

Zu Beginn des 19. Jahrhunderts vollzog sich in Salzburg ein mehrfacher Regierungswechsel. 1803 wurde das Erzstift durch den Reichsdeputationshauptschluß von Regensburg säkularisiert. Das durch die Gebiete von Berchtesgaden, Eichstätt und Passau vergrößerte Land wurde zu einem Kurfürstentum erhoben und einem Bruder des Kaisers Franz II., Ferdinand von der Toskana unterstellt. Doch schon 1805 verließ Ferdinand das von französischen Truppen besetzte Land, das 1806 erstmals an Österreich, ab 1809 an Bayern und im Vertrag von München (14. April 1816) endgültig an Österreich kam. Dieser mehrmalige Wechsel führte dazu, daß außer der Überführung des Salzburger Domschatzes durch Ferdinand nach Florenz auch Dokumente und Schrifttum von den jeweiligen Zentralbehörden angefordert wurden, wobei manches verlorenging.

Das Fleisch zum dokumentarischen Knochengerüst bilden die Annalen von Chronisten, welche teilweise bis heute anonym geblieben sind. Der Name des bedeutendsten von ihnen konnte jedoch ermittelt werden: Im Jahre 1873 gab der Benediktinerpater des Stiftes St. Peter zu Salzburg Willibald Hauthaler eine ausführliche zeitgenössische Chronik nach Sichtung und Vergleich von drei vorliegenden Manuskripten neu heraus und den Verfasser als Johann *Steinhauser*, Sohn einer im 16. Jahrhundert sehr angesehenen Salzburger Kaufmannsfamilie, bekannt.

Der Herausgeber bezeichnete die drei Abschriften – alle von Steinhausers Hand – mit den Buchstaben A, B und C, vereinfachte die Rechtschreibung und teilte die Annalen in Paragraphen. Die Handschrift A trägt folgende Überschrift:

»Das Leben, Regierung und Wandel des hochwürdigsten in Gott, Fürsten und Herrn Herrn Wolff Dietrichen, gewesten Erzbischoven zu Salzburg, Legaten des Stuels zu Rhom etc., fürnemblich aber der denkwürdigsten Sachen, die sich zur Zeit seiner Regierung zuegetragen und verloffen, inmassen hernach zu vernemen.«

Schon aus dem Titel ergibt sich die Datierung, da Steinhauser von dem »gewesten Erzbischoven« spricht. Die Chronik wurde also nach Wolf Dietrichs Resignation des Fürstentums beendet und überschrieben. Der zweiten Fassung hat Steinhauser im Titel die Worte »hoch- und gottseeligister Gedechtnus« eingefügt; sie ist demnach erst nach Wolf Dietrichs Tod im Jänner 1617 abgeschrieben und korrigiert worden. Die Fassung C befindet sich im Salzburger Landesarchiv unter der Signatur Hs 13. Sie stellt einen ergänzten Auszug aus Fassung A dar, dem noch ein Verzeichnis von 55 Gebäuden angefügt ist, welche Wolf Dietrich in seiner Residenzstadt abbrechen ließ, und enthält mehr Einzelheiten über die letzten Regierungsjahre des Erzbischofs. Um es mit Steinhausers eigenen Worten zu sagen: »...was sich zu Anröttung des Hochwürdigisten ... von Anno 1587 bis zu Endte seiner Resignierung des Stiftes de Anno 1612 Dennckwirdiges Zuegetragen wie volgt.«

Die gesamte Chronik ist aus eigener Anschauung, aus Berichten von Augenzeugen und den wenigen offiziellen Informationen, die dem Verfasser zugänglich waren, verantwortungsbewußt zusammengetragen. Obwohl sein Freund und Gönner, der Abt Martin Hattinger, Steinhauser einen »vir literatus«, einen belesenen Mann nennt, verwehren ihm Gutgläubigkeit, entwaffnende Naivität und ein etwas pedantischer Lokalpatriotismus den Blick über das Salzburger Weichbild hinaus. Getreulich registriert er Ereignisse und Maßnahmen in ihrer chronologischen Reihenfolge, vermag aber den Bogen nicht zu spannen, welcher erst sinnvolle Zusammenhänge ergäbe. Bescheiden spricht er von seinen »geringen verstandtskrefften« und erklärt öfters, er wolle das Urteil über die eine oder andere Begebenheit »anderen verstendigeren« überlassen. Dazu kommt, daß er kaum mehr wissen konnte als ein durchschnittlicher Salzburger Bürger. Vorgänge an den Höfen der Großen ihrer Welt erfuhren solche Chronisten nur gelegentlich durch befreundete Beamte, schwatzhafte Reisende oder in Form unverbürgter Gerüchte.

Da war der Kanzler und Protonotar Dr. Johann Baptist *Fickler* schon besser informiert, dessen Chronik, soweit sie Wolf Dietrich betrifft, allerdings nur die Jahre 1587/88 umfaßt. Als Person interessanter, wenn auch bedeutend verschlagener als der geradlinige Steinhauser, hatte es dieser Jurist und Theologe, der seit 1562 am erzbischöflichen Hof zunächst als Sekretär amtierte, unter Wolf Dietrichs Vorgängern schließlich bis zum höchsten Beamten des Hofrats, dem Protonotar gebracht. Als solcher fungierte er auch bei Wolf Dietrichs Wahl und erhoffte sich von dem in Rom jesuitisch erzogenen Raitenauer den Einzug eines scharf gegenreformatorischen Geistes. Da sich diese Hoffnung nicht erfüllte, der selbstbewußte Protonotar und der autokratische Erzbischof auch keine reibungslose Partnerschaft abgaben, nahm er eine Berufung nach München als Prinzenerzieher für den jungen Herzog Maximilian an und verließ Salzburg zu Ende des Jahres 1588, womit auch seine »Salzburgische Chronik« ausklingt.

Diese beiden wichtigsten zeitgenössischen Chronisten werden durch kleinere, anonym gebliebene Arbeiten ergänzt, zum Beispiel eine Chronik, welche im Salzburger Frauenkloster auf dem Nonnberg aufbewahrt wird und möglicherweise von der damaligen Äbtissin selbst verfaßt wurde. Ferner befindet sich in der Bayerischen Staatsbibliothek in München eine Handschrift, von welcher nur bekannt ist, daß sie aus Passau dorthin gelangte. Sie dürfte von einem Wolf Dietrich sehr ergebenen Hofdiener stammen, welcher mit den Räumen der erzbischöflichen Residenz, besonders mit der Küche, wohl vertraut war. Schließlich existiert noch eine Chronik im Thun-Welspergschen Archiv zu Rasen. Alle diese von einfachen Leuten verfaßten Darstellungen illustrieren das Geschehen mit volkstümlichen Details und geben die Stimmung innerhalb der Bevölkerung wieder. Dasselbe gilt für eine weitere zeitgenössische Handschrift, die sich lediglich mit dem Schlachtgetümmel um die Stadt Tittmoning befaßt, welche im Jahre 1611 durch bayrische Truppen eingenommen wurde.

Für die letzte Phase der Regierung des Raitenauers kann weder Fickler herangezogen werden noch Steinhauser, der diese ganze bedeutungsvolle und schwer durchschaubare Periode mit den resignierten Worten abtut, es seien »dergleichen Sachen uns in der Gemain verborgen und ganz unnot zu wissen.«

Glücklicherweise liegt wenigstens für die Zeit vom Oktober

1611 bis zum März des folgenden Jahres die lückenlose Beschreibung eines Insiders vor, der dem ganz kleinen Kreis von Eingeweihten angehört haben muß, welche sich dauernd im Mittelpunkt des Geschehens befanden. Die tagebuchartigen Aufzeichnungen, als deren Verfasser der damalige Hofkanzler Dr. Thomas Perger vermutet wird, tragen die Überschrift:

»Kurtze und summarische Verzaichnung an statt aines Protokolls oder Diary, was vom Jar 1611 und von der Zeit an, da die fürstl. Hoheit Herzog Maximilian in Bayrn sich mitt Kriegsmacht gegen dem Erzstift Salzburg genähert, zwischen derselben unnd ainem hochwirdig Domkapitel zu Salzburg, item mitt dem gewesten Herren Erzbischoffen Wolff Dietrich, in besagten Erzstiffts Stads, Kriegs, unnd Regimentssachen unnderschidlichs unnd in annder weg bis auf nach der dreizehnten Marty vorgenommne wahl yetzig Herren Erzbischoffs, sich verlauffen hatt, wird in ainem unnd annderen aller seits gehandlet unnd fürgenommen ist worden.«

Der Inhalt des »Diariums« ist ebensowenig kurz und summarisch wie die Überschrift. Vielmehr stellt die 112 Großfolioseiten umfassende Schrift die Ereignisse äußerst genau, objektiv und unter Verzicht auf jegliche eigene Stellungnahme dar.

Nur durch dieses Protokoll lassen sich der Ablauf des Geschehens während und nach dem salzburgisch-bayrischen Dreitagekrieg, die Flucht und Gefangennahme des Erzbischofs, zwiespältige Haltung der Domherren, die zweimal vorgenommene Resignation des Bischofsstuhles und die Umtriebe wegen einer Neubesetzung authentisch verfolgen.

Aus dem Tagebuch sind große Zusammenhänge wie etwa Kontakte zwischen Wolf Dietrich und Matthias – seit 1612 Deutscher Kaiser – mit dem Zweck, das Erzstift Österreich zu unterstellen, vielleicht sogar damals schon zu säkularisieren, ebenso zu entnehmen, wie kleine historische Irrtümer, zum Beispiel die durch einen Lesefehler entstandene Angabe der Kinderzahl Wolf Dietrichs und Salomes mit fünfzehn statt richtig mit zehn lebenden Kindern.

Zu bedauern ist nur, daß der Verfasser seine Aufzeichnungen nicht in gleicher Weise fortgeführt hat, denn nach dem Jahre

1612 wurde es um den Gefangenen auf der Feste Hohensalzburg erschreckend still.

Als erster stellte sich Franz *Martin* noch als junger Historiker und Archivar die Aufgabe, diese dunkelste Zeit im Leben des Raitenauers wenigstens einigermaßen zu dokumentieren. Im Jahre 1910 erschien sein Aufsatz »Erzbischof Wolf Dietrichs letzte Lebensjahre« in den Mitteilungen der Gesellschaft für Salzburger Landeskunde, belegt durch Unterlagen der Vatikanischen Archive, wo Martin als Stipendiat gearbeitet hatte. Als menschlichen Gegenpol stellt er der rechtlich umstrittenen Gefangenhaltung des Erzbischofs die Bemühungen seiner Brüder um Freilassung oder wenigstens Hafterleichterung gegenüber. Die Unterlagen hierfür entnahm er hauptsächlich den umfangreichen Korrespondenzen, welche in den Privatarchiven Welsperg und Lodron aufbewahrt sind.

Die Hintergründe der jahrzehntelang schwelenden Salzfehde zwischen Bayern und dem Erzstift, die schließlich zu dem kurzen, aber folgenschweren Krieg zwischen den beiden Ländern führten, sind am vollständigsten den »Halleinischen Saltz Compromiss Schriften« zu entnehmen, einem umfangreichen offiziellen Sammelwerk, welches 1761 erschien und alle auf das Thema bezüglichen Prozeßschriften mitsamt deren Beweisstükken wörtlich abdruckt. Selbstverständlich sind die Texte der Klageschriften und Repliken rein auf den salzburgischen Standpunkt ausgerichtet, der damit vor den Gerichten in München und Wetzlar vertreten werden sollte.

Als erstes Druckwerk, welches Wolf Dietrichs Regierungszeit mit einschließt, erschien 1666, mit vielen Kupferstichen illustriert und ledergebunden, die »Saltzburgische Chronica« des Franz *Dückher*, mit vollem Namen Dückher von Haslau zu Winkl. Der weitgereiste Chronist hatte im Laufe seines Lebens viele höfische Ämter bekleidet und war zuletzt Salzburgischer Jäger- und Oberstwaldmeister. Fünfzig Jahre nach Steinhauser sah er die Ereignisse schon aus einer gewissen Distanz, schreibt als Angehöriger einer höheren Gesellschaftsschicht einen zierlich gedrechselten Stil, nimmt aber bereits in der Vorrede dem Leser jede Hoffnung, durch ihn viel Neues zu erfahren, denn er hat sich eine Art Privatzensur zurechtgelegt und beschlossen, »was nicht rathsam gewest, gegenwehrtiger Zeit vorzulegen und der Nachwelt unvergeßlich zu überlassen, ich lieber mit Stillschweigen gantz vorbey gehen als mit falsch- und schielenden Farben verkleiden wollen.« Angesichts der Hofstellung des Autors mag es klug gewesen sein, sich mit dem Wink zu begnügen. Salome Alt oder der Haß zwischen den Vettern Wolf Dietrich und Marcus Sitticus werden jedenfalls bei ihm mit keinem einzigen Wort erwähnt.

Der Pfarrvikar Felix Adauctus *Haslberger* ist gegenteiliger Ansicht und plädiert in seiner um 1730 verfaßten Chronik für eine schonungslose Bloßstellung: »Ich hielt es für besser, die Fehler mitzuteilen, als sie zu verschweigen«, verkündet er. »Hätten wir geschwiegen, könnte man glauben, es sollten die Fehler dieser Erzbischöfe auf ewig verschwiegen bleiben. Wir bringen sie, um zu zeigen, wie ungeachtet dessen die Erzbischöfe als wahre Reumütige dennoch als Vorbilder gelten können.«

Der erhobene Zeigefinger richtet sich ausschließlich gegen Wolf Dietrich, was Haslberger umso leichter fällt, als er ganz und gar auf Seiten des bayrischen Rivalen steht. »Es rollet kein anderer Tropfen als bayrisches Blut in meinen Adern«, schrieb er und widmete sein lateinisch verfaßtes Werk dem Kurfürsten Karl Theodor von Bayern. An Information bietet die Chronik, welche in vier Großfoliobänden in München steht, nur eine unwesentliche Ergänzung zu Steinhausers Annalen. Sie ist eine der wenigen alten Schriften, welche Salome Alt namentlich erwähnen. Haslberger hat sogar einen – wenig glaubwürdigen – Bericht darüber bereit, wie die nähere Bekanntschaft zwischen dem Erzbischof und der schönen Patrizierstochter zustande gekommen sein soll. (s. Kap. 6).

Dieses Manuskript gelangte ebensowenig zum Druck wie jenes des Autodidakten Joseph Benignus *Schlachtner*, um 1720 in fünf Großfoliobänden vollendet. Davon befinden sich die ersten drei im HHSTA in Wien, die beiden letzten, in welchen der Ära Wolf Dietrichs beinahe 100 Seiten gewidmet sind, im Salzburger Landesarchiv. Der Verfasser gab dem Werk den anspruchsvollen Titel

16

»Historisch-geographisch-chronologisch- und genealogische Beschreibung des hohen Erzstiftes Salzburg«,
drückt sich überhaupt gerne etwas hochtrabend aus, während
ihm, wie er selbst sagt, »Gewandtheit und Zierligkeit« fehlen.
Manchmal durfte der ehemalige Bäckergeselle Dokumente des
Domkapitels als Unterlagen benutzen. Obwohl er die Schuld an
der Zuspitzung des salzburgisch-bayerischen Konflikts ausschließlich Wolf Dietrich zuschiebt, bemüht er sich um Gerechtigkeit und rügt, daß die Gemeinde stets geneigt sei, »den Purpur
mit Lasterflecken zu yberstreuen«. Protestantische Geschichts-
schreiber in Deutschland hätten von Salzburg geschrieben, »als
wann der Blinde von der Farb redet«. Das hätte ihn selbst zum
Schreiben veranlaßt, sagt er, der als erster versöhnliche Worte
für Salome findet.
Auf diesen frühesten Quellen fußen alle späteren Berichte und
Beschreibungen. Hier ist vor allem die um 1800 verfaßte »Chronik von Salzburg« des Juristen und Königlich Bayrischen Hofra-
tes Judas Thaddäus *Zauner* zu nennen, der wohl die Annalen
Steinhausers, nicht aber dessen Namen kannte. Er benutzt
schon die wissenschaftliche Methode kritischer Prüfung und
Dokumentierung. Einige Unterlagen gibt er entweder im Text
oder als Anhang in vollem Wortlaut wieder. Nach seinem Tod
führte der Benediktinerpater Corbinian *Gärtner* die Chronik
fort. Gerade für die Zeit Wolf Dietrichs überschneiden sich die
Arbeiten dieser beiden verläßlichen Berichterstatter. Gärtner ist
übrigens einer der wenigen Verfechter der Annahme, daß Wolf
Dietrich vor seiner Bischofswahl, also noch bevor er die höheren
Weihen nahm, eine heimliche Ehe mit Salome Alt eingegangen
sei.
Ungefähr zur gleichen Zeit, 1793, erschien in Salzburg eine ganz
anders geartete, aber ebenfalls aufschlußreiche Arbeit, nämlich
Lorenz *Hübners* »Beschreibung der hochfürstlich-erzbischöfli-
chen Residenzstadt Salzburg und ihrer Gegenden, vorzüglich für
Ausländer und Reisende«. Es handelt sich dabei um eine Art
Fremdenführer, der über Bevölkerung, Landschaft, Bauwerke
und Verwaltungsstruktur des Erzstiftes Auskunft gibt, daneben
aber auch Lebensweise, Volkssitten und besondere Gebräuche

wie die Zeremonien von Bischofsweihe und feierlichem Einritt neuer Landesfürsten schildert. Als lokale Geschichtswerke habe ich die Abhandlungen von F. V. *Zillner* und Hans *Widmann* verwendet, die lange Zeiträume umfassen, für bayrische Informationen die nach Originaldokumenten erstellte, aber leider nicht mit Quellenangaben versehene, überaus weitschweifige »Geschichte Maximilians I. und seiner Zeit« von P. Ph. *Wolf*. Quellen von offenkundiger Einseitigkeit und Unverläßlichkeit wie die »Salzburger Landesgeschichte« von G. A. *Pichler*, der nur den heimischen Standpunkt, oder das kleine Werk von Karl *Mayr-Dèisinger* über Wolf Dietrich, der ausschließlich die bayrische Version gelten läßt, zitiere ich nur, sofern sie zusätzliche Einzelheiten über anderweitig belegte Fakten enthalten.

Um die Mitte des vorigen Jahrhunderts sammelte der nacheinander in salzburgischen, ober- und niederösterreichischen Diensten stehende Hofrat Josef *Felner* alle ihm zugänglichen Unterlagen über die Person des Raitenauers, so daß angenommen werden muß, er habe eine Gesamtbiographie geplant. Er kopierte eine Unzahl von Archivdokumenten, und aus seinem Nachlaß gelangten die Abschriften in das Salzburger Landesarchiv, wo das Konvolut unter der Bezeichnung »Codex Diplomaticus, die Geschichte der Regierung, Abdankung und Verlassenschaft des Fürst Erzbischofs Wolf Dietrich mit Familiennachrichten der Frau Salome Alt von Altenau, größtentheils gesammelt aus dem Haus-, Hof- und Staatsarchiv zu Wien in den Jahren 1845–46« aufbewahrt wird.

In Österreich, an das Salzburg zu Beginn des 19. Jahrhunderts fiel, bildete der habsburgische Klerikalismus keinen guten Nährboden für die Befassung mit einer extravaganten geistlichen Person, und selbst noch anfangs des 20. Jahrhunderts wurde das Thema als heißes Eisen empfunden. Nach seiner ersten Arbeit über Wolf Dietrichs letzte Lebensjahre befaßte sich Franz *Martin* mit weiteren Lebensabschnitten Wolf Dietrichs, bis der Tod 1950 seiner Forschungsarbeit ein Ende setzte. Interessante Einzelheiten über Wolf Dietrichs Vorfahren sind den Veröffentlichungen von Ludwig *Welti* über die Familie Hohenems zu entnehmen. Im Hegau arbeiteten die Archivare F. *Götz* und A. *Beck* eine vorzüglich ausgestattete und belegte Geschichte des Schlosses Langenstein aus, Wolf Dietrichs Zuhause während seiner Jugendjahre, das er zu einem ansehnlichen Familiensitz ausgestaltete.

Über die in Florenz befindlichen Meisterwerke des Salzburger Domschatzes, die hauptsächlich unter Wolf Dietrichs Regierungszeit entstanden, schrieben Johannes *Moy* (1967) und Richard *Pittioni* (1970). Die Dissertationsarbeit von Wilfried *Keplinger* über Wolf Dietrichs eigenhändige Schriften, welche sich im Staatsarchiv in Wien befinden, wirft neue Lichter auf die umstrittene Person des Erzbischofs.

Am längsten ließ die Würdigung von Wolf Dietrichs stadtplanerischer Tätigkeit auf sich warten. Erst in letzter Zeit wird immer häufiger und immer entschiedener die Meinung ausgesprochen, gerade dies sei die wertvollste und dauerhafteste Hinterlassenschaft des Fürsten für sein Erzstift gewesen, ohne Wolf Dietrich hätte das heutige Salzburg niemals Gestalt annehmen können. Grundlegende Untersuchungen zu diesem Thema wurden von Richard *Schlegel* durchgeführt, die Ergebnisse 1952 veröffentlicht und historisch wie bautechnisch belegt.

Der erste Dank, diese Biographie ermöglicht zu haben, muß also von Rechts wegen allen jenen gelten, ohne deren Fachkenntnisse, wissenschaftliches Interesse und Hingabe an selbstgestellte Aufgaben ich am Detail gestrandet wäre. Schon die Überprüfung bereits ausgeforschten Materials, Vergleich und Koordination, vor allem aber das Aufspüren der zum Verständnis des Geschehens überaus wichtigen Interdependenzen erforderte eine Arbeitszeit von mehr als sechs Jahren. Ebenso zu Dank verpflichtet fühle ich mich aber allen, die mich bei meiner Arbeit tatkräftig unterstützt haben, vor allem den Leitern des Salzburger Landesarchivs Dr. Friederike Zaisberger und Hofrat Dr. Franz Pagitz. Besondere Hinweise über Wolf Dietrichs Grabstätte verdanke ich ihrem Restaurator Architekt Conrad Dorn. Aufrichtigen Dank möchte ich Dr. Brigitta Zessner-Spitzenberg (ÖNB) für unermüdliche Quellenbeschaffung, und Univ.-Prof. Dr. Robert

Kann sowie Dr. Michael Neider für die Ermutigung aussprechen, die ich als Juristin, welche sich auf historisches Gebiet
wagt, bei dieser Arbeit nötig hatte.

Dr. Eva Stahl-Botstiber

ZUR NEUAUFLAGE 1987

Nach Jahrhunderten kontroversieller Beurteilung läßt das Land
Salzburg dem wohl bedeutendsten seiner Erzbischöfe und Landesfürsten in einer groß angelegten Ausstellung zum 400. Jahre
nach seinem Regierungsantritt durch sachliche Darstellung Gerechtigkeit widerfahren.
Sicherlich bedurfte es eines zeitlichen Abstandes, aber auch ver-
änderter Mentalität, um nicht nur die Abbrüche, sondern auch
die Stadtplanung, nicht nur die Widersetzlichkeit, sondern auch
das politische Konzept, nicht nur das Konkubinat, sondern auch
die menschliche Beziehung vorurteilslos zu erfassen und anzuerkennen.
Der nun endlich der Öffentlichkeit in der vollen Schönheit seiner Stiegenaufgänge und Prunksäle zugängliche Residenzneubau
Wolf Dietrichs gibt eine Vorstellung von seinen stadtplaneri-
schen Ideen, die Freilegung seines kleinen Privatbadezimmers
mit gewölbter, kunstvoll verfliester Decke sowie die Auffindung
einer Abfallgrube für Küchenmüll mit ihren Ton- und Glas-
scherben, Tierskeletten und Austernschalen bieten neue an-
schauliche Details vom täglichen Leben bei Hof um die Wende
des 16./17. Jahrhunderts. Exponate aus halb Europa kommen bei
der Landesausstellung 1987 erstmals wieder an der Stätte ihres
Ursprunges zusammen und illustrieren Tatbestände wie Vorgänge, denen die überarbeitete Neuauflage dieses Buches Rechnung trägt.
Die Faszination, die von diesem ebenso kreativen wie selbstzer-
störerischen Fürsten ausgeht, wächst mit dem Interesse, das wir
ihm entgegenbringen. Ich habe mich bemüht, etwas davon in
dieser Lebensbeschreibung einzufangen.

1. KAPITEL

Die Familie

Man schreibt Montag den 18. Oktober 1587 und es reg-
net in Salzburg. Dennoch herrschen festliche Stimmung und lebhaftes Treiben in den engen Gassen und
auf den kleinen Plätzen der Stadt. Ganz besonders um den Stra-
ßenzug, welcher von der Kaigasse zu dem wuchtigen romanischen Münster führt, drängt sich schon seit dem frühen Morgen
eine schaulustige Menge, denn auf diesem Weg soll heute der
neue Landesherr seinen Einzug halten, Erzbischof und weltlicher Landesfürst in einer Person.
Die Häuser sind mit Fahnen, bunten Tüchern und den letzten
Herbstblumen geschmückt, oben am Berg stehen alle Kanonen
zum Abfeuern der Salutschüsse bereit und der Bürgermeister
begibt sich an der Spitze einer Deputation von Stadtverordneten
mit den traditionellen Ehrengeschenken – zwei feisten Ochsen,
deren Hörner vergoldet waren, einigen mit süßem Wein gefüllten Fässern und einem wertvollen Stück silbernen Tafelge-
schirrs – zum südlichen Stadttor, um dort den Erwählten und
Gesalbten zu empfangen, in zeremoniellen Ansprachen zu be-
grüßen und ihm die Schlüssel der Stadt zu überreichen.
Zu gleicher Zeit ist das kleine, außerhalb der Stadtmauern im
breiten Nonntal gelegene Wasserschlößchen Freisaal Schauplatz
ergänzenden Tuns. Dort nämlich formt sich der Zug, welcher
den neuen Herrn zur Stadt geleiten soll, an die 500 Berittene von
Adel und hoher Geistlichkeit, vom Fußvolk ganz zu schweigen.
Den Brauch, auf solch pompöse Art in die neue Residenz einzu-
reiten, haben die Salzburger Erzbischöfe schon Jahrhunderte zuvor den deutschen Königen abgeschaut. Seit mehr als 400 Jahren
darf jeder Souverän des Erzstiftes den Purpur tragen, ohne daß er
eigens zum Kardinal kreiert sein müßte, den Titel ›Legat des
Heiligen Stuhls‹ führen und sich ein Kreuz an hohem Stab vorantragen lassen; all das eindrucksvolle Beweise seiner bedeuten-
den hierarchischen Stellung als Primas von Deutschland. Daher

ist auch der dunkeläugige junge Edelmann, der auf weißem Zelter in tadelloser Haltung den Mittelpunkt des vornehmen Zuges bildet, in das leuchtende Rot der päpstlichen Legaten und Kardinäle gekleidet. Die edlen Herren des Salzburger Domkapitels haben ihn zu ihrem Erzbischof erwählt, der Papst das bestätigende Consecratur erteilt, und nun steht er im Begriff, mittels des traditionellen Einritts Stadt und Land »in die possession zu nehmen.« Sein Name ist Wolf Dietrich von Raitenau.

Anders als den meisten Erfolggekrönten war dem Junker Derartiges sehr wohl an der Wiege gesungen worden. Schon während seiner Kindheit hatte die Familie begonnen, eine Karriere für den ältesten und begabtesten von neun Kindern des Reiterobristen Hanns Werner von Raitenau und dessen Gemahlin Helena, geborene von Hohenems, zu planen und vorzubereiten. Die beste Ausbildung und jede nur mögliche Förderung wurden ihm zuteil. Der ehrgeizige Jüngling hatte alle in ihn gesetzten Hoffnungen noch übertroffen und das Ziel vielfacher Bemühungen früher erreicht, als man füglich erwarten konnte.

Die Familiengeschichte derer von Raitenau[1] und von Hohenems erweist sich als recht typisch für erfolgreiche Adelsgeschlechter der ausklingenden Renaissance: erfüllt von ebenso konsequentem wie skrupellosem Streben nach Macht, Einfluß, Schätzen und Ämtern, von Konvenienzehen, Prachtentfaltung, Nepotismus, Intrigen und raffinierter gegenseitiger Hilfestellung. Die Mentalität dieser Umgebung, in welcher Wolf Dietrich von Raitenau nicht nur wurzelte und heranwuchs, sondern der er auch seine Leitbilder entnahm, und der er mit ausgeprägtem Familiensinn zeitlebens eng verbunden blieb, formten seinen Charakter wie seine Neigungen so nachhaltig, daß sie weitgehend zur Erklärung seiner persönlichen Entwicklung und späteren Handlungsweise herangezogen werden können. Wünsche, Pläne und Ziele des nachmaligen Erzbischofs lassen sich vielfach aus solchen Jugendeinflüssen ableiten, begründen und sollten auch im Hinblick auf sie beurteilt werden.

Die Raitenauer, ein altes Geschlecht, doch von niederem Adel und ohne Landbesitz, wanderten um das 13. Jahrhundert aus

Graubünden ostwärts in Richtung der österreichischen Vorlande. Ihr Brot fanden sie entweder als Kriegsleute im Dienste der Klöster St. Gallen oder Lindau, der Grafen von Montfort in Feldkirch und der Habsburger, oder sie stellten Äbte und Äbtissinnen kleinerer Klöster – ähnlich wie die Hohenemser, bevor diesen der Coup mit der Mediciheirat gelang. Da die Familie kein Eigengut besaß, erbte Hanns Werner nach dem Tod seines Vaters nur eines der beiden kleinen Lehen, welche der Raitenauer innegehabt hatte: die dem Kloster St. Gallen gehörige Herrschaft Lochau. Im Jahre 1542 bezog er für kurze Zeit und ohne nachweisbaren Erfolg die Universität Freiburg, wandte sich aber bald nach Art seiner Vorfahren dem Kriegshandwerk zu. Beinahe dreißigjährig heiratete er in die damals schon prominente und wohlhabende Familie Hohenems ein, doch verstand er es nicht, diesen Glücksfall entsprechend zu nützen, der ihm die Tore zur großen Welt, zu Kaiserhof und Papsttum hätte öffnen können. Die Hohenemser[2] nämlich, die sich auch von Ems oder Altemps in den verschiedensten Schreibweisen nannten, hatten schon seit den Staufenkaisern die Reichsburg Ems zu Lehen und vergrößerten ihren Besitz durch weitere Verleihungen und durch Zukauf. Darüber gerieten sie zeitweise sogar in Interessenkollisionen mit den ebenfalls expansionslüsternen Habsburgern. Im Kampf gegen die aufmüpfigen Schweizer verbündete man sich jedoch wieder. Die Schlacht bei Sempach fand die Emser an der Seite derer von der Habichtsburg, was trotz des Mißerfolges mit Lehen und Vogteien in Vorarlberg, den damaligen »österreichischen Vorlanden« vergolten wurde. Von da an blieben besonders diejenigen Hohenemser, die sich der Kriegsführung verschrieben hatten, stets auf der Seite der Habsburger, ob es nun die österreichische oder die spanische Linie war. Sie fuhren nicht schlecht dabei.

Schon Wolf Dietrichs Urgroßvater, Merk Sittich von Hohenems, war wegen seines Mutes, seiner Ausdauer und seines Geschicks im Anwerben von Söldnerscharen ein bei den kriegführenden Herren angesehener Haudegen gewesen, der seine Offizierslaufbahn auch fortsetzte, als sein Vetter Bischof von Konstanz wurde und ihm die zum Bistum gehörige Vogtei Meersburg verlieh. Ebensoviel Gefallen an den Raufhändeln, welchen die damaligen Kriege noch harmlos ähnelten, fand sein jüngster Sohn, der 1507 geborene Wolf Dietrich, ein rothaariger, nicht allzu kräftiger, dafür aber recht rabiater Bursche. Als Siebzehnjähriger diente er den Kaiserlichen in der Lombardei bereits im Rang eines Hauptmanns, doch zeigte er sich den Strapazen des Krieges nicht voll gewachsen. Jedenfalls schrieb sein Schwager heim, Wolf Dietrich von Hohenems sei »nit vast stark« und es wäre besser, er würde »von Stund an hinausziehen, wenn es mit Ehren möchte sein«.

Das geschah auch. Während der Hohenemser rekonvaleszent in der Stadt Mailand lag, eilte der robustere Vater Merk noch rechtzeitig herbei, um dem Kleinkrieg eine günstige Wende zu geben und half mit, die Franzosen in die Flucht zu schlagen. In Anerkennung seiner Erfolge erhielt er eine Soldaufbesserung auf 300 Gulden monatlich, eine damals beachtliche Löhnung. Der Sohn knüpfte indessen fern vom Schlachtgetümmel die Bekanntschaft mit den Brüdern Medici und mit deren Schwester Chiara an.

Diese Mailänder Medici waren eine unbedeutende Seitenlinie, manche behaupten, nur Namensvettern der großen Florentiner und im Gegensatz zu diesen reich nur an Kindern. Bernardino de Medici besaß deren zehn, von welchen außer der Tochter Chiara noch die älteren Brüder Gian Giacomo und Gian Angelo große Bedeutung für die Hohenemser gewannen. Diese jungen Männer hatten von ihren Eltern ebensowenig zu erwarten wie von den reichen Verwandten in Florenz und mußten sich ihre Berufsausbildung selbst verschaffen. Gian Angelo hungerte sich zunächst in Pavia und Bologna durch das Studium der Jurisprudenz, bevor er sich dem geistlichen Stand zuwendete, der ungeduldigere und zu jeder Gewalttat geneigte Gian Giacomo hingegen wollte sein Glück als *condottiere*, als abenteuernder Söldnerführer versuchen.

Die erste urkundliche Quelle einer Verbindung zwischen denen von Hohenems und den milanesischen Medici ist ein Brief Gian Giacomos, datiert vom 8. August 1528[3]. Der Medicäer, dem seine *condottas* bereits die Felsenburg Musso am Comersee eingetragen hatten, wollte nichts weniger als einen eigenen Staat gründen und sich dazu der Unterstützung des bewährten Kriegsmannes und Söldnerwerbers Merk Sittich versichern. Bruder Gian Angelo hingegen hatte in der kirchlichen Hierarchie Fuß fassen können. Sein Einfluß wie seine Einkünfte mehrten sich bereits in angenehmer Weise. Dennoch reichten beide vorläufig nicht im entferntesten an die Florentiner Medici heran, die, abgesehen von ihren politischen und finanziellen Erfolgen, bereits einen Papst gestellt hatten (Leo X., 1513–1521) und einen weiteren in petto hielten (Clemens VII., 1529–1534). Der dritte Papst dieses Geschlechts sollte schließlich ein mailändischer Medici werden: Gian Angelo selbst. Allerdings kostete das noch zähe Kleinarbeit und Geduld. Sie mußten bis 1559 darauf warten.

Selbst wenn im Jahre 1528 noch niemand den Aufschwung der Seitenlinie mit Sicherheit vorhersagen konnte, lagen die Vorteile einer familiären Bindung doch für beide Teile auf der Hand. Vielleicht durften auch die künftigen Brautleute ein Wort mitreden – beide waren gerade 21 Jahre alt –, jedenfalls aber wurde die Mitgift ausgehandelt. Alle Voraussetzungen für eine gute Ehe waren erfüllt, obwohl sich kaum jemand ernstlich den Kopf darüber zerbrochen haben dürfte. Für emotionelle Tüfteleien hatte diese Epoche weder Verständnis noch Bedarf. Man heiratete, um Geschlechter zu gründen, Besitz zusammenzulegen und haltbare Verbindungen zwischen den nun verschwägerten Männern zu schaffen. Das Leben war kurz und mußte genutzt werden.

Gian Giacomo und Gian Angelo versprachen also ihre junge Schwester Chiara dem Sohn Merk Sittichs, Wolf Dietrich von Hohenems und verheirateten sie noch im gleichen Jahr. Sie wurde die als vornehme Ahnin nachmals gern zitierte Großmutter zweier Salzburger Erzbischöfe, und das Mediciwappen, das sowohl Wolf Dietrich von Raitenau als auch Marcus Sitticus von Hohenems in Salzburg mehrfach anbringen ließen, ist auf sie zurückzuführen.

Der frischgebackene Ehemann beabsichtigte zuerst, seine Frau über den Splügenpaß heimzuführen, mit 120 Pferden und mit

»ainem hochzitlichen pomp und bracht wie sich dann solchern
lüten zimpt und gepürt«. Offenbar war ihm die neue Verwandtschaft schon zu Kopf gestiegen. Angesichts der unsicheren Verhältnisse im räthischen Gebiet zog er aber schließlich doch die
beschwerlichere Reise über den St. Gotthard mit kleinerem Gefolge vor.

Chiara hatte zwar standesgemäß und vielleicht auch vorteilhaft,
jedoch in keine sehr begüterte Familie eingeheiratet. Daheim
liebte man die kleine Schwester und wollte sie ordentlich versorgt wissen, also steuerte die Familie Medici nach Kräften bei.
Man gab ihr reichlich Hausrat und Silbergeschirr mit auf den
Weg und versprach etwas großspurig noch 10 000 scudi Heiratsgut. Je höher die Mitgift, desto größer Ansehen und Ehre der
Familie – das war die besonders in Italien verbreitete Ansicht.
In welchem Maß nüchterne Berechnung bei dieser Ehestiftung
mitspielte, geht aus einem 1529 geschriebenen Brief Gian Ange-
los hervor, der inzwischen Protonotar geworden und in der engeren Umgebung des Medicipapstes Clemens VII. zu finden war.
Bezeichnenderweise ist das Schreiben nicht an den unbedeutenden Schwager, sondern an dessen Vater Merk Sittich gerichtet
und läßt keinen Zweifel an der erwarteten Nutzbarkeit der jungen Ehe: Er hoffe und wünsche, daß die Schwägerschaft»...
beiden Teilen dienlich und angenehm« sein werde. Dazu flicht
er gleich eine recht aufschlußreiche Bemerkung über die guten
Beziehungen zum päpstlichen Stuhl ein:»... da seine Heiligkeit... sich unserer Arbeit und unseres Rates bedient, auch
nötigenfalls Eurer Hilfe, Eures Eifers und Eurer Autorität sich zu
bedienen für gut hält.«[4]
Papst Clemens VII. gab auch persönlich seiner Zufriedenheit
Ausdruck. In einem eigenen Breve – wieder an Merk Sittich –
vom 1. Juli 1529 ermahnte er diesen, im Kampf gegen die Ketzer
nicht nachzulassen, und bekundete gleichzeitig seine Freude
über die neuerworbene Verwandtschaft wie über Merks kriegerische Tüchtigkeit.[5]
Damit war nicht nur die neue Sippe willkommen geheißen,
sondern auch der Nachweis erbracht, daß die milanesischen
Medici jetzt nicht mehr als vernachlässigte Seitenlinie galten.

Der höchste Herr der Christenheit hatte sie als ihm zugehörig anerkannt. Die Verwandten, ab 1532 Herzöge von Florenz, schenkten den Mailändern als Beratern des Papstes nun Beachtung. Durch Katharina von Medicis Heirat mit dem Herzog von Orleans und späteren König Heinrich II. von Frankreich erreichte die Familie europäische Dimensionen, und ein Strahl des Glanzes fiel auch auf die Hohenemser.

Indessen verlor die junge Ehefrau Chiara, zielstrebig und vernünftig wie es sich für eine Medici gehört, keine Zeit damit, dem sonnigen Italien nachzutrauern, sondern mauserte sich in Vorarlberg rasch zu einer deutschen Klara, lernte deutsch sprechen und diese Sprache auch schreiben. 1530 schenkte sie ihrem rotbärtigen Wolf Dietrich den ersten Sohn. Nach dem Bruder Gian Giacomo, der den Großteil ihrer Mitgift aufgebracht hatte, wurde er Jakob genannt, und aus einer Laune oder Vorliebe der Mutter Hannibal dazu. Der zweite Sohn, 1533 geboren, bekam den Namen des Großvaters Merk Sittich, und die nachfolgenden Töchter wurden Helena und Margherita getauft.

Nach des Vaters Tod übersiedelte Wolf Dietrich von Hohenems mit seiner Familie in das Stammschloß, doch verlieh ihm der Kaiser die Vogtei Bregenz, die sein Vater innegehabt hatte, nicht mehr. Also tobte er seinen Ärger in Grenzstreitigkeiten mit den Dornbirnern und den Bürgern von Götzis aus. Er scheint ein arger Fresser, Säufer und Händelsucher gewesen zu sein, der alle guten Ratschläge seines älteren Bruders, des Dompropstes Jörg Sigmund von Hohenems und seines Arztes, des damals weitberühmten Feldkircher Stadtmedicus Dr. Achilles Pirminius Gasser, in den Wind schlug. Dieser hatte ihm außer einer strengen Diät auch noch verordnet, »den zorn uffs höchst zu myden« und ihm andernfalls »ain schlag« vorhergesagt. Aber der Patient war nicht bereit, von seiner Lebensweise abzulassen, und so starb er im Jahre 1538 an einem Nierenleiden und zu hohem Blutdruck, nur 31 Jahre alt. Klara, sein »sonder hertzlieber gemachel« blieb nach zehnjähriger Ehe mit ihren sechs Kindern zurück und lebte noch zwanzig weitere Jahre dem Wohl ihrer Nachkommen – und auch ihrem eigenen.

Der großväterliche Hang zu Eigensinn und Heftigkeit vererbte sich auf den Enkel Wolf Dietrich von Raitenau, wenn auch in mediceisch gemildertem Ausmaß. Doch Unbelehrbarkeit und Mangel an Selbstbeherrschung wurden später auch diesem Nachkommen – wenngleich auf höherer Ebene – zum Verhängnis.

Der Wittfrau Klara mit ihren sechs Kindern erbarmten sich sogleich die Brüder Medici. Den erstgeborenen Jakob Hannibal nahm der *condottiere* Gian Giacomo in seine Obhut, der indessen durch vorteilhafte Heirat und Kriegstaten einigen Reichtum angesammelt und das Marchesat von Marignano eingeheimst hatte. Der Zweitälteste, Merk Sittich, wurde von der Mutter für den geistlichen Stand bestimmt und daher dem Bruder des so jung verstorbenen Vaters, Jörg Sigmund, Dompropst von Basel, anvertraut. Dieser bezahlte das Schulgeld für den Jungen und wurde durch den Erfolg belohnt, denn Merk Sittich studierte »treffentlich wohl« und konnte siebzehnjährig dem Oheim mütterlicherseits Gian Angelo weitergereicht werden, der es inzwischen zum Kardinal und Erzbischof von Mailand gebracht hatte. Bei der Verteilung der Erbschaft nach Wolf Dietrich von Hohenems erwiesen sich die Familienmitglieder als beinharte Rechner. Das Stammschloß Ems verblieb den Söhnen, für die sein Besitz Reichunmittelbarkeit mit sich brachte, Silbergeschirr, Schmuck und Bargeld wurden exakt aufgeteilt, und für ihr eingebrachtes Heiratsgut sowie die Geschenke ihres Gemahls bekam Klara einige Gehöfte verschrieben.

Leider kam Klara, die einen aufwendigen Lebensstil gewohnt war, mit den nun mageren Einkünften nicht zurecht, das beweisen erhalten gebliebene Briefe der Brüder aus Italien, die sich zwar um sie sehr besorgt zeigen, Unterstützungen zusagen, Chiara aber auch zur Sparsamkeit ermahnen und auf andere Verpflichtungen hinweisen. So schrieb ihr Gian Giacomo am 7. Dezember 1549, daß er ihr derzeit leider nicht aushelfen könne. Bruder Gian Angelo sei Kardinal geworden und dessen Hofhaltung, die vorläufig noch aus eigenen Mitteln bestritten werden müsse, koste 400 scudi monatlich.

Allein schon aus solchen kurzen Mitteilungen geht hervor, wie zielbewußt die Brüder Medici ihre Kräfte einsetzten, um Macht,

Reichtum und Ansehen der Familie bestmöglich zu steigern. Diesem Bestreben wurden alle Eheschließungen, alle Freund- und Feindschaften, alle Intrigen, Kriegszüge, diplomatischen Missionen und Besuchsreisen offen oder unauffällig untergeordnet. Bemühungen, welche so planvoll und mit solcher Beharrlichkeit von einem ganzen Clan betrieben wurden, mußten schließlich zu Erfolgen führen. Reichtum und Ehrenstellen weltlicher und kirchlicher Art wurden angesammelt. Gian Giacomo konnte sich nach seiner Heirat mit Maria Orsina einen Schwager des Herzogs von Parma nennen, und Chiaras Schwester Margherita wurde mit dem angesehenen und wohlhabenden Grafen Gilberto Borromeo verheiratet. So gehörten die Mailänder Medici noch vor der Mitte des 16. Jahrhunderts jenen aristokratischen Kreisen an, welche über Landesgrenzen hinweg die Güter der Welt unter sich und ihresgleichen verteilten. Außenstehende konnten dort nur Zutritt erlangen, wenn sie auf den Stufen militärischer Erfolge oder geistlicher Würde nahten – und genau das hatten die ehrgeizigen Brüder getan.

Die nächste Generation zog bereits spürbaren Nutzen aus den neugeschaffenen Verbindungen, allen voran Klaras Söhne Jakob Hannibal und Merk Sittich. Bei dem ersteren trafen Bestimmung und Neigung in angenehmer Weise zusammen. Er wurde Kriegsmann wie Vater und Großvater, erhielt bereits als Sechzehnjähriger seine Feuertaufe im Schmalkaldnerkrieg, wurde 1551 zum Hauptmann befördert und begab sich sodann nach Spanien in die Dienste Philipps II., wo er viele Jahre blieb.

Der Zweitgeborene, den Klara gerne als Geistlichen gesehen hätte, zeigte zunächst wenig Neigung dazu, obwohl Onkel Gian Angelo ihn 1550 nach Rom schickte, wo er eine eher gutgemeinte als gründliche Ausbildung erhielt. An den Lehrern lag es nicht; Merk hatte einfach weder Lust noch Eignung zum Kleriker, brach aus und trat in die Fußstapfen der übrigen männlichen Familienmitglieder. Abgesehen von einem Schwerthieb über die Schädeldecke, an dem er zeitlebens laborierte, brachte ihm seine Tätigkeit als Reiterhauptmann jedoch wenig ein. Immerhin hielt er fast zehn Jahre, bis 1560, bei diesem Leben aus, das seiner Natur zunächst am ehesten entsprach.

Auch die Schwestern waren inzwischen versorgt. Margherita wurde die Braut Fortunats von Madruzzo, eine in jeder Hinsicht wünschenswerte Verbindung mit einem angesehenen südtiroler Adelsgeschlecht und konnte später ihre eigene Tochter einem Grafen Fugger vermählen. Die hübsche und stolze Helena scheint sich jedoch familiären Eheplänen entzogen und ihr Glück auf eigene Faust in der Heimat gefunden zu haben. Den Nachbarssohn Hanns Werner von Raitenau, der sie 1558 zum Altar führte, dürfte sie von früher Jugend auf gekannt haben. Ein schneidiger Offzier, doch darüber hinaus läßt sich nicht viel von ihm sagen, weder Gutes noch Schlechtes. Sicherlich war er keine brillante Partie; ein ziemlich unbedeutender, gut aussehender, doch wenig bemittelter junger Mann. Ohne die Medici allerdings wären die Hohenemser bisher kaum weitergekommen als die Raitenauer, und so hat Helenas Familie wahrscheinlich die Achseln gezuckt und gesagt: nicht ganz das, was wir uns für sie gewünscht hätten, aber wenn sie ihn unbedingt haben will . . .

Der Onkel Kardinal, Gian Angelo de Medici, erklärte sich bereit, Helena die für den Fall der Eheschließung versprochenen 1000 scudi zukommen zu lassen, nur ein Zehntel dessen, was ihre Mutter einst in die Ehe gebracht hatte. Er mußte mit Mutter Klara zusammen für die Mitgift aufkommen, denn Bruder Gian Giacomo war bereits vor drei Jahren gestorben. Da er kinderlos geblieben war, fiel ein großer Teil seines reichen Besitzes dem Kardinal zu, was mithalf, dessen geistliche Karriere zu finanzieren.

Bei der Erbteilung nach dem Vater, Wolf Dietrich von Hohenems, erhielt Helena noch eine Summe von 2000 Gulden. So begannen die jungen Raitenauer auf nicht allzu üppige Weise den gemeinsamen Haushalt in Hanns Werners Stammsitz Lochau am Bodensee. Und während Onkel und Brüder rudern und treiben, im großen römisch-spanischen Brei umrühren und nach Brocken schnappen, pflanzt sich der Stamm weiter fort. Am 26. März 1559 erblickt Helenas erster Sohn das Licht der Welt. Nach dem früh verstorbenen Großvater wird er Wolf Dietrich heißen. Wolf Dietrich von Raitenau.

Noch sind keine Prognosen zu stellen. In diesen Zeiten weiß man ja kaum, ob ein Neugeborener das Säuglingsalter überstehen wird. Auch passieren in Rom viel zu aufregende Dinge, um sich lange mit einem Kleinkind zu beschäftigen, das da in seiner Wiege oder seinem Körbchen am Bodensee schläft.

Giovanni Angelo de Medici, im vertrauten Kreis Gianangelo genannt, ist schon seit beinahe zehn Jahren Kardinal und Papst Paul IV. schwer erkrankt. Was liegt näher, als daß der Medicikardinal vertrauliche Besprechungen über die Nachfolge mit seinem geschätzten Verwandten, dem Herzog Cosimo I. von Florenz führt, dem es keineswegs gleichgültig sein kann, wer als nächster auf den Heiligen Stuhl zu sitzen kommt?

Im August 1559 stirbt der Heilige Vater und sein Tod zeitigt vorgeplante Folgen: Gian Angelo, der Mailänder Medici, wird am Heiligen Abend des Jahres 1559 nach langem Konklave gewählt, besteigt den Thron aller Throne und nennt sich Pius IV.

Auch er hatte in seiner Jugend wenig Neigung gezeigt, ein weltabgewandtes, asketisches Leben zu führen, doch änderte sich seine Haltung mit dem hohen Amt, und er stand der Kirche, besonders im Vergleich zu manchen seiner Vorgänger, korrekt und – zum Mißvergnügen seiner Anverwandten – auch sparsam vor.

Der neue Papst beeilte sich, die Kaiserwürde Ferdinands I. anzuerkennen, dessen Bruder Karl V. abgedankt hatte. Der Kaiser wußte, wie er sich zu revanchieren hatte. Am 27. April des Jahres 1560 erhob er die Hohenemser in den Reichsgrafenstand und sprach den Grund hierfür mit zeitgemäßer Offenheit aus: weil sie nämlich »der jetzigen päpstlichen Heiligkeit Papst Pius IV. mit nahender Blutsfreundschaft verwandt« seien.

Dieser Papst wird als selbstbewußt, rechthaberisch und voreilig geschildert, genau jene Eigenschaften, die später den Großneffen Wolf Dietrich von Raitenau kennzeichneten, aber auch als friedliebend, heiter, gebildet und wohltätig. Er liebte den Pomp, Feste aller Art bis zu Stierkämpfen, hielt sich Hofnarren und regierte als absolutester aller Fürsten, nur Gott und der politischen Raison verantwortlich. Daß er seine nächsten Mitarbeiter, Berater und Vollzugsorgane aus der Verwandtschaft wählte, entsprach vollkommen der Linie, die ihn aus bescheidenen Anfängen zur höchsten Würde der westlichen Welt erhoben hatte. Für den Bruder Gian Giacomo konnte er nichts mehr tun als dessen Ruhm durch ein Denkmal zu verewigen. Das von Leoni, dem besten Medailleur der Zeit, gegossene Bronzestandbild wurde im Mailänder Dom aufgestellt und trägt bereits das Mediciwappen der Florentiner mit den sechs Kugeln, den palle, welche Goldmünzen der Bankiersfamilie darstellen sollen. Bereits 1549 hatte Herzog Cosimo den Mailänder Verwandten die Führung dieses Wappens gestattet und damit ihre Anerkennung aller Welt kundgetan. Das Denkmal für Gian Giacomo kostete 7 800 scudi, den Preis eines stattlichen Landgutes.

Den lebenden Verwandten wurden sogleich Ämter und Würden zugeteilt. Dabei standen die Söhne der Schwestern des Papstes an erster Stelle. Den frommen und ernsthaften Sohn Margherita Borromeos, Carlo, ernannte Pius IV., obwohl der junge Geistliche erst 22 Jahre zählte, innerhalb von nur zwei Jahren zum Kardinal, Erzbischof von Mailand und Kardinalstaatssekretär. Und auch der andere Papstneffe, Merk Sittich von Hohenems, sattelte im Alter von 27 Jahren nochmals um und entschloß sich, nach Rom zurückzukehren. Der erfreute Onkel belohnte ihn mit dem Bistum Cassano und einem Kanonikat von Salzburg, welches damit erstmals in die Einflußsphäre der Hohenemser rückt. Bereits im nächsten Jahr, 1561, war er Kardinal. Ein weltlich gesinnter, prunkliebender Kardinal, schlau, geldgierig und ungebildet. Nicht einmal das Lateinische beherrschte er. Als ihn der Papst zu Ende desselben Jahres zum Konzil von Trient entsandte, kommentierte Adam Schenk, der Berichterstatter des Erzherzogs Ferdinand von Tirol, seinen Einzug mit den boshaften Worten »Der bäbstlichen heiligkeit ainer, so erst das vatter unser lateinisch petten lernt«.

Aber in dieser neuen Generation mischte sich zum ersten Mal Mediciblut mit dem hohenemsischen. Das zähmte diese ungehobelten Raufbolde ein wenig, verlieh ihnen eine Spur welscher Geschmeidigkeit und Geschick im Umgang mit Menschen. Sein Leben lang legte Kardinal Marcus Sitticus davon Proben ab, verwendete seine Künste jedoch weniger zum Ruhme Gottes und der Kirche als zu Nutzen und Ehre für die eigene Person und seine Familie.

Der neue Papst fand bald auch für seinen weltlichen Neffen Jakob Hannibal ein passendes Amt: ihn, der ohnedies bei Philipp II. wohl bekannt und gelitten war, ernannte er zu seinem Botschafter in Madrid. Aber Jakob Hannibal bereitete der Familie Sorgen, erwies sich als undiplomatisch und brachte Gott und die Welt, vor allem aber den Heiligen Vater, gegen sich auf. Seine Ungeschicklichkeiten errreichten ihren Höhepunkt, als er eine Spanierin zur Frau nahm, von der nicht mehr bekannt ist, als daß sie Donna Isabella hieß, und es sich später einiges kosten ließ, den Hohenemser wieder loszuwerden. Marcus Sitticus, wie sich Merk Sittich jetzt als Kardinal in Rom nannte, und Mutter Klara lasen ihm die Leviten. Alle zusammen versuchten aber auch den Papst, der ein Heimkehrverbot für Jakob Hannibal erlassen hatte, umzustimmen. Selbst Hanns Werner von Raitenau meldete sich mit einem Schreiben, in welchem er dem allgemeinen Wunsch Ausdruck gibt, daß der Schwager heimkehre und »fürderlich mit einem Ehegemahl versehen werde, auf daß durch dasselbe der uralte Name erhalten und geweitet werde.« Und bat gleichzeitig seinen anderen Schwager in Rom, die eigene Familie bei seiner päpstlichen Heiligkeit zu gelegener Zeit in empfehlende Erinnerung zu bringen.[6]

Diese Familie besteht neben Gemahlin Helena nun bereits aus drei Söhnen, deren es im Lauf der Jahre sechs werden sollen, dazu noch drei Töchter. Von ihnen allen wird nur dem Ältesten ein außergewöhnliches Schicksal beschieden sein: nach glanzvollem Aufstieg ein jämmerliches Ende. Es ist jener 1559 geborene Wolf Dietrich, welcher die großen, dunklen Augen der Medicigroßmutter mitbekam, die lange, schmalrückige Nase seines Großvaters von Hohenems und leider auch ein Gutteil von dessen heftigem Temperament.

Hanns Werner, der Vater, war durch seine Heirat zwar mitten ins Geschehen geraten, wurde von den Hohenemsern auch zu allerlei Missionen und Interventionen herangezogen, vermochte aber für sich selbst dabei nicht viel herauszuschlagen. Schon den Schacher um die Mitgift betrieb er offenbar mit wenig Geschick und Nachdruck, denn Mutter Klara und die Brüder sind ein Jahr nach der Raitenauischen Hochzeit übereinstimmend der Ansicht, »ma muss der Margret mer geben dann Helena«. Und so ist er vorläufig nur Landvogt der Markgrafschaft Burgau an der Donau, nahe bei Ulm geworden, die wenig trägt. Er hofft auf Besseres, ist aber offenbar nicht bereit, mehr dazu zu tun als sich gelegentlich in briefliche Erinnerung zu bringen, so daß Marcus Sitticus an Jakob Hannibal schreibt, er habe schon immer gewußt, daß der Raitenauer »sich nit gern vom Ofen lasst«.

Endlich gelang es, Jakob Hannibal mit dem Papst auszusöhnen. Die nächste Aufgabe der Familie bestand nun darin, ihn standesgemäß und möglichst reich zu vermählen. Mit der Tatsache, daß er schon verheiratet war, konnte man verhältnismäßig leicht fertigwerden, besonders als sich Donna Isabella, die spanische Ehefrau, zahlungsbereit erklärte. Nach einer langen, vertraulichen Unterredung Merk Sittichs mit dem Papst nahm dieser, der seiner eben eingeleiteten Reformen wegen zunächst gezögert hatte, doch 4 000 scudi für die Dispens entgegen. Als neue Braut hatte Marcus Sitticus Hortensia Borromeo ausersehen und erhoffte sich damit einen doppelten Erfolg: den Bruder vornehm und günstig zu vermählen und die Rivalität mit Hortensias Halbbruder Carlo Borromeo, als Papstneffe wie als Kardinal sein langjähriger Nebenbuhler, in der Schwägerschaft untergehen zu lassen. In einem Brief an den noch immer in Spanien lebenden Bruder rühmt er sich der aufgewendeten Mühe bei der Familie Borromeo, die zunächst wenig begeistert von dem Gedanken war, mit den bezeichnenden Worten: » . . . denn das ist die beste Heirat, die für Euch sein kann, Ehr und Gut zu erlangen.«[7]

Daß diese Ehe, aus kühler Raison und so gut wie ohne eigenen Willen der nur vierzehnjährigen Braut mit einem um zwanzig Jahre älteren Mann arrangiert, außergewöhnlich glücklich wurde, konnte wahrhaftig niemand ahnen. Und doch sind mehr als 100 Briefe erhalten, welche Hortensia Gräfin Altems, geborene Borromeo, ihrem schönen, prachtliebenden, tapferen und eitlen Gemahl schrieb, während er in Flandern die spanische Herrschaft über die Niederlande verteidigte. Außer Zeugnissen der fast übergroßen Liebe, welche die junge Ehefrau zu ihrem

»allersüßesten Leben« gefaßt hatte, bilden sie aufschlußreiche Dokumente über viele Details des damaligen Alltags. Da es mit der Gesundheit des Heiligen Vaters nicht zum Besten stand, sollte die Hochzeit so bald wie möglich stattfinden. Eine Trauerfrist mochte die ganze, mühevoll eingefädelte Verbindung in Frage stellen. Und so segnete Pius IV. selbst den Ehebund am 6. Jänner 1565 ein, nachdem er am Morgen desselben Tages Jakob Hannibal von Hohenems zum Generalgouverneur der Truppen des Kirchenstaates befördert hatte. Bei der Zeremonie waren allein 27 Kardinäle anwesend, dazu alle in Rom akkreditierten Diplomaten und die Vornehmen ganz Italiens, darunter nicht weniger als 90 Fürsten und Grafen mit ihren Damen.

Das eigentliche Fest, die weltlichen Feierlichkeiten fanden aber erst gegen Ende des Karnevals statt und von dem gigantischen Reiterturnier, das sie krönte, wurde gesagt, es habe das großartigste Schauspiel seit den Festen der römischen Imperatoren dargeboten. Schauplatz war der von Bramante erbaute Belvederehof des Vatikans; zwölf Schwadronen bewaffneter Edelleute und nicht weniger als 50 000 Zuschauer – mehr als die Hälfte der damaligen Bevölkerung Roms – nahmen daran teil, und die Kosten für diesen höfischen Mummenschanz beliefen sich auf eine volle Tonne Goldes, welche vom Adel der Stadt gemeinsam aufgebracht wurde.

Zuerst ritt der Bräutigam mit seiner Schwadron ein. Er war in weiße Seide, bestickt mit goldenen und violetten Blüten, gekleidet, Edelsteine glitzerten in seinem Helmbusch. Die Pferde trugen golddurchwirkte, violette Samtdecken und waren mit Quasten, Fransen und Federbüschen aufgeputzt, desgleichen die Reiter, deren Degengehänge und Gürtel reiche Filigranarbeit aufwiesen. Auch die nachfolgenden hohen Herren hatten sich selbst, ebenso wie ihre Höflinge und Knappen prunkvoll ausstaffiert. Seidenschleier und Federn wallten von den Helmen, und ihre Wahlsprüche und Devisen wurden auf mitgeführten Wagen durch allegorische Figuren verkörpert. Goldene und silberne Trophäen schmückten diese Karossen, welche mit Samt und Seide ausgeschlagen waren. Farben und Materialien wetteiferten mit der Dekoration der Arena.

Nach den Turnierregeln verehrten die Sieger ihre Waffen der Braut und erhielten dafür aus ihrer Hand juwelenbesetzte Schmuckstücke. Für den Ritter, der »am anmutigsten hervortritt« war noch ein besonderer Preis vorgesehen, den angesichts der unübertroffenen Ausstattung seiner Person und seines Gefolges der Bräutigam zugesprochen bekam.

Geschützsalven und ohrenbetäubende Trompetenstöße hatten das Turnier eröffnet, mit Proben bewundernswerten Geschicks und Mutes rollte es ab und ging erst lange nach Mitternacht seinem zauberhaften Abschluß entgegen. Ein vergoldeter, von vier Schimmeln gezogener Wagen fuhr ein, auf welchem, von bengalischem Feuer in magisches Licht getaucht, Venus und der pfeileversendende Cupido thronten. Ihnen folgten die Ritter zur Ehrenrunde, während ein Feuerwerk den nächtlichen Himmel mit zahllosen Funkengarben übersprühte. Raketen schossen zischend empor und leuchtende Kugeln rollten bis vor die Füße der entzückten Braut. Erst als auch diese erloschen, suchte die Jungvermählte, von 120 vornehmen Römerinnen begleitet, das *apartamento* auf, wo sie der stattliche Bräutigam, ebenfalls mit großem Geleit, erwartete.

Unter der großen Zahl von Glückwunschschreiben befand sich auch ein sehr herzlich gehaltenes vom Kaiserhof aus Wien. Als Generalstabschef des Kirchenstaates, der nun auch die Schlüssel Petri im Wappen führen durfte, war Jakob Hannibal von Hohenems zu einem der wichtigsten Verbündeten für die Habsburger geworden.

Wie sich bald zeigte, war es klug gewesen, den Hochzeitstermin so bald anzusetzen. Am 8. Dezember desselben Jahres, zu dessen Anfang Pius IV. den Hohenemser mit Hortensia Borromeo getraut hatte, schloß er die Augen für immer. Vorher hatte ihn seine Familie noch mit einigem Druck dazu zu bewegen vermocht, ihnen allen reichliche Legate auszusetzen. Doch das Erworbene sollte auch in Sicherheit gebracht werden, und so dachte der Reichsgraf Jakob Hannibal an Heimkehr auf seinen Stammsitz Ems. Wie er seinem Verwalter Erhard Holl am 16. Jänner 1566 nach Vorarlberg schrieb, hatte er nun vier Tonnen Goldes (!) in Besitz, »sodaß ich, wills Gott, nunmehr wohl zu leben hab und keinem Herrn mehr dienen will.«[8] Zuerst schickte er seinen unglaublichen Schatz an Silbergeschirr, Kleinodien, Gold und gemünztem Geld über die Alpen heimwärts. Als er im Spätherbst 1566 hörte, die grassierende Pest sei nunmehr im Erlöschen und in Feldkirch sei seit 24 Tagen niemand mehr daran gestorben, reiste er mit seiner jungen Frau zunächst nach Mailand, von dort weiter nach Norden. Am 29. Jänner 1567 kamen die hohen Herrschaften in Hohenems an. Der immer auf Wirkung bedachte Stratege hatte auch diese Ankunft genauestens geplant: Salutschüsse, Raketen, Glockengeläut, Lampion- und Fackelträger bei Einbruch der Dunkelheit und schließlich noch das große Begrüßungsfeuerwerk. Vorsorglich ließ er auch seine »liebe Schwester, Frow Helena, gen Emps« bitten, »damit sie alle Sachen im Hus helf ordnen«, Gräfin Hortensia einen guten Eindruck von ihrer neuen Heimat gewinne und »nicht main, sie komme in ain Suw-Stall.«[9]

Während also die Brüder in der großen Welt ihr Glück gemacht, Ehren und Reichtümer eingesammelt hatten und eben dabei waren, ihre Schätze in der Heimat möglichst sicher anzulegen, war Helena an der Seite ihrer Reiterobristen Hanns Werner nicht viel herumgekommen, hatte wenig erworben – selbst der neue Wohnsitz Langenstein wurde von ererbtem und geborgtem Geld gekauft und ausgebaut – und sich nur dem Hauswesen und der Erziehung ihrer zahlreichen Kinder gewidmet. Daneben war sie die gute Tante, die immer zu Hilfe gerufen wurde, sobald die häuslichen Angelegenheiten auf Schloß Ems einer weiblichen Obsorge bedurften. Auch Hanns Werner hatte nach bestem Vermögen Handlangerdienste für die Schwäger geleistet. Besonders mußte er sich für Merk Sittich umtun, als dieser 1561 mit allen Mitteln danach trachtete, das Bistum Konstanz zu ergattern, weil die Aussichten, den Salzburger Fürstenthron zu gewinnen, gar zu gering schienen. Außer ein paar Dankesworten wurde dem Raitenauer selbst aber nichts zuteil, und so zog er eben immer von neuem in die verschiedenen Scharmützel, ohne besondere Erfolge oder Mißerfolge, ein pflichttreuer, wenig beachteter Offizier. Ab und zu versuchte er, sich höheren Orts in Erinnerung zu bringen, doch ein wenig lahm, wie etwa, wenn er

1565 aus Ungarn schrieb, daß das Heer untätig liege und darbe, auch viele Krankheiten zu erdulden seien, und hinzufügte, man möge »unser gegen der bäpstlichen Heiligkeit nit vergessen.« Das ist schon seine stehende Floskel geworden, und mit ihr erweist er sich als schlechter Bittsteller. Sagt er dem Angegangenen doch nicht einmal, was der eigentlich für ihn tun soll. Nein, Hanns Werner war kein Held des Erfolges, wenn ihn Maximilian II. auch am 4. Juni 1569 zum kaiserlichen Rat und Obersten über 10 Fähnlein deutscher Knechte ernannte. Sein Sold in dieser Stellung betrug 800 Taler jährlich, und das Dekret begründet die Ernennung keineswegs überschwänglich mit der »Schicklichkeit, Kriegserfahrenheit und treuen Diensten« des Obristen. Weiterhin blieb er daheim nur ein Gast, und ganz ohne Zweifel war in seinem Hause mehr von den ruhmbedeckten Schwägern die Rede, als von ihm selbst. In allen Kemenaten und Spinnstuben muß ehrfürchtig von der glanzvollen Hochzeit des Onkels Jakob Hannibal erzählt worden sein, als Wolf Dietrich gerade sechs Jahre alt war, ein Alter, das wie kein anderes für Geschichten von Märchenpracht und Heldentum zugänglich ist. Als dieser sagenumwobene Oheim zwei Jahre später mit seiner nun sechzehnjährigen Gemahlin, mit prunkvollen Gewändern, Tafelgeschirr, Bildern, Büchern, im Ausland angeschafftem Mobiliar, goldgeprägten Ledertapeten, Seiden und Brokaten in die Nachbarschaft der Raitenauer übersiedelte, kam es zu häufigen und ausgedehnten Besuchen. Helena und Hortensia freundeten sich trotz – oder vielleicht gerade wegen – des Altersunterschiedes an, teilten ihre häuslichen Probleme und konsultierten den gleichen Beichtvater, der zu diesem Zweck aus Mailand berufen wurde. Auch der andere Oheim, Kardinal Merk Sittich, kam mitunter aus Rom angereist. Obwohl erst fünf- oder sechsunddreißig Jahre alt, konnte er von Villen und Palästen berichten, die ihm in und um die ewige Stadt zu eigen waren. Sein Reichtum schien ebenso unermesslich wie der Jakob Hannibals, dazu war er ganz besessen von der Idee, dem Hause Hohenems mit einem großartigen neuen Palast einen würdigen Rahmen zu schaffen. Martino Longo aus Italien wurde als Architekt dafür berufen und der Kardinal trug einen beträchtlichen Anteil der

Baukosten. Ihm – oder lieber noch dem kriegerischen, schönen und liebenswürdigen Onkel Jakob Hannibal – zu gleichen, mußte einem aufgeweckten und phantasiebegabten Knaben als der Gipfel irdischer Glückseligkeit erscheinen.

Doch obwohl Jakob Hannibal in seiner spanischen Tracht, einen prächtigen Anblick bot, – ein Portrait aus dieser Zeit zeigt ihn in eine weiß und goldene »Heerpauke« gewandet, eine Art wattierter Pluderhose, so kurz und so ausladend, daß sie an ein Ballettröckchen erinnert – war vernünftigerweise von dem geistlichen Oheim mehr zu erwarten. Hortensia, die allzu junge, würde nach den ersten Fehl- und Mädchengeburten ja doch noch männliche Erben zur Welt bringen, denen dann alle Sorgfalt der Eltern gelten müßte. Als Tochter der frommen und vernünftigen Klara de Medici konnte Helena von Raitenau, wenn sie den mühseligen Beruf ihres Ehemannes mit dem Leben verglich, welches ihre Brüder führten, zu gar keinem anderen Schluß kommen, als daß es zum Besten ihres nicht allzu robusten Ältesten wäre, ihn dem Kardinal anzuvertrauen.

So übte fast zwangsläufig Merk Sittich von Hohenems oder, wie er sich jetzt in Rom nannte, Marcus Sitticus d'Altemps, den nachhaltigsten Einfluß auf den Werdegang des späteren Erzbischofs von Salzburg aus.

2. KAPITEL

Der Kardinal

Selbst nach zehnjähriger Ehe hatten Helena und Hanns Werner von Raitenau noch nicht genug zurücklegen können, um einen passenden Wohnsitz für die ständig wachsende Familie zu erwerben. Erst als Hanns Werners Bruder, der Abt von Trier Johann Ulrich von Raitenau, finanzielle Hilfe zusagte, entschlossen sie sich, die unwirtliche Turmburg Langenstein im Hegau zu kaufen. Den mittelalterlichen Wehrturm hatte das Kloster Reichenau ursprünglich für seine Ministerialen auf einem einsam gelegenen, von einem Bach umflossenen Felsgrat nahe dem nordwestlichen Ausläufer des Bodensees erbaut, welcher den Namen Überlingersee führt.

Kein Geschlecht hatte es lange dort ausgehalten, aber jedes klebte Bauliches an den Turm, kaufte etwas Grund mit oder ohne ein paar Untertanen hinzu. Dementsprechend stieg auch der Preis. 1537 hatte Adam von Homburg seinem Vetter Wolf nur 12 500 Gulden dafür bezahlt; er selbst verkaufte Burg, Äcker, Wiesen, Wein- und Obstgärten, Weiher, Fisch- und Holzrechte, Mühle, lebendes und totes Inventar nebst dem halben Dorf Orsingen und der Gerichtsbarkeit über dessen Bewohner bereits um 22 000 Gulden. Fast ein Jahr lang dauerten die Kaufverhandlungen, welche Helena meistens allein führen mußte. Nicht einmal zum Vertragsabschluß am 29. September 1568 konnte Hanns Werner aus Zips in der Hohen Tatra, wo er gerade mit seinen Landsknechten lag, abkommen. Der gesamte Kaufpreis betrug 31 000 Gulden; die Burg war zwar auf 7 000 Gulden geschätzt, in dieser Summe jedoch nur mit 5 000 Gulden berücksichtigt, was dafür spricht, daß es sich um kein besonders stattliches oder wohnliches Gebäude handelte. Die fehlende Hälfte des Dorfes Orsingen unterstand dem Bistum Konstanz, dessen Bischof Helenas Bruder war, Kardinal Marcus Sitticus von Hohenems. Dadurch stieß die Belehnung der Raitenauer mit der zweiten Dorfhälfte auf keinerlei Schwierigkeiten.

Anders als ihre Brüder, die sich gerade in Ems von Martino Longo den prunkvollen und geräumigen Renaissancepalast errichten ließen, übernahm Helena selbst die Bauleitung für den neuen Familiensitz. Nachdem alles Vorhandene bis auf den Turm abgerissen worden war, entstand aus Bruchsteinen, Kalkmörtel und Ziegeln von der eigenen Brennerei eine derbe, schmucklose Burg, in welcher sich um den zentralen Rittersaal des Erdgeschosses ein Speiseraum, drei weitere Zimmer und je eine Herrschafts- und Gesindeküche gruppierten. Das darüber liegende Geschoß war in elf Schlaf- und Nutzkammern unterteilt. Außen wurden zwei kleine Rundtürme errichtet, welche den höheren Abortturm flankierten. Der unverwüstliche Hauptturm ragte mit seinen kaum behauenen, bis zu drei Meter dikken, nur oberflächlich getünchten Mauern in die anschließenden Zimmer. Er erhielt ein neues Wohngeschoß aufgesetzt, doch blieb in seinem Fundament das fensterlose Burgverließ bestehen, in welches Häftlinge durch ein Loch in der Decke, das sogenannte Angstloch, hinabgelassen werden konnten. Außer solchen Zutaten und seiner romantischen, aber unpraktischen Lage unterschied sich dieser Herrensitz mit seiner Pfisterei (Backstube), den Stallungen für nur elf Pferde, den Wirtschaftsgebäuden, Schüttböden, Hühner- und Schweineställen höchstens noch durch die Zugbrücke, das Pförtnerhaus und das zweiflügelige Tor von einem größeren Bauernanwesen. Über dem Portal verzeichneten die neuen Besitzer stolz das Kaufjahr 1568 und brachten ihre beiden Wappen in Allianz an, den hohenemsischen Steinbock und jene raitenauische schwarze Kugel in weißem Feld, die Erzbischof Wolf Dietrich dann unzählige Male in Salzburg verwendete.

Langenstein blieb Sitz der Familie bis zum Aussterben des Geschlechts, aber so unangemessen empfand schon der Knabe Wolf Dietrich den Unterschied zwischen der bescheidenen Behausung seiner nächsten Angehörigen und der hochherrschaftlichen Umgebung, die sich seine mütterlichen Verwandten geschaffen hatten, daß er später ohne Rücksicht auf Kosten Langenstein durch Landkauf vergrößerte und Geld zuschoß, um die Burg auszubauen und der Familienehre noch nachträglich Genüge zu tun. In seinen Jugendjahren entsprach das Waldschloß allerdings vollkommen der Lebenshaltung der Raitenauer. Frau Helena mußte selbst zupacken und sich um Hauswesen, Kinder, Vorratshaltung, Gesinde nebst Abrechnungen kümmern, umso mehr, als ihr Gemahl ständig in irgendwelche Kriege, meistens gegen die Türken, verwickelt war, von denen er, anders als ihr Bruder, nicht einmal einen ordentlichen »peutpfennig« mit heimbrachte. Er blieb zeitlebens bar jeglichen Erwerbssinnes, und Helena konnte nur mit Staunen und Bewunderung, vielleicht auch mit einem Anflug von Neid, die unermeßlichen Schätze betrachten, die immer wieder von Reisen und Kriegszügen des Emser Schloßherrn hauptsächlich aus Flandern, aber auch aus Madrid, Rom oder Mailand, in den Vorlanden einlangten. All diese Köstlichkeiten schickte Jakob Hannibal, in viele Fässer und Truhen verpackt, durch einen verläßlichen St. Gallener Frächter nach Hause, und Helena half der jungen Schwägerin Hortensia sie zu übernehmen und zu verstauen. Da gab es prächtige Gewänder für Mann, Frau und selbst für die Kinder, steif von Brokat, Atlas und Goldstickerei, aber auch Ballen holländischer Leinwand, Seidenteppiche, Bildwerke und Bücher, Edelsteine, Schmuck und gemünztes Geld. Während Jakob Hannibal, der in den Niederlanden zum Höchstkommandierenden unter Herzog Alba aufgestiegen war, seine militärischen Erfolge dazu nutzte, seinen Reichtum zu vergrößern und seinem Kunstsinn zu frönen, mußte sich Hanns Werner mit der Stellung eines Musterplatzkommissärs begnügen, der die Söldner zu registrieren und in Zucht zu halten hatte, welche sein berühmter Schwager für Flandern anwerben ließ.

Die lebenskluge Helena begriff bald: wer auf seinem Lande blieb, es nach besten Kräften verwaltete und geduldig auf bessere Zeiten hoffte, hatte ebensowenig Aussicht, Ansehen und Reichtum in der Welt zu erlangen, wie der Kriegsmann, der nichts als Tapferkeit und Ehre auf seine Fahne geschrieben hatte. Als liebende Gattin eines erfolglosen Mannes suchte sie die Schuld an der heimischen Beengung nicht im Versagen Hanns Werners, sondern in widrigen Umständen. Für die Söhne allerdings erhoffte sie Besseres.

Besonders der aufgeweckte Älteste, der so leicht lernte, sollte es weiter bringen als seine Eltern. Der erste Schritt dazu war durch den Entschluß, die geistliche Laufbahn für ihn zu wählen, getan. Den Rest konnte man beruhigt dem Bruder Kardinal überlassen.

Noch heute befindet sich im vorarlbergischen Schloß Hohenems das kleine Brustbild des 23jährigen Reiterführers Merk Sittich mit der Umschrift »Junior Germanorum Militum Praefectus«. Wenn der Kardinal dieses Bild eines knollnasigen jungen Mannes in Landsknechttracht besah, konnte er über seine eigene jugendliche Torheit nur lächeln. Die goldenen Kälberketten, die er damals um Hals und Brust trug, waren sein stolzester Besitz gewesen, und die Kopfwunde, die er aus jener Zeit davongetragen hatte, machte ihm immer noch zu schaffen. Ständig verursachte sie Schmerzen, und er suchte die nie ganz verheilte Narbe mit aufgelegten Gurken- und Melonenschnitzen zu kühlen. Erst seitdem ihn sein Onkel, Papst Pius IV., zum Kirchenfürsten gemacht hatte, war er zu der Erkenntnis gekommen, was sein wahres Lebensziel sein würde: Reichtum und Macht für sich selbst und für seine Familie. Die skrupellosen Methoden, die er dabei anwendete, entsprachen den üblen Gepflogenheiten seiner Zeit.

Erst Jahrzehnte lagen die Borgiapäpste und mit ihnen der moralische Tiefstand der Spitze des Katholizismus zurück. Auch die Ablaßpraktiken der Medicipäpste hatten höchst anfechtbare Beispiele gegeben und waren zum auslösenden Moment für die Reformationsbestrebungen jener Männer geworden, welche sich schließlich von der Mutterkirche abwendeten. Während auf dem Konzil zu Trient, das mit Unterbrechungen achtzehn lange Jahre tagte, die inneren Reformen erörtert wurden, blieben die Lebensgewohnheiten hoher Kleriker mit wenigen Ausnahmen unverändert. Marcus Sitticus handelte also nur im Einklang mit seiner Umgebung, wenn er ohne Bedenken danach strebte, den Namen Altemps jenen großer italienischer Familien zuzugesellen, welchen seine Vorgänger und Kardinalskollegen angehörten: Orsini, Borgia, Visconti, Borromeo, Borghese, Madruzzo und wie sie alle hießen, hervorgehoben aus der Menge kleiner Edelleute nicht nur durch Reichtum und Adelsprädikate, sondern vor allem durch Ansehen und Einfluß bei Papst und Kaiser. Seine Gier nach Besitz und Einfluß fand Befriedigung. Allerdings ging auf dem Wege dahin die fröhliche und lebenslustige Natur des jungen Hohenemsers verloren, jene etwas derbe Munterkeit, welche anfangs auch Pius IV. für ihn eingenommen hatte.

Gianangelo de Medici wuchs als Papst Pius IV. mit seinen Aufgaben und der unabweislichen Notwendigkeit kirchlicher Reformen in ernstere, strengere Auffassungen hinein, der junge Kardinal hingegen strebte immer heftiger weltlichen Genüssen und Gütern nach, sodaß der heilige Vater bald Rat und Gesellschaft seines anderen Schwestersohnes, Carlo Borromeo, der des Hohenemsers vorzog. Daraus entstand eine Nebenbuhlerschaft, welche hauptsächlich in der eifersüchtigen Phantasie Merk Sittichs existierte; der Borromäer hatte andere Ziele vor Augen. Er erstrebte wenig für sich selbst, führte ein einfaches Leben, erfüllt von echter Frömmigkeit, Pflichttreue und wohltätiger Großmut, verschenkte fast sein ganzes Vermögen, statt wie Merk Sittich eines anzuhäufen, und verausgabte sich auch physisch bei der Pflege und Tröstung von Kranken, als in seinem Bistum Mailand im Jahre 1576 die Pest wütete. Eine große Zahl von Kirchen in der ganzen Welt, darunter die prächtigste Barockkirche Wiens, sind dem 1610 heiliggesprochenen Karl Borromäus geweiht. Sich an diesem Mann ein Beispiel zu nehmen, fiel Marcus Sitticus nicht im Traum ein, doch suchte und fand er aus taktischen Gründen durch die Vermählung seines Bruders mit Carlos Halbschwester Hortensia eine nähere Verbindung zu dem von Pius IV. bevorzugten Kardinal.

Dieser Papst fuhr umsichtig fort, seine beiden Neffen dort einzusetzen, wo es ihrer Veranlagung am besten entsprach: den Borromäer in Glaubens- und Staatsangelegenheiten, Merk Sittich jedoch bezeichnenderweise bei finanziellen Erledigungen der Kurie.

Der kluge Medicipapst ging sogar so weit, die militärische Vergangenheit des Hohenemsers zu nutzen und verlangte von ihm, Söldner gegen die Hugenotten zu werben, üblicherweise keine Beschäftigung für einen Kardinal. Doch dieser hier galt ja als der »Landsknecht im Purpur«, über den die gelehrteren Höflinge des

Heiligen Vaters hinter seinem Rücken die Nase rümpften, und der sich in Gesprächen mit ihnen mehr als einmal blamierte. So mußte er als Delegierter Roms vom Tridentinum, dem er seit November 1561 beigewohnt hatte, abberufen werden, denn dort flüsterte man über ihn: *non audit, non audet, non legit, non scribet.* Daß er nichts hörte und sich nicht hervorwagte, mochte noch hingehen, aber lesen und schreiben wäre doch vonnöten gewesen. Noch weiter in seinem abfälligen Urteil ging der Botschafter Venedigs in Rom Giacomo Soranzo, der 1562 an die Serenissima berichtete, der geringe Geist der Brüder Hohenems führe dazu, daß sie vom ganzen römischen Hof wenig geachtet würden. Den Kardinal brauche der Papst zu nichts, den Grafen Hannibal habe er nur an den spanischen Hof geschickt, um ihn aus dem Gesicht zu bekommen.[1]

Zwar spiegeln diese Bemerkungen unverkennbar jenen Geist intriganter Zwischenträgerei und diplomatischer Bosheit wider, der in Rom noch mehr zu Hause war als an anderen Fürstenhöfen, doch mit Intellekt und Bildung der Hohenemser war es tatsächlich nicht allzu weit her, am wenigsten mit der feingeschliffenen Sorte, die man in Italien geradezu snobistisch schätzte. Eigneten sie sich die Kultur der Hauptstadt der Welt auch teilweise an, so doch nur in ihrer oberflächlichsten Form: im Prunk, in Tafelfreuden, bestenfalls in Bauaufträgen, die gleichzeitig ihrem Luxusbedürfnis und der Schaustellung ihres Reichtums dienten. Daneben sammelten sie Kunstschätze als Kapitalanlage.

Waren sie schon nicht imstande, in flüssigem Latein zu parlieren und über gelehrte Fragen oder Poesie zu diskutieren, so rechneten sie umso geläufiger. Jedem der päpstlichen Höflinge konnten sie ein Schnippchen schlagen, wenn es galt, mit Ziffern zu jonglieren. Dazu waren sie zäh, schlau und entschlossen, alles festzuhalten, was sie einmal an sich gebracht hatten. Mit diesen Eigenschaften war es ihnen gelungen, als Reiterhauptleute zu überleben, aber in ihrem Fall kamen zur soldatischen Tüchtigkeit noch Ehrgeiz und Geschäftssinn der Medici. Jene Briefe, welche Kardinal Marcus Sitticus an seinen über Anordnung des verärgerten Papstes in Madrid festsitzenden Bruder richtete, geben über seine innersten Ziele und die zu ihrer Erlangung angewendeten Kunstgriffe authentischen Aufschluß. Da werden Intrigen gesponnen, die Rivalität zur borromäischen Seite aufgebauscht und breitgetreten, die Rückkehr und Heirat des Bruders ebenso betrieben wie die Erlangung des Bistums Konstanz, welches – in Merk Sittichs eigenen Worten – »ein fetter Happen« wäre. Bringt es doch 20000 Gulden jährlich ein und ist durch die Lage nahe der vorarlbergischen Heimat geradezu prädestiniert für einen Hohenemser. Trotzdem kostete es ihn harte Mühe, die widerborstigen Domherren, die auf ihrem freien Wahlrecht bestanden, zu überrunden. Sogar Simonie (Ämterkauf) wurde Merk Sittich in diesem Zusammenhang vorgeworfen und war ihm auch durchaus zuzutrauen.

Glücklicherweise hatte er den Papst auf seiner Seite, was den Domherren wohl bekannt war, doch ließen sie sich davon nicht einschüchtern. Erst persönliche, eigens gesiegelte Briefe des Kaisers Ferdinand an jeden einzelnen von ihnen zwangen sie in die Knie. So wurde Marcus Sitticus d'Altemps im Jahre 1561, achtundzwanzig Jahre alt und bereits Kardinal, in Gottes Namen nun auch in dem einträglichen Bistum Konstanz installiert und erhielt damit ein Amt, das er kaum je auszuüben gedachte. Schwager Hanns Werner von Raitenau, der während der Unterhandlungen mehrmals nach Konstanz gereist war, um für Merk Sittich zu intervenieren, durfte sich nun nach Rom begeben, um den »glücklichen Erfolg der hartnäckigen Bemühungen« zu vermelden, nachdem er zuvor die weltlichen Rechte des Stiftes Konstanz für den abwesenden Bischof in Empfang genommen hatte. Von anderem Lohn für ihn selbst ist nichts bekannt. Marcus Sitticus jedoch fand, als er endlich selbst anreiste, zu seinem großen Vergnügen »sechs und dreyssig tusend Gulde« in der Bistumskasse vor, die sein sparsamer und korrekter Vorgänger angesammelt hatte. Er gab ein mächtiges Gelage für Domherren und Ortsnotabeln, nahm die Huldigung der dazu Verpflichteten ebenso befriedigt entgegen wie das Geld und kehrte stracks nach Rom zurück.

Es war dies die zweite größere in einem Register von Pfründen, mit denen er sein Nest auspolsterte und sehr bewußt seinen mangelnden Schliff und seine lückenhafte Bildung wettmachte. 1564 schrieb er an Jakob Hannibal nach Spanien, er habe eine freigewordene Abtei »erschnappt«, die »ein guter Griff« sei, wenn auch Schulden auf ihr lasteten. Er gedenke sie später einmal der Familie zu hinterlassen.[2] Im Laufe der Jahre brachte er es außer dem Bistum Konstanz und dieser Abtei, welche je 10 000 scudi Ertrag jährlich abwarfen, noch zu zahlreichen weiteren Ämtern, Abteien und Renten. Vorübergehend faßte schon dieser Hohenemser den Plan, Erzbischof von Salzburg zu werden, dessen Kanonikat eine seiner ersten Pfründen gewesen war. Das Unterfangen erwies sich jedoch als augenblicklich nicht realisierbar und wurde nicht weiter verfolgt – sicherlich mit Bedauern, denn die Einkünfte aus dem Erzbistum hätten alle anderen Sinekuren Merk Sittichs in den Schatten gestellt. Auch ohne Salzburg wurde sein Jahreseinkommen aber schon auf 40 000 scudi geschätzt. (Ein scudo entsprach damals etwa zwei Gulden).

Nachdem er 1567 die Villa Angelina in der Gegend von Frascati als Landsitz für den eigenen Gebrauch erworben, zu einem luxuriösen Refugium ausgebaut und nach der antiken Bezeichnung ihres Standortes in »Villa Tusculana« umbenannt hatte, kaufte er noch ein Stadtpalais in Rom für seinen eigenen Gebrauch, das sogar einen eigenen Theatersaal besaß.[3] Neben weiteren Ertragsgütern betrieb und finanzierte er den Schloßbau im heimatlichen Ems.[4]

In der Villa Tusculana waren die Vornehmen Roms zu Gast, die Kardinäle, der Wiener Nuntius Delfino, vor allem aber Merks Freund, der Kardinal Ugo Buoncompagni, dem gute Chancen für die Nachfolge auf dem päpstlichen Stuhl nachgesagt wurden. Als dieser die Aussicht von einem nahe der Villa Tusculana gelegenen Hügelplateau mit den Worten bewunderte: »Hier sollte eine Villa stehen!«, kaufte Marcus Sitticus kurzerhand das ganze umliegende Gelände, Äcker, Obstgärten und Weinberge, auf und erbaute innerhalb von nur zwei Jahren auf einem Areal von zwölf Quadratkilometern ein neues Schloß. Dem Freund zuliebe, der inzwischen als Gregor XIII. (1572–1585) den Heiligen Stuhl bestiegen hatte, nannte er es Mondragone. »Drachenberg« deshalb, weil die Buoncompagni einen Drachen im Wappen führten. Von den Ausmaßen dieses Neubaus gibt allein die Zahl seiner Fenster einen Begriff: es gab deren 375.

Schon die »Villa Tusculana« war mit unglaublicher Verschwendung ausgestattet gewesen. Nichts, was nicht bemalt, getäfelt, vergoldet, mit Marmor, Samt, Leder oder Damast verkleidet gewesen wäre. Für den Hausherrn und seinen päpstlichen Freund gab es Thronstühle mit vielfach gerafften seidenen Baldachinen und golddurchwirkten Draperien.

Aber die Farbkompositionen, Faltenwürfe, Tapisserien und Fresken von »Mondragone« stellten all das noch weit in den Schatten. Nicht weniger als 59 Betten waren mit Woll- und Damastdecken, seidenen Baldachinen, Vorhängen und Betthimmeln jeweils in der gleichen Farbe ausgestattet, die Türverkleidungen ließ Marcus Sitticus mit weißem, rot gefüttertem Pelzwerk ausschlagen, das Leder der Stuhlbespannungen zierten der Steinbock des Hausherrn und der Drache des Papstes in Goldprägung.

Der gesamte Ostflügel des Schlosses samt Hauskapelle und *giardino secreto* blieben für diesen und sein Gefolge reserviert, eine großartige Geste, mit der der berechnende Hohenemser auch nicht eines *scudos* Wert aus der Hand gab. Die Parkanlagen waren der Villa würdig. Da gab es Terrassen mit Wasserfällen und Springbrunnen, mit üppig gedeihenden, wohlgepflegten Oliven, Zypressen, Oleander und Blumenbeeten verschwenderisch bepflanzt und durch weiße Marmorfiguren belebt. Wein- und Obstgärten wechselten mit den Ziergehölzen, ein Tierpark lud zur Besichtigung und eine Grotte bot das Schauspiel von künstlichem Regen und Gewitter.

Offenkundig wetteiferten die leiblichen Genüsse, welche der Kardinal seinen Gästen bot, mit denen des Auges, sonst hätte ein Poet, der sich Julius Roscius Hortinus nannte, den Hausherrn nicht mit den Worten angesprochen: »Tu magne Altaemps, Lucilli nobilis haeres« – edler Erbe des Lukull!

Gregor XIII. schätzte den Aufenthalt in Mondragone überaus und begab sich im Lauf seiner Regierungszeit immer öfter dorthin, um die gute Luft der Albanerberge und die klug berechnete, großzügige Gastfreundschaft des Kardinals zu genießen. Marcus Sitticus investierte in diese Papstbesuche gewaltige Geldsummen. Schon 1573 schrieb er an Jakob Hannibal, die Auslagen, die er für die Thronbesteigung Gregors gehabt habe, hätten ihn in beträchtliche Schulden gestürzt. Er war ein Vabanque-Spieler, aber einer, der nüchtern rechnete. Was er auf der einen Seite mit vollen Händen verausgabte, mußte auf der anderen wieder hereinkommen. Er verschwendete sein Geld nicht – er setzte es ein.

Mit der Sorge um die Seinen war es ihm jedoch Ernst und offenbar nahm er sich auch des Schwestersohnes Wolf Dietrich von Raitenau umsichtig an, nachdem dieser 1576 sein Studium am römischen Collegium Germanicum angetreten hatte. Zu dieser Zeit stand Marcus Sitticus im Alter von 43 Jahren auf dem Höhepunkt seiner Laufbahn dem päpstlichen Thron zunächst.

Nur in einem Punkt enttäuschte er die Familie, und leider in jenem, der sie am empfindlichsten traf und am meisten empörte: sein überreiches Erbe sollte nicht ihnen zufallen, sondern dem illegitimen Sprößling Roberto, den ihm seine schöne Genueser Freundin Olivia Giganti im April 1566 geboren hatte. Damals weilte Merk Sittich in Vorarlberg, floh aber vor der gerade wieder aufflammenden Pestepidemie, den »sterbenden Läufen«, wie man sie nannte. Zurückgekehrt faßte er eine ungestüme Liebe zu dem Sohn, legitimierte ihn im Jahr 1571 und überschrieb ihm die beiden großartigen Villen »Tusculana« und »Mondragone«. Insgesamt sicherte er dem Knaben den Gegenwert von mehr als 200000 scudi an Liegenschaften zu und suchte schon für den Elfjährigen eine reiche und vornehme Braut aus, als könne er es nicht erwarten, nun endlich auch seinen ureigenen Stamm sich fortpflanzen zu sehen. Er fand sie in einer Nichte des Kardinals Orsini, und Gregor XIII. nahm keinen Anstand daran, die beiden reich ausgestatteten Kinder persönlich zu trauen. Dem Freund und oft beanspruchten Gastgeber konnte dieser Papst nicht leicht etwas abschlagen.

Die Gesundheit des Kardinals Marcus Sitticus hielt allerdings mit seinem steigenden Reichtum nicht Schritt. Schon 1568 hatte er die Bäder von Lucca und Pozzuoli aufsuchen müssen, um in monatelangen Kuren sein »grausam lädiertes Haupt« und seine Gicht zu kurieren. Damals hatte er sich gar sterbend geglaubt und einen reumütigen Beichtbrief an seinen Vetter Carlo Borromeo, den Erzbischof von Mailand geschrieben. Er wisse, daß er in Todsünden gelebt und schwere Strafe verdient habe. Mit Besserung seiner Gesundheit war diese Anwandlung zwar verflogen und kehrte nicht wieder, doch zwangen ihm seine Leiden eine gewisse Zurückgezogenheit auf, was ihm Neider am päpstlichen Hof als »das Übel des Müßiggangs« anzukreiden versuchten. Auch in seinem Bistum Konstanz begann es zu gären. Er hatte den Domherren versprechen müssen, die Beschlüsse des Trienter Konzils in die Tat umzusetzen und den Klerus zu reformieren. Sie verlangten sogar, daß er bei seiner eigenen Person damit beginne. 1567 hatte er eine Diözesansynode in Konstanz abgehalten, dafür ein überdimensioniertes Gästehaus bauen lassen und war in einem kardinalrot gestrichenen Schiff über den Bodensee angesegelt. Die Eidgenossen jedoch, schon damals gründliche und ordnungsliebende Leute, beeindruckte das kaum. Sie hielten wenig von einem Bischof, der in Rom saß und an seinem Amtssitz den Dingen einfach ihren Lauf ließ. Nachdem Gregor XIII. den päpstlichen Thron bestiegen hatte, fühlte sich Marcus Sitticus zwar gesicherter in dieser Pfründe, doch konnte selbst der Freund die Klagen nicht mehr überhören und schickte 1579 Felician Ninguarda als Visitator nach Konstanz. Das Ergebnis waren einige Absetzungen sowie zahlreiche Rügen und Verwarnungen.

Im September des gleichen Jahres versammelte sich aber der Klerus der drei Schweizer Urkantone in Brunnen und schlug zurück. »Wie der Hirt, also sind die Schaf«, schrieben sie empört nach Rom. »Wenn unser Bischof selber *concubinas* und *spurios* pflegt zu haben, was sollen dann seine Priester anders tun? Die Reformation sollte billiger Weise bei ihm, als dem Haupt, anfangen.«

Sie ließen es bei dieser angriffslustigen Verteidigung nicht bewenden, sondern prangerten, einmal im Zuge, auch die finanziellen Gepflogenheiten ihres Oberhirten an. Er kümmere sich nicht um das Bistum, sondern lasse sich nur das beträchtliche Einkommen durch seinen Fiscal nach Italien schicken. »Die

Bischöfe sollen mit mäßiger Haushaltung vergnügt sein, sich vor großem Pomp hüten und die Ihrigen nicht mit Kirchengut reich machen«, war ihre Ansicht.[5]

Seit dem Jahre 1571 verfolgte der blutjunge Kanonikus des Bistums Konstanz, Student der Rechte in Pavia und der Theologie in Rom, Wolf Dietrich von Raitenau, aufmerksam, was sich im weiteren mit dem Bistum seines Oheims zutrug. Dank seiner Familienbeziehungen hatte er die Domherrenwürde schon als Knabe erhalten, war aber zu der Zeit, als der päpstliche Nuntius dort visitierte und Reformversuche unternahm, bereits zwanzig Jahre alt geworden.

Der Gesundheitszustand Merk Sittichs hatte Erzherzog Ferdinand von Tirol auf den Gedanken gebracht, er könne in absehbarer Zeit Konstanz seinem Sohn, dem Kardinal Andreas von Österreich, zuschanzen. Nach bewährter Manier sollte Andreas, der Sohn Ferdinands und der schönen Philippine Welser, zunächst bei dem leidenden Hohenemser als Koadjutor eingeschleust werden. Zu diesem Zweck sandte Ferdinand einen Unterhändler nach Rom. Dieser scheute auch vor Bestechung nicht zurück: Ein Diener des Kardinals berichtete ihm jeweils genau über den Krankheitsverlauf. Den erwarteten Tod des Kardinals hätte der Erzherzog schnellstens durch einen bereitstehenden Reiterboten erfahren. Als Merk Sittich jedoch von diesem Komplott hörte, verlieh ihm der Zorn ungeahnte Lebenskräfte. Sein Zustand besserte sich so erheblich, daß er am 13. November 1582 an Jakob Hannibal schreiben konnte: »Dann wollen wir Euch nit verhalten, dass sich unser Leibesschwachheit damit wir längst vor der Zeit angegriffen worden, nachdem sie ziemlich beschwerlich gewest, zue ziemlicher Gesundheit und Wohlstand geschickt und, wie wir durch unsere Medicos ... vertröstet werden, in kurzem zu solcher Vermöglichkeit kommen sollen, wie wir vor 30 Jahren gewest seiendt.«[6]

Kaum genesen, spann er schon wieder Pläne. Er dachte nicht daran, das Bistum Konstanz den Habsburgern zukommen zu lassen. Was einmal in der Familie Hohenems war, mußte den Hohenemsern bleiben, in diesem Fall einem Nachkommen des von Merk Sittich eifersüchtig geliebten Bruders. Und so erkundigte er sich bei diesem nach dem genauen Alter von Jakob Hannibals Zweitältestem, dem zarten Pflänzchen, das nach ihm Merk Sittich heißt. Ist der nun eigentlich sieben oder schon acht Jahre alt? Vorläufig sei er jedenfalls zu jung und deshalb »nit qualifiziert und gestracks dem Concilio entgegen und zuwider, solche Junge mit Prälaturen und Beneficien zu providieren.« In etwa zwei Jahren (!) werde der Kleine jedoch das gebührende Alter erreicht haben, und dann werde er, Marcus Sitticus, ihn »dermaßen providieren, daß er weder dem Vater noch den anderen Kindern Überdrang oder Beschwerlichkeiten bereiten« müsse. Ganz klar spricht der Kardinal seine Absicht aus: »Wir seindt auch mit Hilf des Allmächtigen dermassen beschaffen, dass wir nit allain auf dieselbig Zeit und bis Euer Suhn qualifiziert, zue leben verhoffen, sondern wellen ihne auch noch zu ainem Bischof zue Constanz machen.«[7]

Wolf Dietrichs Leben wäre anders verlaufen und hätte ein besseres Ende genommen, wenn der Onkel fest geblieben und der kleine Merk Sittich Bischof von Konstanz geworden wäre. Doch ›wäre‹ und ›hätte‹ sind schlechte Begleiter auf historischen Wegen. Fest steht, daß der ältere Marcus Sitticus wieder einmal seiner Geldgier unterlag, obzwar er sich ursprünglich weigerte, auch nur einen Vertrauten des Tiroler Erzherzogs in das Kapitel von Konstanz aufzunehmen und sich sogar zu der Erklärung verstieg: »Lieber das Martyrium als eine Abmachung mit Österreich.«

Innerhalb des Kardinalskollegiums, des vornehmsten Klubs der Kirche, pflegten die Dinge jedoch in aller Stille ausgetragen zu werden, und so besaß Andreas von Österreich, der dem Kollegium angehörte, eines Tages das von ihm gewünschte Kanonikat. Dann stellte Merk Sittich ein einfaches Rechenexempel auf. Was brachte ihm Konstanz ein? Zwanzigtausend jährlich und eine Menge Ärger mit den dortigen Domherren. Erzherzog Ferdinand bot für die Abdankung des Hohenemsers zu Gunsten seines Sohnes eine jährliche Pension von 12 000 Gulden. Merk Sittich verlangte 18 000 und bekam sie schließlich. Man einigte sich auf 9 000 spanische Dukaten, was Merks Ziffer entsprach. Allerdings verlangte der gewitzte Kardinal als Sicherstellung für

diese Rente die Verpfändung der spanischen Pension, die Andreas zustand und noch 50 000 Gulden Kaution. Mit der unver-
läßlichen Zahlungsweise Ferdinands hatte schon Jakob Hannibal von Hohenems, der dem Habsburger 100 000 Gulden lieh,
Erfahrungen gesammelt. 1589 war das Geschäft, durch welches
ein Bistum verhandelt wurde, perfekt. Für den jungen Merk
Sittich, den Sohn Hannibals und der Hortensia Borromeo, würde
sich zu gegebener Zeit ein Ersatz auftreiben lassen.
Der Onkel sorgte sich ganz besonders um die Zukunft von Jakob
Hannibals Kindern, nachdem deren Mutter Hortensia am 27.
Dezember 1578 an den Pocken gestorben war, von ihrem Gatten
so tief betrauert, daß er, der gerade in Flandern Krieg führte,
sogar im Feld schwarze Kleidung trug. Einmal mehr suchten und
fanden die Brüder anläßlich des unerwarteten Todesfalls Zuflucht bei Helena von Raitenau, die mit ihren Töchtern herbeieilte und sich der fünf Halbwaisen annahm. Wie Jakob Hannibals Schloßvogt Hartmann Pappus von Tratzberg seinem aus
den Niederlanden unabkömmlichen Herrn schrieb, hat sie »eine
gar feine, ordentliche, christliche Haushaltung eingerichtet«,
und die fünf Kleinen, die bei Hortensias Tod allesamt die Ma-
sern hatten, zuerst einmal gesundgepflegt, so liebevoll, daß die
Kinder, die im Alter von elf bis zwei Jahren standen, in der Tante
»nicht nur eine Base, sondern gewisslich mer als ain getruwe
Mutter« sehen konnten. »Sie hat sie alle vlissiglich gebadet us
dem Schwefelwasser[8], item gesäubert und dermassen gezogen,
dass wir uf dieser Welt nit merers erwünschen wollen.«[9]
Bei aller Hilfsbereitschaft und Beliebtheit galt Helena innerhalb
der Familie aber auch als stolz und hochfahrend. So schrieb
Hortensia einmal an Jakob Hannibal, daß ihre jüngere Tochter
Clara hochmütig und putzsüchtig sei. Sie habe »ganz das Natu-
rell ihrer Tante Lena«.
In Helena von Raitenau mengten sich eben praktische Vernunft
und zupackende Gutmütigkeit mit dem aufbrausenden Temperament ihres Vaters und dem Hochmut der Medici. Dazu kam
eine gewisse Enttäuschung über das eigene provinzielle Dasein.
Nie war sie nach Rom gekommen, nicht einmal nach Mailand
wie ihre Schwester Margarete, nie hatte sie rauschende Feste

an der Seite eines reichen und mächtigen »gemachels« besuchen können. Ihr Hauswesen war im Vergleich zu denen der Verwandten geradezu ärmlich zu nennen, ihre Kleidung bescheiden. An Schmuck und Silbergeschirr besaß sie nur das Wenige, was man ihr von zu Hause mitgegeben hatte. Zweifellos war sie es, die unerfüllte Wünsche auf den ältesten Sohn übertrug, denn bei Vater Hanns Werner findet sich von Geltungsbedürfnis oder Ehrgeiz nicht die kleinste Spur. Dieser brave Mann mit dem physisch so stark ausgeprägten Profil läßt markante Charakterzüge völlig vermissen. Aus Ehrenhaftigkeit war er pflichttreu, doch längst berufsmüde.

Auch seine Brüder konnten keine größeren Erfolge verzeichnen. Hanns Gaudenz von Raitenau brachte es nur zum Obersten der Stadt Augsburg (später Bregenz), während Johann Ulrich noch immer seine Abtei in Trier innehatte. Als er um Protektion ersuchte, tat Hanns Werner das Übliche: er schrieb nach Rom an seinen Schwager, Kardinal Marcus Sitticus. Die Endfloskel seines Briefes besagt, unbestimmt wie gewöhnlich, daß Hilfe für den Bruder auch ihm selbst und seinen Söhnen, die »aller Gnade und Förderung bedürftig« seien, zugute kommen würde. Diesmal wenigstens führt seine Bitte zum Ziel: wenn Johann Ulrich von Raitenau 1570 Fürstabt von Murbach und Lüders im Elsaß wird, so hat wieder einmal Kardinal Marcus Sitticus seine Hand im Spiel gehabt. Der Kreis der Familienförderung schließt sich planmäßig: Fünf Jahre später bestimmt dieser väterliche Oheim den Neffen Wolf Dietrich von Raitenau zu seinem Koadjutor und präsumptiven Nachfolger in den Abteien von Murbach und Lüders.

Rom war indessen für den Kardinal zu einem goldenen Käfig geworden, den er kaum mehr verließ. Sein Gesundheitszustand wechselte, seinen Charakter änderte er nach dem kurzen Aufflackern bußfertiger Gesinnung nicht mehr. Sein eigener Haushalt, der zeitweise bis zu 80 Diener benötigte, kam ihn ebenso teuer zu stehen wie die Lebensführung des Sohnes Roberto, den er nach allen Kräften verwöhnte. Im Park von »Mondragone« hatte er neben Ballspielhaus und Wasserschloß einen Palazzetto für Roberto und dessen junge Frau Cornelia errichten lassen. Es versteht sich von selbst, daß auch dieses Kinderparadies mit allem erdenklichen Luxus ausgestattet war. Mehrfach zierten allegorische Darstellungen des väterlichen Wahlspruches »sic in concussu« in Form einer von Blitzen und Stürmen bedrohten, aber unerschütterlich stehenden Brücke die Wände, als wollte der Ältere dem Jungen Hartnäckigkeit fürs Leben einprägen. Diesen werden jedoch seiner ganzen Lebensweise nach die Bilder leicht bekleideter mythologischer Figuren, von denen es auch eine ganze Menge gab, mehr erfreut haben als Mahnungen. Jedenfalls wurde der bildhübsche Sohn, den Sixtus V. sogar zu seinem Gardekapitän machte, seiner Kindfrau rasch überdrüssig und stürzte sich in ein *dolce vita*, dem kein Attribut fehlte, von der nächtlich entrollten seidenen Strickleiter der willigen Geliebten über Entführungen bis zu Gewalttaten. Das hinderte den Vater nicht daran, sogar die durch Aufgabe des Bistums Konstanz erworbene spanische Rente dem jungen Tunichtgut zu verschreiben, und da es noch dazu hieß, dessen junge Frau sei schwanger, sahen die Hohenemser alle Erbschaftshoffnungen schwinden. Erleichtert atmeten sie auf, als der vorarlbergische Kavalier Kaspar Fetz, derzeit zu Rom im Gefolge des Kardinals d'Altaemps, am 10. März 1584 zu berichten wußte, daß sich die Nachricht als bloßes Gerücht herausgestellt habe. »Die gravidanza ist also in fumo gegangen«, schrieb er nach Hause und lieferte mit diesen lapidaren Worten einen trefflichen Beweis für die Altehrwürdigkeit der heute so verpönten Sprachenvermischung.

Hatte Kardinal Marcus Sitticus auch ein volles Jahreseinkommen, 40 000 scudi, allein für die Innenausstattung der Villa »Mondragone« ausgelegt, so konnte er einen Triumph für sich buchen, dessen Bedeutung damals noch nicht in seiner vollen Tragweite erfaßt wurde: von Mondragone aus verkündete Gregor XIII. am 24. Februar 1582 mit der Bulle »Inter gravissimas pastoralis officii nostri curas« die Einführung des neuen Kalenders, welcher nach ihm der Gregorianische benannt wurde.

Weder sein schlechter Gesundheitszustand noch seine gewaltigen Auslagen hinderten den Kardinal d'Altemps daran, seiner Sammlerleidenschaft für Landgüter weiterhin zu frönen. Und auch seine andere Leidenschaft, die Familie herumzudirigieren, lebte er aus. Jakob Hannibal riet er dringend an, in den neuerbauten »herrlichen Palast« von Hohenems zu ziehen, dessen Ausbau ja auch »mit schlechtem Geld« bezahlt werden könne. Und als der Bruder, des Witwerstandes müde, sich mit der neunzehnjährigen deutschen Gräfin Ursula von Zimmern verloben wollte, erhielt er die ungnädige Vermahnung, er solle sich, statt zu heiraten, lieber wieder in den Dienst des spanischen Königs begeben, um die Ehre des Hauses Hohenems zu mehren. »An des Kunigs Dienst ist viel mehr gelegen dann die Haushaltung zu richten«, schrieb Marcus Sitticus und warf dem Bruder kurzerhand sein Alter an den Kopf. Durch eine ungleiche und junge Heirat würde er sich eher und geschwinder verbrauchen, als in einem ehrsamen Witwerstand. Die Familie des Grafen von Zimmern allerdings wäre schon recht. Möchte Jakob Hannibal nicht lieber seine Tochter an den Bruder der jungen Gräfin verheiraten als sich selbst mit ihr?

Jakob Hannibal greift zu einem letzten Ausweg und gesteht dem geistlichen Bruder, daß er »zu Anfechtungen gegen das sechste Gebot inkliniere.« Das hilft ihm aber keineswegs. Merk Sittich hat offenbar in diesem Punkt ein ganz schlechtes Gedächtnis, obwohl der lebende Beweis seiner eigenen Anfechtungen Tür an Tür mit ihm wohnt»Der Mensch hat einen freien Willen«, belehrt er den Älteren salbungsvoll – und mit diesem und Gottes Hilfe werde er der Anfechtungen wohl Herr werden.

Gregor XIII., Freund und Gönner des emsischen Kardinals, starb 1585, und wieder sprach Marcus Sitticus ein gewichtiges Wort im Konklave mit. Felice Peretti bestieg als Sixtus V. den heiligsten Thron, und als alter Praktiker benannte der Kardinal d'Altemps schnell wenigstens seine neuerbaute Wasserleitung nach ihm – doch diesmal ohne Erfolg. Sixtus V., nüchtern, reformfreudig, dem strengen, die Armut praktizierenden Orden der Franziskaner angehörig, weilte nur ein einziges Mal in ›Mondragone‹.

Marcus Sitticus hatte schwerere Schicksalsschläge zu ertragen als mangelnde Beachtung durch einen neuen Papst. Im April 1586 war er so leidend, daß er kaum mehr eine Sänfte, geschweige denn ein Pferd besteigen konnte. Podagra und Zipperlein plagten ihn, daneben schmerzte die alte Kopfwunde. Am 29. April 1586 starb seine Schwester Helena und im November des gleichen Jahres kam auch der zwanzigjährige Roberto ums Leben, welchen Papst Sixtus V. noch zum Herzog von Galese erhoben hatte. Beim Tod ihres jungen Gemahls war dessen Gattin Cornelia tatsächlich schwanger. Posthum brachte sie einen gesunden Knaben zur Welt, der Gian Angelo genannt und zum neuen Erben des Großvaters Marcus Sitticus eingesetzt wurde. Dem früh verstorbenen Sohn ließ der Kardinal ein prächtiges Grabmal in der Kirche Sta. Maria di Trastevere setzen, seiner letzten Titelkirche. Die dafür bestimmte Kapelle trug von nun an den Namen Capella d'Altemps und bot neben Robertos Grabstätte auch Platz für die sterblichen Überreste des Vaters.

Im nächsten Jahr kam dagegen aus Salzburg eine erfreuliche Nachricht: Merk's Neffe und Schützling Wolf Dietrich von Raitenau war zum Erzbischof gewählt worden, eine Überraschung, mit der kaum jemand gerechnet hatte. Der Kardinal überlegte sofort, welche Geldmittel dem so erhöhten Familienmitglied nun zur Verfügung stünden und welche Schlußfolgerungen daraus zu ziehen seien.

In gleichem Sinn äußerte sich auch der Onkel aus Hohenems: Wolf Dietrich verfüge nun über Einkünfte von 200 000 Dukaten und einen großen Hofstaat. Hoffentlich werde er die Fürstabtei von Murbach und Lüders (deren Koadjutor er war) zu Gunsten seines nächstälteren Bruders resignieren, damit beide große Fürsten würden, schrieb Jakob Hannibal nach Rom. Aber am 27. Dezember 1587, auf den Tag neun Jahre nach dem Tod seiner vielgeliebten Hortensia, starb auch Jakob Hannibal, bewunderter, bevormundeter und ermahnter Bruder des Kardinals, der einzige Mensch, den er außer seinem Sohn Roberto aufrichtig geliebt hatte.

Von da an lebte Marcus Sitticus nur noch für seine Besitztümer und für den Enkel Gian Angelo, dem er nun alles zu hinterlassen gedachte. Als ihn der Tod am neunzehnten Februar 1595 von vielen Leiden erlöste, genoß dieser Mann, der acht Päpsten verläßlich gedient und siebenmal im Konklave mitgewählt hatte, immer noch hohes Ansehen im Vatikan. Neben Habgier und bedenkenlosem Verfolgen selbstsüchtiger Ziele hatte er Großzügigkeit besessen und sich niemals jener Heimtücke oder Grausamkeit schuldig gemacht, die in der italienischen Renaissance auf der Tagesordnung standen. Eine – allerdings sehr persönliche – Art von Ehrenkodex hielt er strikt ein, verfolgte seine Ziele geradlinig und versuchte nie etwas anderes zu scheinen als das, was er in Wirklichkeit war: ein ungewöhnlich erfolgreicher Streber, ein Parvenu.

Eine starke Persönlichkeit mit konzentrierter Zielsetzung und so ungewöhnlichen Erfolgen wie der Hohenemser Kardinal mußte natürlich lebhafte Anziehungskraft auf einen von Haus aus ehrgeizigen jungen Mann ausüben, der sich seinen Lebensweg erst bahnen sollte, und ihn zum Nacheifern anspornen, umso mehr, als die eigene Veranlagung in die gleiche Richtung ging. Von Schwanken, Zögern, raitenauischer Ergebung in ein Schicksal ist jedenfalls bei Wolf Dietrich nichts zu finden. Ob der Onkel den Neffen nur in seiner Karriere zu fördern suchte oder ob er bewußt und absichtsvoll dessen Ehrgeiz und Machtgier aufstachelte, so daß der Jüngere später jeden nur erreichbaren Vorteil als ihm zustehendes Recht in Anspruch nahm und ihm Selbstdisziplin ebenso fremd wurde wie Opferwilligkeit, läßt sich nicht mit Sicherheit feststellen. Wohl aber, daß der andere Neffe des Kardinals, der Sohn seines Bruders Jakob Hannibal, der nach ihm Marcus Sitticus hieß, diese gleiche Schule mit sehr unterschiedlichen Ergebnissen durchlief. Was sich in Salzburg seit dem Jahre 1611, seit Wolf Dietrichs Gefangennahme, abspielte, war der Kampf dieser beiden so konträren Naturen, ein Kampf um Macht und Überleben, der in krassem Gegensatz zu des Kardinals eisernem Gesetz vom Zusammenhalt der Familie stand und den er zu seinen Lebzeiten niemals geduldet hätte.

3. KAPITEL

Die Vorbereitung

Einer bekannten Definition zufolge wird die Persönlichkeit eines Menschen von Milieu und Charakter geprägt. Unter Charakter mag man dabei die Summe aller Erbanlagen verstehen, modifiziert durch eigene Willensanstrengungen. Was das Milieu anlangt, so trachten Erwachsene, die sich gerne ihrer glücklichen Jugend erinnern, oftmals danach, ähnliche Lebensumstände wiederherzustellen. Noch häufiger aber nehmen sich junge Menschen vor, ihr Leben anders und besser zu gestalten als das im Elternhaus erfahrene. Dieser Fall traf bei Wolf Dietrich von Raitenau zu.

Offenbar pflichtete Vater Hanns Werner den Argumenten Helenas und ihrer Brüder bei, welche die Aussichten einer kirchlichen Laufbahn für die weitaus günstigsten hielten. Er mußte es wohl tun, wenn er auf der einen Seite sein eigenes mühe- und gefahrvolles Reiterleben bedachte, andererseits die Tatsache, daß die wenigen seiner eigenen Verwandten, welche einen Aufstieg erlebt hatten, diesen Rom verdankten: Ein Oheim, der Fürstabt von Kempten gewesen war, und sein Bruder Johann Ulrich, der es 1570 mit Nachhilfe des Kardinals Marcus Sitticus zum Fürstabt von Murbach im Elsaß gebracht hatte.

Dazu kam, daß Wolf Dietrich körperlich nicht allzu kräftig veranlagt schien. War der Junge den Strapazen eines wechselvollen Offizierslebens überhaupt gewachsen? Und wäre es nicht schade, seine ungewöhnlichen Geistesgaben ungenutzt verkümmern zu lassen? Angesichts der großen Kinderzahl und des bescheidenen Besitzstandes der Familie wurden aus solchen Erwägungen heraus gleich die beiden ältesten Söhne der Raitenauer, Wolf Dietrich und Hans Jakob, in die geistliche Laufbahn gedrängt. Ein adeliger Kleriker mit entsprechender Rückendeckung konnte auf eine sichere Karriere zählen. Nicht nur ermöglichte der geistliche Stand seinen Angehörigen eine bessere Lebenshaltung, als sie die ewig in Geldklemmen steckenden Fürsten ihren Söldnerführern anzubieten vermochten, auch die Aufstiegschancen waren praktisch unbegrenzt. Irgendein Gefühl der Berufung oder selbst nur der Neigung für den geistlichen Stand verlangte niemand von den Kandidaten.

Blitzgescheit und von frühem Ehrgeiz erfüllt ließ es der Knabe zu, daß die Erwachsenen seinen Herzenswunsch, die Waffen tragen zu dürfen, von vornherein ablehnten. Viel später erst, in der »Vorredt« zu der von ihm verfaßten »Biblischen und christlichen Kriegsordnung«, die er um sein 40. Lebensjahr niederschrieb, bekannte sich Wolf Dietrich zu jener atavistisch-männlichen Sehnsucht. Aus seinen Worten spricht die Willenlosigkeit des Jugendlichen, mit dem die wohlmeinenden Eltern nach Gutdünken verfuhren: »... ohngeacht ich zeittlich genug in meiner Jugendt von meinen frommen und trewen Eltern selig der khirch Gottes auffgeopfert undt übergeben undt zu dem gaistlichen Standt gewidmet bin worden, jedoch aus einer haimlichen und schier angebornen anmuettung undt inclination in undt allwegen zu dem kriegswesen grosse naigung undt lust getragen hab undt dieweil mier nitt gestatt oder zugelassen worden, den krieg wirklich nachzusetzen ... undt dieselben in die erfahrung zu bringen, hab ich mich doch beflissen, alle die authores so wol alte als newe so vil mier deren in die handt kommen undt von kriegssachen geschriben haben mitt angelegenen fleiss zu lesen undt zu erwegen.«[1]

Die Ausdrucksweise erschien ihm beim Überlesen offenbar doch etwas zu krass, denn im Manuskript ist das Wort »auffgeopfert« durchstrichen, doch die persönliche Einstellung ist nicht wegzuleugnen. Noch zwanzig und mehr Jahre später las der Raitenauer mit größtem Interesse Kriegsbücher, schrieb selbst Abhandlungen über einschlägige Themen und debattierte am liebsten mit Militärs. Als die elterliche Vernunft nicht mehr obwaltete und er in seinen letzten Lebensjahren der nie gestillten Leidenschaft unbesonnen doch noch nachgab, erwies sie sich als verhängnisvoll. Sein Sturz und Ende sind darauf zurückzuführen.

Nachdem einmal die Richtung feststand, begann die Erziehung des Knaben folgerichtig im Konvikt zu Günzburg, welches zu

Vater Hanns Werners Burgauer Vogtei gehörte. Der zeitgenössische Chronist Steinhauser berichtet, schon damals habe der Zögling als einen »gueten Paumb, der als balt in seiner bliehenten Jugent guete Frichtlein zu bringen sich erzaigt«, und so fleissig studiert, daß er »in gar kurzer Zeit Andre seines Gleichs bei weitem übertroffen hat«.[2] Unter den Anderen befand sich auch sein um drei Jahre jüngerer Bruder Hans Jakob.

Zielstrebig wurden die ersten Maßnahmen für eine erfolgreiche Laufbahn getroffen: Kardinal Marcus Sitticus verlieh dem Neffen ein erstes Kanonikat in seinem Bistum Konstanz und zeigte sich damit dessen Vater doch noch erkenntlich für die seinerzeitigen Bemühungen bei der Erlangung des dortigen Bischofssitzes. Anläßlich der Aufschwörung als Domherr, die ein Prokurator für den Knaben leistet, wird bezeugt, daß der Zwölfjährige bereits die Tonsur trägt.

1574 bezog Wolf Dietrich als Student der Rechte die Universität von Pavia. Leider vergaß der Vater über all seinen Kriegszügen, rechtzeitig um die Schülerpfründe einzureichen, die dem jungen Kanonikus vorläufig an Stelle der vollen Bezüge zugestanden wäre. Daher erhielt der Halbwüchsige erst im folgenden Jahr das kleine, mit keinerlei Pflichten verbundene Taschengeld, das den Onkel selbst nichts kostete. Es gehörte zu Merk Sittichs Prinzipien, den eigenen Besitz nicht zu schmälern, sondern der Familie immer neue Geldquellen von außen zu erschließen. Diese erste kleine Rente ermöglichte dem Neffen die Erfüllung bescheidener Wünsche, machte ihn unabhängig und trug damit seinem Stolz Rechnung, dem Stolz der Hohenemser, der Medici. Geduld bis zur Trägheit, Mangel an Durchschlagskraft, die bittend aufgehobene Hand, den Raitenauern eigen, überließ er den jüngeren Brüdern, die später seine gerne gewährte Großmut und Fürsorge reichlich in Anspruch nahmen.

1575 erhielt der Jüngling die zweite Würde und Pfründe. Diesmal – es ist das einzige Mal – von der väterlichen Seite. Onkel Johann Ulrich von Raitenau war erkrankt. Seine schwer errungene Stellung als Fürstabt sollte der Familie aber möglichst erhalten bleiben. Also schlug er dem Konvent von Murbach und Lüders vor, seinen Neffen Wolf Dietrich zum Koadjutor zu bestellen. Die Hilfe, die der Student von Pavia aus dem kranken Abt hätte zu leisten vermögen, war problematisch, doch die Sorge glücklicherweise unbegründet: Johann Ulrich gesundete und stand der Abtei noch weitere zwölf Jahre vor. Aber Wolf Dietrich hatte aufgeschworen und seine Wahlkapitulation, die Versprechungen, welche er dem Konvent machen mußte – wieder durch einen Prokurator – am 14. Juni 1575 unterzeichnen lassen. Damit hatte er den Titel und eine Rente von 880 Gulden jährlich in der Tasche und konnte nun standesgemäß das Collegium Germanicum beziehen, jenes vornehmste Priesterseminar für deutschsprachige Studenten, welches die Jesuiten in Rom errichtet hatten und leiteten. Am 19. März 1576 traf er in der Hauptstadt der katholischen Welt ein und blieb dort fünf Jahre, bis zum Juni 1581.

Zu seinen Mitschülern zählten die nachmaligen Salzburger Domherren Hans Jakob von Lamberg, den er später selbst zum Bischof von Gurk weihte, und Johann Krafft von Weitingen, der sein letzter Domdechant wurde. Auch folgte ihm bald sein nächstältester Bruder Hans Jakob nach. Kardinal Marcus Sitticus hielt vorplanend seine schützende und dirigierende Hand über beide. Dem Jüngeren verschaffte er im Jahr 1577 Kanonikate in Augsburg und Eichstätt. Für den Älteren waren außer Konstanz und Murbach noch Basel und Salzburg vorgesehen.

Aus langjähriger Erfahrung wußte der Kardinal, daß die Unterbringung ortsfremder Kandidaten regelmäßig auf den Widerstand der eingesessenen Kapitelsherren stieß und daher von langer Hand vorbereitet werden mußte. Er verstand es aber auch, mit derlei Schwierigkeiten fertigzuwerden. In Basel war die Dompropstei eine alte Domäne der Familie, die schon der Onkel Merk Sittichs, Jörg Sigmund von Hohenems, innegehabt hatte. Nun schlug der Kardinal vor, sie an Wolf Dietrich zu verleihen, und als der alte Domprobst 1574 starb, kam der befreundete Papst Gregor XIII. diesem Wunsch nach. Aber nicht nur der Unwille des Bischofs und seines Kapitels, dessen Herren diese wichtige Stellung lieber nach eigenem Gutdünken besetzt sehen wollten, sondern auch das Vordringen des Protestantismus machten die Verleihung fragwürdig. Das Basler Domkapitel war nämlich nach Freiburg ausgewichen, um nicht gerade herauszusagen: geflüchtet. In der wohlhabenden Universitätsstadt Basel hatten die Reformierten neuerdings mehr zu vermelden als die Katholischen, und damit war der größte Teil der Einkommensquellen des Bistums verloren gegangen. Allzu große Eile in der Verfolgung dieses Projekts war also nicht geboten, und so beschränkte sich Vater Hanns Werner auf gelegentliche sanft drängende Briefe in der Angelegenheit. Am 29. Februar 1576 kam es schließlich zu einem Vertrag mit dem Kapitel, welcher den Herren die Eigenverwaltung der Propstei wenigstens bis zum 24. Juni 1581 sicherte.[3] Für diesen Zeitpunkt war Wolf Dietrichs Studienende vorgesehen. Inzwischen sollte er sich um die Herausgabe der von der Stadt Basel eingezogenen Stiftsgüter bemühen, um später von den anfallenden Einkünften seine Pfründe beziehen zu können. Auch die höheren Weihen müsse er vor Antritt der Propstei aufweisen, denn vorläufig sei er »nit in Lands und bei der baslischen Residenz, vil weniger des Alters und dazu qualifiziert, daß er der Thumbpropstei ... vorsteen könne und möge.« Einen Domprobst, der sich anderswo aufhielt, nichts leistete und nur die Pfründe bezog, wollten die Basler ebensowenig dulden wie die Konstanzer einen solchen Bischof.

Nachdem diese Stellung also nicht gesichert erschien, betrieb der junge Raitenauer unter Anleitung des Kardinals parallel dazu und nun schon mit eigener Energie und Zielstrebigkeit die Erlangung eines Kanonikats in Salzburg. Bereits am 18. März 1575, also noch in Pavia, hatte er über Weisung des Onkels drei Chorvikare im Salzburger Erzstift vorsichtig ersucht, gegebenenfalls ein Kanonikat ihres Kapitels für ihn entgegenzunehmen. Planung und Timing des Kardinals verdienen Respekt. Im nächsten Jahr resignierte er sein Amt »in die Hände des Kapitels,« also offiziell zu dessen freier Verfügung, ersuchte aber gleichzeitig, das Amt seinem Neffen Wolf Dietrich von Raitenau zu verleihen. Der Wunsch des einflußreichen Würdenträgers konnte kaum abgeschlagen werden. Also bestätigten die edlen Herren von Lamberg als Dompropst und Trauttmannsdorff als Domdechant das alsbald einlangende Gesuch ihres lieben Chorbruders

Johann von Schwendi um Aufnahme des Raitenauers und schrieben an seinen Vater, er möge mit dem minderjährigen Sohn zur Aufschwörung nach Salzburg kommen. Zwar konnte sich der Student selbst nicht aus dem Collegium Germanicum entfernen, das er inzwischen bezogen hatte, doch am 27. Februar 1578 beschwor ein Prokurator für ihn die Kapitelstatuten, nachdem er tags zuvor das Birett in Empfang genommen hatte und feierlich zu dem Chorplatz des neuen Domherrn geleitet worden war. Hanns Werner siegelte für den Abwesenden die »cautio«, die auch die Wachssiegel zweier Zeugen, eines davon Alexander von Schwendis, trägt.[4]

Von den Umständen, unter denen Wolf Dietrich in Rom lebte, ist wenig bezeugt, aber einiges vorstellbar. Der Direktor des jesuitischen Collegium Germanicum, Minutio Minuzzi, bedachte sein Wohlverhalten wie seinen Studienfortgang mit dem hohen Lob »nobilitate morum quam laude excellens«. (Als päpstlicher Nuntius in Deutschland zeigte er sich später dem ehemaligen Zögling weit weniger gewogen.)

Kardinal Marcus Sitticus, Intimus des Papstes Gregor XIII., Besitzer der Traumvillen »Tusculana« und »Mondragone«, berühmt als Gastgeber und fanatischer Förderer der Familie, hielt zweifellos die Tore seiner Paläste für den ambitionierten jungen Mann offen, sooft dieser das Collegium verlassen durfte. Die großzügige, ja üppige Lebensart des Onkels, bei dem die wichtigsten Amtsträger Roms verkehrten, müssen den jungen Raitenauer ebenso beeindruckt haben wie dessen Geschicklichkeit im Anhäufen von Grundbesitz und Ämtern. Wahrscheinlich traf er auch als Einziger aus der Verwandschaft persönlich mit dem ebenso vergötterten wie verlotterten Sohn des Kardinals, Roberto, zusammen.

Der Kardinal wiederum wird der Gesellschaft Roms nicht ungern seinen ältesten Neffen präsentiert haben. Dieses zwar nicht hochgewachsenen, aber körperlich wie geistig geschmeidigen jungen Mannes, aus dessen ernsten Zügen und großen, dunklen Augen geistige Spannkraft und wachsamer Ehrgeiz leuchteten, brauchte er sich wahrlich nicht zu schämen.

Aus dieser Zeit seines römischen Studiums stammt übrigens

die erste Abbildung Wolf Dietrichs, zwar nur als Nebenperson auf einem Kolossalgemälde, doch schon aufschlußreich für seinen Charakter.

Der Reichsgraf Jakob Hannibal wollte die ganze weitverzweigte Sippe für spätere Generationen festgehalten sehen und beauftragte damit den flämischen Maler Antoni Boys. Das Riesenbild, das durch Erbgang und Übersiedlungen nach Bistrau in Böhmen verschlagen wurde,[5] entstand um das Jahr 1578 und vereinigt 56 Familienmitglieder samt Gefolge an einer langen, mit Obstschalen und Pokalen besetzten Tafel, die aller Wahrscheinlichkeit nach niemals auf diese Weise dort oder anderswo beisammen saßen.

Vor dem Hintergrund einer ziervollen Parklandschaft mit eingestreuten Springbrunnen, Marmorstatuen und in der Ferne verblauenden Villen dehnt sich auf einer überdachten, dem Garten zu offenen *sala terrena* in voller Breite die streng rangmäßig besetzte Festtafel aus. Am rechten, dem oberen Tafelende findet sich um die Gastgeber die Gruppe der Ehrengäste versammelt, vor allem die beiden verwandten Kardinäle Carlo Borromeo und Marcus Sitticus. Diese beiden beherrschen nebst dem juwelengeschmückten Hausherrn in golddurchwirktem Brokatwams und pludrigem, schmalkrempigem Hut die Szene.

Bestimmt waren Rang und Sitzordnung von Jakob Hannibal genau festgelegt, und so bekamen die Schwestern Hohenems samt ihren Ehemännern die Plätze zugeteilt, die Reichtum und Stellung entsprachen: Margherita mit ihrem feisten und bäurisch wirkenden Fortunat von Madruzzo in der Bildmitte, im direkten Blickfeld des Beschauers; Helena und Hanns Werner, den Madruzzos gegenüber, müssen ihre Köpfe verdrehen, um noch einigermaßen kenntlich portraitiert zu werden. Helena mit ihren großen dunklen Augen und der in einem goldenen Netz gebändigten Haarfülle ist trotz der vielen Kinder noch eine sehr attraktive Frau. Die kokette, ein wenig provinzielle Stirnlocke zeigt, daß sie es weiß und Wert darauf legt. Und Hanns Werner – nun, martialisch ist wohl der Ausdruck, der zu diesem scharf gewordenen Antlitz mit Hakennase, Stirnzacke, Schnurr- und Knebelbart am besten paßt.

Unter den Lächelnden, Festesfrohen fallen die ernsten Züge eines Jünglings auf, der andere Gesellschaft als die seiner Eltern gesucht hat. Zwar sitzt er nicht mit bei Tisch, dafür aber befindet er sich auf der »richtigen« Seite. Den Weinkelch in der Hand, steht er am oberen Tafelende, bei den Kardinälen und hochmögenden Verwandten. Selbst noch unbedeutend, weiß er doch schon genau, wo man sich aufhalten muß, um bemerkt und gekannt zu werden, um sich so bald wie möglich der Gruppe der Mächtigen als Gleichberechtigter zuzugesellen. In einer für seine Jugend sehr geschickten und für seinen Charakter bezeichnenden Art hatte es der Student im schwarzen Gewand der Priesterzöglinge verstanden, sich in die sorgfältig ausgetüftelte Rangordnung hineinzuschmuggeln. Ehe er untenan sitzt, steht er lieber – aber dort, wo es sich zu stehen lohnt.

Drei Jahre nach dem Entstehen der »Hohenemsischen Festtafel« beendete der Junker erfolgreich seine Studien am Collegium Germanicum. Kein Raitenauer und kein Hohenemser hatte es vor ihm fünf lange Jahre auf einer Universität ausgehalten. Was sollte nun geschehen, um die Karriere des jungen Klerikers voranzutreiben?

Zunächst einmal wollte sich Wolf Dietrich bei den Kapiteln vorstellen, denen er bereits angehörte, um diese genauer kennenzulernen und sie auch gegeneinander abzuwägen. Sein erstes Reiseziel war Murbach im Elsaß, wo der fürstäbtliche Onkel noch immer gesund saß, das nächste Freiburg, wo ihm laut Vertrag die Propstei am 24. Juni 1581 übergeben werden sollte. Schon eilte dem jungen Mann ein warnender Ruf voraus: Vorsicht sei bei ihm geboten. Man hielt ihn zwar für ungewöhnlich gescheit (» . . . ain solchen hochen Verstand, ob welchem sich gleichsam mennicklich verwunderte«), aber auch für anmaßend und herrschsüchtig. Jedenfalls gab der Bischof von Basel seinen Domherren den Rat, die Papiere, welche die Propstei betrafen – es waren die wichtigsten Dokumente über die materiellen Rechte des Bistums – dem Zugereisten nicht im Original auszuhändigen. Nur Abschriften sollte er erhalten, und auch sonst jede Abmachung schriftlich festgelegt werden. Denn wenn er das Schwert einmal in der Hand hätte, würde er »dem Kapitel nit viel gute Worte geben.«[6] Schließlich handelte es sich hier um den Neffen und Schützling des Hohenemser Kardinals, der in diesen Gegenden nicht gut beleumundet war.

Um einigermaßen sicher zu gehen, ließ man ihn noch vor Amtsantritt schwören, die Lasten der Dompropstei zu tragen – was nichts anderes bedeutete, als daß er den übrigen Domherren gewisse Gefälle zu leisten hatte –, keine Güter des Bistums zu veräußern und immer nur im Einvernehmen mit dem Kapitel zu handeln.

Daraufhin entschloß sich Wolf Dietrich, diese Stellung, in der ihm von Beginn an Mißtrauen und Abwehr begegneten, und die offenbar auch wenig Zukunftsaussichten bot, nicht sofort anzutreten, sondern, einem höfischen Brauch folgend, seine Erziehung abzurunden, indem er sich einmal in der Welt umsah. Solche »Kavalierstouren« wurden als geeignetes Mittel angesehen, aus einem jungen Mann von Stand einen perfekten *cortegiano*, einen Höfling, zu machen und verhalfen gleichzeitig zum Erlernen fremder Sprachen, deren Kenntnis auch damals schon von großem Nutzen sein konnte.

Einer sorgfältigen Vorbereitung der Reise, vielleicht aber auch nur dem Zusammentreffen glücklicher Umstände, sind die einzigen Zeugnisse zu danken, welche davon erhalten blieben. Keine geschriebenen, sondern graphische Dokumente, die über die persönliche Bedeutung hinaus auch allgemein-historischen Wert besitzen.

Nach den damaligen Lebensumständen wie auch nach dem Standard, den der vornehme junge Geistliche bereits erreicht hatte, wäre es undenkbar gewesen, daß er allein reiste. Leute von Stand nahmen stets Bedienstete mit sich, die Waffen trugen und notfalls dreinschlagen konnten, wenn es galt, sich marodierender Soldaten oder ziviler Wegelagerer zu erwehren, außerdem aber gerne auch Begleiter zur Unterhaltung und Belehrung. Mit dem jungen Raitenauer reiste ein Hofmeister oder Sekretär, ein kunstverständiger Mann, der sich zwar nicht als Schreiber hervortat, wohl aber als Maler und Graphiker. Sein Name ist nicht überliefert, nur die Initialen, mit welchen er seine Zeichnungen signierte: N. J. W., offenbar deutsche Initialien.

Weder Wolf Dietrich noch sein Reisegefährte nahmen sich die Mühe, Tagebücher zu führen oder Briefe zu schreiben, jedenfalls ist von diesen zwei Reisejahren kein Schriftstück erhalten. Daher bilden die nach der Natur gezeichneten Souvenirs des N. J. W. die einzigen Hinweise auf die Fahrtroute. Diesen Veduten zufolge begab sich die kleine Gruppe von Rom aus nach Oberitalien. Durch die Schweiz ging es weiter nach Frankreich und Spanien. Überall dort hielt man sich auf, wo Neigung und Interesse Befriedigung fanden oder befreundete Äbte gastlichen Klosteraufenthalt boten. Auf diese Weise lernte der junge Schwabe nach der ländlichen Heimat und der Stadt Rom, dem religiösen und politischen Zentrum des Abendlandes mit seiner Hochkultur und seinen freien Sitten nun kleine Städte mittelalterlicher Prägung ebenso kennen wie großzügig geführte bildungsbeflissene Abteien. N. J. W.'s Zeichnungen weisen Aufenthalte in Siena, Freiburg, in Luzern und dem mächtigen Kloster Einsiedeln in der Schweiz, weiters im Badeort Salins in Burgund nach. In Spanien wurde, wohl schon aus naheliegendem Interesse des Jesuitenzöglings, das Bergkloster Montserrat aufgesucht, wo der Begründer der Societas Jesu, Ignatius von Loyola, seine Waffen und Offiziersembleme vor dem Altar niedergelegt und dem weltlichen Leben entsagt hatte.

Von den Zeichnungen ist besonders die Wiedergabe Sienas ein seltenes und historisch unschätzbares Blatt, da keine mittelalterliche Ansicht der Stadt bekannt war, bevor die Anfänge von Wolf Dietrichs graphischer Sammlung der Öffentlichkeit zugänglich gemacht wurden.[7]

Durch wachsende Pfründen finanziell beweglicher geworden hatte Wolf Dietrich schon während seiner Studienzeit begonnen, künstlerische Interessen in eine Sammlertätigkeit umzusetzen, die sein Leben noch länger begleiten sollte. Dabei handelte es sich meist um Zweckgraphik: Landkarten, Stadtpläne, Schlachtaufstellungen, insgesamt 148 Stiche und Holzschnitte, zu welchen dann noch die erwähnten Zeichnungen kamen. Der zweite Erzbischof nach Wolf Dietrich, Paris von Lodron, ließ die losen Blätter in einem Klebeband zusammenfassen und erhielt sie so der Nachwelt.

Schon der wenig bemittelte Student in Pavia erwarb drei Teilstücke einer ursprünglich sechsteiligen Landkarte Italiens, die als Holzschnitt bald nach 1500 in Florenz gedruckt worden war. Erst im 20. Jahrhundert tauchte durch Zufall die Inventaraufstellung eines florentinischen Landkartendruckers namens Alessandro Rosselli auf, die im Jahre 1527 anläßlich seines Todes angefertigt wurde. Darin sind alle Druckstöcke, die der Meister besaß, genau angeführt, darunter einer, der die Bezeichnung »Italia grande in sei pezzi« trägt. Es ist derselbe Holzschnitt, dessen letzten erhaltenen Abdruck der Raitenauer wenigstens zur Hälfte erwerben konnte, die älteste existierende Landkarte ganz Italiens überhaupt.

Nachdem gerade zu Wolf Dietrichs Studienzeit die Kartographie durch eine verbesserte Vermessungstechnik und die überseeischen Entdeckungen ständiger Korrekturen bedurfte, waren die meisten Landkarten beinahe schon bei ihrem Erscheinen überholt. Es ist daher kaum anzunehmen, daß der junge Mann solche Stücke erwarb, um sich für geplante Reisen daran zu orientieren. Viel eher dürfte er solche Blätter schon damals als Kuriositäten gesammelt haben.

Vorläufig reichte es bei ihm nur zum Sammeln und noch nicht zu der kreativeren – und kostspieligeren – Tätigkeit des anteilnehmenden Förderers. Immerhin ließ der reisende Kavalier seinem talentierten Begleiter Kunstförderung zuteil werden, indem er ihm dazu verhalf, interessante fremde Länder, Städte und Bauwerke kennenzulernen, und nahm damit erstmals selbst lebendigen Anteil am künstlerischen Schöpfungsakt.

1583, nach Abschluß der Kavaliersreise, begann eine unruhige Zeit für den jungen Herrn von Raitenau. Sorgfältig seine Zukunft erwägend suchte er nach der Stellung, welche die besten Aufstiegsmöglichkeiten bieten würde. Zwar waren ihm vorläufig nur die niederen Weihen erteilt worden, er hätte demnach immer noch die geistliche Laufbahn verlassen können, doch dazu war seine Ausgangsposition als Kleriker nun schon allzu gut vorbereitet. Eine ganze Anzahl von Eisen lag im Feuer. Welches der verliehenen, wenn auch noch nicht ausgeübten Ämter – Kanonikus von Konstanz, Dompropst zu Basel, Koadjutor der vereinigten Stifte Murbach und Lüders, schließlich noch Domherr von Salzburg – eignete sich wohl am besten als Sprungbrett für weiter gesteckte Ziele? In Konstanz lag Kardinal Marcus Sitticus in Hader mit dem Domkapitel, das seine Art, die Geschäfte *in absentia* zu führen, so gar nicht schätzte. Konnten die Herren ihren Bischof schon nicht loswerden, so würden sie sicher alles daransetzen, nicht noch jemanden aus der gleichen Familie hochkommen zu lassen. An der Koadjutorie von Murbach und Lüders dagegen würde nicht gerüttelt werden, solange dort der Raitenauische Onkel als Fürstabt residierte. Man konnte es also vorläufig bei einem kurzen Besuch bewenden lassen und das Anlegen des Mönchshabits noch hinausschieben. Anders standen die Dinge in Basel bzw. Freiburg und in Salzburg. Diese beiden Chancen mußten sorgfältig abgewogen werden. Doch Freiburg war ihm noch von seinem Antrittsbesuch her ziemlich verleidet, auch nahmen die Verhandlungen mit der Stadt Basel wegen Freigabe der Bistumsgüter einen äußerst schleppenden Verlauf. Am 11. Jänner 1583 resignierte Wolf Dietrich auf Lebenszeit die Administration der dortigen Propstei gegen Zusicherung einer Rente von 200 Thalern jährlich, »da dieser Zeiten nit seiner ferneren Gelegenheit ist, beim Domstift zu residieren«. Die Weichen waren auf Salzburg gestellt.

Im Herbst des gleichen Jahres hielt sich der aufstrebende junge Kleriker in Rom auf. Seine Weihe zum Subdiakon wird in der Laterankirche für den 4. September 1583 bezeugt. Die Domherrenwürde von Salzburg war allerdings vorläufig nur eine nominelle. Um in den vollen Genuß des Stimmrechts und der Praebende zu treten, mußte den Bedingungen entsprochen werden, die ein Alter von 24 Jahren, eine Karenzzeit seit der Aufschwörung von zwei Jahren und ein volles, nicht unterbrochenes Residenzjahr in Salzburg vorsahen.

Am 20. September 1584 meldet sich Wolf Dietrich von Raitenau endlich persönlich beim Domdechanten von Salzburg, dem Grafen Sigmund von Fugger, um sein Pflichtjahr dem Gebrauch gemäß am 24. September, dem Rupertitag, anzutreten. Obwohl die ersten beiden Voraussetzungen nun erfüllt waren – er hatte inzwischen sein 25. Jahr erreicht und die Karenzzeit war längst verstrichen – wurde er auch hier nicht gleich mit offenen Armen empfangen. Seine Koadjutorie der Klöster Murbach und Lüders störte die Herren in Salzburg, die keinen Ordensmann in ihrer Mitte dulden wollten. Das Hindernis war erst aus dem Weg geräumt, als Wolf Dietrich schwor, daß er keinem Orden angehöre, und zusagte, das Kanonikat von Salzburg zurückzulegen, falls er jemals in einen solchen eintreten sollte. Nun endlich konnte er am 22. September 1584 feierlich geleitet den Dom betreten, wo ihm sein Platz im Chor angewiesen wurde. Auch weiterhin war sein Leben von einigen Regeln umgrenzt. So durfte der angehende Domherr während des Residenzjahres auch nicht eine einzige Nacht außerhalb der Stadt Salzburg verbringen und mußte eine besondere Genehmigung einholen, bevor er einmal nach Basel reisen konnte, um in der Streitsache wegen der Bistumsgüter zu intervenieren. Wenn ihn die Basler schon nicht als Dompropst haben wollten, so hatten sie doch offenbar seine juristischen Kenntnisse und sein Verhandlungsgeschick schätzen gelernt.

Niemand vermöchte einen besseren Einblick in die innere Haltung des Raitenauers während dieser Entwicklungsphase zu geben, als er selbst. Aufzeichnungen religiösen Inhalts, die er in den Jahren seit seinem Studienabschluß eigenhändig in lateinischer Sprache niederschrieb, beweisen unwiderlegbar das aufrichtige Bemühen des jungen Klerikers nach christlicher Ethik, welches ihn ungeachtet der zweckhaften Verfolgung seiner Karriere beseelte. Klar erkannte er die eigenen Schwächen und suchte im Kampf dagegen Unterstützung bei den moraltheologischen Abhandlungen frühchristlicher Schriftsteller. Allein aus den Werken des Kirchenvaters Augustinus exzerpierte und paraphrasierte er 600 Schriftseiten, weitere 150 widmete er dem heiligen Ambrosius. Er befaßte sich ferner mit Interpretationen der Schriften der Heiligen Paulus, Hieronymus und Cyprianus, sowie zweier zeitgenössischer Kartäusermönche. Die Gedankengänge dieser Autoren benützte er als Leitfäden und Rechtfertigung für die Entwicklung eigener Ideen und Prinzipien. Besonderen Gefallen fand er an jenen Kirchenlehrern, welche Selbstzucht, Askese und aufrichtige Gottesliebe predigten und vorgelebt hatten, ihre Grundsätze aber auch prägnant zu formulieren vermochten. So entnimmt er dem heiligen Augustinus die Forderung nach Prüfung eigener Handlungen, Gedanken und Neigungen im Hinblick auf Fleischeslust und Hoffart, dem Cyprianus die Betrachtung der Vergänglichkeit alles Irdischen und die Hinwendung auf künftige Seligkeit. Er notiert Sätze, in welchen die Habsucht verurteilt und davor gewarnt wird, anderen Unrecht zuzufügen.[8]

Überraschend wirkt jedoch auf den ersten Blick seine Ablehnung von Vorrechten des Standes und Besitzes, besonders dann, wenn er die Aufforderung des Kirchenvaters Ambrosius zitiert, niemand solle sich des Glanzes seiner Geburt, seiner Macht oder sogar seiner Tugend rühmen, sondern jeder solle stets des Niedrigen in sich selbst eingedenk bleiben.

Als Wolf Dietrich diese Sätze niederschrieb, war er allerdings selbst ein bedeutungsloser junger Kanonikus von gerade noch akzeptabler Herkunft. Schon bei seinen beruflichen Anfängen war er auf alle möglichen Schwierigkeiten gestoßen; Macht und Reichtum lagen vorläufig in beinahe unerreichbarer Ferne. Wahrscheinlich fühlte sich der ehrgeizige Sohn der zuzeiten hochfahrenden und stolzen Mutter Helena selbst noch als Benachteiligter. Manche der reichen, hoch angesehenen Verwandten oder Kollegen gaben ihm sicherlich zu verstehen, daß er unter Seinesgleichen vorderhand keineswegs zur Elite zählte.

Aus diesen frühen schriftlichen Arbeiten spricht deutlich die persönliche Frömmigkeit, welche Wolf Dietrich von Raitenau trotz seiner unkonventionellen Lebensführung niemals verließ. Sie muß dem Bild eines geschickt berechnenden Strebers entgegengestellt werden, dem Religion und Kirche lediglich als Leitersprossen auf dem Wege zu weltlicher Macht und Wohlleben dienen sollten, kontrastierende Teilaspekte einer überaus vielschichtigen Persönlichkeit.

Aber schon zu dieser Zeit gab sich der junge Raitenauer nicht mit theologischen Spekulationen, mit reiner Religionsphilosophie ab. Er dachte praktisch und sprach seine Nutzanwendung am Schluß der Aufzeichnungen auch deutlich aus: »Nobis autem satis est ad salutem, non diputationum controversia, sed praeceptorum veritas.« Nicht Streitgespräche sind uns heilsam, sondern es genügt die wahre Lehre. Die Aversion gegen theologische Dispute behielt Wolf Dietrich übrigens zeitlebens bei.

Außer als Richtlinien für die eigene geistige Haltung dienten diese Exzerpte und Gedankengänge später dem Erzbischof von Salzburg auch als Unterlagen für seine Predigten, denn entgegen der damaligen Übung bestieg er zum Erstaunen seiner Anbefohlenen manchmal selbst die Kanzel.

Allerdings änderten sich die Themen seiner schriftlichen Aufzeichnungen schlagartig mit seiner Wahl zum Landesherrn. Von diesem Zeitpunkt an schrieb er ausschließlich über politische und militärische Fragen. Der Politiker und der Kriegsmann hatten rasch die Oberhand über den Kleriker gewonnen.

Nicht einen Augenblick ließ der junge Raitenauer ungenutzt verstreichen. Nachdem er sein Residenzjahr am 24. September 1584 angetreten hatte, ersuchte er 365 Tage später, am 23. September 1585, um die »admissio ad locem et vocem capitulares et solvendam praebendam«. Er führte, wie es die Vorschrift verlangte, Zeugen für sein Alter von mehr als 24 Jahren, für seine Weihe zum Subdiakon sowie dafür an, daß er die Karenzzeit eingehalten und das Residenzjahr abgeleistet hatte. Alles war hieb- und stichfest, mit dem Hanns Werner'schen Schlendrian war es vorbei, und der erzbischöfliche Hofkanzler Dr. Wolfgang Sommerlang befand, daß die Dokumente in Ordnung und die Bedingungen erfüllt seien. Dem Ansuchen wurde stattgegeben, die Zeremonien nach Brauch und Vorschrift vollzogen.[9] Wolf Dietrich von Raitenau hat nun als aktiv und passiv wahlberechtigter Domherr Sitz und Stimme im Kapitel und erhält die volle, nicht geringe Salzburger Pfründe: 1 000 Gulden jährlich, ergänzt durch mancherlei Benefizien.

Freilich hatte er auch die Kosten seiner Aufnahme zu tragen. Ein Statutengeld mußte bezahlt, ein Festmahl für das gesamte Kapitel veranstaltet werden, beträchtliche Geschenke an den Domdechanten, den Syndikus, den Notar und die Zeugen wurden erwartet. Nicht nur der Chor, der Schreiber und Gegenschreiber, der Mesner und der Kirchendiener wollten bedacht sein, auch

der Kupferstecher, der das Wappen des neuen Domherrn ätzte, der Maler, der dasselbe in das Kapitelbuch einzutragen hatte, verlangten ihren Lohn. Vom ersten Jahresertrag der Pfründe dürfte wenig übrig geblieben sein. Wolf Dietrich hatte nur die Installierung abgewartet. Schon am Tag danach verließ er Salzburg in westlicher Richtung. Mutter Helena war schwer erkrankt, und der Sohn brachte die folgenden Monate hauptsächlich in Vorarlberg zu. Sie starb am 29. April 1586 und wurde in der Pfarrkirche ihres Dorfes Orsingen beigesetzt. Im Juli 1586 kehrte der junge Domherr nach Salzburg zurück, das er nun als seinen Wohnsitz betrachtete. Wenige Wochen zuvor, am vierten Mai 1586, war dort der alte Erzbischof Johann Jakob von Kuen-Belasi gestorben. Die »abscheuliche Krankheit Apoplexia«, geradezu ein Erbübel der Salzburger Erzbischöfe, hatte ihn vorzeitig gelähmt und seines Verstandes zunehmend beraubt, sodaß der in seiner Jugend unternehmungslustige und sogar streitbare Herr die Leitung der Diözese vor sieben Jahren seinem Koadjutor Georg von Kuenburg hatte überlassen müssen. Die Domherren hatten den Mangel einer straffen Regierung benützt, um sich manche Rechte herauszunehmen und dem Koadjutor das Leben so sauer gemacht, daß er mehrmals resignieren wollte. Jetzt stimmten sie zu, daß Georg von Kuenburg ohne weitere Wahl durch einen bescheidenen Einritt am 6. Oktober 1586 seine Position als neuer Erzbischof dokumentierte. Die zeitgenössischen Chronisten beschreiben ihn als mildreich und von großer Leibesfülle, einen Erzbischof, den die Bevölkerung mit Jubel empfing, »denn er gar ein demuetiger, nüchtern und häusslicher Herr gewesen.«
Wolf Dietrich hatte kaum Zeit, seine Aufstiegschancen unter diesem neuen Landesvater zu erwägen, denn schon wenige Monate später stand er einer völlig veränderten Situation gegenüber. Innerhalb von nur acht Tagen, am 25. Jänner und am 1. Februar 1587, starben zuerst der so kurz zuvor neu inthronisierte Erzbischof von Salzburg und die Woche darauf Johann Ulrich von Raitenau, Fürstabt von Murbach und Lüders.
Welches der beiden hohen Ämter sollte der Ehrgeizige anstreben, wie sich verhalten, damit er nicht zuletzt zwischen beiden

Stühlen säße? Jetzt kam alles darauf an, die eigene Ungeduld zu bezähmen, keine übereilten Schritte zu tun, diplomatisch die Entwicklung der nächsten Wochen abzuwarten. Die Abtei Murbach konnte ihm kaum streitig gemacht werden, schließlich war er dort seit vielen Jahren Koadjutor. Allerdings hatte er das Amt nie angetreten und bei der Bestellung versprechen müssen, auf alle anderen Pfründe zu verzichten und die Kutte der Benediktiner anzulegen, falls er tatsächlich zum Abt gewählt werden sollte. Doch gerade davor scheute der weltgewandte und der Welt zugewandte Raitenauer zurück, kleidete er sich doch außerhalb der Kirche am liebsten wie ein spanischer Edelmann. Beide Stellungen, Murbach wie Salzburg, brachten den Fürstenrang mit sich, doch Weltgeistlicher oder Klostervorsteher – das war eben ein gewaltiger Unterschied. Wie würde die Wahl in Salzburg überhaupt ausgehen? Sollte einer seiner Freunde unter den Domherren, etwa der Mitschüler aus dem Germanicum Hans Jakob von Lamberg oder auch Anton von Thun gewählt werden, dann konnte er im Lauf der Jahre mit einer Dignität innerhalb des Kapitels rechnen. Er selbst war mit seinen 27 Jahren der zweitjüngste Domherr und beinahe ein Fremder in der Stadt. Mehrere seiner Kollegen stammten aus alteingesessenen, zum Teil hochadeligen Geschlechtern. Wahrscheinlich würden sie einen der Ihren wählen.

Rechnete man jedoch nach Anciennität, die vom Tage der Aufschwörung – wie lange das her war, beinahe zehn Jahre! – also vom Februar 1578 an zählte, dann bekam die Sache ein günstigeres Aussehen. Von 23 Domherren war er dem Rang nach der elfte, lag also im guten Mittelfeld. Von diesen 23 waren nur dreizehn, darunter er selbst, wahlfähig, doch besaß er nicht das für die Leitung eines Bistums vorgeschriebene Alter von 30 Jahren. Das konnte jedoch durch päpstliche Dispens umgangen werden, die Kardinal Marcus Sitticus bestimmt in Rom erreichen würde. Unter keinen Umständen würde er nach Murbach reisen, bevor die Entscheidung in Salzburg gefallen war, obwohl im Elsaß bereits seit dem 1. Februar in seinem Namen regiert wurde. Gewiß waren die Aussichten, in Salzburg gewählt zu werden, denkbar gering, aber Wolf Dietrich war nicht gewillt,

auch nur eine einzige Möglichkeit zu vergeben. Jedermann wußte, daß die Herren des Kapitels die Neuwahl nicht allzu lange hinauszögern durften, ohne sich Interventionen von außen erwehren zu müssen. Sowohl Österreich als auch Bayern zögerten nicht mit Einmischungsversuchen. Offiziell kamen die Abgesandten nur, um ihr Beileid zum plötzlichen Ableben des so kurz amtierenden Fürsterzbischofs auszudrücken, ganz nebenher aber, um einem ihrem Heimatland günstig gesinnten Kandidaten den Rücken zu stärken. Der bayrische Botschafter Graf Preysing, Pfleger von Reichenhall, umschrieb die Absichten seines Herzogs delikat: ob die Herren Wähler bei diesen »geschwinden, gefährlichen und letzen Zeiten« etwa »nott zu der wal« hätten? Sein Fürst wäre gnädig willens, Hilfe anzubieten. Da der Bote Erzherzogs Ferdinands sich ähnlich äußerte, beeilten sich die Herren mit dem Wahltermin. Ferdinand hielt eifrig Ausschau nach Pfründen für seinen Sohn, den Kardinal Andreas, dem Marcus Sitticus das Bistum Konstanz noch nicht abgetreten hatte. Keinesfalls durfte aber das Recht der Salzburger auf eigene freie Wahl durch einen Präzedenzfall gefährdet werden. Also wurde die Wahl auf den 2. März 1587 festgelegt und gemäß den Regeln mit feierlichem Zeremoniell vorgenommen.[10]
Als Beobachter und Zeugen des Vorgangs nahmen alle Bischöfe, Prälaten und Suffragane des Erzbistums daran teil, ferner zwei Notare und als Wahlleiter der Protonotar oder Kanzler. Dieser las den in der Heiligengeistkapelle des Salzburger Münsters Versammelten die Wahlvorschriften vor. Nach einem Bittgebet um Erleuchtung schrieb zuerst der Dompropst den Namen des von ihm Gewählten auf ein »Zetelein«, verschloß es und trug es selbst zum Altar. Nach ihm legte ein Domherr nach dem anderen schweigend seinen gefalteten Wahlzettel in den auf dem Altar bereitstehenden Kelch. Als Rangältester öffnete der Bischof von Chiemsee die Zettel, reichte sie wortlos den Kirchenoberen weiter, deren letzter sie dem Protonotar zur Verlesung übergab. Mit sieben der dreizehn Stimmen, der knappsten möglichen Mehrheit, wurde so am 2. März 1587 der Außenseiter Wolf Dietrich von Raitenau zum neuen Erzbischof von Salzburg gewählt.

Der Protonotar Dr. Johann Baptist Fickler, der während der Sedisvakanz die Geschäfte der Hofkanzlei geführt und die Wahl als juristischer Leiter miterlebt hatte, berichtet in seiner Chronik, daß der Gewählte seiner Überraschung schnell Herr wurde. Die Diskussion, welche sofort wegen seiner mangelnden *aetas canonica*, dem Wahlalter, eingesetzt hatte, beendete er damit, daß er aufstand und sich zur Annahme der Wahl bereit erklärte. Er sei rechtmäßig gewählt und bäte nur noch um die *accessio*, die Zustimmung der Minderheit.[11] Diese wurde erteilt, die Wahlversprechen, die der neue Erzbischof zu leisten hatte, verlesen und beschworen und der Treueid geleistet. Jetzt erst öffnete der Dompropst die Türe der Kapelle und gab dem regens chori das Zeichen, mit dem Geläut zu beginnen.

Ein anderer Chronist berichtet, daß Wolf Dietrichs gewaltige Erregung sich doch noch zeigte, als er »über so unerhofftes Glück aus Freude oder Leid, deren er beider verdächtig war, aus dem Kapitel in die Domkirchen weinend ging«.[12] Also schritt er unter Tränen an der Spitze der Kapitelsherren zwischen Dompropst und Domdechant zum Hochaltar des alten, fünftürmigen Münsters, um dort das Tedeum anzustimmen. Während alle Glocken erschallten, wurde der Menge, die den Dom bis auf den letzten Platz füllte, die Neuwahl feierlich verkündet.

Als Grund für diesen Ausgang der Wahl, der offenbar doch sehr unerwartet kam, wurden später Unstimmigkeiten im Kapitel angegeben. Der Dompropst Michael von Wolkenstein verfolgte andere politische Ziele als der aus Augsburg stammende und demnach zur Bayernpartei neigende Domdechant Sigmund von Fugger. Als aussichtsreicher Kandidat hatte Graf Anton von Lodron gegolten, doch schadete ihm angeblich sein zu hoher Adel. Wie das unter eingefahrenen Gruppen nicht so selten vorkommt, gönnte mancher seine Stimme keinem anderen, und gab sie, wenn er für sich selbst keine Aussichten sah, lieber einem neutralen Dritten. Das weltmännische Auftreten und die allgemein bekannten Verbindungen des Raitenauers zum Vatikan dürften eine gewisse Rolle gespielt haben, doch die später von seinen Feinden aufgestellte Behauptung, er habe einen oder den anderen der Domherren durch Bestechung für sich zu gewinnen versucht, ist in keiner Weise nachzuweisen und angesichts der bescheidenen Vermögensverhältnisse Wolf Dietrichs auch durchaus unwahrscheinlich.

Der Erwählte bezog sogleich den im Kaiviertel gelegenen »Keutschacherhof«, während die Gemächer der Residenz in aller Eile zu neuem Glanz gebracht wurden. Sogleich schickte er eine Gesandtschaft nach Rom, um die Altersdispens, die Konfirmationsbulle und das Pallium vom Papst zu erbitten. Zwei Domherren und der Kanzler Dr. Kaspar Mayr machten sich auf den Weg. Bei der Auswahl der Geschenke, welche die Herren mitnahmen, war Wolf Dietrich seine Lokalkenntnis zugute gekommen. Neben sechs silbernen Leuchtern für das Jesuitenkollegium, in welchem er auf eine solche Würde vorbereitet worden war, schickte er wertvolle Gaben an jene Personen, die, wie er wohl wußte, dem Herzen des Kardinals Marcus Sitticus am nächsten standen: dessen Schwiegertochter Cornelia und der junge Enkel Gian Angelo erhielten je ein kostbares Agnus Dei. Was aber für die Zukunft beinahe ebenso wichtig war wie die Zustimmung Roms: die Bayernherzöge, denen die Wahl sofort »in demütiger Weise« vom Kapitel und von dem Erwählten selbst gesondert gemeldet wurde, reagierten positiv. Der Austausch diplomatischer Höflichkeiten nahm mit einem Schreiben Wolf Dietrichs vom 19. April seinen Fortgang, in welchem er sich bei Wilhelm, Pfalzgrafen bei Rhein, Herzog von Ober- und Niederbayern für dessen Fürsprache in Rom bedankte. Er habe, so schrieb er, von seinem Herrn Vetter, dem Cardinal von Emps, die Verständigung erhalten, daß seine Ernennung bei der Kurie bereits bestätigt sei, und schloß ganz zuversichtlich: ».. . auch ich das placet tegliches wartend bin.«

Obwohl die Salzburger Delegation auf dem Heimweg das Mißgeschick hatte, Räubern in die Hände zu fallen, konnte sie die Dokumente und das Pallium vor diesen retten. Am Tag nach Christi Himmelfahrt trafen die edlen Herren und der Notarius wieder in Salzburg ein und brachten außer den ersehnten Papieren noch den Dank der Beschenkten, Glückwunschschreiben von siebzehn Kardinälen und die freudige Zustimmung des Papstes mit sich. Der Schmerz, welchen er durch Erzbischof Georgs Tod erlitten habe, sei durch Wolf Dietrichs Wahl gelindert worden, ließ der heilige Vater wissen und mahnte den neuen Kirchenfürsten gleich in der Konfirmationsbulle an seine vornehmste Pflicht, die darin bestehe, »die Blitze der Ketzer zu brechen und die tödlichen Geschosse der Ungläubigen auf sie selbst zurückzuschleudern«. Als Ansporn für künftige Anstrengungen erwähnte Sixtus V. in der Bulle auch die Erziehung in Rom und die Verwandschaft mit dem Kardinal von Altemps.[13] Dessen Bemühungen um die päpstliche Anerkennung des zu jugendlich Gewählten verzeichnet der Hofrat Dr. Fickler, welcher bis 1588 an der Quelle aller Informationen saß, mit den trockenen Worten: »Umb Erhaltung dessen (der confirmatio) sambt der dispensation des alters halber hat Herr Marx Sittich graf von Hohenems, cardinal, des erwählten mutterhalb vetter daz best gethon.«[14]

Nachdem der junge Raitenauer also nun gewählt und bestätigt war, stattete er über Einladung des mächtigeren Nachbarn den pflichtschuldigen Antrittsbesuch in München ab. Der Bayernherzog nahm ihn freundschaftlich auf und ließ ihm zu Ehren einen besonders festlichen Fronleichnamsumzug veranstalten, dessen Ordnung er selbst entworfen hatte. Als auch das Dekret, durch welches Kaiser Rudolf II. am 26. August 1587 dem neuen Reichsfürsten die weltlichen Rechte und Einkünfte des Erzstifts verlieh, in Salzburg eintraf[15], wäre die Freude der Familie vollkommen gewesen, wenn nicht der Schatten des Todes von Wolf Dietrichs nächstälterem Bruder, den Jakob Hannibal bereits als Fürstabt von Murbach und Lüders gesehen hatte, darauf gefallen wäre. Hans Jakob war am 27. März 1587, also kurz nach Wolf Dietrichs Wahl, an einer Bruchoperation gestorben.

Noch am gleichen Tag, an dem die Boten mit der päpstlichen Bestätigung in Salzburg ankamen, bezog der Gewählte unter Kanonendonner (»mit lösung derer Stück«) die erzbischöfliche Residenz. Am 10. Juni 1587 veranstaltete der neue Erzbischof sein erstes Festbankett, das den Salzburgern Augen und Ohren aufriß. Wieder donnerten die Kanonen von der Festung herab.

Trompeter bliesen von den Höhen rings um die Stadt und ein Feuerwerk erhellte den Nachthimmel, während der Raitenauer mit seinen Gästen unter begleitendem Gesang der »cantorey« tafelte. Aus der Zeit vor dem 2. März 1587 gibt es kaum Dokumentiertes über Wolf Dietrich von Raitenau. Sein Lebensweg muß aus eher beiläufigen Bemerkungen zusammengesucht werden, die in Berichte über wichtigere Personen und Ereignisse eingeflochten sind. Einiges ist Propstei- und Kapitelsprotokollen zu entnehmen.

Mit der Wahl zum Erzbischof rückte dieser noch nicht Achtundzwanzigjährige, der bisher im Schatten gestanden war, urplötzlich in das grelle Licht, welches die Macht zu begleiten pflegt. Geistlichkeit, Adel und nicht zuletzt das gemeine Volk sahen voll gespannter Hoffnungen der Regierung des neuen, jungen Souveräns entgegen. Nun wird jedes Wort, jede Geste, jede Einzelheit seines Auftretens registriert und erwogen, nun ist er Ziel und Mittelpunkt von Berichterstattung, Gerüchten, Spekulationen und unablässiger Aufmerksamkeit.

1   Wolf Dietrich als Domherr, 25 Jahre alt

2 Reichsgraf Jakob Hannibal von Hohenems

3 Marcus Sitticus von Hohenems als 23jähriger Reiterhauptmann

4 Markus Sitticus als Kardinal, ein Jahr vor seinem Tod

Diese Brüder von Wolf Dietrichs Mutter übten starken Einfluß auf den Werdegang des Neffen aus.

4. KAPITEL

Der Schauplatz

Das Schicksal Wolf Dietrichs von Raitenau entsprach völlig den Erfordernissen der antiken Tragödie: der Aufstieg als strahlender Günstling des Glücks, die Peripetie, welche durch verderblichen Übermut bereits den Keim des Untergangs in sich trägt, die kathartische Sühne im Verderben. Getreu dem Brauch des Theaterzettels sollten daher auch Zeit und Ort der Handlung präzise umrissen werden.

Die topographische Beschreibung des Ortes bereitet keine Schwierigkeiten. Meistens und hauptsächlich besteht er in der gleichnamigen Residenzstadt des Erzbistums Salzburg. Zwischen dem breit hingelagerten Mönchsberg und der ungezähmten Salzach ist sie um den Bezugspunkt des stattlichen Münsters erbaut, einer romanischen Basilika mit fünf ungleichen Türmen. Hohe, engbrüstige Bürgerhäuser reihen sich zu schmalen, winkeligen Gassen, wuchtige Paläste einzelner Kapitelsherren und Prälaten sowie die unansehnlichen Wohnstätten kleiner Leute unterbrechen diese Zeilen. Außer dem Münster beherbergt die mauerbewehrte Stadt, die sich seit dem Mittelalter kaum verändert hat, ungewöhnlich viele weitere Kirchen – zusammen mit einigen Klöstern Anzeichen ihres regen geistlichen Lebens –, die Läden mannigfacher Gewerbetreibender, mehrere Marktplätze, sowie eine beträchtliche Anzahl von Wirtshäusern, die nebst Speise und Trunk Beherbergung für reisende Kaufleute bieten, denn Salzburg bildet einen wichtigen Verkehrsknoten im Handel zwischen Nord und Süd.

Im Ganzen ein wenn auch nicht großartiger, so doch recht annehmbarer Regierungssitz für die geistlichen Landesherren, deren massige Wohnburg gleich neben dem Münster steht, vor sich den weitläufigen Stadtfriedhof. Dies alles zu Füßen des Bergmassivs, welches seit altersher von der gezackten Kontur der Feste Hohensalzburg gekrönt wird.

Aber vermag eine solche Schilderung schon das Fundament herzustellen, welches eine Handlung tragen oder sogar begründen kann? Bedeutet die Bezeichnung Schauplatz nicht mehr als bloß den Boden, den die Akteure treten? Aktuelle Begebenheiten und Verhaltensweisen werden auch durch Vorangegangenes, durch die historische Entwicklung, hervorgerufen oder abgewandelt. Ferner wirken Geschehnisse sehr unterschiedlich, je nachdem, ob ihnen Ähnliches voranging oder ob ein Überraschungsmoment den hergebrachten Ablauf der Dinge durchbricht. Durch Ereignisse erhält der Ort eine Art innerer Struktur, verändert sich dauernd und wird erst dadurch im menschlichen Bewußtsein zum notwendigen Handlungshintergrund, zum Schauplatz. Das unersetzliche und daher abgebrauchte Wort Umwelt ist fällig. Sie ist einer der wesentlichsten Entscheidungsfaktoren für jedes Schicksal. Selbst der Mächtigste vermag sie höchstens vorübergehend zu beeinflussen, aber niemals gänzlich auszuschalten.

Im Europa des 16. Jahrhunderts wurde die Szene von zwei Umweltfaktoren beherrscht: den religionspolitischen Auseinandersetzungen im Inneren der Staaten und der vom Osten und Süden her drohenden Türkengefahr. Nachdem die türkischen Heere das östliche Ungarn überrannt hatten, und 1529 erstmals bis Wien vorgedrungen waren, fürchtete fast die gesamte abendländische Christenheit, besonders die mitteleuropäischen Länder, weitere Einfälle. Dabei entfiel schon aus rein geographischen Ursachen die Hauptlast der Jahrhunderte währenden Plage auf die Länder der katholischen Achse. Während die spanischen Habsburger ihre Aufgaben im Mittelmeer mit der Seeschlacht von Lepanto ruhmreich erfüllten, fiel der österreichischen Linie die weniger spektakuläre, dafür aber umso lästigere Führung des Landkrieges zu. Von dieser ständigen Herausforderung wurde auch Wolf Dietrichs Lebensweg begleitet, sei es, daß der Erzbischof die kaiserliche Türkenpolitik als unzureichend empfand und zu verbessern suchte, daß von ihm immer höhere Kontributionen verlangt wurden, oder daß Vater und Brüder, die ihm sehr nahe standen, immer von neuem mit ein paar Fähnlein Knechten nach dem Osten zogen, nicht viel anders, als es schon sein Großvater und Urgroßvater mütterlicherseits getan hatten.

Leider vermochte die gesamteuropäische Bedrohung nicht einmal die katholischen Länder zu echtem Zusammenhalt zu bewegen. Der protestantische Norden Deutschlands befand sich gar in einer zwiespältigen Lage: einerseits hätte man die Türken nicht gerne an den heimischen Grenzen gesehen, andererseits bedeutete jede Schwächung des katholischen Lagers eigenen Vorteil innerhalb des Reichsverbandes. Für die katholischen süddeutschen Souveräne wurde es daher immer wichtiger, eng zusammenzustehen. Nachdem sich die Bayernherzöge unter jesuitischem Einfluß an die Spitze der deutschen Gegenreformation gestellt hatten, wurden sie zu äußerst wichtigen Verbündeten für Papst und Kaiser. Dies war nicht die Zeit, im Interesse des Erzstiftes kleinliche Grenzstreitigkeiten oder Fragen des Salzpreises auszutragen. Jene ziemlich unterwürfige Freundschaft zu dem erdrückenden Nachbarn, welche die Salzburger Erzbischöfe des 16. Jahrhunderts praktizierten, war ein schlichtes Gebot der Klugheit. Wären sie mit den Wittelsbachern in Konflikt geraten, so hätten sie von den Realpolitikern in Rom und Wien keine Rückendeckung zu erwarten gehabt. Nur solange das Erzbistum seine Grenzen wahrte und seiner Position als Pufferstaat zwischen Bayern und Österreich eingedenk blieb, hatte es nichts zu befürchten.

Glücklicherweise waren die Alpenländer vom Geschehen auf der Hauptbühne nicht unmittelbar betroffen. Niemand erwartete ernstlich, daß die Türken nach Tirol oder gar bis in die Schweiz vordringen würden, und so befestigte auch das Erzstift Salzburg erst nach dringender Aufforderung der Habsburger um die Mitte des 16. Jahrhunderts ein paar Alpenpässe gegen die Steiermark zu. Seit den Zeiten der Römer hatte es in Salzburg keine fremden Soldaten mehr gegeben. Damals bestimmte Kaiser Claudius die Stadt am Salzfluß zum Verwaltungszentrum eines Bezirkes seiner Provinz Noricum; man nannte sie Juvavum oder Ivavo, eine auf keltische Ursprünge zurückgehende Latinisierung. Ihr Machtbereich umfaßte das Land vom Radstädter Tauern bis zum Inn, von der Gegend der heutigen Stadt Wels bis ins Tirolerland, eine natürliche Grenzziehung, die durch Jahrhunderte erhalten blieb. Da die Ansiedler ihre Einkünfte neben der Landwirtschaft schon damals aus den Bodenschätzen bezogen, führte eine uralte Salzstraße zur nahe gelegenen Abbaustätte Reichenhall.

Im 6. Jahrhundert nach Christi Geburt erschienen bajuwarische Stämme und nahmen das durch den Abzug der Römer verödete Land und die zur Bedeutungslosigkeit eines Dorfes herabgesunkene Stadtsiedlung in Besitz. Zwar fand der heilige Severin auf seinen Wanderwegen dort schon im Jahr 472 eine christliche Kirche nebst drei Priestern vor, doch erst ein anderer, der heilige Rupert, bekehrte den Bayernherzog Theodo zum christlichen Glauben. Er gründete das Kloster St. Peter am Fuß desselben Bergrückens, auf welchem Theodo zu Schutz und Verwaltung des Salzabbaues die »Salzpurch« errichtet hatte. Zum Dank für die geistliche Unterweisung schenkte Theodo dem tüchtigen Mönch die Burg mitsamt dem Recht der Salzgewinnung. Diesem gefiel offenbar der Platz im sich weitenden Tal, denn er ließ sich als erster Abt und Bischof hier nieder und veranlaßte seine Verwandte Erentrudis, ein Frauenkloster nahebei zu gründen. So bestimmten Mönchsberg, Fluß und Festung schon ab dem 7. Jahrhundert die Umrisse der Stadt.

Nicht lange nach der Salzburger Klostergründung kam der unermüdliche Winfried, später als der heilige Bonifatius bekannt, aus England über Norddeutschland hinunter in den Süden und missionierte gleich ganz Bayern. Er teilte es in vier kirchliche Sprengel: Regensburg, Freising, Passau und Salzburg, das im 8. Jahrhundert bereits ausgedehnten Grundbesitz und darauf 68 Kirchen sein eigen nannte. Der vormals Ivarus genannte Fluß hieß nun Salza. Im Jahr 745 bestellte Herzog Odilo den irischen Mönch Virgil zum Bischof von Salzburg, der als Domerbauer in die Geschichte einging: am 24. September 774 wurde die erste Salzburger Kathedrale geweiht, zu einer Zeit, als die meisten europäischen Großstädte noch überhaupt nicht oder nur in kaum organisierten Siedlungen bestanden. (vergl.: Gründung Münchens im Jahre 1158; älteste Kirchen Wiens aus dem 9. und 11. Jahrhundert).

Alsbald bestätigte auch Karl der Große dem Salzburger Bistum den gesamten bisher erworbenen Besitz und verlieh ihm die Immunität. Dadurch gewann der jeweilige Bischof die weltliche Gerichtsbarkeit sowie das Recht, Steuern einzuheben. Bereits am 20. April 798 wurde die Diözese von Papst Leo III. zum Erzbistum erhoben. Als Suffraganbistümer unterstanden ihm Freising, Brixen, Regensburg und Passau. Der Salzburger Erzbischof war zum Metropoliten der bayrischen Kirchenprovinz aufgestiegen.

Im weiteren erhielt das Salzburger Bistum den Auftrag, die Gebiete der verjagten Awaren, vor allem Kärnten und die Steiermark, zu missionieren. Dadurch erklären sich die bis weit in den Süden und Osten verstreuten Besitzungen Salzburgs. Um das Jahr 1000 trennten sich Bistum und Kloster voneinander. Der Abt von St. Peter und der Erzbischof von Salzburg waren nun zwei verschiedene Personen und die Besitzungen wurden geteilt. Neue Klöster entstanden innerhalb der Diözese. Gemäß den Bestimmungen des Wormser Konkordats, welches im Jahr 1122 dem unwürdigen Streit zwischen Kaiser und Papst ein Ende setzen sollte, wurden die Bischöfe nun von den Kapitelsherren frei gewählt, vom Papst mit Ring und Stab in die geistlichen Rechte eingesetzt und vom Kaiser mit den Regalien, den weltlichen Rechten über ihr Gebiet belehnt. Zu den letzteren zählten Berg-, Münz-, Markt- und Zollrecht, sowie die Gerichtsbarkeit.

Unter der Regierung des Erzbischofs Eberhard von Regensburg (1200–1246), der seiner Grundkäufe wegen als der wahre Begründer des Landes Salzburg gilt, wurde die Verwaltung neu organisiert, die Suffraganbistümer Chiemsee, Seckau und Lavant gegründet, und die Bemühungen des Bistums Gurk um Selbständigkeit vereitelt. Als Statthalter der Erzbischöfe für die weltlichen Belange fungierten in den entlegenen Besitzungen der Steiermark und Kärntens je ein »Vicedomus« von Friesach und Leibnitz, der zu Berichterstattung und Rechnungslegung verpflichtet war. Verdeutscht wurde er »Vitzthumb« genannt. Seit dem Jahr 1184 trugen die Salzburger Landesherren den Purpur und den Titel »Legat des heiligen apostolischen Stuhles«. Bis zur Mitte des dreizehnten Jahrhunderts saßen meist bayrische Adelige auf dem Thron des Erzstiftes, aber mit zunehmendem Landbesitz und Wohlstand, der hauptsächlich aus dem mit Bayern konkurrenzierenden Salzabbau herrührte, kam es zu einer Distanzierung von dem allzu interessierten Mutterland und zu einer Anlehnung an die weniger bedrohlich erscheinenden Habsburger.

Wie überall ringsum hatten sich auch in Salzburg mit der zunehmenden Bevölkerungsdichte, dem wachsenden Wohlstand in den Städten und der Organisation von Verwaltung, Gerichtsbarkeit und kirchlichen Angelegenheiten bestimmte Gruppen herausgebildet, die alte Rechte in Anspruch nahmen und neue anstrebten. Dazu gehörten der Landadel, die Prälaten und Herren des Domkapitels, die städtischen Bürger und – mit weitem Abstand – auch die Bauern. Die Kontroversen, welche die Erzbischöfe mit diesen mehr oder weniger organisierten Gruppen ausfochten, wurden teils still, in Beratungen und Verhandlungen, teils sehr laut und heftig, ja sogar blutig, geführt. Während die Vertreter des Adels, die sogenannte »Landschaft«, den Erzbischöfen noch verhältnismäßig geringen Kummer bereiteten, war das Kräfteverhältnis zwischen diesen und dem Domkapitel stets spannungsgeladen. Dem Kapitel stand ja die Bischofswahl zu, und die Herren nutzten ihre Position, indem sie jedem neugewählten Bischof eine »Wahlkapitulation« vorlegten, in welcher eine Reihe von präzisen Forderungen aufgestellt wurde, die der Landesherr noch vor dem Treuegelöbnis zusagen und schriftlich bestätigen mußte. Diese Wahlkapitulationen variierten mit zeitbedingten Erfordernissen und darin wurde stets versucht, die Rechte des Kapitels zu verankern und zu erweitern.

Seit dem 12. Jahrhundert residierten in Salzburg Augustiner Chorherren als Kapitulare, doch im Lauf der Zeit machte sich Nachwuchsmangel bemerkbar und eines Tages waren nur mehr zwei Domherren übriggeblieben. Zähneknirschend mußte es der eigenwillige Erzbischof Leonhard von Keutschach (1495–1519) erleben, daß sein Suffraganbischof Matthäus Lang von Wellenburg diesem unhaltbaren Zustand ein Ende bereitete, indem er dem Salzburger Kapitel bei Papst Leo X. im Jahre 1514 eine neue

Verfassung durchsetzte. Nach dieser mußten die Domherren nur mehr die niederen Weihen annehmen, dafür aber wurde ihnen der Nachweis der Ritterbürtigkeit abverlangt. Das verlieh dem Kapitel, dem nun 24 Edelleute angehören sollten, höheres Ansehen und sicherte ihm den Zuzug von jüngeren Söhnen adeliger Geschlechter wie der Kuenburg, Riesenbach, Lamberg, Nußdorf, Lodron, Kuen, Gumpenberg und Trauttmansdorff. Als weitere Lockung wurde die jährliche Pfründe mit 1000 Gulden festgelegt.

Bald besaß das Kapitel als solches eine bedeutende Machtposition innerhalb des Erzbistums; es verfügte über eigenen Grundbesitz, Diener und Untertanen, übte die niedere Gerichtsbarkeit aus und wählte seine Dignitäten selbst: den Domdechanten für die geistliche, den Dompropst für die weltliche Administration, den Scholaster für das Fortbildungswesen. Freiwerdende Domherrenstellen vergaben, nach Kalendermonaten abwechselnd, das Kapitel selbst und der Erzbischof. Die solcherart neu aufgenommenen Domherren dankten es ihrem Fürsprecher Matthäus Lang, indem sie ihn zum Koadjutor und nach Leonhards Tod zu dessen Nachfolger wählten.

Einen weitaus härteren Kampf um etwas Selbstverwaltung hatte die städtische Bürgerschaft des Erzbistums ausgefochten. Am 8. November 1481 erhielt die Stadt zwar durch den »Großen Ratsbrief« des Kaisers Friedrich III. beinahe alle Rechte einer freien Reichsstadt zugesichert, konnte sich dieser Privilegien jedoch nicht lange erfreuen. Den aus Kärnten stammenden Erzbischof Leonhard von Keutschach, dessen Wappen mit der dicken Rübe an vielen Stellen der von ihm ausgebauten Festung Hohensalzburg wiederkehrt, hatten schon die Freiheiten seiner neuen Domherren erbittert. Mit den Bürgervertretern der Hauptstadt machte er kürzeren Prozeß, lud sie zu einer Festtafel, von der er sie verhaften und bei eisiger Kälte auf offene Schlitten gebunden nach Radstadt führen ließ. Dem üblichen schlechten Beispiel folgend verlangte auch er ein Lösegeld und gab seine Geiseln erst frei, nachdem sie auf die Vorteile des Großen Ratsbriefes verzichtet hatten.

Sein Nachfolger Matthäus Lang, der kluge, harte und zielbewußte Augsburger Patrizierssohn, zog im Juli 1523 sogar mit Söldnertruppen gegen seine Hauptstadt, weil deren Bewohner gegen eine Steuererhöhung protestiert hatten, und zwang den Bürgermeister nebst den Stadträten, eine geänderte Stadtordnung zu akzeptieren und ihn kniefällig um Verzeihung zu bitten. Diese neue Ordnung trat am 18. Juli 1524 in Kraft. Sie sah einen Bürgermeister, einen vom Erzbischof einzusetzenden Stadtrichter, einen Kleinen Rat von zwölf »Genannten« und einen Großen Rat von 48 Bürgervertretern vor, welche ebenfalls der Bestätigung durch den Erzbischof bedurften.

Unter Matthäus Lang, der von 1519 bis 1540 regierte, spielten sich aber auch die blutigsten inneren Kämpfe ab, die das Bistum je erschütterten. Wie in den übrigen deutschen Landen regte sich in Salzburg zugleich mit der Reformation der geknechtete vierte Stand. Die Bauernkriege brachen aus.

In der Provinz Gastein verfaßte der Hauptmann Leonhard Schwär im Jahre 1525 eine Beschwerdeschrift für die ebenfalls unzufriedenen Bergknappen, der sich das Landvolk anschloß. Bauern und Bergleute rotteten sich zusammen, marschierten gegen die Residenz und besetzten sie, ohne daß die Bürger einen Finger zur Verteidigung gerührt hätten. Erzbischof Matthäus verschanzte sich auf der Festung, rief aber den Schwäbischen Bund zu Hilfe, der unter der Führung seines heimatlichen Bayern herbeieilte. Der Waffenstillstand kam angesichts dieser Übermacht schnell zustande. Er enthielt harte, aber weder grausame noch blutige Bedingungen. Allerdings mußten die Bauern Zinse und Zehenten, gegen welche sich die Beschwerdeschrift gewendet hatte, in unveränderter Höhe weiter auf sich nehmen. Als sie aber im nächsten Jahr unter der Führung des Tirolers Michael Gaissmayr einen neuen Aufstand wagten, war dem Erzbischof die Geduld gerissen. Er ließ 27 Führer der Aufständischen enthaupten, viele gefangensetzen und verlangte für diese Lösegelder sowie Reparationen. Die Kämpfe forderten jedoch so hohe finanzielle Opfer, daß der gesamte Kirchenschatz nicht ausreichte, um Söldner und Bundesgenossen, vor allem den steirischen Erzherzog Ferdinand, der für den in seinem Gebiet angerichteten Schaden allein 225.700 Gulden Ersatz verlangte, zu bezahlen. Obwohl Ferdinand letzten Endes auf seinen Anspruch verzichtete, mußten die Kleinodien der Klöster eingeschmolzen werden, um Münzen zu prägen. Land wurde verpfändet, die Hofhaltung eingeschränkt und eine eigene Ersparungskommission bestellt, die alles entbehrliche Personal entließ, so daß dem Erzbischof von der ganzen bisherigen Musikkapelle nur mehr ein einziger unentbehrlicher Trompeter verblieb.

Als Matthäus starb, präsentierte Bayern die Rechnung für manche Hilfeleistung und bekam sie auch beglichen: der nächste Salzburger Erzbischof hieß Ernest von Bayern, ein Bruder des regierenden Herzogs. Als dieser sich 1554 wegen Krankheit und Amtsmüdigkeit zurückzog, beklagte die Bevölkerung den Verlust. Er war ein sparsamer und beliebter Fürst gewesen, der die bischöfliche Residenz mitten in der Stadt wie einen Gutshof geführt, darin neben dem Arsenal auch Handwerker, eine Brauerei und einen Getreidespeicher angesiedelt hatte, und dem Bistum mehr hinterließ, als er bei seinem Amtsantritt vorgefunden hatte.

Unter dem übernächsten Erzbischof, dem Südtiroler Johann Jakob von Kuen-Belasi, brach nochmals ein kurzer Bauernaufstand aus, der mit zwei Todesurteilen endete. Er und sein kurzlebiger Nachfolger Georg von Kuenburg waren die unmittelbaren Vorgänger Wolf Dietrichs, dessen Lebenszeit ungefähr den Bogen vom Augsburger Religionsfrieden 1555 bis zum Ausbruch des Dreißigjährigen Krieges im Jahre 1618 spannt. In Salzburg regierte er von 1587 bis 1611.

Mit seinen rund 240 Quadratmeilen war Salzburg ein recht kleines Land. Aber salzburgischer Streubesitz reichte in die Steiermark und nach Kärnten, ins Tiroler Zillertal, nach Windischmatrei, ja selbst so weit östlich wie Traismauer am niederösterreichischen Donaulauf. Zu Wolf Dietrichs Regierungszeit gab es neben der Hauptstadt Salzburg noch 22 Märkte und fünf weitere Städte: Hallein, Radstadt, Laufen, Mühldorf und Tittmoning. Angesichts der vielen unwirtlichen Berggegenden galt das Erzstift mit etwa 200.000 Einwohnern dennoch als gut bevölkert, »dan die weiber sind über die massen perhaft (gebärfreudig), darumben es fast (fest, sehr) reich an Leuten ist.«[1]

Obwohl Erzbischof Matthäus Lang sich aus Dankbarkeit für die ihm während der Bauernaufstände gewährte Hilfe Bayern gegenüber in der Frage des Salzpreises nachgiebig gezeigt und darüber einen später viel bedauerten Revers unterschrieben hatte, befand sich das Bistum in wohlgeordneten finanziellen Verhältnissen. Gold- und Salzbau brachten reichliche Einkünfte und der Handel blühte. Istrische Weine und in Venedig ausgeschiffte Orientgüter nahmen ebenso wie die eigenen Produkte der Lagunenstadt, vor allem edles Glas, den Weg über salzburgische Alpenpässe nach Norden. Deshalb hielt das Erzstift sorgsam das Tauerngebirge passierbar und subventionierte dort sogar Rasthäuser. Aus dem in Gastein und Rauris geschürften Gold prägte Salzburg seine eigenen Münzen. Erzbischof Leonhard von Keutschach konnte in einem einzigen Jahr 80.000 Dukaten mit seinem Rübenwappen herstellen lassen, die als vollgewichtige »Rübler« weithin geschätzt waren. Das Halleiner Salz wurde vorwiegend an Bayern verkauft und von dort aus nach Schwaben, Franken, in das Rheinland, nach Böhmen und in die Schweiz geliefert. Alle diese Einkünfte stiegen in den ruhigeren Zeiten nach dem Ende der Bauernkriege, und das jährliche Einkommen der Salzburger Landesherren soll tatsächlich 300.000 Gulden betragen haben, ebensoviel wie Braunschweig, Hessen oder die Pfalz erbrachten.

Administrativ war das Land in Verwaltungsbezirke unterteilt, denen je ein »Pfleger« vorstand. Er hatte daneben bestimmte militärische und gerichtliche Befugnisse, doch die Hochgerichtsbarkeit blieb der Zentralverwaltung vorbehalten.

In geistlichen Fragen stand dem Erzbischof das Kapitel zur Seite. Als oberste weltliche Verwaltungsbehörde hatte Erzbischof Johann Jakob 1561 den Hofrat ins Leben gerufen. In diesem Kollegium führte der Kanzler oder Protonotar den Vorsitz. An den Sitzungen konnten auch der Abt von St. Peter, die Domherren, und der Bischof von Chiemsee nach Wunsch teilnehmen. Selbstverständlich wurden die Hofräte vom Erzbischof ernannt. Dem Hofstaat dagegen, welcher der persönlichen Bedienung des Fürsten und der Repräsentation diente, gehörten etwa zwanzig Ritter und einige Edelknaben an. Nur bei besonders feierlichen

Anlässen traten die Inhaber der vier Erbämter in Aktion, die eigentlich ausländischen Herrschern zustanden: das Amt des Kämmerers Bayern, das des Marschalls der Steiermark, die Würde des Truchsesses war den Kärntner und die des Mundschenks den österreichischen Landesherren vorbehalten. Diese Mächtigen ließen sich allerdings zur Ausübung nicht blicken, sondern hatten die Ämter als Lehen an salzburgische Adelige weitergegeben.

Ein ernstes Problem des Katholizismus, das in dem geistlich regierten Erzstift besonders schwer wiegen mußte, war der Zustand im eigenen Klerus. In diesem Punkt nämlich waren die Anschuldigungen der Reformatoren nur allzu berechtigt. Die mangelnde Ausbildung und Verkommenheit vieler Kleriker erregte allgemein Anstoß. Sie betätigten sich als Gastwirte, spendeten die Sakramente nur gegen besondere Gebühren für die eigene Tasche, verkauften selbstverfertigte Ablaßbriefe, ließen sich in Raufhändel ein und frönten verbotenen Glücksspielen. Scharen von Bettelmönchen durchzogen das Land, während die Klöster, wo sie einigermaßen unter der Regel hätten leben müssen, verödeten. Aber auch diese waren von dem allgemeinen Sittenverfall nicht ausgenommen. Das älteste Frauenkloster Salzburgs, von der heiligen Erentrudis gegründet, mußte die letzten beiden Nonnen der Petersfrauen nach Auflösung ihres Konvents aufnehmen; aber auch die damalige Priorin vom Nonnberg wird zeitgenössisch als ein »eitles und unvernünftiges Weib« beschrieben, das nicht zu wirtschaften verstünde. Der Abt von St. Peter, Andreas Graser, der die Schließung des Frauenklosters veranlaßt hatte, eignete sich indessen das Vermögen der Nonnen an, um damit seine Spielschulden zu bezahlen. Franz Dückher schildert ihn als einen jungen Herrn, welcher »mehr seiner Kurzweil Lustreisen als obgelegner Sorg und Arbeit abgewartet«.[2] Zwei Jahre später wurde er wegen leichtsinnigen Lebenswandels ab- und sogar gefangengesetzt.

Die geistliche Erneuerung war überfällig. Eine Synode nach der anderen wurde einberufen, ein Mandat um das andere erlassen. Die darin behandelten Themen geben ein anschauliches Bild, nicht nur der Unsitten des Klerus, sondern des moralischen Tiefstandes der ganzen Bevölkerung. Auf der Verbotsliste standen das Lesen bestimmter Bücher (religiösen Inhalts), wiederholte Taufen, Bruch des Beichtgeheimnisses, geheime Ehe, Mißbrauch einer Hostie, daneben aber Mädchenraub, Vergreifen an Eltern und die Beseitigung der eigenen Kinder, Bigamie, Schriften- und Münzverfälschung, Sodomie und Schändung von Kirchen und Friedhöfen durch Blutvergießen, Gewalt oder *effusione seminis*.

Eine der Hauptforderungen Luthers bildete die Priesterehe, was ihm Zustimmung, auch unter einem beträchtlichen Teil der katholischen Priesterschaft eintrug. Daß die kleinen Pfarrer und Vikare ihre Köchinnen nicht nur der Tafelfreuden halber hielten, war eine bekannte und bei jeder Visitation neuerlich gerügte Tatsache. Schon Erzbischof Matthäus Lang befahl den Klerikern, binnen 14 Tagen von ihrem ausschweifenden Leben abzustehen. Der lebensnahe »Erwählte«, Herzog Ernst von Bayern, war vorsichtiger. Auf dem Kirchenrat von 1549 ließ er den Antrag »auf Entfernung der Weiber« zurückstellen, um die ökumenische Entscheidung aus Rom abzuwarten, »da sonst großes Unheil entstehen könnte«. Inzwischen fuhren die Geistlichen fort, das sogenannte »tributum concubinarium« an ihren jeweiligen Landdekan oder Erzpriester zu bezahlen, um weiterhin ungestört ihre Frauen und Kinder bei sich behalten zu können. Manche heirateten heimlich, was ihnen aber Erzbischof Michael um die Mitte des 16. Jahrhunderts bei Strafe des Kirchenbannes untersagte.

Felician Ninguarda, der die Salzburger Diözese bereits beim Tridentinum vertreten hatte, bemühte sich ernsthaft, den dort gefaßten Entschlüssen die Tat folgen zu lassen. 1581 arbeitete er Disziplinarvorschriften aus, durch deren 40 Punkte wenigstens die niedere Geistlichkeit zur Raison gebracht werden sollte. Offenbar hatten die Kleriker ihren Stand durch das Tragen von »buntscheckigen Röcken und Seitengewehren« zu verbergen gesucht, um ihren weltlichen Neigungen leichter und ungestörter nachgehen zu können. Nun hieß es, daß die Tonsur bei Strafe wenigstens alle drei Wochen zu erneuern sei, das Beret getragen werden müsse und nur außerhalb der Stadt und aus wichtigem Anlaß ein Hut und ein weites Obergewand gestattet seien. Unter dem Reformpapst Sixtus V. bahnten sich auch an der Spitze der kirchlichen Hierarchie Verbesserungen an. Bisher hatten sich die Kirchenfürsten mindestens ebensowenig an das Keuschheitsgelübde gehalten wie ihre Untergebenen. Manche betrieben ihre fleischlichen Sünden in aller Stille, andere, wie Pilgrim II. oder der Kardinal Marcus Sitticus von Hohenems, mit souveräner Verachtung der öffentlichen Meinung. Noch andere weigerten sich einfach, die Priesterweihe zu nehmen und wichen so dem Gewissenskonflikt ebenso aus wie der berechtigten Reprimande. Dazu gehörte schon im 13. Jahrhundert der Kärntner Philipp von Spanheim auf dem Salzburger Thron, und später der Bayernherzog Ernest.

Zur Verwirrung einfacherer Gemüter mußte die Tatsache beitragen, daß selbst in streng katholischen Kreisen eine ernsthafte Diskussion, ja sogar Befürwortung der Priesterehe eingesetzt hatte. Heute oder morgen konnte sie offiziell gestattet werden, war doch auch die Reichung des Laienkelchs vorübergehend in manchen Gebieten zugelassen und dann wieder unter Strafandrohung verboten worden. Das gleiche sollte einmal erlaubt und ein andermal Todsünde sein? Welche Vorschriften wiesen denn nun verläßlich den rechten Weg? Kein Wunder, daß der ganze Pongau schon protestantisch war, weite Teile des Lungaues und Pinzgaues dazu. Im Wald und auf den Bergen fanden nachts reformierte Gottesdienste in deutscher Sprache statt, denen Heimlichkeit und Fackelschein zusätzliche Anziehungskraft verliehen. Da halfen keine Beschlüsse und keine Synoden, auch nicht die Entsendung des gelehrten Hofrats Dr. Johann Baptist Fickler als Commissarius gegen die Abtrünnigen in den Salzburger Landgemeinden.

Einen energischen, jungen, intelligenten und dabei streng römisch gesinnten Erzbischof, das war es, was sich die katholische Restaurationspartei in Salzburg ersehnte. Sie bekam ihn.

5. KAPITEL

Die Erfüllung

Wolf Dietrichs Bischofsweihe war für den 18., der feierliche Einritt für den 19. Oktober 1587 vorgesehen. Damit jeder sich auf das große Ereignis gebührend vorbereiten konnte, begann die Hofkanzlei schon am 4. August Einladungen für die Inthronisation des jungen Fürsten auszuschicken. In alle Windrichtungen erging der Ruf an Verwandte, »befreundte« und viele hochgestellte Persönlichkeiten, höflich, aber keineswegs devot abgefaßt. Devotion erwies der durch die Wahl Erhöhte jetzt nur mehr einem einzigen Menschen auf der Welt, in welchem er nicht den Mann, sondern den Stellvertreter Christi sah. Die Aufforderung an Untergebene und Abhängige war knapper, beinahe schon im Befehlston abgefaßt. Für den Abend des 16. Oktober wurden Lehensleute, Vertreter der Stände und Märkte, die Vizedome von Friesach und Leibnitz sowie die Landpfleger und Offiziere des Erzstiftes samt Reisigen, Dienern und ihrem Pferdetroß aufgeboten. Der Bischof von Passau erhielt den Bescheid, daß der Raitenauer seine Consecration durch ihn am 21. Sonntag nach Trinitatis zu empfangen wünsche. Die Bischöfe von Chiemsee, Lavant, Seckau und Brixen sollten nebst anderen kirchlichen Notabeln bei dieser Weihe assistieren. Wolf Dietrich kümmerte sich persönlich um jedes Detail bis hinunter zu den Stallungen für die Pferde der anreisenden Gäste und zu der Festkleidung, welche Adelige, Beamte und Pfleger anlegen sollten. Erst wenige Tage vor dem festgesetzten Termin ließ er sich durch den Bischof von Chiemsee zum Diakon und Priester weihen.

Georg von Kuenburg, der letzte Erzbischof vor Wolf Dietrich, hatte als Koadjutor jahrelang zwar nicht die Würde, wohl aber die Bürden des hohen Amtes pflichtgetreu und bescheiden getragen. Seine Regierungsübernahme im Mai 1586 erfolgte durch einfachen Einritt ohne besondere Feierlichkeiten. Daher waren

Schaulust und freudige Erwartung um so größer, als sich herumsprach, daß der Raitenauer »mit köstlicherem Gepräng als seine Vorfahrer« einziehen wolle. Sicherlich war er sich des Eindrucks bewußt, den seine elegante Reiterfigur als Mittelpunkt einer farbenprächtigen Prozession hervorrufen würde, besonders im Gegensatz zu seinen fülligen, älteren Vorgängern, die nur mehr mühselig ein Pferd bestiegen hatten. Und überhaupt sollten die Untertanen gleich einmal sehen, welch neuer, weltstädtischer Geist nun Platz greifen und vieles von Grund auf verändern würde.

Konnten auch nicht alle Eingeladenen aus der Ferne anreisen – die hohenemsischen Onkel zum Beispiel, welche beide kränkelten, der eine in Rom, der andere, Jakob Hannibal, im reichsgräflichen Palast zu Ems, wo er noch im gleichen Jahr starb – so kam doch genügend Prominenz nach Salzburg, um der Eitelkeit des jungen Erzbischofs zu schmeicheln. Kaiser Rudolf II. entsandte aus Wien eine wichtige Persönlichkeit: seinen geheimen Rat und Bischof Melchior Khlesl. Aus Rom traf ein päpstlicher Sonderdelegierter samt mehreren ehemaligen Mitzöglingen Wolf Dietrichs aus dem Collegium Germanicum ein, und Kardinal Marcus Sitticus ließ sich durch einen seiner Konstanzer Domherren, Ulrich von Königsegg, vertreten, natürlich wieder einmal nicht ohne Hintergedanken. Dem Befreundeten sollte es bei dieser Gelegenheit ermöglicht werden, seine lange hinausgeschobene Aufschwörung auch als Salzburger Kanonikus zu leisten; vermutlich verband der listige Onkel, der etwas läuten gehört haben mochte, aber auch einen Wink für den Neffen mit dieser Entsendung: Dem Freiherrn von Königsegg hatte das Konstanzer Kapitel, das sich kein Blatt vor den Mund zu nehmen pflegte, erst vor zwei Monaten den Auftrag erteilt, seine Konkubine zu entlassen und dieser Weisung durch die Drohung Nachdruck verliehen, daß ihm widrigenfalls die Pfründe entzogen würde.

Womit der an das römische Oktoberklima gewöhnte Raitenauer nicht gerechnet hatte, war der Salzburger Schnürlregen, der schon so manche gute Gelegenheit beträänt hat, und sich auch pünktlich einfand, als der Festzug aus dem Nonntal aufbrach. Den Anfang bildeten die Zünfte, Zechen und Bruderschaften, die

hinter ihren Insignien marschierten. Dann kam eine Schar wohlbestallter Bürger sowie der niedere Adel zu Pferd. Stadtklerus und Domherren führten die Gruppe der hohen Geistlichkeit an, welcher die Mönche von St. Peter, die Kapläne mit den Pastoralen, der Dompropst, der Abt des Stiftes St. Peter, die Pröpste von Berchtesgaden, Baumburg, Au, Gars und St. Zeno angehörten, ferner noch die Äbte von Seon, Mondsee und Raitenhaslach. Berittene Trompeter zogen dem hohen Adel und den Bischöfen von Passau, Chiemsee und Lavant in ihren engärmeligen Rochetten voran, die nun in Kutschen folgten. Besonders erwähnt werden in den alten Berichten als Träger der vier Erbämter die Landherren von Nußdorf, Thurn, Thanhausen und Khuen mit ihren Trabanten, Lakaien und anderem Fußvolk. Sie alle erschienen »etwas stattlicher von Klaidung wie zuvor gebreichig war«, denn der Raitenauer hatte seine diesbezüglichen Wünsche unmißverständlich kundgetan. Sie kamen daher »alle gleich auf die fürstliche Art, in samaten Röckhen, Kedten, Huet und Stüffl, alles gleich«, und auch ihre Edel- und Schildknappen waren »mit schenen Ketten und anderem Geziert aufgezogen«.[1]
Nun erst folgte der Kaplan der St. Annakapelle, welcher dem Erzbischof das ehrwürdige Legatenkreuz mit den lilienförmigen Enden vorantrug. Neben dem weißen Zelter des neuen Fürsterzbischofs schritten zwölf bürgerliche Trabanten, deren Gewänder »in seiner mueter Farb, plab und gelb« gehalten waren, um Helenas hohenemsisches Wappen, den gelben Steinbock im blauen Feld, in Erinnerung zu bringen. Die schwarze Kugel der Raitenauer im weißen Feld deuteten ihre schwarzen Samtbarette an, welche mit Perlen und weißen Federn geschmückt waren.
Gleich hinter dem Erzbischof ritten als Ehrengäste die Bayernherzöge Wilhelm und Ferdinand, die nicht nur viele ihrer Edlen mitgebracht hatten, sondern auch ihre eigenen Pauker und Trompeter, welche nun vor und hinter dem Erzbischof marschierten. So war er bereits vom ersten Augenblick an symbolisch von den Bayernfürsten in Gewahrsam genommen.
Das Volk, das von der Stadt Salzburg und weither aus der Umgebung gekommen war, um das Schauspiel zu genießen und den neuen Herrn »mit gebierender Reverenz« zu empfangen,

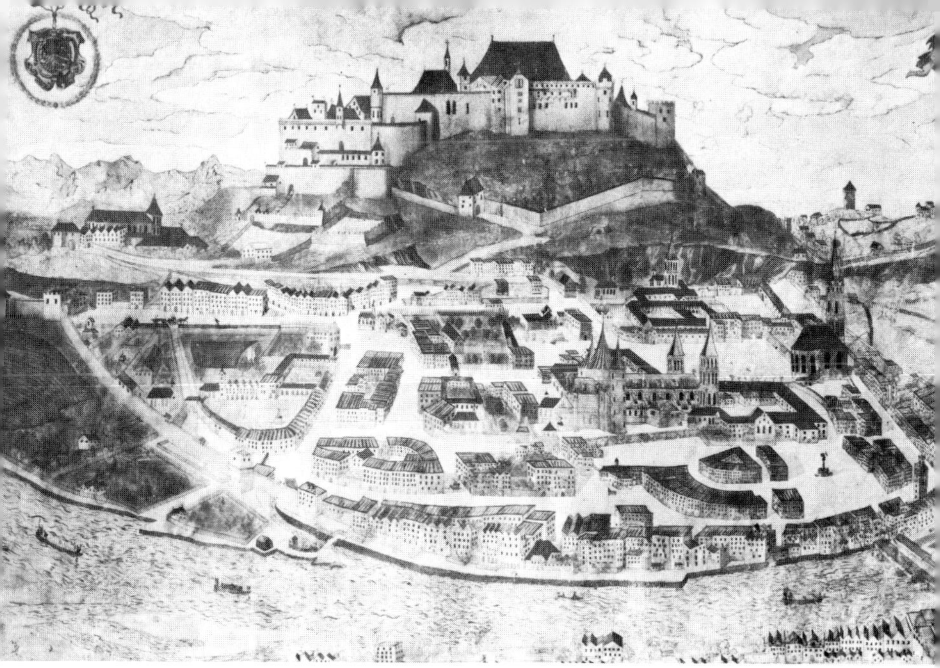

5 Salzburg im Jahre 1553

6 Paul van Vianens Skizze des romanischen Salzburger Münsters,
welches Wolf Dietrich nach einem Brand abtragen ließ.

7 Monstranz Wolf Dietrichs, noch mit dem einfachen Raitenauwappen
(schwarze Kugel in weißem Feld). Die Monstranz ist aus vergoldetem
Silber gefertigt und mit Edelsteinen besetzt.

hatte seine helle Freude daran, wußte es doch noch nicht, welche Überraschungen von seiten dieses Erzbischofs ihm bevorstanden. Schon am Vortag hatte man der feierlichen Consecration im Münster beiwohnen dürfen, wo Bischof Martin von Seckau unter Assistenz der Bischöfe von Lavant und Chiemsee dem Erwählten das päpstlich geweihte Pallium, die aus der Wolle junger Lämmer gewebte und mit Kreuzen bestickte Stola, auf silberner Schüssel präsentierte. Dieser hatte das rotseidene Tuch gehoben, welches die Schüssel bedeckte, das Pallium geküßt und auf dem Altar abgestellt. Erst nach dem Hochamt, als Wolf Dietrich von Raitenau den heiligen Schwur geleistet und durch einen Stellvertreter das Pallium ausdrücklich erbeten hatte, wurde es dem Knieenden unter Glockengeläut umgelegt und das Tedeum intoniert.[2]

Also in seine geistliche Würde eingesetzt, empfing der neue Erzbischof am nächsten Tag vor dem Nonnberger Tor die Schlüssel der Stadt Salzburg von deren Delegierten und ritt inmitten seiner Prozession den traditionellen Weg zum Münster, wo neuerlich ein Gottesdienst mit Tedeum unter Geläut und Kanonendonner abgehalten wurde. Als Abschluß des Tages gab es nicht nur eine Festtafel für die Mächtigen, sondern im Schloßhof standen auch Fässer voll Wein für das Volk bereit, damit jeder, der da wollte, nach Herzenslust auf Gesundheit und Wohlergehen des neuen Landesherren trinken konnte.

Ja, dieser Einritt wäre, wie Steinhauser beziehungsvoll meint, »wol sonder lustig zu sehen gewesen, wann es denselbigen Tag nit so sehr geregnet hette, aber in solchem Regenwetter ist an Klaidung und Anderm vil verderbt worden.«[3]

Salzburg, Ende Oktober 1587. Der Kaiserliche geheime Rat und Bischof Melchior Khlesl an den Obersthofmeister seiner Kaiserlichen Majestät, Adam Freiherrn von Dietrichstein: »Herr Erzbischof ist jung, frisch und kriechsmännisch, daneben verständig, gelert, voll der Sprachen, in Historien wol erfahrn, resolutissimus, in religione aifferig; et tante autoritate, quod timeant illum omnes, gegen künftiger Reformation bonae voluntatis, dem Haus Österreich über die Massen affectioniert.«[4]

Bischof Khlesl, der spätere Kardinal und einflußreichste Berater des Kaisers Matthias, verdankte seinen Aufstieg vom einfachen Bäckergesellen zur grauen Eminenz der Habsburger bestimmt nicht zuletzt seiner Menschenkenntnis. Das Zusammentreffen mit dem Raitenauer hatte, als er diese Sätze niederschrieb, allerdings nur wenige Tage gedauert; er revidierte seine Meinung später und schlug sich zu dessen Gegnern. Die Ansicht des langgedienten Salzburger Hofrats und fanatischen Puristen Dr. Fickler schloß dagegen Vorbehalte mit ein: »Ain frischer junger Mann und ausser der Kirchen nit für gaistlich anzusehen, in weltlichen Schriften ziemlich gelert und belesen, geschwinden Sinns und Verstandes, auch hohen geistes, seines Alters bei 28 Jahr.«[5]

Obwohl in diesem Urteil die Mißbilligung des jähen Temperaments und der weltlichen Interessen des neuen Landesherrn deutlich mitklingen, war der Vertrauensvorschuß, der Wolf Dietrich seitens unterschiedlichster Stellen gewährt wurde, sehr groß. Beinahe zu groß. Niemand lehrte ihn, daß jeder Vorschuß einmal eingefordert wird. Er hielt sich für völlig frei in seinen Entschlüssen und handelte dementsprechend. »Ich versteh das besser«, sagte er schon bald nach seinem Regierungsantritt zu denjenigen, die es wagten, eine von der seinigen abweichende Meinung zu äußern.

Der neue Erzbischof behielt sein Tempo bei. Am 18. Oktober hatte die Bischofsweihe, am 19. die Inthronisation stattgefunden. Für den 20. Oktober befahl er die Stände zur Erbhuldigung. Und so schworen sie alle, Ritterschaft, Lehnsleute, der Stadthauptmann Hofer, die Herren des Domkapitels, angeführt von ihrem Senior Balthasar von Raunach, die Prälaten, Weihbischöfe und Äbte, schließlich noch die Vertreter des Bürgerstandes, »schriftlich, mündlich und mit dargeschlagner Handt«, ihrem neuen Fürsten gehorsam und untertan zu sein. Nur der Propst von Berchtesgaden, Jakob Pütrich, beschwor »ein ander Pflicht«, ließ aber das Schriftstück nicht in Salzburg, sondern nahm es mit nach Hause. Er hatte seine Gründe dafür.

Danach ritt der Fürsterzbischof auch in die kleineren Orte und Landgemeinden des Erzstiftes ein, um sie alle sinnfällig in Besitz zu nehmen. Sie empfingen ihn nach bestem Vermögen. Die wichtigste Stadt nach der Residenz war Hallein, der wirtschaftlichen Bedeutung des Salzes halber. Diese Stadt bildete allerdings einen gewissen Unruheherd, weil die Salzknappen zum großen Teil aus protestantischen deutschen Landen eingewandert kamen. Aber auch Hallein drängte zum Handkuß und bereitete dem neuen Gebieter einen guten Empfang, der in dem volkstümlichen Schauspiel des Schwertertanzes gipfelte.

Daß Wolf Dietrich guten Willens und von Idealen erfüllt war, als er die Regierung des Bistums antrat, steht ebenso fest wie die Tatsache, daß guter Wille und Ideale nicht genügen, um einen erfolgreichen Regenten abzugeben. Ganz offenbar war er sich der Vielfalt der Probleme nicht bewußt, die ihn erwarteten, und denen seine Vorgänger, das Duumvirat der freundlichen, kränklich und müde gewordenen Herren, durch eine ebenso vorsichtige wie unverbindliche Politik des Fortwurstelns ausgewichen waren. Seit 1580 war Erzbischof Johann Jakob an Körper und Geist dahingesiecht, und dem mit Unterstützung des päpstlichen Nuntius Ninguarda zum Koadjutor und Nachfolger bestellten Georg von Kuenburg hatte das Kapitel eine Wahlkapitulation zur Unterschrift vorgelegt, welche ihm die Hände völlig band. Unsitten im Klerus und religiöser Abfall waren eingerissen, denen die beiden Erzbischöfe um so weniger zu begegnen vermochten, als man ihnen selbst nachsagte, sie stünden unter dem Einfluß protestantisch gewordener Verwandter. Ihre Bauvorhaben erwiesen sich entweder als undurchführbar, wie die durchgehende Regulierung der Salzach, oder sie zogen sich endlos hin. Dem mächtigen Nachbarn Bayern gegenüber war ihre Haltung wenigstens insofern von Vorteil, als es zu keinen offenen Differenzen kam.

Das wählende Domkapitel war der Ansicht gewesen, daß es an der Zeit sei, dem Erzstift wieder zu größerer Macht und besserem Ansehen zu verhelfen. Die Wahlkapitulation, deren Unterzeichnung die Herren Wolf Dietrich abverlangten, umfaßte 32 eng beschriebene Seiten und zeigt die Übelstände auf, die das Kapitel gerne beseitigt wissen wollte. Sie ist von Wolf Dietrich mit eigener Hand am 31. März 1587 als »erwellter zu Erzbischoffen zu

Saltzburg« unterschrieben und gesiegelt. Die Unterschrift weist
bereits Ansätze zu jenem harten und schroffen, so gar nicht
barock-verbindlichen Schnörkel auf, der, aus Längs- und Quer-
strichen gekreuzt, im Laufe der Regierungszeit des Raitenauers
immer größer wurde, bis er schließlich einem an den Namenszug gefügten Gitter glich.[6]
Der Text des Dokuments, von den Domherren noch in Unkenntnis der Person des neuen Bischofs am 25. Februar 1587
abgefaßt, beginnt mit einer pietätvollen Floskel. Da Erzbischof
Georg aus diesem Jammertal zu den ewigen Freuden abgefordert
worden sei, müsse zu einer neuen Wahl geschritten werden.
Unmittelbar darauf folgt ein langes Register der Verpflichtungen, welche der neu zu Wählende auf sich nehmen muß: zusagen, bewilligen, versprechen. »Er soll« ist die ständig wiederkeh-
rende Phrase, ob es sich nun darum handelt, daß er sich zum
Bischof weihen lassen, das Seminar erhalten, die Kinder erziehen, Reformen anstreben oder den Dom »mit allerley Clenodia«
ausschmücken müsse. Auch sehr weltliche Pflichten werden
ihm genau aufgetragen. Er hat dem Kapitel ein Viertel der Verlassenschaft des letzten Erzbischofs auszuhändigen – sie betrug
100.000 Gulden – sowie den Herren im Quartal 4000 fl Zuschüs-
se zu leisten. Bei Stellenbesetzungen müßten die Domherren
bevorzugt und es dürfe nichts unterschrieben werden, was dem
Erzstift oder dem Kapitel zu Nachteil oder Schaden gereichen
könnte. Der Erzbischof soll »bey dem Hertzogen von Bairn müg-
lichsten Fleiss fürwenden«, ebensolchen Fleiß dafür, daß die
Salzfahrten nach Passau reibungslos vor sich gingen. Schließlich
soll er die Festungen und Schlösser mit guten und erfahrenen
Kriegsleuten besetzen, damit sie für Notfälle gerüstet seien, und
den Hofstaat reformieren. Dieser sei in Unordnung geraten und
vielerlei Mängel seien erschienen, heißt es wörtlich. Er solle
»alle Dinge wiederum zu guter Ordnung bringen.«
Deutlicher als durch diese Forderungen hätte nicht dokumentiert
werden können, daß die Zustände im Erzstift vor Wolf Dietrichs
Wahl zu wünschen übrig ließen und daß eine ganze Reihe von
Maßnahmen, die ihm später als hart oder selbstherrlich angekreidet wurden, schon durch die Wahlversprechungen stipuliert

worden waren. Die Durchführung allerdings führte zwangsläufig dazu, daß manche echten oder vermeintlichen Rechte verletzt wurden. Die Vorschriften waren beinahe überflüssig, denn der junge Erzbischof brannte ja selbst darauf, alles besser zu machen. Besser – das hieß vor allem einmal: anders. Ihm fehlte die Erfahrung, die ihn gewarnt hätte, daß die Beseitigung eines Problems oft andere, noch weniger erwünschte Situationen heraufbeschwört. Schon in den ersten Monaten seiner Regierung krempelte er um, was sich irgend umkrempeln ließ. Dazu gehörten zu allererst personelle Änderungen in der Verwaltung. Kaum gewählt, noch nicht einmal vom Papst bestätigt, hatte er in der Hofkammersitzung vom 9. Mai 1587 die Unordnung im erzbischöflichen Haushalt gerügt und Veränderungen angekündigt. Formelle Regelungen für Hofrat und Hofstaat herauszubringen bedurfte zwar noch zeitraubender Vorarbeit, inzwischen aber setzte der neue Landesherr recht willkürlich vom Landrichter und Propst bis hin zum Türsteher viele alteingesessene Beamte ab und neue ein, ohne auch nur abzuwarten, wer von ihnen willig und bereit gewesen wäre, auf seine Reformideen einzugehen. Eine große Anzahl fürstlicher Beamter wurde so »nach Guetbedünken von ainem Ort zum andern befürdert, etliche gar entsetzt, bisweilen etliche Pfleger ein zeitlang in den fürstlichen Hofrat gesetzt und nachmals etwo widerumben ihnen andere Pfleger oder Aempter lassen ein räumen.«[7] Wer sich als unredlich oder ungerecht erwiesen hatte, oder wen der Erzbischof dafür hielt, mit dem machte er kurzen Prozeß. Einige wurden an den Pranger gestellt, mit Ruten geschlagen oder des Landes verwiesen. Der junge Landesherr unterschrieb erste Hinrichtungsurteile. Jedoch empfand man in der damaligen Zeit ein solches Vorgehen keineswegs als Schreckensherrschaft. Der Raitenauer stand in den Augen des Volkes vielmehr als ein »Beförderer und Liebhaber der Gerechtigkeit« da, weil er seine Beamten keineswegs bevorzugte, sondern genauso behandelte wie den »aller ermbste Unterthan«. Von seinem Förderer und Vorbild, dem Kardinal Marcus Sitticus, hatte Wolf Dietrich gelernt, daß es klug sei, das Volk durch großzügige Spenden und Befriedigung der Schaulust zu gewinnen.

Auch, daß verausgabtes Geld um so rascher wiederkehrt, je zielbewußter es ausgegeben wird. Diese Erkenntnis hatte der Kardinal eifrig dazu benützt, es vermehrt in die eigene Tasche zurückzuleiten. Der junge Salzburger Erzbischof, intelligenter und noch ehrgeiziger als sein Lehrmeister, verfolgte andere Pläne. An der bloßen Anhäufung von Reichtum lag ihm erst viel später, als er seine große Familie sicherzustellen wünschte. Vorläufig trachtete er zwar nach möglichst hohen Einkünften, aber nur, um sie schnellstens für Zwecke wieder auszugeben, die ihm als die erstrebenswertesten erschienen: Ansehen, Macht und aufsehenerregenden Prunk. War er schon aus seinem autoritären Denken heraus nicht bereit, mit sämtlichen Gelübden, die er so hastig abgelegt hatte, in Einklang zu leben, so war Habgier um des Habens willen nicht sein Fall. Er war der erste, der mit der Familientradition der Pfründenanhäufung brach. Zwei Wochen nach seiner Wahl, am 16. März 1587, legte er das Kanonikat von Konstanz nieder, das noch am selben Tage seinem elfjährigen Vetter Marcus Sitticus von Hohenems, Sohn des Reichsgrafen Jakob Hannibal und der Hortensia geb. Borromeo, verliehen wurde. Der Wechsel ging glatt vonstatten, warf doch der gemeinsame Oheim, Kardinal Marcus Sitticus, als Bischof von Konstanz seine Autorität in die Wagschale.

Die Koadjutorie von Murbach und Lüders resignierte er am 18. Juni des gleichen Jahres, also bald nach Eintreffen der päpstlichen Bestätigung seiner Wahl. Der dortige Konvent hatte ihm den Rücktritt von dieser Pfründe nahegelegt, auf die Kardinal Andreas von Österreich, der Sohn Ferdinands von Tirol und der ihm zur linken Hand angetrauten Philippine Welser, schon wartete. Es war derselbe Andreas, dem zwei Jahre später der ältere Marcus Sitticus sein Bistum Konstanz verkaufte.

Auf die Dompropstei von Basel, die er ohnehin nur mehr nominell innegehabt hatte, verzichtete Wolf Dietrich im Jahr 1588 und am 19. April 1589 tat er ahnungslos den folgenschwersten Schritt: er legte die Domherrnwürde von Salzburg nieder, die er trotz seiner Wahl zum Erzbischof noch immer bekleidete, und ließ das Kapitel durch den Stadtpfarrer und durch seinen Sekretär Johann Baptist Ninguarda – einen Verwandten des päpstlichen

Legaten Felician Ninguarda – ersuchen, »das vacierunt Canonicat« seinem Vetter Marcus Sitticus zu verleihen, mit dem Bemerken, daß »unser gnedigster Fürst und Herr für vorbenennten jungen Herrn Grafen gnedigist intercedieren lasst.«[8] Sogar die Zeugen besorgte Wolf Dietrich dem persönlich nicht allzu hoch geschätzten Verwandten: seinen Bruder Jakob Hannibal und seinen Schloßhauptmann Melchior von Raunach. Noch am selben Tag wurde der junge Vetter *per procuratorem* aufgeschworen.

Mit seinen Rücktritten dokumentierte der Raitenauer, daß er Erzbischof von Salzburg sein wollte und nichts anderes. Ungeteilt konzentrierte er von nun an seine Interessen, Ziele und Wünsche auf dieses Land, das er bald als sein Eigentum betrachtete. Verzicht auf Pfründen bedeutete jedoch keineswegs, daß er die damit verbundenen Einkünfte nicht benötigte und als stiller, bescheidener Seelenhirt zu leben gedachte. Die Mittel mußten eben anderweitig beschafft werden, denn seine Vorhaben waren nicht billig. Eine seiner ersten Verfügungen betraf die militärische Absicherung des Erzstiftes sowie seiner eigenen Person, deren Ansehen er durch eine stattliche Leibgarde zu unterstreichen beabsichtigte. Entscheidend für diesen Entschluß war der Antrittsbesuch in München, wo ihm das zahlreiche uniformierte Gefolge, mit dem sich der Bayernherzog umgab, in die Augen stach. Am 3. Juni 1587 kehrte er aus der benachbarten Residenz zurück und bereits am folgenden Tag musterte er 24 Trabanten aus dem Bürgerstand und ebenso viele Leibschützen aus der Landfahne, um durch sie die gemeinen Kriegsknechte zu ersetzen, welche bisher die Residenz bewacht hatten. Der neuen Garde gab er farbenprächtige Uniformen und bewaffnete sie mit Karabinern, was dem hohen Raum, in welchem sie ihren Wachtdienst verrichteten, den noch heute gebräuchlichen Namen Karabinierisaal eintrug. Mit den Offizieren sprang der Fürst aber ebenso willkürlich um wie mit den Beamten. Sie wurden abgedankt oder versetzt, wie es ihm gerade gefiel, und das nicht nur einmal. Die Besatzungen der Festen Hohensalzburg, Hallein und Hohenwerfen sollten Verstärkung erhalten und andere Orte befestigt werden. Sogleich begann der neue Landesherr Werber auszuschicken, um genügend Knechte in den Sold zu bekommen. Endlich konnte er seiner Jugendneigung zu kriegerischem Spiel frönen. Die Soldaten bekamen guten Sold und Abfertigungen, sobald sie aus dem Dienst entlassen wurden; auch versorgte er sie mit genügend Munition.

Nicht nur dem Militär gegenüber zeigte sich der Raitenauer freigebig, auch der Ortsarmen nahm er sich großzügig an. Sie erhielten Speisung, Wein und Bier und alle Samstage, besonders aber zu Ostern, sobald sie gebeichtet und kommuniziert hatten, ein Gnadengeld, um sich die teure Fastenspeise zu kaufen. Dabei vergaß der Erzbischof auch die armen Domschüler nicht: »Disen halben Gulden mit sambt der Mahlzeit haben auch die armen Schueler so wol zu sant Peter als im Thuemb (Dom) empfangen und genossen.«[9]

Solche Großmut führte dazu, daß der neue Landesherr »alsbald billich ein Vatter der Armen genennt« wurde, ebenso wie ein »Patron der Soldaten«. Damit hatte er zwei wichtige Bevölkerungsgruppen für sich gewonnen: die Straße und das Militär. Ein gutes Einvernehmen mit der Kurie war ihm gewiß, solange der alternde Kardinal Marcus Sitticus hoch angesehen in Rom lebte. Loyalität gegenüber dem Kaiser und Vorsicht im Verkehr mit Bayern würden es ihm ermöglichen, diejenigen nach und nach auszuschalten, die seine unbeschränkte Herrschergewalt im Landesinneren vorläufig noch beeinträchtigten: den Landadel, die Stadtverordneten und – das eigene Domkapitel. Er hatte seinen Machiavelli gut im Kopf.

Die ersten Maßnahmen bekamen die Stadtverordneten zu spüren. Bisher hatte ein Bürgermeister den Vorsitz im Rat der Stadt Salzburg geführt, unterstützt von einem Stadtrichter und einem Stadtschreiber. Wolf Dietrich setzte dem Bürgermeister anstelle dieser beiden Beamten einen Stadthauptmann und einen Stadtsyndicus zur Seite. Wenn sie wollten, konnten die Stadtväter das als eine Ehrung betrachten, weil der Stadthauptmann ein kriegserfahrener Offizier, der Syndicus ein »hochgelahrter Doctor« und beide zudem möglichst von gutem Adel sein sollten. Das vermochte jedoch nicht über die wahren Absichten des Landesherrn hinwegzutäuschen. Ganz nebenbei sollten beide als hochfürstliche Spitzel fungieren, und der tiefere Grund der ganzen Umstellung war eine Vorsichtsmaßnahme: »... daß die nit mehr, wo vorher beschechen, also haimbliche Rathschleg machen und antriflen megen.«[10] Der Hofrat des Erzstiftes, den Erzbischof Johann Jakob 1561 ins Leben gerufen hatte, war weisungsgebunden, zudem ernannte der Fürst selbst seine Mitglieder. Aber Wolf Dietrich erklärte jetzt auch die Beiziehung des Landesherrn zu den Sitzungen für obligatorisch. Heimliche Beschlüsse oder auch nur Erörterungen durfte es dort ebensowenig geben wie im Stadtrat.

Die Landstände konnten ihre Funktionen vorläufig behalten – wenigstens auf dem Papier. Sie waren ganz gut dazu zu gebrauchen, unpopuläre Maßnahmen, besonders die Ausschreibung von Steuern, mit ihrem Placet zu versehen, und so einen Teil der Verantwortung und der ausgelösten Unzufriedenheit auf ihre Schultern zu nehmen. Man konnte später weitersehen.

Die Domherren, welche dem letzten Erzbischof Georg von Kuenburg das Leben so sauer gemacht hatten, daß er mehrmals an Resignation dachte, verhielten sich dem eben erst von ihnen selbst gewählten Erzbischof gegenüber vorläufig abwartend, und er tat dasselbe.

Nachdem Wolf Dietrich die Zeit zwischen Oktober 1587 und April 1588 hauptsächlich mit der Neugestaltung der Salzburger zivilen und militärischen Verwaltung in der Praxis zugebracht hatte – die entsprechenden gesetzlichen Ordnungen erschienen erst in den folgenden Jahren – begab er sich auf eine Italienreise. Die wohlüberlegten Gründe hierfür waren persönlicher und sachlicher Natur. Die Beziehungen zum Heiligen Stuhl sollten ausgebaut und abgesichert werden. Er brauchte Rückendeckung für seine Pläne im Inneren und in weiterer Folge auch gegen Bayern. Zweifellos war es ihm in dieser Periode seiner Regierungszeit auch noch ernsthaft darum zu tun, alle seine Absichten den Wünschen der Kirche unterzuordnen. Der eifrige Reformator Sixtus V. hatte gleich zu Beginn seines Pontifikats ausdrücklich den Wunsch bekanntgegeben, höhere kirchliche Würdenträger möchten häufiger als bisher »visitationes ad limina apostolorum«, Besuche zum Sitz der Apostel, vornehmen. So konnte der junge Erzbischof in dieser Reise die Erfüllung einer Pflicht sehen, die seinen eigenen Plänen entgegenkam. Um so klüger mußte ihm erscheinen, sich persönlich Segen und Weisungen für die Zukunft zu holen, als er schon ein nächstes Ziel ins Auge faßte: den Kardinalspurpur nicht nur tragen zu dürfen, sondern die Würde auch wirklich zu bekleiden. Dazu war es nützlich und wichtig, die allgemeine Lage in Rom zu prüfen, die Stimmung wenn möglich günstig zu beeinflussen, und – vor allem – das Problem mit dem erfahrenen Onkel zu besprechen.

In Steinhausers Handschrift B^{II} ist noch von 18 Pferden die Rede, mit denen der Fürst und sein Gefolge »von Adel und Andern« gereist sein soll, in der Handschrift C sind es bereits dreißig geworden. Gleichviel, man brach anfangs Mai auf, zog über die nun halbwegs schneefreien Alpenpässe und traf am 20. Mai in Rom ein. Seit langer Zeit war kein ausländischer Kirchenfürst gleich hohen Ranges dort angereist. Um knifflige Probleme des Protokolls und der Privilegien zu vermeiden und um dem Zeremonienmeister des Vatikans keine allzu große Verlegenheit zu bereiten, gab der Salzburger Erzbischof zu verstehen, daß er keinen offiziellen Empfang erwarte, und stieg mit seinem Gefolge bei dem Onkel Kardinal im Palazzo d'Altemps ab. Am nächsten Tag schon wurde er von Sixtus V. empfangen, küßte demütig die Füße des heiligen Vaters und erhob sich erst nach mehrmaliger Aufforderung von den Knien. Bei der Vesper in der Sixtinischen Kapelle erhielt er den Vortritt sogar vor den Kardinälen. Seit Pilgrim II., so vermerkt der Chronist Haslberger, war kein Salzburger Erzbischof mehr über die Alpen nach Rom gezogen. (Der pracht- und kriegsliebende Pilgrim II. wurde öfters auch in Hinblick auf seine weltlichen Neigungen zum Vergleich mit dem Raitenauer herangezogen).

Der junge Fürst soll in Rom einen ungewöhnlich guten Eindruck hinterlassen haben, bei den einen durch offenkundigen Respekt und Frömmigkeit, bei anderen dadurch, daß ihm das Geld recht locker in der Tasche saß. Er hatte kostbare Geschenke für viele einflußreiche Personen mitgebracht, zeigte sich »mild und gastfrei«, und es heißt, daß die Salzburger Dukaten damals in Rom recht gut bekannt geworden seien. Die Reise kostete jedenfalls über 13.000 Gulden und der Hofrat Dr. Fickler notierte in seiner Chronik, daß der Fürst »zwar mit Indulgenz beladen, aber geringerem Säckel« heimgekehrt sei.[12]

Da es sich auf der Rückreise leicht schickte, stiftete Wolf Dietrich, sicherlich von Kardinal Marcus Sitticus dazu angehalten, noch eine vorteilhafte Ehe innerhalb der Familie. Die ältere Tochter des Reichsgrafen Jakob Hannibal hätte mit ihren 21 Jahren längst versprochen sein sollen und mußte, wenn nicht bald etwas in dieser Richtung geschah, in einem Kloster untergebracht werden. Offenbar hatte der Erzbischof von dem Onkel ganz bestimmte Weisungen erhalten. Er machte, von Rom kommend, in Riva am Gardasee halt, was um so leichter bewerkstelligt werden konnte, als sich in seiner Begleitung auch der Salzburger Domherr Anton von Lodron befand, dessen Familie in Riva begütert war. Nüchtern und sachlich wurde ein Ehekontrakt ausgehandelt, der eine Mitgift von 13.000 Gulden vorsah. Wolf Dietrichs neue Würde gab wohl den Ausschlag, wenn Kusine Margarete mit dem verwitweten Ludwig von Lodron verheiratet werden konnte.

Zwischen den Pflichtbesuchen in Rom und Riva vergönnte sich der Reisende aber noch ein persönliches Vergnügen. In Venedig, der unvergleichlich schönen und leichtlebigen Lagunenstadt, von deren Palazzi und Kunstschätzen die Welt bewundernd sprach, deren Überseehandel und deren berühmt-berüchtigtes Faschingstreiben abenteuerlustige Fremde herbeilockte und auf deren Kanälen neben den Gondeln der Vornehmen damals mehr als tausend Schöne durch rote Lichter am Bug ihrer Schifflein Gunstbereitschaft ebenso wie Geldbedarf kundtaten, machte er halt. Zur bleibenden Erinnerung kaufte der Salzburger Erzbischof Zeichnungen und Skizzen in den Ateliers bereits hochangesehener wie auch neu aufstrebender Maler, und erwies dabei unverkennbar seinen Geschmack und seine Fähigkeit, neue Richtungen der Kunst als solche zu erkennen und zu würdigen. Noch wollte der Raitenauer nicht zu tief in die Bistumskasse greifen, doch brachten die graphischen Stücke, die er für seine private Sammlung erwarb, immerhin Blätter von Malern, die später Frühbarocke oder Manieristen genannt wurden, mit

Namen wie Tintoretto, Bassano, Palma Giovine oder Cambiaso nach Salzburg. An der Skala seiner Sammelobjekte ist die Entwicklung von Wolf Dietrichs künstlerischen Interessen ebenso ablesbar wie die Steigerung seiner materiellen Möglichkeiten. Im frühesten Abschnitt seiner Beziehung zu kulturellen Monumenten hatte er alte Stiche und Landkarten gesammelt. Nun verlegte er sich auf die neue Malerei, noch später auf bahnbrechende Architektur. Selbst der nüchterne Chronist Steinhauser vermerkt, daß »dieser Erzbischof sonderliche Lust zu freien Künsten« gehabt habe. Im großen und ganzen teilten die Untertanen kaum den Kunstverstand ihres neuen Fürsten. Viel mehr bewunderten sie die Sprachkenntnisse, welche sich der Kleriker in Rom und auf seinen Reisen erworben hatte: »... wie er dann aus den Genaden Gottes sechs unterschidlicher Sprachen kuntig ist.«[13]

Am 4. Juli 1588 hatte die kleine Reisegesellschaft die Alpen überquert und traf in Innsbruck ein. Am 9. Juli erwarteten Domkapitel und Bürgerschaft ihren Erzbischof und seine Begleiter vor dem Stadttor. Die 49 Geschütze der Festung wurden losgebrannt und im Münster ein Tedeum mit Pauken und Trompeten gesungen.

Jedoch schon nach kurzer Zeit stellten sich unerwartete Folgen dieser Reise ein, welche das Leben mancher Salzburger von Grund auf veränderten. Sixtus V. hatte Wolf Dietrich neuerlich die Gegenreformation ans Herz gelegt, und so stach der junge Heißsporn, kaum heimgekehrt, bedenkenlos in das protestantische Wespennest.

Die Versuche seiner milden Vorgänger, »Sektische« auszuweisen, waren bisher mangels Nachdruck und durch Fristerstreckungen ziemlich glimpflich für die Betroffenen verlaufen. Einer der Gründe hiefür bestand darin, daß ein großer Teil der Reformierten ruhige, fleißige und ordnungsliebende Bürger waren, wie sie ein jeder Landesherr schätzte. Vom rein praktischen Standpunkt wäre ihre »Ausschaffung« unklug gewesen, stellten sie doch einen beachtlichen Teil des städtischen Patriziats und heirateten häufig in katholische Familien ein.

So hatten es die geistlichen Landesherren Salzburgs bisher meist bei Drohungen bewenden lassen, die ihren gegenreformatorischen Eifer beweisen und dennoch im Lande nur möglichst geringen Schaden anrichten sollten. Damit war es nun vorbei, denn der neue Erzbischof hatte sich die Religionsreform »mit solchem Ernst und Beständigkeit fürgenommen, als seiner Vorfahrer keiner sich hatte unterstehen dürfen«.

Kaum zehn Tage waren seit seiner Rückkehr verstrichen, da befahl er schon den Stadtrichter, den Stadtschreiber und die Ältesten des Stadtrates, unter ihnen Ludwig Alt und Tobias Unterholzer, zu sich, stellte sie kurzerhand dem Hofkammerpräsidenten und Domherrn Rieger von Westernach, dem Kanzler Gervasius Fabrici und dem glaubenseifrigen Hofrat Dr. Johann Baptist Fickler gegenüber und verlangte ihnen das katholische Glaubensbekenntnis ab. Fast alle schworen »mit aufgereckten Fingern«, nur Tobias Unterholzer erklärte sich offen als Protestant. Auch für die Zukunft wolle er es bleiben, sagte er, »dann er künne es in seinem Gewissen nit finden, davon zu weichen.« Ihm wurde befohlen, den Stadtrat zu verlassen und ihn nie wieder zu betreten. Auch die nicht anwesenden gewöhnlichen Ratsmitglieder sollten sich binnen drei Wochen zum katholischen Glauben bekennen oder ihrer Ämter verlustig gehen. Nach Fickler waren es insgesamt zwanzig, die den Eid verweigerten.

Das war aber nur ein Anfang. Bald zeigte der Erzbischof auch den einfachen Untertanen die Krallen. Niemand durfte mehr als Bürger und Einwohner seiner Residenzstadt aufgenommen werden, der nicht schwor, Katholik zu sein. In einer Instruktion, die 64 Artikel umfaßte, erhielt der Stadthauptmann Weisungen, wie er über die Einhaltung der Religionsvorschriften der Stadt Salzburg zu wachen habe. Als Krönung und Zusammenfassung aller diesbezüglichen Erlässe zeichnete und siegelte Wolf Dietrich am 3. September 1588 sein später viel diskutiertes großes Religionsmandat. Es brachte ihm den Applaus der katholischen Restaurationspartei ein, kurzlebige finanzielle Vorteile, aber auch Ärger und Unzufriedenheit, sogar unter der katholischen Bürgerschaft, besagte es doch nicht mehr und nicht weniger als die Ausweisung aller »Sektischen« binnen zwei Wochen aus Stadt und Land Salzburg.[14]

Wenn darob, selbst unter den Katholiken des Landes, wie es bei Steinhauser so hübsch heißt, ein »gemürbl« entstand, so deshalb, weil damit Hennen geschlachtet wurden, an deren goldene Eier man sich gerne gewöhnt hatte.

Der Erzbischof beabsichtigte jedoch keineswegs, die Ausgewiesenen, »die auf ihrer widerwerdigen Meinung stracks verharret haben«, mit ihrem Besitz ziehen zu lassen. Daher enthielt das Mandat auch gleich Anweisungen, wie jeder dieser Landesverwiesenen eine genaue Vermögensaufstellung zu machen habe und bei schwerer Geldbuße nichts von seiner Habe mitnehmen dürfe.

Höchstens drei Tage – und das ausschließlich in Wirtshäusern und nach Voranmeldung beim erzbischöflichen Hofrat – durften sie sich künftig in Salzburg aufhalten und ihre Waren nur durchführen, aber weder selbst noch durch Mittelsleute verhandeln. Pflegen und Vormundschaften – bei der frühen Sterblichkeit der Menschen damals sehr häufig und auch vorteilhaft – wurden ihnen entzogen; abwesende Mündel mußten in die Stadt zurückgebracht werden. Soferne Protestanten Häuser und Gärten besaßen, sollten sie diese binnen Monatsfrist verkaufen oder vermieten, widrigenfalls die Obrigkeit darüber verfügen würde, denn »wir wellen, dass die vollkommentlich bewohnt werden.«

»Diese der Sectischen Ausschaffung ist etlichen, ja dem mehrern Thail der Salzburger etwas selzamb, fremd und unerhört fürkommen«, vermeldet Johann Steinhauser, fügt aber als um Objektivität bemühter Chronist auch hinzu, warum. Es war nämlich eine ziemliche Anzahl dieser Ausgewiesenen »maistens all die vermiglichsten und fürnembsten Burger, welche ihrer Gueter und Reichtumb halber ... den Handwerksleüten und Hausarmen und ganzer Gemain sehr wol angestanten waren.«

Ehrlicher kann man kaum aussprechen, daß nicht nachbarliches Mitgefühl die Unzufriedenheit und das »gemürbl« ausgelöst hatten.

Die Bitten der Ausgewiesenen und ihre Vorstellungen, daß sie in so kurzer Zeit weder ihre Güter verkaufen noch ihre Abrechnungen erstellen könnten, bewirkten, daß Erzbischof Wolf Dietrich am 1. Oktober 1588 die Frist um einen Monat verlängerte. Doch dabei blieb es. Milde Ausnahmen gab es nicht mehr. Diejenigen aber, welche zu Kreuze krochen und dem neuen Glauben abschworen, mußten an den folgenden Sonntagen mit brennenden Kerzen in Händen ganz hinten in den Kirchen öffentlich Buße tun.

Die Verquickung von religiösem Eifer mit materiellem Vorteil für den Eiferer war hier – wie häufig in der Geschichte weltanschaulicher Konflikte – das Fatalste an diesem Edikt. Unter Konfiskationen und der Verhängung von Geldbußen für Nonkonformisten leidet die Glaubwürdigkeit des edlen Zweckes der Seelenrettung ungemein. Die Anhänger der salzburgischen Restaurationspartei übersahen solches Zubehör und erklärten sich mit dem Religionsmandat sehr einverstanden: »Sovil aber mein Person belangt, hab ich diese Werk für leblich und guet angesehen seitemallen ausserhalb der wahren, allein seeligmachunden catholischen Religion kain Seeligkait ze finden, und an der Seelen noch etwas mehrrers als an den Laib gelegen ist« legt Johann Steinhauser sein Bekenntnis ab.[15]

Selbst der Kaiser, an den sich die Salzburger Protestanten in ihrer Not um Schutz gewendet hatten, fand das Edikt zu hart. Er sandte einen Konvertiten als Botschafter in das Erzstift, der sich für eine Milderung der Bestimmungen einsetzen sollte, aber unverrichteter Dinge zurückkehrte, sodaß der Hofrat Dr. Fickler befriedigt in seine Chronik eintragen konnte, es sei »bei dem Ausschaffen verpliben und dem Herrn Erzbischof keine Verhindernus oder Eintrag beschechen«.

Die Pfleger auf dem offenen Land und die Stadtverwaltungen erhielten das Mandat zugeschickt und sollten genau danach verfahren: alle, die der Ketzerei auch nur verdächtig waren, mußten ausgewiesen werden.

In diesen ersten Regierungsjahren betrachtete es Wolf Dietrich von Raitenau noch als gottgefällige Pflicht, Abtrünnige vom katholischen Glauben in ihrer wirtschaftlichen Existenz oder sogar physisch zu vernichten, eine Haltung, die er nur allmählich, dann aber gründlich änderte. Im Augenblick war er dadurch allerdings Liebkind beim Vatikan. Der päpstliche Nuntius am Hof Kaiser Rudolf II., Kardinal Visconti, berichtete im Sommer

1589 nach Rom, daß der Salzburger Erzbischof nicht nur des jugendlichen Eifers voll sei, sondern sich auch sonst »devotissimo et obedientissimo« erzeige.

Der Raitenauer jedoch, befriedigt darüber, Religionsprobleme und Verwaltung in die gewünschten Wege geleitet zu haben, ließ nun jener geheimen Leidenschaft freien Lauf, die er bisher aus Geldmangel nie hatte befriedigen können. Mit der Kraft einer zurückgehaltenen Flut brach ungezähmt aus ihm hervor, was später vielfach als seine »Bauwut« bezeichnet wurde.

Schon als er bestenfalls davon träumen konnte, die Mittel zur Ausführung eines noch so bescheidenen Bauwerkes herrschaftlicher Manier je zu besitzen, hatte er sich für architektonische Skizzen interessiert. Nun war er mit einem Schlag Herr über ein jährliches Einkommen von 200–300.000 Dukaten geworden (die Angaben schwanken ebenso wie es die Einkünfte vermutlich taten), besaß darüber hinaus fast unbegrenzten Kredit und konnte es gar nicht erwarten, seine Ideen in Stein und Mörtel realisiert zu sehen.

Gleich nach seiner Wahl, noch ehe er inthronisiert war, hatte er im Sommer 1587 das kleine, baufällige Trompeterschlößchen auf dem am rechten Salzachufer gelegenen Imberg restaurieren lassen. Er plante, sich dort einen Sommersitz zu schaffen, doch bezog er ihn nie, sondern nahm sehr bald andere, größere Projekte in Angriff. Den Besitz auf dem Imberg mit der herrlichen Aussicht über Fluß und Stadt überließ er später den Kapuzinern, richtete ihnen dort Kirche und Kloster ein, und die neuen Bewohner verliehen dem Berg den bis heute gebräuchlichen Namen Kapuzinerberg.

Diese verhältnismäßig geringe Instandsetzungsarbeit bildete gleichsam den Auftakt für eine großangelegte Bautätigkeit, die der fürstliche Bauherr zunächst nur seinen eigenen, ziemlich sprunghaften Ideen gemäß anordnete, wobei er sich seines »welschen Secretärs« Johann Baptist Ninguarda als Behelfsbaumeisters bediente, offenbar in der naiven Annahme, daß jeder, der von jenseits der Alpen kam, der geborene Architekt sein müsse. Die Wahl erwies sich als Mißgriff, vorläufig jedoch ließ der junge Fürst seinem Dilettantismus die Zügel schießen.

Dem Ausdruck Dilettant wurde im Laufe der Zeit ein abschätziger Beigeschmack zugeordnet; tatsächlich leitet er sich vom italienischen »*dilettare*« ab, sich vergnügen, etwas genießen, und genau das war es, was Wolf Dietrich tat. Zugegebenermaßen vergnügte er sich auf eine höchst kostspielige Weise. Der alte Bischofssitz mit seinen wuchtigen Mauern und dem Friedhof als makabrer Grünfläche sagte ihm von allem Anfang an nicht zu; er suchte nach einer repräsentativeren Stätte für seinen persönlichen Wohnbedarf, für den Empfang hochgestellter Gäste und für ansehnlichere Amts- und Regierungsräume. Sehr bald faßte er den Plan, sich jenseits von Münster und Friedhof einen Neubau für diese Zwecke zu errichten. Dazu mußte eine beträchtliche Anzahl von Bürgerhäusern weichen. Also kaufte der Erzbischof einige von diesen zum Abbruch auf und tauschte mit zwei Domherren deren Gartengrundstücke in der Kai- und Pfeiffergasse gegen zwei kleine Schlößchen auf dem Mönchsberg, die er zunächst für sich selbst hatte restaurieren lassen, frühere Landsitze wohlhabender Salzburger Patrizier namens Alt und Frankenmann. Dann ließ er sogleich mit den Abbrüchen beginnen, bezahlte jedoch alle Aufträge, die er erteilte, und allen Schaden, den seine Hausabbrüche verursachten, auf Gulden und Kreuzer. Johannes Steinhauser, der Gewährsmann, dem die »Lust zum Gepeu« dieses Erzbischofs eigentlich ein Dorn im Auge war, weil dieser »vil Heiser und schenne Gepeu abweckbrechen lassen«, erwähnte besonders, daß viele arme Leute, die sonst große Not hätten leiden müssen, – von den bei den Bauten beschäftigten gelernten Handwerkern ganz zu schweigen – sich so »vil desto leichter erhalten und ernöhren mügen, dann da war alle Sambstag guete und baare Bezallung ihres Verdienstes und Taglohn halber«. Das Konzept für eine bauliche Umgestaltung der ganzen Residenzstadt Salzburg im italienischen Stil konnte weder Steinhauser noch sonst jemand ahnen, war es doch dem Landesherrn selbst damals nur höchst vage bewußt. Aber etwas schwebte ihm vor, ein Wunschbild, nur dem begreiflich, der, wie er, aus Rom kam, wo der Petersdom als großartiges, in Stein geformtes spirituelles Zentrum in idealer Weise die umfassende Macht und die Würde der katholischen Kirche verkörperte. Dort gewährten von den Imperatoren angelegte, breite Straßen und geräumige Plätze freien Blick auf Palastfassaden und in der Ferne verblauende Hügelketten und verstärkten damit noch den Eindruck schrankenloser Weite und unumschränkten Herrschaftsgebietes.

Welch einen Gegensatz dazu bildete das kleine, bergumschlossene Salzburg mit seinen schmalen, hohen Bürgerhäusern und engen Gassen, die bis dicht an das mächtige, fünftürmige Münster heranreichten! Auch der Blick auf den einzigen unbebauten Raum in der Stadtmitte, den großen Friedhof, erregte weder aufmunternde noch weltstädtische Vorstellungen. Der vielfach umgebaute Bischofssitz daneben entsprach einer fürstlichen Hofhaltung ebensowenig wie das Kapitelshaus oder der unansehnliche Pferdestall. Herzog Ernst von Bayern hatte den Bau nützlich und praktisch ausgestaltet, doch mit dem Sitz eines stolzeren Landesherrn vertrugen sich Handwerksbetriebe, Speicher und Kanzleiräume nur schlecht. In der Ringmauer, welche sich um diese Residenz zog, hatten gar verschiedene Läden Unterschlupf gefunden: ein Taschner, ein Messerschmied, je ein Drechsler, Buchbinder und Petschaftschneider. Volk und Fürst hausten so Tür an Tür. Das war vertraut und gemütlich. Eindrucksvoll und repräsentativ war es nicht.

Dem Raitenauer, der im Geist die auf sieben Hügeln erbaute Stadt Rom vor sich sah, die Paläste und weitläufigen Klosterbauten Frankreichs und Spaniens, die Prunkgemächer, Parks und Höfe, Ball- und Theatersäle, die Marställe und livrierten Diener der Großen dieser Welt, kam Salzburg eng und provinziell vor. Sein eigenes Leben plante er anders als das seiner Eltern auf der Turmburg Langenstein oder das seiner genügsamen Vorgänger. Wenn auch der Entschluß, gleich die ganze Stadt zu verändern, erst allmählich Gestalt annahm, so zweifelte er doch von allem Anfang niemals daran, daß ihm dazu das moralische Recht zustand. Er fühlte sich berufen, dieses Land nach eigenem Ermessen zu regieren. Was immer er täte, würde zum besten des Erzstiftes und seiner Bewohner gereichen.

Das alte Münster stand etwas näher zum Fluß hin als der heutige Dom, und der anschließende Friedhof bedeckte den größten Teil des jetzigen Residenzplatzes. Die Stadt erhielt dadurch ein Aussehen, als wäre sie mehr den Toten und der Vergangenheit zugeneigt, als dem Leben und der Zukunft, was in gewissem Maß auch stimmte. Ihre Bewohner waren geschäftige und gottesfürchtige Leute, unbeschwert von besonderen geistigen oder kulturellen Ambitionen und, wie die meisten Kleinstädter, Veränderungen abhold. Viele von ihnen waren niemals aus den Mauern des Städtchens herausgekommen; fast nur Kaufleute nahmen freiwillig die Beschwerlichkeit und Unsicherheit von Reisen auf sich, und so blieben hier mittelalterliches Gedankengut und Lebensform länger erhalten als in den großen, verkehrsreichen Städten.

Dem Zentrum kirchlichen Lebens, welches Münster, Bischofssitz, Domfriedhof, die Abtei von St. Peter, die Pfarrkirche und das Kapitelshaus umfaßte, entsprach als Schwerpunkt bürgerlichen Daseins das Schrannengebäude auf dem Waagplatz, das die öffentliche Waage, Gerichtssäle und die »Alte Stadttrinkstube« beherbergte.

Der Bischofssitz stellte ein arges Flickwerk von Bauteilen verschiedener Jahrhunderte dar. Schon Erzbischof Matthäus Lang hatte mit dem Gedanken an eine neue Residenz gespielt, mußte aber wegen des durch die Bauernkriege hervorgerufenen Geldmangels davon Abstand nehmen. Er begnügte sich schließlich damit, einen neuen Speisesaal zu schaffen.

»Türnitz« und »Rinderholz« waren die seltsamen Bezeichnungen für den eigentlichen Wohntrakt der Erzbischöfe. Die erstere umfaßte Speise-, Küchen- und Vorratsräume, das »Rinderholz« beherbergte die Schlaf- und Wohnzimmer. Dieses sogenannte »innere Gemach« war dem Marktplatz zugekehrt und lag demnach an der Hauptfront des Gebäudes. Matthäus Langs vergrößerte »Türnitz« bot zwar bis zu dreißig Speisetischen Raum, an äußerem Ansehen hatte der Bau aber durch sie nicht gewonnen.

Nun sollte also zu allererst eine neue Residenz erstehen, dann die alte abgerissen und neu aufgebaut werden und zwar »aufs Zührlichst und Bestendigest«, damit darin vornehme Quartiere geschaffen würden, so daß »... begebenden Fahls grossmechtige

115

Herrn und Heubter allhie ankommen mechten«, diese standesgemäße Unterkunft fänden. Dem jungen Fürsten schwebte ganz offenbar eine Hofhaltung internationalen Formats vor, Empfang und Bewirtung bedeutender Gäste, Salzburg als Kreuzungspunkt kaiserlicher, päpstlicher und reichsfürstlicher Diplomatie, dazu Rast- und Sammelstelle für die Offiziere der gegen Osten marschierenden Ersatzfähnlein, unter ihnen Vater und Brüder Raitenau, er selbst der brillante und sprachenkundige Mittelpunkt glanzvollen Treibens.

Dazu brauchte er Platz, viel Platz! Wo früher Bürgerhäuser mit ihren Gärten gestanden waren, wurden Grundmauern aufgeführt, Gewölbe und Stiegen errichtet. Doch plötzlich ließ der Erzbischof den kaum begonnenen Residenzneubau einstellen und die bereits fertiggestellten Kellergewölbe wieder zuschütten, einfach nur deshalb, weil er aus nicht bekannten Gründen »ein Unlust an dem Gepeu gewunnen« hatte. Die Salzburger fühlten sich bitter enttäuscht. Ein Garten mit schönen, fruchttragenden Obstbäumen war dem sinnlosen Unternehmen auch geopfert worden. Der des Residenzbauens so unvermittelt müde gewordene Erzbischof begnügte sich vorläufig damit, seinem »Hauptschloß«, der Festung, ein paar Wachttürme anzufügen, von wo aus seine Soldaten, »wie im Kriegswesen gebreichig«, alle Viertelstunden eine Glocke läuten mußten, offenbar zum Beweis dafür, daß sie noch nicht eingeschlafen waren.

Diesem vergleichsweise bescheidenen Zubau entsprach ein ebensolcher am romanischen Münster.

Die halbrunde Apsis, welche die Sakristei beherbergte, wurde abgebrochen und durch eine rechteckige ersetzt, ein wenig auffälliges Bauwerk, dessen Prunkstück eine Säule aus einem einzigen, achtzehn Schuh hohen Märmelstein bildete.[16]

Vorsichtig vermerkt der Chronist: ob das alles recht oder unrecht gewesen sei, darüber wolle er die Verständigeren urteilen lassen.

Zu sagen, daß es ihm um die Obstbäume leid sei, kann er sich aber doch nicht verkneifen.

6. KAPITEL

Salome Alt

D as wenige, was alte Chroniken über die Lebensgemeinschaft des Erzbischofs mit der schönen Ratsherrentoch-
ter berichten, läßt als sicher annehmen, daß die Beziehung schon in Wolf Dietrichs Domherrnzeit zurückreichte.
Trotz der räumlichen Enge der mauerumfriedeten Städte lebten
die Menschen darin in streng begrenzten Kreisen, die einander
einfach deshalb nicht überschnitten, weil sie auf verschiedenen
Ebenen gelagert waren. Die Grenzen jedes Kreises wurden
bewußt und sorgfältig gehütet, am sorgfältigsten die des Bürger-
kreises, der als der mittlere sowohl nach oben wie nach unten hin
der anfälligste war. Auf- oder Abstieg einzelner verband sich
gerade dort fast stets mit einschneidenden persönlichen Veränderungen, ja Katastrophen, welche sich bei dem engen Sippenver-
band der Zeit auch auf die Angehörigen auswirkten. Die verhältnismäßig junge Eigenschaft des Bürgerstolzes regte sich und fand
ihren Ausdruck im Zusammenschluß zu Zünften, in die Neulin-
ge nur unter bestimmten, nicht leicht zu erfüllenden Bedingungen Aufnahme fanden. Selbst der Junker, der von außerhalb der
Stadt, von den ländlichen Burgen des Adels herabstieg, war nicht
mehr allein kraft seiner Geburt und seines Namens bedingungslos willkommen. Er mußte kritischer Prüfung standhalten, die
durch die Zugehörigkeit zum höheren Klerus bereits zu seinen
Gunsten entschieden war. Besonders in dem geistlich regierten
Land Salzburg standen solche Herren in hohem Ansehen, und
nachdem die letzten Erzbischöfe vor Wolf Dietrich, kränklich
und jenseits von Gut und Böse, niemals etwas getan hatten, was
die allgemeine Achtung erschütterte, blieb dieses Ansehen
ungetrübt.
Eine Sonderstellung zwischen Klerus und Laientum nahmen jene
24 nachgeborenen Söhne alter Adelsgeschlechter ein, welche
damals den Statuten gemäß das Domkapitel bildeten. Da sie nur
zu den niederen Weihen verpflichtet waren, konnten sie ohne

Verletzung kirchlicher Gesetze wieder ins weltliche Leben zurückkehren, etwa wenn der Haupterbe starb, kinderlos blieb, oder eine vorteilhafte Heirat lockte. Besonders die jüngeren Kapitularen formten so eine kleine Gruppe eigener Art mit wenigen Pflichten und gesicherten Einkünften, die alle Annehmlichkeiten ihrer Lage genoß. Manche von ihnen schlugen über die Stränge, so daß ihr unbekümmertes Auftreten mehrfach von Kirchenoberen gerügt wurde, am eindringlichsten von dem päpstlichen Nuntius Felician Ninguarda, dem vertrauten Boten Gregors XIII., der nach Rom meldete, daß die jungen Salzburger Kapitelsherren ihre Streiche in weltlicher Verkleidung, ja gelegentlich sogar maskiert verübten. Nachts zögen sie mit Sang und Saitenspielern durch die Straßen und seien im Fasching sogar unter dem Schutz ihrer Vermummung in Bürgerhäuser eingedrungen.[1]

Angesichts der fehlenden Weihen und des weltlichen Gehabens konnte es also leicht geschehen, daß auch ein sittsames Bürgermädchen oder sogar Schloßfräulein Gefallen an den Aufmerksamkeiten fand, die ihm einer von ihnen erwies.

Nach Johann Benignus Schlachtners Chronik fand die erste Begegnung zwischen dem jungen Raitenauer und Salome Alt in der »Alten Stadttrinkstube« statt, jener offiziellen Gaststätte Salzburgs, welche im Haus Waagplatz Nummer 1 lag.[2] Dort hielten die Stadtväter ihre gemeinsamen Essen ab; die Stube bildete aber auch den Schauplatz von Festmählern, welche Edelleute, Klerus und Bürgerschaft gelegentlich an einem Tisch vereinigten. So wurde alljährlich das Fronleichnamsfest nach vollbrachtem Umzug mit einem »Bürgermahl« begangen, zu welchem die Stadtgemeinde alle geistlichen und weltlichen Würdenträger einlud, und an dem manchmal sogar der Erzbischof teilnahm. Bei solchen Gelegenheiten konnten junge Leute einschließlich der Domherren einander leicht und ungezwungen begegnen, ebenso auch bei einer der großbürgerlichen Hochzeiten wie etwa jener der Katharina Geizkofler mit Andreas Steinhauser, zu der, wie die meisten Salzburger Patrizier, »auch alle Altischen samt ihren Weibern und Kindern, auch andern Ihren befreundten geladen gewesen.«[3]

Ebensowohl konnten die beiden einander bei der Sonntagsmesse im Dom erstmals in die Augen gesehen haben, etwa auch im Altischen Laden, wenn der Junker süßen Wein, Moschus und Lavendel bestellte, oder ganz zufällig in einem der schmalen Salzburger Gäßchen, wo der junge Mann mit dem schwarzen Haar und dem südländisch dunklen Blick in spanischer Tracht mit Capa und schmalkrempigem Hut von einem vornehmen Fremden nicht zu unterscheiden war. Mit Vorliebe trug er sogar einen Degen an der Seite, ließ sich erst an der Kirchentüre von seinem Diener Chorrock und das dreigeteilte Birett reichen, und bewies im Umgang mit der Bevölkerung eine solche unterschiedslose Leutseligkeit, daß »dy Lutherischen verhofften, nach der Wahl ein gueten Herrn an ime zu haben, dan er mit den Bürgern und jungen Kaufleitten guete Confersazion hielt, weil er noch ein Thuembherr war.«[4]

Weder über Salome Alt noch über ihre Angehörigen ist, bevor sie mit dem Raitenauer zusammentraf, Nennenswertes in den alten Berichten zu finden.[5] Daß es außerhalb der Matrikeln kaum Aufzeichnungen über Bürgerfamilien gab, lag nicht so sehr an den Chronisten als an dem wenig spektakulären Lebens- und Aufgabenkreis, welcher dem ordentlichen Stadtbewohner zukam. Taten zu setzen, von denen geredet und geschrieben werden konnte, war Sache der Edelleute. Gab es über einen solchen nichts zu sagen, dann sprach das genauso gegen ihn, wie die Tatsache, daß er »ins Gerede« kam, gegen einen Bürger. Der Edelmann, um den Schweigen herrschte, kam den Erwartungen, welche die Gesellschaft in ihn setzte, nicht nach. Anders der Bürger. Er wurde geboren, erlernte einen Beruf, trachtete, sich selbst, sein Weib und seine Kinder damit zu ernähren, noch etwas zurückzulegen und starb. Wenn er in seinem Kreis Ansehen genoß, konnte er in die Stadtvertretung gewählt werden, in ganz besonderen Fällen sogar zum Bürgermeister. Das alles ließ sich mit wenigen Worten verzeichnen – oder seiner Alltäglichkeit wegen auch gar nicht. Stoff für Chronisten gab der Bürger nur ab, wenn er mit dem Gesetz in Konflikt geriet, sein Geschäft in den Bankrott führte oder einen Aufruhr anzettelte. »Ins Gerede kommen« war eine typisch bürgerliche Schande, und nur in diesem Kreis hatte die Phrase einen üblen Beigeschmack. Noch größer war die Schande, sobald Frau oder Tochter eines Bürgers zum Gesprächsthema wurden. Es ist also durchaus als Wohlverhaltenszeugnis zu werten, wenn nicht mehr über die Familie Alt verlautete, als das, was die Stadtschreiber zu verzeichnen hatten: Geburten, Eheschließungen, Todesfälle und Grunderwerb. Nur an Hand dieser nüchternen Eintragungen und in Anbetracht der allgemeinen Lebensumstände ihrer Zeit lassen sich Salomes Mädchenjahre ungefähr rekonstruieren. Als dann Zusätzliches über sie verlautete, rechnete sich die Familie dies keineswegs zur Ehre an.

Der Urgroßvater der schönen Salzburgerin wanderte von Augsburg in das Erzstift ein, wo schon auf Grund der geographischen Lage die Fluktuation zu und aus den deutschen Ländern recht rege war. Besonders Kaufleute fühlten sich durch die Möglichkeiten, die Salzburgs Südhandel bot, angezogen. Im Jahre 1474 wurde Ludwig Alt Bürger der Stadt und erhielt 1498 vom damaligen deutschen König Maximilian I. ein hübsches einfaches Wappen verliehen, das einen silbernen Fisch auf blauem Grund zeigte. Von Kaiser Karl V. wurde dieses durch einen Turnierhelm gebessert und sein Träger gleichzeitig in den (offenbar nicht erblichen) Adelsstand erhoben. Er heiratete eine Nichte des Bischofs von Chiemsee, und von seinen Söhnen brachte es Ludwig, der ältere, schon zum Stadtrat, zeitweilig auch zum Bürgermeister von Salzburg. Ihm gehörte das Haus Sigmund-Haffnergasse 8, die damals noch Pfarrgasse hieß. Im Jahre 1541 erwarb auch er den niederen Adel.[6]

Der jüngere Sohn des eingewanderten Augsburgers namens Wolf hatte neun Kinder, darunter den 1525 geborenen Wilhelm. Als Frau Magdalena Alt, geborene Unterholzer, ihrem Gatten, eben jenem Wilhelm, am 21. November 1568 ein fünftes Kind, ein Mädchen, schenkte, war auch diese Familie schon wohlbestallt und angesehen. Wilhelm Alt, dessen Gewerbe als »kramer und vragner« bezeichnet wurde, was etwa dem eines Großhändlers und Frächters entsprach, hatte in seinem Beruf beträchtlichen Wohlstand erwerben können. Man bewegte sich zwischen Patriziertum und Kleinadel, mehrte Besitz und Ansehen und heiratete kreuz und quer meist in die gleichen paar Familien hinein, die für standesgemäße Verbindungen in Frage kamen. Wie in allen diesen kleinen süddeutschen Städten hatten sich auch in Salzburg eine Anzahl von Handwerkern und Kaufleuten zu an Reichtum grenzender Wohlhabenheit hinaufgearbeitet, verkehrte mit den Hof- und Verwaltungsbeamten, förderten die Söhne und hüteten die Töchter, bezahlten seufzend Steuern und Abgaben und trachteten, der Einmischung des jeweiligen Landesherrn in die Kommunalpolitik erträgliche Grenzen zu setzen.

In Salzburg gehörten zu diesen patrizischen Familien vor allem die erzbischöflichen Münzmeister, die Thenn, ferner die aus Tirol stammenden Geizkofler, welche mit dem tüchtigen und redlichen Zacharias Geizkofler unter Rudolf II. den »Reichspfennigmeister« stellten, die Brunnthaler, Steinhauser, Prantner, Mayr, die Praun, Guetrater oder die Unterholzer, von denen sich Wilhelm Alt seine Magdalena geholt hatte. Diese Namen scheinen ebenso wie der Name Alt in Salzburger amtlichen Registern und Katastern immer wieder in Verbindung mit dem Erwerb oder Verkauf solider Stadthäuser, ländlicher Anwesen oder sogar kleiner Schlößchen, lokaler Würden und Ehrenposten auf. So war auch Wilhelm Alt zum Ratsherrn bestellt worden und besaß neben seiner florierenden Handlung mehrere Häuser in der Residenzstadt: zwei in der Bergstraße, eines am heutigen Franz-Josefs-Kai und schließlich das Haus Sigmund-Haffner-Gasse 6, neben demjenigen seines Onkels Ludwig Alt gelegen. In diesem Haus, das noch heute ein schönes altes Portal aufweist, wurde sehr wahrscheinlich seine jüngste Tochter Salome unter dem eben aufgehenden Zeichen des Steinbocks geboren.

Die Familie war und blieb katholisch. Das sicherte ihr auch während der Gegenreformation den unangefochtenen Verbleib im Erzstift sowie die Erhaltung des fleißig erworbenen Besitzes. Die Kinder erhielten nach frommem Brauch Namen, welche Heiligen oder sonst hervorragenden biblischen Gestalten angehört hatten: Katharina, Sabina, Barbara. Der einzige Sohn, welcher das Handelshaus nach dem Tode des Vaters weiterführte und diesem dann auch in den Stadtrat nachfolgte, wurde Samuel genannt. Der Jüngsten allerdings gaben die Eltern den Namen einer recht unheiligen Bibelfigur, welcher damals nicht selten in den Stammbäumen adeliger Kreise vorkam. Bei allem neuen Selbstbewußtsein ahmten viele Bürger gerne deren Gepflogenheiten nach.

Salome blieb das Nesthäkchen und wuchs in aller Stille zu einem Mädchen von ungewöhnlicher Schönheit heran. Ganz bestimmt machte sich niemand besondere Sorgen um ihre Zukunft, wenn auch die italienische Erfindung der Heiratsversicherungen noch nicht bis über die Alpen gedrungen war. Dort pflegten neuerdings Väter schon bei der Geburt einer Tochter Beiträge in eine gemeinschaftliche Kasse zu bezahlen. Das Kapital vermehrte sich durch Zinsen und Todesfälle, so daß für die überlebenden Mädchen eine anständige Aussteuer bereitstand, sobald sie gebraucht wurde. Doch auch ohne diese Vorsorge verbürgte das gutgehende Geschäft Wilhelm Alts eine rechte Mitgift für alle Töchter.

Daß die schöne Salome in absehbarer Zeit von einem ordentlichen, wenn möglich ebenfalls begüterten Mann heimgeführt werden würde, den ihr Eltern oder wohlmeinende Freunde ausgesucht hätten, oder von einem Jugendfreund, der dem gleichen Kreis entstammte wie sie selbst, stand außer Zweifel. Es war genau die Zukunft, die auf ein so hübsches und liebenswürdiges Mädchen, noch dazu aus vermögendem Haus, wartete. Überraschungen auf diesem Gebiet waren äußerst selten und keinesfalls erwünscht. Also würde alles nach Brauch und Richtigkeit vor sich gehen, die Mitgift ausbezahlt und sichergestellt und die Hochzeit mit großem Aufgebot an Speisen und Getränk, an Spielleuten und Tanz, gefeiert werden. An der Aussteuer war ja schon lange vorher gesponnen und gewebt, gestichelt und gefältelt worden. Die Truhen mußten gefüllt sein, damit man den Schwiegerlichen etwas vorzuzeigen hatte.

Nach der »anständigen« Zeit würde sie damit beginnen, Kinder in die Welt zu setzen, jedes Jahr eines, manchmal auch zwei in ein- und demselben Jahr. Einige davon würden sicherlich das Säuglingsalter nicht überleben. Das schmerzte zwar, war aber schnell vergessen, denn bald war schon das Nächste unterwegs. Und schließlich mußte die Mutter froh sein, wenn sie selbst das

Kindbett lebend überstand und nicht Mann und Kinder einer möglichst rasch herbeigeschafften Stiefmutter überlassen mußte.

Mit Schlüsselbund und Frauenhaube würde sie dem Haushalt und dem Gesinde vorstehen, gottesfürchtig und sparsam, wie Weisung und Beispiel sie gelehrt hatten, würde anmutig die Gäste ihres Eheherrn empfangen und bewirten und ebenso anmutig über deren grobe Sitten hinwegsehen, falls die Männer einen über den Durst getrunken hatten.

Das Schlimmste, was passieren konnte – und was gut katholische Eltern nach Kräften zu vermeiden suchten – wäre gewesen, daß sie sich in einen Reformierten verschaute. Sicherlich waren es oft keine schlechten Leute, und obwohl die Herren des Erzstiftes ein paarmal Ansätze dazu gemacht hatten, sie des Landes zu verweisen, war bisher doch nicht viel gegen sie geschehen. Einige Lutheraner zwar waren freiwillig gegangen, um einem möglichen Druck zuvorzukommen, der junge Witwer Christoph Weiss zum Beispiel, der in zweiter Ehe Salomes Kusine Felicitas Alt heiraten wollte. Als Kaufmann erwies er sich zwar tüchtig und fleißig, aber nun sollte die Felicitas fort von der Familie ins oberösterreichische Wels ziehen. Es war eben doch besser, einen Katholischen zu heiraten und daheim in Salzburg zu bleiben.

Ein schönes und behütetes Bürgermädchen also. Süddeutsche Kleinstadt, mittelalterliche Mentalität, behütete Kindheit, Bürgerstolz, Eigenwille – der Vergleich mit Evchen Pogner drängt sich förmlich auf, veranschaulicht den Stand. Es scheint fast, als hätte Richard Wagner die Tochter des Nürnberger Goldschmieds Salome nachgezeichnet: schön, behütet, verwöhnt und – so verliebt! Die älteren Schwestern hatten längst die Erwartungen der Familie erfüllt und ansehnliche Männer gefunden. Katharina einen veritablen Adeligen aus der Familie der Fabrici von Klesheim, während Sabina, die Älteste, in materieller Hinsicht den Vogel abschoß: 1582 heiratete sie den Erben des größten Salzburger Handelshauses Maximilian Steinhauser, dessen Bruder Johann später die Geschichte seiner Zeit niederschrieb. Barbaras Erwählter war der ehrenwerte Herr Haimeram Ritz, in erzbischöflichen Diensten. Die jüngste und schönste der Alttöchter brauchte gewiß nur die Hand auszustrecken und jeder, den sie dabei ansah, hätte diese nur allzu gerne ergriffen.

Wie konnte es geschehen, daß ihr Schicksal so ganz anders verlief?

An der Erziehung lag es gewiß nicht, die erhielten alle Alttöchter auf die gleiche Weise, so wie es sich eben für Bürgermädchen ihrer Zeit schickte. Lesen und Schreiben lernten sie in der Schule, dazu ein wenig Erdkunde. Den Hauptgegenstand bildete die Christenlehre, der Religionsunterricht. Die häuslichen Fertigkeiten flogen solch einem Mädchen ganz von selbst zu; schon als Kind wurde es zu kleinen Hilfeleistungen herangezogen und im väterlichen Laden konnte es beim Wiegen und Rechnen mittun.

1585, als Salome in ihrem siebzehnten Jahr stand, starb Wilhelm Alt. Mit ihm verlor sie mehr als nur einen Elternteil. Die Welt, deren festes Gefüge bisher außer Zweifel stand, geriet aus den Fugen. In Salomes Fall blieb wenigstens die materielle Sicherheit erhalten, denn Bruder Samuel führte das Handelshaus, das sogar den erzbischöflichen Hof belieferte, weiter, und auch im Stadtrat sicherte er der Familie Ansehen und Mitsprache. Da die älteren Schwestern nicht mehr zu Hause lebten, schätzte er die Hilfe der anstelligen Jüngsten im Laden. Aber das Gefühl der Geborgenheit, den Rückhalt, der darin besteht, sich vorbehaltlos anerkannt und geliebt zu wissen, konnte er ihr nicht geben. Ein so beraubtes Kind ist nur allzu leicht bereit, sich dem Nächsten anzuvertrauen, der Autorität besitzt und Schutz verspricht.

Auf Salome aufmerksam zu werden, kann keinem, der von auswärts kam, schwergefallen sein. Sie soll damals das schönste Mädchen von Salzburg gewesen sein. Keineswegs der Typ des frischen, ein wenig pummeligen Alpenkindes mit lebhaften Farben und drallen Gliedern, dessen jugendlicher Reiz in dieser kurzlebigen Zeit früh schwindet. An dem kleinen Porträt, das Wolf Dietrich von ihr malen ließ, als sie noch nicht zwanzig Jahre zählte, erkennt man, daß sie große graue Augen besaß, einen kleinen, reizvoll geschwungenen Mund und ein kurzes, ausgeprägtes Kinn. Auch, daß mehr fragender Ernst aus ihrem Antlitz sprach, als übermütige Lebensfreude, und daß der Raitenauer ihr rötlich-braunes Haar bald mit funkelnden Juwelen geschmückt hatte. Der Künstler hat ihr nicht geschmeichelt. Er malte die etwas fleischige Nase ebenso getreu wie die klaren Augen mit den hochgeschwungenen Brauen unter der breiten Stirn. Verbürgt ist ferner, daß sie hoch gewachsen war. Stattliche Erscheinung, große helle Augen, rötliches Haar – die ganze Pracht einer Renaissanceschönheit war hier vereinigt, die Wolf Dietrich, der Römer im Geiste, wohl zu würdigen verstand, ungeachtet – oder vielleicht gerade wegen – der Tatsache, daß sie ein wenig auf ihn hinuntersah.

Die Werbung des jungen Domherrn muß kurz und heftig gewesen sein. Kein Hohenemser, kein Medici und nicht einmal ein Raitenauer hat sich je mit langem Schmachten nach einer Weibsperson aufgehalten. Selbst wenn die Zeit der Minnesänger nicht längst und unwiderruflich der Vergangenheit angehört hätte, ist angesichts seines ungestümen Temperaments gar nichts anderes zu erwarten. Bei der freizügigen Lebensweise der Kapitularen konnte eine Beziehung schnell angeknüpft und heimlich fortgeführt werden. Die ersten, noch harmlos gewechselten Blicke und Worte, eine gefällige Magd oder Freundin, vorgeschützte Ausgänge, die Dunkelheit der Gärten und unbeleuchteten Straßen – das alles schickte sich leicht. Ein Mädchen, das liebte und sich wahrhaft wiedergeliebt fühlte, konnte auch noch die Hoffnung hegen, der Geliebte werde eines Tages die kirchliche Laufbahn verlassen – um ihretwillen.

Die Lage änderte sich schlagartig mit der Bischofswahl. Mag sein, daß Salome auch Stolz empfand, denn die Anerkennung, die der Geliebte nun bei aller Welt fand, bestätigte ja nur ihr eigenes Urteil über ihn. Da er aber nicht zögerte, Wahl und Weihen anzunehmen, stand für sie fest, daß er ihr nun vollends verloren war.

Nicht genauso fest offenbar für Wolf Dietrich. Von dem Erzbischof, der mit religiösen und verwaltungstechnischen Maßnahmen scharf durchgriff, blieb der Privatmann so unberührt, als handle es sich um zwei verschiedene Personen mit ganz unterschiedlichen Ansichten und Grundsätzen.

Der junge Erzbischof und Landesherr nahm sich die absoluten

Herrscher der Hochrenaissance zum Vorbild. Wie es Machiavelli gelehrt hatte, identifizierte er sich mit der Staatsgewalt. Unerreichbar hoch stand der Fürst über dem Gesetz, das er selbst erließ – und nach Gutdünken übertrat. In manchen Fällen wie bei den Sforza oder den Medici, die sich ihre Staatswesen selbst schufen, hatten solche Ansichten noch eine gewisse zeitgemäße Berechtigung. Ludwig XIV. von Frankreich, ein Enkel Maria de Medicis, formulierte diese Einstellung bekanntlich am bündigsten: »L'état, c'est moi«.

Wenn Wolf Dietrichs Regierungszeit auch in das aufkommende Barock fiel, glich er seiner ganzen Mentalität nach jenem inzwischen überholten Muster. Die Tragödie seines Lebens wurde dadurch hervorgerufen, daß er den Wandel der Zeit nicht verstand oder nicht verstehen wollte.

Bei allem Selbstbewußtsein hütete sich der 28jährige Souverän dennoch, sein Vorhaben mit Salome an die große Glocke zu hängen. Kein Chronist vermag authentisch zu berichten, wie die Sache wirklich vor sich ging. Nur soviel steht fest, daß Salome Alt eines Tages in einem Gemach der erzbischöflichen Residenz erwachte, welches durch eine als Schrank getarnte Türe mit den Fürstenzimmern verbunden war – und dabei blieb es vorläufig. Die Version, wonach der Landesherr das Mädchen von einer Festlichkeit in der »Alten Stadttrinkstube« weg geradewegs in die Residenz habe holen lassen, besitzt noch die größte Wahrscheinlichkeit.

In der kleinen Stadt Salzburg mit ihren rund 18.000 Einwohnern, von denen ein Gutteil beim Erzbischof beschäftigt und der Rest auf mancherlei Art von ihm abhängig war, pfiffen es natürlich nach drei Tagen die Spatzen vom Dach. Wirklich bedauernswert waren die achtbaren Verwandten. Zuerst Angst und Sorge, dann Bestürzung, Unglauben, schließlich Zorn, besonders von seiten des Familienoberhauptes, des Bruders. Welch ein Glück, daß wenigstens der Vater dies nicht mehr erleben mußte! Wie konnte sie uns diese Schande antun, die Ungeratene? Wie soll ich, Samuel Alt, meinen Kollegen im Stadtrat je wieder frei ins Gesicht sehen? Ein Kirchenfürst will das sein? Ein Vorbild? Ein Reformator?

Die Hast, die Überstürzung, mit der sie das Elternhaus verließ
Sogar ihr liebstes Geschenk, das Medaillon mit dem Porträt, das
Wolf Dietrich als 25jährigen Domherrn zeigte, ließ sie zurück.
War solche Eile nötig, standen Hausarrest, Verschickung, eine
erzwungene Ehe unmittelbar bevor? Oder war die Flucht seit
längerer Zeit geplant und durchbesprochen? Denn daß Salome
gegen ihren Willen entführt wurde, ist auszuschließen und
wurde auch nie behauptet.

Irgendwer rettete das kleine Bild vor zornmütiger Vernichtung,
nachdem Salome alles, was bisher ihr Leben ausgemacht hatte,
zurückließ und sich in das bedenkliche Abenteuer stürzte, das
die Lebensgemeinschaft mit einem katholischen Kirchenfürsten
in deutschen Landen bedeutete.

Das auf Kupfer gemalte Porträt wurde jedenfalls im Hause Sigmund-Haffner-Gasse 6 aufgefunden und ist heute im Salzburger
Dommuseum ausgestellt. Diesem sympathischen jungen Mann,
so offensichtlich von lebhaftem Geist, zielbewußt, von guter
Herkunft und schon erfolgreich, hätte jeder Vater gerne seine
Tochter gegeben, wenn – ja, wenn das geistliche Birett nicht
gewesen wäre, das er so übermütig aus der Stirne gerückt trägt,
als nähme er es selbst nicht ganz ernst. In Wahrheit wollte es
sein Träger weder ablegen noch fortleugnen. Ebensowenig war er
aber zu dem Verzicht bereit, den die neue Würde von ihm forderte.

Der Raitenauer hatte lange genug in Rom gelebt, um zu wissen,
daß dort kaum jemand Anstoß an den Geliebten geistlicher
Würdenträger nahm. Ihre Kinder, die nicht nur illegitim waren,
sondern deren bloße Existenz den geltenden kirchlichen Gesetzen Hohn sprach, wurden ritterlich erzogen und konnten hohe
Adelstitel, Landgüter und Ehrenstellen erwerben, soferne sich
ihre Erzeuger für sie einsetzten und es klug anstellten. Waren sie
einmal anerkannt, so mochten sie in die vornehmsten Familien
einheiraten. Dies galt allerdings nur für die Söhne, während die
Töchter fast ausnahmslos in Klöstern untertauchen mußten.
Die schönen Mütter solcher Kinder wurden weder verachtet
noch versteckt. Wolf Dietrich hatte da handfeste Beispiele aus
seiner eigenen Familie vor Augen. Noch in frühester Jugend

hatte er in Vorarlberg von dem Großonkel Jörg Sigmund munkeln gehört, jenem Bruder seines Großvaters, der Dompropst von Konstanz und Basel gewesen war. Unter dessen Obhut war Marcus Sitticus herangewachsen, bevor er Reiterhauptmann und später Kardinal wurde. Der hatte eine hübsche Bürgerstochter aus Tübingen bei sich wohnen gehabt, die als Haushälterin fungierte, ihm aber darüber hinaus zwei Söhne schenkte, den Bastian und den Rochus. Martha Ochsenbächin hieß sie und war in der ganzen Verwandtschaft wohl gelitten, sprach sie doch sogar der tonangebende Reichsgraf Jakob Hannibal brieflich als »meine hertzliebe Frau Martha« an. All seine fahrende Habe und sein Bargeld vermachte der geistliche Brotherr ihr und ihren Söhnen zu Dritteilen, allerdings forderte er testamentarisch, daß sie sich auch »weiterhin ehrbar und keusch« verhalten müsse. Die Begriffe von ehrbar und keusch konnten also recht unterschiedlich gedeutet werden.

In Rom hatte Wolf Dietrich des Kardinals Sohn Roberto und wahrscheinlich auch dessen Mutter, die schöne Olivia Giganti, kennengelernt. Roberto wurde kaum zwanzigjährig zum Marchese und päpstlichen Gardekapitän befördert und seine Mutter war mehr als nur eine Zufallsbekanntschaft von Marcus Sitticus.

In der emsischen Heimat lebte eine weitere Frauensperson namens Nuena, die sich rühmte, dem Kardinal längere Zeit hindurch nicht gleichgültig gewesen zu sein.

Beispiele außerehelichen Zusammenlebens geistlicher Herren waren um so zahlreicher, als man in weiten Kreisen die Aufhebung des Priesterzölibats nur mehr für eine Frage der Zeit hielt. Auch in Salzburg hatte schon 100 Jahre zuvor der damalige Erzbischof Friedrich von Schaumburg eine Frau ganz offen bei sich in der Residenz wohnen gehabt, die samt ihrem Sohn erst nach seinem Tod daraus vertrieben wurde.

Bei Salome war der Fall anders gelagert. Jedenfalls hätte die Verbindung mit einer Frau von niedrigerer Herkunft oder leichteren Sitten auch für Wolf Dietrich keine Situation von solcher Brisanz geschaffen. Wenn er, wie sein Vetter und Nachfolger Marcus Sitticus, eine verheiratete Frau mit dienstwilligem Ehemann zu seiner Unterhaltung herangezogen hätte, wäre ihm verständnisvolle Nachsicht sicher gewesen. Die Ehebrecherin, die Kurtisane, die aus der Gosse oder die Bauernmagd, die vom Stall her in den Adelspalast zieht, vermochten die Gemüter niemals in allzu große Aufregung zu versetzen, weil sie Konvention und bestehende Ordnung nicht ernsthaft gefährdeten. Ein Spielzeug wird dem vornehmen – auch dem geistlichen – Herrn nachsichtig zugestanden. Solche Frauen wurden als die ephemeren Erscheinungen eingestuft, die sie ja tatsächlich waren. Die Leidenschaft, die sie erregten, würde mit ihrer Schönheit schwinden und ihr Auftritt wie ihr Abgang zogen keine ernsthaften familiären oder materiellen Konsequenzen nach sich. Sie und ihr Liebhaber erfreuten sich daher meist größerer Duldsamkeit als das Bürgermädchen, das die ihm sorgsam gesetzten Schranken nur in der Hoffnung überschritt, in einer anderen Ordnung doch wieder Fuß fassen zu können.

Wer sich in keine der etablierten Kategorien einfügen läßt, ist zu allen Zeiten ein Ärgernis für seine Mitmenschen gewesen. Verwirkte gar eine Frau durch exzentrisches Verhalten den Schutz ihrer Kaste, so konnte sich die Ablehnung bis zu grausamer Verfolgung steigern. Die historischen Beispiele reichen von der Antike bis in die jüngste Vergangenheit. Extremfälle wie Kassandra, Jeanne d'Arc oder Agnes Bernauer stehen nur für eine Schar von Namenlosen. Salome Alt muß viel Mut oder viel Unbesonnenheit besessen haben, daß sie sich der Gefahr dieser Ächtung aussetzte. Oder ein Übermaß an Liebe. Vor und nach ihr gab es Mädchen und Frauen, welche um eines Mannes willen alles verließen, was bisher ihr Leben ausgemacht hatte. Sie spielten dabei mit dem Einsatz ihres Lebens und so manche verlor es. Tatsächlich lag Salomes Charakter nichts ferner als Verstiegenheiten, wofür ihr ganzes ferneres Leben genügend Beweise bietet. Ihre Mädchenträume gingen bestimmt nicht dahin, die Geliebte eines katholischen Bischofs zu werden. Dennoch gab sie Ansehen und Sicherheit nebst einem sorgenfreien Wohlstand auf – alles Dinge, die sie im Elternhaus genossen hatte und die ihr in jeder landläufigen Ehe genauso zugekommen wären –, legte ihr Leben ausschließlich in die Hand des geliebten Mannes, lieferte sich ihm bedenkenlos aus und brachte Schande über ihre ehrsame Familie. Angeblich hat Salome Alt nie mehr einen Fuß in ihr Elternhaus gesetzt.

Je gefährdeter eine bestehende Ordnung ist, desto gereizter wird sie auf eine Herausforderung reagieren, wie sie das Vorgehen des Erzbischofs darstellte. Zu Salomes Glück stand die innere Ordnung zu ihrer Zeit und in ihrer kleinen Heimatstadt noch auf verhältnismäßig festen Füßen. Über einige Extravaganzen konnten die nicht unmittelbar Betroffenen schon hinwegsehen, in Salzburg wie auch in Rom. Salomes Zurückhaltung und bescheidene Liebenswürdigkeit trugen etwas dazu bei, die heikle Lage zu entschärfen.

Nachdem es sich also nicht direkt um einen Skandal, aber immerhin um eine lokale Sensation handelte und ihr Schicksal auch in der Folge ungewöhnlich verlief, könnte man erwarten, daß in alten Chroniken einiges über Salome Alt zu lesen stünde. Schließlich gibt es nichts Faszinierenderes als zu beobachten, wie in einem menschlichen Schicksal das Unwahrscheinliche Ereignis wird. Hier hatte nicht gerade Aschenbrödel ihren Prinzen bekommen, aber zwei Liebende, die es nicht hätten sein dürfen, standen gegen das Urteil der Welt offen zueinander. Man möchte also meinen, daß eine Frau wie Salome Alt, deren Wirkung und deren Erlebnisse den Schluß zulassen, daß sich hinter ihrer bezaubernden Fassade nicht nur leere Räume verbargen, sondern die später auch bewunderungswürdige Charaktereigenschaften aufwies, eifrige Biographen gefunden hätte.

Entgegen diesen Erwartungen wird die Geliebte des Erzbischofs von den zeitgenössischen Berichterstattern ebenso totgeschwiegen wie von den Historikern späterer Jahrhunderte. Die alten Chronisten befassen sich fast ausschließlich mit dem männlichen Part dieser anstößigen Union, mit der glanzvollen und widersprüchlichen Person des Raitenauers, der lieber Soldat als Priester geworden wäre und durch seine vielfachen Aktivitäten ohnehin genug Stoff für ihre Annalen abgab.

Aber wenn Salome mit ein paar beiläufigen Worten abgetan wird und selbst das nur, sobald es sich des Zusammenhanges wegen gar nicht mehr umgehen läßt, so lagen darin weder Mißachtung noch Böswilligkeit. Eher mischten sich dabei Verlegenheit mit Rücksichtnahme. Denn diese schöne Frau, die dem Raitenauer im Glück wie im Unglück treu verbunden blieb und seine Kinderschar zu Achtung und Liebe für den Vater erzog, übertrat nie die Grenzen der von ihr gewählten Lage: ohne die Anmaßung, Forderungen oder Intrigen, welche so viele Fürstenmaitressen zu ihrer Absicherung für nötig hielten, blieb sie bescheiden im Schatten des Mannes, der bis zu ihrem Lebensende für sie »mein gnädigster Herr« war.

Nachdem die frühen Salzburger Chronisten dem Klerus angehörten oder ihm mindestens sehr nahe standen, konnten sie schwer Gutes über die Geliebte eines katholischen Bischofs schreiben. Daß aber auch nichts wahrhaft Böses über sie geschrieben wurde, kein naheliegendes Schimpfwort ihren gesetzwidrigen Stand verunglimpfte – selbst von den erbittertsten Gegnern des Fürsten wurde sie meistens nur als »die donna« bezeichnet – keine Verdächtigung irgendwelcher Art geäußert wurde, bedeutete an sich schon eine Art verborgener Huldigung. Denn Salome Alt hatte sich zu einer Zeit, da Inquisition und Hexenwahn ihre giftigen Blüten trieben, ganz offenkundig außerhalb kirchlicher Gesetze und weltlicher Konventionen gestellt. Gerade der auftrumpfende Stolz, mit dem sich der gesalbte Fürst zu seiner schönen Gefährtin bekannte, verschlimmerte die Lage für diese. Was sollte man also über sie berichten?

Johann Steinhauser zum Beispiel, der Chronist, der so viele Alltäglichkeiten aus der Regierungszeit Wolf Dietrichs niederschreibt, der jeden Hauskauf, jede Landfahrt, selbst die geringsten baulichen Veränderungen und manch auswärtigen Besuch beim Erzbischof pedantisch vermeldet, erwähnt die ihm doppelt verschwägerte Salome – ihre Schwester war mit seinem Bruder, er selbst mit ihrer Kusine verheiratet – in seiner ganzen Chronik nur zweimal. Einmal notiert er ganz nebenbei, daß sie mit ihren Kindern in der »alten Münz«, (die nahe der bischöflichen Residenz lag) gewohnt habe und später berichtet er in ein paar Zeilen von dem fröhlichen Familienleben, das der Erzbischof »mit den Seinen« in dem für Salome erbauten Lustschloß Altenau (nachmals Mirabell) vor den Toren der Stadt geführt habe.[7]

Weder J.B. Fickler noch Dückher bezeugen mit einem einzigen Wort die Existenz von Wolf Dietrichs Lebensgefährtin oder seiner Kinder, und erst der frustrierte Vicarius Felix Adauctus Haslberger hat eine ziemlich banale Version zur Hand, wie die nähere Bekanntschaft des Paares zustande gekommen sein soll, die ihm um so weniger abzunehmen ist, als sie erst rund 150 Jahre nach den tatsächlichen Ereignissen niedergeschrieben wurde und sich offenbar nur auf den Stadtklatsch stützt. Gleichwohl tut er, als sei er mit dabeigewesen und habe bei der Verführung die Kerze gehalten. Derb wird er obendrein, wenn er behauptet: Salome, die Tochter Ludwig (richtig: Wilhelm) Alts, kam öfters mit Rechnungen für gelieferte Waren zum Erzbischof, um seine Zahlungsanweisung zu erbitten. »Hinc, quia pulchra affabilis et sagacis simul mentis erat, eius frequens conversatio magnum incendium impuri amoris in corde episcopi excitavit, ut illam defloraverit!«[8]

Es klingt nicht sehr wahrscheinlich, daß seine hochfürstliche Gnaden persönlich die Abgesandten jener Kaufleute empfing, welche die Hofhaltung belieferten, ohne sie vorher zu kennen. Das einzig Glaubwürdige an der Geschichte ist die Feststellung, daß Salome ein liebreizendes Mädchen von hellem Verstand gewesen sei, mit dem sich angenehm plaudern ließ.

Der einzige der älteren Chronisten, der es wagte, schriftlich für Salome Stellung zu beziehen, war Johann Benignus Schlachtner. Um 1700 schreibt er die Schuld an dem »Sündenfall« ausschließlich dem Erzbischof zu, der sie aber auch gebüßt habe, und hebt anerkennend hervor, daß die schöne Salzburgerin durch ihre bescheidene Zurückhaltung niemals dieselben Probleme hervorrief wie die Gräfin Agnes Mansfeld in Köln.[9]

Derartiges lag der schönen Salzburgerin fern. Sie erfüllte im Gegenteil ihre frommen Pflichten so gewissenhaft und regelmäßig, daß der Erzbischof ein eigenes Oratorium im Dom für sie reservieren ließ. Aber der Gedanke, daß kein Priester ihren Bund einsegnen durfte, quälte sie, obwohl sie sich nicht als seine Geliebte, sondern als seine Ehefrau betrachtete[10]. Allerdings konnte der Erzbischof darauf hinweisen, daß seit Kaiser Karl V. die Anträge um Gestattung des »Laien-

132

kelchs« – der Reichung des Abendmahls in beiderlei Gestalt, Brot und Wein, Leib und Blut Christi, nicht nur an den zelebrierenden Priester, sondern an die ganze Gemeinde – wie auch der Eheschließung für katholische Geistliche nicht abgerissen waren. Erzbischof Johann Jacob von Salzburg hatte sich 1562 diesbezüglich mit Bayern verständigt. Erzherzog Ferdinand von Tirol und sogar die geistlichen Kurfürsten von Köln, Mainz und Trier schickten Botschafter an das Konzil von Trient, die dafür plädieren sollten. Während aber der Laienkelch im Salzburger Bistum ab 1564 eine Zeitlang geduldet wurde, gab es niemals die erhoffte Bewilligung für Ehen katholischer Priester. Konkubinate blieben weiterhin unter kirchliche Strafandrohung gestellt, und Wolf Dietrich vermochte sich selbst und seiner Gefährtin nur die Hoffnung auf eine baldige Änderung dieses Gebots oder eine päpstliche Dispens für seinen besonderen Fall in Aussicht zu stellen. Äußerungen in seinem letzten Lebensabschnitt beweisen, daß er trotz der zur Schau getragenen Sicherheit zuinnerst auch selbst den Konflikt in sich trug.

Während also im Erzstift nach der ersten Aufregung die offenkundige Absicht des Landesherrn, an der verbotenen Lebensgemeinschaft festzuhalten, als gegeben hingenommen und kaum mehr kommentiert wurde, ließ man sich im Nachbarland genauestens über die Vorgänge in der erzbischöflichen Residenz informieren. Solches Wissen konnte bei geeignetem Anlaß verwertet werden. Schon im Jahr nach Wolf Dietrichs Thronbesteigung ergab sich hierzu eine Gelegenheit.

7. KAPITEL

Der Reichstag zu Regensburg

Mit der so unverhofft erlangten weltlichen Machtposition meldeten sich sofort der Politiker wie der Kriegsmann in dem jungen Erzbischof. Allerdings wurden derartige Gelüste vorerst noch von seinem Eifer gedämpft, den Wünschen Roms Rechnung zu tragen. Von den Jesuiten für kirchliche Aufgaben erzogen, wußte er genau, was man dort von ihm erwartete. Doch auch er hatte bestimmte Ziele im Sinn. So betrachtete er gerade durch die Salzburger Wahl seine Karriere noch nicht als beendet. Schon vor ihm waren mehrere Herren des Erzstiftes zu Kardinälen kreiert worden, Burkhart von Weißpriach zum Beispiel, oder der energische Matthäus Lang zu Wellenburg. Aus dem Kardinalskollegium aber wurden mit ganz seltenen Ausnahmen die Kandidaten für das höchste Amt der Christenheit entnommen. Der Weg nach oben stand weiterhin offen.

Als Kardinal Marcus Sitticus den Neffen im Spätherbst 1589 wissen ließ, daß sein linientreues Verhalten und seine Romfahrt offenbar Anerkennung gefunden und Früchte getragen haben, daß Sixtus V. geneigt sei, ihn in den hohen Kreis aufzunehmen, schien auch die Erfüllung dieser ehrgeizigen Hoffnung in greifbare Nähe gerückt. Die befreundeten Kardinäle Madruzzo und Lancilotto bestätigten die Nachricht. Etwas voreilig, ohne seine offizielle Ernennung abzuwarten, bedankte sich Wolf Dietrich am 2. Dezember 1589 beim Heiligen Vater.

Er hatte die Rechnung ohne Bayern gemacht. Bei näherer Bekanntschaft fand Wilhelm der Fromme wenig Gefallen an der selbstherrlichen und machtbewußten Natur des Raitenauers, die für die Zukunft Schwierigkeiten zwischen den beiden Ländern erwarten ließ. Von den früheren Salzburger Erzbischöfen war der Bayernherzog Nachgiebigkeit und eine geradezu unterwürfige Höflichkeit gewohnt; der neue Mann aber suchte bereits an der Frage des Salzpreises zu rühren. Keinesfalls durfte dieser Baum in den Himmel wachsen. Übrigens wünschte angeblich auch der Kaiser, vor derartigen Standeserhebungen eines Reichsfürsten um seine Meinung gefragt zu werden. So lautete zum mindesten der Einwand, welchen der kaiserliche Botschafter in Rom, Veit Dornberg, offiziell vorbrachte. Daß diesbezüglich von Bayern bei ihm interveniert worden war, sagte er nicht dazu. Bayrische Vertrauensleute entwickelten überhaupt eine eifrige Tätigkeit hinter den Kulissen. Schon damals soll die Person Salome Alts ins Treffen geführt worden sein. Heimliche und kurzlebige Abenteuer hätten in Rom kaum entscheidenden Eindruck hervorgerufen, das wußte man auch nördlich der Alpen. Aber eine de-facto-Ehe konnte angesichts der Bemühungen, dem niederen Klerus ähnliche Gelüste auszutreiben, nicht übersehen werden. Derartiges konnte weit führen – wie weit hatte das Kölner Beispiel gezeigt.[1] Also vertröstete Sixtus V. den jungen Erzbischof auf einen günstigeren Zeitpunkt. Kaiser Rudolf II. stellte sich noch nachträglich hinter seinen Gesandten und schrieb ihm am 9. Jänner 1590, er solle nur weiterhin erklären, die Stellungnahme Seiner Majestät sei noch nicht erfolgt. Drei Tage später, am 12. Jänner, fügte sich der Enttäuschte, dem gar nichts anderes übrigblieb, schriftlich der Entscheidung des Heiligen Vaters.

Noch zweimal unternahm er in der gleichen Sache Versuche unter diesem und dem nächsten Papst, aber über neuerliche Intervention Bayerns verlief die Angelegenheit im Sande. Mit dem Tod des mächtigen Protektors Marcus Sitticus im Jahre 1595 war der Traum ausgeträumt. Selbstverständlich wußte der Raitenauer genau, wem er den Mißerfolg verdankte, den er nie verwinden konnte. Das nachbarliche Verhältnis wurde dadurch erstmals schwer belastet. Seine Gefolgstreue dem Vatikan gegenüber behielt er zwar vorläufig bei, als er jedoch zehn Jahre später seinem Domkapitel neue Statuten zur Unterschrift vorlegte, kam darin der Passus vor, daß kein Erzbischof von Salzburg je das Amt eines Kardinals annehmen oder sich zu seiner Ausübung von Salzburg entfernen dürfe.

Standen auf dem Gebiet der Religion Leitlinien und höchste Autorität unverrückt fest, so galt nicht das gleiche für die ungewohnten politischen Aufgaben des neuen Landesherren.

Nur ganz selten im Lauf der Geschichte tritt der Fall ein, daß einem Unvorbereiteten durch das Votum einer Handvoll Männer ein bestehendes, intaktes Herrschaftsgebiet auf dem Präsentierbrett dargeboten wird. Normalerweise erlangte im sechzehnten Jahrhundert ein Souverän seine Stellung durch Geburt oder Heirat und war in der Regel sorgfältig für sein künftiges Amt erzogen. Eroberte sich ein Usurpator den Thron durch Waffengewalt, so hatte er immerhin Mut, Zielstrebigkeit und Glück unter Beweis stellen müssen und weitere Schritte meist schon lange vorher erwogen.

Die Aussichten, daß dem Kleriker Wolf Dietrich von Raitenau ein Reichsfürstentum zufallen würde, können von allen Seiten nur als minimal betrachtet worden sein. Viel eher stand ihm ein einfaches Bistum wie Konstanz oder Basel zu, deren weltliche Befugnisse begrenzt und relativ einfach zu handhaben waren. Als in Aussicht genommener Abt von Murbach und Lüders wäre er noch weniger in den Strudel europäischer Politik hineingeraten. Vielleicht hätte in einem solchen Fall sein sehnlicher Wunsch nach dem Kardinalspurpur sogar leichter Erfüllung gefunden, weil keine Befürchtungen über weltlichen Machtzuwachs mit im Spiel gewesen wären.

Für die Stellung eines souveränen Fürsten bot dem neugewählten Erzbischof weder seine Erziehung das diplomatische Rüstzeug, noch konnte er sich weiterhin die Brüder seiner Mutter zu Vorbildern nehmen. Die neuen Probleme, das psychologische Dilemma, in das er sich verwickelt fühlte, fanden ihren Ausdruck wieder in schriftlichen Aufzeichnungen. Diesmal setzte sich der junge Fürst in ähnlicher Weise mit staatsmännischen Theorien auseinander wie er zuvor moraltheologische Erwägungen praxisbezogen überdacht hatte.[2]

Das Konvolut ist »Politika« überschrieben und offenbar weniger zur Veröffentlichung als zur Klärung und Formulierung von Grundsätzen für den Eigengebrauch bestimmt. Es stellt eine Art Leitfaden für Herrschermethoden dar, wie sie Wolf Dietrich als wünschenswert vorschwebten. Unverkennbar ist der Einfluß Machiavellis, dessen Werke Wolf Dietrich besaß und noch bewunderte, während ihre Grundhaltung durch den geistigen

Wandel des Humanismus bereits in Mißkredit geraten war. Anläßlich des Prozesses, welcher in seinem letzten Lebensabschnitt in Rom gegen i hn geführt wurde, machte der Ankläger dem Erzbischof diese Anhängerschaft ausdrücklich zum Vorwurf.

Die Aufzeichnungen, an denen der Neuling unter den Souveränen bis nach 1600 arbeitete, erweisen sich als voll von Widersprüchen, welche offenbar den wechselnden Stimmungen des Autors zur Zeit der jeweiligen Niederschrift entsprangen. So fordert er einmal, ein guter Fürst solle die Ratschläge verläßlicher Mitarbeiter nicht nur anhören, sondern auch befolgen – an anderer Stelle erklärt er, daß ein Herrscher nur dann diesen Namen verdiene, wenn er ohne fremde Hilfe zu regieren verstehe. Erfahrene und weise Beamte seien zwar nützlich zur Hebung von Würde und Ansehen, dürften aber keinen echten Einfluß ausüben. Einmal verlangt er den Zusammenhalt Gleichgestellter – also von Fürsten untereinander – zwecks Erhaltung des Friedens, ein andermal redet er der Ausweitung der eigenen Herrschaft und der Abweisung fremder Ansprüche das Wort. Daß ein Fürst Mut im Unglück und Mäßigkeit im Glück beweisen, daß er eingehend überlegen, dann aber rasch handeln solle, sind Feststellungen so allgemeiner und anerkannter Natur, daß sie fast als Gemeinplätze der politischen Verhaltenstheorie bezeichnet werden müssen. Gerade an diese Forderungen hielt sich der Raitenauer selbst am allerwenigsten. Eher schon trachtete er, der ebenfalls aufgestellten Forderung nach gottesfürchtiger Haltung und Gerechtigkeit in irdischen Dingen nachzukommen.

Die ersten Regierungshandlungen eines neuen Fürsten sollten seiner Meinung nach so beschaffen sein, daß die Untertanen rasch eine gute Meinung von ihrem neuen Herrn gewinnen und ihm für die Zukunft noch bessere und höhere Leistungen zutrauen könnten. Sei das Volk der religiösen Einstellung seines Fürsten sicher, dann werde es keine Tyrannei befürchten. Der Souverän sollte eine gute physische und psychische Veranlagung aufweisen, doch ebenso wichtig sei die Weiterbildung seiner angeborenen Gaben. Aus der Geschichte müsse er lernen, Gutes und Böses zu unterscheiden.

Auffälligerweise widmet Wolf Dietrich dem regierten Volk, dieser ›quantité négligeable‹ des Absolutismus, mehrere lange Absätze. Mit großem Eifer solle der Herrscher sowohl den Geist als auch die besonderen Neigungen und Schwächen seiner Untertanen erforschen. Das Regierungsprogramm erfordere dann von ihm dreierlei Eigenschaften: Einsicht, Kraft und Durchsetzungsvermögen (consilium, vires et autoritas).

Im weiteren Verlauf der Schriften dringt jedoch die absolutistische Tendenz immer mehr durch. Wer seinen Mitarbeitern zuviel Spielraum gebe, oder wer sich unsicher, sprunghaft und unberechenbar zeige, bringe seine Stellung in Gefahr. Überschätzung der eigenen Stärke und Möglichkeiten könnten zum Verlust der Herrscherposition führen. Sich ausschließlich Steckenpferden zu widmen oder geschäftlichen Interessen nachzugehen bedeute Unwürdigkeit und mangelnde Eignung. Sollte ein Unwürdiger an die Macht kommen, so werde er sie bald verlieren. Bei einem Herrscherwechsel oder infolge eines unübersehbar gewordenen Regierungsgebietes liege immer ein Staatsstreich im Bereich des Möglichen. Als Kirchenfürst betrachtet Wolf Dietrich das Aufkommen einer neuen Religion natürlich mit ähnlich orthodoxem Widerstreben wie ein Überhandnehmen der Macht des Adels.

Jemand, der anerkennenswerte Grundsätze und mögliche Fehler so präzise zu Papier bringen konnte, hätte imstande sein sollen, wenigstens einige davon zu beherzigen. Trotz der absolutistischen Grundhaltung bezeugen die Aufzeichnungen auch Ideale, welche den Raitenauer beseelten, deren Verwirklichung in der Praxis nur leider sein unkontrolliertes Temperament und sein völliger Mangel an Konzilianz entgegenstanden. Wolf Dietrichs scharfer und ruheloser Geist ebenso wie sein Tatendrang hatten sich bisher mit hoffnungsvoller Erwartung begnügen müssen. 28 Jahre lang hatte er Wissen aufgespeichert, sich vorbereitet, zugesehen, wie andere handelten, und zwar zu einer Zeit, als die durchschnittliche Lebenserwartung nicht mehr als 30 Jahre betrug. Wenn diese Statistik auch einer Korrektur bedarf – waren das gefährliche Säuglingsalter und die unsichere Kindheit mit ihren stets wiederkehrenden Krankheiten einmal überstanden, dann konnte auch damals jeder damit rechnen, zum mindesten mittlere Jahre zu erreichen – so war das Bewußtsein der Kurzlebigkeit und latenten Gefährdung dennoch ständig und in viel größerem Ausmaß als heute vorhanden.

Der verhinderte Tatendrang des phantasievollen Cholerikers, seine Vielseitigkeit, sein wacher Blick für Möglichkeiten auf den verschiedensten Gebieten, sein Ehrgeiz, alles besser zu machen und schneller dazu, mußten bei dem unbelehrbaren Mann dazu führen, daß er sein Übermaß an Ideen nicht koordiniert und schrittweise zu verwirklichen suchte, etwa nach einem Gesamtkonzept vorging, sondern überstürzte Anordnungen aus der Laune oder dem Zwang des Augenblicks heraus traf, ohne deren Folgen oder selbst deren Fortführung einzuplanen.

Zufolge der Wahlkapitulation, die er beschworen, unterschrieben und gesiegelt hatte, sollte er das Bistum in Zusammenarbeit mit dem Domkapitel regieren und dabei die Ratschläge seiner Hofräte beherzigen. Es war genau die Art wie er nicht zu regieren wünschte. Von niemandem wollte er sich dreinreden lassen, von Anfang an ging es ihm darum, seine Position so zu festigen, daß weder die Domherren, noch die Prälaten, nicht der Landadel, und schon gar nicht die Bürgerschaft in die Lage kämen, seine Macht einzuschränken. Er dachte nicht daran, Rechte preiszugeben – was ihm ohnedies nur als Schwäche ausgelegt worden wäre –, sondern wollte alle Gewalt in seiner Hand konzentriert wissen. Der Ehrgeiz des Raitenauers ging nicht dahin, als »freundlicher, demütiger Herr« zu gelten.

Eines der Wahlversprechen hatte gelautet, daß er die weltlichen *doctores* des erzbischöflichen Hofrats nach und nach abschaffen und ihre Ämter künftig mit Kapitelsherren besetzen würde. Er kehrte sich nicht daran. Die von ihm selbst ein- und absetzbaren Hofräte stellten weit willigere Werkzeuge dar als freizügige Domherren, und nach zwei Jahren verbot er diesen sogar, unangemeldet im Hofrat zu erscheinen. Den Hofrat selbst hatte er schon vorher durch die Verpflichtung, den Erzbischof zu seinen Sitzungen beizuziehen, der Möglichkeit unbefangener Erörterungen beraubt.

Nicht einmal die Ältesten seiner vormaligen Kollegen verschonte er mit herber Kritik. Sehr bald nach dem Regierungsantritt erklärte er dem würdigen Domdechanten Sigmund von Fugger, bei dem er sich wenige Jahre zuvor selbst ehrerbietig zum Antritt des Residenzjahres gemeldet hatte, es gehe bei der Verrichtung des Gottesdienstes »confuse« zu, der Dechant möge »demnächst den Chorum in bessere und richtigere Ordnung bringen«. Nachdem ihm der Fürst noch einen eigenen *magister ceremoniarum* vor die Nase gesetzt hatte, welcher streng auf die Einhaltung der römischen Liturgie achten sollte, hatte Graf Fugger genug von dem neuen Ton und zog die Konsequenzen. Er dankte ab und ging in sein heimisches Bayern zurück, was Wolf Dietrich zum Anlaß nahm, die in Salzburg verbliebenen Besitztümer des Grafen zu requirieren. Im Jahre 1589 übernahm Anton von Thun diese höchste geistliche Würde des Kapitels; auch er hatte in der Folge wenig Freude daran.

Langsam begannen sich mehrere Kapitelsherren, von Mißtrauen und Heftigkeit des neuen Herrschers verärgert, auf Landsitze zurückzuziehen, wo sie ihre Pfründen mit weniger Verdruß und Demütigungen verzehren konnten, als in nächster Nähe des erzbischöflichen Hofes. Bald residierten nur mehr einzelne von ihnen ständig in Salzburg.

So ist es kaum verwunderlich, daß ein Spottgedicht gegen den Raitenauer, das um 1588 entstand, gerade den geistlichen Herren seine literarisch wertlose, als Zeitdokument jedoch aufschlußreiche Stimme lieh.[3] Es wurde bei dem Stadtschreiber Dr. Sixtus Hatzler aufgefunden, der angeblich auch sonst schon aufrührerische Reden geführt hatte. Dieser behauptete, das Blatt von dem Papierhändler Sebastian Wurm aus Lengfelden erhalten zu haben, der sich wieder auf seinen Bruder Sigmund Wurm, Papiermacher zu München berief. Nachdem die Stimmung gegen den Raitenauer dort am schnellsten umgeschlagen war, ist die Herkunft der Verse aus Bayern durchaus möglich, doch waren die Urheber nicht zu erfassen. Hatzler wurde zu der horrenden Summe von 1000 Gulden, Wurm zu 200 Gulden Buße verurteilt, die beide, demütig ob der Gnade dankend, abzustottern begannen, der Stadtschreiber, der außerdem natürlich seinen Posten verloren hatte, in Jahresraten von 50 Gulden, während Wurm die erzbischöfliche Kanzlei gratis mit Papier versorgen mußte.

Doch der Zorn des Erzbischofs war nie von langer Dauer und das
»Famoslibell« hatte er schon nach zwei Jahren vergessen. Er
erließ dem Schreiber den Rest der Geldstrafe und gab ihm nach
vielen Bittgesuchen sogar wieder eine kleine Stellung, von
welcher dieser seinen Lebensunterhalt fristen konnte.
Das Spottgedicht hatte folgenden Wortlaut:

I.

Clage eines erwirdigen Capitels des Thuembstift zu Salzburg.

Ach, ach, was haben wir gethan,
Das wir so ainen jungen Man
Zu ainem Pischof haben erwelt,
Der sich gar wunderlich helt.
Er verendert alle Sachen,
Tuet unser spotten und lachen.
Es mues sein alles knapp,
Köstlich und hurtig, schnip schnapp –
Es gesche(h) gleich was es wöll –
Sagt: »Sand Rueprecht hab guet Gesöll«,
Was jungen Leuten soll alten gelten.
Dem mues man mit Lust nachleben,
Dem Alten darmit Urlaub geben,
Fein hurtig und geschwind wacker sein,
Mit vill Pferdten draben herein,
Nichts lassen an die Hend prenen,
Herlich herein reutten und sprengen,
Woll geputzt, köstlichen schen geziert,
Wie es ain Pottendaten gepiert,
Was migen hundert Dausent Ducaten
Ain neuen Pischof schaden;
Alles auch Singen, Pfeifen und Horn,
Trametten, Herpauggen, Auser, Korn,
Spacieren, Schießen und Jagen
Thuet er sich ser überladen,
Auf stetten Orten er nit mag sein,

Da schmeckt ihm weder Speis noch Wein,
Er mues nur haben umb zu faren,
Was zum Pracht gehert, gar nit sparen.
Was dann anlangt die Geistlichkait
Da wissen mir gar khain Beschaid.
Wir thetten in derfier halten,
Solt Alles wie zuvor gewust walten,
Doch hat ers wunderlich gemacht,
Da er sein erste Meß verpracht,
Das dergleichen nie kein Man
Zu Salzburg hat gehert an.
Neben ist auch sein Regemendt
Durchaus zum andern ist gewendt,
Weder der vorigen Herrn fromb,
Ist Alles jetzt kerttumb;
Die Alten haben gespart vill,
Der Jetzig es angreifen will,
Sy haben sich nit vill geacht,
Jetzt mues es sein Alles nach der Pracht,
Sein gewest fromb, gietig und milt,
Der Jetzig ehrgeizig und wilt,
Haben keinen Menschen beschwerdt,
Auch an die Landschaft nicht begert,
Weder Steuer, Datz noch Aufschlag,
Ungelt, noch dergleichen Plag,
Sonder von des Gotteshaus Indratt
Reichlich erhalten ire Statt,
Jedterman geholfen und geben,
Auch gefiert ein unlastbares Leben,
Darbey sein wordten mechtig reich,
Daß kein Pistumb ist seines gleich,
Und das ist kumben von dannenher,
Weil das gemain Pet nit get ler,
Dan weil das Land allgemein pit,
So wirts mit Segen überschit.
Nun ist es jetzt verkeret schan,
Der jetzig will vill Ungelt han

Auf Wein, Salz und anders schlagen,
Die Statt, Märkt und das Land plagen,
Gemainem Man die Nahrung höchern,
Es mues und wirdt uns ibel geschechen,
Ob ainer, die schon von der Geistlichkeit
Werden soliches befreit,
Ist es doch Unrecht und wider Gott
Im Land machen ein soliche Nott,
Es hett das Pistumb sonsten genueg,
Wan man das nur praucht mit fueg
Und mit sollichen Recht giengen umb,
So derfft man kainer Schindterey um,
Sonder unbeschwert regieren frey,
Daß man aber Datz, Aufschlag,
Neu Ungelt und dergleichen Plag
Wiertt anstellen in dem Land,
So wirt man haben Spott und Schand,
Ungleiche hern und Widerwertigkait,
Angst, Kumer und groß Hertzenlaid.
Auch solicher Neuerung zu Hand
Wird was anders kumben ins Land,
Das Pistumb verwiesten und zerstreuen,
Da wird es komben an den Ruen,
Da aber wird nichts mer helfen,
Wird ainer dem andern miesen
Fürwar ebigklich mit Schmerzen biessen,
Die Anfanger und die iren Rat geben
Verkürzt in ihr theuer Leben.
Das bringt alles der gemain Fleuch ins Land,
Dann man merkt bey jedem Stand,
Der hat vor gewinscht vill Glick,
Wird jetz schreyen und sagen zu Unglick
Und verfleuchen in die Hellen
Den Maister sambt seinen Gesellen.
Aber we uns armen phaffen,
Da wir so mergklich ungeschlaffen
Sein komben zue so großen Fall

Mit unser schendlichen verderbten Wall.
Das macht die Uneinigkeit
Das pringt uns Reu sambt Herzenlaid.
Wir habens je Ibel thain schaffen
Hetten wir die weil allesambt geschlaffen
Oder aus unser Nacian
Ehe genumen ainen diemittigen Man
Und nit gesechen auf Raittenau,
Der uns jetzt macht großen Grau.
Hetten lassen Schwaben Schwaben sein
Und weren ainer pliben darhaimb fein,
So hetten ainer ainen Pischoff fromb,
Der nit mit dem Trybutt gieng umb,
Sonder sein Einkumben hielt zu Rat,
Sech auf Regemendt frue und spat,
Fraget nit nach Haffert und Pracht,
Weliches vor Gott ist Alles so veracht.
Ach ach was haben wir gethan
Daß mir also dem jungen Man
In ain solche Herlich theuer eingesetzt.
Er laß umb gewiß nit unverletzt.
Ach wie mues uns armen Mitpruettern geschechen
Wir haben schendlich übersechen
So derfften mirs jetzt niemand klagen,
Auch niegend umb kain Rat mer fragen,
Es ist schon vergebens und alles hin.
Schand und Spott ist unser Gwin,
Nebens eben vilt ir Stift zu Hand
Uns zum Beyspil wir haben ein Schand.
Bedenkt euch woll zue diesen Sachen,
Wan ir wellet ainen Pischof machen,
Duet auserwellen ainen diemuttigen Man
Zue Regiern ain Bistumb schan.
Wir habens jetzt schan übersechen,
Hülf uns o Herr, Es ist geschechen,
Ach iber ach,
Uns ist kain Rat in diser Sach; Valle!

Außer dem Unmut der Domherren, der ja nicht aus der Luft gegriffen war, geht aus dem Machwerk hervor, daß neben der Jugend des Fürsten, seinem Hang zu Verschwendung und seiner Hoffahrt auch noch die Tatsache übel vermerkt wurde, daß er von weither nach Salzburg gekommen war. Viel lieber als diesen zugezogenen stolzen Schwaben hätte man einen Mann aus der eigenen »Nacian« wählen sollen, war offenbar die landläufige Meinung der Unzufriedenen.

Noch schlechter als die Kapitelsherren, die auf Mitsprache in der Regierung gerechnet hatten und denen er statt dessen zusehends Rechte entzog, fuhren die salzburgischen Landstände mit dem neuen Herrn. Durch die Behandlung, die er seinen Domherren angedeihen ließ, hatte er zugleich deren alteingesessene Familien brüskiert. Die Landadeligen waren von ihren Erzbischöfen ohnehin Kummer gewöhnt. Bald fanden sie ihren Argwohn bestätigt, daß es unter dem neuen Herrn keineswegs besser gehen werde als bisher. Obwohl die Standesvertreter nach jeder Wahl dem neuen Fürsten eine Liste ihrer verbrieften Rechte und Privilegien zur Anerkennung überreichten, tat ihnen kaum einer je den Gefallen. Da dem jeweils Gewählten regelmäßig auch die weltlichen Herrenrechte des Erzstiftes vom Kaiser verliehen wurden, bestand das einzige Druckmittel der Landstände in der Drohung, die Huldigung zu verweigern. Der Bayernherzog Ernst auf dem Salzburger Thron hatte sie regelrecht zum Narren gehalten. Er forderte ihnen die Urkunden ab, angeblich um sie zu studieren, und gab sie überhaupt nicht mehr zurück. Der nachgiebigere Erzbischof Johann Jakob bestätigte ihnen wenigstens ein Minimum an Rechten: die Gerichtsbarkeit über die eigenen Grundholden, die Verfügung über deren Nachlaß, sowie die Vormundschaft über ihre unmündigen Kinder.

Die Organisation der Landadeligen war allerdings eine recht mangelhafte. Sie besaßen nicht einmal einen eigenen Tagungsort, sondern unterhielten nur ein Archiv im Stift von St. Peter, wo ihnen der Abt, der als Prälat zu den geistlichen Ständen gehörte, Unterschlupf gewährte. Als einzige Frau gehörte diesem Gremium die Äbtissin des Klosters der Benediktinerinnen auf dem Nonnberg an.

Bei dem formalistischen Ablauf der Sitzungen des Landadels waren fruchtbringende Debatten und erarbeitete Entschlüsse ohnehin nicht zu erwarten. Zunächst trug ein Vertreter des Erzbischofs den Versammelten die »Propositionen« des Landesherren vor, trat ab und ließ die Stände allein beraten. Ihre Antwort war nur für sie selbst verbindlich und mit einer Gegenantwort des Fürsten begann das Spiel von neuem.

Seit neun Jahren hatte kein Landtag mehr stattgefunden und so war die Beteiligung an dem ungewohnten Ereignis sehr rege, als Wolf Dietrich für den 22. August 1592 seinen ersten Landtag einberief. Zwar schrieb er noch ziemlich unbestimmt, daß »Sachen fürfallen, die wir mit unseren gehorsamen Landständen in ein zeitliche und reife Beratschlagung zu ziehen gedenken«, doch hatte sich schon herumgesprochen, daß der Kaiser neue Kontributionen zur Verteidigung des Reiches gegen die Türken gefordert habe, wofür natürlich irgendwie Geld aufgebracht werden mußte.

Unter dem Vorsitz des Bischofs von Chiemsee hatten sich 68 Vertreter des Adels und der hohen Geistlichkeit versammelt, dazu die Verordneten der Städte und Märkte. In der Proposition ließ der Fürst die Anwesenden informieren, daß die uneinigen christlichen Völker eines nach dem anderen von den Türken »verschluckt und unterdruckt« worden seien. Man müsse ohne Zeitverlust und ohne viele weitere Zusammenkünfte handeln. Er schlage daher die Einhebung einer beträchtlichen Steuer vor, aus deren Ertrag dem Kaiser Unterstützung gegen den Erbfeind der Christenheit geleistet werden könnte.

Als die Landstände versuchten, für die Zustimmung zu der vorgeschlagenen Türkenhilfe nun endlich die Bestätigung ihrer Privilegien einhandeln zu können, kam der kalte Guß. Als Antwort erhielten sie ein schriftliches Traktat des Erzbischofs, nicht mehr und nicht weniger als eine Strafpredigt, die ihnen im weitschweifigen Stil der Zeit mit seinen endlosen Satzschlangen auch noch reichlich politische Belehrung zukommen ließ.[4]

»Principis esse praescribere subditis leges«, es sei Sache der Fürsten, den Untertanen die Gesetze vorzuschreiben, erklärte Wolf Dietrich, dessen juristische Studien in Pavia ihm jetzt wertvolle Dienste leisteten. Nach der geltenden Landschaftsordnung, so fuhr er fort, kämen die Stände selten und meist nur für kurze Zeit zusammen. Sie erledigten nicht viel, die von ihnen eingesetzten Ausschüsse hätten »schlechts und geringes Wissen« und brächten auch nicht mehr weiter als die Vollversammlung. Die wenigen, die dann namens der Landschaft handelten, »übernehmen sich ihrer Gewalt, wollen sich in vielen Sachen der landesfürstlichen gleich, ja neben und wieder derselben erheben und bemühen sich fürnemblich dahin, daß ein Landesfürst um ihr Geschäft und Verrichtung kein Wissen habe.« Es käme sogar vor, beschwerte er sich, daß Weiber und Hausgesinde solcher Standesvertreter mehr von deren Handlungen wüßten, als etwa der Landesfürst.

Aus diesen Worten sprach das gleiche Mißtrauen, das er schon der Stadtvertretung, dem Hofrat und dem Domkapitel bewiesen hatte, die Furcht vor der Verschwörung hinter seinem Rücken, vor der Entmachtung. Niemand sollte neben, geschweige denn über ihm stehen. Ein Seitenhieb auf die Vertreter der Hauptstadt ließ denn auch nicht auf sich warten: dergleichen Personen benehmen sich, als ob sie »vom Landesfürsten abgesondert und gleich mitten in dessen Land ein privilegiertes und gänzlich exemptes Reichsstädtl wären«.

Solche Ambitionen müssen im Keim erstickt werden, und daher sollen auch diejenigen, die einer Landschaft Namen tragen, nicht für sich selbst »und ganz hinterrucks wie bisher, sondern mit des Herrn Wissen und Gutachten handeln«. Scheinbar großzügig konzediert er, daß der Regent ausgewählte Männer der Landschaft heranziehen und seine Entschlüsse »mit Rat, Wissen und Gutachten derselben« fassen werde. Da der Erzbischof seine getreue und liebe Landschaft jedoch nicht ständig bei der Hand habe, möchten sie doch Personen aus ihrer Mitte namhaft machen. Diese könnten bei Hof dauernden Aufenthalt nehmen und mit ihnen werde der Fürst dann Rat pflegen. Er sei sogar bereit, einen Revers zu unterschreiben, wonach er in allen Angelegenheiten des Landes jeden Privatnutzen hintansetzen und nur die Ehre Gottes vor Augen haben wolle, wie es auch bisher hoffentlich geschehen sei.

Dieses diplomatisch verklausulierte Schriftstück, durch welches er selbst zu nichts anderem verpflichtet wurde als den Rat einzelner Ständevertreter anzuhören, die er sich außerdem bei Hof schon zurechtbiegen würde, fand bei den Adressaten keine begeisterte Aufnahme. Durch jahrhundertelangen Schaden hellhörig geworden, reagierte die Landschaft nervös. »Wenn die Landtäg in diesem löblichen Erzstift aufgehebt und die Stendt davon ausgeschlossen sollen werden« folgerten sie sehr zutreffend, würden sie »den högsten Spott, Schimpf und Verkleinerung davon tragen.«

Wieder einmal legten sie die alten, bis 1327 zurückreichenden Urkunden vor, denen zufolge sie in Zeiten der Gefahr zusammenzurufen und die allgemeine Wohlfahrt mit ihnen zu beratschlagen, die Steuern nach ihrem Gutachten festzusetzen und ein ständiger beratender Ausschuß aus ihrer Mitte zu wählen sei.

In seiner Replik zerpflückte der Erzbischof zunächst den Wortlaut der Urkunden, indem er sie spitzfindig auf juristische Formfehler hin untersuchte, erklärte dann aber einlenkend, daß sie sich im Irrtum befänden. Weder habe er die Absicht, die Landschaft aufzuheben, noch wolle er ohne ihre Zustimmung Steuern verhängen. Er ersuche sie aber und befehle ihnen, etwaige weitere Privilegien jetzt sofort bekanntzugeben, andernfalls werde er sich »der Ungewißheit über solche Erinnerung zu behelfen haben« – also handeln, ohne davon Notiz zu nehmen. Im übrigen möge die Landschaft die Angelegenheit (der Privilegien) bis zu ihrer nächsten Einberufung zurückstellen, damit die Stände nicht zu lange aufgehalten würden und jetzt gleich die Steuerfrage erörtert werden könne.

Den ungeduldigen Raitenauer, bei dem laut Schmähgedicht alles »schnipp, schnapp« gehen sollte, irritierten und langweilten derartig lang hingezogene Verhandlungen, deren Ausgang für ihn keinem Zweifel unterliegen konnte. Diesmal beherrschte er sich noch, weil er nach der geltenden Ordnung die Türkenhilfe für den Kaiser nicht ohne Zustimmung der Landstände beschließen konnte. Mit Landtagsrezeß vom 12. Oktober 1592 wurde diese erteilt und die Erhebung einer Verteidigungssteuer beschlossen.

Ganz deutlich wurde der Absolutismus am erzbischöflichen Hof in kleinen Einzelheiten spürbar. Das Ende der patriarchalischen Ära war angebrochen. Der Fürst stieg immer höher empor, wurde unnahbarer. Schon nannte er sich »Archiepiscopus et Princeps«; statt wie bisher mit »fürstliche Gnaden« ließ er sich mit »hochfürstliche Gnaden« ansprechen – ein kleiner, aber symptomatischer Unterschied. Hatten die letzten Erzbischöfe noch offene Tafel für den Hofstaat gehalten, so gingen jetzt der Landesherr und seine Umgebung gesondert zu Tisch. Er wünsche nur mehr »nach seiner gnädigen Gelegenheit« mit den anderen zu speisen, erklärte der Raitenauer, an dessen Tafel Salome Alt niemals fehlen durfte. Zusätzlicher Aufwand an Gerät und Personal unterstrich bei jeder passenden Gelegenheit die Ehrfurcht erheischende Würde. Diesem Zweck dienten noch besonders detaillierte Vorschriften der neuen »Hofstaatsordnung, so anno 1590 in das Werkh gericht ist worden«.[5]

Diese brachte eine Neufassung aller Regeln, welche das Hofwesen und seine sämtlichen Angestellten betraf, vom Marschall bis zum Küchenjungen, mitsamt ihren Rechten, Pflichten und Besoldungsansprüchen. In dem eigenhändig verfaßten Konzept betonte der Fürst noch ausdrücklich, die Befolgung dieser Ordnung solle erreichen, daß ihm »treu, fleißig und auch ordentlich gedient werde«.

Von den drei obersten Hofbeamten oblag dem Hofmarschall die »superintendenz über das ganze Hofwesen«, wofür ihm ein jährliches Gehalt von 1776 Gulden und die Haltung von sieben Pferden zugestanden wurde. Der Bedeutung dieser Position entsprechend verlieh sie Wolf Dietrich mit Dekret vom 16. Mai 1590 als Erstem seinem Bruder Jakob Hannibal.

Der Oberste Kämmerer, zugleich auch Stallmeister, hatte die Lakaien, Kammerdiener und Edelknaben zu beaufsichtigen. Er war dafür verantwortlich, daß die Zimmer sauber und die kostbaren Gewänder des Erzbischofs in tadellosem Zustand gehalten wurden, aber auch, daß der Fürst stets vom Kellermeister mit »gutten gerechten mundtweinen« versehen werde. Noch war das höfische Mißtrauen gegen Vergiftung wach: bei den Mahlzeiten mußte stets einer der Diener darauf achten, daß der

Mundschenk nur direkt aus der Flasche einschenkte. Einem geschickten Diener wurde das Amt des Barbiers anvertraut, er hatte »Kamm und Scherzeug, Seife und Pomada, Zanpulver und andere notturfft« zu verwahren und bereitzuhalten.

Als dritter wichtiger Persönlichkeit des Hofstaates oblag dem »Stebelmeister« die Aufsicht über Küche und Tafel, was die Verantwortung für die Silberkammer mit einschloß, welche Wolf Dietrich bald reichlich durch neue Stücke ergänzte.

Sparsam und genau setzte der Erzbischof die Entgelte für jede Handreichung fest: der Präzeptor der Edelknaben Hans Gruber zum Beispiel, der um zwölf Gulden monatlich angestellt war, wurde nicht nur nebenbei als Kammerschreiber verwendet, sondern auch als Brotkellner, der nach Tisch die unberührten Brötchen in der Küche abliefern, die angeschnittenen »zu den Almusen« geben mußte.

Der ersten Hofratsordnung vom 17. August 1588[6], die Wolf Dietrich noch etwas kursorisch erlassen hatte, folgte eine Hof- und Kanzleiordnung im Jahre 1592, welche die Befugnisse der Hofbeamten, des Protonotars, der Hofräte, Sekretäre, Ratsknechte und Schreiberjungen festlegte. Von ihnen allen wurde neben dem Treueid auch die Beschwörung des katholischen Glaubensbekenntnisses verlangt.[7]

Um auch die Bildungsfrage zu lösen, gedachte Wolf Dietrich zunächst das Salzburger Priesterseminar aus seinem Dämmerschlaf zu holen. Kapuziner, Franziskaner und Benediktiner versuchte er nacheinander als Lehrkräfte dafür zu gewinnen. Ob er selbst es war, der seine ehemaligen Lehrmeister, die Jesuiten, deren Berufung ihm der Bayernherzog so dringlich empfahl, ablehnte, oder ob der Widerstand der Domherren den Ausschlag gab, ist nicht genau zu klären.

Als nächstes bekamen die Edelknaben einen hauptberuflichen Lehrer, der nicht mehr nebenbei den Brotkellner abgeben mußte. In der Anstellungsurkunde für Elias Koller vom 1. Dezember 1593 heißt es: »Wir haben ihn auf Unser und sein Wohlgefallen zu unnserer Edelknaben Preceptern gnediglich angenommen und bestellt. Er soll den Knaben vor- und nachmittags fürlesen, mit ihnen repetirn und sonderlich diejenigen, so zum studiern

nit tauglich, zum Teutschen schreiben und raitten (rechnen)
anhalten, auf dass Sie ir blüende Jugent nüzlich und fruchtbar-
lich verzeren und gebrauchen mügen.« Damit sie aber »khain
Zeit vergebentlich verschleissen«, sollten sie in ihrer Freizeit
»Fechten, Springen, musiciern und andere dergleichen adeligen
übungen« betreiben. Besonders sollte sie der Schulmeister von
allen Lastern wie Fluchen, Schwören, Trunkenheit und anderen
»leichtferttigkhaiten« abhalten.
Nachdem so für den geistlichen und adeligen Nachwuchs gesorgt war, regelte der Erzbischof auch die Erziehung der einfachen Bürgerkinder. Die Vorschriften richteten sich an die Lehrer, wie schon der Titel der Verordnung beweist, die am 15. Februar 1594 herauskam »Underweisung für die Teutsche Schulmaister der Statt und Erzstüft Salzburg die auferziehung der
Jugend anbetreffend«.[8]
Abgesehen davon, daß die Lehrer ebenso wie ihre Gehilfen sich
eines ehrbaren und katholischen Wandels befleißigen und von
einer Kommission geprüft sein mußten, wurde ihnen noch vorgeschrieben, wie sie sich zu kleiden hätten. Aller »leichtfertigen
Kleidung wie grosse zerhackte oder zerschnidtene Hosen, Hoch
huet mit Federn usw.« hatten sie sich zu enthalten, denn an
ihnen lag es, die Jugend, die ohnehin »zu aller yppigkeit, zum
Liegen, Betriegen, Spilln, Fluchen« und anderen Lastern neige,
zu guten Sitten zu führen. Leichtfertige oder ketzerische Schriften müßten sofort konfisziert und der Obrigkeit angezeigt werden, ebenso sollten jene »verruchten Eltern«, die ihre Kinder nur
im Lesen, Schreiben und Rechnen, nicht aber in der Christenlehre unterrichtet haben wollten, höheren Orts gemeldet werden.
Die Schulstuben sollen »mit guete gesundte Reuch« von Wa-
cholder ausgeräuchert werden und alles vorgesagte soll »sowohl
auf die Dirnlein als auff die Knaben verstanden und gehalten
werden«, doch sei »khayn grosse gemainschafft« zwischen ihnen zuzulassen. Ganz offenkundig hatte der Erzbischof, dessen
erstes Söhnchen damals schon in der Wiege lag, ein Herz für die
Kleinen, das sich in vielen fortschrittlichen Anordnungen nie-
derschlug. Wenn zur Winterszeit der Frost zu streng werden und
der Gottesdienst in den vor Kälte klirrenden Kirchen zu lange

dauern sollte, sind die Kinder, um sich zu erwärmen, in die Schule zu führen. Auch sei ihnen nicht zuzumuten, daß sie drei oder mehr Stunden vor- und nachmittags ohne Getränk und Nahrung bleiben, also soll ihnen dafür je eine halbe Stunde freigegeben werden. Auf saubere Trinkgefäße sei zu achten, und kein Kind solle auf dem Markt »Obst oder Genasch« einkaufen. Das von zu Hause mitgebrachte Obst dürfe nicht unreif, schmutzig oder »wurmbissig« sein. Bei der Bestrafung, die zwar zur Erhaltung von Zucht und Ordnung nötig sei, sollten die Lehrer »nit böse, grobe und ungebreuchige Scheldtwort und Fluech« anwenden, bei Schlägen »ein gebührliches Mass und Beschaidenhait brauchen und des Kopfs und anderer Glieder verschonen auf dass solche castigation ein züchtigung und nit ein tyrannisch unbesinnt und volles Poldern gehaissen werden möge, und die Jugend nit Ursach haben khondte, ihre Lehrer und Schulmaister mer zu schelten und zu hassen als zu loben und zu lieben«.

Nachdem Wolf Dietrich seine Erlässe persönlich zu konzipieren pflegte, muß sein Arbeitspensum ein gewaltiges gewesen sein. Mit gutem Gewissen antwortete er am 17. Juni 1592 auf die ersten, allgemein gehaltenen Ermahnungen des Papstes Clemens VIII., welche ihm wahrscheinlich auf Grund von Denunziationen Salomes wegen zugingen, daß er »keineswegs schlaff und vergnügungssüchtig« sei, sondern hart arbeite. Wer ihn kenne, wisse auch, daß an seinem Lebenswandel nichts Schimpfliches zu finden sei.

Seine Maßnahmen fanden zunehmend Anerkennung unter der Bevölkerung, für deren zeitliches und ewiges Heil er sich aufrichtig verantwortlich fühlte, und seine Freigebigkeit gegenüber jedem »wer des almuessens notdürftig ist« sprach sich bis über die Grenzen des Erzstiftes herum. »Ja es seind auch die armen Leit von frembden und auslendigen Orten haufenweis zuegezogen, deren kainen, so an ihne suppliciert und das Allmusen begert, er unbegabt hat lassen abziehen.«[9] Als zu Beginn seiner Regierung das Getreide knapp und teuer wurde, gab er aus eigenen Beständen den Scheffel um acht Gulden ab, während die Händler schon elf und dreizehn Gulden verlangten. Von den

Bäckern forderte er, das Brot noch nach der Preisverordnung von 1480 abzugeben – ein Preisstopp von mehr als 100 Jahren! Mit einem Federstrich reduzierte er die allzu zahlreichen Wirtsstuben in der Hauptstadt als Stätten möglicher Laster auf achtzehn, legte die Anzahl der Brauereien namentlich fest und führte eine strenge Meldepflicht für Reisende ein. Er befahl, daß »die Zetln der frembden Gäste halben alle Tag gen Hof zu bringen sind und die Wirt sollens unterschreiben«. Diese Maßnahme richtete sich nicht nur gegen durchziehende unliebsame Gestalten. Vornehme und interessante Fremde, von deren Ankunft auf diese Weise Kunde zu Hof kam, wurden öfters dahin eingeladen, um den Fürsten zu unterhalten.

Getreu seiner Überzeugung, daß er selbst ja doch alles am besten verstünde, kümmerte sich der Erzbischof um alle Aspekte des täglichen Lebens in seinem Fürstentum, vom Alkoholverbrauch bis zur Pestvorsorge, von der Rechtsprechung bis zum Aufwand bei bäuerlichen Hochzeiten. Seine Hofräte wies er an, auch die Beschwerden gegen Beamte und Offiziere zu untersuchen und »keine den Untertanen beschwerlich fallende Neuerungen und Eigennutzigkeiten zu gestatten«. Die Richter erhielten sogar den Auftrag, Streitsachen zwischen der erzbischöflichen Kammer und Untertanen nach dem geschriebenen kaiserlichen Recht und dem »kundbaren Landgebrauche« gerecht zu beurteilen. Damit durfte dieser Erzbischof von den kleinen Leuten wahrhaftig als ein »sonderbarer Befürderer und Liebhaber der Gerechtigkait« angesehen werden. Hatte er doch »auf die Hochhait der Personen kain Aug geworfen«. Seine Maßnahmen führten denn auch dazu, daß, wie Franz Dückher in seiner Chronik verzeichnet, dieser Erzbischof, der anfangs »bey der gemain nit hoch geachtet noch geliebet« wurde, dem Volk nachgerade »sehr lieb, forcht- und ehrwürdig« geworden sei.[10]

Zu den laufenden Regierungsgeschäften und den neuen Anordnungen, deren Durchführung der Erzbischof immer streng überwachte, fielen in diese ersten Regierungsjahre noch zwei besondere Ereignisse: ein Streit mit dem Propst von Berchtesgaden und eine Reise in das Gasteinertal, oder, wie man die Gegend damals nannte: in die Gastein.

Fast kein Erzbischof dieses Jahrhunderts hatte es unterlassen, die Landesteile, die mit ihren Bergschätzen die reichste Einkommensquelle des Erzstiftes darstellten, zu visitieren. Einige, wie Matthäus Lang oder der Amateurgeologe Ernest von Bayern, hatten auch Schriften über deren Betrieb verfaßt. Laut Dückhers Notizen konnten im Gasteinertal während der Jahre 1554 bis 1570 elf Zentner Gold und 95 Zentner Silber gewonnen werden. Diese Provinz war daher eine Reise wohl wert, noch dazu, wo es sich um eine gemischte Dienst- und Vergnügungsreise handelte. Wie alles bei Wolf Dietrich wurde sie in großem Stil aufgezogen. In seinem Gefolge, das 240 Personen mit 139 Pferden umfaßte, befanden sich sein Bruder Jakob Hannibal, seit dem Vorjahr erzbischöflicher Hofmarschall, der mütterliche Verwandte Hans Christoph von Ems, Schwager Ferdinand von Kuen-Belasi (dem Wolf Dietrich seine Schwester Cäcilie zur Frau gegeben und die Stellung eines Stallmeisters verliehen hatte), dazu Jägermeister, Edelknaben, 50 Leibschützen, Köche, Barbiere, Fleischhacker, Eseltreiber, Hufschmiede, Sattelknechte, Trabanten, Lakaien, Kutscher, Buttenträger, Hausknechte und Küchenbuben. Der Zug benützte die erst vor wenigen Jahrzehnten ausgesprengte Klammstraße und machte auf einer Ebene bei Dorf Gastein halt. Dorthin kamen ihnen die Bewohner des ganzen Gasteinertales entgegen, die wohlbestallten Gewerken mit Familien, Beamten und Dienerschaft, der Hauptmann der Bergknappen mit drei Fähnrichen und drei Leutnants, 72 Doppelsöldner im Harnisch, vier Haufenführer und sechs Unterführer mit Hakenschützen, insgesamt etwa 600 Mann. Es gab eine feierliche Begrüßung mit Ansprachen, dabei wurde trompetet und geknallt, daß die Berge widerhallten. Der Erzbischof nahm Quartier bei dem Gewerken Hans Weitmoser, die Knappschaft stellte ihm eine Ehrenwache, der er 100 Taler schenkte, und einige Tage vergingen mit Jagd, Banketten und anderen Lustbarkeiten, doch auch mit sachlichen Verhandlungen, die ihre Früchte trugen: Beim Abschied versprach der Landesherr den Gasteinern wegen der bereits nachlassenden Ergiebigkeit der Gruben Steuererleichterungen und erstmals sogar Glaubensfreiheiten. Die Bergleute sollten nach Möglichkeit am Abwandern verhindert werden.

Weniger fröhlich und folgenschwerer verlief das andere Ereignis dieses Jahres 1591, der »berchtoldsgadnische Krieg«.

Dreimal in seinem Leben geriet der Raitenauer im eigenen Land in Konflikte mehr oder weniger persönlicher Natur, die viel Staub aufwirbelten. Daß es sich jedesmal um Untergebene handelte, welche die bedingungslose Unterordnung verweigerten, war schon deshalb selbstverständlich, weil einfach jedermann hier – wenn auch mit graduellen Unterschieden – dem Fürsten untertan war. In allen drei Fällen wendeten sich die Betroffenen an den bayrischen Herzogshof um Hilfe, jedesmal verschlimmerte das die Situation. Bayern zeigte sich zwar von Mal zu Mal geneigter, Gegner des Salzburger Landesherrn zu unterstützen, wollte es aber doch nicht zum offenen Bruch mit einem Kirchenfürsten kommen lassen. Wolf Dietrich hingegen betrachtete alle Versuche, ihn auf solche Weise zu überspielen, als Mißachtung seiner Person, Verrat und Treubruch.

Die drei Konflikte betrafen die Propstei Berchtesgaden, das Suffraganbistum Chiemsee und die sogenannte Pinzgauer Bauernrebellion, welche am tragischesten endete.

Der Propst von Berchtesgaden Jakob Pütrich war schon einmal aus der Reihe gewichen, als einziger Träger von Amt und Würden, welcher bei der Huldigung der Stände nach Wolf Dietrichs Inthronisation einen anderen Eid leistete als die übrigen und das betreffende Schriftstück gleich mit nach Hause nahm. Sein Kloster unterstand zwar seit Erzbischof Pilgrim II. dem Erzstift Salzburg, besaß aber eigene Salzlager in Schellenberg und Frauenreuth, welche selbständig exportierten. Eine neuerliche Erhöhung des Transitzolls für das Schellenberger Salz durch den immer geldbedürftigen Erzbischof weckte Abfallgelüste in dem reichen Propst. Er war sparsam gewesen und alt geworden – jetzt wollte er sich dem neuen Herrn nicht mehr fügen.

Am 13. April 1590 hatte er in Salzburg die ungünstigeren Bedingungen, zu welchen er künftig sein Salz verfrachten sollte, zwar akzeptiert, kaum heimgekehrt jedoch Papst und Kaiser angerufen und geklagt, er sei von dem Raitenauer drei Tage lang gefangen gehalten und nicht freigegeben worden, ehe er unterschrieben hatte.

Durch Vermittlung Roms kam es zwar im nächsten Jahr zu einer vertraglichen Einigung, doch der erboste Propst bestimmte nun selbstherrlich den Bayernprinzen Ferdinand, Sohn Wilhelms des Frommen, zu seinem Koadjutor und Nachfolger. Dieser Knabe war bereits Domherr von Salzburg und Koadjutor in Köln, doch Jakob Pütrich versprach sich mit Recht von einer solchen Bestellung Schützenhilfe seitens des mächtigeren Nachbarn. Das Berchtesgadener Kapitel verfiel in ein Schisma. Der Dechant und einige Stiftsherren hielten zu Pütrich und Bayern, die Mehrzahl aber wollte den Erzbischof von Salzburg als Koadjutor und künftigen Propst sehen. Dabei war nicht nur Sympathie für den Raitenauer im Spiel. Auch die Stiftsherren hätten gerne etwas von dem Vermögen, das Pütrich so eisern zusammenhielt, geerbt. Wenn Wolf Dietrich vielleicht auch mit einem Teil dieses Nachlasses rechnete, so war für ihn der Ausbau seiner Monopolstellung im Salzhandel noch wichtiger. Während er in dieser Sache seinen Bruder Jakob Hannibal an den Prager Kaiserhof schickte, intervenierte Bayern für Pütrich und Ferdinand in Rom.

Inzwischen waren jene Berchtesgadener Stiftsherren, die zu Wolf Dietrich hielten, nach Salzburg emigriert und anfangs, wie es mit Exilregierungen zu gehen pflegt, freudig und herzlich aufgenommen worden. Als der Zustand kein Ende nehmen wollte und der aufwendige Lebensstil der Herren in Salzburgs »Berchtesgadenerhof« immer größere Summen verschlang, nützten sich Freude und Herzlichkeit ab. Der Raitenauer fand, daß die Situation unhaltbar wurde und tat, was er so gerne tat: Er mobilisierte. Dem Anlaß entsprechend nicht sehr eindrucksvoll. Mit nur 100 geworbenen Söldnern und einigem bewaffneten Landvolk ritt er gegen Berchtesgaden. Die Erzherzöge Karl in der Steiermark und Ferdinand in Tirol war er noch um Waffenhilfe angegangen, beide verweigerten jedoch die Unterstützung des zweifelhaften Unternehmens. Daraufhin mobilisierte Bayern. Der schönste Kleinkrieg war im Gange. Die besser organisierten Bayern überwältigten mit Leichtigkeit die wenigen Söldner und die ungeübte Landwehr des Salzburger Fürsten und warfen sie kurzerhand aus dem Stift hinaus. Beide Parteien erhielten vom

November 1591 datierte Rüffel des Kaisers. Dem Erzbischof trug Rudolf II. mit Strafbefehl auf, die geworbenen Truppen sofort zu entlassen und sich aller Tätlichkeiten gegen Berchtesgaden zu enthalten, dem Propst, der sich mit den Vermögenswerten an Barem, den Stiftsjuwelen, Urkunden und Büchern zu seinem Protektor nach München geflüchtet und diesem somit »die henn und die Ayr in die Hand gegeben« hatte, wurde befohlen, mit aller weggebrachten Habe zurückzukehren, was er um so leichter tun konnte, als das Stift inzwischen von den salzburgischen Truppen befreit und Ferdinand vom Papst als Koadjutor bestätigt war. Den Bayernherzog zu vermahnen, der ja auch mit bewaffneter Hand eingegriffen hatte, hütete sich selbst der Kaiser. Wilhelm der Fromme war als verständiger und am päpstlichen Hof sehr angesehener Mann bekannt. Wenn auch er trachtete, seine Söhne gut zu versorgen und mit allen Mitteln zu fördern, entsprach das eben den Gepflogenheiten der Zeit.

Am 14. Juni 1592 verkündete also der Administrator des Bistums Regensburg die Entscheidung Clemens VIII., forderte die in Salzburg weilenden Stiftsherren auf, auch ihrerseits mit Urkunden und Sachgütern zurückzukehren und ließ in Stellvertretung für den neuen Koadjutor, Prinz Ferdinand von Bayern, dem Münchner Dompropst die Huldigung der Kapitelsherren und Bediensteten des Stiftes zuteil werden. Ein Jahr später, am 10. Mai 1593, wurde Berchtesgaden mit Bescheid der Sacra Rota Romana der Verfügung Salzburgs vollends entzogen und unmittelbar dem Heiligen Stuhl unterstellt.

Dem Erzbischof von Salzburg blieb von dem Abenteuer ein Loch in der Kasse, das Steinhauser – wahrscheinlich zu hoch – mit 100000 Gulden beziffert, sowie das nagende Bewußtsein, eine Schlappe auf allen Linien erlitten zu haben. Die geflüchteten Berchtesgadener Stiftsherren, für deren standesgemäße Bewirtung ein Gutteil des Geldes aufgewendet worden war, wollten jedoch trotz des päpstlichen Befehls nicht mehr in ihr Stift zurückkehren und wurden von Wolf Dietrich »anderer Orthen versehen und ahnpracht«.

Wieder waren große Summen »unnutzlich vertragen worden«. Die Bistumskasse gähnte leer, Anforderungen und Schulden stiegen. Trotz seiner beträchtlichen Einkünfte hatte Wolf Dietrich seit seinem Regierungsantritt bereits 150.000 Gulden von den Fuggern entliehen. Als nun der Kaiser neuerlich Hilferufe aussandte, weil die Türken trotz teuer bezahlter Waffenruhe wieder mit ihren Einfällen in Kroatien begonnen hatten, blieb als einzige Quelle weiterer Hilfeleistung nur eine neue Steuer. »Und eben daher«, seufzt der selbst mitbetroffene Chronist, »hat sich der Anfang der Steuer, so noch heut zu Tag kain Ent nehmen thuet, erhebt.«

In dieser Hinsicht waren die Salzburger etwas verwöhnt, weil unter der Regierung der beiden vorhergegangenen Erzbischöfe keine einzige Steuer neu eingeführt oder wiederbelebt worden war. Allerdings genügt schon die Vielfalt der bestehenden Abgaben, um selbst heutige Fachleute zu erstaunen. Neben dem Pachtzins für den Grundbesitzer, den Mauten, Zöllen und sonstigen laufenden Gebühren wurde eine Unzahl von Gelegenheitssteuern beim Eintritt bestimmter Ereignisse oder Tätigkeiten eingehoben. Da gab es eine Leibsteuer, Weihsteuer, Brand- oder Rauchfangsteuer (pro Herd), einen Todfallzehent, Trinkpfennig, Schreibgeld, eine Futterschütt, den Reutzehent, Mayzehent, sogar eine Heirats- und eine Rittersteuer, die eingehoben wurden, sobald ein Kind des Grundherrn heiratete oder er selbst den Ritterschlag empfing.

Bei den geistlichen Herrschern Salzburgs fielen diese beiden letzteren zwar aus, dafür drückte ihre Untertanen die Weihsteuer, auch Herrenantrittsgeld genannt, die mit 5% vom Vermögen jedesmal entrichtet werden mußte, sobald ein neuer Fürst den Landesthron bestieg.

Infolge des unerwartet schnellen Todes von Wolf Dietrichs Vorgänger Georg von Kuenburg war dessen Weihsteuer noch gar nicht eingehoben worden, daher hätte der Raitenauer nun gleich zweimal die Weihsteuer beanspruchen können. Mit großzügiger Geste verzichtete er darauf – nicht ersatzlos, versteht sich. Aufatmen konnten nur die Abstinenzler in Salzburg, denn anstelle der Weihsteuer führte der neue Erzbischof ein sogenanntes »Umgeld« auf Wein und Schnaps ein. Es handelte sich dabei um keinen neuen Gedanken. Schon Erzbischof Matthäus Lang hatte

im Jahre 1523 ein »Umgeld von allem Getränke«, auch damals zur Deckung von Hilfeleistungen gegen die Türken, ausgeschrieben. Die Steuern dieser Zeit betrafen fast niemals das Einkommen, sondern das Vermögen, und wurden meist für einen bestimmten Zweck und befristet eingehoben, wieder abgeschafft, neu eingeführt oder erhöht, je nach den momentanen Bedürfnissen der Regierenden und Zahlungsfähigkeit der Untertanen.
Die Grundtendenz der Steuerumstellung, die Wolf Dietrich vornahm, war eine fortschrittliche und gerechte. Während die Weihsteuer nur den »gemeinen Mann« getroffen hatte, mußten nun auch Adel und Geistlichkeit die neue Steuer im wahrsten Sinne des Wortes schlucken, denn auf Wein zu verzichten wäre einem undenkbaren Prestigeverlust gleichgekommen, ganz zu schweigen von dem entgangenen Vergnügen. Den Ärmeren blieb immerhin das steuerfreie Bier.
Nachdem die ehrsame Landschaft diese Steuer »mehr bedenklicher Ursachen halber« bewilligt hatte, sprach der Erzbischof in der Verordnung vom 16. November 1587 – seiner ersten steuerlichen Maßnahme – ganz deutlich die erzieherische Absicht aus: » . . . nachdem solche Ungeld zum meisten theil diejenige betrifft, welche in dem Erzstift die Wein zum Überfluss trinken (daraus dann allerley Laster entspringen) und nicht die andern so ihrer Hauswürthschaft mit Fleiss aufwarthen.«[11]
Strenge Überprüfungen sorgten dafür, daß der Landesherr verläßlich zu seinem Geld kam, das zudem wertgesichert war, denn »drei Viertel vom Eimer mußten ihm geraicht werden, es gelt das Viertel, was es wölle«.[12]
Im Dezember 1588 führte Wolf Dietrich ferner eine Erhöhung der Mauten und Zölle ein, die er in einem besonderen »Tarif« bekanntgab. Das traf besonders die Kaufleute in der Residenzstadt Salzburg so hart, daß manche von ihnen mit Auswanderung drohten. Der Erzbischof konterte sofort, daß ihre »berühmten bisherigen Freiheiten und Vergünstigungen« bei einer eventuellen Rückkehr ins Erzstift natürlich verloren bleiben würden, sah ihnen aber am letzten Tag des Jahres als guter Rechner wenigstens ein Drittel der geplanten Erhöhung nach, so daß die meisten von ihnen doch dablieben.

Durch vier Jahre gab es keine weiteren Belastungen für das Volk, dann aber kamen Nachrichten, daß »der bluetgierige Türckh grossen Einfahl in Crabaten heten getan«, auch besorgniserregende Berichte des Vizedoms von Friesach. Schon wegen seiner steirischen Besitzungen konnte sich Salzburg von einer allgemeinen Aktion gegen die Türken nicht ausschließen. Das hatten auch die Landstände eingesehen, als sie am 12. Oktober 1592 ihre Zustimmung zur Einhebung einer Türkensteuer gaben, »gleichwohl aus kainer Schuld, sondern allein aus Gutwilligkeit und solange als die Kriegsrüstung währt«.

Womit niemand bei dieser Zustimmung gerechnet hatte, waren die neuen Voraussetzungen, die der Erzbischof für ihre Einhebung schaffen würde. Zwar erfolgte die Vermögensaufnahme als Grundlage der Besteuerung durch Selbsteinschätzung, doch in Form eines regelrechten Bekenntnisses mit Strafbestimmungen für unrichtige Angaben, die sogar für heutige Verhältnisse drakonisch anmuten. Verschwiegene Vermögensteile – die meistens bei Todesfällen zutage kamen – sollten nämlich zur Gänze der erzbischöflichen Kammer verfallen. Unter denen, die in der Folge »zu gering angesagt« hatten, befanden sich »sehr vil und fast die Vermüglichsten«. Das konfiszierte Gut machte denn auch »ain nambhafte grosse Summa Gelts« aus[13]

Diese Vermögensaufnahme begann am 12. November 1592; am 9. März 1593 trat der vom Erzbischof vorgeschlagene Landtagsausschuß zusammen. Die vier Prälaten, acht Ritter und vier Stadtverordneten, aus welchen er zusammengesetzt war, durften nur noch die Höhe der Steuer genehmigen, welche der Fürst mit 3% vom Vermögen vorgeschlagen hatte.

Durchführungsverordnungen für die neue Steuer wurden am 30. März 1593 erlassen. Adel und Geistlichkeit waren zwar von ihr befreit, doch mußten sie für je 1000 Gulden Einkommen einen Knecht ins Feld stellen, dessen Sold mit acht Gulden monatlich veranschlagt war, hatten also eine etwa zehnprozentige Einkommensteuer zu leisten, solange der Krieg währte. Um die Untertanen nicht unmäßig zu belasten erging gleichzeitig mit der Steuerverordnung eine Instruktion an die Pfleger und Beamten des Erzstiftes, welche auf vernünftige Einsicht schließen läßt: der Fürst ordnete an, daß man die Untertanen jetzt mit Gebühren und Geldstrafen schonen und sie in ihren Rechten gegenüber der Grundherrschaft schützen solle. Auch ließ er einen großen Teil der wegen Verschweigung beschlagnahmten Güter unter die Ortsarmen verteilen.

Aber mit den nun schwarz auf weiß vorliegenden Vermögenserklärungen war ein handliches Instrument für die Einhebung weiterer Steuern geschaffen, und Wolf Dietrich zögerte nicht, es zu benützen. Neben der vom Landtag bewilligten dreiprozentigen Türkensteuer führte er zusätzlich eine »Landsknechtsteuer« ein, deren Ertrag dazu bestimmt war, marodierende Söldner, welche die Landbevölkerung belästigten, lauter »haillose muessiggehende Leüt«, in der Stadt zusammenzufassen und ihnen die »Ritterzehrung« zu reichen, solange bis man sie wieder verwenden oder anderweitig loswerden konnte. Die Steuer wurde mit 24 Kreuzern jährlich von je 100 Gulden Vermögen eingehoben, traf ausschließlich die Bauern – welche ja von der Plage der Herumtreiber befreit werden sollten – und befriedigte neben dem praktischen Zweck auch den Hang des Erzbischofs, Soldaten – seien es auch nur abgedankte – um sich zu sammeln. Seine eigenen angeschlagenen Finanzen hoffte Wolf Dietrich durch die Einführung einer »Abzugsteuer« zu verbessern, die allen jenen, welche auch nur von einem inländischen Bezirk in den anderen übersiedeln wollten, 10% ihres Vermögens abknöpfte, sowie durch die Erhöhung der Salzmaut. Daß er durch die letztere Maßnahme Bayern vor den Kopf stoßen würde, scheint ihn nicht sonderlich bekümmert zu haben.

Während die Landstände noch damit beschäftigt waren, Beratungen abzuhalten und auf ihre Privilegien zu pochen, hatte Wolf Dietrich bereits Vater und Brüder alarmiert und ließ fleißig Truppen werben. Jetzt machte sich seine bekannt gute Entlohnung und Behandlung der Kriegsleute bezahlt. Haufenweise liefen ihm die Männer zu; er brauchte nur die besten und erfahrensten »ausklauben«. In der ersten Begeisterung, auch unter dem Eindruck der bedrohlichen Nachrichten aus der Steiermark hatte er dem Kaiser 1000 Arkebusiere versprochen, die fünf Monate oder noch länger Dienst tun sollten. Wieder einmal war sein Temperament mit ihm durchgegangen, aber die Zusage reute ihn bald und er versuchte sich herauszuwinden. Tatsache war, daß er im Augenblick nicht genug Geld für eine derartig pompöse Hilfeleistung besaß. Auch die Fugger, denen er schon schwer verschuldet war, wollten weitere 20 000 Gulden nur mehr borgen, wenn der kaiserliche Reichspfennigmeister Zacharias Geizkofler bereit wäre, die Mithaftung des Reiches zuzusagen. Um Zeit zu gewinnen, aber auch, weil er begründete Bedenken gegen die Art der kaiserlichen Kriegsführung hegte, erklärte der Raitenauer zunächst einmal, er wolle zwar helfen – von 1000 Arkebusieren sei allerdings nie die Rede gewesen, das müsse ein Mißverständnis sein, er habe nur gemeine Knechte zugesagt – aber zuerst möchte er wissen, was die österreichischen Kronländer beizutragen gedächten. Neben diesen Ausflüchten stellte er auch fundierte sachliche Forderungen. Ein Reichstag müsse einberufen werden, um die Hilfeleistungen aller Reichsstände zu koordinieren, ein erfahrener Feldobrist sei zu bestellen, Termin und Ort der Musterung bekanntzugeben. Nicht zu Unrecht mißtraute er den Fähigkeiten der kaiserlichen Kriegsräte, ebenso wie den bisherigen Generälen.

Zu Anfang war seine Begeisterung für diesen ersten richtigen Krieg, an dem er nun teilhaben sollte, einem Befreiungskrieg noch dazu, einem ideologischen Krieg gegen die Ungläubigen, einfach überwältigend. Am liebsten wäre er selbst hinausgezogen, um diesen kaiserlichen Stümpern einmal zu zeigen, wie man erfolgreich Krieg führt. Doch die Zeiten des Erzbischofs Theotmar gehörten der Vergangenheit an. Zuletzt war noch Erzbischof Johann Jakob in seinen guten Tagen selbst über die Tauern geritten, hatte an der Spitze einer kleinen Truppe die Kärntner Pässe besetzt, und die Bauern, die sich aufrührerisch geweigert hatten, Befestigungen im Bergland zu schaufeln, Mores gelehrt. Jetzt zogen Metropoliten nicht mehr in voller Rüstung in die Schlacht, und der Raitenauer konnte sein Bistum nicht verlassen, um sich in Ungarn den Türken entgegenzuwerfen. An allen Kriegsvorkehrungen in der Heimat nahm er jedoch lebhaftesten und persönlichsten Anteil. Berufsbedingt hatte er das Religionsmandat erlassen und die Sektierer aus dem Erzstift gewiesen, er kümmerte sich um die Liturgie beim Gottesdienst, um Priesterseminare, Jugenderziehung, um innere Verwaltung und Hofwesen. Seine wahren Interessen aber galten politischen und militärischen Problemen. In weit höherem Maß als seine Vorgänger fühlte sich Wolf Dietrich von Raitenau als Reichsfürst mit den Verpflichtungen und dem Mitspracherecht eines solchen.

Aus dieser Einstellung heraus legte er größtes Gewicht auf die Einberufung eines Reichstages. Darüber verhandelte er intensiv mit Bayern und mit dem tirolischen Erzherzog Ferdinand, den er persönlich in Pertisau am Achensee aufsuchte, um ihn für den Plan zu gewinnen, den er ausgeheckt hatte: Durch Verzögerung der Hilfeleistungen sollte der Kaiser so lange unter Druck gesetzt werden, bis genaue Richtlinien für die Führung dieses lebensbedrohenden Krieges festgelegt waren. Mangels eines klaren Konzepts und straffer Organisation verpufften die aufgebrachten Hilfsgelder in unverantwortlicher Weise. Schon seit mehr als 100 Jahren lebten die süd- und osteuropäischen Länder mit der latenten Türkengefahr, deren die Kaiser durch Verträge, Beschwichtigungsversuche und als Ehrengeschenke getarnte Bestechungen Herr zu werden suchten. Seit Jahren zahlte Rudolf II. einen förmlichen Tribut an den Sultan, um den Waffenstillstand zu erhalten, der dennoch immer von neuem gebrochen wurde. Das Gesetz des Handelns lag eindeutig bei den Türken; die Kaiserlichen reagierten unkoordiniert und wenig erfolgreich auf immer neue Herausforderungen.

Drei Fähnlein auserlesener Soldaten, die der Erzbischof 1592 unter der Führung seines Bruders Jakob Hannibal nach dem vereinbarten Musterplatz Pettau geschickt hatte, waren dort einen vollen Winter lang in Garnison gelegen und hatten den Feind nicht einmal zu Gesicht bekommen. Im Juni 1593 kehrten sie mit fliegenden Fahnen wieder heim und wurden trotz ihrer Tatenlosigkeit als Vaterlandsverteidiger und Sieger begrüßt und abgedankt. Wolf Dietrich beschenkte die Offiziere mit Dukaten und Goldgulden, und jeder gemeine Mann erhielt nebst seinem Sold einen Erinnerungstaler aus Silber. Auf dessen Rückseite war das Symbol des Erzbischofs eingeprägt: ein »thurm von

ihnen vier Winden und ungewitter angefochten«, dazu die Inschrift: immota resistit. Der Vergleich mit Merk Sittichs bedrohter, doch unerschütterlich stehender Brücke liegt nahe. »War ain sehr schenne Münz«, versichert der Chronist und fügt hinzu: »Es war nur schat, dass sie (die Soldaten) nit gegen den Erbfeint sein gebraucht worden, dann man darfür gehalten, dass sie ainem ganzen Regiment genueg zu schaffen hetten geben.«[14] Mit solchen Aktionen konnte die Gefahr natürlich nicht gebannt werden. Als sich die Schreckensmeldungen von türkischen Siegen weiter häuften, zogen auch die anderen drei Raitenaubrüder in den Glaubenskrieg. Über Wolf Dietrichs ausdrücklichen Wunsch ließ sich sogar der betagte Vater Hanns Werner nochmals vom Kaiser als Obrist eines Regiments anwerben. Im Jahre 1584 schon hatte er bei Rudolf II. seinen Abschied genommen und nur noch dem Erzherzog Ferdinand von Tirol gedient, der ihm 1589 eine goldene Kette »oder 100 Kronen in Gold« schenkte. Damit sah der müde gewordene Haudegen seine Laufbahn als beendet an, doch als der Sohn rief, folgte der gealterte und kränkliche Mann mit den Söhnen seinem letzten Aufgebot gegen den Erbfeind. Den Sommer 1592 verbrachte er in Salzburg und nahm von dort aus den Weg über Tamsweg und Friesach gegen Cilli. Der damalige Vicedomus von Friesach, Geord Siegmund von Neuhaus, bei dem er übernachtete, berichtete dies an den Erzbischof und fügte ahnungsvoll hinzu: »... der frumb Herr wierdet noch ain bösen Weg dahin haben.«
Die Unbilden, denen die Truppe durch Desorganisation ausgesetzt war, verschlimmerten die Lage noch, und Oberst Jakob Hannibal wußte in einem Schreiben vom 16. Dezember 1592, das er durch den Bruder Hans Werner heimschickte, nichts Gutes über das Befinden des Vaters zu melden: »... wie dann auch«, so teilt er mit, »der Vater nicht zum besten auff ist von wegen der Not und Kümmerung, so er an seinem Volk sehen und leiden muss.«
Hans Werner, der Sohn, traf mit diesem Brief am 1. Jänner 1593 in Salzburg ein und machte sich zum Sprecher der anderen Brüder. Sie alle klagten über Hunger, Unordnung und Waffenmangel im Heer. Das väterliche Regiment habe schon ein Drit-

tel der ursprünglichen 2700 Mann verloren, vom Rest seien nur etwa 300 wirklich waffentauglich, die wenigsten besäßen überhaupt Schuhe. Der Vater selbst fühle sich schlecht und wolle nach Ablauf der beschworenen Zeit heimkehren. Bruder Jakob Hannibal schlage vor, seine Salzburger Truppe zu entlassen und gleich heimzuziehen.

Wolf Dietrich zögerte. Seine Lust am Kriegsspiel ebenso wie die dringenden Bitten des Kaisers bewogen ihn, den Abzug der Salzburger noch um zwei Monate hinauszuschieben. Zwar berichtete ihm der Vicedom von Leibnitz, daß außer den Resten des kaiserlichen Heeres unter Vater Hanns Werner von Raitenau, 150 Arkebusieren unter Montecucculi und den Salzburger Truppen alle anderen Heeresteile sich bereits davongemacht hätten, dann aber verhinderte wieder Oberst Jakob Hannibal den Abmarsch, weil er eine Einbuße an seiner kriegerischen Ehre befürchtete.

Das Schwanken der Söhne und sein eigenes Pflichtgefühl kosteten den Vater das Leben. Am 4. April 1593 starb er an Krankheit und Erschöpfung in Szombor in Kroatien im Feldlager. Noch am 19. Jänner hatte er nach Salzburg gemeldet: »Es nimpt die Stercke des Leibes bei mier ab, khan beschwerlich gehen.« Selbst dann noch legt er ergeben die Entscheidung in die Hand des erzbischöflichen Sohnes: dieser möge für Vater und Bruder Hans Ulrich die Entlassung erreichen »oder mich geschriftlich zu der Geduld und dem Verharren unter diesem verwirrten Kriegswesen ermahnen und weisen«.

Dazu ist es nun zu spät, und auch die Brüder hält nichts mehr bei den Fahnen. Als der Vater starb, war nur Hans Ulrich anwesend, jetzt aber eilt auch Jakob Hannibal herbei. Mühevoll und feierlich geleiten sie den Zug mit der Leiche nach Salzburg. Über genaue Anweisung Wolf Dietrichs wird bei Tag marschiert und allnächtlich der Sarg in der Kirche des jeweiligen Rastortes aufgebahrt. Am 3. Mai 1593 langt der Kondukt in Salzburg ein. Die St. Sebastianskirche in der Linzerstraße bildet die letzte Station vor der feierlichen Beisetzung.

Die Erlebnisse seiner nächsten Anverwandten bestärken Wolf Dietrich in der Ansicht, daß an den Mißerfolgen dieses Krieges nicht die Übermacht des Feindes, sondern die Unfähigkeit der eigenen Seite Schuld trägt. Ohne jede Zurückhaltung spricht er es offen aus, bekundet höchste Verachtung für diejenigen, welche den Krieg von den Kanzleistuben aus führen, und entwickelt mit gewohnter Brillanz dem Reichshofrat Dr. Pezzen gegenüber, den ihm der Kaiser zu Besprechungen nach Salzburg geschickt hat, Theorien und Vorschläge, die seinen Gesprächspartner außerordentlich beeindrucken. Wie nützlich wäre es, wenn ein solcher Berater ständig am Prager Hof leben und tätig sein könnte, schmeichelt der Diplomat, vermag aber damit Wolf Dietrichs Zorn keineswegs zu dämpfen. Er verdächtigt die österreichischen und ungarischen Adeligen, besonders den Präsidenten des Hofkriegsrates David Ungnad sogar des Hochverrats und verweigert jede weitere Unterstützung mit der Begründung, daß die bisher aufgelaufenen Kosten das Erzstift schon in eine sehr schwierige Lage gebracht hätten. Der Kaiser demütigt sich so weit, wenn schon keine materielle Hilfe, so doch wenigstens die Entsendung kriegskundiger Berater von diesem offenkundigen Fachmann zu erbitten, aber die lahme Ausrede des Erzbischofs lautet, daß die salzburgischen Herren dazu nicht erfahren genug seien. Nicht einmal mehr moralische Unterstützung will er diesem Krieg leisten, mit dem er sich nicht mehr identifiziert, es sei denn, er würde nach seinen Vorschlägen geführt.

Als Antwort auf einen Brief Wilhelms von Bayern, mit dem er in dieser Frage engen Kontakt pflegt – schließlich sind beide Länder Mitglieder des Bayrischen Kreises – schreibt er am 23. Oktober 1593 seine Auffassungen nochmals genau nieder. Seine erste Forderung richtet sich auf den Zusammentritt des Reichstages als höchstes zuständiges Forum. Nicht Splitterpolitik, globale Reichspolitik will er betreiben sehen, und zwar nach einem ganz bestimmten Konzept, das er anfangs Dezember 1593 bei einer Zusammenkunft mit Wilhelm dem Frommen in Altötting besprochen und auch dem Kaiser längst hat mitteilen lassen. Die tatsächliche Stärke des Feindes sei festzustellen, die Frage der Zusammensetzung der eigenen Truppe zu klären, Schanzbauern seien zu verpflichten, die Beschaffung von Geschützen, Munition und Proviant sicherzustellen – an alles denkt der nur theoretisch geschulte, aber begeisterte Militarist. Neben und über all den anderen Schwierigkeiten steht die Geldfrage. Die bisherigen Kontributionen seien nur auf einige Monate geplant. Was aber, wenn die Aktionen des Feindes zu einem längeren Krieg zwingen?

Die Lage des Kaisers war so kritisch geworden, daß seine Hilfe-rufe schon weit über das Reich hinaus nach Schweden, Däne-mark, Polen und Persien, Italien und Spanien drangen. In dem-selben Maß wie die Niederlagen zunahmen, wuchs auch die europäische Unzufriedenheit mit der Reichskriegsführung, die gänzlich den Hofräten überlassen blieb. Rudolf II. betrachtete den Krieg offenbar nur als eine lästige Begleiterscheinung der Kaiserwürde und ignorierte ihn nach Möglichkeit ebenso wie seine übrigen Herrscherpflichten. Endlich aber zwang die Lage zum Handeln. Für den 1. Mai 1594 wurde der Reichstag nach Regensburg einberufen.

Dieser Reichstag ist der glanzvolle Höhepunkt von Wolf Diet-richs Karriere – und er weiß es. Sein Auftritt wird sorgfältig vorbereitet. Mit 410 Personen Begleitung, alle neu ausstaffiert, und der entsprechenden Anzahl Pferde ist er am 11. Mai 1594 – die Eröffnung hatte sich etwas verzögert – »ziemlich beweinter und sehr lustig alhie auf das Wasser gesessen«.[15] Er nahm also den Wasserweg und hatte trotz der frühen Mittagsstunde schon etwas über den Durst getrunken – es ist das einzige Mal, daß solches je von ihm berichtet wird.

Fünfunddreißig Jahre alt, ehrgeizig, energisch, von weitblicken-der Intelligenz, je nach den Erfordernissen des Augenblicks hart oder entgegenkommend, war der Salzburger Erzbischof zugleich der aktivste, unerfahrenste und bedeutendste Teilnehmer an dieser illustren Versammlung. Er wußte genau was er wollte und stellte sich – unter gewissen Voraussetzungen – ganz in den Dienst von Kaiser und Reich. Seit Jahren hatte er diese Zusam-menkunft der Spitze gefordert und endlich durchgesetzt. Jetzt war er auch bereit, vollen Einsatz zu leisten. Als ein Ausschuß zur Erörterung der Türkenhilfe gebildet wurde, sollten Bayern und Salzburg darin abwechselnd den Vorsitz führen – die erste Anerkennung für den Neuling auf der reichspolitischen Bühne.

Der Raitenauer machte die Türkenhilfe zu seiner höchst persönlichen Angelegenheit – es war wieder sein Krieg. In kürzester Zeit arbeitete er sechzehn Fragen für die Debatte aus und verfaßte eine Schrift in neun Artikeln. Dann plädierte er mit solchem Temperament, aber auch diplomatischem Geschick für seine Auffassungen, daß er zum Mittelpunkt des Reichstages wurde. Fürsten aus alten Geschlechtern bezeigten ihm ihre Achtung und ihr Interesse, der Kaiser zog ihn geheimen Unterredungen bei und – süßes Abfallprodukt des Erfolges – die Eifersucht des bayrischen Kronprinzen Maximilian, der anstelle seines Vaters dem Reichstag beiwohnte, fiel allgemein auf.

Welchem Mann von Ehrgeiz und Geltungsbedürfnis, der aus kleinem, unbegütertem Landadel stammte und zum Geistlichen erzogen war, mußte das alles nicht aufs Höchste schmeicheln? Ganz Salzburg fühlte sich mitgeschmeichelt und in naiver Bewunderung schildert Johann Steinhauser die Starrolle seines Fürsten in Regensburg: »Er hat auch dermaßen mit seiner Wolredenhait und mehrlai seiner Sprachen, darinnen er alle seine Reden und Gegenreden aufs aller Zierlichest und mit grossem Verstant ganz beschaidenlich gethan und sich sonst gegen mennigklich, Reich und Armen, ganz fürstlich, milt und freigebig erzaigt, ein sonderlich grosses Lob vor allen andern erlangt.«[16]

Im Hinblick auf Wolf Dietrichs eher ausfälligen Charakter dürfte sein Auftreten nur in besonders gelagerten Fällen »beschaidentlich« gewesen sein. Berichte, wonach er den protestantischen Vertreter des vormals katholischen Bistums Magdeburg am Rockaufschlag von seinem Sitz auf der geistlichen Bank zu zerren suchte oder im Zorn protestantischen Fürsten ihre Schriftstücke betreffend die Unverbindlichkeit von Mehrheitsbeschlüssen vor die Füße warf, sprechen auch nicht gerade von großer Zurückhaltung. Doch soll er auch Irrtümer eingesehen und sich Argumenten zugänglich gezeigt haben. Alte Formalismen schob er allerdings selbstherrlich zur Seite, nahm zum Beispiel die übliche erste Frage, ob dem Kaiser überhaupt Hilfe zu leisten sei, in sein Register gar nicht auf und erregte damit als Neuling in diesem Forum neben Bewunderung auch einiges Mißfallen alteingesessener Teilnehmer.

Nachdem die Frage, ob überhaupt Hilfe geleistet werden sollte, gar nicht zur Debatte stand, waren nur Höhe und Form der Kontributionen zu erörtern. Sollte eine Steuer auferlegt und als der »gemeine Pfennig«, also Geldleistungen, erbracht oder von den Ständen »Römermonate« gestellt werden?[17] Bargeld konnte den Kaiser verleiten, es auch anderweitig als für die Abwehr der Türken auszugeben. Dagegen barg die Bereitstellung von Knechten und Rossen, also Truppenteilen im lokalen Bereich, die Gefahr, daß protestantische Fürsten solche Kontingente zur Austragung ihrer Konflikte mit den Katholischen verwendeten. Wolf Dietrichs Taktik war bis zum Reichstag auf Verzögerung abgestellt gewesen, um die Zusammenkunft dieses höchsten Forums zu erzwingen. Jetzt aber ergriff er so eindeutig die Partei des Kaisers und setzte sich für dessen Forderungen so lebhaft ein, daß den Vertretern Bayerns nichts anderes übrigblieb, als atemlos rechts zu überholen. Die bisher genannten Summen von 300–500 000 Gulden seien noch viel zu gering, erklärten sie. Daraufhin informierte Wolf Dietrich den Kaiser vertraulich von der bisher so ablehnenden Haltung Bayerns in den Ausschußsitzungen. Das wurde prompt hinterbracht, und Wilhelm von Bayern verlangte erzürnt vom Salzburger Erzbischof eine schriftliche Ehrenerklärung als »offener und deutsch aufrechter Fürst« – es ging also genauso zu wie immer, wenn mehrere Köpfe und Sinne um Einfluß und Führerrolle ringen.

Bei der Abstimmung schlugen sich die protestantischen Fürsten auf die Seite Bayerns und stimmten gegen den Kaiser, der mit dem »gemeinen Pfennig« Geldleistungen beantragt hatte. Die Herren wollten lieber selbst rüsten und den »Römerzug« erbringen. Wolf Dietrich war auf der Seite des Kaisers geblieben und genoß von da ab für einige Jahre die Gunst des mißtrauischen Monarchen. Jetzt ging es noch um die Höhe der Beiträge, aber die Emotionen hatten sich bereits totgelaufen und man verhandelte in amikalerer Form weiter. Ostentativ fragte Wolf Dietrich während der Sitzungen den bayrischen Kanzler um Rat, blieb aber bei seinen Forderungen für den Kaiser und erwirkte diesem schließlich 84 Römermonate. Der Reichstagsabschied vom 19. August 1594 legte die Vorgangsweise fest und erteilte den

Reichsständen die Erlaubnis, alle ihre Untertanen, »sie mögen gefreyt oder nicht gefreyt sein«, mit einer entsprechenden Steuer zu belegen.

Nachdem die Türkenhilfe abgehandelt war, beurlaubte sich der Raitenauer vom Reichstag und kehrte am 1. August 1594 triumphierend heim. Der Auftritt in Regensburg hatte Unsummen gekostet. Abgesehen von dem zahlreichen und prächtig livrierten Gefolge hatte Wolf Dietrich dort neuerlich seine Freigebigkeit bewiesen, die Armen reichlich beteilt und die Vornehmen fürstlich bewirtet. Nur die köstlichsten Speisen hatte er auftragen und die teuersten Südweine ausschenken lassen, so daß ihm die Bediensteten all der Fürsten und Herren heimlich den Spitznamen des »süßen Pfaffen« verliehen. Aber das alles hatte sich gelohnt. Er hatte einen vollen persönlichen Erfolg erzielt, wertvolle Erfahrungen in Reichspolitik und diplomatischem Ränkespiel mit nach Hause gebracht und sich außerdem noch einen Beweis hoher Anerkennung durch den Kaiser zu verschaffen gewußt. Mit kaiserlichem Dekret vom 24. August 1594 erhob Seine Majestät »die Erben Hanns Werners, der am 3. März 1593 zu Sambor auf Crabatischen Frontiern und Gränzen sein Leben beschlossen und der edeln unser lieben andächtigen Helena Gräfin von Hohenems« in die Schar der »gebornen edlen Herrn und Fräulein«. Diese Standeserhebung kam also nicht nur Wolf Dietrich, sondern der ganzen Familie Raitenau zugute. Am 30. Dezember — so lange hatten die Beamten der Hofkanzlei für die Ausfertigung des Adelsbriefes benötigt — schrieb er an seinen jüngsten Bruder Rudolf, er möge »solchen Namen sambt dem beyliegenden Wappen« an sich nehmen und »fürbas vermög unserer erlangten Freiheiten wissen zu führen«.[18]

Von einem neuen Wappen war allerdings nichts in der kaiserlichen Approbation gestanden, obzwar sie 1500 Goldgulden Taxe gekostet hatte und allein der Macherlohn für die Bulle 40 ungarische Dukaten betrug.

Nun mußten wiederum die Salzburger Landstände einberufen werden, um auch ihrerseits die auf dem Reichstag beschlossene Türkensteuer zur Kenntnis zu nehmen. Diesmal sollte es alle ohne Standesunterschied treffen — »sie seien gefreyt oder nicht gefreyt« hatte der Beschluß gelautet. Das empörte die Betroffenen, widersprach es doch dem adeligen Privileg der Steuerfreiheit. Die darob einberufene Versammlung der Landstände war schlecht beschickt, was der Erzbischof sofort zum Anlaß heftiger Anschuldigungen nahm. Sie seien ja nicht zusammenzubringen, wetterte er, zeigten ihm nicht die gebührende Subordination und wollten dadurch die landesherrliche Gewalt schmälern. Als die wenigen Anwesenden zu widersprechen wagten, zieh er sie einer »aufzüglichen, undeutlichen und mißtrauischen Sprache« und entließ sie, um sie nie wieder einzuberufen. Eine formelle Auflösung des Landtages, wie sie ihm später vorgeworfen wurde, nahm er jedoch nicht vor. Das Kapitel Landstände war für ihn damit stillschweigend erledigt, wenigstens in Salzburg selbst. In den Kärntner und steirischen Besitzungen des Erzstiftes, wo viele Landadelige vom Katholizismus abgefallen waren, machten sie ihm noch einiges zu schaffen.

In Regensburg hatte Wolf Dietrich Geschmack am intriganten politischen Spiel gewonnen: Man zerkriegte sich unter großem Temperamentsaufwand, kehrte um und ging Hand in Hand weiter, sprach von Allgemeininteresse und bedachte die eigene Tasche, suchte Partner zu gewinnen, dem Gegner eins auszuwischen, und mißtraute dabei jedermann – die Stände dem Kaiser, die Katholiken den Protestanten, Wolf Dietrich den Bayernfürsten und diese ihm. Warum sollte er nicht daheim ebenso wie auf der Reichsbühne diese Taktik fortsetzen? Zwar stellte er neuerdings drei Fähnlein salzburgischer Truppen auf, ging aber mit dem persönlichen Einsatz seiner Brüder sparsamer um. Dem Kaiser, der schon vorher versucht hatte, Jakob Hannibal als Kommandanten eines seiner Regimenter zu gewinnen, schrieb er, »bei solcher Beschaffenheit der Bedingungen« möge Seine Majestät nicht weiter drängen. Jakob Hannibal habe sich bei seinen Soldaten großes Vertrauen erworben, das nicht aufs Spiel gesetzt werden dürfe.

Tatsächlich stellte der Bruder für ihn eine wichtige Schachfigur dar, die er nach Belieben hin- und herschob. Hatte er ihn vor dem Regensburger Reichstag zurückbefohlen und von der Annahme eines kaiserlichen Kommandos abgehalten, so sollte der Habsburger jetzt nur einmal bitten. Schließlich ließ er sich erweichen und dirigierte den Bruder doch wieder nach vorne. Von seiner Aufgabe offenbar wenig entzückt, warb dieser gemächlich Truppen und begab sich in langsamen Tagesmärschen mit reichlichen Rastpausen ins Marchfeld, wo er für seine Knechte so gut sorgte, daß die geplünderten Bauern lautes Klagegeschrei erhoben. Am 26. Oktober 1594 mußte ihn der Wiener Hofkriegsrat ermahnen. Er sei der einzige Oberst, auf den man in Rab (Györ) noch warte. Er solle sich schleunigst in das dortige christliche Feldlager begeben.

Wolf Dietrichs Politik war jetzt schon von dem hochmütigen Gefühl seiner Unentbehrlichkeit beherrscht. Einen Schritt vor – einen zurück, er konnte es sich leisten. Soeben noch hatte er dem Kaiser vier Geschütze samt Munition und Pulver aus der Salzburger Gießerei geschickt, jetzt spielte er namens des Bruders den Gekränkten und machte alle weiteren Hilfeleistungen von einer Entschuldigung der Hofkriegsräte abhängig. Als ob es im Moment nichts Wichtigeres gäbe! Rab fiel am 29. September 1594 in die Hand der Türken. Der Kaiser versprach zwar, seinen Räten einen Verweis zu erteilen, ließ den Erzbischof aber doch wissen, daß das Zögern seines Bruders diesen Fall mitverschuldet habe. Jakob Hannibal, ebenso eigenwillig und aufbrausend wie sein Bruder, dem er allerdings geistig nicht das Wasser reichte, hatte aber von diesem Spiel langsam genug. Er wolle höchstens noch drei Monate in kaiserlichen Diensten zubringen, erklärte er.

Daß den in eiserner Disziplin erzogenen, tapferen und fanatisch dem Islam anhängenden Türken überhaupt noch Widerstand geleistet werden konnte, grenzt an ein Wunder. Das Reich war von inneren Krisen erschüttert. Religiöse Uneinigkeit, Rangstreit und kurzsichtige Knauserei, gemischt mit korrupten Manipulationen für private Taschen verhinderten den wirksamen Einsatz der vorhandenen Kräfte. Dazu kam, daß der versponnene und depressive Kaiser sich wenig dazu eignete, Begeisterung für eine gemeinsame Sache zu erwecken. Jeder kochte am Feuer der Türkennot sein eigenes Süppchen, diejenigen, deren Grenzen näher in die Reichweite des Erbfeindes gerieten, etwas aufmerksamer und nervöser als die noch nicht persönlich Bedrohten. Salzburg fühlte sich mit seinen Besitzungen in der Steiermark unmittelbar gefährdet, Bayern mittelbar von derselben Seite, aber auch von Böhmen und Mähren her. Waren die Türken einmal über die Alpenpässe gelangt, so hätte es für sie kein Halten mehr gegeben. Gemeinsame Interessen, wenigstens auf diesem Gebiet, zwangen also die Fürsten der zwei Länder an den Verhandlungstisch.

Die beiden nun gleichrangigen Souveräne hätten nach Herkunft und Charakter nicht verschiedener sein können: Der als Sproß eines uralten Herrschergeschlechtes ungemein standesbewußte, aber besonnene Wilhelm von Wittelsbach, den sein Sohn Maximilian zunehmend in den Regierungsgeschäften unterstützte, und der emporgekommene, reizbare, häufig übers Ziel schießende Raitenauer, der seine Erfahrungen erst langsam sammeln mußte. Gemeinsam beschlossen sie, einen Bayrischen Kreistag einzuberufen, denn mit der Erbringung der Türkenhilfe war deren Erfolg offenbar keineswegs gesichert. Dieser enorme Aufwand durfte nicht vergeudet werden. Der richtige Einsatz war ebenso wichtig wie das Geld selbst.

Versammlungsort des Kreistages war wieder Regensburg, doch handelte es sich um eine reine Arbeitszusammenkunft, nicht mehr um die Gelegenheit für einen großen Auftritt. Wolf Dietrich erschien daher zwar persönlich, aber nach Steinhausers Bericht »gar schlecht und mit wenig Volk«. Auf bayrischer Seite nahm wieder nicht Wilhelm, sondern dessen Sohn Maximilian an den Sitzungen teil. Man einigte sich verhältnismäßig leicht in der nochmaligen Ablehnung der kaiserlichen Strategie. In Vertretung Seiner Majestät erschien der Reichsschatzmeister Zacharias Geizkofler. Sein Bruder Christoph war Salzburgs Münzmeister. Die Verhandlungen begannen am 4. Dezember 1594 und Wolf Dietrich schlug sofort sein Lieblingsthema an: die kaiserlichen Kriegsräte trügen an dem ganzen Debakel schuld. Maximilian spielte den armen Mann: »Der bayrische Kreis als der geringsten einer« könne keine weiteren Zahlungen mehr leisten.

Man beschloß eine Vertagung, um weitere Kreise heranzuziehen. Wolf Dietrich von Salzburg und Maximilian von Bayern sollten nach Franken und Schwaben reisen. Eine Instruktion wurde aufgesetzt, die Wolf Dietrich, wenn schon nicht allein verfaßt, so doch sicherlich inspiriert hat. Sie enthielt nicht weniger als den Vorschlag, die Reichsstände sollten sich von der kaiserlichen Kriegsführung gänzlich distanzieren und von sich aus gemeinsam Truppen für die Grenzverteidigung aufstellen, welche auch auf die Reichsstände selbst vereidigt werden müßten. Die Kontingente sollten aus den Reichskontributionen bezahlt und die Frage geklärt werden, ob sie dem Kaiser und seinen Offizieren überhaupt Gehorsam schuldeten.

Das roch allerdings verdächtig nach Meuterei und Hochverrat und wurde auch nicht beschlossen. Nochmals endete der Kreistag mit einem Kompromiß: dem Kaiser wurden neuerlich 19 Römermonate zugesagt, eine Truppe von 3000 Reitern und einigem Fußvolk, der jedoch ausdrücklich die Aufgabe gestellt werden sollte, streifende Türkenhorden von Bayern (gemeint war wohl: dem bayrischen Kreis) abzuwehren.

Trotz aller Gefahr ging das Tauziehen im Jahre 1595 weiter. Für den 8. März wurde ein nächster Bayrischer Kreistag ausgeschrieben, zu dem aber Wolf Dietrich nicht mehr selbst erschien, sondern seinen Domdechanten Anton von Thun nebst mehreren Hofräten entsandte. Sie reisten mit dem ausdrücklichen Befehl, den Beitrag Salzburgs herunterzudrücken und keinesfalls mehr als 2000 Knechte zuzusagen. Trotzdem wurde der schwer zu behandelnde, nun aber schon allgemein als scharfsinnig und energisch bekannte Fürst von Salzburg einstimmig zum Deputierten gewählt. Er lehnte die Nachtragsforderung des Kaisers ab. Rudolf II. konnte die Unterstützung keines einzigen Reichsstandes entbehren, wahrscheinlich imponierte dieser furchtlose Draufgänger auch dem introvertierten Mann. Der Kleriker wiederum war dazu erzogen, den Symbolwert gewisser Würdenträger zu respektieren. Also schrieb er am 28. März an Geizkofler, er freue sich, »seinen unterthänigen affect gegen ihre Majestät nach den werken beurteilt« zu finden.

Wieder hatte er umgeschwenkt, versprach eine Kontribution von 45000 Gulden und ordnete ein 40stündiges Gebet an, um jedermann im Erzstift klarzumachen, wie drohend die Lage und wie notwendig es sei, göttliche Hilfe zu ihrer Wendung zu erflehen. Am Palmsonntag um zwölf Uhr mittags wurde es eingeläutet und ist »so ernstlich gehalten worden, dass denjenigen, so nit auf die Knye gefallen und den Hut abgethann, Ihnen solcher von ihm Gerichtsdiener weggenommen ist worden«.[19]

Zuvor hatte Wolf Dietrich selbst die Kanzel bestiegen und von der Ehre Gottes und von der Türkengefahr gepredigt.

Johann Steinhauser aber, der Chronist der kleinen Dinge, fragt sich vergeblich, wie die Leute wieder zu ihren Hüten gekommen seien.

Unter General Karl von Mansfeld, endlich einem tüchtigen Heerführer, hatten die kaiserlichen Truppen einige Erfolge verzeichnen und Gran entsetzen können. Der Springer Jakob Hannibal muß wieder auf dem Spielbrett erscheinen und erhält die brüderliche Weisung, dem Stellungsbefehl des Kaisers alsbald Folge zu leisten, »da er anderst unsere gnad und huld nit verlieren wollt«. Das wollte Jakob Hannibal vorläufig nicht. Wolf Dietrich war wieder mit dem Herzen bei den Kaiserlichen, was ihn nicht daran hinderte, dem Domkapitel wenigstens einen Teil der Kosten für das Raitenauische Regiment aufzuhalsen. Damit »seine« Söldner nur sicher befriedigt würden und die Familienehre nicht litte, überwies er von seiner Reichskontribution unbekümmert den größten Teil, nämlich 36 560 Gulden, mit Umgehung der Reichskriegskasse direkt an den Bruder für dessen Truppe.

Nach Mansfelds Tod riß die alte Unordnung wieder ein. Anfang November 1595 ersuchte Wolf Dietrich den Kaiser, das Raitenauische Regiment zu entlassen. Aber obzwar die Entlassung erfolgte, blieb Jakob Hannibal mit seinen Knechten in der Umgebung Wiens liegen und entwickelte sich da zu einer wahren Gottesgeißel. Seine Leute waren noch nicht voll ausbezahlt worden und hielten sich an den Wiener Vorstädten schadlos. Erst dringendste Vorstellungen der Bürger, die sich bis an den Kaiser nach Prag wendeten, bewirkten, daß die Truppe allmählich ihren Sold erhielt. Zu Ende desselben Jahres kehrte sie unter ihrem Obristen nach Salzburg heim.

8. KAPITEL

Die Angehörigen

Im Leben des vielseitig interessierten Salzburger Erzbischofs
dominierte wohl sein Beruf mit den willkommenen Begleit-
umständen wie prächtigem Auftreten, Kriegsspiel und politischen Erfolgen; sein liebstes Steckenpferd bildete die Baupla-
nung, seine Gefühle jedoch gehörten ausschließlich der Familie.
Neben der hohenemsisch-raitenauischen, in die er hineingeboren
war und der er zeit seines Lebens innigst verbunden blieb, wuchs
eine zweite, die altenauische, an seiner Seite heran, als ob es das
Selbstverständlichste von der Welt wäre.
Die welsche Grundregel, die da lautete, daß jedermann seine
Angehörigen nach Kräften zu unterstützen und zu fördern habe,
war auch ihm zugute gekommen. Nachdem er nun durch
Begabung, Förderung und glückliche Umstände Wohlstand und
Würde erlangt hatte, erwarteten die Verwandten selbstverständlich, daß er aus der Rolle des Geförderten in diejenige des Helfers
hinüberwechsle. Er selbst empfand diesen Rollentausch als
ebenso verpflichtend wie befriedigend. Schon als junger Domherr
hatte er mitgewirkt, den Ehekontrakt für seine Schwester Clara
aufzusetzen, die den Sohn des militärischen Altmeisters Lazarus
von Schwendi heiraten sollte. Wolf Dietrich bewunderte und
verehrte den berühmten Kriegsmann und war gerne nach Offen-
burg am Main gereist, wo die Freiherrn von Schwendi beheimatet
waren. Er hatte bei den Vertragsverhandlungen mitgewirkt und
der Hochzeit beigewohnt, die am 7. Jänner 1584 stattfand.
Mit der Wahl zum Erzbischof war er zum anerkannten Familienoberhaupt geworden. Die Brüder sprachen ihn nun mit »Euer
hochfürstliche Gnaden« an und selbst der Vater zeichnete seine
Briefe an ihn ehrerbietig als »Euer f. Gn. unterthänigst gehorsamer Vatter und Diener«. Als erste Handlung im Familieninter-
esse verheiratete der neue Landesherr noch im gleichen Jahr, in
dem er gewählt wurde, seine Schwester Cäcilie an Ferdinand von
Kuen-Belasi. Am Tage der Hochzeit – nicht früher, sicher war

8 Das von Wolf Dietrich eigenmächtig »gebesserte« Raitenauwappen

ÆTAT·SVÆ·XXX·

9 Wolf Dietrich im Alter von 30 Jahren mit dem kombinierten Bistums-
und Raitenauwappen

sicher – verlieh er dem neuen Schwager die Weisspriachschen Lehen im Lungau, machte ihn zum Geheimen Rat, dann zum Obersten Kämmerer und schließlich noch zum Hofstallmeister. Zuerst ließ sich die Schwägerschaft gut an. Cäcilie brachte ein Mädchen zur Welt, im Jänner 1591 schickte Wolf Dietrich den recht verwendbaren Ferdinand, der damals 26 Jahre zählte, nach Rom, um dem neugewählten Papst Gregor XIV. namens des Erzbischofs Glückwünsche und Huldigung darzubringen. Er nahm ihn auf die Reise ins Gasteinertal mit und verlieh ihm am 8. Juni 1592 das Schloß Anif. Wenig später, am 14. Juli 1592, starb Cäcilie. Sie wurde in der St. Annakapelle der Franziskanerkirche beigesetzt.

Nachdem die Blutsbande zerrissen waren, dauerte das gute Einvernehmen der Schwäger auch nicht mehr lange. Ferdinand von Kuen war einer von mehreren, die in Unfrieden den Salzburger Hof mit seinem schwierigen Herrn verließen, um sich in die Dienste Bayerns zu begeben. Wolf Dietrich sagte es ihm auf den Kopf zu: »Du gehörst auch zu denen, die mehr bayrisch als salzburgisch sind.«

Ferdinand leugnete es keineswegs. Er sehe nicht ein, warum er nicht »in guter Correspondenz« stehen sollte, erklärte er. Sein Bruder hätte es ebenso gehalten und er habe viele Wohltaten von dort empfangen. Daraufhin kehrte ihm Wolf Dietrich zornig den Rücken und sagte, er solle nur gehen. Ferdinand wurde von Maximilian zum Vizedom von Straubing bestellt, wo er 1618 starb und auch begraben liegt. Dem neuen Herrn zeigte er sich mit Informationen über Salzburger Verhältnisse und Vorgänge erkenntlich.

Nur zehn Monate nach Cäcilias Tod brachten die jüngeren Söhne die Leiche des Vaters aus Croatien nach Salzburg. Für dessen Beisetzung ließ Wolf Dietrich allen Pomp aufbieten, dessen das Erzstift fähig war. Von der Sebastianskirche, wo der Sarg am 3. Mai 1593 vorläufig aufgebahrt worden war, zogen zwei Tage später Zünfte, Zechen und Brüderschaften, Bürger und Edle und die gesamte Geistlichkeit vor und hinter dem Sarg über die Salzachbrücke in die Altstadt. Den braven Reiterobristen, der immer als redlich und treu geschätzt, aber niemals mit Ehren überhäuft worden war, hätte ein Begräbnis, wie es ihm da zuteil wurde, sicherlich ebenso gerührt wie erstaunt. Soldaten, Pferde, Fahnen, Trommeln und Trompeten geleiteten ihn zu St. Peter, wo der Sarg vor den Altarstufen beigesetzt wurde. Die Grabtumba ließ der Sohn aus dunkelrotem Marmor hauen. Sie zeigt, jetzt an weniger prominente Stelle der Peterskirche verlegt, den Kriegsmann in vollem Harnisch, auf Kissen ruhend, den Kommandostab in der Hand, das Schild mit dem Kugelwappen zu Füßen. Mit seinem lockigen Haupt- und Barthaar, der markanten Nase und den edlen Zügen des schmalen Gesichts bietet er das Idealbild eines schönen und wackeren Kriegers.

Von den Brüdern holte der Erzbischof zuerst den 1563 geborenen, ihm charakterlich am ähnlichsten Jakob Hannibal an seinen Hof. Ihm verlieh er 1590 die Stellung des Hofmarschalls, die höchste Würde, die er zu vergeben hatte, obwohl sich Jakob Hannibal als Berufsoffizier wenig zum Beamten eignete. Ein ähnliches Angebot hatte Jahrzehnte zuvor schon Erzbischof Michael von Kuenburg seinem Bruder gemacht, der damals Pfleger von Moosheim war. Doch überraschenderweise bekam er eine abschlägige Antwort. »Regier Land und Leut woll, dass du es dir beym strengen Gericht Gottes zu verantworten traust«, hatte Hans von Kuenburg zurückgeschrieben. »Ich bleib Pfleger zu Moosheim und du magst dir um einen anderen Hausshofmeister schaugn, womit ich dich sambt mich der göttlichen Vorsicht befilche.«

Der Sohn des rauhen, aber offenbar mit gutem Hausverstand gesegneten Schreibers war dann als Erzbischof Georg von Kuenburg Wolf Dietrichs unmittelbarer Vorgänger auf dem Bischofsthron geworden.

Jakob Hannibal, der bisher nur mäßige und ungesicherte Einkünfte aus seinem Soldatenleben bezogen hatte, dachte anders und nahm an. Er war nur einer unter vielen vazierenden Truppenführern seiner Zeit gewesen, die ihre Dienste dem Meistbietenden verkauften, doch jetzt sah er eine glänzende Karriere unter den Fittichen des Bruders auf sich zukommen. Er hatte 1588 die Dame Kunigunde von Gremlichingen aus der vorarlbergischen Heimat geehelicht und übersiedelte nun mit ihr nach Salzburg, von wo aus er dann fast alljährlich gegen die Türken ins Feld zog, meist in salzburgischen Diensten, öfters auch als kaiserlicher Obrist.

Nach dem Tod des Vaters wurde Wolf Dietrich auch rechtlich zum Familienoberhaupt und übernahm die Verantwortung ebenso wie das Kommando über die Brüder, obwohl sie bis auf den Jüngsten, den 1575 geborenen Hans Rudolf, alle schon volljährig waren. Über den Achtzehnjährigen erhielt der Erzbischof offiziell die Vormundschaft zuerkannt, aber für alle vier sorgte er wie der beste Vater. Nachdem der zweitälteste Sohn des edlen Ehepaares Raitenau, Hans Jakob 1587 »an ainem Leibsschaden und Schnidt« gestorben war – kein Wunder bei den damaligen Operationsmethoden –, erhielt der nachrückende Jakob Hannibal zunächst die höchsten Vergünstigungen. Hans Ulrich, nun der Dritte, scheint ein recht unbedeutender Mann gewesen zu sein. An der Seite von Jakob Hannibal nahm er an den ersten Ungarnfeldzügen teil. Seine militärische Ausbildung hatte er in den Niederlanden und in Frankreich erhalten. Später wurde er über Fürsprache des erzbischöflichen Bruders von Erzherzog Maximilian, dem Hochmeister des Deutschen Ritterordens, in diesen aufgenommen.

Hans Werner, zwölf Jahre jünger als Wolf Dietrich, hatte den Wunsch, Malteserritter zu werden. Also empfahl der Erzbischof ihn der Gnade und dem Segen des Papstes, als der Bruder 1589 nach Malta reiste. 1592 schickte er ihn mit Hans Ulrich zum Herzog von Parma nach Frankreich und sparte dabei weder mit Kosten noch mit guten Ratschlägen. Am 10. Juni 1592 ermahnte er ihn brieflich, » . . . im Kriegswesen, wie Du löblich angefangen, also fürzufahren, Dich redlich und ritterlich Deinem Herkommen und Stand gemess zu verhalten«. Wenn Hans Werner aus Frankreich abreisen wolle, solle er zuvor seine Gründe bekanntgeben und Wolf Dietrichs Antwort abwarten. Er sucht dem Zwanzigjährigen das Wohlverhalten schmackhaft zu machen, indem er verspricht, ihm durch Schwendi Geld zu schicken, und bleibt, ebenso wie mit den anderen Brüdern, ständig in Kontakt mit ihm.

Im Jahre 1602 übersiedelte auch Hans Werner, allen Anzeichen

zufolge der vernünftigste und realistischeste unter den Raitenau-ern, nach Salzburg. Wolf Dietrich kaufte zwei Häuser am Salzmarkt und ließ sie zu einem stattlichen Domizil für den Bruder verbinden. Aber schon 1607 kehrte Hans Werner der Salzachstadt den Rücken, um in Vorarlberg wieder nach seinem eigenen Geschmack zu leben. Hans Rudolf, der am längsten Bevormundete, wurde ebenfalls nach Frankreich und Burgund geschickt. Wolf Dietrich hielt das offenbar für die beste Standarderziehung künftiger Offiziere. Und Offiziere mußten sie ja alle werden. Es gab kein Geld in der allzu zahlreichen Familie und für den, der nicht Kleriker werden wollte, war es der einzige standesgemäße Beruf. Bei der Abwicklung des väterlichen Erbes standen keinem der Kinder genügend Mittel zur Verfügung, um die anderen auszubezahlen – mit Ausnahme des Ältesten. Dieser wünschte, daß das elterliche Turmschloß der Familie als adeliger Stammsitz erhalten bleibe, und löste die gesamten finanziellen Probleme in seiner üblichen großzügigen Weise: In dem am 1. Juli 1593 geschlossenen Erbteilungsvertrag trat er den Nachlaß, bestehend aus dem Schloß und den Lehen Langenstein und Orsingen, allein an und verpflichtete sich, jedem seiner Brüder den Schätzwert ihrer Anteile von je 14 000 Gulden zu geben. Die Schwestern galten mit der Mitgift für ausbezahlt. Noch im gleichen Sommer begann Wolf Dietrich Verhandlungen mit den Nachbarn, um den Familiensitz zu arrondieren. Anfangs 1594 kaufte er Schloß und Ortschaft Volkertshausen um 13 400 Gulden dazu, am 16. Dezember 1595 gelang ihm die Erwerbung der nachbarlichen Herrschaft Eigeltingen (in den alten Quellen als Aygoltingen bezeichnet) samt Schloß, Dorf und Weiher. Die Vorbesitzerin, Sophie von Summerau und Prossberg, wußte genau um die Wünsche und die finanzielle Sorglosigkeit des Salzburger Erzbischofs und setzte den Preis dementsprechend hoch an. 58 000 Gulden kostete den Herrn von Raitenau das Vergnügen, nun auf einen beträchtlich vergrößerten Stammsitz hinweisen zu können. Dieser erwies sich in der Folge als weißer Elefant: ungewöhnlich und unanbringlich.
Die Verwaltung und Nutznießung der stattlichen Herrschaft

überließ Wolf Dietrich am 15. Februar 1594 vertraglich dem nächstältesten Raitenauer, aber Jakob Hannibal fand keinen Gefallen an dem seßhaften Leben eines Gutsherrn. Er besaß Wolf Dietrichs Hochmut, doch ohne dessen Geist und Bildung, war der geborene Soldat und liebte es, sich mit verschwenderischer Pracht zu umgeben.

Der Erzbischof mußte Verständnis für eine der seinen so ähnliche Mentalität haben, doch soviel er dem Bruder auch zuwendete, es blieb immer noch zu wenig. Der borgte große und kleine Summen, wo er nur konnte – eine langwierige Korrespondenz aus dem Jahre 1596 mit Thomas Mittersteiner, dem Verwalter der Propstei Werfen, die ihm Wolf Dietrich unter anderem verliehen hatte, gibt davon Zeugnis und dreht sich stets von neuem um die gleichen vom Verwalter entliehenen 1500 Gulden – und schert sich nicht um den Vorarlberger Besitz. Dem Fürsten blieb nichts anderes übrig, als »Gewerb und Feldbau zu Langenstein« auf neun Jahre an zwei große Bauern zu verpachten. Dennoch schenkte er am 3. September 1596 dem bevorzugten Bruder, der damals als einziger verheiratet war, so daß Erben erhofft werden durften, den großen Herrensitz und übernahm in einer allzu freigebigen Geste noch dazu die Verpflichtung, jene 14 000 Gulden, die an die Miterben auszubezahlen waren, selbst zu leisten. Jakob Hannibal mußte jedoch versprechen, das Gut nicht aufzuteilen, sondern im Mannesstamm weiter zu vererben.

Diesen litt es trotz aller Zuwendungen nicht in den ereignislosen Vorlanden. Er wollte das Rittergut lieber verkaufen und erhielt am 10. Oktober 1598 sogar dazu die schriftliche Zustimmung Wolf Dietrichs, der ihm offenbar nichts abschlagen konnte. Langwierige Verkaufsverhandlungen, zuerst mit dem Kardinal Andreas von Österreich, dann mit dem Herzog von Württemberg, scheiterten. Gegen den Letzteren als einen protestantischen Fürsten hatten sich Kaiser und Papst beschwörend eingeschaltet. Clemens VIII. schrieb sogar von einem »Ruin des Katholizismus«. Beide wendeten sich in der Sache persönlich an Wolf Dietrich, in dem sie offenbar trotz der Schenkung den eigentlich Verfügungsberechtigten sahen. Danach meldete sich kein Kauflustiger mehr, und nachdem niemand von der Familie sich der

Mühe unterziehen wollte, den Besitz zu verwalten, geschah dies zunächst recht und schlecht durch Bedienstete. Plötzlich erklärte sich Jakob Hannibal doch bereit, nach Vorarlberg zurückzusiedeln. Den letzten Anstoß dürfte ein Streit mit dem erzbischöflichen Bruder gegeben haben, der von den sensationshungrigen Chronisten eifrig aufgebauscht wurde. Nach Steinhauser soll der Abschied »etwas schnell und mit Ungenaten« vor sich gegangen sein. Wenn man die näheren Umstände in Erwägung zieht, kann das Zerwürfnis nicht gar so schlimm gewesen sein. Achtzehn mit Hausrat vollbeladene Wagen nahm Jakob Hannibal mit sich, als er am 22. Juni 1600 in die Vorlande reiste. Wolf Dietrich löste ihm das eben erst geschenkte Palais in Salzburg um 26 000 Gulden ab, gab ihm einen Reisezuschuß und verschrieb ihm zwei Renten, die eine mit 200 Gulden monatlich »von der Pfennigstube«, die andere mit 125 Gulden von der Hofkammer. Der Abreisende mußte jedoch die ihm auf Lebenszeit verliehene Pflege Tittmoning sowie eine jährliche Pension von 2000 Gulden aus der Pflege Werfen zurücklegen. Mitnehmen durfte er hingegen einige seiner prächtigen Titel. Zwar nicht mehr den salzburgischen Geheimen Rat und Hofmarschall, Pfleger und Propst zu Werfen, aber doch den Kaiserlichen Rat, Oberst über ein Regiment zu Fuß, Kämmerer des Erzherzogs Matthias und das Ritterkreuz des spanischen Ordens von Calatrava am grünen Band, den er auch dem Erzbischof verdankte. Dieser hatte nämlich den »Almirant von Aragon«, Admiral Francesco de Mendoza, in Salzburg fürstlich empfangen und reich beschenkt. Auch im ländlichen Langenstein konnte Jakob Hannibal von seinen geradezu größenwahnsinnigen Allüren nicht lassen, davon zeugt der Hofstaat, den er sich hielt: einen Hofmeister, einen Hofprofos, einen französischen und zwei deutsche Köche, dazu noch einen eigenen Pastetenkoch, zwei französische und einen deutschen Lakaien, einen Kammerdiener (der nebenbei die Orgel zu spielen verstand), zwei Kammerjungen, einen Frauendiener, einen Schneider, einen Hofzwerg namens Balthasar, einen Gärtner und zwei Türken. Sehr wahrscheinlich hatte ein derartig großspuriges Auftreten schon den erzbischöflichen Bruder in Salzburg erzürnt, da er es war, der ja letzten Endes für alle diese

Extravaganzen aufkommen mußte, und die Annahme, daß den Brüdern insgesamt etwa eine halbe Million Gulden zuflossen, ist sicherlich nicht zu hoch gegriffen.

Der umgänglichste und fröhlichste unter allen war der jüngste Raitenauer. Hans Rudolf heiratete, kaum daß er aus Wolf Dietrichs Vormundschaft entlassen war, die vermögliche Witwe Sydonia von Welsperg, deren erster Ehemann Balthasar von Trautson gewesen war. Mit Hans Rudolf konnte der Erzbischof wirklich zufrieden sein: Er zeugte einen Sohn – Hans Ulrich blieb unvermählt und Jakob Hannibal bekam nur Töchter –, nannte ihn Wolf Dietrich und akzeptierte gerne und dankbar die Stellung eines Vizedoms von Friesach, die Bruder Hans Ulrich nur ein knappes Jahr innegehabt und dann wieder aufgegeben hatte. Nachdem er aber in der gleichen Woche an seinen neuen Dienstort abreiste, in welcher Jakob Hannibal westwärts nach Langenstein zog, entstand das Gerücht, Wolf Dietrich habe beide Brüder zugleich verstoßen und verbannt.

Dem widerspricht nicht nur die Tatsache, daß auch Hans Rudolf sieben wohlgeladene Wagen voll Hausrat mit sich nehmen durfte, sondern vor allem ein Brief, den er am 28. Juli 1600, also bald nach seiner Ankunft in Friesach, höchst vergnügt an seinen Schwager Christoph von Welsperg schrieb. Darin heißt es: »Der Orth allhie wie auch das Land hierumb ist gar schön und lustig, die Behausung gar gelegentlich, also dass ich nit wissen kundt, wie mich ihre Gnaden, mein gnädigster Herr, mit schönerer und besserer Gelegenheit begnaden hätten mögen. Gott woll mir jetzund die Gnad verleihen, dass ich nach derselben gnädigsten Willen dienen konnte, wie dann ich an mein Fleiss nichts wird ervindten lassen.«[1]

Ging es zwischen den Brüdern auch nicht immer ohne Reibung ab, so herrschten stets Gefühle der engen Blutsbindung und der Schicksalsgemeinschaft vor. Bei den entfernteren Verwandten war es weniger die emotionelle Verbundenheit, als der Ehrenkodex, demzufolge ihnen beigestanden werden mußte. Also übernahm Wolf Dietrich die Vormundschaft über den jüngsten der fünf, die nach Hortensias und des Reichsgrafen Jakob Hannibals Tod als Waisen zurückblieben, sorgte für dessen

Erziehung und schickte ihn – übrigens wieder einen Wolf Dietrich – zusammen mit Hans Ulrich als angehenden Offizier in die Niederlande. Die Laufbahn des erstgeborenen Vetters Kaspar als Stammhalter und Schloßherr von Hohenems brauchte nicht geebnet zu werden, doch dem Zweitältesten, dem zum Kleriker bestimmten Merk Sittich gegenüber, tat der Salzburger Erzbischof mehr als bloß seine Pflicht. Der studierte in Mailand und Rom, glänzte durch Frömmigkeit und machte Schulden. Seit 1591 war er an der Universität von Bologna inskribiert, reiste aber in Italien herum und schrieb am 16. Dezember 1592 dem erzbischöflichen Vetter, er sei in Triest völlig blank – »in tutto e per tutto esausto di dinari« – eingetroffen.[2] Offenbar hatte er die 500 Kronen, die er laut väterlichem Testament jährlich erhalten sollte, vorzeitig aufgebraucht, denn er klagt, sein Bruder Kaspar wolle ihm vor März nichts mehr geben und Wolf Dietrich sei seine einzige Rettung.

Am 23. September 1601 trat er, schon sechsundzwanzig Jahre alt, sein Residenzjahr in Salzburg an, wo die 500 Kronen dazu dienen sollten, »sich und sein Gesindel zu kleiden, sodass er dem Erzbischof nicht zu lästig falle«.[3] Wolf Dietrich gab ihm mit seiner üblichen Noblesse eine Rente von 60 Gulden monatlich dazu, also fast halb so viel, als laut Besoldungsliste des Erzstiftes von 1601 der Hofmarschall als höchster Beamter des Bistums erhielt. Von irgendwelchen offenen Streitigkeiten zwischen den so ungleichen Klerikern verlautet vorläufig nichts. Merk wird sich gehütet haben, den gefährlichen Zorn des Erzbischofs zu erregen, was seine Einkünfte abgeschnitten und seiner leisetreterischen Art auch gar nicht entsprochen hätte. Obwohl Wolf Dietrich bestimmt keine besondere Sympathie für den Vetter aufbringen konnte, verlieh er ihm aus dem tief eingewurzelten Pflichtgefühl, das er der Familie gegenüber nun einmal hegte, am 17. September 1602, also knapp vor Auslaufen des Residenzjahres, die sehr einträgliche Pfründe St. Johannes am Hof, befreite sich dann aber auf elegante Weise von seiner Gegenwart: schon im nächsten Jahr schickte er Marcus Sitticus mit vollen Bezügen als Commissarius nach Rom, »der dortselbst anhängigen Sachen des Erzstiftes wegen«. Konkretere Angaben über Merks Tätigkeit

beim Vatikan fehlen, obwohl er zwei Jahre in der »urbs« verblieb. Merkwürdigerweise datiert angeblich schon aus dieser Zeit ein Volksspruch, der in Haslbergers Chronik zitiert wird:
»Wolf Dietrich, hüt dich!
Merk Sittich sticht dich.«
Inzwischen war der Vetter Dompropst von Konstanz geworden und hielt sich vorzugsweise nahe der vorarlbergischen Heimat auf. Den Platz im Salzburger Kapitel hatte Wolf Dietrich dem jungen Hohenemser zwar verschafft und ihn auch sonst finanziell abgesichert, doch geht aus mehreren Äußerungen hervor, daß er keineswegs plante, ihn zu seinem Nachfolger zu machen. Befand sich die ehemals so kinderreiche Familie Raitenau trotz des äußeren Glanzes, der von Salzburgs Erzbischof auf alle Verwandten ausstrahlte, rein zahlenmäßig auf dem absteigenden Ast, so hatte für Wolf Dietrich eine wachsende eigene Familie die absterbende zu ersetzen begonnen. Weit ab von den politischen Entscheidungen, den religiösen Wirren und den ständigen Kämpfen nach innen und nach außen hin, gab es einen ruhigen und friedlichen Hafen, in den sich der Salzburger Landesherr genauso zurückziehen konnte wie seine weltlichen Kollegen. Die berühmten Liebespaare der Geschichte wie Romeo und Julia, Tristan und Isolde, Paolo und Francesca oder Abélard und Heloise hatten Wolf Dietrich von Raitenau und Salome Alt eines voraus, das sie in romantisch-poetische Höhen hob: sie brachten es nie zu einem gemeinsamen Hausstand. Dadurch erhielten sie sich den Nimbus des niemals profanierten, des geradezu überirdischen Gefühls. Gleichzeitig machte es sie zu unfreiwilligen Zeugen des seltsamen Glaubens, daß nur die unglückliche, die unerfüllte Liebe die wahre sein kann. Wolf Dietrich und Salome dagegen lebten ihre Liebe, die allen geschriebenen und ungeschriebenen Gesetzen Trotz bot, konsequent und sehr irdisch bis zum Tod – und gerade das machte sie wahr.
Daß der Fürsterzbischof eine Geliebte hatte, dürfte seine Zeit- und Standesgenossen, denen noch die Borgias in den Knochen steckten, weder erstaunt noch sonderlich erschüttert haben. Bei einigem Wohlwollen konnte man solche Tatsachen als »kleine Schwächen eines großen Herrn« übersehen, wenn – ja wenn ein

solches Verhältnis halbwegs diskret gehandhabt wurde. Aber daß diese Geliebte eines katholischen Kirchenfürsten in aller Öffentlichkeit wie seine Ehefrau behandelt und geachtet wurde, mit ihren Kindern in nächster Nähe der erzbischöflichen Residenz wohnte und, auch wenn Gäste anwesend waren, mit an der Hoftafel speiste, bot jedem, den der hochfahrende Raitenauer verletzte, eine willkommene Handhabe, um in Rom gegen ihn zu intrigieren.

An Versuchen, die Beziehung zu legalisieren oder als legal hinzustellen, fehlte es allerdings auch nicht. Corbinian Gärtner, der die »Chronik von Salzburg« nach Zauners Tod weiterführte, spricht diese Meinung am deutlichsten aus. Er behauptet, daß laut einem alten Catenichl (einer Sammlung von Akten, Beschlüssen, Verordnungen und Berichten) Wolf Dietrich mit Salome verheiratet war: »Von Wolf Dietrich wissen wir es gewiß, daß er mit der Salome Alt wie mit einer Frau gelebt hat. Er war aber auch mit ihr verehelicht, ehe er durch die Annahme einer höheren Weihe unwiderruflich in den geistlichen Stand getreten war.«[4]

Diesem frommen und nachsichtigen Mönch von St. Peter erschien die Verheimlichung einer solchen Ehe bei der Consecration und selbst ihre Fortführung nach der Weihe offenbar als das geringere Vergehen gegenüber einem Leben in notorischer Unkeuschheit. Gleichzeitig verteidigt er den Erzbischof gegen die Anschuldigung eines sittenlosen Lebenswandels: nur mit dieser ihm angetrauten Salome und mit keiner anderen habe der Fürst Umgang gehabt. Tatsächlich gibt es nicht eine einzige Aufzeichnung, nicht einmal die Andeutung eines Gerüchts, daß er jemals Neigung oder auch nur Interesse für eine andere Frau gezeigt hätte als für Salome. Eine ältere Chronik mit unbekanntem Autor (Cod. saec XVII, in Privatbesitz) äußert sich ähnlich wie Gärtner. Schon anläßlich Wolf Dietrichs Tränen bei der Bischofswahl heißt es dort: »... dann vil der Meinung gewest, er habe mehr zu der Ehe als zum geistlichen Stand Lust gehabt als der in Wilhelm Altens Tochter Salome verliebt und insgeheim ehelich versprochen gewesen sein soll.«

Noch zu Lebzeiten des Erzbischofs wollte ein Gerücht nicht

verstummen, das von einer Scheintrauung sprach, welche er durch einen Kaplan seines Hofes habe vornehmen lassen, um Salomes frommes Gemüt zu beruhigen. Der Selbstmord des Domdechanten Anton von Thun im Jahre 1602 – ein geradezu ungeheuerlicher Vorfall – wurde unter anderem auch mit Gewissensbissen des dem Fürsten ergebenen Kapitelsherrn wegen einer solchen Blasphemie in Zusammenhang gebracht. Wie immer fand sich auch hier jemand, der diesen Hofklatsch nach München weitergab.

Der heroische Gedanke des frühen Christentums, daß Menschen, die sich dem Dienste Gottes widmen, dies mit all ihrer Kraft, ihrem uneingeschränkten Selbst tun sollten, ohne in ihren Aufgaben durch weltliche Gedanken und Empfindungen beeinträchtigt zu sein, hatte bei der Einführung des Priesterzölibats außer acht gelassen, daß die wachsende Gemeinde auch einer immer größeren Anzahl von Männern bedurfte, die zu solch bedingungsloser Hingabe bereit waren. Mit dem Verebben der christlich-mystischen Entrücktheit, welche das Mittelalter kennzeichnete, mit dem Aufkommen kritischer Tendenzen und nüchternerer Lebenseinschätzung ließ die Disziplin in der kirchlichen Hierarchie nach. Zwar verlor die Geistlichkeit mit ihrer Zucht auch viel von dem Ansehen, das sie früher umgeben hatte, dennoch genoß der Kleriker noch manche Privilegien. Wer ein wenig Schulwissen erworben hatte, eine gewisse Suada besaß und weder dem Soldatenleben noch dem eines Handwerkers Geschmack abgewinnen konnte, trat in ein Priesterseminar ein und wurde geistlich, wollte aber deswegen auf Familienleben oder wenigstens auf weibliche Gesellschaft noch lange nicht verzichten. Der geistliche Stand wurde aus einer Berufung zu einem Broterwerb, einer Existenzgründung, in Kreisen des Adels zur Basis einer Karriere.

Nachdem Martin Luther seine Lehre zu verkünden begonnen hatte und selbst die Ehe mit einer ehemaligen Nonne einging, wandelte sich das weit verbreitete heimliche Konkubinat häufig zu offenen Lebensgemeinschaften, die abwechselnd bekämpft und verteidigt wurden. Ein Salzburger Erzbischof des 15. Jahrhunderts soll wegen seines allzu scharfen Vorgehens gegen die

Konkubinarier vergiftet worden sein. Wenige Jahre vor Wolf Dietrichs Regierungsantritt klagte Bischof Georg Agricola über die Zustände in der Steiermark: selbst sein Archidiakon habe mehrere Kinder von einer Konkubine, welcher er die Ehe versprochen habe und die sich »Frau Erzpriester« ansprechen lasse. Wer die Frau etwa »Köchin« titulieren wolle, »dem wurd die Suppen übel gesalzen«.[5] Und ein Jesuitenpater schrieb aus Graz nach Rom: »Rarissima avis his in terris est sacerdos, qui uxorem vel concubinam non habet.«[6]

Daß sich auch einwandfrei katholische Kreise für die Legalisierung solcher Verhältnisse aussprachen, verstärkte die Unsicherheit und nährte bei den Betroffenen den Zweifel, ob hier überhaupt Unrecht und Sünde begangen würden. Die Verantwortlichen wieder fragten sich, ob nicht dieses ganze elende Schisma, diese endlosen Tagungen, Bruderkriege, Verträge, Konzessionen, Debatten und Unruhen aller Art aus der Welt geschafft werden könnten, wenn man in den beiden Hauptstreitpunkten, der Reichung des Abendmahls in zweierlei Gestalt und der Priesterehe, nachgab. Keineswegs die Gleichgültigen und die Unbedeutenden waren es, die solches in Erwägung zogen. Aber letzten Endes wurde die vielfach erhoffte Bewilligung von Eheschließungen für katholische Geistliche doch nicht erteilt, und auch Wolf Dietrich erhielt die Dispens nicht, um die er für sich persönlich in Rom angesucht haben soll.

Ob mit oder ohne Eheversprechen, sicher ist, daß es sich, auch von seiten des Erzbischofs, um eine Gewissensehe handelte. Hatte der Zugang zu Salomes Gemächern zuerst noch durch jene als Schrank getarnte Türe geführt, so wurde die Lebensgemeinschaft sehr bald offen zugegeben, besonders nachdem 1593 der erste Sohn des Paares zur Welt kam. Wahrscheinlich erwartete Wolf Dietrich in den ersten Jahren noch, daß das Eheproblem irgendwie einvernehmlich mit Rom gelöst werden könnte. Schließlich hatte Kardinal Marcus Sitticus schon manches unmöglich Scheinende erreicht. Bei günstiger Gelegenheit konnte er vielleicht eine Sonderdispens bei Papst Sixtus V. erwirken. Für ihn selbst sah er kein besonderes Problem, geschweige denn eine Gefahr, in der Angelegenheit, und Salome mußte sich eben mit der Hoffnung zufriedengeben. Der Sohn wurde inzwischen ohne viel Aufsehen getauft. Als Pate fungierte Wolf Dietrichs vertrauter Kammerdiener Matthäus Janschitz, der das Büblein über das Taufbecken halten durfte.

Dieser Sohn bekam weder den Namen eines seiner Großväter noch den des hilfreichen Kardinals, sondern der Raitenauer gab seinen geheimen Wunsch, dem Reichgrafen Jakob Hannibal von Hohenems nacheifern zu dürfen, dem kriegerischen Oheim, der, hätte er ein Fürstentum regiert, bestimmt »der Prächtige« genannt worden wäre, durch das magische Mittel der Namensgebung an den ersten Sohn weiter. Die junge Mutter aber erhielt eine Standeserhebung. Als Landesfürst konnte Wolf Dietrich Wappen und niederen Adel verleihen, und so durfte sich Salome ab 1593 »von Altenau« nennen. Erst später wurde der Grundstein zu Schloß Altenau gelegt, dessen Namen sie vorzeitig trug. Das nächste Kind ließ nicht lange auf sich warten. Es war ein Mädchen und erhielt den Namen von Wolf Dietrichs Mutter Helena, ein Zeichen dafür, daß er auch dieses kleine Fräulein gerne akzeptierte. Und nun kamen sie wie die Zicklein, fast jedes Jahr eines. Obwohl nicht alle am Leben blieben, konnte Salome mit ihrer Kinderstube nicht mehr in der Residenz wohnen bleiben. Sie bekam ein eigenes Haus, zuerst einmal nach Steinhauser, der es als Verschwägerter wissen mußte, »die alte Münz in der Kirchengassen« also nur ein paar Schritte von der erzbischöflichen Residenz entfernt.

Die Kinder wuchsen heran wie andere Kinder von Stand. Die Mutter unternahm Ausfahrten mit ihnen oder die Kleinen begleiteten sie auf Wegen in die Stadt. Daß hier eine Familie glücklich zusammenlebte, mußten sogar Wolf Dietrichs Gegner anerkennen. Das Leben mit dieser schönen und ihm bis zur Unterwürfigkeit ergebenen Frau war den patriarchalischen Wünschen des Erzbischofs ideal angepaßt. Sie kannte keinen Willen als den seinen; solange sie lebte, blieb er ihr Geliebter und ihr Herr. Und Wolf Dietrich hatte nach dem Tod der Eltern, der Schwester und der beiden mütterlichen Onkel keinen einzigen Angehörigen mehr, der ihm uneigennützig zugetan gewesen wäre. Die Brüder waren zu abhängig von ihm. Er selbst betrachtete sie als »anbefolche«, sie ihn als Gebieter. Der Fürst, der wenig mehr als 40 Jahre zählte, wäre noch einsamer gewesen, als sein kirchliches Amt es verlangte, ohne die Liebe und Geborgenheit, die ihm seine gesetzlose Ehe gab.

Salomes Verbindung zu ihrer eigenen Familie war freilich gestört, nachdem sie ihr Elternhaus so unvorbereitet und ohne Abschied verließ. Obwohl die Wahrscheinlichkeit für einen anfänglichen Bruch spricht, dürfte die Behauptung nicht stimmen, jeder Kontakt sei abgerissen. Ihr Vater, Wilhelm Alt, der vielleicht hart geblieben wäre, war schon gestorben, bevor sie Wolf Dietrich überhaupt kennenlernte. Die Mutter starb im Jahr 1593, dem gleichen Jahr, in dem Salomes erster Sohn geboren wurde. Der Mann ihrer ältesten Schwester Sabine, Maximilian Steinhauser, der Haupterbe von Salzburgs größtem Handelshaus, stand laufend in Geschäftsverbindung mit dem Erzbischof, der auch Geldbeträge in Salomes Namen bei ihm hinterlegte. Der Gatte der nächsten Schwester war Gervasius Fabrici, Mitglied des erzbischöflichen Hofrats, und Barbara, die dritte, hatte Herrn Haimeram Ritz, Pfleger des Erzstiftes zu Kropfsberg am Eingang des Zillertals geheiratet. Der Lebensgefährte der Schwester war nicht nur oberster Landesherr, sondern entschied bei ihnen allen über die persönliche Existenz. Es ist anzunehmen, daß sie die Lage bald richtig einschätzten und sich der von ihm geliebten und geachteten Frau gegenüber nicht feindselig oder auch nur abweisend erzeigten, sondern vielmehr ihre Nähe und Fürsprache suchten. Blieb noch der Bruder Samuel, der mit einer Tochter des Augsburgischen Rates Balthasar Knoll verehelicht und Vater von fünf Kindern war. (Sein ältester Sohn, 1595 geboren, übte später den Beruf mit dem grotesken Titel ›Generalsteuereinnehmeramtsverwalter‹ aus.) Samuel war der Erbe des väterlichen Handelsgeschäftes, wie sein Vater Stadtrat, und wurde dann zum Stadtkämmerer bestellt. In beiden Funktionen, als Lieferant wie als Finanzmann, mußte er großes Interesse an einem guten Einvernehmen mit dem Landesfürsten haben. Den letzten und schlüssigsten Beweis dafür, daß die Beziehungen Salomes zu ihren Angehörigen wieder in ein normales Fahrwasser gekommen waren, liefert die Teilnahme mehrerer Familienmitglieder an Salomes Flucht bei Wolf Dietrichs Sturz.

Außer den mit ebensoviel Furor wie fachlicher Unkenntnis begonnenen Bauten scheint um diese Zeit noch ein Zwischenfall dem Erzbischof einen Heidenspaß bereitet zu haben: der oberösterreichische Bauernaufstand des Jahres 1595.

Wieder einmal hatte sich ein Haufen dieses bedrängten Standes zusammengerottet und zog bewaffnet auf Mondsee los. Kaiser Rudolf II. rief die ihm befreundeten Nachbarn Oberösterreichs, nämlich Salzburg, Bayern und das Bistum Passau zur Hilfeleistung auf und warnte sie, ihre Grenzen wohl zu verteidigen. Nachdem etwa ein Drittel des Gebiets der Gemeinde Mondsee zum Erzstift gehörte und dessen Hauptstadt »nur auf vier kleine Meil entlegen« war, durfte Wolf Dietrich sein Land und den Frieden darin unmittelbar bedroht fühlen. Hier bot sich endlich eine Gelegenheit, Kriegserfahrung aus erster Hand zu sammeln. Der Raitenauer war der erste, sie zu ergreifen. Alle die Söldner, die er geworben, den Brüdern unterstellt und weit nach Osten geschickt hatte, vollführten ihre Taten ohne seinen persönlichen Einsatz und vermochten seinen Kampfdurst nicht zu stillen. Jetzt aber konnte er einmal selbst die Ordnung in der Heimat gegen die Gefahr einer Rebellion verteidigen, und so zog er das Unternehmen mit beträchtlichem Pathos als einen patriotischen Verteidigungsfeldzug auf.

Am 10. Oktober 1595 bestellte er alle männlichen Bewohner der Stadt Salzburg zum Rathaus, wo sie sich freiwillig anwerben lassen sollten, hielt aber geheimnisvoll noch mit Zweck und Ziel der Unternehmung zurück. Eine Woche später rief er die Eingeschriebenen auf dem Hauptplatz zusammen, trat mitten unter sie und hielt eine zündende Ansprache. Es hätten, so teilte er den Versammelten mit, an die 100 000 aufrührerische Bauern einen Aufstand angezettelt, die Gemeinde Mondsee bereits eingenommen und die Bewohner zu ihrer Unterstützung gezwungen. Nun bitte er seine Untertanen, ihm bei der Verteidigung des Vaterlandes treulich Beistand zu leisten, denn er gedenke sich in eigener Person in das Kriegsgeschehen zu begeben. Ja, er sei bereit, mit ihnen zusammen Leib und Leben zu lassen, und sei überzeugt, sie würden ein Gleiches tun. Wenn jedoch einer kein

Mannesherz habe, sondern lieber hinter dem Ofen den Kriegs-mann spiele, so wäre es seiner hochfürstlichen Gnaden tausend-mal lieber, ein solcher bliebe daheim, als daß er mit ihm hinaus-zöge.

Die Rede war ein durchschlagender Erfolg – bei den Männern. Die Weiber waren, als sie davon hörten, nicht ganz so begeistert von der Idee, ihre Versorger ins Ungewisse hinausziehen zu sehen. Ob es nun 4000 oder 14 000 Mann waren, die sich in den nächsten Tagen sammelten, ist nicht ganz geklärt. Jedenfalls befanden sich unter ihnen »etliche hundert Muscatierer, Schüt-zen, und die mit langen Stangen oder Spiessen . . . auf ihr hoch-fürstlichen Genaden, dero Leib zu bewahren, gewartet haben«.[7] Die Kunde von dieser gewaltigen Streitmacht drang auch zu den Aufrührern, deren es bestimmt nicht 100 000 gewesen waren. Hierauf »ist ihnen der Buggel grausen worden« und sie zogen sich zurück, ohne den Angriff abzuwarten. Wolf Dietrich blieb nichts übrig, als diesen so eindrucksvoll begonnenen Krieg wie-der abzublasen. Erst nach der Heimkehr gerieten ein paar der Angeworbenen in Streit und erstachen sich gegenseitig, so daß der Feldzug doch noch drei Todesopfer forderte. Der Erzbischof nahm allen, die seinem Schlachtruf gefolgt waren, die Waffen, welche man ihnen aus dem Festungsarsenal gegeben hatte, vor-sichtshalber schnell wieder ab. Bei Thalgau beließ er noch 200 Mann als Grenzwache – gar so leicht trennte er sich doch nicht von seinem Krieg.

Nachdem die Bewohner Salzburgs sich bei dieser Gelegenheit so »gehorsam, willig und mannlich« verhalten hatten, bekamen sie die bei ihrem Aufstand im Jahre 1526 eingebüßten Fahnen jetzt feierlich zurückverliehen, um künftig unter deren Geflatter die Aufzüge und Musterungen der Bürgerwehr abhalten zu können. Der oberste Kriegsherr ließ ihnen selbst gleich zwei davon anfer-tigen, eine weiß-rote und eine in den altsalzburgischen Farben schwarz-gelb.

Wie sich im Nachhinein erst herausstellte, war die Begeisterung der Bürger und wohlhabenden Bauern nicht ebenso groß gewe-sen wie die ihres Landesherren. Sie hatten mit ihren Knechten, Taglöhnern oder fremden Soldaten paktiert und diesen angebo-

10 Kleines Ölportrait von Salome Alt, etwa in ihrem 20. Jahr

· II Die Decke des Feldherrnsaales in Wolf Dietrichs neuem Residenzbau, mit reicher Stuckverzierung und Abbildungen von Karl dem
Großen, Karl V., Gottfried von Bouillon und Don Juan d'Austria.

ten, gegen gute Bezahlung und neue Kleidung an ihrer Stelle hinauszuziehen. Die Taxe für einen solchen Stellvertreter betrug zwischen 15 und 30 Gulden, und mußte bezahlt werden, ob nun eine Schlacht stattfand oder nicht. So waren manche arme Teufel, ohne einen Schuß zu tun, in kürzester Zeit zu Geld und Gewand gekommen und wünschten nur »dass es balt mehr einen solchen Krieg solle abgeben«. Auch Johann Steinhauser befand sich als einfacher Schütze unter den Eingeschriebenen, doch mit sympathischer Wahrheitsliebe posiert er nicht auf Heldenmut: »Da es an meiner Wahl war gelegen, het ich das Rohr auch wiederumben von mir gelegt«, gesteht er und vermerkt noch, daß er, anders als mancher andere, keinen Sold empfangen habe.

Weder das kleine, waffenklirrende Intermezzo noch die Türkenhilfe hinderten den Erzbischof daran, seine eifrige Bau- und Abbruchtätigkeit fortzusetzen. Noch stärker als in seinen politischen Schriften tritt hier seine Unfähigkeit hervor, eine Linie festzulegen und konsequent zu verfolgen. Die Planung ist von ständigem Tasten, Zögern, Verwerfen, von geänderten Entschlüssen und Improvisationen gekennzeichnet. Letzten Endes sollte sich der Umbau zwar auf die gesamte Hauptstadt erstrekken, die bevorzugten Projekte standen aber in Zusammenhang mit den Wohn- und Repräsentationsbedürfnissen des Erzbischofs selbst und seiner Familie. Sowohl der Zeit als der Durchführung nach läßt sich Wolf Dietrichs Bautätigkeit in zwei Abschnitte gliedern. Der erste, in welchem die Abbrüche überwogen, reicht vom Beginn seiner Regierung bis zum 11. Dezember 1598. In dieser Nacht brannte es im alten Münster. Dadurch ergaben sich völlig neue Möglichkeiten.

Vor diesem Zeitpunkt wußte der Raitenauer nur eines genau: die Stadt sollte großzügig und prächtig umgestaltet werden. Alle diese verwinkelten Bauten, die im Lauf von Jahrhunderten entstanden waren und die neuralgischen Punkte blockiert hielten, mußten verschwinden. Weder Bürger noch Kapitelsherren brauchten in nächster Nähe des Domes zu wohnen, das kam nur dem Erzbischof zu. Auch der Friedhof würde weichen müssen. Im Zentrum sollte auf diese Weise Raum geschaffen werden für große, freie Plätze, umsäumt von Regierungsgebäuden. Das war seine ungefähre Vorstellung. Mit Details gab er sich vorerst nicht ab, man mußte nur einmal beginnen. Gefiel ihm etwas im Entstehen Begriffenes nicht, so konnte man es immer wieder einreißen, so wie den begonnenen Bau der neuen Residenz. Diesen Plan hatte Wolf Dietrich noch nicht fallen gelassen, nur verschoben. Inzwischen bastelte der unzufriedene Bauherr eben an seinem bisherigen Wohnsitz herum, kaufte weitere Häuser und ließ sie einreißen. Wie sehr ihn das Thema Architektur schon früher beschäftigt hatte, davon legen mehrere Blätter seiner graphischen Sammlung Zeugnis ab. Neben dem Entwurf eines riesigen Palastes von Bramante, dem Baumeister der italienischen Hochrenaissance, vor allem des Petersdomes in Rom, finden sich dort viele Detailentwürfe, etwa von Simsen und Portalen, aber bezeichnenderweise auch Skizzen von ganzen Straßenzügen. Unschlüssig und ungeduldig suchte der Raitenauer nach geeigneten Mitarbeitern. Ein Welscher mußte es sein, nur diese verstanden wirklich zu bauen. Aber auch bei ihnen mußte man sich vorsehen. Sein »welscher Sekretär« Ninguarda war offenbar in mehrfacher Hinsicht ein Mißgriff gewesen. Brauchbare Bauvorschläge vermochte er nicht zu liefern, dafür mußte er sich nachmals vor dem erzbischöflichen Hofrat »wegen unterschiedlicher Verbrechen« verantworten.

Endlich erhielt der Fürst, der weitum wegen eines geeigneten Baumeisters angefragt hatte, einen Hinweis seines Vizedoms von Leibnitz, Hans Jakob von Kuenburg. Am 6. Februar 1591 schrieb dieser: »Was E. F. Gn. begern und bevelchen anlangt, dass ... ich mit rath pauverstandiger leüt ainen erfahrenen paumeister, der etwan ansehenliche gepew verrichtet hat, bekommen und zueweisen sollte, darauf berichte ich E. F. Gn. gehorsamist, das wol solche zu bekomen weren, sein aber wegen der religion ... nit tauglich ausser aines mans ... welcher ain Welscher, aber gar wol teutsch reden kan.«

Dieser einzige, der allen Anforderungen zu entsprechen schien, hieß Andrea Bertoletto und wurde 1592 von Wolf Dietrich mit der Wiederaufnahme der Arbeiten am Residenzbau beauftragt. Zuerst wurde der Trakt, der heute dem Mozartplatz und der

Kaigasse anliegt, in Angriff genommen. Inzwischen hatte der ungeduldige Landesherr, ohne auf die Fertigstellung des einen Projektes zu warten, bereits mit einem anderen begonnen, dessen Planung er wahrscheinlich selbst vornahm und das der dominierenden Idee des großräumigen Salzburg dienen sollte. Er ließ sowohl die Ringmauer um den Bischofssitz mit ihren plebejischen Läden – sogar ein »Söckler« befand sich darin – schleifen, als auch die Friedhofsmauer, in deren Gewölben sich »wellische Kramer« mit Flechtwerk und Gemüse, sowie Savoyarden mit ihrem Tand eingenistet hatten. In verkleinerter Form sollte der Domfriedhof allerdings vorläufig bestehen bleiben. Wolf Dietrich ließ die neue Friedhofsmauer »um 30 Schuech zurugk hinein gegen den Thuemb aufbauen.« Es entstand ein zwei Stockwerke hohes, langgestrecktes Gebäude, mit Pfeilern, Schwibbogen und einem Gang, welcher geradewegs von der alten Residenz in den entstehenden Neubau führen und dort bei der Hauptstiege einmünden sollte. Den Bürgern wurde freigestellt, gegen bare Münze darin die »Gepainlein« ihrer Voreltern, die bei der Verkleinerung des Stadtfriedhofs ihre Ruhestätten verloren hatten, neuerlich zu bestatten. Jenen Teil sterblicher Überreste, dessen sich niemand annehmen wollte, ließ er einfach mit dem Grundaushub in die Salzach schütten, kein Wunder also, daß »damallen dem Erzbischoven auch nit allerdings wol gesprochen worden«.

Vier Jahre später hatte er aber auch diesen Bau schon wieder satt und ließ ihn zur Gänze wieder abreißen, was natürlich besonders diejenigen Bürger erboste, die erst kürzlich mit großem Aufwand in den Mauergräbern die Gebeine ihrer Vorfahren betten und Grabplatten hatten anbringen lassen. Schon bei der Freilegung von Gräbern anläßlich des Baues der neuen Sakristei hatte Fickler in seiner Chronik bemerkt, daß dies »nit ohne Ergernus der Gemein« abgegangen sei.[8] Über den Mangel an Pietät den Toten gegenüber war der Hofrat jedoch vollends schockiert. Steinhauser äußert sich mit der bei ihm üblichen Zurückhaltung: »Ob es recht oder unrecht gehandlet, wissen die Verstendigeren zu erkennen; will mir auch nit gebürn, vil Bedenken darüber zu machen.« Das Wort »Unkosten« kommt in seinem Bericht über diese »kainnutzen gepeu« allerdings bedenklich oft vor.

Immerhin kam unter Andrea Bertolettos Leitung in diesem zweiten Anlauf die neue Residenz unter Dach – eines der wenigen Gebäude aus Wolf Dietrichs Zeit, die heute noch stehen, ein massiver Renaissancebau, durch dessen Turm damals das Hauptportal führte. Die berühmte »wällische Eleganz« fehlte dem Baumeister leider. Um so prächtiger gestaltete der Erzbischof das Gebäude im Inneren aus: Marmorverkleidungen, Wand- und Deckengemälde, Kassettierung und überreicher Stuck zierten Räume und Stiegenaufgang. Der von den vier Winden bestürmte Turm, das Wahrzeichen des Hausherrn, und vor allem dessen Wappen, sind darin mehrfach angebracht. Den jungen Stukkateur Elia Castello hatte Wolf Dietrich für diese Arbeiten eigens aus seiner Tessiner Heimat nach Salzburg berufen. An den vier Außenecken des Palastes ließ der Fürst die Wappen seiner Vorfahren anbringen, der Raitenau, Hohenems, Sirgenstein und das bekannte Mediciwappen mit den sechs »palle«, jenen berühmten Kugeln oder Goldstücken der ursprünglich bürgerlichen Bankiersfamilie.

Seine heutige Gestalt erhielt dieser sogenannte »Neubau« zwar erst unter Erzbischof Max Gandolph (1668–1687), der nahezu quadratische Bauteil mit dem Turm und der anschließende Flügel an der Kaigasse sind jedoch das Werk Bertolettos.⁹

Obwohl der »Neubau« nun hätte bezogen werden können, verlegte Wolf Dietrich niemals seine Residenz dorthin, sondern brachte darin zeitweilig seinen jüngsten Bruder Rudolf und einige Amtsräume unter. Offenbar hatte die neue Residenz noch nicht jene Größe und Pracht erreicht, welche dem Erzbischof für seinen endgültigen Wohnsitz vorschwebten. Also nahm er weitere Um- und Einbauten am bestehenden Sitz vor. Johann Baptist Fickler schreibt ziemlich unbestimmt, er habe darin »mehr denn fürstliche Zimmer zugericht«. Der anonyme Chronist, welcher sich in dem Gebäude so gut auskannte, daß ein Angehöriger des Hofstaates in ihm vermutet wird, berichtet Genaueres. Der Erzbischof habe »die grosse herrliche Türnitz, die neben dem Schnecken gewesen, abbrechen lassen, die Matthäus erbaut

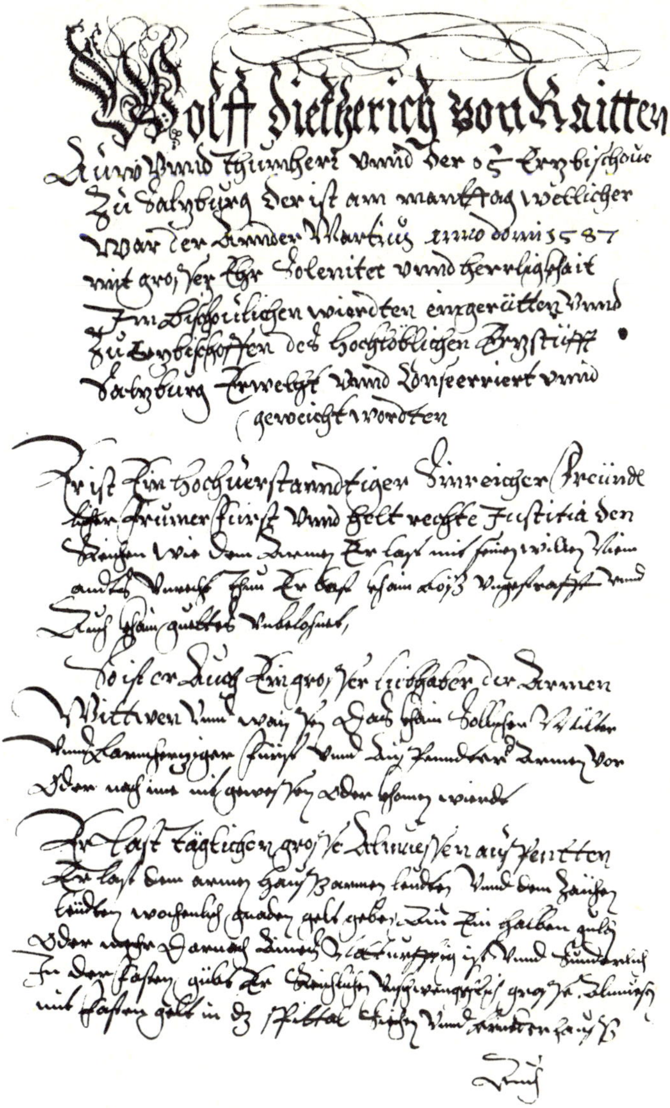

Wolf dietherich von Raitten

[handwritten chronicle text in old German cursive script]

Erste Seite der vermutlich von einem Hofdiener Wolf Dietrichs
verfaßten Chronik.

und die Herrn- und Gesindtkuchl herumgebaut, die Herrn-
Cuchl, so die Sudelkammer gewesen, und wo der Rosstall gewesen, hat man einen Zergaden (Vorratskammer) und die Gesindtkuchl hingebaut. Nach diesem hat man die Rosstall hinaus auf
den Fraunhof gebaut und der Hof ist mit einer schönen Mauer
umfangen worden«.

Nicht nur die »Türnitz«, auch das »Rinderholz« wurde verändert. Wolf Dietrich, dessen Schlafräume nun auf die Marktseite
hinausgingen, fühlte sich in seiner nächtlichen Ruhe durch
Hundegebell gestört und ließ dem Schinder freie Hand. Bei dem
folgenden Hundemassaker mußten die Besitzer ihre Tiere zu
Hause einsperren, denn »es wollten auch die Zaichen der Hals-
Pänder nit mehr helfen«. So kam auch der Chronist Steinhauser
um seinen Hund, an dem ihm so viel gelegen war, daß er be-
kennt, er hätte lieber einen Taler einbüßen mögen als den Hund.
Auch die neuen Schlafgemächer sagten dem hohen Herrn nicht
zu. Kurzerhand wurde das »Rinderholz« abgebrochen und 50
Schuh tiefer im Hof wieder errichtet. Davor, offenbar um sich
gegen Lärm abzuschirmen, ließ der Erzbischof einen Trakt errichten, der in den Markt hineinreichte, aber später von Erzbischof Marcus Sitticus wieder abgebrochen wurde.

Von zwei Bauten Wolf Dietrichs gibt es überhaupt keine sichtba-
ren Spuren mehr. Dabei handelt es sich um ein Stadtpalais, das
der Fürst für seinen Bruder Jakob Hannibal vor dem Jahr 1592
errichten ließ und das dem »Neubau« gegenüber an der Salzach
lag, sowie um eine Landvilla für den gleichen Bruder. Die letztere gedieh über Planung und Grundaushub jenseits der Salzach,
nächst dem Platz, den sich der Fürst für sein eigenes Lustschloß
Altenau reserviert hatte, nicht hinaus. Für den Stadtpalast ließ
Wolf Dietrich drei Bürgerhäuser am heutigen Mozartplatz niederreißen und, laut Steinhauser, eine »herrliche Behausung mit
innerlichem Hof und Prunnwerk wolgeziert« so schön errichten,
daß sie »gleichsamb der ganzen Stadt Salzburg ain sondere Zier
geben«. Achtzigtausend Gulden soll der Bau verschlungen haben, dessen Decken vergoldet und der auch sonst »mit ander
zierlicher künstlicher Arbeit gepuzt und geschmückt« war. Wolf
Dietrich löste ihn dem Bruder bei dessen Übersiedlung nach

Langenstein ab und ließ ihn vier Jahre später bis auf den Grund niederreißen.

Ganz offensichtlich war dem Landesherrn an der Umgestaltung der Haupt- und Residenzstadt am meisten gelegen; an Bauten außerhalb des Stadtkerns, wo er frei hätte gestalten können, fand er weniger Gefallen. Die kleinen Schlößchen Salzburger Bürger auf dem Mönchsberg, die er erworben und umgebaut hatte, benutzte er kaum. Zwar ist er »zu Zeiten von mehrers Lust und Kurzweil wegen hinaufgefahren und daselbst gesessen«, tauschte sie aber bald mit dem Domdechanten Johann Anton von Thun und dem Senior des Kapitels Balthasar von Raunach gegen deren Hausgärten in der Stadt und vergrößerte damit die Gartenanlagen für den »Neubau«.

Auch ein von Matthäus Lang auf dem Festungsberg, der sogenannten »Scharte« zu errichtetes Lusthaus nebst einem liebevoll mit südlichen Gewächsen bepflanzten Garten, begann der Rastlose abzutragen. Von dieser Seite aus hätte die Festung am ehesten erstürmt werden können. Da ihn Kriegsgedanken ja niemals losließen, sollten die Weinstöcke, Pomeranzen- und Feigenbäume, die der Erbauer eigens aus Italien hatte kommen lassen, weichen und der südseitige Hang eingeebnet werden. Als aber begonnen wurde aus dem Felsen große Stücke zu schlagen und man dabei »gar zu scharf und hitzig ins Werk ging«, ergab sich die Gefahr, daß die Grundmauern der Festung ohne ihren natürlichen Halt einzustürzen drohten. Das Unternehmen mußte eingestellt werden. Der fürstliche Lustgarten blieb so wenigstens teilweise bestehen und wurde nur »fast verderbt«.

Ein weiterer Profanbau, an dem Wolf Dietrich in dieser Zeit herumexperimentierte, war das Schloß Laufen. Fickler behauptet, er hätte es abgebrochen, neu aufgeführt, und dann wieder abbrechen und nochmals aufbauen lassen und fügt daran die Bemerkung: » . . . nit anders als wenn er dem Geldt feind war oder seinem Nachkommen unüberwindliche Schuldenlast hinder im lassen möcht.«[10]

Bei sakralen Bauten ging der Erzbischof etwas zielbewußter vor, einesteils weil nicht so vielfältige Möglichkeiten offenstanden wie im profanen Bereich und auch, weil gewisse Richt-

linien lokaler und religiöser Natur eingehalten werden mußten.
Sicherlich fand der Neuerungssüchtige das romanische Münster
veraltet und unschön. Seine uneinheitliche Gestaltung mit den
fünf teils runden, teils eckigen Türmen, der unterschiedlichen
Bedachung und den außen an das Hauptschiff angeklebten Kapellen mochte historisch erklärlich sein, entsprach aber dem
Geschmack der Zeit nicht mehr. Mit der Stadt Salzburg und der
Geschichte des Erzstiftes war dieser Dom jedoch so innig verbunden, daß selbst ein Verächter des Althergebrachten wie Wolf
Dietrich nicht wagte, daran zu rühren. Also ersetzte er nur die
halbrunde Apsis durch die schon erwähnte viereckige Sakristei
und erbaute sich im Jahre 1595, erst 36 Jahre alt, seine erste
Grabkapelle im Dom. Von der im Halbsouterrain gelegenen Kapelle Maria Rast führte ein Türlein auf den Friedhof hinaus.
Diese Kapelle ließ Wolf Dietrich renovieren und prächtig ausschmücken. Der neue, über und über vergoldete Altar trug ein
Bild, welches ihn selbst zeigte, in weißem Meßgewand demütig
kniend, vor ihm auf dem Boden die weiße Infel. Am 14. August
1596 weihte er die Kapelle persönlich ein und traf alle Anordnungen für seine Beisetzung darin. Um die früher herrschende
Dunkelheit zu vertreiben, hatte er Oberlichten ausbrechen und
so viele Gemälde und Kunstgegenstände für den kleinen Raum
anfertigen lassen, daß Steinhauser die Kosten wieder einmal mit
100 000 Gulden beziffert, offenbar weil das eine so einprägsame
Zahl ist. Letzten Endes blieb aber von der ganzen Ausschmük-
kung nur ein einziges Bild erhalten, eine Hinausführung Christi
des Konstanzer Malers Caspar Memberger, den sich der Erzbischof als Hofmaler aus der alten Heimat verschrieben hatte. Es
hängt heute im Mittelschiff der Stiftskirche von St. Peter in
Salzburg.
Doch sogar seiner eigenen Grabkapelle wurde er schnell müde
und begann bereits ein Jahr später mit dem Ausbau des Seba-
stiansfriedhofs in der Linzerstraße. Wahrscheinlich plante er
schon damals, den Domfriedhof gänzlich aufzulassen, weil er
den Platz um das Münster anderweitig verwenden wollte. In der
Mitte dieses neuen Nobelfriedhofs sollte ihm Andrea Bertoletto
einen eigenen Grabtempel erbauen. Bertoletto starb jedoch

schon 1598, und der junge Stukkateur und Mosaikkünstler Elia Castello mußte die Arbeit allein fortsetzen.

Zu dem kleinen Schlößchen auf dem Imberg ließ Wolf Dietrich im Jahr 1596 einen Fahrweg, so breit, daß drei nebeneinander reiten konnten, aus dem Felsen schlagen und mit Holzprügeln belegen. Der Umbau verlief wunschgemäß und die Kapuzinerpatres konnten ihr neues Heim im Jahre 1599 beziehen. Der Erzbischof, der überhaupt eine Vorliebe für Franziskaner und Kapuziner hatte, ließ sein Wappen auf dem Schlößchen anbringen, weihte die Kirche selbst und las die erste Messe dort. Obzwar auch dieses Vorhaben wieder einmal »ain nambhafte Summe Gelts« verschlang, ist der fromme Steinhauser der Meinung, daß es diesmal gar wohl angelegt gewesen sei. Auch die neu errichtete Kirche auf dem Dürrnberg bei Hallein fand seinen Beifall. Nicht nur erhielt dieser Bau »einen schönen glanzeten plechen Thurn«, sondern der wohlpolierte rote »Märmelstein« spiegelte dermaßen, »dass man sich gleichsamb darinnen ersehen kann«. Eine Stiege mit 198 Staffeln führte im Glockenturm aufwärts und alles sah so großartig aus, daß »die Reisenden insgemein vorgeben, dergleichen wenig in Deutschland angetroffen zu haben«. Steinhauser selbst gelangte allerdings niemals bis dorthin. Die Reise von Salzburg nach Hallein – genau 20 km – war ihm zu weit und zu beschwerlich.

Um den Dom doch noch einigermaßen zu verschönern, bekam er ein neues, gemauertes Gewölbe statt des bisherigen hölzernen eingezogen. Als weitere kleinere Bauvorhaben sind noch die Umwidmung der St. Johanneskapelle in der Residenz zu einer Garderobe für kirchliche Gewänder und der Abbruch der Dreifaltigkeitskapelle über dem Bischofssaal zu erwähnen. Der Kirche zu St. Peter stiftete der Erzbischof eine getäfelte Holzdecke. In die Zukunft wies bereits der Erwerb des »Frauengartens«, auch als »Frongarten« bezeichnet. Wolf Dietrich tauschte ihn vom Stift St. Peter gegen ein außerhalb der Stadt gelegenes, viel größeres Grundstück ein, um einen Platz für seinen Marstall zu gewinnen. Angeblich soll das Grundstück Stockau, das er dafür hergab, damals den vierfachen Wert des »Frauengartens« besessen haben. Heute wäre das Verhältnis ein anderes. Auf dem

gleichen Areal stehen jetzt die Felsenreitschule, die Festspiel-
häuser, die Pferdeschwemme und die ursprüngliche Universität.
Einen einzigen Bau unternahm der Raitenauer nicht aus freien
Stücken, sondern der Not gehorchend. Durch ein arges Hochwasser wurde im August 1598 die einzige Brücke der Stadt über
die Salzach zerstört und die beiden Stadtteile voneinander abgeschnitten. Salzburg schien in einem See zu stehen und ein Not-
verkehr mit Booten mußte eingerichtet werden. Sobald das Wasser sank, errichtete man zuerst eine Notbrücke auf den noch
stehenden Jochen, aber auch diese schwemmte der immer noch
reißende Fluß mit sich fort. Jetzt bestellte der Erzbischof bei
dem Halleiner Brückenmeister Hieronymus Stubhainz um 900
Gulden eine breite, stattliche Brücke, mit Spangwerk, zwei Fuß-
gängerzeilen und Verkaufsläden, wie er das in Venedig gesehen
hatte. Sie wurde braun angestrichen und die Stangenspitzen
erhielten blecherne Fähnlein mit den Wappen der Stadt, des
Erzbistums und des Landesfürsten aufgesetzt.
Die neue Brücke wurde allgemein bewundert, erwies sich aber
als wenig dauerhaft. Um Joche zu sparen hatte der Brückenmeister die längsten Bäume verwendet, die nur zu bekommen waren. Die Joche bogen sich durch, und neue Bäume konnten in
dieser Länge nicht mehr aufgetrieben werden. Der Erzbischof
zürnte gewaltig und drohte, den Brückenmeister hängen zu lassen. Nur durch den Hinweis auf dessen hohes Alter ließ er sich
beschwichtigen. Nach einigem Herumflicken an der prächtigen
Brücke, die vom Trenktor zum »Platzl« geführt hatte, wurde sie
endlich doch abgebrochen und durch eine schlichtere ersetzt.
Auch diese erwies sich in der Folge als nicht sehr haltbar.
Der Erzbischof aber tat wieder einmal etwas seinen Bürgern
recht Unverständliches. Er kaufte einen Garten, der am Ufer der
Salzach lag, und pflanzte gerade dort, wo der Fluß in einer Bie-
gung aufschäumte, statt Obstbäumen reihenweise »kainnuze
Paumb«, an die dreihundert Stück Eschen und Weiden. Er
meinte, die sollten sich dort einwurzeln und der Ufererde Halt
und Schutz gegen künftiges Hochwasser bieten.

9. KAPITEL

Das Münster brennt

Kaum ein Kapitel im Leben des reizbaren Salzburger Fürsten ging ohne irgendeinen emotionsgeladenen Konflikt ab, immer von neuem schlug das Erbe des Großvaters durch, welcher den Zorn laut ärztlicher Anordnung hätte meiden sollen. Hatte Bayern seine Hand im Spiel, dann zog er regelmäßig den Kürzeren, wie schon im Fall des Stiftes Berchtesgaden, aber zumindest den Streit mit seinem eigenen Weihbischof Sebastian Cattaneo, in den er sich geradezu verbissen hatte, gewann er. Diesem wenig würdevollen Gezänk maßen manche Beurteiler unverhältnismäßig große Bedeutung bei. Tatsächlich war es ein Sturm im Wasserglas oder begann wenigstens als solcher. Zwei Hitzköpfe waren aneinandergeraten. Schacher, Drohungen und Intrigen folgten, schließlich unterlag der Schwächere. Immerhin ist der Fall als Illustration für die Verflechtung von Geldgier mit geistlicher Hierarchie interessant, sowie für die Möglichkeiten, welche die allzu offenkundige Rivalität zwischen Salzburg und Bayern einem schlauen, skrupellosen und ehrgeizigen Dritten bot.

Dieser Cattaneo, ein aus Mailand stammender, gelehrter Dominikanermönch, war schon in seiner Heimatstadt Theologe des Erzbischofs Carlo Borromeo gewesen. Er redete klug und schrieb viel und kam in der guten Gesellschaft Mailands als Beichtvater in Mode. Im Jahr 1582 wird er als Hoftheologe Johann Jakobs von Salzburg erwähnt, 1586 als Rektor des eher bedeutungslosen Salzburger Seminars. Wolf Dietrich beließ ihm seine Stellung und machte ihn nach dem Abgang Felician Ninguardas sogar zu seinem eigenen Beichtvater, was außer der Ehre ein gewisses Abhängigkeitsverhältnis mit sich brachte. Als der bisherige Bischof von Chiemsee starb, erhielt der Hoftheologe Cattaneo auch diese Würde von dem Raitenauer verliehen. Das Beichtkind weihte den Beichtvater persönlich zum Bischof.

Nun waren die Bischöfe von Chiemsee seit 1549 als Salzburger

Vasallen anerkannt, was sich darin äußerte, daß sie keine Reichsleistungen erbringen, dafür aber den Salzburger Erzbischöfen als ständige Suffragane dienen mußten. Als solche hatten sie ihren offiziellen Wohnsitz in Salzburg zu nehmen. Schon Bischof Hieronymus Meittinger von Chiemsee mußte anläßlich seiner Bestellung im Jahre 1536 schwören, sich zu Botschaften und im Hofrat gebrauchen zu lassen und notfalls das Amt des Kanzlers zu übernehmen. Auch Cattaneo leistete am 25. August 1589 den Eid auf 17 Artikel. Er versprach, dem Erzbischof unverbrüchlichen Gehorsam zu leisten, sich ohne dessen besondere Erlaubnis nicht von seinem Amtssitz zu entfernen und keine anderen Rechte in seiner Diözese zu beanspruchen als das Präsentationsrecht für die Pfarrstellen.

In den ersten Jahren erfüllte Cattaneo vielfache Aufgaben ohne Zwischenfall. Er visitierte Klöster, reiste nach Rom, um in Wolf Dietrichs Namen einem der in dieser Zeit rasch wechselnden Päpste – diesmal war es Clemens VIII. – zu huldigen und scheint in der Liste der Anwesenden beim Landtag von 1592, welcher die Salzburger Türkenhilfe zögernd beschloß, als Vorsitzender auf.

Erst am 24. Juli 1595 mit dem Tod des »gesparigen« Vikars von Saalfelden Ulrich Widmair, dessen Pfarre zu Cattaneos Bistum gehörte, begann der Zank. Der dortige Pfleger übernahm und sperrte dessen reichlichen Nachlaß. Cattaneo machte jedoch Ansprüche darauf geltend und protestierte beim Erzbischof gegen die Sperre. So sicher fühlte er sich in seinem Recht, daß er Wolf Dietrich sogar noch ersuchte, ihn gegen die Übergriffe seines Beamten zu schützen. Doch der Raitenauer hatte selbst Verwendung für das Geld und erklärte, die Handlungsweise des Pflegers sei rechtlich fundiert gewesen. Daraufhin verließ Cattaneo den stattlichen Chiemseehof in der Stadt Salzburg und begab sich ins Kloster Herrenchiemsee. Von dort schrieb er noch einen etwas aufsässigen Brief: Wenn Seine erzbischöfliche Gnaden durchaus wünsche, daß er auf sein Recht verzichte, könne er das Bistum Chiemsee auch aufgeben.

Das war nun wirklich nicht der Ton, den der Raitenauer von seinen Untergebenen hören wollte. Aus seinem Jagdhaus am Fuschlsee antwortete er, offenbar noch halbwegs gut gelaunt, der

Bischof sei wohl »animo perturbatus« also sinnesverwirrt; wenn er sich beruhigt habe, werde er bescheidener werden und seine Briefe sachlicher abfassen. Im übrigen solle er binnen zwei Tagen an seinen pflichtgemäßen Aufenthaltsort zurückkehren. Cattaneo kehrte nicht zurück. Jetzt standen die beiden einander mit gesträubten Federn gegenüber.

Wenn auch die Frage, ob der Weihbischof flüchtig sei, von den herangezogenen Juristen widersprüchlich beantwortet wurde – der Bischof selbst verneinte, da er sich ja in seiner Diözese aufhalte – sperrte Wolf Dietrich nun Cattaneos gesamte Einkünfte. Daraufhin wendete sich dieser an den Papst und an Wilhelm von Bayern. Er hätte sich nichts Besseres ausdenken können, um den Erzbischof in lodernde Wut zu versetzen. Vermutlich wußte und wollte er das auch. Wilhelm fürchtete, daß der Raitenauer Chiemsee auch weltlich unter seine Gewalt bringen wolle, und erklärte, daß er »Schutz und Beystandt zu erzaigen gar kein Scheuch noch Bedenken nit hette«. Dann intervenierte er beim Verwalter der Hofmarken Raab und Ort im Innviertel und veranlaßte diesen, die Gefälle weiterhin an Cattaneo statt an die erzbischöfliche Kammer abzuliefern. Auch er hatte seine privaten Pläne: vielleicht konnte man das Bistum Chiemsee dem Erzstift gänzlich entziehen und auch in geistlicher Hinsicht Bayern unterstellen. Um solchen Ideen kurzerhand einen Riegel vorzuschieben, ließ der Erzbischof die Residenz seines Suffragans versiegeln.

Ein von Bayern schleunigst erwirktes Breve Clemens' VIII. vom 2. Oktober 1595 befahl dem Raitenauer zwar, Cattaneo Residenz und Einkünfte zurückzugeben und weitere Feindseligkeiten einzustellen, jedoch mit dem Zusatz »falls dessen Klagen auf Wahrheit beruhen«. Wolf Dietrich antwortete erst am 15. Dezember. Inzwischen nahm er sich einen Anwalt in Rom, dem er 300 Gulden Vorschuß bezahlte und auftrug, zu erreichen, daß das Breve wieder rückgängig gemacht werde. Die mitgesandten Unterlagen solle der Prokurator der Kardinalskongregation übergeben und den Ungehorsamen von dieser absetzen lassen. Außerdem schickte er seinen Domdechanten Johann Anton von Thun zu Cattaneo, um ihn zum Rücktritt zu überreden.

Dieser aber dachte nicht daran, aufzugeben. Wortreich und mit südländischem Pathos beklagte er sich bei jedem, der ihn nur anhören wollte, und machte sich auf den Weg nach Rom, um seine Sache dort persönlich zu vertreten. Tatsächlich gelang es ihm, den Papst davon zu überzeugen, daß seine Resignation nicht wünschenswert sei. Zufrieden ritt er über die Alpen zurück, vermied die Stadt Salzburg auch weiterhin und setzte sich nun nach Herrenwörth. Von dort aus schrieb er einerseits an Wolf Dietrich in vernünftiger und versöhnlicher Form, was einige Monate zuvor wahrscheinlich die ganze Angelegenheit bereinigt hätte, machte aber gleichzeitig Gebrauch von dem in Rom erwirkten päpstlichen Empfehlungsschreiben an Wilhelm von Bayern und bot diesem seine »demütigen und getreuen Dienste« an, welche vornehmlich dessen »geliebten geistlichen Söhnen« zugute kommen sollten. Könne man ihn in Bayern allerdings nicht brauchen, so werde er zurück nach Italien gehen und von dort aus »dem in Salzburg noch wol etliche Jar zu schaffen geben«, deutete er dem herzoglich bayerischen Rat Ulrich Speer, den Wilhelm, wie seinerzeit als Unterhändler zu Dr. Fickler, nun auch zu diesem Salzburger Untertanen geschickt hatte, recht interessante Möglichkeiten an. Bayern solle doch nicht versäumen, sich das Vorschlagsrecht für Chiemsee zu verschaffen, wie es die Habsburger in Gurk, Seckau und Lavant besäßen. Dieses Recht vergebe der Papst. Wolf Dietrich habe ihm selbst den Fundationsbrief gezeigt, aus dem hervorgehe, daß die Salzburger Erzbischöfe ihre Rechte nur in seiner Vertretung ausübten.

Über diese gefährliche Lüge war Wolf Dietrich, dem der Inhalt der Unterredung zugetragen wurde, ganz besonders erzürnt. Die Räte, welche Wilhelm nach Salzburg geschickt hatte, um in dem Streit zu vermitteln, berichteten denn auch, der Erzbischof sei äußerst ungnädig, habe ihnen erklärt, er wisse wohl, wie man das Breve »erpracticiret« und wie sich besonders der Minuzzi darum bemüht habe. Wenn der Herzog sein Freund sein wolle, so möge er sich dieses Mönchs nicht annehmen.[1]

Am 1. Juli 1596 – so lange dauerte der Konflikt schon – schrieb er selbst an Herzog Wilhelm, er habe diese Vermittlung und Protektion unter benachbarten Fürsten »do einer den andern seine abtrinnigen Untertanen in Schutz und Schirm aufnimmt« und die »eines scharfen und weiten Aufsehens und grosse Praejudicium auf den Rücken tragen« sehr schmerzlich empfunden.

Den bayerischen Hofräten erklärte er etwas drastischer, niemandem würde es gelingen, ihn mit diesem Manne auszusöhnen, es sei denn, er führe ihn an einem Strick um den Hals daher.

Cattaneo hatte offenbar mit seinen Interventionen und Petitionen das vernünftige Maß überschritten, denn Papst Clemens VIII. erteilte nun unerwartet seine Zustimmung zur Resignation. Doch der Weihbischof schrieb ebenso wendig zurück, er sehe keinen Grund, seine »keusche Gemahlin« zu verstoßen. Mit diesem bildhaften Ausdruck bezeichnete er offiziell zwar die ihm anvertraute Diözese, doch die Anspielung auf Wolf Dietrichs gesetzlose Ehe lag allzu nahe. Daraus, ebenso wie aus einem ermahnenden Schreiben des Papstes, ist anzunehmen, daß Cattaneo schon anläßlich seines römischen Aufenthaltes den wunden Punkt, die Familie des Erzbischofs, ausspielte. Er war entschlossen, mit allen Mitteln um seine Position und seine Einkünfte zu kämpfen.

Nach drei Jahren wollten weder Papst noch Bayernherzog weiter Fürsprache für den insistenten Mönch einlegen. Wolf Dietrich stellte sich auf den Standpunkt, daß er zwar einen einmal geweihten Bischof nicht selbst absetzen, wohl aber die Lehen eines treulosen Vasallen zurücknehmen könne. (Dieses Denken von der Trennung geistlicher und weltlicher Gewalt spielte später eine bedeutende Rolle in seinen eigenen Zukunftsplänen.) Also berief er ein Lehensgericht ein, welches unter dem Vorsitz des Abtes von Sankt Peter, des strengen und rechtlich denkenden Martin Hattinger, den Weihbischof Cattaneo am 1. Dezember 1598 wegen Meineids und Treubruches aller Lehen verlustig erklärte, die er bisher als Vasall des Erzstiftes innegehabt hatte.[2]

Wenn er schon seine Einkünfte verlor, so gönnte sie Cattaneo am allerwenigsten dem Erzbischof von Salzburg. Er verfiel auf den Gedanken, die Erträgnisse des Bistums Chiemsee rückwirkend ab 24. September 1595 einem in Innsbruck zu errichtenden Jesuitenkollegium abzutreten – und verkündete diese großherzige Schenkung dem Kaiser in Prag. Wolf Dietrich reagierte mit einem ähnlichen Winkelzug. Er holte die Einwilligung seines Domkapitels zur Auflösung des Bistums Chiemsee und Verwendung der Einkünfte für ein Salzburger Jesuitenkolleg ein. Voraussetzung für beide Projekte war die Zustimmung des Papstes. Bei diesem Anlaß kamen die Absichten Bayerns unverhüllt zutage. Maximilian, der inzwischen die Regierung in München übernommen hatte, plädierte in Rom nun schon ganz offen für die Eingliederung von Chiemsee in das Herzogtum. Aus einer Mücke war ein Elefant geworden.

Obwohl die – undatierte – Kopie einer päpstlichen Bulle erhalten ist, in welcher Clemens VIII. den Wünschen Bayerns nachgab, kam es niemals zur Durchführung. Cattaneo kämpfte bis zu seinem Tod um die Verleihung anderer Pfründen, in Salzburg gab es kein Jesuitenkollegium und Wolf Dietrich besetzte Chiemsee mit dem gefügigeren Bischof Claudius von Severin zu Pola. Seinen endgültigen Abschluß fand der Streit erst durch eine päpstliche Entscheidung des Jahres 1846, derzufolge Salzburg das Patronat über Chiemsee zugesprochen wurde.

Das aufschlußreichste Dokument des lange währenden Zwistes, um den Unmengen von Pergament, Papier und Gänsekielen verschrieben wurden, ist ein Brief des Raitenauers, datiert vom 28. Juni 1596.[3] Damals, als die Wagschale Cattaneos in Rom noch auf der gleichen Ebene mit der Salzburgs pendelte, hielt der Erzbischof dem Papst das ganze Register seiner eigenen Verdienste und der seiner Familie vor Augen. Er erwähnt den Großonkel Papst Pius IV. ebenso wie den erst kürzlich verstorbenen Kardinal Marcus Sitticus, seinen eigenen Besuch *ad limina Apostolorum*, seine Bestrebungen zur Ausrottung des Ketzertums, seine Vertretung römischer Interessen bei den Reichstagen, ja sogar einen Rat, den er dem Heiligen Vater in der Ungarnfrage erteilen durfte. Dazu noch seine Fügung in den Willen des Papstes in der Berchtesgadener Sache – es macht ganz den Eindruck, als wolle er einmal aufzeigen, was er alles schon getan habe und wie wenig ihm dafür vergolten wurde: Kein Kardinalshut – den in eben diesem Jahr der nur zwanzigjährige Philipp von Bayern erhielt –, keine Ehedispens, keine Eingliederung Berchtesgadens. Und nun sollte etwa auch noch der meineidige Untertan Cattaneo recht behalten?

Obwohl dies letzten Endes nicht geschah, vollzieht sich um diese Zeit eine Wandlung in dem noch nicht vierzigjährigen Kirchenfürsten. Zeitlebens wird er überzeugter Katholik bleiben, doch fühlt er sich nicht mehr ausschließlich als Statthalter des Papstes im geistlichen Erzstift. Die Prävalenz der geistlichen Würde schwindet. Zunächst und vor allem ist er Landesherr des Fürstentums Salzburg, dessen machtpolitische Bedeutung er um seiner eigenen Position willen zu heben gedenkt. Eine wesentliche Handhabe dazu bietet die Türkenpolitik von Kaiser und Reich. Wolf Dietrich ergreift sie begierig.

Am Kaiserhof waren sein brillanter Verstand und seine Formulierungsgabe längst anerkannt. Daß er mit seinem Suffraganbischof stritt und man recht gerne die von Cattaneo angekündigten 18 000 Taler für das Innsbrucker Jesuitenkollegium angenommen hätte, war ein Fall für sich – die dringend erforderliche Türkenhilfe in Rat und Tat ein anderer. Hier begegneten einander die Interessen: Der Kaiser benötigte Truppen und sachkundige Berater in einer äußerst schwierigen Situation, der Raitenauer delektierte sich am Kriegsgeschehen und arbeitete bereits in aller Stille an den Grundlagen für ein militärisches Konzept, seiner »Biblischen und christlichen Kriegsordnung«. Mit der Strategie des Hofkriegsrates war er ganz und gar nicht einverstanden. Um gegen diesen mit Erfolg vorgehen zu können, benötigte er jedoch Schützenhilfe. Zunächst sollten wenigstens die Mitglieder des Bayrischen Kreises für seine Ideen gewonnen werden.

Die Zeit drängt, der Feind steht an und sogar innerhalb der Grenze des Reiches. Schon sind durch den Fall von Rab und Erlau außer den österreichischen Erblanden und den südöstlichen Besitzungen Salzburgs auch Bayern, Sachsen und die brandenburgische Mark bedroht, zu denen der Weg über Mähren und Schlesien offensteht. Am 13. November 1596 schreibt Wolf Dietrich mit vorgetäuschter Bescheidenheit an den bayerischen Erbprinzen Maximilian, daß er selbst kein Militärgutachten erstellen könne, denn es gebühre Pfaffen mehr, von kirchlichen Dingen zu reden als von derartigen wichtigen Kriegshandlungen. Zwei Wochen später schickt er bereits einen Text nach München und weist in dem Begleitschreiben neuerlich auf seine geringe Erfahrung in Kriegssachen und seine geistliche Würde hin, gerade als wolle er nochmals besonders betonen, daß das Gutachten von einem sachkundigen und neutralen Dritten erstellt sei. Die Zurückhaltung ist verdächtig, auch verschweigt er die Tatsache, daß in der Schrift ausschließlich seine eigenen Ansichten wiedergegeben sind. Aber auch der Verfasser will sich angeblich nicht öffentlich zu seinem Werk bekennen. Ist der Grund dafür wirklich der, daß es zu viele unangenehme Wahrheiten enthält?

Nicht ganz auszuschließen bleibt, daß sich der Erzbischof hier eine amüsante Täuschung erlaubt, den anonymen Fachmann nur erfunden und das Gutachten selbst verfaßt hat, wobei er zum Teil die Schriften des alten Waffenbruders seines Vaters Lazarus von Schwendi, die damals gerade im Druck erschienen, als Fachliteratur verwendete.

Wie intensiv sich der Raitenauer jedenfalls mit dieser Schrift beschäftigte, geht schon daraus hervor, daß er von dem ganzen, 25 Folioseiten umfassenden Manuskript eine gekürzte, etwas veränderte Fassung eigenhändig herstellte, welche sich nebst einer Abschrift des nach Bayern gesandten Originals im Staatsarchiv in Wien befindet.[4] Der Vergleich der beiden Fassungen ist ungemein aufschlußreich für Wolf Dietrichs persönliche Anschauung und Absichten. Die Praxis, die er angewendet wissen wollte, findet hier ihre weltanschauliche Untermauerung.

Jedenfalls kam er dem Wunsch des ungenannten Verfassers »meiner mit der publication dises discours sovil müglich mit gnaden zu verschonen« und seinen Namen »bey sich in der eng und gehaimb zu behalten« so verläßlich nach, daß bis heute nur Vermutungen darüber bestehen, wer es etwa *nicht* gewesen sei.

Im Vorwort bezeichnet sich der Autor als einen armen Knecht, der samt den Seinigen reichliche Guttaten und Gnaden seitens des Erzbischofs erfahren habe.

Nachdem zwischen Auftrag und Ablieferung der Schrift kaum vierzehn Tage lagen, muß er in Salzburg beheimatet gewesen sein. Er erklärt, wenn er sein Gutachten ehrlich erstellen solle, werde er die römische kaiserliche Majestät und deren vornehme

Räte »mit deren empfindligkhait etwas stark angreiffen« – was ganz im Sinne Wolf Dietrichs war – und vergleicht sich mit einem Arzt, welcher dem Patienten auch einmal eine bittere Pille reichen muß.

Vieles ist schon aus früheren Äußerungen des Raitenauers bekannt, besonders seine Bevorzugung einer kleinen, aber elitären Truppe. Jetzt aber geht er ins Detail und nennt Namen. Der Kaiser habe bisher weder Neigung noch Verständnis für das Kriegswesen gezeigt. Seine Räte, die »alle gescheft in henden« hätten, seien genauso unerfahren wie der Monarch. Im Hofkriegsrat führe Dr. Pezzen das große Wort, der noch nie einen toten Mann gesehen habe. Er, ebenso wie der Präsident dieses Kollegiums, David Ungnad, hätten ihre Erfahrungen nur am Sultanshof in Konstantinopel gesammelt, wo beide lange Zeit als Botschafter verbrachten. Im Felde selbst sei es bisher – außer zu den Zeiten des Grafen Mannsfeld – genauso übel bestellt gewesen. Dem Bruder des Kaisers als General habe man unfähige Hauptleute an die Seite gestellt, welche mehr nach der Gunst als der Geschicklichkeit ausgewählt würden. Zuallererst sei es daher nötig, die führenden Stellungen anders zu besetzen. Geschehe das nicht, so wären alle Hilfeleistungen der Erblande wie der Reichsstände vergeblich. Nachdem die Erblande aber dem Kaiser zu viel Respekt schulden, um energisch auftreten zu können, müßten die Stände und Kreise des Reiches die Sache in die Hand nehmen und dürften sich nicht länger durch Worte und Versprechungen der kaiserlichen Räte hinhalten lassen. Die einzig wirksame Demonstration wäre eine Verzögerung der Hilfeleistungen an das Reich, bis ein neuer Befehlshaber eingesetzt und eine kontinuierlich bessere Kriegsführung gewährleistet sei. Davon dürfe sich kein Kreis ausschließen. Auch müßten die Beschlüsse noch vor dem Winter gefaßt werden, damit im Frühjahr unter neuer Führung erfolgreicher gekämpft werden könne. Vorher aber müßten alle Streitigkeiten unter den Reichsständen beigelegt werden.

Bezeichnend für seine neue Einstellung ist, daß er, der katholische Kirchenfürst, jetzt fordert, »das different der religionen im reich« müsse aus solchem Anlaß beiseite getan und kein

Reichsstand dürfe bei der Zusammenkunft ausgeschlossen werden. Einziges Beratungsthema des Konvents müsse die Abwehr der türkischen Gefahr bilden. Als Tagungsort schlägt er Nürnberg vor. Die Ausschaltung von Regensburg, wo die Reichstage abgehalten wurden, soll den besonderen Charakter der Versammlung betonen.

Damit hat der fürstliche Autor in großen Zügen die vordringlichsten Schritte dargelegt und begibt sich nun auf sein beliebtes Feld kriegstechnischer Einzelheiten. Der anonyme Gutachter stimmt mit ihm auch darin überein, daß es vorteilhafter sei, Söldner anzuwerben, statt die eigenen Untertanen zu bewaffnen und aus ihnen eine Landwehr zu bilden. Aber nur Wolf Dietrich selbst spricht die Begründung dafür offenherzig aus: die Unerfahrenheit des bewehrten Landvolkes würde dazu führen, daß es im Ernstfall die Flucht ergreifen und andere dabei mitreißen könnte. Die Banditen Italiens zum Beispiel, wo ein paar hundert Abenteurer oft ganze Provinzen terrorisieren, könnten nie mit der Landwehr, sondern nur mit geworbenen Milizen ausgerottet werden. Und wie verhalte es sich im gegenwärtigen Krieg? Das steirische Aufgebot sei gleich zu Beginn geschlagen worden, auf die Ungarn sei kein Verlaß, aber geworbene Truppen unter guten Führern hätten den Pascha von Bosnien besiegt und Gran rückerobert. Tapfere und erfahrene Kriegsobristen wollten übrigens mit dem »zusammengeklaubten Volk« der Landwehr längst nichts mehr zu tun haben.

Und nun läßt der Raitenauer in Ausführungen, die gerade in diesem Punkt weit über die des Anonymus hinausgehen, die nie bezwungene Katze seines Mißtrauens aus dem Sack: »so felt auch weitters diss bedenkhen bey dem landvolkh für, das, so man demselben die wher also on all weiter nachdenkhen in die handt geben soll, sy dieselben leichtlich mher wider ir obrigkhait als den feindt zu gebrauchen, inmassen newlich im landt ob der Ens beschechen, lusten möchten lassen«.

Der oberösterreichische Aufstand von 1595, in welchem er dem Kaiser beigesprungen war, bestärkte Wolf Dietrich demnach in der Meinung, man müsse sich hüten, das eigene Volk zu bewaffnen. Und so schreibt er weiters, die Söldner hätten auch noch den Vorteil, daß »man dem feindt zugleich widerstandt thun undt im fal domitt den widerspennigen underthonen in der gehorsam erhalten khan.«

Die Untertanen sollen lieber »ihrer arbaitt, hantierung und dem veldtbaw abwonen, domit man von denselben so vil haben möcht, das sy darvon bey rhue undt sicherhaitt erhalten undt das geworbne volkh auch underhalten möcht werden.« Fielen die eigenen Untertanen, so entstünden viele Witwen und Waisen, was den Herrn verhaßt mache und den Feldbau der Arbeitskräfte beraube. Die Söldner aber seien »ein gesindl, so schier zu nichten anderem tauglich als zu krieg.« Fielen diese, so seien sie bald vergessen. Zwar komme das geworbene Volk zunächst teurer, angesichts der Gefahr bei der Bewaffnung der eigenen Untertanen und der ungeschmälerten Einkünfte, wenn sie daheim blieben, seien die Söldner aber dennoch vorteilhafter.

Sie müßten allerdings in Übung gehalten werden. Das könnte am besten geschehen – Wolf Dietrich wechselt von der Theorie wieder zur Aktualität über – indem man »die deffension ettwas vern vom reich undt nahendt gegen den feindt anstell.«

Die Verteidigung soll also mit einem Gegenangriff verbunden werden, um den Krieg in Feindesland abzuwickeln. Aber das Reich darf nicht alle seine Kräfte in einem einzigen Großangriff einsetzen, der ja auch scheitern könnte. Eine kleine, aber gut geführte, tapfere und erfahrene Truppe – sein stets aufs neue gerittenes Steckenpferd – könnte mehr ausrichten, als eine große Anzahl von Soldaten, besonders wenn »verstendige und genugsam bedachte kriegshandlungen mit arglistigkaitt undt gehaim underspikht« würden. Vier Regimenter, jedes 3000 Mann stark, zu jedem Regiment 1000 Pferde und Artillerie, ferner 2000 Schanzbauern, müßten genügen. Auch sollten die Männer nicht monatlich bezahlt werden, »dieweil ainer, der nichts in rest hat, leichtlich umb ein jettwedern abdankh darvonstreicht«. Auch zur Flucht entschließe sich einer nur schwer, dessen Sold noch ausstehe. Übrigens kehren die ausbezahlten Knechte, die ihr Geld »khaum so baldt eingenommen, das es nitt verspilt oder verbrast sey«, zu Ende eines Feldzuges ebenso zerrissen und arm heim, wie sie gekommen seien. Für die Offiziere sollte der gleiche Bezahlungsmodus gelten, dafür aber nach glücklichem Kriegsausgang eine eventuelle Beute »nach der proportion der hilffen« verteilt werden.

Die Erinnerung an seine eigene Jugend und verfehlte Berufswahl läßt den Salzburger Erzbischof trotz seines Aufstieges nicht los: »Aus solchem khundt inkhinfftig diss guett entstehen, das die jungen fürsten- undt herrenkhinder wie auch die von der ritterschafft so mitt vilen geswistrigen beladen undt aber zu dem gaistlichen standt nitt lust oder gelegenhaitt hetten, sich one beschwerung der ihrigen an dergleichen orten in besazung underhalten undt zum thail zu befehlen befürdert . . .. werden«. Weitere konkrete Vorschläge: am besten aus den Niederlanden oder Frankreich sollte ein General gemeinsam von den Reichsständen bestellt und auf sie alle angelobt werden. Mit ihm zusammen sollte ein kleiner Ausschuß der Kreise die oberste Leitung des gesamten Reichskriegswesens übernehmen. Ihrer Majestät wäre mit einem solchen einzelnen Reichsgeneral besser gedient als mit dem bisherigen »mischmasch und oliapodeda«. Es sei nicht billig, daß das Reich die Unordnung, die vom Kaiserhof ausgehe, entgelten müsse. Besonders sollten die kaiserlichen Räte mehr das allgemeine Wohl im Auge haben, als »ihre privat schendliche interessen«.

Obwohl das Gutachten stellenweise recht schroff klingt, enthielt es nicht mehr als die Wahrheit, soweit es die bestehende Lage kritisierte, und wohl durchdachte, zielführende Vorschläge für die notwendigen Maßnahmen. Ein etwas später erstelltes Gutachten von Zacharias Geizkofler, der außer Reichspfennigmeister bis 1600 auch oberster Proviantmeister des Kaisers war, klagte in sehr ähnlicher Weise über Unordnung, schlechte Bezahlung, Hunger, Meuterei und Desertion im Heer, Bestechlichkeit der Kriegsräte und die Besetzung von Kommandostellen mit Unfähigen.

Inzwischen lief das Spiel um die Türkenhilfe weiter, wobei die Positionen der Verhandlungspartner mehrfach wechselten. Einmal zog Wolf Dietrich, ein andermal Bayern den Ablauf hinaus. Kaiser Rudolf seinerseits wartete mit der Einberufung von Reichstagen immer so lange, bis er sie einfach nicht länger umgehen konnte. So war es auch 1594 gewesen. Damals stand der Salzburger Erzbischof noch auf der Seite des Monarchen und gegen Bayern, das er nun als Partner zu gewinnen suchte. Doch schon beim Bayrischen Kreistag vom März 1596 zeigte er sich wieder als Einzelgänger. Er beharrte darauf, Türkenhilfe nicht gemeinsam mit den anderen Kreismitgliedern zu leisten, sondern seine Söldner selbst zu werben und zu bezahlen. Schließlich sandte er dem Kaiser 500 Mann unter Kaspar von Stadion, welche bei Erlau größtenteils aufgerieben wurden. Die Niederschlagung des Aufstandes im Salzkammergut, so teilte er dem Hofkriegsrat mit, habe ihn so viel gekostet, daß er nicht mehr leisten könne. (Wie erinnerlich, fiel bei diesem Aufstand kaum ein Schuß, weil die Bauern verschreckt zurückwichen.) Er betrieb also passive Resistenz, um seinen Ansichten zum Durchbruch zu verhelfen.

Im Jahre 1596 fand noch ein zweiter Kreistag statt. Bayern, Salzburg und Pfalz-Neuenburg bildeten nach der Kreisverfassung des Reiches zusammen mit einigen kleineren Ständen den Bayrischen Kreis. Eine wesentliche Aufgabe der Kreise war die Einhebung und Aufbewahrung von Reichssteuern, was dem Kreisvorsitzenden eine gewisse Machtposition verlieh.

Dieser Vorsitz wurde nun trotz Salzburgs Protest alternierend mit Bayern ausgeübt, was der Rivalität weitere Nahrung gab. Dazu war der latente Salzstreit wieder einmal ausgebrochen. Salzburg und Bayern, ausnahmsweise einig, hatten in einem Vertrag Passau und andere Städte vom Salzbezug gänzlich ausgeschlossen. Diese hatten sich an das Reichskammergericht gewendet und das Urteil lautete auf Aufhebung des Vertrages. Nun machte Wolf Dietrich weitere Hilfeleistungen von einer Revision des Urteils abhängig. Aber auch an diesem Standpunkt hielt er nicht fest, sondern bequemte sich schließlich, dem Kaiser Geschütze aus Salzburger Gießereien und Munition, angeblich im Wert von 100 000 Gulden, zu liefern. Solche Ziffernangaben sind jedoch eher als eine Umschreibung von »sehr viel« denn als verläßliche Größenordnung anzusehen.

Dafür verlieh ihm Rudolf II. die Oberhoheit über die inzwischen zu einem stattlichen Landgut vergrößerte Herrschaft Langenstein in den heimatlichen Vorlanden. Dem Bayrischen Kreis gegenüber blieb der Erzbischof jedoch in seinem temporären Schneckenhaus. Einen Vorschlag Maximilians, ein Treffen mit Erzherzog Matthias und dem Grafen von Pfalz-Neuenburg in Salzburg zu arrangieren, lehnte er mit der wenig plausiblen Ausrede ab, er könne so hohe Gäste nicht entsprechend beherbergen. Offenkundig war er vergrämt, weil sein »Türkengutachten« bei den Kreispartnern nicht den erhofften Widerhall fand. Andernfalls hätte er die Gelegenheit einer Gipfelkonferenz in der eigenen Hauptstadt sicher begierig ergriffen.

Auch der Reichstag zu Regensburg von 1597 sah Wolf Dietrich nicht persönlich auf der »geistlichen Bank«. Seine Abgesandten, Balthasar von Raunach als Senior des Kapitels, Bischof Martin von Seckau und die Hofräte Fabrici und Gröpper, vertraten ihren Fürsten und förderten überraschende Instruktionen zutage. Hatte der Erzbischof bis zum vergangenen Jahr dringend eine Offensive gegen die Türken empfohlen, so ließ er jetzt mit beredten Worten für defensive Kriegführung plädieren. Seine Vertreter argumentierten, daß weder der Papst noch Venedig oder Polen sich in einen Offensivkrieg einließen. Warum sollte also das Reich solches unternehmen? Mit Italien und Spanien könne man kaum rechnen, Deutschland sei geschwächt, die Erblande verarmt. Alle bedürften, wie der Kaiser selbst sage, der Ruhe und des Friedens. Am ratsamsten wäre es, einen solchen zu schließen, ansonsten müsse man sich auf die Verteidigung beschränken.

Diese Ausführungen, durch plausible Argumente einleuchtend begründet, bedeuteten zwar eine völlige Umkehr von Wolf Dietrichs bisheriger Haltung, hatten aber ihre Ursachen sowohl in der bisher so erfolglosen Strategie des Kaisers als auch in innersalzburgischen Verhältnissen. Der Raitenauer neigte niemals zur Sparsamkeit und in seinem Bistum wurde Geld allmählich knapp. Trotz neuer Bergwerksordnungen sackten die Montanerträgnisse ab, Bayern wollte keine höheren Salzpreise bezahlen, Teuerung, Pest und Hochwasser zehrten an den Einkünften ebenso wie überstürzte Bautätigkeit. Dazu kam, daß die kostspielige Abwehr der Türken bestenfalls auf der Stelle trat. Nein, Salzburg war diesmal nicht bereit, mehr als acht Römermonate zu bewilligen.

Dem Ruf des Erzbischofs keineswegs zuträglich war nur, daß sich die protestantischen Stände wie ein Mann erfreut auf seine Seite schlugen. Als Wolf Dietrich noch dazu erklärte, er fühle sich an Mehrheitsbeschlüsse nicht gebunden, wollten sie diesen Grundsatz gleich auch auf Religionsfragen angewendet wissen. Die Gruppe wurde zwar überstimmt, auch Wolf Dietrich schickte wieder seine drei Fähnlein nach dem Osten, aber der Makel blieb. Der Reichstagsabschied empfahl noch, die Untertanen zu Buße und Besserung aufzurufen, jeden Mittag die Glokken zu läuten und um Beglückung der Waffen gegen die Türken zu beten. Dagegen hatte Wolf Dietrich nichts einzuwenden. Er tat sogar noch ein Übriges und ließ an Sonn- und Feiertagen vor den Pfarrkirchen Kisten und Säcke aufstellen, um darin Naturalspenden für Verwundete und Kranke einzusammeln. In Wahrheit stand ihm Seine katholische Majestät ja doch näher als die protestantischen Fürsten. So schickte er denn bis zum Jahre 1602 fast alljährlich einige Fähnlein Truppen gegen die Türken und half dadurch mit, Stuhlweissenburg zurückzuerobern. Die Bezahlung der bedungenen Geldbeträge an den Kaiser wußte er jedoch mit immer neuem Feilschen und der Anrechnung uralter Gegenforderungen hinauszuzögern.

Schon vor seinem offiziellen »Türkengutachten« hatte der Raitenauer mit der Abfassung einer Schrift begonnen, in welcher der Krieg durch Bibelzitate gerechtfertigt werden sollte. Unter dem Titel »Biblische und christliche Kriegsordnung« bilden diese Aufzeichnungen ein seltsames Dokument für die bis heute übliche Verquickung von Krieg und Religion. Schon in der Vorrede erklärt er, sein »fürnemst Intent und Vorhaben« sei es, »durch disen Tractat unsern Kriegsleitten ein mehrers Vertrawen zu der göttlichen Allmacht und Barmerzigkaitt einzubilden«.[5]

Ungefähr die Hälfte der geplanten Kapitel sind vorhanden. Nachdem darin die Jahreszahlen 1596 und 1600 erwähnt werden, beschäftigte ihn diese Arbeit offenbar während mehrerer Jahre. Anders als seine religiösen Aufzeichnungen wendet sie sich ausdrücklich an Leser, die er belehren möchte. Seine Vorschläge, so erklärt er, seien keine bloße Theorie oder »empsige

Speculation«. Vielmehr fühle er sich gezwungen, Probleme der Kriegsführung schon deshalb zu bedenken,« . . . . damit ich als derjenig, welcher der gefahr so gar weitt nit entsessen, auff den Nottfall auch ettlichermassen zu der deffension meines Stiffts unterthonen undt anbevolchen desto besser gefasst und beherzt sein möchte.« Neben der Meinung der Heiligen Schrift will er auch seine eigene kundtun. Schließlich könnten, so meint er, auch erfahrene Kriegpraktiker immer noch zulernen.

Die Friedensbotschaft des Neuen Testaments ließ sich nicht gut zur Rechtfertigung des Krieges heranziehen, also mußte der militante Bischof auf das Alte Testament zurückgreifen. Dort fand er genügend Schlachten, welche durch göttliches Eingreifen gewonnen worden waren und sich daher als Beweis dafür eigneten, daß der Krieg Gott wohlgefällig sei. Als leuchtende Beispiele stellte er Moses und David den zeitgenössischen Feldherren gegenüber, die nur »erfarn in panquett zuzurichten undt den frawnzimmern auff den Dienst zu warten« seien. Der wahre Führer muß außer Mut, Gottesfurcht und Weisheit auch das Glück an seiner Seite haben, führt er aus, und dazu womöglich »von schöner Person« sein. Vermutlich dachte der Neffe dabei wieder einmal bewundernd an den erfolgreichen Generalgouverneur Jakob Hannibal von Hohenems, der alle diese Forderungen verkörperte. Es folgt eine ausgefeilte Kriegsordnung, in der er sich über Werbung, Truppeneinteilung, Bewaffnung und ordentliche Betreuung eines Heeres verbreitet und viele Male Gott als Zeugen heranzieht, beispielsweise dafür, daß die größere Zahl der Soldaten im Krieg »nitt allwegen fürtreglich oder auch Gott annehmlich sey«. Schließlich verlangt er, daß jeder Feldherr fünf Fertigkeiten erlernen und beherrschen soll: ein Lager aufschlagen, die Schlacht nicht fliehen, die Truppe in der günstigsten Kampfordnung aufstellen, eine Festung erstürmen und das eigene Land verteidigen. Ein guter Offizier muß Entschlußkraft mit Urteilsvermögen verbinden und seine Pläne rasch abändern und anpassen können.

Außer der Bibel und den antiken Schriftstellern dürfte die Schrift auch durch Machiavellis »Sieben Bücher von der Kriegskunst«, Lazarus von Schwendis »Bestallung des ganzen Kriegswesens«

und Girolamo Galimbertis vielgelesenen »Capitano Generale« beeinflußt sein. Das letztgenannte Buch hatte schon der Reichsgraf Jakob Hannibal besessen. Es war 1556 bereits in zweiter Auflage in Venedig erschienen. Darin werden die gleichen Kardinaltugenden des idealen Feldherrn aufgezählt, die auch Wolf Dietrich forderte: Selbstdisziplin, Tapferkeit und gutes Aussehen. Die weitere Forderung, daß ein guter Heerführer imstande sein müsse, seine Truppe mit Autorität zu lenken und kein verderbliches Wohlleben zuzulassen, war sehr praxisbezogen. Den Landsknechten war ihre Bedeutung allmählich zu Kopf gestiegen. Schon die gemeinen Knechte forderten 14 Gulden Sold, daneben immer größere Vergünstigungen. Täglich erhielten sie ein Laib Brot, ein Pfund Rindfleisch und zwei Maß Wein, sowie Troßbuben zu ihrer Bedienung und der Betreuung ihrer geckenhaften Kleidung. Sie trugen geschlitzte, farbig unterfütterte Wämser und Hosen, breite Kuhmaulschuhe und ausladende, federngeschmückte Baretts. Da sie von ihren Führern als wertvolles, schwer ersetzbares Betriebskapital gehütet wurden, verliefen die Schlachten meist weniger blutig, als später oft angenommen wurde. Man zog es vor, Imponierhaltung zu zeigen, im Feindesland zu sengen und zu brennen, viele Gefangene zu machen und diese gegen Lösegeld wieder zurückzustellen.

Die Bewaffnung bestand in Spießen, Hellebarden, Streitäxten und Schwertern, welche nur sehr langsam durch Feuerwaffen verdrängt wurden. Wer allerdings eine solche mitbrachte, bekam den doppelten Sold, und das mit gutem Grund. Wurden doch Musketenträger im Fall der Gefangennahme häufiger niedergemetzelt als die einfachen Söldner, weil ihre Waffen argen Schrecken und dabei große Verachtung erzeugten. Es sei »nie khain schedliche oder erschreckliche wher in brauch gewest, die mit den haggen undt mosceten verglichen mögen werden«, schrieb Wolf Dietrich nieder, wobei er mit den »haggen« die neu aufgekommenen Hakenbüchsen meinte.

Die Männer waren in Fähnlein von rund 300 Mann eingeteilt, diese wieder in Rotten zu zehn Spießen oder Helmen. Die verantwortungsreichste Stellung bekleidete der Fähnrich, von dem fast Übermenschliches verlangt wurde: er mußte schwören, die

Fahne mit den Zähnen festzuhalten, falls seine Hände verwundet wurden, und sich lieber darin einzuwickeln und so zu sterben, als sie preiszugeben.

Mit dem Heer pflegte ein Haufe von Marketendern, Weibern und fliegenden Händlern mitzuziehen, welche das Kriegsgeschehen behinderten und die Soldaten schröpften.

Nur ein kraftvoller Offizier, welchen diese Kerle zugleich fürchteten und achteten, könnte mit ihnen fertigwerden – und genau an solchen entschlossenen Männern mangelte es im kaiserlichen Heer.

Wäre Wolf Dietrich wirklich ein großer Feldherr geworden, wenn man ihn nicht der geistlichen Laufbahn verschrieben hätte? Es wurde mehrfach behauptet, doch geben auch seine religiösen Schriften vorzügliche Leitplanken für den idealen Kleriker ab und er beherzigte die selbst aufgestellten Forderungen nicht. Aus diesen Theorien kann also keinesfalls mit Sicherheit auf eine mögliche Praxis geschlossen werden.

Fest steht hingegen, daß die Beschäftigung mit den vordringlichen Alltagsproblemen, zu welchen das Kriegswesen damals zählte, zeitlich mit der veränderten Einstellung des Raitenauers zu Religionspolitik und Papsttum zusammenfiel und diese sehr wahrscheinlich mitbestimmte. Die Veränderung ging allerdings nicht so abrupt vor sich wie vieles andere in seinem Leben. Schon ab 1593 begann ein langsamer Prozeß, eine Art Reifung, ein allmähliches Loslösen aus dem Schoß der Mutter Kirche, eine Abnabelung. Bis dahin hatte der Jesuitenzögling in kindlicher Befangenheit gelebt, im naiv-unerschütterten Vertrauen auf die päpstliche Autorität, auf die verläßliche Rückendeckung, die Rom ihm nie versagen würde, solange er sich den Lehren der Kirche und den Weisungen ihres Oberhauptes fügte. Dazu kam noch die glückliche – allgemein geteilte – Überzeugung, man müsse nur inbrünstig genug Gottes Gnade herabflehen, dann werde der Herr schon alles zum Guten wenden – das Gute wohl verstanden als die Erfüllung der eigenen Wünsche.

Inzwischen hatte ihn die rauhe Wirklichkeit eines Schlechteren belehrt. Er hatte der Kirche gehorcht und aufrichtig gebetet, dennoch schlugen viele seiner Unternehmungen fehl. Rom richtete sich ganz offenkundig nicht nach emotionellen, sondern nach realpolitischen Erwägungen. Auch Päpste begingen Fehler, zögerten Beschlüsse zu lange hinaus oder standen nicht zu ihren Entscheidungen. Enttäuscht mußte der Salzburger Erzbischof erkennen, daß er sich nur auf sich selbst verlassen konnte. Diese Erkenntnis beeinflußte seine innere Einstellung und damit auch seine Handlungsweise. Allmählich traten Eigenschaften und Denkprozesse ans Licht, die bisher hinter dem hierarchischen Gehorsam zurückgestanden waren. Ideale wichen dem Egoismus, Unterwerfung dem Machtstreben. Auf religiösem Gebiet wechselte der Eifer und die Einseitigkeit zu einem gewissen Maß an Toleranz. Die praktische Auswirkung dieser veränderten Haltung muß allerdings im Licht ihrer Zeit gesehen werden. Toleranz zu Ausgang des 16. Jahrhunderts war recht verschieden von der im 20. geforderten, und bei aller Nachsicht konnte sich der Erzbischof von den diversen »Sektischen« den Ast, auf dem er recht bequem saß, nicht absägen lassen.

In den ersten Jahren nach dem Erlaß seines Religionsmandats waren die Hoffnungen, welche er in das päpstliche Wohlwollen setzte, noch zu unversehrt, als daß er sich in jenen Fragen lax gezeigt hätte, die dem Herzen Roms am nächsten standen. Erst im Laufe seiner politischen Praxis begann der inzwischen Fünfunddreißigjährige zu begreifen, daß der Papst den Gesetzen weltlicher Macht genauso unterworfen war wie jeder andere Regent. Wenngleich die Grenzen des römischen Imperiums auf keiner Landkarte abgesteckt werden konnten, galten dieselben Spielregeln, welche alle anderen Staatsgebilde zu ihrem Fortbestand anwenden mußten: Drang nach Ausweitung, Abschätzung der Freunde wie der Gegner nach ihrer relativen Stärke, Preisgabe der Schwachen um der Starken willen und bedenkenloses Ausspielen aller gegen alle. Auf seinen konkreten Fall bezogen: Geriet der Erzbischof von Salzburg in Konflikt mit dem Kaiser oder dem bayerischen Herzogtum, so konnte er auf keinerlei Beistand des Vatikans rechnen, weil Seine Römische Majestät oder der Führer der Katholischen Liga wertvollere Bundesgenossen waren als ein Bischof, dessen Stellung eo ipso der Jurisdiktion der Kurie unterstand.

Wolf Dietrich konnte beobachten, daß selbst die als integre Katholiken bekannten österreichischen Erzherzöge öfters zögerten, in ihren Ländern die volle Strenge der Religionsgesetze anzuwenden, um nicht ihre meisten Beamten zu verlieren und viele Untertanen aus dem Land zu treiben. Nicht nur erkannte er die politische Raison solchen Vorgehens, auch seiner Natur widerstrebte es im Grunde, brutalen Zwang anzuwenden. Als Folge zeigte sich ein zunehmendes Abweichen von der bedingungslosen Härte seiner frühen Regierungsjahre. Noch 1590 hatte er seinem Pfleger in Abtenau den Auftrag erteilt, zwei Frauen, die »in tiefer Blindheit und ihrer weiblichen unverstendigen Art« von den Irrlehren nicht lassen wollten, außer Landes zu schaffen. Sollten ihren katholisch gebliebenen Männern die Weiber lieber sein als Gott, dann müßten auch sie das Erzbistum verlassen, hatte er angeordnet. Fünf Jahre später sendet er zwar noch immer Franziskaner in die abfallverdächtigen Landgemeinden, aber nur mehr, um zu predigen und die »Kinderlehre« zu halten, nicht um Visitationen und Verhöre von Haus zu Haus zu veranstalten. Abtrünnige werden jetzt befragt, ermahnt und belehrt, nicht gleich ausgewiesen. Übereifrige Gegenreformer pfeift er sogar zurück. Als der Kommissar Dr. Tobias Henschel im Jahre 1596 einige Protestanten unter Berufung auf das Religionsedikt des Jahres 1588 ausweisen will, tadelt ihn der Fürst und gibt dem Pfleger gegenteilige Anweisungen: »Was die Bedrohung der Ausschaffung aus dem Land anlangt, deren sich unser geistlicher Rat in seiner Visitation gebraucht hat, hat er dessen von uns keinen Befehl gehabt und wollen derhalben auch, daß du dich desselben gänzlich enthaltest. Denn unser Vorhaben und Intent ist in diesem Werk, die Seelen unserer Untertanen für Gott zu gewinnen und nicht durch die zuviel übereilte Ausschaffung dieselben dem bösen Feind gleichsam in die Gewalt zu jagen.«[6] Sogar die besonders halsstarrigen Wagrainer, gegen die der Kapuziner Henschel ein strenges Gericht forderte, ließ der Erzbischof an seiner neuen Milde teilhaben und stellte die Visitationen des tätigen Paters schließlich überhaupt ein. Und als ihn 1599 Erzherzog Ferdinand um eilige Hilfe für die Steiermark gegen die Türken bat, lieferte er zwar Munition und Geschütze,

schrieb aber zurück, daß die heftige Verfolgung der Protestanten
im Land die Fortschritte der Türken gefördert habe. Der Erzherzog möge sich Frankreich, England und die Niederlande zu
warnenden Beispielen dienen lassen.
Der Umschwung wurde immer deutlicher und von der katholischen Restaurationspartei dementsprechend übel vermerkt.
Nur in einem Punkt änderte Wolf Dietrich merkwürdigerweise
seinen Standpunkt nie: in der Frage der gemischten Ehen. Dem
Pfarrer von Gastein verbot er kurzerhand, die Kirchentüre zu
öffnen, als der protestantische Gewerke Isak Zott dort die
katholische Eva Wülpenhofer heiraten wollte, und im Jahre 1595
verweigerte er die Eheerlaubnis für Salomes Kusine Felicitas Alt,
die dem verwitweten Protestanten Christoph Weiss versprochen
war. Dessen erste Frau war eine andere Kusine Salomes, Felicitas
Unterholzer, gewesen, und wahrscheinlich fürchtete der Erzbischof, die ganze Familie seiner Lebensgefährtin könnte allmählich in das lutherische Lager hinübergezogen werden, zu dem sich
einige Unterholzers bekannten. Als der Ehebund trotz des
salzburgischen Verbots im toleranteren Oberösterreich geschlossen wurde, sperrte der Raitenauer die Ausfuhr der Mitgift nach
Wels, wo Christoph Weiss Wohnsitz genommen hatte. Dieser
»Handelsfaktor« und vormalige Hofdiener des Erzherzogs Matthias muß ein großherziger Mann gewesen sein: Als Salome Jahre
später mit ihren Kindern in der Not Zuflucht bei dem Paar in
Wels suchte, nahm es sie in seinem Haus auf und stand ihr nach
Kräften bei, statt die erfahrene Unbill zu vergelten.
Auch die Ehe Zott-Wülpenhofer war trotz der verriegelten
Kirchentüre zustandegekommen, aber nicht vom Glück beglei-
tet, denn der Gewerke starb schon zwei Jahre danach. Der
Erzbischof zeigte einen weniger edlen Charakter als der Handels-
mann. Zott durfte nicht in der Kirche beigesetzt werden. »Hat er
lebig nit in die Kirchen wollen, so pleip er tot auch daraus«,
lautete der fürstliche Spruch.
Die einzige Ausnahme von seinen Eheverboten betraf einen
protestantischen Mauteinnehmer in Aussee im österreichischen
Salzkammergut, der die katholische Judith Guetraterin zur Frau
haben wollte. Für dieses Paar setzte sich die steirische Erzherzo-

ginmutter Maria, eine Schwester Wilhelms von Bayern, persönlich ein. So unklug, auch in diesem Fall hart zu bleiben, war der Raitenauer nun doch nicht. Trotzdem hört man der Genehmigung förmlich an, wie widerwillig sie gegeben wurde: »In Ansehung dieser Fürschrift (Fürbitte), auch das die Erfahrenheit gibt, daß die Weiber öffter die Männer als viceversa bekert haben, mag dieser Heirat meinthalben sein Vortgang haben.«

Bevor Wolf Dietrich seine Haltung revidierte, war jedoch schon viel Leid verursacht worden. Männer verloren ihren Broterwerb, Frauen mußten ihre Kinder zurücklassen – ob sie sie mitnehmen durften, entschied allein der Erzbischof –, Protestanten, die in der Stadt Salzburg starben, wurden außerhalb der Stadtmauern oder sogar der Grenzen des Erzstiftes beerdigt. Besonders streng prüfte der Landesherr von Anbeginn die katholische Gesinnung seiner Beamten. Erwiesen sie sich als Ketzer wie etwa die Familie Thenn, welche durch Generationen die erzbischöfliche Münze betrieben und den Landesherren in manchen Notlagen ausgeholfen hatte, so gab es keinerlei Nachsicht. Den Thenn folgten die Geizkofler als Münzmeister, und sogar die künstlerisch wertvollen Grabdenkmäler der Familie Thenn wurden zerstört.

Wenn neuerdings die Protestanten mit größerer Duldung rechnen konnten, so blieb eine einzige Sekte weiterhin von hochnotpeinlichen Strafen bedroht, nämlich die Wiedertäufer. Sie legten die Bibel ganz wörtlich aus, liefen nackt herum, da der Herr ja die Lilien auf dem Felde kleide, schnitten ihr Haupthaar nicht, weil ohne den Willen Gottes kein Haar vom Kopf eines Menschen fallen solle, setzten sich in Gruppen zusammen und warteten auf das Manna vom Himmel. Was aber bedeutend schwerer wog: sie predigten die Abschaffung der Ehe und der staatlichen Oberhoheit. Das stempelte sie außer zu Sektierern noch zu politisch gefährlichen Anarchisten. Nirgends gab es Gnade für die Angehörigen dieser Sekte, dabei war der Salzburger Erzbischof Matthäus Lang mit 38 geköpften oder in der Roßschwemme ertränkten Wiedertäufern noch weit hinter Tirol oder Bayern zurückgeblieben. In einem geistlichen Fürstentum durfte der Kampf gegen solche Aufrührer nicht erlahmen, stellte der Glaubensstreit hier doch die Regierungsgrundlage überhaupt in Frage. Also unter-

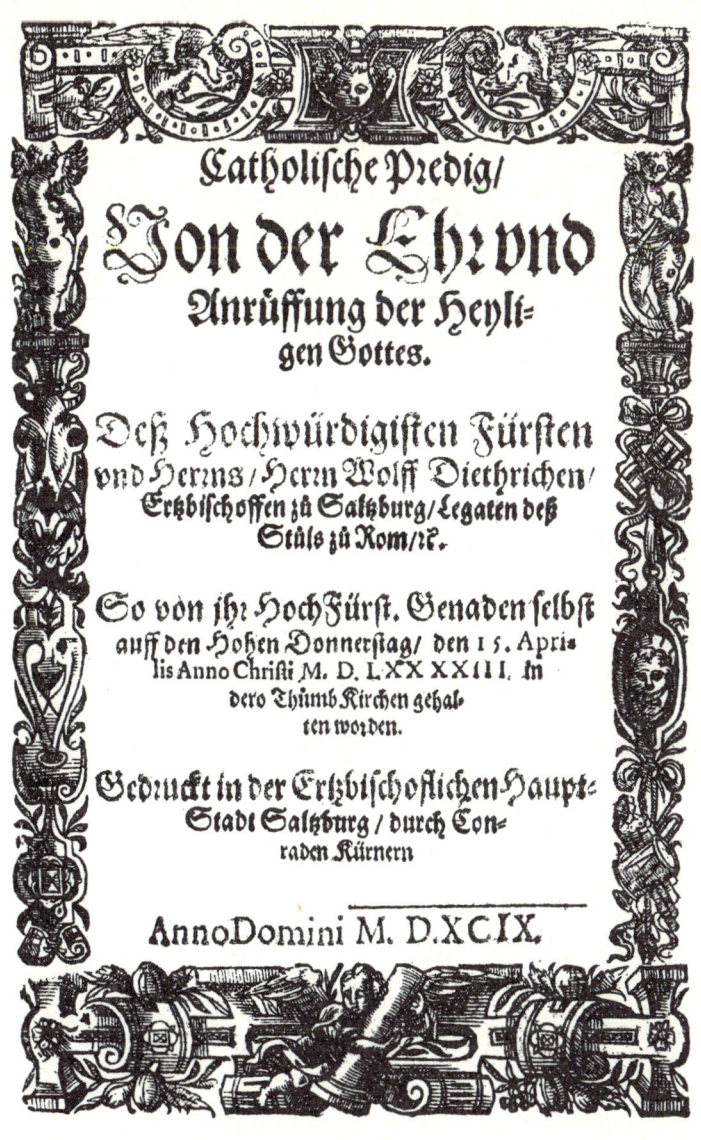

Catholische Predig/
Von der Ehr vnd
Anrüffung der Heyli-
gen Gottes.

Deß Hochwürdigisten Fürsten
vnd Herrns/Herrn Wolff Diethrichen/
Ertzbischoffen zů Saltzburg/Legaten deß
Stůls zů Rom/rc.

So von ihr HochFürst. Genaden selbst
auff den Hohen Donnerstag/ den 15. Apri-
lis Anno Christi M. D. LXXXXIIII. in
dero Thůmb Kirchen gehal-
ten worden.

Gedruckt in der Ertzbischofflichen Haupt-
Stadt Saltzburg / durch Con-
raden Kürnern

AnnoDomini M. D.XCIX.

*Titelblatt der einzigen erhaltenen Predigt Wolf Dietrichs. Sie
wurde 1599 in Salzburg gedruckt*

zeichnete der Raitenauer noch am 1. Juli 1593 einen Erlaß, wonach ertappte Wiedertäufer mit Feuer und Schwert hingerichtet und ihr Besitz für die erzbischöfliche Kammer eingezogen werden sollte. Obwohl auch sämtliche Habe Ausgewiesener oder Geflohener als verfallen galt, wurden die Beträge, welche auf solche Weise eingingen, von Jahr zu Jahr geringer. Bald wanderten nur noch jene aus, die ohnehin nichts zu verlieren hatten, während Wohlhabende im Lande blieben und sich als Katholiken gebärdeten. Thomas Mittersteiner, Propst und Pfleger zu Werfen, machte sich keine Illusionen über die Rechtgläubigkeit seines Sprengels. »Wann das Einzihen des Gelts nit wär«, berichtete er an den Hof, »und ihnen dasselbe mitzubringen zugesehen worden wäre, so waren die meisten und reichsten Bauern . . . alls hinweg in das Land Mähren gezogen.«

Das schärfere oder mildere Vorgehen Wolf Dietrichs gegen die abtrünnigen Katholiken stand jedoch in keinerlei Zusammenhang mit seinem persönlichen Glauben. Viele seiner Worte, seiner Schriften und die Exerzitien, denen er sich mehrmals im Stift von St. Peter unterzog, bezeugen, daß Gott der stets gegenwärtige Gefährte seines Lebens war. Zu St. Peter schloß er sich in einer kleinen Zelle ein, las täglich die Messe und lebte, nur von einem Diener betreut, mit den Mönchen nach ihrer strengen Regel. Am Gründonnerstag 1593 bestieg er selbst die Kanzel – was die Gemeinde für einen Erzbischof höchst erstaunlich fand – und predigte »Von der Ehr und Anrueffung der Heyligen Gottes«.[7] Diese einzige seiner Predigten, die gedruckt erhalten ist, richtete sich polemisch gegen das Ketzertum, welches ja die Macht der Heiligen verneinte, besonders aber gegen Martin Luther, von dem er im derben Stil der Zeit erklärt, er sei nichts als ein ausgelaufener Mönch, der all sein Leben lang ein fleischlich, viehisch und gottlos Wesen gezeigt habe. Luther selbst hatte seinen Salzburger Zeitgenossen Matthäus Lang schlicht und einfach als »Unthier« bezeichnet. So blieben einander die religiösen Häupter nichts schuldig.

Gab es schon im engsten Bereich der Hauptstadt genügend Religionsprobleme, so wuchsen diese mit der Entfernung vom Sitz des Erzbischofs. Ein besonderes Sorgenkind bildeten die steirischen Enklaven, weil dort die Erzbischöfe nicht gleichzeitig Landesherren waren, die das Sagen hatten, sondern simple Mitglieder der »Landschaft«. Nur die mit Erzherzog Karl abgeschlossenen Religionspazifikationen hielten den steirischen Adel noch davon ab, den Protestantismus als herrschende Religion im Lande zu proklamieren. Aber unter Berufung auf die ihnen zugesagte volle Duldung stellten sie sich hartnäckig gegen jede Anordnung aus Salzburg. Kirchen und Klöster nahmen sie ganz besonders in die Steuerzange. Mit diesem Druckmittel wurde auf den Landtagen »um die Religion gekramt«: hie religiöse Zugeständnisse – da Steuererleichterungen. Nachdem mehrere protestantisch konvertierte Verwandte der letzten beiden Erzbischöfe vor Wolf Dietrich in einflußreichen Stellungen saßen, war ihre Sprache besonders selbstbewußt geworden. Die Gegenreformation gewann allerdings durch die Berufung von Jesuiten nach Graz an Boden – hier machte sich der Einfluß zweier bayerischer Prinzessinnen geltend, welche in die Steiermark heirateten – doch blieb die Gefahr einer Infiltration für das Kernland Salzburg weiterhin unverändert groß. Bereits wanderten Salzburger Protestanten scharenweise über die nächstgelegene oberösterreichische oder steirische Grenze, um ihre Prädikanten zu hören und das Abendmahl in beiderlei Gestalt zu empfangen. Die Abtrünnigkeit nahm solche Ausmaße an, daß der Papst Wolf Dietrich deshalb Vorhaltungen machte. Wo war der engagierte Streiter Roms geblieben?

Als besondere Zentren des Ketzertums galten das Salzkammergut, das Gebiet um den Attersee und die dem Lungau benachbarten Gegenden der Steiermark. Unterstützt vom Fürstbischof Martin Brenner von Seckau machte sich Wolf Dietrich an die Aufgabe, die sektischen Bewegungen in den außerhalb des Landesverbandes gelegenen Gebieten einzudämmen, erregte aber sofort Empörung beim eingesessenen Adel, dessen Mitglieder in einem mit 44 Siegeln versehenen Schreiben vom 5. März 1592 kaum verhüllte Drohungen ausstießen: der Erzbischof werde durch seine Maßnahmen im Lande bald eine solche »zerritligkait« verursachen, daß ihm hernach die Verantwortung schwerfallen würde.

Aber schon am 31. März konnte Bischof Martin berichten, daß er in Graz wenigstens die Zusage erhalten habe, die Städte und Märkte würden von der Religionsfreiheit ausgenommen werden. Dem steirischen Erzherzog gegenüber hatte der Bischof argumentiert, daß »die Annehmlichkeit und fleischliche Tendenz des neuen Evangeliums« diesem immer neue Anhänger zuführen und die Landstände sich schließlich alle Macht anmaßen würden. Was aber bliebe den Landesherren dann noch? Das hatte Eindruck gemacht, weil Fürsten bekanntlich ihre Stellungen noch weniger gerne verlieren als gewöhnliche Sterbliche.

Funktionierte also die Zusammenarbeit mit dem Bischof von Seckau klaglos, so kam der Raitenauer weniger gut mit dem hochgelehrten Redner und Schriftsteller Georg Stobäus von Palmburg zurecht, welcher das Salzburg unterstellte Bistum Lavant innehatte. Dieser fanatische Preuße hing voll Überzeugung der katholischen Restaurationspartei an, die mit ihrer selbstgefälligen Unnachgiebigkeit dem Erzbischof langsam lästig zu werden begann. Stobäus predigte drastisches Vorgehen, nicht nur gegen die Ketzer, sondern auch gegen andere Sünder. Vom ortsansässigen Richter verlangte er, eine Ehebrecherin zu verhaften und sprach, als dieser sich weigerte, ungesäumt den Kirchenbann gegen ihn aus.

Damit hatte der Bischof seine Befugnisse jedoch überschritten. Wolf Dietrich, der keinen Eingriff in seine weltlichen Rechte duldete, ließ den Bann öffentlich und »mit vielem Gepränge« von seinem Archidiakon aufheben. Darüber geriet nun Stobäus in heiligen und wortreichen Zorn, behauptete, seine Diözese sei, als er sie vor fünfzehn Jahren übernommen habe, eine »Magd der Sünde gewesen und nur mit Mühe von ihm gereinigt« worden. Wolf Dietrich habe mit Hilfe des »stumpfsinnigen und verworfenen« Erzpriesters, der sich zudem aufgeführt habe wie ein Bacchant, alle seine Bestrebungen vernichtet.

Wolf Dietrich parierte, indem er Stobäus auftrug, die Priester von Lavant anständiger zu halten und zu bezahlen, und ignorierte im übrigen die Empörung dieses Gerechten, der jedoch mächtige Freunde besaß. Dazu zählte der päpstliche Nuntius in Graz, Hieronymus Porta, der dem Raitenauer ohnehin nicht wohlgesinnt war. Und auch das Wortspiel, das der Eiferer anwendete, machte die Runde: Wolf Dietrich sei nicht nur dem Namen nach, sondern auch tatsächlich ein Wolf. (Homo inimicus, tam re quam nomine lupus.)

Neben außenpolitischen Problemen und dem Kampf gegen das Ketzertum lief der landesherrliche Alltag mit Organisations- und Verwaltungsarbeit, mit seinen Anforderungen an Urteilsfähigkeit, Tatkraft und Entschlußfreude unerbittlich weiter. Des Erzbischofs wichtigste Pflicht stellte berufsgemäß die Vorsorge für das zeitliche und ewige Heil der Untertanen dar. Nachdem er sie als eine Art unmündiger Kinder betrachtete, entschied er allein, was für sie gut war und geschehen sollte. Spätere Beobachter, die ihm eine doppelbödige Moral vorwerfen, weil der gleiche Mann, der selbst in wilder Ehe zehn Kinder zeugte, auf der anderen Seite Wirtshäuser aus sittlichen Gründen schloß, das Trinken mißbilligte, Ruhestörer beim Gottesdienst streng bestrafte und sogar einen frechen Burschen, der »einem Dirnlein Gewalt angetan« hatte, zum Tode verurteilen ließ (mitleidige Franziskaner zogen ihn gerade noch unter dem Richtschwert hervor), mißverstehen seinen Charakter und übersehen die Zeitumstände. Wolf Dietrich von Raitenau legte sehr großen Wert auf Zucht und Ordnung. Er nahm seine Aufgabe ernst und besaß das Ehrgefühl seiner Epoche, das uns heute übersteigert erscheint, aber einen Vorläufer späterer Rechtsbewußtseins darstellt. In jenem *einen* Punkt wich seine Auffassung über Obliegenheiten und Verpflichtungen eines Kirchenmannes von der seiner Oberen ab. Daß er die übrigen mit echtem Sendungsbewußtsein und mit einem oft intuitiven Weitblick erfüllte, beweisen viele seiner Maßnahmen.

Hochwasser, Feuersbrünste und Seuchen werden in den alten Chroniken immer wieder mit Entsetzen, aber auch mit einer gewissen Gottergebenheit als verdiente Bestrafung der sündigen Menschheit verzeichnet. Besonders den »sterbenden Läufen«, der Pest, stand man hilflos gegenüber. Obwohl der Ausdruck »infiziert« angewendet wurde, hatte niemand eine Vorstellung davon, auf welche Weise die Seuche von einem zum anderen sprang. Die Ärzte verordneten Aderlässe und Badekuren, man trug Bisamkugeln und andere Wundermittel mit sich herum, aber wie förderlich die hygienischen Zustände jeder Epidemie sein mußten, geht aus der 1547 in Salzburg erlassenen »Stadtsäuberungsverordnung« hervor. »Um fürzukommen dem üblen Geschmack, so die sterbenden läuf bewegen mag«, so heißt es im Text, sollten die Bürger zunächst einmal alle Schweine aus der Stadt schaffen. Der Unrat sollte in die Salzach geschüttet werden, statt auf die Straße oder an die Stadtmauer, und einmal in der Woche müsse jeder vor seinem Haus aufkehren. Auch sollten die »heimlichen Gemächer« gemäß der Polizeiordnung gehalten und der Gestank darin abgestellt werden. Daneben wurden ein Ausgangsverbot und Vorschriften erlassen, wie man die Kleider von Erkrankten zu reinigen habe, bevor sie wieder verwendet würden.

Als die Krankheit im Jahre 1571 in Mailand ausbrach und sich von dort nordwärts ausbreitete, verlegte der Salzburger Erzbischof Johann Jakob seine Hofhaltung nach Mühldorf. Wer sonst noch konnte, floh aus der Stadt. Nach elf Monaten waren 2236 Opfer zu beklagen. Man vermutete die Herkunft dieser wie der meisten Krankheiten im »Miasma«, einer vergifteten Luft, die sich besonders bei Südwind zeige und daran erkannt werden könnte, daß ein über Nacht auf einen Stock gestecktes Brot morgens von Schimmel befallen war, oder Hühner starben, die aufgefangenen Tau getrunken hatten.*

Neuerlich zeigten sich Fälle von Pest im Jahre 1597 in Salzburg, Bayern und Österreich. Im Erzstift war die Stadt Hallein zuerst betroffen. Dort starben an einem einzigen Tag 40 Menschen. Obzwar Wolf Dietrich genauso wenig präzise Kenntnisse von der notwendigen Vorsorge haben konnte wie alle anderen Zeitgenossen, traf er bemerkenswerte Maßnahmen. Nicht nur die Erkrankten, auch alle jene, welche das gleiche Haus bewohnten, mußten die Stadt verlassen. Die befallenen Häuser wurden versperrt und mit Wachen besetzt. Bitten der Bürger, ihre kranken

* Selbst ein seiner Zeit weit vorausdenkender Arzt wie Theophrastus Bombastus Paracelsus von Hohenheim, der 1541 in Salzburg als verkommener Trinker starb, sprach von der »mal-aria«, der Krankheit, die von schlechter Luft kommt.

Angehörigen in der Stadt behalten zu dürfen, damit man sie besser betreuen könne, begegneten zorniger Ablehnung. Sie hatten sich zu einer freiwilligen Steuer erboten, wurden aber mit einer Buße von 800 Gulden belegt, weil sie es unternommen hatten, Seiner hochfürstlichen Gnaden »Maß und Ordnung zu geben«. Nur »Aufwiegler und Unrhuerer« seien sie!

Doch jeder, der sich demütig um Gnadenhilfe an den Hof wendete, erhielt finanzielle Unterstützung. Auch beorderte der Erzbischof zwei Patres in den Vorort Riedenburg, wo die Kranken im sogenannten »Schinderhaus« lagen. Sogar die Franziskaner, ihrer siebzehn, mußten das Kloster am 28. August binnen einer Stunde verlassen und sich auf einem Schifflein »anderstwohin« begeben, weil ein Bruder von der Sammlung krank heimgekehrt war. Stromabwärts ankerten sie und kehrten, »nachdem wieder frische Luft worden« sämtlich gesund zurück, wie denn überhaupt diesmal in der Stadt Salzburg nur etwa 50 Personen an der Pest starben.[8]

Hochwasser, Türkenhilfe, Pestfürsorge, Spendenfreudigkeit, hauptsächlich aber Bauvorhaben und die prächtige Hofhaltung verschlangen Unsummen. Allein die Beträge, die für Kleidung ausgegeben wurden, sind heute kaum mehr vorstellbar, da nur die allerteuersten Materialien, Seiden, Brokate mit echten Gold- und Silberfäden durchwebt, mit Perlen und Edelsteinen bestickt, mit seltenen Pelzen verbrämt verwendet wurden. Dazu kamen die teuren Waffen und Rüstungen, welche weltliche und geistliche Fürsten gleichermaßen anschafften. Schon im Jahr seiner Wahl hatte sich Wolf Dietrich bei dem Mailänder Plattner Pompeo della Chiesa eine prunktvolle Rüstungsausstattung bestellt. (Der größte Teil davon ist in zwei besonderen Schaukästen im Bayerischen Nationalmuseum ausgestellt, weitere Stücke wurden nach London und Leningrad verschlagen.) Das war keine billige Dutzendware. Über und über sind die Harnische, Helme, Fuß- und Armzeug und sogar die Pferderüstung geätzt, geschwärzt und vergoldet. Figürliche Bandfriese, Streumuster von Waffen und Musikinstrumenten und das Wappen der Raitenauer, kombiniert mit dem des Erzstiftes, zieren die Rüstung, die höchsten Herren beim Turnier Ehre gemacht hätte.

Die Besoldungsliste für 286 Hofangestellte betrug rund 45 000 Gulden jährlich. Allein in der Küche arbeiteten 29 Leute, im Stall 46, und mit einem einzigen Trompeter war es längst nicht mehr getan. Schon 1599 beschäftigte Wolf Dietrich sechzehn Hofmusikanten und acht Trompeter, bis 1611 stieg ihre Zahl auf zusammen 31.

Zudem begann der Erzbischof allmählich, Barbeträge für seine Familie auf Zinsen anzulegen. Zuerst noch in bescheidenem Rahmen. Am 28. Jänner 1597 deponierte er in Salomes Namen 20 000 Gulden bei der Firma Steinhauser in Salzburg, weitere 4000 am 28. September 1598.

Die Kassen bedurften der Nachfüllung. Steuern und Anleihen bildeten die probate, aber auch die einzige Möglichkeit, welche einem Regenten dafür zur Verfügung stand. Nachdem es kein Ersatzmittel für das gelbe und das weiße Metall, keine Notenpresse gab, würgte chronischer Geldmangel alle Fürsten von Papst und Kaiser abwärts.

Als kriegsbedingt der Geldbedarf im Jahre 1595 stieg, schrieb der Erzbischof allen seinen Pflegern am 13. November vor, ihm unverzinsliche Darlehen in der Höhe von 300 bis 1000 Gulden, gestaffelt nach der Größe ihres Verwaltungsbezirkes, zu gewähren. Sie fürchteten, keinen Pfennig von dem Geld je wiederzusehen, mußten sich aber fügen, da sie ihre Ämter zu sehr günstigen Bedingungen innehatten. Die Besorgnis war unbegründet. Der Raitenauer, ein korrekter Despot, zahlte bald alles auf den Groschen wieder zurück, nahm allerdings anläßlich der großen Überschwemmung des Jahres 1598 neue und höhere Darlehen auf.

Auch die alte Türkensteuer, die 1592 nur auf zwei Jahre eingeführt worden war, ließ der Erzbischof wieder aufleben. Ohne neuerlich die Bewilligung der Landstände einzuholen, schrieb er sie im Jahre 1596 für ein halbes, 1601 für ein ganzes Jahr und dann »bis auf weiteres« immer in der gleichen Höhe – drei Prozent vom Vermögen – vor.

Nicht nur kriegerische Unternehmungen und persönliche Bedürfnisse wurden auf solche Weise bestritten. Der Raitenauer war der erste Salzburger Landesherr mit Kunstverständnis und ästhetischem Bedarf. Die früheren Erzbischöfe waren rauhe und kriegerische oder sanft- und demütige Gesellen gewesen, herabgestiegen aus landadeligen Burgen, wo verfeinerte Sitten und kultivierter Lebensstil nicht viel zählten. Natürlich gab es Ausnahmen. Eberhard II. (1200–1246) bewies eine ungewöhnliche Vorliebe für den Minnesang. Er holte Neidhart von Reuenthal und Ulrich von Lichtenstein an seinen Hof. Im Schloß Freisaal lebte damals auch der geheimnisumwitterte »Mönch von Salzburg«, der 50 geistliche und 57 weltliche Lieder in Wort und Melodie hinterließ. Hans Sachs hielt sich, allerdings nicht als Fürstengast, sondern bei seinem Freund Hans Baumann, dem ersten Buchdrucker der Stadt, im Erzstift auf und verfaßte einen »Lobspruch auf die Stadt Salzburg«. Matthäus Lang protegierte den ungewöhnlich begabten Komponisten Paul Hofhaymer. Solche Anwandlungen blieben jedoch Einzelfälle. Daneben entwickelten manche Handwerksmeister ihre Gewerbe zur Höhe der Kunst, so die Steinmetze, welche mit dem bodenständigen Material, dem weißen Untersberger und dem roten Adneter Marmor arbeiteten. Sie genossen so hohes Ansehen, daß Kaiser Maximilian I. dem Salzburger Steinmetz Hans Valkenauer die Anfertigung des Monuments für die kaiserliche Begräbnisstätte zu Speyer übertrug. Die Hafner zeichneten sich ebenfalls aus, und lieferten als prächtigstes Stück den überreich bildhauerisch ausgestalteten Kachelofen, welcher die Goldene Stube der Feste Hohensalzburg mit seinen plastischen Figürchen mehr zierte als erwärmte.

Ein einsamer Stern am Salzburger Kunsthimmel überstrahlte im 15. Jahrhundert alle anderen: Michael Pacher, der Südtiroler Maler und Holzschnitzer, welcher den Hochaltar der Franziskanerkirche errichtete. Die liebliche, spätgotische Madonna mit der Weintraube bildet zu den himmelstrebenden romanischen Säulen des Langschiffes noch heute den reizvollsten innenarchitektonischen Kontrast, den die Stadt zu bieten vermag.

Doch nachdem Michael Pacher 1498 gestorben war, kam in Salzburg nichts auch nur annähernd Gleichwertiges mehr zustande. Jetzt aber griff durch den Raitenauer ein hier bisher unbekanntes Mäzenatentum Platz: Er holte Künstler an seinen

Hof, beschäftigte Agenten und erteilte persönliche Aufträge. Pietätvoll gedachte er zunächst der Grabstätten seiner Vorfahren und gab bei dem Konstanzer Bildhauer Hans Morinck ein stattliches Grabmal für seine Mutter in Auftrag, welches 1595 fertiggestellt wurde. Helenas portraitähnliche Gestalt liegt auf der Tumba, in ein langfließendes Gewand mit spanischer Halskrause gekleidet, das Haar von einer Schnebbenhaube verdeckt. Große, von gewölbten Lidern bedeckte Augen, eine stumpfe kleine Nase, der gekerbte Mund eines Barockengels verraten die einstige Schönheit der stolzen, fleißigen und frommen Frau.

Das Grabmal des Vaters, noch imposanter, noch prächtiger, erregt heute noch Bewunderung in der Stiftskirche zu St. Peter in Salzburg. Quer über die Stirne des entschlafenen Helden verläuft, einer Narbe gleich, im naturroten Marmor eine weiße Gesteinsader.

Während er auf solche Weise der Familienehre Genüge tat und an Bauten wie an Verschönerungsprojekten experimentierte, bemühte sich der Erzbischof auch gerne um die Erfüllung seines Wahlversprechens, welches die Innenausstattung der Kirchen betraf. Steinhauser schildert diese Anschaffungen: »Wievil schön und herrlicher Kunststück von Mallerei, Teppichen und all anderer Tapetterei er erkauft und machen hat lassen, das gibt an den heiligen und hochen Festtagen der schöne Umbhang im Chor und etwo auch in der Charwochen der Umbhang bei den Grebern da allenthalben sein Wappen, das jetzige oder vorige, die bloße Kugel allain gesechen wirdet, genuegsamblich zu erkennen.«[9]

Hier spielt der Chronist auf die Wappenbesserung an, die Wolf Dietrich sehr selbstherrlich vornahm. Das Signum, mit welchem er stolz fast alles, was durch ihn entstand, zeichnen ließ, wandelte er im Laufe seiner Regierung mehrmals und ermöglicht damit die zweifelsfreie Datierung von Bau- und Kunstwerken. Nur kurze Zeit nach seiner Wahl benützte er noch das alte, einprägsame Wappen der Raitenauer, die schwarze Kugel im weißen oder silbernen Feld. Bald nach seiner Inthronisation folgte er dem Brauch früherer Erzbischöfe, das eigene Wappen mit dem des Erzstiftes zu verbinden. Besonders für offizielle

Zwecke ließ er nun ein geviertes Wappen anbringen, welches im zweiten und dritten Feld eine schwarze Kugel, im ersten und vierten Feld den salzburgischen Löwen aufwies. Seine um 1589 in Mailand gefertigte, prunkvolle Turnierrüstung weist dieses Wappen auf, ebenso zwei seiner frühen Portraits und ein aus edlem Jaspis geschnittener Deckelkrug, der als Geschenk an den Kaiserhof nach Wien ging.

Nachdem Rudolf II. durch sein Dekret vom 24. August 1594 den Adel der Raitenauer gebessert hatte, veränderte Wolf Dietrich sein Wappen neuerlich. Nun stand die schwarze Kugel plastisch in der Mitte als Herzstück des neuen Familienemblems, für die Felder verwendete der Erzbischof die Wappenbilder ausgestorbener Seitenlinien. Das erste und vierte Quartier zeigte nun den glockenförmigen Helm mit herabwallenden Federn der Mayer von Raitenau, das zweite und dritte Feld den Löwen samt Schrägbalken, welchen die Eschenzer von Raitenau geführt hatten. Mit diesem seinem selbst verliehenen Wappen, das mit geringen Abwandlungen auch seine Brüder benutzen durften und dem er die leuchtendsten Farben, blau, rot, gold und silber gegeben hatte, versah Wolf Dietrich von nun an alle seine Bauwerke, seine Kleinodien, Wandteppiche, Kirchengerät und nicht zuletzt seine Grabkapelle.

Regelmäßig findet sich das neue Wappen auch auf den Stücken des Silberschatzes, den der Raitenauer systematisch anhäufte, ebenso auf den riesigen Gobelins, die er in den Niederlanden für sich weben ließ. Sie sind heute noch in der Residenz ausgestellt und tragen nebst dem eingearbeiteten Wappen den aggressiven Wahlspruch: »Dum timeor time«. Solange ich gefürchtet werde, fürchte dich – die Schreckpose des Argwöhnischen, der Angriffen durch Drohung zuvorkommen will. Anzumerken ist, daß diese Wappen zunehmend ohne die kirchlichen Insignien – Bischofstab, Mitra oder Legatenhut mit Quasten – angebracht wurden.

Als Angehöriger einer betont visuellen Zeit fand Wolf Dietrich an Werken der bildenden Kunst ungleich mehr Gefallen als an Musik, welche ja überhaupt ein erst in Entwicklung begriffenes Kind der Renaissance bildete. Kirchenmusik und Saitenspiel waren ihre gebräuchlichsten Formen, doch meist sah man darin nicht mehr als eine Geräuschkulisse für festliche oder traurige Anlässe. Bis Salzburg drang noch kein Ton von Palestrina oder Monteverdi vor. Zwar bestellte der Erzbischof bald nach seinem Regierungsantritt einen Italiener als neuen Domchormeister, doch war es ihm dabei hauptsächlich um die korrekte Einhaltung der römischen Liturgie beim Gottesdienst zu tun. Als einziges Musikinstrument besaß er ein »Claviorganum«, das er vielleicht nur erwarb, weil es in eine kleine, köstlich geschnitzte Renaissancetruhe eingebaut ist. Dagegen führte er sein privates Steckenpferd, die Sammlung von Graphiken und Landkarten, weiter fort.

Die Sammlung wurde 1947 erstmals katalogisiert, öffentlich gezeigt und enthält nicht so sehr parante, als wirkliche Liebhaberstücke: neben den alten Landkarten einen Kupferstich Prags von 1581 und einen Stadtplan von Augsburg, datiert 1563, Stadtpläne von Bologna, Rom und Paris, eine Karte Frankreichs aus dem Jahre 1576, Ansichten der Palio-Rennen in Siena und des »Festo des torros« in Cremona. Die kostbarsten Stücke stellen noch heute die venetianischen Erwerbungen des Jahres 1588 dar: eine Skizze »Rahel am Brunnen« von Paolo Veronese, ein Entwurf von Tintoretto zu einem großen Paradiesbild für den Dogenpalast und ein Kupferstich nach einer »Marienkrönung« von dem Giotto-Schüler Guariente.[10]

Ein weiterer Teil der Sammlung ist kriegerischen Ereignissen gewidmet, besonders solchen, in denen die eigene Familie eine Rolle spielte, wobei der Raitenauer geneigt war, den Familienbegriff ziemlich weit auszudehnen. Allein sechs Stiche der ruhmreichen Seeschlacht von Lepanto erwarb er nebst zahlreichen Darstellungen von Kampfstätten am Mittelmeer, in Ungarn, Frankreich und den Niederlanden. Die Hugenottenkriege mitsamt ihren Greueln scheinen ihn fasziniert zu haben, sei es wegen der Parallele des Religionskonflikts, sei es wegen der Person Katharina von Medicis, der Französenkönigin, der er sich verwandt fühlte. Sie ist auf einer Darstellung der Ständeversammlung des Jahres 1561 in Orleans abgebildet, welche den Auftakt zu den Hugenottenkriegen gab.

Wolf Dietrich blieb offenbar ein erwünschter Kunde italienischer Verleger, welche ihm Neudrucke zur Ansicht sandten. Neben Landschaftsstichen besaß der Erzbischof eine Unzahl architektonischer Skizzen, darunter den bereits erwähnten Entwurf eines römischen Prunkpalastes von Bramante, eine Abbildung des Kolosses von Rhodos und die Darstellung einer phönizischen Inschriftensäule. Von seinen Büchern ist der »Pferdespiegel« erwähnenswert, der von Stradamus verfaßt und um 1590 in Antwerpen erschienen war – die wunderbaren Pferdebilder dieses Buches verwendete noch Erzbischof Leopold Firmian (1727–1744) beim Bau der Salzburger Pferdeschwemme als Modelle – sowie eine 1569 in Venedig erschienene Darstellung der damals bekannten Völkertypen mit 64 Abbildungen. Ein Buch »Bilder und Verse über den Aufstieg des Hauses Medici« verrät nochmals den Wunsch, sich diese als glanzvolle Vorfahren anzumaßen, schließlich noch eine Zusammenstellung von 23 Ansichten der schönsten Städte der Welt. Darin findet sich eine Darstellung von Dieppe mit den Initialen N. J. W., datiert 1589. Der Begleiter von Wolf Dietrichs Kavaliersreise ließ also offenbar auch noch einmal nach dessen Thronbesteigung von sich hören.

Besondere Bedeutung gewinnt dieses Konvolut durch das Licht, welches daraus auf Geschmack, Urteilsvermögen und Interessen des Sammlers fällt. Anders als in seinem täglichen Auftreten und Leben suchte er hier nicht das Spektakuläre, sondern die Beziehung, den emotionalen Wert. In einem gar nicht so tief verborgenen Winkel seiner Seele war dieser Herrische auch ein Empfindsamer und Nachstrebender. Bemerkenswert ist ferner, daß religiöse Motive in der Sammlung völlig fehlen.

Und eines Nachts brannte es im alten Münster. Die majestätische Kirche galt so sehr als Wahrzeichen der Stadt, daß sich kein Zeitgenosse diese Trutzburg Gottes hätte wegdenken können, in der seit den Zeiten des heiligen Virgil alle Erzbischöfe ihre letzte Ruhestätte gefunden hatten. Offenbar war der Bau für Brände anfällig; seine offenen Lichter, hölzernen Verschalungen und

Einbauten forderten sie geradezu heraus. Schon zum siebenten Mal seit dem Jahre 846 schlugen nun Flammen aus dem Gotteshaus empor. Immerhin waren mehr als 200 Jahre seit der letzten »Prunst« im Jahre 1380 vergangen.

Da Wolf Dietrich dem Dom erst im Vorjahr statt des bisherigen hölzernen ein solides gemauertes Gewölbe hatte einziehen lassen, verblüffte die Boten, die atemlos kamen, um ihm von der neuen Katastrophe zu berichten, die Ruhe, mit welcher der Erzbischof sie anhörte. In dieser Nacht des 11. Dezember 1598 weilte er auf einem seiner Landsitze, der nahebei gelegen gewesen sein muß, denn die Bürger schickten dreimal zu ihrem Fürsten, um zu melden, daß das bleierne Kirchendach geschmolzen heruntertropfe und fliegende Feuerbrände die Residenz bedrohten. Freilich konnten jene braven Salzburger, die man »in allen Gassen mit Feurgeschray und Schiessen« aufgeweckt hatte und die unter Einsatz ihres Lebens zu retten suchten, was zu retten war, die Perspektiven, die sich vor den Augen ihres Landesherrn auftaten, nicht ahnen. Ganz fassungslos waren sie über den Raitenauer, der keine Anweisungen zur Eindämmung des Feuers gab, sondern gelassen erklärt haben soll: »Brennt es, so lasset es brennen.«

10. KAPITEL

Das »ewige Statut«

Um die windstille Nacht vom 11. auf den 12. Dezember 1598 rankten sich bald seltsame Gerüchte. Fest steht, daß das Feuer, welches damals im Dom wütete, von jenem Oratorium her seinen Ausgang nahm, in welchem Salome ihre Abendandacht verrichtet hatte, bevor sie mit dem Erzbischof auf einen seiner Landsitze fuhr. »Qui cum esset de nocte« – mit der er die Nacht verbrachte – berichtete Felician Ninguarda später nach Rom.

Steinhauser gibt der »Verwahrlosung seiner Diener« die Schuld, welche vergessen hatten, eine brennende Kerze aus dem Oratorium zu entfernen. Der Abt von St. Peter, Martin Hattinger, lenkte mit der Vermutung ab, daß auch ein überheizter Ofen den Brand hervorgerufen haben könnte. Beschwichtigung war wohl angebracht, denn zuerst heimlich, später ganz offen, wurden Salome und sogar der Erzbischof selber verdächtigt, den Brand fahrlässig oder absichtlich herbeigeführt zu haben.[1] Wolf Dietrichs gewohnte hochmütige Unbekümmertheit und sein – freilich nicht belegter – Ausspruch, man möge es brennen lassen, gaben derartigen Vermutungen willkommene Nahrung. Gegen eine solche Version spricht, daß der Fürst auf seinem ländlichen Retiro aufgesucht werden mußte, um ihm die Katastrophe zu melden. Jedenfalls aber wurde sein mangelnder Eifer, das alte Münster zu retten laut Dückher »nit ohne grosse Nachrede und Unwillen des gemeinen Manns« aufgenommen.

Genau besehen war der Schaden, welchen dieser siebente Dombrand anrichtete, nicht so schlimm wie der erste Anschein vermuten ließ. Obwohl Bleidächer und Glocken geschmolzen herabtropften, hatten die Bürger Orgel, Schmuck und Altäre retten können, dies sogar gegen den Willen des Fürsten, der angeordnet hatte, alle Tore von Dom und Residenz zu schließen und niemanden einzulassen – eine angesichts der Gefahr von Diebstählen wie Verletzungen sehr begründete Maßnahme. Steil stiegen die Flammen zum Himmel und trotz der Funkenbrände wurde keines der umliegenden Gebäude beschädigt. Johann Steinhauser notiert, wie er selbst bei den Lösch- und Bergungsarbeiten mitgeholfen habe, und daß auch die schöne Turmuhr mit den alten Gläsern bei dem Unheil »verdorben« sei. Den Gerüchten um den Brand aber tritt er mit bei ihm sonst ungewohntem Temperament entgegen: »Von wegen dieser Prunst ist vil haimbliches Murmellen wider den Erzbischoven bei Reich und Armen herumbgangen, auch noch zum öfteren spöttlich geret wird, als sollte er also fürsezlicher Weis an den Thuemb (Dom) zu richten selbst ain Ursach gewest sein und der Prunst ein Anfenger gewesen sein. Ich aber für mein Person gibe demselben gar durchaus kain Glauben, sondern thue vil mer solches genzlichen widersprechen.«[2]

Diese Parteinahme für den Erzbischof ist Steinhauser umso höher anzurechnen, als er die folgende Abtragung des alten Domes ganz und gar nicht billigte. Ein Versuch, den Dom wiederherzustellen, war nämlich mißglückt. Das angesengte Altarbild der Kapelle Maria Rast war restauriert worden und auch ein frischer Anstrich des Innengewölbes war schnell aufgebracht, doch die welschen Maurer rieten zu einem neuen Dach »aus Oestrich und Mertel«, welches in schludriger Hast ausgeführt wurde und unter dem Druck eines ersten schweren Regengusses wieder einbrach.

Selbst dieser neuerungssüchtige Landesherr hätte es kaum gewagt, das ehrwürdige Münster ohne äußeren Anlaß niederzureißen; wie die Dinge nun aber lagen, konnte er geradezu einen doppelten Fingerzeig des Allmächtigen vorweisen. Traditionsbewußte Bürger gaben zu bedenken, daß doch der heilige Virgil selbst jenes Münster erbaut habe, das nun dem Erdboden gleichgemacht werden sollte. Realistisch, wenn auch pietätlos antwortete Wolf Dietrich: »Ach was, der heilige Virgil! Maurer haben ihn gebaut!« Durch solche Nüchternheit verletzte der zugewanderte Schwabe den Heimatstolz der Salzburger, welchen er nicht zu teilen vermochte.

Auch Steinhauser, der sich selbst als einen »der alten geistlichen antiquiteten liebhaber« bezeichnet, gehörte zu jenen, die »herzlich begeren, denselben (den Dom) in davorgewesten terminis anzusehen«. Da sein Wunsch nicht in Erfüllung ging, schildert er an Hand des über den Abbruch angelegten Tagebuches, wie das Gebäude Stück um Stück von innen heraus zerlegt und abgetragen wurde. Der eintönige Bericht klingt wie eine Totenlitanei: anno Domini 1599, den zweiten Tag Marty hat Erzbischof Wolf Dietrich sanct Sebalds Altar abprechen lassen ... Den 22. Marty vorgeschribnes Jahr hat Wolf Dietrich, Erzbischoff allhie zu Salzburg, sanct Ehrntrauthen Althar ... abprechen lassen ... Anno 1599, den 27. Tag Aprillis, hat man im Thuemb sant Ursula Althar ... abgebrochen. Anno Christi 1599, den 13. Tag May hat man das Horologium, darauf die Uhr ... abgebrochen und weck getan«[3]

Gleich zu Beginn wurde das Grab des heiligen Virgil freigelegt, der in einem dreifachen Sarg von Zinn, Kupfer und Stein ruhte. Wolf Dietrich ließ alle drei Hüllen öffnen, doch außer Gebeinen fand sich nur eine elfenbeinerne Gebetschnur, das silberne Siegel des Heiligen, welches ein einfaches, großes V aufwies, und einige uralte Schriften, die der Erzbischof an sich nahm. Reihum wurden die anderen Altäre und Kapellen entfernt, aber erst nach beinahe zwei Jahren schritt man an die Eröffnung der Domgruft unter St. Ruprechts Altar, wo die Särge der früheren Erzbischöfe beisammenstanden, manche davon heiliggesprochen, und wo auch der Leib des heiligen Martin vorübergehend geruht haben soll.

Wie barbarisch dabei mit alten Kunstwerken umgegangen wurde, ist nur durch den Zeitgeschmack zu erklären, der ausschließlich die Kunst der Antike als erhaltens- und nachahmenswert gelten ließ. Nach Steinhauser, der vielen dieser Abbrüche und Exhumierungen selbst beiwohnte, wurden die mannigfachen Heiligenfiguren, die Erzbischof Burghard von Weissbriach im fünfzehnten Jahrhundert ob dem Portal »von guetem Steinwerck kinstlich machen lassen«, beginnend mit Adam und Eva bis zu Kaiser Heinrich mit seiner Gemahlin Kunigunde, alle »zerschmettert, verwuest und zerbrochen«.

Skizzen des berühmten flämischen Goldschmiedes Paul van Vianen, welcher sich im Winter 1602 in Salzburg aufhielt, zeigen das Münster im Stadium des Abbruchs. Eines dieser Blätter

befindet sich in Basel, dasjenige, auf welchem neben der Pfarr-
und der Peterskirche auch die schon verstümmelten Türme des
alten Münsters zu sehen sind, im Herzog Anton Ulrich-Museum
in Braunschweig.

Indessen wurden die unbeschädigten Kunstwerke des Domes
anderen geistlichen Stätten zugeteilt. Der Erentrudisaltar kam
in die Pfarrkirche, einzelne holzgeschnitzte Portalflügel wurden
der Kapuzinerkirche auf dem Imberg eingebaut, den Marienaltar,
Veit Stoss zugeschrieben, erhielt das Kloster der Benediktinerinnen auf dem Nonnberg (wo er noch jetzt zu sehen ist), und den so
kostspielig von ihm selbst errichteten Altar seiner Grabkapelle
Maria Rast stiftete der Fürst der Pfarrkirche von Hallein, wo er
später verbrannte. Das große Altarbild von Kaspar Memberger,
die »Hinausführung Christi« übergab er 1606 dem Stift St. Peter
für dessen Kirche. Das älteste erhaltene Stück, der massive, auf
vier bronzenen Löwenfüßen ruhende, romanische Taufstein,
kam zunächst auch in die Pfarr (= Franziskaner-)kirche und
später in den neuen barocken Dom.

Der seiner Amtskirche nun auf unbestimmte Zeit beraubte
Fürstbischof teilte deren Funktionen zwischen der Stiftskirche
von St. Peter und der Pfarrkirche auf. Um jederzeit trockenen
Fußes in die letztere gelangen zu können, ließ er schon am Tag
nach dem Münsterbrand einen auf Holzpfosten gestützten Gang
von einem Fenster des »Fronhofs« über die Straße errichten, der
1606 durch einen gemauerten, noch bestehenden Schwibbogen
zwischen Residenz und Franziskanerkirche ersetzt wurde. In
dieser wurden die gewöhnlichen Gottesdienste gehalten, die
Predigten an Sonn- und Feiertagen aber bei St. Peter, »allda der
Ertz-Bischoff zu mehrmalen die Mess gesungen, massen er dem
Closter sonders wol gewogen war.«

Den ihrem alten Dom nachtrauernden Salzburgern schien die
Stadt ohne das romanische Münster fremd. Sie konnten freilich
nicht ahnen, daß mit dem Brand und mit dem bekrittelten Entschluß des Raitenauers zum Abbruch die Geburtsstunde ihrer
Stadt recht eigentlich erst geschlagen hatte. Jetzt steht die Sil-
houette Salzburgs in ihrer unglaublich vollkommenen Ergänzung von Natur und Kunst, gerade auch barocker Kunst, in der

Landschaft, als wäre es nie anders gewesen und könnte gar nicht anders sein. Gotische Spitztürme oder klassische Renaissance-fassaden allein vermöchten niemals die gleiche Polarität zu den massigen Bergrücken, sanft ansteigenden Matten und den auf der Salzach flirrenden Lichtern zu bilden, wie sie der gerundete, so gänzlich naturfremde und eben darum wahrhaft künstlerische Stil mit sich bringt, welcher Salzburg seit dem 17. Jahrhundert prägt. Eine Vision dieses vollendeten Bildes muß Wolf Dietrich bei der Neuplanung seiner Hauptstadt geleitet haben. Voller Irrungen bereitete er diesem Traum den Boden.

In mancherlei Hinsicht stellt die Zeit um 1598 einen Wendepunkt im Lebensbild des Raitenauers dar. Auf jeden Fall erhalten seine bis dahin aufgesplitterten Baupläne von dem Augenblick an, da es für ihn feststeht, er werde sein Lebenswerk durch eine neue Domkirche für die Haupt- und Residenzstadt krönen, einen richtungweisenden Leitgedanken. Was ihm noch fehlte, war der fachkundige Geist, der seine Ideen in die Realität umsetzen sollte – ein hervorragender Architekt. Andrea Bertoletto, der Welsche, der aus der Steiermark kam, hatte sich beim Bau des neuen Bischofssitzes als »auf die italienische Form zugericht« erwiesen – aber auch nicht mehr. Zudem starb er bald danach. Obzwar der begabte junge Stukkateur und Mosaikkünstler Elia Castello hauptsächlich berufen worden war, um Wolf Dietrichs neues Mausoleum in der Mitte des vergrößerten Sebastianfried-hofes auszuschmücken, mußte er nun auch den Kreuzgang des Friedhofs und das fürstliche Grabmal selbst vollenden. Seine Stärke lag jedoch eher in kleineren Projekten und dekorativen Detailaufgaben, nicht in Monumentalbauten. Wolf Dietrich aber hatte sich am Petersdom hungrig gesehen, er kannte das von Sixtus V. baulich veränderte Rom, den majestätischen Eindruck, welchen eine freistehende Kirche von großartigen Ausmaßen hervorzurufen vermochte. Nur ein gewaltiges Konzept konnte seinen ehrgeizigen Wünschen entsprechen.

Einige Baupläne wurden erstellt, doch keiner davon fand die Billigung des Fürsten. Auch die Skizzen eines neuen Doms, welche Schwager Ferdinand von Kuen-Belasi am 18. September 1601 voreilig seinem neuen Brotherrn Maximilian von Bayern zusandte, wurden wieder verworfen. Obzwar Wolf Dietrich schon einigen Ärger mit italienischem Personal erlebt hatte, wollte er den Bau doch wieder nur einem Welschen anvertrauen, deren Fähigkeiten auf diesem Gebiet er für unübertrefflich hielt.

Nach längerer Korrespondenz erklärte sich der hochangesehene italienische Architekt Vinzenzo Scamozzi bereit, Salzburg aufzusuchen und den Dombau an Ort und Stelle zu diskutieren.[4] Der Abbruch des alten Münsters war noch im Gange, als Scamozzi kam. Er verbrachte sechs Wochen des Winters 1603/4 in Salzburg, befaßte sich laut eigenen Aufzeichnungen mit Orts- und Materialstudien und ritt, nachdem er noch Anweisungen für den Umbau des alten und des neuen Bischofssitzes gegeben hatte, mit seiner Dienerschaft am 15. Februar 1604 nach Hause zurück. Der Innsbrucker Postmeister Paul von Taxis berichtete nach Salzburg, der selbstbewußte Künstler habe sich der gewöhnlichen Postverbindung durchaus nicht bedienen wollen, und rechnete dem Erzbischof 32 Gulden und 30 Kreuzer für Leihpferde und Verköstigung der Reisenden auf.

Scamozzi war in Vicenza der Lieblingsschüler Palladios gewesen. In Venedig zeugten bereits mehrere Kirchen von seinem Können, auch hatte er dem Marcusplatz durch den Bau der Prokuratien seine vollendete Umrahmung gegeben. Seine Tätigkeit diesseits der Alpen beschreibt er selbst in dem Werk »Idea della architettura universale«, welches 1615 in Venedig erschien: »Damals, als wir von Theodoricus Volfgangus nach Salzburg berufen wurden, machten wir auch Entwürfe, um den neuen Palast zu verbessern und zu erweitern, mit einem Querhof, durch den die Karossen fahren können, an den Enden Portiken und darüber doppelte Loggien. Neben den Portiken an beiden Enden sind weite, bequem zu ersteigende und sehr helle Treppen vorgesehen, welche zu den Loggien hinaufführen. Diese geben Zutritt zu zwei Sälen, welche das Licht vom Hof empfangen und in den langen und breiten Hauptsaal weiterführen, der eine schöne Höhe aufweist und viel Licht von beiden Seiten empfängt. Rechts und links vom Saal befinden sich Apartamente verschiedener Größe mit geheimen Treppen dazwischen, die sowohl im Sommer wie im Winter gebraucht werden können, mit einer Loggia an beiden Ecken und einer vorne am Saal, um die Aussicht auf den Fluß Salza zu genießen, sowie auf die gegenüberliegenden Hügel, bekleidet mit dem schönen Grün, welches dieses Land bietet, und weiteren Apartemente rechts und links an den Schmalseiten. Von den Portiken gelangt man in die Apartemente des neuen Palastes, der einen kleineren Hof mit großen und kleineren Zimmern ringsum hat, welche zu allen Jahreszeiten bewohnt werden können. Die Gesamtfront des Palastes hat 242 Fuß, die Länge des neuen und des Zubaues kommt zusammen auf 346 Fuß. Rückwärts ist ein Garten mit Brunnen, Zimmern, Bädern und Vogelhäusern in der Länge von 236 Fuß. Für die rechte Seite des Zubaues entwarfen wir einen weiteren Garten, 400 Fuß lang, zu welchem man von der Loggia in der Ecke gelangt.«[5]

Da keine Planskizzen erhalten sind, muß aus dem Text geschlossen werden, daß der Entwurf gegenüber dem alten, renovierten Bischoffssitz als »Neubau« einen mächtigen, durch Gartenhöfe aufgelockerten Gebäudekomplex vorsah. Wolf Dietrich hatte in Scamozzi endlich den kongenialen Gesprächspartner gefunden, nicht nur für den beabsichtigten Dombau, sondern für seine gesamte Stadtplanung. Die nun einsetzende nächste Welle von Hauskäufen und Demolierungen steht mit dem neuen Gesamtkonzept in Zusammenhang, das auf Scamozzis prinzipiellen Forderungen für jede richtig angelegte Stadt aufgebaut war: sie soll in windgeschützter Lage an einem Fluß begründet und mit fünf Plätzen für den Dom, die Paläste des Fürsten und seiner Regierung, und schließlich für die Märkte ausgestattet sein.

Von neuem verunzierten also klaffende Baulücken das Salzburger Stadtbild. Die unmittelbare Folge war eine akute Wohnungsnot, die Mietpreise stiegen ins Uferlose. Wollte der Erzbischof seine Hauptstadt nicht entvölkert sehen, so mußte er neue Wohnviertel schaffen. Eines der wichtigsten Projekte hierfür war die Entwässerung des sumpfigen »Schallmooses«, jenseits des Linzertors. Um diese Gegend ansprechender zu gestalten, wurde das Hochgericht, das dort stand, »an einen unbequemen Ort«, nämlich hinaus ins Nonntal verlegt, und die trockengelegten Gründe für Bürgerhausbauten freigegeben. Dennoch habe der Erzbischof mit den Abbrüchen von all diesen Häusern »nit ainem Jeden nach seinem Gefallen gethan«, bemerkt Steinhauser, obwohl der Fürst auch diesmal allen ihre Häuser bezahlte. Es sei allerdings auch viel Nützliches gebaut worden, fügt er entschuldigend hinzu.

Da sich im Gewirr von Wolf Dietrichs Bautätigkeit zeitgenössische Berichterstatter widersprechen und spätere Fachleute verheddern, weil ja ein großer Teil der Gebäude bald verändert wurde oder überhaupt nicht mehr stand, soll kurz zusammengefaßt werden, was bis zu Scamozzis Auftreten entstanden war: die neue Salzachbrücke, das Kapuzinerkloster auf dem Imberg und ein großer Teil der neuen Residenz standen vollendet. 1603 hatte der Erzbischof das Spital und die Kirche St. Johann zu Stubenberg hinter dem Dom abbrechen und vor dem Nonntaler Tor, bei St. Erhard, wieder aufführen lassen. Auch das Kirchlein St. Nicola im Kaiviertel war »sehr lustig und zierlichen« erneuert worden. Auf dem Frauen(Fron-)garten, dem vom Stift St. Peter eingetauschten Grundstück, stand nun vorläufig ein hölzernes Stallgebäude mit Reit- und Turnierplatz. Einhellig bewundert wurde die neue Kirche auf dem Dürrnberg bei Hallein. Das Stadtzentrum selbst hatte durch Aufschüttungen am Salzgries ein wenig des so raren Stadtgrundes gewonnen. Am Auslauf dieses neuen Streifens ließ der Raitenauer die ganz verwahrloste Kirche von Mülln renovieren und brachte sein Wappen auf dem Bogengang an, welcher den zu einem Kloster umgestalteten Pfarrhof mit der Kirche verband. Wenn es darum ging, das Raitenauwappen zu verwenden, war der Fürst nicht wählerisch: über dem Portal der Kirche am Kapuzinerberg, am Kapitelshaus oder am neuen Residenzbau ließ er es geradeso anbringen, wie über dem »Löchlbogen« in der Getreidegasse oder sogar, zum Ärger der Bürgerschaft, auf den von ihrem Geld errichteten Fleischbänken. In das neue Kloster berief Wolf Dietrich zwölf Augustiner Eremiten aus Deutschland, stellte ihnen am 22. Mai 1605 eine feierliche Stiftungsurkunde aus und baute ihnen noch eine gut gepflasterte Straße, welche die Anrainer erhalten oder eine Pflastermaut bezahlen sollten.

Obwohl der Erzbischof nicht selbst Bauherr des neuen Kapitels-
hauses war, welches 1603 von Peter Schallmoser vollendet
wurde, beteiligte er sich auch an diesem Bauvorhaben mit einer
Stiftung von 6000 Gulden und mit einer Reihe von fachmänni-
schen Ratschlägen. Er war es, der die Errichtung einer Bibliothek
und eines Verbindungsganges zum Keutschacherhof anregte und
der vorschlug, »es würde dem Bau zu nicht geringer Zierde
gereichen, wenn man mit den Wappen aller Domherren das
Portal oder Türgerüst des neuen Hauses ornieren möcht.«
So flankieren also noch heute den Mittelteil der Fassade in der
Kapitelgasse die in Stein gehauenen Wappen der 24 zur damaligen Zeit residierenden Domherren in harmonischer Anordnung.
Die fürstlichen Meister Elia (Castello?) und Domenico stellten
das Portal her und bekamen je drei Gulden Trinkgeld dafür. Der
Steinmetz Michael Pernegger, welcher die Wappen meißelte,
schätzte als selbständiger Meister seine Kunst höher ein: er
forderte und erhielt zwölf Gulden pro Stück.
Wolf Dietrich inspirierte auch die Fassade in reinem Renaissan-
cestil, die verbreiterten Fenster, die oblongen Dachluken, und
ließ als Krönung des Wappenblocks sein eigenes Wappen mit
Legatenhut und vier Quastenreihen anbringen. Ebenso war die
Innenausstattung mit Ledertapeten und einem weiteren Wap-
penfries dem fürstlichen Hobby-Architekten zuzuschreiben.
Das Bauwerk gefiel ihm schließlich so gut, daß er nach den
gleichen Plänen ein Jagdschloß im Blühnbachtal errichten ließ.
Aber trotz allem übertraf die Zahl niedergerissener Bauwerke
immer bei weitem jene, welche standen oder begonnen waren,
so daß die Zeitgenossen mit ihrem Urteil, dieser Erzbischof habe
»mehr zerbrochen als gemacht« die Wahrheit sprachen.
Um die Pläne, welche Wolf Dietrich mit Scamozzi besprochen
hatte, verwirklichen zu können, mußten neuerliche Abbrüche
erfolgen. Diesmal in der Webgasse, nachdem schon zuvor die
Pfeiffergasse im Kaiviertel gelichtet worden war. Und am 29.
Jänner 1604 fielen die ersten Hackenschläge gegen den erst wenige Jahre zuvor erbauten Palast von Wolf Dietrichs Bruder Jakob Hannibal, welcher seit dessen Abreise im Jahre 1600 leer
stand. Aus dem so hoch gepriesenen Bau mit den »künstlich

gemalten Zimmern und vergoldeten Decken« wurde so ein
»ganz verwuester, weitschüchtiger, schendlicher offener Ort«
geschaffen, der »gleichsamb der ganzen Statt ein merklich große
Ungestalt geben thuet und durch solches Niederreißen der schönen Gebei die Statt zur Mitternacht schier etwas offen stehet
und ganz schlechtlich bewahret ist ... und ist noch bis zur
Auströttung seiner Residenz alles auf dem Hauffen liegen geblieben.«[6]
Jakob Hannibals Palast war der Ausdehnung der neuen Residenz
bis an die Salzach hin, wie sie Scamozzi plante, im Weg gestanden, aber auch auf der anderen Seite des Domplatzes fiel das
Domkloster nebst Kreuzgang und Wirtschaftsgebäuden der
Spitzhacke zum Opfer. Diese Freilegung ergab den heutigen Ka-
pitelplatz. Aus bedauerlichem Anlaß mußte schließlich noch
das Haupttor der Stadt, das Klausentor, eingerissen werden. Es
brannte durch Verschulden eines saumseligen Torwärters ab.
Dabei kam auch dessen junge Tochter elendiglich ums Leben.
Steinhauser berichtet, er habe mit eigenen Augen gesehen, wie
sie »zu ainem kleinen Pröcklein worden« sei.
Insgesamt ließ der Raitenauer an die 60 Häuser niederreißen,
was zusammen mit der Baustelle der neuen Residenz und den
Trümmerhaufen, die sich aus dem Abbruch des alten Münsters
und der Paläste ergaben, besonders das Kaiviertel im Herzen der
Stadt in einen kaum erträglichen Zustand von Staub oder Mo-
rast versetzte. Wie üblich warfen die Bürger auch noch allen
Abfall und Unrat dazu.
Nachdem der Erzbischof erst im Winter 1606/7 die ersten konkreten Dombaupläne von Scamozzi erhielt, beschäftigte er sich
inzwischen mit nicht weniger als fünf anderen Bauprojekten:
dem Umbau des alten Bischofssitzes, dem Residenzneubau, der
»Dietrichsruhe«, der Errichtung eines standesgemäßen Mar-
stalls und eines Landsitzes für sich und die Seinen: Schloß
Altenau.
Anläßlich von Restaurierungsarbeiten im Jahre 1930 wurde die
Fassade des alten Bischofssitzes abgeschlagen und dabei festgestellt, daß Wolf Dietrich die Grundmauern stehen ließ, die In-
neneinteilung allerdings stark veränderte. Einer 1952 veröf-

fentlichten Studie von Richard Schlegel zufolge fügte er damals Hauptstiege und Karabinierisaal neu ein und ließ den Domplatz durch die drei noch bestehenden Bogen aus weißem Untersberger Marmor und schmiedeisernen Gittern gegen die Residenz hin repräsentativ abschließen.[7] Zwei weitere Durchfahrten, die ebenfalls bei der Restaurierung von 1930 zutage kamen, wurden von seinen Nachfolgern wieder vermauert. Aber Wolf Dietrich hatte der Forderung Scamozzis nach fünf gleichrangigen Zufahrten zu den fünf geplanten Frontportalen des Doms bereits Rechnung getragen, eine Vorwegnahme pompöser Einzüge mehrerer ebenbürtiger Häupter.

Den bestehenden vier Flügeln des »Neubaues« fügte der Fürst nach 1600 noch einen fünften hinzu. Umso üppiger ließ er das Gebäude im Inneren mit Gemälden, Fresken und Stuckarbeit ausgestalten. Hier zeigt sich erstmals die Stilwandlung von den strengen Linien der Renaissance zum überladenen Prunk des Manierismus. Der älteste Teil, das Stiegenhaus, enthält noch das einfache Raitenauer Kugelwappen, im »pian nobile«, dem Repräsentationsgeschoß, ist die Jahreszahl 1602 verzeichnet. Mehrere Trupps von Stukkateuren arbeiteten unter der Leitung von Elia Castello an den bunten Stuckdecken, die nicht bemalt, sondern im Material gefärbt sind und durch eingearbeitete Glassplitter Lichteffekte hervorrufen. Die schönste davon befindet sich im Hauptstiegenhaus des Westflügels.

Am bemerkenswertesten von den 17 Sälen des »pian nobile« sind der »Bischofssaal« mit reichgeschnitzter Kassettendecke und der »Feldherrnsaal«, der eines angrenzenden Baderaumes halber für das geplante fürstliche Schlafzimmer gehalten wird.[8] Offenbar wünschte der Erzbischof gleich beim Erwachen einen Blick auf Kriegshelden zu werfen, die er bewunderte: an der Decke befinden sich nebst dem Raitenauwappen Abbildungen von Karl dem Großen, Karl V., Gottfried von Bouillon und Don Juan d'Austria.

Bei den meisten der in diesem Gebäude so zahlreich angebrachten Darstellungen des Raitenauwappens fehlen die kirchlichen Insignien – Kreuz, Legatenhut mit Quasten oder Bischofsstab und Mütze – eine vielleicht absichtsvolle, jedenfalls aber im Klerus übel vermerkte Unterlassung. Ein kleiner, privater Arbeitsraum (studiolo) enthält den Zugang zu geheimen Schatz- und Sammlungsräumen, auch dieser durch manieristische Malerei und Stuckornamente an der Decke im neu aufkommenden Geschmack verziert.

Der zu dem Bau gehörige Gartenhof enthielt – ganz nach Scamozzis Planung – einen *giardino segreto* mit Nischenabschluß.

Der Bau der »Dietrichsruhe«, von der so gut wie nichts mehr erhalten und die daher nur mehr auf Grund alter Berichte rekonstruierbar ist, verband offenbar in praktischer Weise die Amtsräume der alten Residenz mit Privatgemächern und einem direkten Zugang zur Pfarrkirche. Im Jahre 1605 ließ der Erzbischof »in schneller Eil« im Garten bei der Pfarrkirche ein »gross und stadtliches Gepeu« errichten, wahrscheinlich als Wohnung für seine Familie, da er die »alte Münz«, welche Salome mit den Kindern bisher bewohnt hatte, im Herbst 1605 abbrechen ließ und den Grund in den Bau einbezog. Gleichzeitig ließ er die alte »Türnitz«, den Speisetrakt des Bischofshofes, abbrechen, die Käsgasse kurzerhand der Residenz einverleiben und baute zwischen den Mauern derselben, der Franziskanerkirche, und der heutigen Sigmund Haffnergasse einen neuen Trakt mit Garten, nach Steinhauser »ain ander gross Gepeu, so bis an die Pfarrkirchen raicht, so mit ainer eisnen Tür bewart und vor den Fenstern mit schönen gemalnen durchsichtigen Gätern versehen« war.[9]

Zu dem neuen Trakt gehörte ein fürstlicher Lustgarten mit Brunnengrotten, Wasserspielen und Statuen geziert, der von allen Seiten ummauert, also uneingesehen war und den der anonyme Chronist und vermutliche Hofdiener folgendermaßen beschreibt: » . . . darein ist Kunst und Maisterschaft von Tuff und anderen schwarz-weissen allerlei eingelegten Steinen, das allerschönste Prunnwerk sambt einem schönen grossen Vogelhaus, . . . schön weiss steinerne Bilder und andere zierliche Gebeu mit schönen marbelsteinen Säulen . . . da ist eine schöne marbelsteinerne Thür heraus gegen den Hof, dabei ist ein schöner, weiter, grosser Schnecken (Rundtreppe) hinauf, da hat es von allen Figuren gemalte Zimmer, nachdem gehet man durch ein schön ausgemalnen Gang herumb gegen den Saal zu der Pfarrkirchen und auch gar in die Kirchen hinein, und wieder gar neben her mit den allerzierlichsten lustigen Zimmern sambt einer herrlichen grossen Altan, darauf ist auf das künstlichste gemacht ein überaus schöner Altar von Silber, auch grosse schöne Fenster heraus in die Pfarrkirche und von demselben Altan gehet man über zwei Stiegen wieder herab, da hats neben der Kirchen ein schöns fürstl. Bad. Darnach geht es in die Kirchengassen ein schöns grosses Thor ... und wiederumb zwei schene Schnecken in andere Schöne Zimmer hinauf ... von allerlei Figuren ausgemalen, das eine Lust anzusehen ist, welches hier zu schreiben zu lang war.«[10]

Der in seiner Beschreibung erwähnte, direkte Zugang in die Franziskaner (= Pfarr-)kirche war inzwischen auf höchst eigenwillige Art ausgestaltet worden: der Fürst ließ nämlich im Kircheninneren selbst, dort, wo der direkte Zugang aus seiner Residenz in einem kleinen Oratorium endete, die Emporen durch eine zierliche Palazzofront verkleiden. Und so steht nun seit dem Jahre 1606 eine nur zwei Fenster breite profane Renaissancefassade gleich einer reizenden, völlig ungehörigen Theaterkulisse mitten in der romanischen Kirchenwand, Zeugnis übermütiger, stilistischer Bedenkenlosigkeit, komplett mit Wappen und Jahreszahl. Von dem kleinen Saal dahinter konnten der Erzbischof und seine Begleitung ungesehen dem Gottesdienst beiwohnen. Dem Chorteil der Kirche ließ der Fürst Seitenkapellen einrichten, deren zweite und dritte linkerhand sein Wappen und den windbestürmten Turm tragen, als Zeichen, daß er nun auch diese Kirche sich ganz zu eigen machte.

Jetzt endlich erhielten auch die Hofstallungen eine würdigere Unterkunft. Die hölzernen Bauten verschwanden vom Terrain des »Frauengartens«, aus dem angrenzenden, natürlichen Reservoir des Mönchsberges wurden Steine gebrochen und in den Jahren 1607–9 entstand »das lang und grosse, herrlich schönne Gepeu neben dem Perg, so zu unterist voll herrlicher wolgezierter fürstlicher Stallungen« war. Obenauf gab es »liftig und nuzliche« Getreideboden, das Dach war »mit schönen kupferen angestrichenen Trackenringlein aufs Böste bewahrt«, zwei Häuser für

Stallmeister, Futtermeister, Geschirrmeister, Sattelknechte und anderes Personal wurden aufgebaut und die ganze Pracht noch durch »dreien schönnen glanzenden, mit Plech gedeckten, wol formierten Thürmen« erhöht. Ein weitläufiger Platz, auf welchem die Pferde bewegt, Turniere und »Ringelrennen« – ein beliebtes Wettspiel zu Pferde – veranstaltet werden konnten, gab ihm Zweck und vergnüglichen Sinn.

Ein mit geradezu tragischer Konsequenz waltendes Schicksal führte dazu, daß gerade von jenen Bauwerken, die Wolf Dietrich persönlich am meisten erfreuten, kein einziges Bestand hatte: Jakob Hannibals Stadtpalast zerstörte er selbst, die »Dietrichsruhe« seine Nachfolger, und von Schloß Altenau, dem Denkmal, das er seiner Liebe setzte, ist in dem heutigen Schloß Mirabell, welches an seiner Stelle steht, kaum ein Stein mehr zu finden. Angeblich wurden schon 1594 Grundmauern für einen Landsitz nahe dem Bergstrasstor am rechten Salzachufer erstellt. Später ließ der Erzbischof den Bau einer Villa nebst Park für seinen Bruder Jakob Hannibal in der Nähe beginnen. Durch die Abreise des Bruders wurde der Plan hinfällig. Ein paar Jahre vergingen, ohne daß weitergebaut wurde. Aber ganz plötzlich entschloß sich der Landesherr zur Erstellung des Lustschlosses und nun mußte es wieder einmal aufs allerschnellste gehen: tatsächlich soll der Bau 1607 innerhalb von einem halben Jahr errichtet worden sein.[11]

Schon die Anlage im Geviert mit einem Innengarten verkündete ebenso deutlich wie die ummauerte »Dietrichsruhe«, daß der Erzbischof die Welt von diesem »Hafen des Lebens«, den er hier für sich und die Seinen errichtete, ausgeschlossen wissen wollte. Steinhauser beschreibt den Bau: »wie ain Schloss oder Vestung mit ainem wolgezierten, von Plech gedeckten, glanzeten Thurm, und inwendig, auch aussen herumb mit schönen Gärten von allerlai Kreutlwerch, Paumbgewächs und Früchten geziert«. Obwohl dieser reine Privatbau wiederum viel tausend Gulden gekostet hat, was den sparsamen Chronisten schmerzt, muß er bekennen, daß »solch fürstliches Werk der Stadt ain sonderlichen Wolstand und Zier gegeben habe«.

Im Gegensatz zu der schmucklosen Fassade des eher wehrhaften

als ziervollen Renaissanceschlosses waren die Innenräume mit dem Besten und Teuersten erfüllt, das sich nur auftreiben ließ. Wieder der anonyme, hofvertraute Chronist: »Allda ist gewesen über die massen das allerschenste, was nur ein mensch erdenken kann, khuechegeschirr, überflüssig genueg als in sonderhait zu erzählen unnötig wie auch die allerwunderschönsten kunststuckh affiel, die herzigklichen und holdseligen weibs und junkfräulein abcontrafegt, der's hat angeschaut, des Hertz im Laib gelacht.« Und ferner: »... darinnen ist auch überschwenklich grosser Reichtum gefunden worden von allerlei der allerschönsten frauenklaidteren und gezierten von allerlei gadtung der allerschönesten khlainodter von schenem goldt und edelgestain, perlen, was nur ein mensch erdenken kan, welches nicht müglich zu erzellen ist, wie auch das allerlei schönste Haus- und kuchegeschier, wie in ains kunigs palast.«[12]
Vielleicht war der naive Berichterstatter beim Erzbischof als Koch beschäftigt, da es ihm das Küchengeschirr so ganz besonders angetan hatte. Die »Konterfeis der holdseligen Jungfräulein« wurden Wolf Dietrich in seinem Prozeß als Hang zur Fleischeslust vermerkt. Bezeichnend für die Vorsicht, welche dem Raitenauer wohlgesinnte Chronisten walten ließen, ist die Erwähnung von Frauenkleidern und Schmuck, doch von keiner Frau. Nur Steinhauser notiert beiläufig, wie wohl sich der Erzbischof auf diesem Landsitz im Schoß seiner Familie gefühlt habe: »in solchem schönen Gepeu hat der erzbischof und die seinigen etc. sich oftmalen belustiget und vilmals sowohl abends als morgens die malzeiten daselbst genossen und allerlei ehrliche freudenspiel und kurzweil darinnen getrieben.«[13]
Selbst dieser tolerante Berichterstatter verwendet statt Salomes Namen nur ein diskretes »etc.«.
Schloß Altenau wurde von Wolf Dietrichs Nachfolger, der alle Spuren seines Vetters auszutilgen trachtete, in »Mirabella« umbenannt; unter Paris von Lodron hieß es wieder Altenau, wurde jedoch in der Folge mehrfach – durch Lukas von Hildebrand und später Peter de Nobile – umgestaltet, und wieder »Schloß Mirabell« genannt, bis von Wolf Dietrichs Landsitz nichts mehr übrigblieb – nicht einmal der Name.

Trotz – oder vielleicht gerade wegen – des Prunkes und der Weitläufigkeit seiner Residenz fühlte sich der Fürst in der »Dietrichsruhe« oder in Schloß Altenau mit zunehmenden Jahren immer wohler und kehrte an den Bischofssitz wahrscheinlich auch zwischen Abend- und Morgenmahlzeiten nur mehr zurück, sofern es die Hofhaltung erforderte. Dazu trug sicherlich auch die Krankheit bei, welche ihn im Winter 1604/5 befiel. Wie bei autoritären Herrschern seit jeher üblich, wurde sein Leiden vor der Öffentlichkeit möglichst geheimgehalten und kann nur aus Notizen Außenstehender rekonstruiert werden. Sigmund von Welsperg besuchte Wolf Dietrich in diesem Winter, traf ihn zu Bett liegend an und beschreibt die Krankheit als »ein Spetie des Schlags neben einer Vergicht«.[14] Er konnte den rechten Arm nicht gebrauchen und die Ärzte hatten ihm auf den linken Arm ein künstliches Geschwür, eine Fontanelle gesetzt, »um den Blutfluß abzulenken«. Auch nach der Chronik des Abtes Martin Hattinger handelte es sich um einen Schlaganfall. Der Kranke konnte nicht schreiben, auch das Salböl nicht mehr selbst weihen, und von Juni bis Oktober 1605 wurde statt seiner Unterschrift eine Stampiglie, ein sogenanntes »truckerl« verwendet. Auch nachher noch blieb seine Handschrift unsicher und er verfaßte nie mehr eigenhändige Konzepte.

Nachdem Essen und Trinken zu den Hauptvergnügungen derer zählten, die es sich leisten konnten, mußte die Tafel der Erzbischöfe schon aus Prestigegründen die beste und reichhaltigste im Lande sein. Die Kehrseite des Wohllebens zeigt eine Untersuchung über die häufigsten Todesursachen der Salzburger Erzbischöfe: die meisten von ihnen starben am Schlagfluß, darunter auch Wolf Dietrichs unmittelbare Vorgänger.[15] Erzbischof Johann Jakob, der dann jahrelang gelähmt dahinsiechte, hatte solchen Wert auf seine Leibspeisen gelegt, daß er seine Köche auf alle Reisen mitnahm und bei Festmahlzeiten fünfzehn und zwanzig Gänge auffahren ließ, die fast ausschließlich aus Fleisch bestanden – Rindfleisch, Hühnern, Gänsen, Lämmern, Wild, meistens kräftig mit Senf, Pfeffer, Zimt und Nelken überwürzt und manchmal noch mit Honig gesüßt. Neben allen einheimischen Fischen und Krebsen wurden auch getrocknete Seefische eingeführt, und als Nachspeise gab es Gebäck, Torten, Marzipan und Früchte.

Bei dieser Art der Ernährung, Wolf Dietrichs apoplektischer Veranlagung und seinem Mangel an Selbstdisziplin kann ein Schlaganfall im Alter von 46 Jahren kaum erstaunen. Obwohl er die körperlichen Folgen verhältnismäßig gut überstand und anläßlich seiner Genesung sogar eine Amnestie für Landesverwiesene erließ, zeichnete sich in seiner Mentalität eine merkbare Veränderung ab.

Zum ersten Mal war ihm die eigene Vergänglichkeit deutlich zum Bewußtsein gekommen. Die Furcht überfiel ihn, möglicherweise krank weiterleben zu müssen oder überhaupt nicht mehr da zu sein, um für seine Familie zu sorgen. Der Tod, der ihm die Hand so unversehens aufs Herz gelegt hatte, hielt in diesem Jahr 1605 in seiner nächsten Umgebung Ernte: es starb der altgediente Dompropst Balthasar von Raunach, Wolf Dietrichs treuer Kammerdiener Matthäus Janschitz und sein eigenes kleines Töchterchen Maria Salome. Sie war nur zehn Jahre alt geworden und, wie ihr Grabstein in der Klosterkirche auf dem Nonnberg besagt, »diesem Kloster in ihrem fünften Jahr von ihren Eltern gegeben worden.«

Erstmals machen sich bei dem bisher Bedenkenlosen Ansätze zu Sparsamkeit bemerkbar. Er strebt danach, Besitz anzuhäufen, den ihm, und nach seinem Tod auch seiner Familie, niemand mehr streitig machen kann. Die geistliche Herrschaft über das Erzbistum steht nur dem gewählten Kirchenfürsten zu, der über seine Nachfolge nicht zu entscheiden hat, daran ist nicht zu rütteln. Wie steht es aber mit den weltlichen Rechten, welche der Kaiser verleiht? Ließen sich die beiden Domänen etwa auch trennen? Die Möglichkeit einer völlig veränderten Zukunft wird sicherlich erwogen. Er selbst ist krank und erschöpft, aber unter Umständen wäre für die Söhne . . .

Angeblich erwog der Erzbischof schon im Jahre 1601 die Berufung eines Koadjutors. Damals hieß es, er habe für diese Stellung Marquard von Schwendi im Sinn, mit dem er durch die Ehe seiner Schwester Clara verschwägert war. Vier Jahre später lehnte er derartige Ansinnen entschieden ab. Solange ein Kirchenfürst gesund und handlungsfähig war, mochte der Koadjutor tatsächlich nur eine Arbeitserleichtung bedeuten und die Verfügungsgewalt seines Vorgesetzten nicht beeinträchtigen. Übernahm er aber infolge von Krankheit oder Tod des Erzbischofs einmal selbst die Regierung, so konnte er rasch infolge seiner gründlichen Kenntnis der innersten Verwaltung frühere Entscheidungen hinfällig machen. Wolf Dietrich war als junger Domherr Zeuge gewesen, wie der seiner geistigen Fähigkeiten nicht mehr mächtige Erzbischof Johann Jakob die Regierungsgeschäfte zur Gänze dem damals übermächtigen Domkapitel und seinem Koadjutor hatte überlassen müssen. Er wußte auch genau, daß nicht alle Amtshandlungen, welche er selbst schon vorgenommen hatte und wohl auch noch weiter plante, das Licht der Öffentlichkeit vertrugen. Im Jahre 1595 hatte er drei große Herrengüter in Untersteier verkauft und war von Rom deswegen vermahnt und mit dem Verbot weiterer Verkäufe belegt worden. 1602 hatte er sich die Weinberge des Kapitels angeeignet, so daß die Domherren in Ermangelung von eigenem »capitlischem Weingewächs« nun verdrossen jeden Tropfen ankaufen mußten – und das war nicht wenig.

Auch in anderer Hinsicht verfügte er höchst selbstherrlich über Einkünfte und Besitz des Erzstiftes. Der Selbstmord des Domdechanten Johann Anton von Thun am 7. Dezember 1602, eines Freundes und Vertrauten Wolf Dietrichs, gab der Kritik an seiner Gebarung neuen Auftrieb. Anton von Thun hatte sich just in der Stunde »mit einem Stich« ums Leben gebracht, als er zu einer Sitzung des Domkapitels erwartet wurde. Der Selbstmord eines hohen geistlichen Würdenträgers mußte in dieser von Religiosität gesättigten Atmosphäre die Gemüter aufs höchste erregen und jede nur mögliche Spekulation über die Ursachen begünstigen. Abgesehen davon, daß die Vermutung laut wurde, dieser Domherr sei es gewesen, der eine Scheintrauung des Erzbischofs mit Salome Alt vorgenommen habe, hieß es auch, er habe es nicht mehr ertragen können, daß gerade während seiner Amtszeit dem Kapitel fast alle Freiheit und Rechte entzogen wurden. Eines Tages erschien auch der Dompropst Balthasar von Raunach und erklärte, er wolle das Siegel des Kapitels nicht länger in

Verwahrung halten, denn es sei ohne sein Wissen »aus der behausung« genommen worden«. Mit diesen Worten überreichte er »das Gestättele, darin des Capitels Insigl und Secret verschlossen«.

Angesichts solcher bedenklicher Indizien ist es nicht zu verwundern, wenn vorsichtige Anspielungen auf einen möglichen Koadjutor bei Wolf Dietrich auf taube Ohren stießen. Seine Vitalität war zwar vorübergehend beeinträchtigt gewesen, aber keineswegs endgültig gebrochen. Eben noch hatte er Verse von ausgesprochener Weltmüdigkeit verfaßt und über dem Portal des Schlosses Altenau anbringen lassen[16]:

»Raittnaviae stirpis divino e munere princeps
Ad rapidas Salzae praetereuntis aquas
Impatiens otii, spirans magis ardua quondam
Nunc, ubi per morbos corpore deficio
Hac tacitas aedes fessus portumque silentem
Hunc mihi semestri tempore constituo«.

(Fürst aus Raitenaus Stamme, durch Gottes Gnade erwählet
herrsch ich am rauschenden Lauf der hurtig fließenden Salza
Einstens war leid ich die Muße, nach Größerem strebte ich heftig
Jetzt, wo die Krankheit dem leidenden Körper die Kraft raubt
Bau ich dies ruhige Haus mir als friedlichen Hafen des Lebens
Eilig ist es geschehn – das Halbjahr ging nur darüber.
                                        Übers. d. Verf.)

Doch kaum genesen legte er seinen Domherren bereits am 23. September 1605 neue Kapitelstatuten zur Bewilligung vor. In dem Konzept hieß es, dem Erzbischof, welchen die Last der Regierung in geistlichen und weltlichen Dingen vor allen anderen treffe, müsse diese große Mühe und Arbeit »mit nicht minderer Ergötzlichkeit und gegenvortel kompensiert und verglichen werden«. Er solle daher nicht nur »ein ungezweifelter, sicherer, vollkommener Nutzniesser« des Einkommens sein, welches nach Bestreitung der Notwendigkeiten des Stiftes übrigbleibe, sondern auch das Recht haben, dasselbe zu »verdotieren und zu vermachen, wem sie es gunnen wollen.« Was ein Erzbischof auf Grund dieses Rechtes verschenke, solle zu ewigen Zeiten unangefochten bleiben, die Empfänger sollen seine Gaben »ungetrübt innehaben, nutzen und genießen und ... bei empfangenen Gaben beschützt und beschirmt werden.«

Obwohl diese Vorschläge den Kirchengesetzen diametral widersprachen, fügte er noch eine kühne Drohung hinzu; sollte das Kapitel diesen Statuten nicht zustimmen, so werde er sich an Papst und Kaiser wenden. Diese beiden hätten zwar die uneingeschränkte Möglichkeit zur Verbringung von Kirchengut niemals genehmigt, aber in Salzburg residierten ohnehin nur mehr Domherren, die Vorschläge des Erzbischofs widerspruchslos akzeptierten, und so beschloß das Kapitel am 29. September 1605 gehorsam den fürstlichen Entwurf.[17]

Damit hatte sich der Erzbischof eine zwar wacklige, aber doch einigermaßen legale Basis für alle weiteren Schenkungen geschaffen, die es nun auf Salome Alt regnete. Ganz offensichtlich wollte er nicht allein deren Zukunft sicherstellen, sondern plante durch Zuwendungen an die ihm bedingungslos ergebene Frau auch sich selbst für alle Wechselfälle abzusichern.

Bisher waren in Salomes Namen nur die beiden schon erwähnten Beträge von 20000 und 4000 Gulden im Handelshaus der Steinhauser angelegt worden, dazu hatte sie seit 1595 einigen kleineren Landbesitz erworben. In den Jahren 1595–1599 kaufte sie einen »Garten am Rennbühel, dem Hochwasser der Salzach nahent etwas geferlich gelegen«, ein Haus mit Hof und Garten von Maximilian Steinhauser und ein größeres Gartengrundstück vor dem Lederertor, alle außerhalb der Altstadt und in der Nähe des damals erst geplanten Lustschlosses Altenau. Am 23. Oktober 1603 erwarb sie, wieder von Max Steinhauser, »vier Krautgärten vor dem Bergstrasstor«, den Grund für Altenau »neben dem Steinhausergarten«, am 20. November 1606 kaufte der Fürst in ihrem Namen die Güter und Untertanen des Freiherrn von Törring um 21500 Gulden und erklärte diesen Besitz, der bisher nur ein Lehen gewesen war, zum Eigengut, einem Allod.[18]

Im gleichen Jahr schenkte er ihr das Münzgebäude in der Pfarrgasse samt einem Nebengebäude, welches der Familie Rehlingen gehört hatte, und als er diese Häuser im Zug der Erbauung der »Dietrichsruhe« abbrechen ließ, zog Salome mit den Kindern dort ein.[19] Den höchsten Betrag von 120000 Gulden legte er am 25. Juli 1608 bei der Tirolischen Landschaft für sie an. Am 24. April 1609 war sie im Besitz von 15000 Gulden welche sie an Georg von Lamberg verlieh, am 8. Juni desselben Jahres gab sie den Bestehern von Hallein 6000 Gulden als Darlehen, am 10. Dezember kaufte sie von Dietrich von Kuen-Belasi Güter und Untertanen um 8000 Gulden, am 6. Februar 1610 schenkte ihr der Landesherr neuerlich einen Garten am Rennbichl und am 24. Juni 1611 wurden noch ein letztes Mal 50000 Gulden bei der Firma Steinhauser in ihrem Namen hinterlegt.[20]

Mit Schenkungen allein waren die Pläne des Raitenauers für seine Familie aber noch nicht zur Gänze verwirklicht. Eine ehrenvolle Stellung innerhalb des sozialen Gefüges war mindestens ebenso wichtig wie Geld und Gut. Das Ansehen, das er am Kaiserhof genoß und die Bezahlung substantieller Beträge verhalfen ihm auch zu einem Erfolg auf diesem Gebiet: gegeben zu Prag am 28. August 1609 statuierte Seine Majestät Kaiser Rudolf II., daß Salome Alt »bei einer fürnemben geistlichen Person etliche Kinder, deren eltiste zwei mit Namen Hannibal und Helena ledigs Stands erzeugt und geboren« habe. Um den unschuldig empfangenen Makel und das Gebrechen ihrer unehelichen Geburt »von ihnen aufzuhöben, zu vertilgen und abzuthun«, werden diese hiemit »in Ansehung der erspriesslichen und willigen Dienste obberierter geistlicher Person ... befreit ... und aller zustehenden Heurathen, Ehren, Aemptern, Diensten und Erbschaften« für fähig erklärt.

Sie sollen Turniere reiten, Gezelte aufschlagen und alle anderen adeligen Rechte ausüben dürfen, werden mitsamt der Mutter in den Reichsadelsstand mit vier Ahnen erhoben und ihnen ein Wappen verliehen. Möglicherweise in Anlehnung an das alte Raitenauwappen war dieses in Schwarz und Silber gehalten, zeigte jedoch keine Kugel, sondern zwei parallellaufende silberne »Strassen« und darüber – vielleicht eine Ironie des Heraldikers – ein quadriertes, mit Quasten besetztes Kissen. Salome verwendete dieses Wappen fortan in Allianz mit ihrem Geburtswappen, dem silbernen Fisch auf blauem Grund.[21]

Das denkwürdige Aktenstück, durch welches in einer Zeit der Bestrebungen um Erneuerung und Reinigung der Kirche die Geliebte und die Kinder eines katholischen Erzbischofs nicht nur anerkannt, sondern darüber hinaus auch noch durch den Reichsadelsstand geehrt wurden, beweist die Labilität damaliger Rechtsnormen, die jederzeit von oben herab umgestoßen werden konnten. Zwar galt die Legalisierung nur für den weltlichen Bereich, doch hätte sie der Kaiser niemals unternommen, wenn er sich bewußt gewesen wäre, damit gegen ausdrückliche Tendenzen Roms zu verstoßen. Sie bildet aber auch einen Beweis dafür, daß Wolf Dietrich und Salome nicht ohne Grund mit der Möglichkeit rechneten, ihre Lebensgemeinschaft würde eines Tages auch von seiten der Kirche anerkannt werden.

Weder seine umfangreiche Bautätigkeit noch sein Engagement in der Türkenpolitik, weder die Kontroversen in der Salzfrage noch die Unterdrückung zahlungsunwilliger Bauern, ja nicht einmal die eigene schwere Erkrankung verhinderten diesen stürmischen, niemals ruhenden Geist am Aushecken neuer Projekte. Schon anfangs Mai 1606 legte er den Domherren von Salzburg ein weiteres Statut zur Beschlußfassung vor.[22]

Hatten sich die Bewilligungen vom September des Vorjahres hauptsächlich auf materielle Zugeständnisse bezogen, so brachte sein Entwurf von 1606 darüber hinaus so bedeutsame stiftspolitische Maßnahmen in Vorschlag, daß der Erzbischof zu ihrer Erörterung das pflichtgemäß von allen Mitgliedern des Kapitels zu besuchende, feierliche »capitulum peremptorium« einberief. Dennoch erschienen nur neun Domherren, Jasager, die allen Punkten zustimmten.

Der Entwurf faßte die bisherigen Statuten zusammen, bestätigte die meisten Rechte des Kapitels, verbot den Herren aber, jemals wieder einen Koadjutor zu wählen. Ein Erzbischof, welcher sich der Regierung nicht mehr gewachsen fühlte, sollte vielmehr freiwillig zurücktreten und eine lebenslängliche Pension empfangen. Ganz offenkundig war dieser Passus von seiner eigenen Stituation diktiert, und wahrscheinlich sahen die Domherren keine Möglichkeit, sich dieser neuerlichen Beschneidung ihrer Rechte erfolgreich zu widersetzen. Ausgesprochen heikel war dagegen die weitere Bestimmung des Entwurfs, wonach dieses Statut dem Papst ebensowenig zur Bestätigung vorgelegt werden sollte wie künftige Wahlkapitulationen. Das Kapitel habe das gute Recht, sich selbst Grundsätze zur Danachhaltung aufzustellen, dekretierte der Raitenauer; dieselben müßten keineswegs der Gnade des Apostolischen Stuhles anheimgestellt werden.

Dieser Paragraph demonstriert besser als wortreiche Schilderungen, wie weit sich Wolf Dietrichs Haltung seit seinen Anfängen verändert hatte. Als wäre damit seine Einstellung dem Vatikan gegenüber noch nicht genügend präzisiert, fügte er noch für alle künftigen Salzburger Erzbischöfe das Verbot hinzu, eine etwa angebotene Kardinalswürde überhaupt anzunehmen. Ließe sich eine Annahme wirklich nicht umgehen, so dürften die Herren von Salzburg auch als Kardinäle das Erzstift nicht verlassen.

Es war seine späte Antwort auf die Weigerung Roms, ihm diese Ehre, nach der es ihn so sehr verlangt hatte, zuzugestehen.

Diese Punkte bargen schon genügend Zündstoff innerhalb der kirchlichen Hierarchie, doch noch weit folgenschwerer war der Passus, welcher dem Statut später den Beinamen »das ewige« eintrug, und der lautete:

»Um Ungelegenheiten zwischen dem Erzstift und den in Bayern und Österreich regierenden Häusern zu vermeiden, ordnen wir hiemit unwiderruflich, beharrlich und auf ewig an, daß auch zur Erhaltung des Erzstifts eigener Freiheit, Sicherheit und Neutralität, keiner aus denselbigen Häusern, dem anderen zue wissentlichem auch kuntlichem praejudicio und nachtail sollte erwöllt werden.«

Auch solle kein Erzbischof eines dieser beiden Fürstenhäuser vorziehen, sondern müsse »nicht anderst als neutral zwischen baiden heusern sich verhalten.« Eine solche Neutralität sei im Interesse beider Fürstenhäuser und dem Erzstift obliege es schon infolge seines geistlichen Standes, »Khainer weiterungen zwischen ihnen fürschub oder ursach zue geben.«

Zunächst entsteht der Eindruck, als habe der Raitenauer in alter unbekümmerter Streitlust wieder einmal nach rechts und links ausgeschlagen, gleichgültig dagegen, wie viele Feinde er sich durch seine Handlungsweise erwarb. Als überraschendes, ja beinahe unglaubliches Ergebnis intensiverer Forschung ergibt sich jedoch, daß gerade dieser Teil des »Ewigen Statuts« von niemand anderem als dem Bayernherzog Maximilian inspiriert und veranlaßt war.

Zu jener Zeit gehörten dem Salzburger Domkapitel Maximilians Bruder Ferdinand – Philipp von Bayern war schon gestorben – sowie die österreichischen Erzherzöge Leopold und Karl an. Jeden von ihnen hatte der betreffende Vater nicht nur dort hineingesetzt, um jüngeren Söhnen standesgemäße Karrieren zu eröffnen, sondern auch, um den eigenen Einfluß im Erzstift zu festigen und den des Rivalen möglichst auszuschalten. Als der nur elfjährige Leopold von Habsburg, ein steirischer Vetter Rudolfs II., im Jahre 1598 dazu noch Bischof von Passau wurde, drängten die Wittelsbacher noch mehr als bisher zu einem Ausgleich. Zu ihrer Partei gehörte der päpstliche Nuntius in Graz Hieronymus Porta, der diesbezüglich mit Maximilian korrespondierte und ihn schon vor Marquard von Schwendi als möglichem Koadjutor Wolf Dietrichs warnte. Maximilians Tante Maria, die Gemahlin des Erzherzogs Karl der Steiermark, hatte dort den jesuitischen Einfluß beinahe ebenso fest verankert wie in München. Sie alle arbeiteten darauf hin, dem jungen Bayernprinzen Ferdinand die Nachfolge in Salzburg zu sichern, obwohl er bereits Propst von Berchtesgaden, Paderborn und Hildesheim, Koadjutor von Köln, Domherr von Lüttich und Münster war.[23] Warum auch nicht? Schließlich hinderten den Habsburger seine Bistümer Straßburg und Passau ebensowenig an weiteren Aspirationen; recht gerne hätte er Salzburg noch dazugenommen.

Schon bemühten sich Gesandtschaften beider Parteien um die Gunst der Kapitelsherren. Nachdem sich bei einer Mehrzahl der Kapitularen gewisse Sympathien für Österreich abzuzeichnen schienen, riet Herzog Ernst von Bayern, Kurfürst und Erzbischof von Köln, seinem Neffen Maximilian, Wolf Dietrich persönlich anzusprechen. Unter dem Vorwand von Salzverhandlungen und Anteilnahme am Gesundheitszustand des Erzbischofs erschien also im Herbst 1605 der kluge bayrische Landschaftskanzler Johann Georg von Hörwarth in der erzbischöflichen Residenz.

Nachdem seine Instruktion vom 24. Oktober 1605 lautete, er solle sich dem Ziel recht vorsichtig nähern, begann er mit wohlgesetzten Worten: Gott wolle Seiner Liebden Leben noch lange fristen, doch seien alle Menschen Gott unterworfen und irgend einmal könnte doch von einem Nachfolger der jetzt so gut funktionierende Salzvertrag »in Disput gezogen werden«, besonders falls jemand aus dem Hause Österreich an die Regierung gelangen würde. Sein Herzog lasse daher vertraulich anfragen, ob der Erzbischof nicht etwa selbst einen Nachfolger zu bestimmen gedächte, etwa »aus Seiner Liebden Freunden, oder dem es Seine Liebden vor anderen wohl gönneten.«[24] An dieser Stelle der Instruktion hatte Maximilian eigenhändig die Randglosse angefügt: »Cautissime, dass man ihn nit aus der Wiegen werfe, denn er wirds verstehen, als deuten wir auf uns.«

Genauso verstand es auch Wolf Dietrich, ließ sich aber auf keine weitere Erörterung des Themas ein, sondern erklärte kurz, er wolle hierin nicht einmal auf seine gesippten Blutsfreunde Rücksicht nehmen – offenbar eine Ablehnung seines Vetters Marcus Sitticus – sondern die Sache an den Nagel hängen, an dem er sie gefunden habe. Das hieß: die Entscheidung dem Domkapitel überlassen.

Der Erzbischof dachte offenbar nicht daran, Bayern den Weg zu seiner Nachfolge zu ebnen. Also sollten auch die Habsburger davon ausgeschlossen werden. In einem Brief vom 13. November 1605 schlug der Bayernherzog dem Salzburger Erzbischof jene Lösung vor, die später so viel Staub aufwirbeln sollte.

Wolf Dietrichs Absichten gingen zweifellos dahin, dem Erzbistum eine politisch unabhängige und territorial unangetastete Zukunft zu sichern – möglicherweise wirklich in Hinblick auf eine Nachfolge seines ältesten Sohnes Hannibal. Gerade deshalb war jedoch höchste Vorsicht geboten. In seiner Antwort forderte er Maximilian auf, doch selbst um ein päpstliches Breve einzukommen, welches beide Häuser von Salzburgs Thron ausschließen sollte.

Das lehnte Maximilian sofort und entschieden ab, indem er den Ball zurückspielte. Die Sache könne »so unverborgen und geheim nit tentiert werden, dass es nit ausbreche«. Seine Hochfürstliche Gnaden hingegen könnten ein solches Breve ohne Bedenken beantragen, da er gleichsam als Außenstehender (»tamquam tertius«) nicht Partei wäre. Er, Maximilian, stelle die Sache daher des Erzbischofs »bekanntem, vor Gott hochbegabtem verstand und erfarenheit anheim.«

Wolf Dietrich ging – wieder einmal ohne die Folgen genau zu überlegen – dieser wohlberechneten Schmeichelei auf den Leim und konzipierte das »Ewige Statut«. Anfangs Mai 1606 beschlossen und besiegelten die Domherren Anton Graf Lodron, Johann Krafft von Weittingen, Ulrich von Königseck, Albrecht von Törring, Marquard von Freyberg, Ernfried von Kuenburg, Wolf von Schrattenbach, Marquard von Schwendi und Marx Sittich, Graf von Hohenems, die ihnen von ihrem Erzbischof vorgelegten neuen Kapitelstatuten. Sie taten es nicht ungern. Mindestens drei von ihnen machten sich selbst Hoffnung auf die Nachfolge – und einer davon letztlich mit Erfolg.

Am 8. Mai 1606 übersandte Wolf Dietrich dem Bayernherzog durch seinen Kanzler Dr. Johann Kurz eine Abschrift des Originaltextes und bot seine Dienste auch weiterhin an, falls der Herzog damit noch nicht »ein völliges genuegen in dero intent erlangt« habe.[25]

Am gleichen Tag schrieb er aber auch an den Kaiser: Seine Majestät erinnere sich wohl, daß seit geraumer Zeit Botschafter und Schreiben darauf gedrängt hätten, man möge Salzburg nicht in Hände gelangen lassen, welche dem Hause Habsburg »zu Praejudiz und Gefahr gereichen könnten.« Da Bayern wegen der Nachfolge urgiert, andererseits der Kaiser einmal erklärt habe, es wäre ihm nichts angenehmer, als das Erzstift in die Hände von »Privat- und Neutralpersonen« gelangen zu lassen, habe er, Wolf Dietrich, sich mit seinem Kapitel verglichen, wie aus der Beilage ersichtlich.

Trotz dieser unbestreitbaren Argumente erregte das »Ewige Statut« bei den Habsburgern einen Sturm der Entrüstung, welcher sich weder gegen das beschließende Kapitel noch gegen Maximilian, sondern ausschließlich gegen den Salzburger Erzbischof richtete. Der Bayernherzog hatte seine geistige Urheberschaft an der Ausschließungsklausel vor jedermann, sogar vor den eigenen

Hofräten, die er sonst immer beizog, verborgen. Nun, da das Küken aus dem Ei geschlüpft war und lebhaftes Mißfallen erregte, tat er völlig überrascht. Ja, er meldete sogar selbst Bedenken gegen das »Ewige Statut« an.

Aber auch Wolf Dietrich hatte keine Lust, sich weiter die Finger daran zu verbrennen. Natürlich entsprach die Klausel auch seinen eigenen Intentionen, noch mehr aber offenbar denen des Nachbarn. Er stellte deshalb Maximilian frei, durch eine Gesandtschaft an das Salzburger Kapitel die Rücknahme der Ausschließungsklausel selbst zu betreiben. Jetzt wurden in München auch wieder die Hofräte zur Beratung beigezogen, die diesen Vorschlag ablehnten. Am 11. Juli diktierte Maximilian eine verwaschene Instruktion an seinen Oberstkanzler Donnersperg; er werde die Zusicherung, sich an dieses Statut zu halten, nur ohne die Ausschließungsklausel unterschreiben. Bei passender Gelegenheit werde er die Konsequenzen daraus ziehen.

Von den Habsburgern fühlte sich Erzherzog Leopold, Bischof von Passau, am meisten in seinen Zukunftsaussichten verkürzt und war dementsprechend am zornigsten. Am 14. Juni schrieb er an Maximilian, er habe »nit one grosse betriebnus des Herzens« von dem Salzburger Statut erfahren. Der Bayer gab diese Stellungnahme zwar sofort an Wolf Dietrich weiter, agierte jedoch nun desto vorsichtiger, um die Habsburger und damit den Papst nicht gegen die eigene Person aufzubringen. Auch von einem weiteren Brief Leopolds vom 10. Juli berichtete er dem Erzbischof bereits zwei Tage später und fügte hinzu, er wisse sich keinen Rat, was zu tun sei. Sollte ihn Österreich um Beistand bei der Vernichtung des Statuts angehen, so bliebe ihm nur die Wahl, sich am Zustandekommen desselben schuldig zu bekennen oder gegen seine eigenen Interessen zu handeln.[26]

Diese Art überspitzter Ränke lag Wolf Dietrichs unüberlegter und geradliniger Natur vollkommen ferne, doch seine Antwort an Maximilian, datiert vom 19. Juli 1606 zeigt, daß durch die Krankheit sein Intellekt und seine scharfe Logik nicht gelitten haben. Mit gewohntem juristischem Geschick betont er, » ... daß weder wir noch unser capitl niemaln gesint oder bedacht gewest, baide hohe anseliche heuser von dem zutrit zu dem erzstift auszuschliessen, sondern bloszlich und allein zu underpawen und für zu kommen, damit von dem ertzstift Salzburg aus disen baiden heusern nicht ursach gegeben werde, inkünftig seinethalben in unnachbarschaft und unfreuntschaft zu erwachsen.«

Beide Fürstenhäuser würden ja keineswegs gänzlich von der Nachfolge ausgeschlossen, sondern ausdrücklich nur,»so ser und wait aines oder des andern wal ainem oder dem andern prajudicirlich«.

Als Begründung für die Aufnahme eines solchen Ausschließungsparagraphen in die neuen Kapitelstatuten weist der Raitenauer auf die in der Vergangenheit unternommenen Versuche hin, Einfluß auf Salzburger Wahlen zu nehmen. Schon Herzog Albrecht V. von Bayern habe sich um die Stellung eines Koadjutors für seinen Sohn Ernest bemüht, der nun Erzbischof in Köln sei, und auch um die Koadjutorie von Passau seien »hitzige und ernstliche Schreiben« zwischen Österreich und Bayern gewechselt worden. Die Habsburger hätten sich nicht einmal so sehr um Passau bemüht, damit Erzherzog Leopold dort Bischof würde, als um zu verhindern, daß das Haus Bayern »noch andere und mehrere stift an sich brecht«. Er erwähnt sogar das Gerücht, wonach er selbst sich hätte den Erzherzog zum Koadjutor nehmen wollen und bezeichnet es als »vergebens geschrai«. Schließlich erinnert er Maximilian daran, daß dieser selbst ihn »durch sonderbare schickungen davon abgemanet« habe und »wie eifferig sie sich gegen uns erboten, in allerhant vertraege uns einzulassen zu unser und unsers erzstifts fraiheit und defension, wie nicht minder auch, alss wir jüngstlich etwas schwerlich erkrankt und nachmals durch den Segen Gottes uns etlicher massen wider erholt, mit wasgleichem eifer si uns underschiedlich ersuecht haben, mitl und wege an die hand zu nemmen, durch welche si versichert und vergwist, das ir nach unserm ableiben Österreich nicht möcht an die seiten gesetzt werden.«[27]

Es war nichts zu machen, der Raitenauer blieb eine Größe, mit der man immer noch rechnen mußte, und er schien nicht gesonnen, allen Tadel allein auf sich zu nehmen und Maximilian ungeschoren davonkommen zu lassen. Also schickte dieser den seinerzeit aus Salzburg übernommenen Hofrat Dr. Fickler nach Passau. Vielleicht gelang es dem wortgewandten Juristen, Leopold davon zu überzeugen, daß das Statut doch eine ganz vernünftige Sache sei. Aber *de dato 18. August* mußte der Hofrat nach München berichten, der Bischof von Passau wundere sich, wie man in Bayern das Statut gutheißen könne. Die Gefahr für das gute Einvernehmen zwischen ihren beiden Ländern sei doch wohl nicht so groß wie es sich der Herr Erzbischof einbilde. Aber man kenne ja dessen »ingenium«, dem wohl mit seltsamen Händeln sei.

Wahrscheinlich hätte der Habsburger anders reagiert, wäre ihm bekannt gewesen, daß die »seltsamen Händel« diesmal von seinem Gesprächspartner ausgingen, so aber fügte er noch hinzu, er seinerseits würde Salzburg einem bayrischen Prinzen wohl gönnen – was eine keineswegs ernstgemeinte, diplomatische Redensart darstellte, denn gleichzeitig intervenierte er bei seinem Vetter, Kaiser Rudolf II. Wie geschickt Maximilian seine Rolle der Ahnungslosigkeit gespielt haben muß, geht schon daraus hervor, daß Rudolf nun einen Gesandten nach München schickte, der an Ort und Stelle über die Schritte für eine Kassation des inkriminierten Statuts beraten sollte.

Die Instruktion des Kaiserhofes vom 15. Oktober 1606 trug dem Reichshofrat Dr. Garzweiler auf, Maximilian um genaue Mitteilungen betreffend »die bösen Händel und Verderbung des Stiftes in Religions- und Profanwesen« zu ersuchen, nachdem dieser jedenfalls darüber besser unterrichtet sei. Der Kaiser habe vernommen, daß dieser Erzbischof »gar übel, ärgerlich und hochsträflich hause« und sich auf Kreis- und Reichstagen in Dingen, die das allgemeine Wohl betreffen, abgesondert oder doch den Fortgang so lange als möglich behindert habe. Das Statut selbst wird als »widersinnig und giftig«, als »Unfug und Undankbarkeit« bezeichnet.[28]

Es war der Auftakt zu einer Hexenjagd, die Wolf Dietrich bis zu seinem Tod verfolgen sollte. Konnte man den Erzbischof persönlich als Sünder und Übeltäter brandmarken und womöglich erreichen, daß der Papst selbst dieses Urteil aussprach, dann fielen alle seine Regierungshandlungen, auch soweit sie rein weltlicher Natur waren, unter das gleiche Verdikt, sie konnten bekämpft, annulliert oder von vorne herein als ungültig erklärt werden.

Dem kaiserlichen Gesandten gegenüber wand sich Maximilian in der selbst gestellten Falle. Wolf Dietrich anzuschwärzen kam ihm nicht ungelegen, besonders da soeben der Salzstreit zwischen den beiden Ländern zu eskalieren begonnen hatte; andererseits war es ihm noch wichtiger, zu verhindern, daß als nächster Fürsterzbischof ein Habsburger auf den benachbarten Thron zu sitzen kam. Am 15. Jänner 1607 schrieb er gleichzeitig an den Kaiser und an Wolf Dietrich. Nun verteidigte er selbst das »Ewige Statut« mit den Argumenten des Raitenauers: die beiden Häuser müßten sich ja bloß einigen, dann stehe die Besetzung für alle Prinzen offen. Die Wahlfähigkeit solle doch nur aufgehoben sein, wenn sie »dem anderen präjudicierlich« wäre.[29]

Doch jetzt trat zwar nicht mehr der Kaiser, den die ganze Angelegenheit – wie fast alle Regierungssachen – nicht sonderlich interessierte, dafür aber Erzherzog Leopold in Aktion. Das Haus Österreich werde diesen Schimpf nicht auf sich sitzen lassen, sondern ernsthaft die Nichtigkeitserklärung durch den Papst betreiben, erklärte er Maximilian. Dieser war ausnahmsweise einmal wirklich ratlos, und wendete sich an seinen ehrwürdigen Onkel, den Kurfürsten von Köln. Dieser erklärte das Vorgehen der Habsburger für gerechtfertigt und äußerte sich recht unfreundlich über den Raitenauer, den er als den alleinigen Urheber des Statuts ansehen mußte: dieser sinne Tag und Nacht darauf, sich einen unsterblichen Namen zu machen. Das Statut gereiche beiden Häusern zu höchstem Schimpf, Verkleinerung und Nachteil.

Von da an sagte Maximilian nie wieder ein Wort zur Verteidigung der Ausschließungsklausel, sondern ließ Wolf Dietrich mit dem gemeinsam erzeugten Wechselbalg sitzen. Zwar beantragte auch der Raitenauer in Rom die Bestätigung seines Statuts, aber er war dort nicht mehr persona grata und der Passus der Kapitelstatuten, in welchem die Zustimmung des Papstes als überflüssig erklärt wurde, kann diesen nicht freundlicher gestimmt haben.

Am 9. März 1607 suspendierte Papst Paul V. den Ausschließungsparagraphen, sandte aber das entsprechende Breve nicht an den Erzbischof, sondern direkt an das Kapitel.[30] Die juridische Fakultät der Wiener Universität, von Rudolf II. um ein Rechtsgutachten ersucht, erklärte am 10. November 1607 das »Ewige Statut« für »widerrechtlich, null und nichtig.«[31] Erst nach Wolf Dietrichs Abdankung und der Wahl eines neuen Erzbischofs wurde das gesamte Statut durch ein päpstliches Breve vom 14. April 1612 zur Gänze für ungültig erklärt.

Nachdem der Salzburger Erzbischof keine Anstalten machte, das Zeitliche zu segnen oder wenigstens dahinzusiechen, besaß weder seine Nachfolge noch die Bestellung eines Koadjutors unmittelbare Aktualität, und so wuchs auch über das »ewige Statut« etwas Gras. Aufmerksamen und argwöhnischen Beobachtern blieb Wolf Dietrich jedoch weiterhin verdächtig und sie wollten in der neuen Kapitelverfassung nur den Auftakt zu weiterreichenden Plänen sehen. Entzog er etwa nicht laufend Gelder dem Besitz des Stiftes und verwendete sie für persönliche Käufe und Anlagen? Überhäufte er die alternde Salome nicht mit kostbareren Geschenken, als er es selbst in der Zeit der ersten Leidenschaft getan hatte? Verwendete er nicht sein Adelswappen immer häufiger ohne die kirchlichen Insignien, gerade als ob ihm das Land wie einem weltlichen Fürsten zu eigen wäre? Liebte er nicht seine Kinder, besonders den erstgeborenen Sohn Hannibal, wie das nur einem ehelichen Vater zukam? Hätte er die ganze Schar samt Salome nicht gerne als Mitglieder eines regierenden Hauses gesehen, während sie jetzt nur unwillkommene Mitglieder der adeligen Salzburger Landschaft bildeten? Und verstand er sich für einen katholischen Kirchenfürsten nicht allzu gut mit protestantischen Reichsständen? Parallelen zur »Kölner Tragödie« wurden gezogen, Mißgunst zählte zwei und zwei zusammen und schloß messerscharf: dieser Erz- und Metropolitanbischof, Legat des Heiligen Stuhles und Primas von Deutschland plant heimlich, das ihm anvertraute Erzstift zu säkularisieren und zu einem erblichen Fürstentum für seinen Sohn Hannibal von Altenau zu machen.

Andeutungen solcher Gerüchte drangen bestimmt bis an Wolf

Dietrichs Ohren. Schließlich bildeten Klatsch und Zuträgerei eine der Hauptbeschäftigungen der Hofbeamten. Daß er mit ähnlichen Gedanken spielte, ist mehr als wahrscheinlich, ebenso wahrscheinlich, daß keine konkreten Pläne für die Durchführung solcher Ideen bestanden. Hätte sich eine günstige Gelegenheit ergeben, so wäre er der letzte gewesen, sie zu verschmähen; inzwischen führte er mit seiner Familie genau die Art von Leben, wie er sie bei Eltern, Großeltern, Tanten und Onkeln gesehen hatte. Bei Raitenauern wie Hohenemsern gehörten gute Ehen und zahlreicher Kindersegen zur Familientradition. Der Erzbischof mit seiner Frau und seiner Nachkommenschaft – seinem Blut, wie er es nannte – unterschied sich nur darin von der Lebensform anderer Adelshäuser, daß der Segen der Kirche fehlte. Außer Hannibal, Helena und der jung verstorbenen Maria Salome waren weitere Mädchen zur Welt gekommen: Euphemia, Eusebia, Cäcilie, dann wieder ein Schwung Buben: Anton, (Wolf Dietrich?), Viktor, Eberhard, und 1607 als Spätling noch eine Susanne. Doch es war, als hätten die Eltern ihre Lebenskraft für sich selbst verbraucht. Mit einziger Ausnahme des als Mathematiker, Baumeister und Astronom begabten Eberhard wurde nicht viel aus den Kindern.

Während die alten Chronisten Wolf Dietrichs Brüder ziemlich offen kritisierten – bei Jakob Hannibals Abzug hieß es, darüber sei »nit jedermann sehr traurig gewesen« – fiel kein einziges Wort des Tadels über Salome oder die Kinder. Als Rudolf von Raitenau nach Friesach zog, um dort das Amt des Vizedomus anzutreten, riskiert Johann Steinhauser quasi hinter vorgehaltener Hand die Bemerkung: »Er hat vom Bistumb siben wol geladner Wagen mit Guetern hinweggefuert, das wol etwas gewesen und das Erzbistumb villeicht nit reicher gemacht hat. Was er aber alhergebracht, ist mir unbewüsst.« Auch das Fortführen von achtzehn Wagen voller Hausrat durch Jakob Hannibal, der als besonders anmaßender und strenger Herr geschildert wird, erregte keinen Enthusiasmus bei den Salzburgern, die letzten Endes dafür aufkommen mußten. Bei ihrem Fürsten akzeptierten sie den verschwenderischen Lebensstil, weil er ihnen Größe und Bedeutung des Heimatlandes zu personifizieren schien. In der Hauptstadt konnte man sich auch noch im Glanz des Hofes sonnen, aber unter den Landleuten schwelten Unzufriedenheit und Unruhe. Neue steuerliche Maßnahmen setzten schließlich den angesammelten Explosivstoff frei.

In dem Bemühen, seine Einkünfte noch höher zu schrauben, gestaltete Wolf Dietrich die Einhebung der 1593 beschlossenen Vermögensabgabe von drei Prozent, die er mehrmals verlängert hatte, immer rigoroser und härter. Das steuerfreie Minimum von 40 Gulden verschwand, der Verzögerungszuschlag betrug bereits 100 Prozent, zu niedrig eingeschätztes Gut verfiel zur Gänze dem Fiskus und 1601 wurde verlangt, daß die Selbsteinschätzung unter Eid erfolge.

In einer Zeit, zu der das Abhacken einer meineidigen Schwurhand noch einen gern geübten Brauch darstellte, bedeutete das keine einfache Formalität. Begreiflicherweise hatten alle bisher ihre Güter so niedrig eingeschätzt, wie sie es nur wagen konnten. Bei einer Einschätzung nach dem echten Verkehrswert stand jedermann eine kräftige Steuererhöhung bevor.

Schon damals versicherte die hohe Obrigkeit treuherzig, es käme ihr hauptsächlich auf eine gerechtere Verteilung der Lasten an. Um die neuen Werte zu ermitteln, ließ Wolf Dietrich im ganzen Land eine neue »Urbarsbeschreibung« vornehmen. Alle Grundstücke wurden von Kommissionen neu vermessen, geschätzt, und die Daten in pergamentene Bücher eingetragen, welche mit goldgepreßten Ledereinbänden und Metallkanten dauerhaft ausgestattet waren. Der Landesherr selbst nahm die Gegenzeichnung vor. Bei jeder Nachlaßabhandlung sollte auch ein erzbischöflicher Beamter zugegen sein und überprüfen, ob der Besitz zu Lebzeiten richtig versteuert worden war. Außer dem Verfall von zu niedrig angegebenem Gut konnte noch eine »ewige Gült« als Strafrente verhängt werden.

Adel und Prälaten blieben weiterhin von der Steuer befreit, doch bei Bürgerschaft und Bauern sollte absolute Gleichheit herrschen. So forderte der Erzbischof die Brüder Steinhauser, die bisher mit einer Steuergrundlage von 100.000 Talern davongekommen waren, in einem Dekret auf, das Vermögen ihrer großen Handels- und Hüttenfirma nun wahrhaft anzugeben.

Die Steuer unter Eid war keine Salzburger Erfindung. Sie bestand schon in Tirol, Augsburg und andernorts, doch die Schärfe der Eintreibung war es, die Gegendruck erzeugte. Die Urbarsbeschreibung zog sich über mehrere Jahre hin. Sprengel um Sprengel wurde erfaßt, die Steuer in der neuen Höhe vorgeschrieben und eingefordert. 1603 hatte man im Pfleggericht Moosham begonnen, im Winter 1605/6 kam der Pinzgau dran. Die Betroffenen murrten und besprachen sich – heimlich natürlich. In Zell am See setzten sich im Dezember 1605 »unter der Linde« ein paar Bauern zusammen. Einer von ihnen schlug vor, eine Bittschrift zu verfassen und darin den Landesfürsten untertänigst zu ersuchen, er möge die neue Grundaufnahme einstellen, ferner – wenn schon, denn schon – die Landsknechtsteuer und das Umgeld auf alkoholische Getränke aufheben und den Salzaufschlag verringern. Ein des Schreibens kundiger Bader namens Hans Laër wurde bestürmt, eine solche Supplikation zu verfassen. Der alte Bauer Hans Keil gab den unglückseligen Rat, zur Deckung der Kosten des Unternehmens bescheidene Beträge einzuheben und, falls sie wegen der Sache in Schwierigkeiten gerieten, Zuflucht bei dem Herzog von Bayern zu suchen. Von ihrem Bürgermeister forderte die Gruppe etwas stürmisch die Aushändigung einer alten Urkunde, welche angeblich den Nachweis eines Schiedsrechtes von Bayern über Salzburger Verhältnisse enthalten sollte. Tatsächlich bezeugte das Dokument bloß einen Vergleich, der im Jahre 1462 durch Vermittlung des Bayernherzogs Ludwig zwischen Salzburger Bauern und ihrem damaligen Erzbischof zustandegekommen war. Auch anläßlich des Bauernaufstandes von 1526 hatten Salzburger Schutz gegen ihren Erzbischof Matthäus Lang in Bayern gesucht – allerdings vergebens. Angeblich schickten die Zeller nun neuerlich eine Delegation nach München und erhielten die Zusage Maximilians, er werde ihr Unternehmen begünstigen. Das wäre nun tatsächlich Landesverrat gewesen und die harten Folgen müssen unter diesem Gesichtswinkel gesehen werden, wenn auch kein Nachweis einer solchen Fühlungnahme mit dem Bayernherzog aufzufinden ist.

Nebst der von dem Bader Laër verfaßten Bittschrift machten

verschiedene Gerüchte die Runde und bildeten das Thema Nummer eins gedämpfter Wirtshausgespräche. Selbst der höchste Beamte des Distrikts, der erzbischöfliche Pfleger Kaspar Vogl, begegnete dem Unternehmen mit Sympathie, meinte aber, sie seien zu wenige, um sich zu widersetzen. Also nahmen die Zeller Bauern Kontakt mit anderen Gerichtssprengeln auf und schlugen vor, man solle gemeinsam gegen die neue Grundaufnahme vorgehen.

Kaspar Vogl stand schon seit vielen Jahren in erzbischöflichen Diensten. Er residierte standesgemäß auf Schloß Kaprun und war ein recht begüterter Mann, dem Steuererhöhungen wenig erwünscht kamen. Daß er, obwohl er sich nicht aktiv an der kleinen Verschwörung beteiligte, keinen Bericht darüber in die Hauptstadt schickte, war sein größtes Vergehen und zugleich sein Unglück. Später gestand er ebenso offenherzig wie ungeschickt, er habe gehofft, erzielte Steuererleichterungen würden auch ihm selbst zugute kommen. Josef Niggl, Pfleger von Werfen, wo die Idee von der »Supplikation« ebenfalls um sich gegriffen hatte, reagierte strenger und pflichtbewußter: Er befahl den Bauern, sich auf derlei nicht einzulassen, keine Zusammenkünfte zu veranstalten und still heimzugehen. Dann fuhr er nach Salzburg und erstattete Bericht.

Der ohnehin zu Mißtrauen neigende Erzbischof sah außer dem Gespenst der Bauernkriege auch die bayrische Einmischung auf sich zukommen. Noch jeder hatte ihn bitter erzürnt, der versuchte, Bayern gegen ihn auszuspielen, und dem selbstbewußten Maximilian traute er mit Recht noch weit höhere Ambitionen zu als dessen Vater Wilhelm. Als zwei Hofräte, die er zur Untersuchung nach Zell geschickt hatte, zurückkehrten, ohne eine Spur von Aufstand oder Zusammenrottung vorgefunden zu haben, genügte das dem Raitenauer nicht. Etwas mußte den Berichten doch zugrunde liegen. Er hob 150 Mann von der Bürgerwehr aus, bewaffnete sie und setzte sie zusammen mit Angehörigen seiner Leibgarde, Trabanten und Carabinieris, gegen den Pinzgau in Trab. Ihr Auftrag lautete, die Rädelsführer mit besonderem Ernst und Eifer auszuforschen und zu verhaften.

Was die Petition selbst betraf, die inzwischen an ihn gelangt war, erklärte er, als Landesfürst sei er berechtigt und befugt, eine Urbarsbeschreibung anzuordnen, und auch in anderen Punkten gedenke er nicht, sich »Maß und Ordnung geben zu lassen«. Er behandle alle Untertanen gleich und werde nicht einige vor den anderen von Lasten befreien. Er befahl weiters, alle Urkunden aus Zell und Taxenbach nach Salzburg zu bringen, den Bauern die Waffen abzunehmen und Angeber mit 80 Gulden zu belohnen.

Diesem Aufgebot waren die paar Bauern in Zell nicht gewachsen. Der arme Bader Laër, der die Bittschrift ohnehin nur widerwillig verfaßt hatte, wurde in Band und Eisen geschlagen, die Anführer Guthund und Keil nebst mehreren anderen verhaftet und das ganze Unternehmen zu Verschwörung und Rebellion erklärt. Ein paar wurden an den Pranger gestellt, einige flüchteten und sechs angebliche Rädelsführer brachte man auf die Feste Hohenwerfen, deren Pfleger Niggl vermutlich die Prämie von 80 Gulden einstrich. (Seine Korrespondenz mit dem erzbischöflichen Hofrat Dr. Kümmerle darüber ist erhalten.)

Angstvolle Stille verbreitete sich im Bezirk, und das Militär, das während der Expedition großzügig entlohnt und verpflegt worden war, wurde wieder abgezogen.

Den Pfleger von Zell jedoch, Kaspar Vogl, einen »eisgrauen Mann«, befahl der Erzbischof zum Rapport. Mit gemischten Gefühlen ritt er folgsam nach Salzburg, obwohl er damals noch leicht hätte flüchten können. Nach mehrmaligem Verhör wurde er auf Hohensalzburg inhaftiert. Die Fragen des Verhörs stellte der Erzbischof selbst zusammen – ein Beweis dafür, wie ernst er die Sache nahm –, die Antworten wurden notariell aufgezeichnet. Da Vogl sich in Widersprüche verstrickte, wurde er aufgefordert, den Hergang niederzuschreiben. Natürlich versuchte er, die Sache so harmlos wie möglich darzustellen, was ihm dahin ausgelegt wurde, daß er seine Komplizen schonen wolle. Am 22. September 1606 schrieb er in sein akkurat geführtes Tagebuch: »Gott erparmbs und wendt mein Betriebnus. Diss Abents bin ich in den Thurm gelegt worden. O Herr Gott hilf mir bald mit Glick wieder daraus.«

Im Oktober befragte man ihn unter Anwendung der Folter. Dabei gab er alles zu, was die Richter nur hören wollten: ja, er habe von allem gewußt und es bisher nur geleugnet. Der Teufel hab ihn halt betrogen. Er habe den Bauern geraten, auch noch andere Gerichtssprengel zum Mittun zu bewegen.

Unter dem Vorsitz des Vizekanzlers Dr. Gervasius Fabrici traten neun Richter zusammen und verurteilten am 6. November 1606 mit Stimmenmehrheit den Pfleger Kaspar Vogl und die Bauern Guthund und Keil zum Tode. Der Erzbischof diktierte persönlich dem Hofrat Dr. Kümmerle die Urteilsbegründung in die Feder. Darin heißt es, daß Vogl ein »verpflichteter Diener« gewesen sei, der wider Pflicht, Ehre und Eid die Kenntnis von Aufwiegelung und Empörung seinem Landesfürsten verschwiegen und so lange geleugnet habe, bis er überführt worden sei. Er habe in seinem Verwaltungssprengel nicht nur dem Aufstand Vorschub geleistet, sondern auch noch den ihm »amtsvertrauten Untertanen« den Rat gegeben, andere Sprengel zur Rebellion anzustiften. Dadurch habe er seinen eigenen Herrn und Landesfürsten samt dem ganzen Erzstift der Gefahr eines allgemeinen Aufstandes und der Rebellion ausgesetzt. »Als einem Meineidigen, dessen Leib und Leben rechtens verfallen ist, kann ihm neben dem Kopf auch die rechte Faust genommen werden«.[32] Lauteten die Urteile gegen Guthund und Keil auf »ohne Mittl«, so daß jede Milde von vorneherein ausgeschlossen blieb, so ließ sich der Erzbischof bei dem in seinen Diensten bisher untadelig ergrauten Pfleger Vogl noch einen kleinen Ausgang zur Gnade offen: »... und stehet allein zu Ihrer hochf. Gnaden nach Gott, ihm diese Straf zu mindern oder mehren«, heißt es am Schluß der Sentenz, die zwar hart, aber dem Tatbestand durchaus angemessen war. Vogl hatte jedoch von Anbeginn des Verfahrens her seine eigene Sache recht ungeschickt vertreten, und so las oder hörte er aus dem Urteil den winzigen Hoffnungsschimmer nicht heraus. Am 7. November beichtete und kommunizierte er und schrieb Abschiedsbriefe an Frau und Verwandte. »Behuet Gott menglich vor solcher gefahr«, steht in einem davon. »Das ist der Lohn meiner schier vierzigjährigen vil mer bey Tag und Nacht ausgestandenen Dienst.«

Am 8. November frühmorgens wurden die drei einzeln von der

Schloßwache unter dem Befehl von Hauptmann Schneeweiss zur Richtstätte gebracht und in der Senke zwischen Mönchs- und Festungsberg durch das Schwert hingerichtet. Nach jeder Vollstreckung verwischten Henkersknechte die Spuren durch Aufschütten von frischem weißem Sand. Die übrigen Häftlinge wurden gezwungen, dem makabren Schauspiel von der Festung her zuzusehen. Die drei Leichen wurden in schwarze Leinwand gewickelt und in einem gemeinsamen Grab im St. Petersfriedhof beigesetzt. »Nahe bei der Linde, wie auch die Verschwörung unter einer Linde begonnen hat«, schreibt Abt Martin Hattinger in seinen Aufzeichnungen. Der Chronist vom Nonnberg vermerkt noch als groteskes Detail, daß die Gerichteten »überaus dicke Kropfhäls« gehabt hätten.

Die übrigen gefangenen Bauernführer mußten Urfehde schwö- ren und dankbar sein, daß ihnen der Erzbischof ihr verwirktes Leben schenkte. Dem Bader Laër wurde einem unverbürgten Gerücht zufolge die rechte Hand abgeschlagen. Die Exekutions- kosten für die Hinrichtung wurden »ad majorem infamiam« dem Nachlaß Vogls aufgebürdet. Sie betrugen 62 Gulden und 40 Kreuzer, wovon der Henker allein 29 Gulden und 29 Kreuzer erhielt.

Dem Raitenauer soll bei diesem Urteil nicht wohl gewesen sein, angeblich hat es sogar seine Nachtruhe gestört. Schon die Schlußrelation des Verfahrens besagt, »der Vogl habe den Erzbi- schof gereut«, was nach dem damaligen Sprachgebrauch aller- dings nur besagt, er habe ihm leid getan. Das Vermögen des Pflegers, das bei der Nachlaßaufnahme mehr als das Doppelte dessen ergab, was Vogl bei Lebzeiten für die Steuer erklärt hatte, zog Wolf Dietrich nicht ein, sondern überließ es den Kindern des Hingerichteten. Er verlieh auch das halbe Fischereirecht am Zellersee, das der Vater innegehabt hatte, weiterhin an die Fami- lie, und diese stellte noch Generationen salzburgischer Beamter. An Wolf Dietrich nagte der gleiche ständige Argwohn, die un- ablässige Sorge um den Bestand der Herrscherposition wie an allen absoluten Potentaten, ganz besonders in jener Zeit, wo viele kleine Fürstentümer jäh auftauchten und ebenso schnell wieder verschwanden. »In tyrannos« stand bewußt oder unbewußt vor ihren Augen, auch wenn sie genügend Argumente fanden, um ihre Macht zu rechtfertigen. Obwohl unterschwellige Zweifel kaum zu dem psychologischen Konzept eines Renaissanceherrschers passen, gab es doch genügend echte Anlässe, sich bedroht zu fühlen: waren es einmal nicht die Türken, dann regte sich der böse Nachbar, und hielt dieser Frieden, dann sorgten Rivalen oder die eigenen Untertanen dafür, daß die Spannung erhalten blieb. Aus diesem Grund wurde schon der kleinste Ansatz zu Aufruhr mit drakonischen Mitteln ausgerottet, wobei die Aufrechterhaltung der Ruhe im Lande das menschenfreundliche Argument für menschenfeindliche Maßnahmen bildete.

Dem unterdrückten Bauernaufstand von Zell folgte übrigens ein Schicksalsakt ausgleichender Gerechtigkeit: in derselben Festung, aus welcher der törichte und opportunistische Beamte Kaspar Vogl zur Richtstätte geführt wurde, beschloß der Mann, der dessen Todesurteil unterzeichnet hatte, nach jahrelanger Haft sein elendes Kerkerleben.

11. KAPITEL

Das Salz

Seitdem der Bayernherzog Theodo im 7. nachchristlichen Jahrhundert dem heiligen Rupert in frommer Begeisterung die »Salzpurch« zum Geschenk gemacht hatte, läßt sich die Geschichte des Salzburger Abbaues genau verfolgen. Schon in vorgeschichtlicher Zeit war in dieser Gegend Salz für den Genuß von Mensch und Tier gewonnen worden, zunächst auf die primitivste Weise: in den Bergen wurde salzhaltiges Gestein abgeschlagen, die Brocken zerkleinert und in dieser Form verbraucht oder verhandelt. Als die unterirdischen Vorkommen entdeckt wurden, begann man, sie auszuschwemmen und die gesättigte Lauge zur Gewinnung trockenen Salzes zu sieden. Da viel Holz benötigt wurde, um die in den Berg getriebenen Stollen abzustützen und das Feuer unter den Sudpfannen in Gang zu halten, spielte der Waldreichtum des späteren Erzstiftes nahe bei den Salzvorkommen eine wichtige Sekundärrolle. Als dritter bedeutsamer Faktor kam noch die wenigstens streckenweise Schiffbarkeit des Flusses Salza hinzu. Durch seine Unentbehrlichkeit wurde Salz zum Macht- und manchmal sogar zum Zahlungsmittel. Römische Autoren berichten, daß unter Umständen den Legionären Salz anstelle ihres Soldes ausgehändigt wurde.

Die erste urkundliche Bestätigung von Theodos Geschenk erfolgte am 16. Januarius anno 908 durch König Ludwig. Niemand konnte vorhersehen, daß aus der Landvergabe für einen Klosterbau und den Unterhalt der Mönche ein souveräner Staat erwachsen würde, dessen Herrscher in Rivalität zu den Nachkommen des seinerzeitigen Stifters treten und zeitweise sogar die geistliche Oberhoheit über diese ausüben würden.

Etwa ab 1530 konkurrierten auf dem alpenländischen Salzmarkt nur mehr die Bayernherzöge, die Fürsten des Erzstiftes und die Habsburger. Diesen eigneten das oberösterreichische Ischl und

Hallstatt, welchen sie 1450 noch die Salinen von Aussee hinzufügten. Dieses »Salzkammergut« genannte Gebiet deckte nicht nur den Bedarf der habsburgischen Erblande, sondern konnte noch Überschuß exportieren, wobei sich der Abnehmerkreis einerseits nach Böhmen, andererseits nach Württemberg, Franken und Schwaben bis in die Schweiz erstreckte. Salzabbau und Handel bildeten aber auch eine der stabilsten Einnahmequellen des Erzbistums, sowohl durch den Verkauf selbst, als auch durch Zölle und Mauten für die Durchfuhr sowie Aufschläge für den heimischen Verbrauch.

Infolge des regen Umschlages entwickelten sich kleine Städte an den Ufern von Salzach und Inn: Tittmoning, Laufen, Obernberg, Braunau und Burghausen. Seit der Zeit des deutschen Königs Albrecht I. (1298–1308) kassierten die Erzbischöfe eine Maut für die Salzschiffahrt auf ihrem Fluß. Das Salz nahm aber auch den mühseligeren Weg übers Gebirge durch genossenschaftlich organisierte Frächter oder einfache »Schlittler« und Kraxenträger.

Obwohl Bayern die reichlicheren Lager in Hallein gerne selbst genützt hätte und seine wirtschaftliche Lage von Preiserhöhungen durch die Salzburger Erzbischöfe stark beeinflußt wurde, verschleierten die ökonomischen Faktoren nur den Kern des Konflikts. Dahinter lauerte die Anmaßung einer bayrischen Oberhoheit über das Erzstift, der nie offen zugegebene Wunsch, dieses voreilig entlassene Kind möge doch einmal wieder im bayrischen Mutterstaat aufgehen. Den verläßlichsten Weg zu politischen Entscheidungen bildete damals wie je die Mitsprache in lebenswichtigen wirtschaftlichen Fragen. Wenn also Salzburg mit allen Mitteln trachtete, sich Entscheidungsfreiheit in seinem Salzwesen zu erhalten oder wiederzugewinnen, stand mehr auf dem Spiel als nur höhere oder niedrigere Einkünfte. Daher bildete die von Kaiser Friedrich III. (1440–1493) dem Erzstift erteilte Erlaubnis, den Salzpreis nach Belieben zu erhöhen, den Hauptstreitpunkt. Sie wurde von Bayern als erschlichen und daher ungültig angesehen.

Weil Erzbischof Matthäus Lang von Bayern unterstützt worden war, als ihn seine aufständischen Bauern auf der Festung belagerten, wusch er jetzt allzu großzügig die andere Hand. Im Jahre

1529 konzedierte er dem Nachbarland einen Revers für sich und seine Nachfolger, demzufolge künftighin jede Steigerung des Salzpreises der Genehmigung durch Bayern bedürfen sollte. Er setzte das Zugeständnis auch gleich in die Tat um und ließ dem Bayernherzog die Bitte um einen Aufschlag von 2 Kreuzern oder 8 Pfennigen in demütiger Formulierung unterbreiten: man möge »mit dem Erzbischof und seinem Stifte freundlich und nachbarlich mitleiden tragen und bey solcher Mehrung den Erzbischof nicht hindern«. Bayern stimmte zwar der Preiserhöhung zu, behielt sich aber den jederzeitigen Widerruf vor.

Von diesem Zeitpunkt an legten die Herren des Domkapitels jedem neuen Erzbischof schon in der Wahlkapitulation nahe, sich um die Rückgabe des Reverses zu bemühen, den man hierzulande als »abgetrungen und eingriffig« betrachtete. Das Abkommen sicherte zwar den Frieden mit dem Nachbarn, doch die ehrenrührige Tatsache, daß das souveräne Erzstift bei internen Entscheidungen einen fremden Staat um Erlaubnis bitten mußte, lag auf der Hand, und so wurmte die Frage des Salzpreises nun abwechslungshalber die Salzburger.

Als der Bayernprinz Ernest 1540 die Nachfolge des Erzbischofs Matthäus antrat, stimmten die herzoglichen Brüder Wilhelm und Ludwig, die sich beim Kapitel sehr nachdrücklich für die Wahl ihres Jüngsten verwendet hatten, quasi als Antrittsgeschenk einer Erhöhung der Salzmaut zu. Auch der nächste Erzbischof, Michael von Kuenburg, hatte sich durch Zugeständnisse mit Bayern geeinigt: im Jahre 1557 verhandelte er wegen einer Preiserhöhung um 6 Pfennige pro Fuder Salz und gestattete dafür der Saline Reichenhall den Holzschlag in benachbarten salzburgischen Wäldern.

Sein Nachfolger Johann Jakob von Kuen-Belasi, bevor ihn der Schlag rührte ein tätiger und umsichtiger Landesherr, pflegte die Beziehungen zum Herzogshaus sehr geschickt. Zur Hochzeit Wilhelms von Bayern mit Renata von Lothringen stellte er sich persönlich mit einem fürstlichen Geschenk ein – es wird von 1000 Dukaten in Gold berichtet – und taufte selbst den am 17. April 1572 Erstgeborenen des Paares, Maximilian von Bayern, später Wolf Dietrichs mächtiger Gegenspieler.

Johann Jakob heimste den Lohn seiner vorausplanenden Freigebigkeit für das Erzstift alsbald ein. Schon im nächsten Jahr durfte
er mit Zustimmung Bayerns die Salzmaut um weitere drei Kreuzer oder sechs Pfennige das Fuder (Fuhre) erhöhen.[1] Er war es
auch, der den neuen Salzstollen im Dürrnberg anlegen ließ, in
welchem sich eine hart verkrustete, sonst aber völlig erhaltene
Männerleiche fand, deren Kleidung ebenso unversehrt geblieben
war wie die Haare auf dem durch Gewalttat oder Einsturz zer-
schmetterten Kopf. Franz Dückher berichtet, daß der Mann sieben Schuh gemessen habe und »am Fleisch gantz geselcht, gelb
und hart wie ein Stockfisch« gewesen sei. Man lehnte das un-
heimliche Ding an die Halleiner Kirchhofsmauer und verscharr-
te es erst, als nach etwa sechs Wochen der Zutritt von Luft und
Feuchtigkeit die Verwesung doch noch herbeiführte.

Im Laufe des 16. Jahrhunderts waren demnach nicht nur die
Beziehungen zwischen Bayern und dem Erzstift ungetrübt,
durch die Heirat von Wilhelms Schwester Maria, die 1571 als
Braut des Erzherzogs Karl in die Steiermark zog, hatten die
Wittelsbacher auch verwandtschaftliche Bande zu den Habsburgern geknüpft. Zwar nahm die Erzherzogin nach dem frühen Tod
ihres Gemahls beträchtlichen Einfluß auf ihren Sohn Ferdinand
(nachmals Kaiser Ferdinand II.), tatsächlich aber regierten in
Graz wie in München die Jesuiten. Seit sie im Jahre 1542 die
Niederlassungsbewilligung in Bayern erhalten hatten, wuchs ihr
Einfluß als Erzieher und Berater der Herzöge ständig. Von Wilhelms V. Söhnen mußte Maximilian selbstverständlich der Erbfolge wegen weltlich bleiben, aber gleich drei der anderen Prinzen sollten die geistliche Laufbahn einschlagen.

Der Knabe Philipp wurde schon im Alter von drei Jahren zum
Bischof von Regensburg postuliert, und auch in Salzburg hatte
Wilhelm, der bei aller Frömmigkeit sehr auf Vorteile für sein
Haus bedacht war, ehestens interveniert, damit seine »geliebten
zween jungen Herren Söhne vor der Zeit in canonicis angenommen und aufgeschworen« würden. Natürlich tat ihm Koadjutor
Georg von Kuenburg den Gefallen, und so fanden die Aufschwö-
rungen für Philipp und Ferdinand in den Jahren 1585 und 1586
statt, als die Knaben jeweils neun Jahre zählten.

Die drei jüngeren Bayernprinzen trafen am 23. September 1587, also knapp vor Wolf Dietrichs Inthronisation, in Salzburg ein, um die Residenzjahre zeitgerecht am Rupertitag zu beginnen. Der Vater ließ es ihnen an nichts fehlen. Diener wurden vorausgeschickt, um Wohnungen für die jungen Herren zu richten; als Hofmeister und Beichtväter waren ihnen einige Jesuiten beigegeben. Der erwählte junge Erzbischof Wolf Dietrich schrieb an Herzog Wilhelm, zu welchem die Beziehungen damals noch ungetrübt waren, er werde sich ihr Wohlergehen besonders angelegen sein lassen. Die Knaben erhielten Vergünstigungen, die in einem eigenen Protokoll des Domkapitels niedergelegt wurden: ihnen gebührte der Vortritt vor allen übrigen Domherren, so alt diese auch sein mochten, sie saßen neben den Dignitäten des Kapitels und ritten bei Prozessionen und anderen feierlichen Anlässen an bevorzugter Stelle. Karl, der jüngste, starb 1588, die beiden anderen wurden nach abgeleisteter Residenz an der Universität Ingolstadt inskribiert, wo vor ihnen schon ihr Bruder Maximilian studiert hatte. Dessen Hofmeister und Begleiter war der vormals salzburgische Hofrat Dr. Johann Baptist Fickler, der sich, wie Maximilians Biograph P. Ph. Wolf bemängelt, »mehr mit theologischer Polemik als mit Rechtswissenschaft beschäftigte«. Zu den Bayernprinzen gesellte sich in Ingolstadt noch der junge Vetter Ferdinand aus der Steiermark, welcher zehn Jahre später Maximilians Schwester Maria Anna heiratete und ab 1619 die Kaiserkrone trug, sowie 1589 der nicht allzu lernbegierige Vetter des Salzburger Erzbischofs, Marcus Sitticus von Hohenems. Alle diese jungen Leute wurden von ihren jesuitischen Rektoren, Professoren und Beichtigern in deren orthodox katholischer Richtung geformt und geleitet.

Nach den Studien in Ingolstadt kamen die Bayernprinzen Philipp und Ferdinand zur weiteren geistlichen Ausbildung nach Rom, wo im Jahre 1593 auch der damals 21jährige Maximilian eintraf. Zweck seines Besuches war die Intervention im salzburgisch-bayrischen Streit um das Stift Berchtesgaden mit seinen Salinen Freuenreuth und Schellenberg. Obwohl es sich bei diesen nur um kleine Lager handelte, waren die Abbaustätten beiden Ländern als Ergänzung des eigenen Besitzes wichtig. Kardinal Marcus Sitticus hatte zwar erreicht, daß der Papst den von Jakob Pütrich zum Koadjutor bestellten Ferdinand von Bayern ablehnte, aber das Herzogtum schickte die Jesuiten vor, deren General einen außerordentlich günstigen persönlichen Eindruck von Maximilian gewann. Mit ihrer Hilfe wurde der Zweck der Romreise erreicht und Ferdinand als Pütrichs Koadjutor bestätigt. Am 15. April 1593 erklärte die Sacra Rota Romana die Propstei Berchtesgaden als von Salzburg exempt. Mit dieser Entscheidung gab sich Wolf Dietrich niemals zufrieden. Noch zehn Jahre später strebte er durch Verhandlungen mit Maximilian nach einer für ihn günstigeren Lösung.

In Bayern gab Wilhelm V. Geld mit so vollen Händen aus, daß er sein Land bereits in eine äußerst bedrängte Lage gebracht hatte. Das Herzogtum war an jedermann verschuldet, an seine eigenen Landstände, Städte und Märkte, Bürger und sogar Beamte, bei denen Wilhelm Zwangsanleihen aufnahm. Um dem Kaiser die versprochene Türkenhilfe leisten zu können, verkaufte er sogar das Recht des Getreidehandels mit dem Ausland um 50 000 Gulden; zweifelhafte Versuche zur Schatzfindung und Goldmacherei sowie der Griff auf Mündelgelder charakterisieren den Zustand der Staatsfinanzen. Maximilian wurde zwar schon seit seinem 18. Lebensjahr zur Teilnahme an den Regierungsgeschäften herangezogen, aber der Vater zögerte noch mit dem Entschluß zum Rücktritt. Es bedurfte eindringlicher Vorstellungen seiner Räte, bevor er 1597 diesen ernstlich ins Auge faßte. Bayerns kritische finanzielle Situation spielte eine nicht unbedeutende Rolle bei der Entwicklung der Beziehungen zwischen den beiden Ländern.

Anfangs ließ sich das Nachbarschaftsverhältnis gar nicht so übel an. Der Ausgang der Salzburger Wahl von 1587 war dem Herzog ehrerbietig, formvollendet und schleunigst mitgeteilt worden. Wilhelm lobte brieflich die »fürtrefflichen qualitäten und tugenden« des jungen Erzbischofs und meinte, er zweifle nicht daran, daß Wolf Dietrich »aus besonderer fürsehung der hl. trifaltigkeit und eingebung des hl. Geistes« so erhöht worden sei. Dieser antwortete ebenso chevaleresk, daß er sich Seiner Liebden »als ein hochobligierter Diener persönlich zu erzaigen begierig« sei.

Der erfreulichen Harmonie war keine lange Lebensdauer beschieden. Beinahe zwangsläufig mußten sich Konflikte aus Wolf Dietrichs Mangel an diplomatischem Geschick, seiner Ungeduld und Heftigkeit, aber auch aus den divergierenden Interessen in Wirtschaft und Prestige ergeben. Diese lauteten, auf die einfachste Formel gebracht: Salz und Vortritt.

Die heikle Frage, welchem von beiden Souveränen der Vorrang auf Reichsebene gebühre, schob man schon lange vor sich her. Michael von Kuenburg hatte sich mit Bayern wenigstens so weit vergleichen können, daß die beiden Länder abwechselnd auf den bayerischen Kreistagen präsidierten und auch die Beisitzer zum kaiserlichen Kammergericht turnusweise stellten. Doch in dieser Zeit des hochgespielten Ehrbegriffs wurden selbst Anreden zum Problem aufgebauscht. Im Jahre 1554 sprach man die Bayernherzöge mit »Gnädiger Herr« an, den Salzburger Erzbischof jedoch mit »Gnädigster Herr«. Die zwei fehlenden Buchstaben beeinträchtigten die Ehre Bayerns. Auch hatte ein Hofrat des Erzstiftes vor versammeltem Reichstag den Vorrang Salzburgs mit ungeschickten historischen Belegen zu beweisen versucht. Und schließlich konnte Bayern eben nicht vergessen, daß der Nachbarstaat überhaupt nur von Herzog Theodos Gnaden existierte, und sein jeweiliger Herrscher keinem alteingesessenen Fürstengeschlecht angehörte, sondern ein durch Wahl erhöhter Emporkömmling war. Jedenfalls fand man im Herzogtum, daß die Machtposition Salzburgs durch keine weitere Würde gestärkt werden dürfe, sei diese auch rein geistlicher Natur. Die Hintertreibung von Wolf Dietrichs Streben nach dem Kardinalshut war daher anfangs eher ein Akt allgemeiner politischer Überlegung als persönlicher Gegnerschaft. Nachdem der Raitenauer jedoch begonnen hatte, die bestehenden Abkommen auf dem Gebiet des Salzhandels in Frage zu stellen, gab Wilhelm der Fromme Rom gegenüber für seine ablehnende Haltung als Grund an »damit er nicht noch hochmütiger werde«.

Gleich nach Amtsantritt hatte Wolf Dietrich noch ebenso fügsam wie seine Vorgänger Bayern ersucht, die Salzmaut um drei Kreuzer erhöhen zu dürfen und die Zustimmung Wilhelms in der ersten Euphorie auch erhalten. Doch bald verdroß es ihn,

jedesmal »bei dem Herzoge in Bayrn bittlich um die gutwillige Zulassung« von Preissteigerungen einkommen zu müssen und diese immer nur mit dem Vorbehalt jederzeitigen Widerrufs zu bekommen. Wie in den »Halleinischen Saltz-Compromiss-Schriften«[2] später formuliert ist, wurden diese Ersuchen nur gestellt, weil Salzburg »dem Herzog von Bayrn Begern zur Erhaltung friedlicher Regierung ... nit wol zuwider seyn kunnte« – also lediglich um des lieben Friedens willen. Wie so manches andere, packte Wolf Dietrich auch diese Frage bald eher großsprecherisch als geschickt an. Der Revers, den er im Jahre 1589 über eine neuerliche Erhöhung von zwei Kreuzern ausstellen mußte, sollte der letzte sein. Eigenmächtig schlug er noch einen weiteren Kreuzer auf, wogegen Wilhelm sofort Einspruch erhob. Daraufhin schickte der Erzbischof am 19. April 1589 Gesandte mit einer geharnischten Instruktion nach München. Darin hieß es, daß »Uns neulich von Sr. Liebden ein Schreiben unserer Salz Steigerung halber zukommen, aus welchem Wir mit sonder befremden und wider all Unser Verhoffen abnehmen haben müssen, dass sein Liebd. vielleicht aus Anstifftung etlicher ihrer Räthen Uns in Unserm eigenen Cammer-Gut Mass und Ordnung zu geben unterstehen, so können Wir solches Unserm Erzstift zum Nachthail mit gutem Gewissen kaineswegs gestatten«. Er ließ seine Liebden ersuchen, »Uns in dem Unsrigen unbetrübt zu lassen«. Ehe er dem Erzstift etwas entziehen oder zufügen lassen werde, »eher wollen wir alle die äusserste Gefahr überstehen«. Zwar sei ihm nichts lieber als mit Seiner Liebden in gutem nachbarlichem Einvernehmen zu leben, aber wenn es sein müsse, sei ihm zur Erhaltung desjenigen, was »Uns von Gott und Rechts wegen gebührt, andere Mittel, zu welchen man Ursach geben wurdet, nit zuwider«. Allerdings hoffe er, daß seine Liebden als Freund der Kirche sich deren Immunität und Freiheit mehr angelegen sein lassen werde, »als dass Sie Uns ferner wider die Gebühr molestiern werden«.[3]
Eine so anmaßende und auftrumpfende Sprache, welche sich kraß von den bisher sorgfältig gedämpften Tönen abhob, empfand der ältere und sehr auf seine Würde bedachte Wittelsbacher als persönliche Beleidigung. Dazu kam noch, daß die Salzburger

Boten beauftragt waren, die Mitgliedschaft des Erzstiftes beim Landsberger Bund zu kündigen, Bundesbeiträge nur gegen Herausgabe der Reverse in der Salzfrage zu bezahlen und den für Salzburg in der gemeinsamen Kasse erliegenden Betrag von genau 18 438 Gulden 38 Kreuzern und zwei Pfennigen abzuheben. Sobald die strittigen Punkte mit dem Hause Bayern beigelegt seien, wäre der Erzbischof bereit, sich in ein neues Bündnis einzulassen, meldeten sie.

Wie immer, wenn ihm etwas in die Quere kam, wendete sich Wilhelm an den Papst. Sixtus V., selbst ein Mann nahe den Siebzig, hatte am 10. September 1589 an Wilhelm geschrieben, der Herzog werde bei seiner einmaligen Frömmigkeit und Weisheit doch nicht in Feindschaft mit dem Erzbischof leben wollen. Er selbst werde diesen auffordern, sich nicht nur wie ein guter Nachbar, sondern auch wie ein liebevoller Sohn dem Herzog gegenüber zu verhalten.[4] Der päpstliche Nuntius in Prag, Alfonso Visconti, wurde eingeschaltet. Durch seine Vermittlung war am 19. Dezember 1589 ein Vertrag unterzeichnet worden, welcher das System der Reverse in der Salzfrage ablöste.[5] Steigerungen des Salzpreises sollten keiner Genehmigung Bayerns mehr bedürfen, doch mit diesem abgesprochen werden, um zu verhindern, daß die Preispolitik den Absatz gefährde. Notfalls sollte ein Schiedsgericht aus Räten beider Länder zusammentreten. Als Gegenleistung sollte Bayern künftig vom Ertrag jeder Preissteigerung die Hälfte erhalten.

Mit diesem Vertrag, den neben dem Erzbischof auch das Domkapitel siegelte, hatte Wolf Dietrich die eindeutige Erklärung erreicht, daß Salzburg das Recht zustehe, »ohne jemands Hindernis« mit seinem Salz zu verfahren. Die Gefahr, daß der Nachbar aus der Mitbestimmung beim Salzpreis eine Vormundschaft oder Oberhoheit über das Erzstift ableiten könnte, war vorläufig gebannt.

Am nächsten Tag, dem 20. Dezember 1593 wurde bereits einvernehmlich ein Preisaufschlag von weiteren drei Kreuzern festgesetzt und Bayern weitere Holzschlagrechte in der Nähe von Reichenhall zugestanden. Jetzt waren höhere Preise den zwei Ländern gleichermaßen erwünscht, und als die Abnehmer sich beklagten, konnte Wolf Dietrich in beider Namen erklären »Die Böhmen geben ihr schmalz, fisch, khäs etc. in Teutschland so hoch hin als sie können. Ebenso halten es die Pfalz mit ihren Ochsen und Franken mit seinen Weinen. Warum sollte also dasselbe Salzburg verwehrt bleiben?«

Die auf diese Weise ausgehandelten Anteile Bayerns machten für das Jahr 1592 8970 Gulden 149 Kreuzer aus, im nächsten Jahr schon 9740 Gulden 140 Kreuzer. Aber dennoch beendete der Vertrag die Streitigkeiten nicht. Das Salz und alles, was damit in Zusammenhang stand – Preise, Mauten, Steuern und Zölle, Holzgerechtsame, Verschiffungsrechte, Absatzgebiete, Transportwege – bot immer wieder Anlaß zu Zank, oder, wie man es beschönigend nannte: Irrungen, und bildete die tiefere Ursache für das Verhalten beider Streitteile auf so fernab liegenden Gebieten wie Religionspolitik, Türkenhilfe oder Unterstützung auf Reichs- und Kreistagen.

Jedenfalls war von freundschaftlicher Bindung zwischen den Fürsten der beiden Länder seit dem Jahre 1589 keine Rede mehr, wenn auch die gemeinsamen Interessen an der Verteidigung des Katholizismus und des Reiches vorläufig noch keine offene Gegnerschaft zuließen. Wolf Dietrichs Unüberlegtheit und seine Verstöße gegen diplomatische Formen verschärften überflüssigerweise eine ohnehin heikle Situation, blieben jedoch ohne unmittelbare Folgen, solange Wilhelm V. die Regierung wenigstens noch nominell innehatte. Im gleichen Ausmaß, in welchem der junge Erbprinz die Zügel in die Hand bekam, änderten sich jedoch Kräfteverhältnis wie Verhandlungsstil.

Maximilian war dem Raitenauer erstmals offiziell auf dem Reichstag zu Regensburg des Jahres 1594 gegenüber getreten – schon damals mit Vorbehalt. Er hatte sich inzwischen mit der üblen finanziellen Lage seines Heimatlandes vertraut gemacht und gedachte sie durch Sparmaßnahmen, aber auch durch höhere Einkünfte aus dem Salzhandel zu verbessern. Im Jahr zuvor waren durch seine Intervention in Rom Wolf Dietrichs Versuche, sich der Berchtesgadener Salzlager zu bemächtigen, endgültig vereitelt worden. Damit war eine mehr als frostige Ausgangsposition gegeben.

Obwohl der Prinz bereits die Erbhuldigung der bayerischen Stände entgegengenommen hatte, war er noch nicht offizieller Regent. Daher kam er nach Regensburg nur »als Gast«, weil er sonst rangälteren Fürsten den Vortritt hätte lassen müssen. Sein Gefolge von 488 Personen bewies allerdings ebenso deutlich wie sein Auftreten, daß er mehr als nur Gast sein wollte. Sofort wurde ihm das Gerücht zugetragen, der Salzburger Erzbischof habe ihn bei Kaiser Rudolf II. verdächtig gemacht, selbst nach der Kaiserkrone zu streben. Am 18. Juni 1594 schrieb er nach München, Seine Majestät habe ihn bei einer Audienz »nur gar sauer und stark angesehen, eine gute Weile stehen lassen und kein Wort gesagt. Bei seinem Eintritt in die Anticamera habe er den obersten Kammerherrn des Kaisers sagen hören: »Tausend Sapperment! Ist das Jesuiten-Geschmeiss wieder da! Sie trachten dem frommen Kaiser aus dem Hause Österreich nach der Krone und wollens in ihr Haus bringen.«

All das schiebt er dem Raitenauer, der auf diesem Reichstag Triumphe feiert, in die Schuhe: »Der von Salzburg hat uns ein feines Händele zugerichtet«, ja er ersucht den Vater sogar, ihn vom Reichstag abzuberufen.[6] In der Schlußfolgerung des 21jährigen offenbart sich bereits sein Wolf Dietrich genau entgegengesetzter Charakter: man solle solche Vorgänge nicht ungeahndet lassen, aber die Austragung auf später verschieben.

Von Regensburg kehrte der Prinz zur häuslichen Finanzmisere zurück, die er kaum zu beheben vermochte, solange der Vater noch das letzte Wort im Herzogtum hatte. In diesem Jahr betrugen die Ausgaben des früher einmal wohlhabenden Landes bereits um die Hälfte mehr als die Einnahmen. Endlich wurde Wilhelm V. amtsmüde. In einer Resolution trug er seinen Räten auf, Maximilian genauso zu gehorchen wie ihm selbst. Dieser möge frei handeln und befehlen, doch solle noch mit seinem, Wilhelms Siegel gefertigt werden. Ungerührt von der trostlosen Wirtschaftslage forderte er eine jährliche Rente von 60 000 Gulden in bar nebst Naturalien und Sicherstellung seiner anderen Kinder.

Am 6. Februar 1595 heiratete Max seine Kusine Elisabeth von Lothringen. Damit hielt der Vater die Gefahr jugendlicher Exzes-

12 Wolf Dietrichs Prunkmeßbuch in Goldemailarbeit aus Silber (Rückseite), wahrscheinlich von Hans Karl 1598 angefertigt.

13 Herzog Maximilian von Bayern (Stich von Dominicus Custodis)

14 Teile der vergoldeten Prunkrüstung Wolf Dietrichs

se, die ihn bisher beunruhigt hatte, für gebannt und der Sohn durfte ab März 1595 offiziell als Mitregent fungieren. Der Junge nahm sich die Geldnöte so sehr zu Herzen, daß selbst Wilhelm die Ursache von Maximilians Bedrückung in »dem Zustand unseres Kammerwesens« erkannte, den er selbst leicht nahm. »So ist doch mit Kümmernissen der Sache noch gar nicht geholfen, dann dadurch kommst du neben diesem Schaden zu noch grösserem an deinem Leibe«, tröstete er den Sohn brieflich.[7]

Aber Maximilian sorgte sich nicht nur, er handelte. Seine Räte wurden beauftragt, ein Gutachten zu erstellen, womit sie schnell fertig waren. Klipp und klar erklärten sie, seine fürstliche Durchlaucht sei leider nicht nur von aller Barschaft entblößt und stecke bis über den Kopf in Schulden, sondern es sei dazu »von Sr. fürstl. Durchlaucht Kammerwesen aller Kredit, Treu und Glauben fast ganz gewichen.« Die Landstände seien ebenso bankrott, dazu komme noch der »unfern von der Türe stehende verderbliche Türkenkrieg.«

Als dringlichste Maßnahme empfahl die Kommission die Abschaffung der kostspieligen Doppelregierung, beanstandete auch die hohen Kosten, welche für die Erziehung der geistlichen Söhne des Herzogs im Ausland »und ihrer dadurch gehofften grösseren Beförderung« aufliefen. Aus Mangel an Lohngeld habe man schon 70 Salzfuhrleute verloren und um viele tausend Gulden weniger erlöst, als möglich gewesen wäre. Holzmangel mache sich bemerkbar, daher müsse im Bauwesen größere Zurückhaltung geübt werden. Sogar mit Hofmusik und Leibgarde befaßten sich die Hofräte und verlangten deren Reduzierung. Künstler und Chronisten seien zu entlassen.

Solcherart bedrängt erklärte Wilhelm, er erwäge ja schon längst die Übergabe der gesamten Regierungsgeschäfte, wolle nur die Erbfolge gesichert wissen und ausreichende Deputate für sich selbst und die anderen Kinder verbrieft bekommen. Vielleicht könnten die Einkünfte des Landes verbessert werden, indem man höhere Geldstrafen auf alle Laster wie Hurerei, das Lesen verbotener Bücher, Vollsaufen, Veruntreuung von Waisengeldern und das Halten von Pfarrersköchinnen lege?

Am 15. Oktober 1597 unterschrieb er die Regierungsübergabe;

am 4. Februar 1598 wurde diese den Vasallen und Untertanen öffentlich bekanntgegeben. Unzufrieden damit zeigte sich nur Wilhelms zweiter Sohn Philipp, der junge Kardinal und Domherr von Salzburg, der niemals Kleriker werden wollte, sondern selbst auf die Regierung gehofft hatte. Aber Wilhelm fand ihn sich selbst zu ähnlich: »Mein Sohn, der Kardinal, ist zum Verschwenden viel zu geneigt.«

Während sich Maximilian nun energisch und konsequent daran machte, sein Land wieder auf gesunde Beine zu stellen, hoben politische Erfolge und die Bedrängnis des Nachbarlandes das Selbstbewußtsein des Raitenauers in ungesunde Höhen. Auch er wünschte seine Einkünfte zu vermehren, deren wichtigste Quellen Salz- und Bergbau waren. Die Goldgewinnung büßte leider ständig an Ertrag ein, doch die Salzproduktion konnte noch gesteigert werden. Im Jahre 1596 ließ Wolf Dietrich den untersten Stollen von Hallein, der bisher als eine Art eiserner Reserve betrachtet worden war, 751 Klafter weit aufschlagen und 400 Klafter tief geradewegs in den Dürrnberg treiben. Dabei ergab sich »das beste Salz in grosser Menge die ganze Strecke lang, wie denn dieser treffliche Stollen schon über 100 Jahre als ein größter Schatz aufbehalten wird.«[8]

Die Ausfuhr des Halleiner Salzes nach Böhmen, Mähren und Schlesien hatte schon Kaiser Maximilian II. dem Erzstift untersagt, weil er lieber seine eigene Ware aus Ischl und Hallstatt dorthin liefern wollte. Mit dieser Beschränkung konnte sich Salzburg aber solange zufriedengeben, als seinem Salz keine Konkurrenz aus Reichenhall und Berchtesgaden erwuchs. Reichenhall und Schellenberg genügten zwar für Bayerns Inlandbedarf, doch blieb nur wenig für die Ausfuhr. Wollte das Herzogtum beachtliche Gewinne aus dem Salzhandel erzielen, so war es auf die Halleiner Lieferungen angewiesen. Um Bayerns Position auf dem Salzmarkt noch weiter zu schwächen, hatte sich Wolf Dietrich ja schon seit 1590 bemüht, in den Besitz der Berchtesgadner Vorkommen zu gelangen, doch war das Unternehmen fehlgeschlagen. Maximilian verfügte jetzt durch seinen Bruder Ferdinand als Propst von Berchtesgaden über dessen Salinen. Infolge der geographischen Gegebenheiten mußte die Verfrachtung aus Schellenberg und Frauenreuth jedoch weiterhin über den Wasserweg der Salzach erfolgen.

Die Eximierung des Stiftes Berchtesgaden war der bisher schwerste Schlag, den der Raitenauer von Bayern hatte einstecken müssen. Darüber hinaus irritierte ihn, daß Maximilian mehrere seiner persönlichen Feinde bei sich aufnahm, ihnen Stellungen verlieh oder sie anderweitig unterstützte. Schon gab es eine ganze Liste davon: außer dem Hofrat Dr. Fickler, welcher Maximilian bestimmt keine allzu große Wertschätzung für den Salzburger Erzbischof auf den Lebensweg mitgegeben hatte, dem Berchtesgadener Abt Jakob Pütrich – der seit 1595 in Frieden ruhte – und dem Weihbischof Cattaneo, der fortfuhr, aus Innsbruck und Mailand Giftpfeile zu versenden, zählten zu Wolf Dietrichs Widersachern noch der päpstliche Nuntius in Graz Hieronymus Porta, der Bischof von Lavant Georg Stobäus, der ehemalige Domdechant des Salzburger Kapitels Sigmund Fugger – bis 1600 Bischof in Regensburg – und sein eigener Schwager Ferdinand von Kuen-Belasi, alle unter Bayerns Schutz und stets zu dessen Diensten bereit. Durch Klatschsucht und Geltungsbedürfnis hüben und drüben wurden die ohnehin schon angespannten Beziehungen weiter verschärft.

Maximilians enger persönlicher Kontakt mit seinem Vater bewirkte, daß er jeden Mangel an Ehrerbietung diesem gegenüber wie eine ihm selbst angetane Schmach empfand. Sein Charakter, der nur registrierte und die Genugtuung auf einen passenden Zeitpunkt verschob, hätte Wolf Dietrich zur Vorsicht mahnen sollen. Aber nichts lag diesem Unbedachten ferner. Schon zu Beginn des Salzkonfliktes hatte er dem viel älteren und erfahreneren Herzog vorgeworfen, er lasse sich zu sehr von seinen Räten leiten, was ihm nicht nur dieser bitter übel nahm, sondern wodurch er auch die bayrischen Hofräte gegen sich aufbrachte.[9] Auch das Gewicht der bayrischen Stimme beim Vatikan mißachtete er geflissentlich. Ein Gutachten, welches der Jesuit Minutio Minuzzi über Wilhelms Auftrag in Rom erstellte, soll die Unwürdigkeit des Salzburger Erzbischofs für die Kardinalserhebung mit dem Hinweis auf seine private Lebensführung begründet haben.

Tatsächlich bot die Situation willkommene Angriffspunkte, besonders seit 1593 Wolf Dietrichs Sohn Hannibal geboren wurde und mit der Mutter in nächster Nähe der Residenz verblieb. Wenn auch zu dieser Zeit noch Kardinal Marcus Sitticus in Rom lebte, kränklich zwar, doch hoch angesehen, der manches zu schlichten vermochte, so reichte sein Einfluß zwar aus, den Neffen zu verteidigen, nicht aber, ihn gegen Papst, Kaiser, Bayern und Jesuiten zum Kardinal zu befördern.

In den Jahren nach 1593 verfilzten sich die Kämpfe um den Salzpreis mit den politischen Strömungen im Reich und im bayrischen Kreis, der an den Kaiser zu leistenden Türkenhilfe und dem Vorgehen gegen die »Protestierenden« zu einem Weichselzopf, aus dem einzelne Strähnen nicht ausgesondert werden können. Trotz aller Gegensätze mußten sich die beiden wichtigsten katholischen Fürstentümer des süddeutschen Raumes ja doch immer wieder in der Verteidigung der gemeinsamen Sache finden. Nach Wilhelm suchte daher auch Maximilian vorläufig noch die Verständigung mit Salzburg. Der Tag, nachbarliche Konflikte auszutragen, blieb aufgeschoben.

Man sollte meinen, daß die Fragen um das Halleiner Salz so gut wie nichts mit der Verteidigung des Reiches gegen die Türken zu tun gehabt hätten. Tatsächlich aber hing das Ausmaß an moralischer und materieller Unterstützung, welche der Salzburger Erzbischof Kaiser und Reich für die Türkenabwehr leistete, fast zwei Jahrzehnte lang vom jeweiligen Stand der Salzfrage ab. Erst unter diesem Aspekt werden die Vorgänge auf Kreis- und Reichstagen, sein Vorpreschen und Rückziehen, der Wettlauf um kaiserliche Gunst, verständlich. Dazu kam, daß jetzt erstmals Hochmut auf Hochmut prallte. Angehörige des uralten Geschlechtes der Wittelsbacher betrachteten selbstverständlich einen gewählten Fürsten von niederem Geburtsadel als unebenbürtig. Die letzten Erzbischöfe hatten es verstanden, derartige Regungen durch Betonen ihrer geistlichen Würde, durch entgegenkommendes Betragen und politische Nachgiebigkeit auszugleichen. Der anmaßende Raitenauer aber spielte seine weltliche Souveränität hoch und ließ den nach Bayerns Ansicht schuldigen Respekt vermissen. In einer Versöhnungsphase bezahlte er zwar doch noch seinen Mitgliedsbeitrag zum »Landsberger Bund«, aber der weitblickende Kardinal Khlesl hielt wenig von dem faulen Frieden, welchen Wolf Dietrich mit Herzog Wilhelm bei einem Treffen in Altötting im Dezember 1593 schloß. Es werde »hart zu einer Freundschaft zwischen den beiden Fürsten kommen«, urteilte er – und behielt recht. Bereits im Februar 1594 weigerte sich der Erzbischof, Bayern die ausbedungene Hälfte am Mehrerlös der Salzmaut auszubezahlen, weil Wilhelm aus Geldnot den innerbayrischen Salzverbrauch mit einer Steuer, der »Landkollekt« belegt hatte. Als Grund für die Zahlungsverweigerung gab Salzburg an, daß durch diese Steuer die so mühsam erhandelte Preisgestaltung gefährdet würde.

Aber neuerlich spielte die Türkengefahr in die Salzverhandlungen hinein. Nachdem die Lage durch den Fall der Festung Raab äußerst bedrohlich geworden war, einigten sich die Partner am 22. November 1594 darauf, den Vertrag von 1589 »wegen seines zweifelhaften Verstandes« durch einen neuen zu ersetzen.[10] In diesem verpflichtete sich Bayern, alljährlich vom 23. April, dem Georgitag, bis zum 15. Dezember an jedem Tag fünf »Hallfahrten« abzunehmen.[11] Wolf Dietrich sagte dagegen zu, das Salz nach Menschenmöglichkeit in guter Qualität zu liefern: es sollte »wol gedörrt und gepfieselt und ein gewehrliches Kaufmanns Gut seyn und verbleiben.«

Bayern sollte nun jährlich Salz um fast 200000 Gulden abnehmen. Der Pferdefuß an diesem Vertrag bestand darin, daß die bisher ebenfalls von Salzburg belieferten Städte Passau, Regensburg und Schärding völlig ausgeschaltet wurden und Bayern neuerdings das alleinige Bezugsrecht von Halleiner Salz auf dem Wasserweg zustand. Zu Lande konnte Salzburg weiterhin liefern, an wen es wollte. Statt des bisherigen Mitspracherechtes Bayerns bei der Preisgestaltung war eine Art Indexklausel vorgesehen: Salzburg durfte nicht mehr als die Hälfte jenes Satzes auf den Preis aufschlagen, um welchen die kaiserliche Ware aus dem Salzkammergut jeweils erhöht wurde. Für jede nicht bezogene Hallfahrt sollte Bayern eine Buße, ein sogenanntes »Recompensgeld« bezahlen.

Der Vertrag erregte nicht nur den verständlichen Zorn der vom

Salzbezug ausgeschlossenen Städte, sondern zog auch die Habsburger in Mitleidenschaft, weil Bayern jetzt den Markt mit billigem Salz überschwemmen konnte. Die Städte klagten beim Reichskammergericht in Speyer, der Kaiser unterstützte die Klage, und das Urteil befahl Salzburg und Bayern, den Vertrag vom November 1594 wieder rückgängig zu machen.

Genau zu dieser Zeit begann Wolf Dietrich mit seiner passiven Resistenz in der Frage der Türkenhilfe. Er sprengte die bayrischen Kreistage von 1596 und 1597, indem er seine Gesandten noch vor dem Kreistagsabschied zurückbeorderte und erklärte, daß er Türkenhilfe weder in Geld noch gemeinsam mit den übrigen Kreismitgliedern leisten wolle. Hatte er auf dem Reichstag von 1594 noch den protestantischen Fürsten ihre Beschwerde gegen die Verbindlichkeit von Mehrheitsbeschlüssen vor die Füße geworfen, so legte er am 1. Dezember 1597 selbst Protest gegen deren Gültigkeit ein, was später zu der Anklage führte, er habe sich aus dem Reichsverband lösen wollen.

Aber auch hierin blieb er nicht konsequent. Im Jahre 1596 wurde des Kaisers bevorzugter Vetter Leopold als Salzburger Domherr aufgeschworen (wobei Erzbischof Khlesl als sein Stellvertreter fungierte). Etwa um die gleiche Zeit lieferte Wolf Dietrich dem Kaiser Kriegsmaterial aus Salzburger Gießereien und versicherte ihn seiner persönlichen Ergebenheit. Dafür konnte er zwei Gegenleistungen einheimsen: er erhielt die schriftliche Zusage Rudolfs, sich in der Salzfrage nicht mehr einzumischen – und die Oberhoheit über den vergrößerten Familiensitz Langenstein im Hegau.

Ebenso widersprüchlich und ebenso durch die jeweilige Salzsituation begründet war Wolf Dietrichs Verhalten auf den Reichstagen dieser Jahre. Zweifellos bestimmten auch andere Faktoren seine Vorgangsweise – Ablehnung des Hofkriegsrates, wechselnde Befürwortung von Offensiv- und Defensivkrieg, seine Forderung nach starken militärischen Führerpersönlichkeiten –, aber die Salzfrage mischte immer mit und erklärt den vielfach als pure Launenhaftigkeit gedeuteten mehrfachen Frontenwechsel. Als der Kaiser einen Vorschlag verwarf, wonach der Stadt Passau Salz für den eigenen Verzehr geliefert werden, dafür aber Habsburg jährlich 250 000 Kufen Halleiner Salz für Böhmen beziehen sollte, bot der Raitenauer auf dem nächsten, für Dezember 1597 einberufenen Reichstag klägliche acht Römermonate statt der vom Kaiser geforderten 80. Eine Nachricht, Rudolf II. neige nun dazu, das bayrisch-salzburgische Abkommen vom November 1594 zu akzeptieren, brachte ihn wieder auf eine nachgiebigere Linie. Aber nicht einmal ein persönlicher Brief Maximilians vom 9. Februar 1598, in welchem dieser unter dem Druck der türkischen Siege von Rab und Erlau für die Bewilligung höherer Truppenkontingente plädierte, vermochte ihn zu einer gemeinsamen Aktion zu bewegen. Wieder ließ er sich in gefährlicher Eintracht mit den protestantischen Fürsten von der katholischen Mehrheit überstimmen, die 60 Römermonate bewilligte. Zu Bayerns weiterem Mißvergnügen schloß Wolf Dietrich auch einen Vertrag mit den habsburgischen Salinen ab. Diesmal ging es zwar nicht um Salzlieferungen, aber um das beinahe ebenso wichtige Holz. Nach diesem Abkommen vom 18. März 1600 sollte das Bergwerk von Ischl »auf ewig« damit versorgt werden, und nur falls Österreich den freien Durchzug des Halleiner Salzes sperren sollte, kein Holz mehr erhalten.[12] Der Vertrag zielte offenbar auf die Verfrachtung größerer Salzmengen zu Lande ab, wofür Salzburg ja das freie Verkaufsrecht zustand. Dadurch, und durch die erfolgreiche Konkurrenz aus dem habsburgischen Salzkammergut konnte Maximilian nicht mehr die gleichen Mengen absetzen wie früher. Seine Lager füllten sich, die Bezahlung von Reugeld für nicht abgenommenes Salz rückte in greifbare Nähe. Wolf Dietrich hatte im Jahre 1599 den Salzpreis auf 119 Gulden erhöht; 1601 verlangte er bereits 133 Gulden für die Kufe, wobei er sich auf die verbesserte Qualität sowie auf die »vorgegangene Ischlerische Steigerung« berief. Vorläufig konnte man sich aber noch bezüglich der Absatzschwierigkeiten einigen. Wolf Dietrich erklärte sich in einem Vertrag des Jahres 1602 bereit, dem Nachbarn einige Hallfahrten zu erlassen, falls das Salz tatsächlich nicht an den Mann zu bringen wäre. Der Vertrag sollte »uns und unser beederseits Landen in mehr Weeg heylsam, fürstandig und erspriesslich« sein.

In dem Vertrag mit dem Kaiser über die Holzgerechtsame für die

Ischler Saline findet sich übrigens ein Passus, der äußerst aufschlußreich für die Wandlung der religiösen Strenge des Erzbischofs ist. Längst schon hat er nichts mehr gemein mit dem Mann, der das Religionsedikt von 1588 abfaßte und alle Protestanten aus seinem Land wies. Jetzt mahnt er sogar andere zur Nachsicht und verurteilt das »Religionsgezänk«. Dem Kaiser stellt er die Bedingung, daß jene Männer, welche das Holz für Ischl schlägern sollen, »von wegen der Religion bei der Arbeit weder befördert noch gehindert werden, sondern derselben unentgolten bleiben.« Die gleiche Gesinnung bewies er im Jahre 1602, als er über dringendes Ersuchen des Erzherzogs Matthias die Niederwerfung eines Bauernaufstandes in dem gleichen Gebiet unterstützte. Am 16. Februar 1602 schickte er die kurz zuvor aus Ungarn heimgekehrten salzburgischen Truppen in den Krieg gegen die »aufrurrigen Paurn«. Rund 1000 Mann sollen nach St. Gilgen am Wolfgangsee marschiert oder geritten sein, gelangten per Schiff nach Strobl und rückten weiter gegen Ischl vor, das sie zwar mit dem Ruf »Schelme und Pfaffenknechte!« empfing, sich aber nach den ersten Kanonenschüssen ergab. Wie bei dem Raitenauer üblich, wurden die Kriegsleute hervorragend verpflegt – drei Hofroggen, drei Kändl Wein und drei Pfund Fleisch pro Tag –, erhielten dazu noch vier Gulden bar und die Erlaubnis, zu plündern, so daß sie sehr zufrieden heimkehrten. Der Erzbischof aber entwarf persönlich ungewöhnlich maßvolle Friedensbedingungen. »Zur Verhütung allerley Nachred im Reich« sollte man den mittleren Weg gehen, schrieb er an Erzherzog Matthias. Nicht ohne äußerste hohe Not solle Blut vergossen werden. Es sei auch bisher »im Reiche nit bräuchig gewesen, in dergleichen Fällen supplicia capitalia (Todesstrafe) zu decernieren oder *vim armatam* zu gebrauchen.«
Ein paar Anführer wurden dennoch dem österreichischen Henker überantwortet, die übrigen geschont und salzburgische Soldaten, die ohne Erlaubnis plünderten, soffen und sich an oberösterreichischen Untertanen vergingen, streng bestraft.
Ersten Lockerungen der Religionsvorschriften hatte Wolf Dietrich bereits in seinen Bergwerksordnungen für Gastein und Hallein (1591 und 1592) zugestimmt.[13] Dort findet sich die Be-

stimmung, daß nur neu Übertretende auswandern müßten. Wer schon Protestant war und sich »unergerlich und sonst gehorsam« verhielt, wurde geduldet oder mußte bei der Auswanderung nicht sein ganzes Vermögen, sondern nur die allgemein übliche Abzugsteuer von zehn Prozent zurücklassen.

Der katholischen Restaurationspartei hatte sich Wolf Dietrich schon auf dem Regensburger Reichstag 1598/9 verdächtig gemacht, als die protestantischen Fürsten seinem Vorschlag, dem Kaiser bloß minimale Türkenhilfe zu gewähren, gar so schnell und freudig zustimmten. Es half seinem Ruf nur wenig, daß sich diese Fürsten bald darauf wieder von ihm abwendeten. Er bewies seine Loyalität, indem er den Kaiser am 5. Juli 1599 brieflich auf die Gefahren aufmerksam machte, die entstehen konnten, wenn man das Aufstellen von Privatheeren in protestantischen Ländern gestattete.[14] Wer konnte verbürgen, daß diese Armeen wirklich nur gegen die Türken eingesetzt würden? Als Revanche beschuldigten die protestantischen Herrscher nun den Raitenauer, an dem Einfall spanischer Truppen unter Admiral Mendoza in Westfalen Schuld zu tragen. Daß eine gewisse Verbindung tatsächlich vorhanden war, geht aus dem Besuch des Admirals in Salzburg und der Ordensverleihung für Wolf Dietrichs Bruder Jakob Hannibal hervor. Dieser Erzbischof hatte sich eben, anders als seine Vorgänger, zutiefst in die gesamteuropäische Politik verstrickt.

Auch im Bistum selbst wendete sich der Erzbischof immer mehr gegen die allzu strenge Auslegung der Religionsvorschriften. Im August 1603 lockerte er sogar Klosterregeln. Zu St. Peter ließ der Abt Martin Hattinger seine dreizehn Mönche vegetarisch verpflegen und niemals ausgehen; der Fürst entsandte seinen Protonotar Dr. Kurz dahin mit dem ausdrücklichen Auftrag, daß den Benediktinern dreimal wöchentlich Fleisch vorgesetzt werden müsse und daß sie sich in den Gärten des Stiftes ergehen dürften. Der strenge Abt ließ daraufhin einen eigenen Speisesaal für die Fleischmahlzeiten bauen, um das Refektorium nicht zu verunreinigen und vertraute seiner Chronik an, was ihn bewegte: »O tempora! Einstmals wurden die Mönche zu strengerem Leben gezwungen, jetzt zu laxerem!«[15]

In dieser religiösen Toleranz fanden Gerüchte über Wolf Dietrichs Neigung zum Protestantismus reichlich Nahrung. Zwar wurde im Jahre 1602 in Werfen, dem Amtssitz des Pflegers Josef Niggl, von den »Sektischen« noch verlangt, auf die katholische Weise zu kommunizieren, aber in St. Johann, Großarl, St. Veit, Radstadt und Wagrain beharrten viele Protestanten auf ihrem Glauben, ohne ausgewiesen zu werden.

Den Bayernherzögen, bei denen die Jesuiten ein- und ausgingen, gefiel diese Entwicklung überhaupt nicht. Die Jesuiten seien nur für die Schulen gut, erklärte der Raitenauer. Der ehemalige Jesuitenzögling formte zwar sein Priesterseminar im Salzburger Kaiviertel noch nach dem Vorbild des römischen Collegium Germanicum, lehnte aber ihre Einmischung in die Politik ab. Bald nach seinem Regierungsantritt hatte er Wilhelm von Bayern noch ersucht, ihm einen Jesuiten zu senden, welcher die Gabe »conciliandi animos hominum«, die Seelen der Menschen versöhnlich zu stimmen, besäße und ihm bei seinen Reformbestrebungen beistehen könnte. Am 2. April 1590 nahm er noch Kontakt mit dem Rektor der Jesuiten in Graz und dem Jesuitenprovinzial auf und plante die Errichtung eines Jesuitenkollegiums in Salzburg. Aber im Jahre 1609 hatte sich seine Einstellung gründlich geändert. Jetzt bezeichnete er die Jesuiten als übereifrig, als geneigt, den Fürsten »consegli precipitosi et indiscreti« – vorschnelle und unkluge Ratschläge – zu erteilen, und schließlich nannte er sie sogar »des Teufels Hausbuben.«

Bestimmt trug der ehemalige Salzburger Hofbeamte Dr. Johann Baptist Fickler an seinem neuen Amtssitz München ein Gutteil dazu bei, die religiöse Verläßlichkeit des Erzbischofs in Verruf zu bringen. Schon in seine Salzburger Chronik flocht er geschickt herabsetzende und boshafte Anekdoten ein. So berichtet er unter anderem, der alte Erzbischof Georg von Kuenburg habe eines Tages den jungen Raitenauer in voller spanischer Wichs vor den Fenstern des Bischofssitzes vorbeispazieren gesehen und zu den Umstehenden geäußert: »Kennt ihr den? Der wird euer Erzbischof werden. Ich bin zu fromm (gutmütig) zu einem Herrn und Vorsteher, der aber wird euch anders traktieren, wie ihr es von mir nit leiden würdet.« Auch einen Hofkanzlisten, der das

Wappen des Neugewählten betrachtete, machte Fickler zu seinem Sprachrohr: »Er führt eine Finsternis (die schwarze Kugel) im Wappen, es ist zu besorgen, es werde ein Wetter über das Erzstift gehen. Gott verleihe, daß es ohne Schaden abgehe.« Eine Verletzung seiner Eitelkeit hatte den Hofrat endgültig zu Wolf Dietrichs Feind gemacht. Er bot dem Erzbischof die Aufzeichnungen, welche er als junger Sekretär beim Konzil von Trient gemacht hatte, zum Druck an, wollte das Werk auch dem Erzbischof widmen und unterstützte sein Anliegen mit der kühnen Behauptung, hochgelehrte Theologen hätten ihm gesagt, falls er das Werk nicht drucken lasse, müsse er mit der Strafe Gottes rechnen.

Wolf Dietrich zeigte sich davon wenig beeindruckt. Der Inhalt der Aufzeichnungen würde nur den Ketzern Gelegenheit zu Spott und Hohn geben, schrieb er zurück und verbat sich auch die Widmung.

Der abgeblitzte Hofrat war offenkundig einer jener glücklicherweise seltenen Juristen, in deren Händen gesatztes Recht zu moralischem Unrecht werden kann, und huldigte zudem einem verdächtigen Hobby. Als fanatischer Eiferer gegen Zauberei und Hexenwesen legte er sich privat eine umfangreiche Bibliothek aller dämonologischen Schriften an, deren er habhaft werden konnte. Natürlich figurierte darin auch der berüchtigte »Hexenhammer«, Malleus Maleficarum. Jedesmal, wenn die Anzeigen abergläubischer oder bösartiger Nachbarn wegen der bescheidenen Künste des Wettermachens oder des Milchzaubers von den Pflegern und Landrichtern nicht mehr übersehen werden konnten, forderte Fickler die Todesstrafe. Der neue Erzbischof, seiner ganzen aufgeklärteren Haltung nach kein Hexenverfolger, enttäuschte den Hofrat auch in dieser Hinsicht. Nur ein einziges Todesurteil wegen Zauberei wurde während Wolf Dietrichs Regierung an einem Tischlerehepaar in Ramingstein vollstreckt, und das im November 1588, als Fickler noch in Salzburg amtierte. Nach seinem Abgang wurde Anzeigen wegen Hexerei nicht mehr so leicht Glauben geschenkt und einige Beschuldigte ziemlich milde verhört. In Bayern ging es schon mehr nach Ficklers Geschmack zu. Besonders während seiner Amtszeit

wurden Zaubereiurteile am laufenden Band gefällt und vollstreckt.

Die Abneigung gegen religiöse Dispute, die Wolf Dietrich in
seiner Ablehnung des Ficklerschen Manuskripts angedeutet
hatte, richtete sich gegen eine damals geradezu sportlich betrie-
bene Modetorheit, welcher sich theologische Gegner mit Vorliebe vor großem Publikum hingaben. Sogar Herzog Maximilian
hielt viel von diesen Streitgesprächen, bei denen ein rüder Ton
gang und gäbe war. Der Jesuit Conrad Vetters zum Beispiel
bezeichnete aus solchem Anlaß Luther als unsinnige Bestie,
unflätige Sau, zornige Hadermetze und als Abschaum schlechthin. Katholische genauso wie protestantische Theologen betitel-
ten einander bei einem öffentlichen Disput, der am 28. November 1601 in Regensburg in Anwesenheit Maximilians von Bayern und dessen protestantischen Vetters Philipp Ludwig von
Pfalz-Neuenburg nebst großem Gefolge stattfand, als Wechsel-
bälge und Idioten, Schulkinder und Schlangen. Fragen von sonderbarer Irrelevanz wurden völlig ernsthaft diskutiert: ob der
biblische Hund des Tobias mit dem Schwanz gewedelt habe,
oder ob Judenmädchen von vornehrein verdammt seien, weil
sie nicht beschnitten würden. Nach vierzehn Sessionen brach
Maximilian das Kolloquium ab, weil die gegnerischen Theologen den Papst als Antichrist bezeichneten – oder einfach, weil
auch er genug davon hatte.

Mit seinem scharfen und logischen Verstand und seiner angeborenen Ungeduld mußte der Raitenauer solche endlosen Diskus-
sionen, die sich auf spitzfindigen Seitenwegen verloren, schon
deshalb ablehnen, weil Beschimpfungen niemals beweis-
kräftige Argumente ersetzen können. Fanatikern wie Fickler erschien dies nur als weiteres Indiz für seinen Mangel an religiösem Eifer. Die protestantischen Reichsstände wiederum taten
ihr Bestes, um den Konflikt zwischen den beiden starken katholischen Fürstentümern zu schüren. Sicherlich überlegten auch
sie, ob aus Salzburg nicht ein zweites Köln, diesmal mit anderem Ausgang, erwachsen könnte, welches das katholische Lager
verlassen und ihre eigenen Reihen verstärken würde. Der weitere Verlauf des Salzstreites gab ihnen reichlich Gelegenheit, diese

Linie zu verfolgen, denn das Tauziehen um den Gewinn aus dem weißen Gold nahm trotz aller Verträge seinen Fortgang. Dem jungen Herzog in Bayern war jedes Mittel recht, um seine Staatsfinanzen in Ordnung zu bringen. Am 24. Dezember 1598, kaum an die Regierung gelangt, hatte er den Hofkammerrat Stengel beauftragen müssen, »aller Orten, wo du dir etwas Hoffnung machen kannst, Geld in großen und kleinen Posten zu erwerben, solches nicht unterlassen wollest.«[16] Jedes Verbrechen, sogar Mord, ließ er mit Geldstrafen sühnen. Doch die Lage änderte sich unter seiner straffen Zucht verhältnismäßig rasch. Am 20. November 1605 konnte er seinen Landständen berichten, daß die dringendsten Schulden und die rückständigen Löhne der Diener infolge seiner Sparmaßnahmen bezahlt werden konnten. Nun sollten die Stände 100 000 Gulden für die Bildung einer Landwehr bewilligen, damit man etwaigen inneren Unruhen ebenso wie der Türkengefahr entgegentreten könne. Er, Maximilian, sei dafür bereit, die interne Salzsteuer aufzuheben. Schon konnte er es sich leisten, wieder Geld für Bauten und die schönen Künste auszugeben. Der Zweck, für den er jedoch stillschweigend die meisten Mittel verwendete, war die Aufrüstung. Der Wittelsbacher hing dem Militärwesen ebenso leidenschaftlich an wie sein Nachbar in Salzburg, nur war es für ihn nicht Selbstzweck. Auch betrieb er die Durchführung seiner Ideen planvoller und beharrlicher als dieser. Während Wolf Dietrich noch schwankte, ob er die Bürger bewaffnen oder Söldnern den Vorzug geben sollte, und aus Mißtrauen gegen die eigenen Untertanen die bezahlten Knechte bevorzugte (wie in seinen militärischen Schriften mehrfach dargelegt), erließ der Bayer am 30. Dezember 1600 ein Generalmandat über die Aushebung des 10. und 30. Mannes und deren Ausbildung. Das so entstehende Heer, das etwa 22 000 Mann umfaßte, wurde als Präventivmaßnahme dargestellt, die sich gegen niemand Bestimmten richten sollte. Auch Maximilians anderer Nachbar, der protestantische Kurfürst Friedrich IV. von der Pfalz, hatte eine solche Miliz aufgestellt, die er feierlich »Landesdefensionsanstalt« nannte. Obgleich dies unter dem Deckmantel der Türkenabwehr geschah, betrachtete Maximilian diese Vorgänge mit Argwohn und hielt seine eigenen Maßnahmen so geheim wie möglich. Musterungsregister durften nur in einer einzigen Ausfertigung zu seinen eigenen Handen erstellt werden, die Hofräte waren verpflichtet, strengstes Stillschweigen über das Militärwesen zu halten. Sie sollten sich auch Mittel ausdenken, wie das Ausland über den eigentlichen Stand der Rüstungen in Bayern »irre gemacht und ihm die Sache verborgen werden möchte.« Alle Hofbeamten wurden unter Eid verhört, von wem sie etwa »Bestallungen oder Honorarien« bekämen, mit wem sie Korrespondenz pflegten oder ehemals gepflogen hätten. Unvorsichtige wurden mit Leibes- und Lebensstrafen bedroht. »Wenn ich wieder einen ertappe«, schrieb Maximilian eigenhändig an seinen Geheimen Rat, »werde ich mit Würfeln spielen lassen, wer den Strick bezahlen soll[17].«

Genauso systematisch ging er bei der Bewaffnung seines Heeres vor, legte Munitionsdepots und Schießstätten an und gründete Salpetersiedereien. Selbst ausrangierte Waffen, die durch modernere ersetzt wurden, durften nur im geheimen verkauft werden. Keiner konnte bei ihm das Bürgerrecht erwerben, der nicht vorher ordentlich schießen gelernt hatte, kein Lediger bekam die Erlaubnis zur Ehe, bevor er nicht eine Muskete zu bedienen vermochte, und wer die vom Landesherrn selbst erfundene Kunst des »Geschwindschießens« erlernt hatte, durfte das Land überhaupt nicht mehr verlassen. Die jungen Adeligen wurden aufgefordert, »sich in den ungarischen Feldzügen zu üben statt zu Hause hinter dem Ofen auf der faulen Bärenhaut zu liegen«. Aus dem Ausland ließ Maximilian verdiente Offiziere kommen wie Alexander de Groote oder den Freiherrn von Tilly, doch auch er traute niemandem: die Untertanen mußten die von ihnen selbst bezahlten Waffen nach getaner Übung immer wieder in die Zeughäuser abliefern. Bezeichnend für sein Bestreben, sich seinerseits bestmögliche Informationen aus anderen Ländern zu beschaffen, ist die Tatsache, daß die zweithöchste Ausgabenpost im bayrischen Budget – nach den eigenen Beamten – jene für »auswärtige Räte und Diener oder Agenten« war.

Diesen Fürsten, der jeden Groschen zweckbewußt einsetzte, reuten die »Recompensgelder«, die er laut Vertrag von 1602 für unterlassene Hallfahrten zu bezahlen hatte. Die Höhe dieser Bußen stieg von Jahr zu Jahr. Durch die vertraglich vorgesehenen Preisaufschläge, welche Wolf Dietrich emsig vornahm, konnte Bayern auf dem europäischen Markt kaum mehr konkurrieren. Im Jahre 1605 wurde das Halleinische Salz, »welches mit Ihrer Majestät Salz fürnehmlich sein Concurrenz hat«, wiederum um zwanzig Gulden teurer. Das notwendige Gut lief der Inflationsrate weit voraus, die damals in 100 Jahren 200 Prozent, also zwei Prozent im Jahresdurchschnitt betrug.

Nun suchte Maximilian erstmalig um eine Minderung seiner Abnahmeverpflichtung an. Statt fünf wollte er täglich nur mehr drei Hallfahrten beziehen. Das bedeutete, daß er 34 500 Gulden Reugeld hätte bezahlen müssen. Im Vergleichsweg reduzierte Wolf Dietrich den Betrag zwar auf die Hälfte, aber Maximilian fühlte sich außer der überflüssigen Ausgabe auch noch gedemütigt, weil es jetzt Bayern war, das bittlich zu Salzburg kommen mußte.

Als er vier Jahre später um eine weitere Verminderung einkam, zog Wolf Dietrich die Verhandlungen hin, sprach von »hohen und erheblichen Bedenken«, von den »stark beteuerten Verträgen«, setzte schließlich zwar die Zahl der Hallfahrten auf nur mehr zwei pro Tag herab, forderte aber dafür das volle Recompensgeld von insgesamt 38 000 Gulden jährlich. Der Herzog griff zu dem beliebten Mittel, mit schlechter Münze zu bezahlen, aber der Erzbischof verweigerte dem bayrischen Rentmeister die Annahme des minderwertigen Geldes.[18] Doch Maximilian wies diesen in einem eigenhändigen Schreiben vom 19. Jänner 1610 an, nicht nachzugeben: »Ehe er ohne gelt sein oder das salz in seinem gewaldt behalten wirtt, eh wirdt er's annehmen.« Solange der Rentmeister noch schlechtes Geld in Händen habe, solle er »kheinen guten Dreyer oder halbpaczen geben.« Bei diesem Befehl solle es bleiben und keine Drohung des Erzbischofs solle daran etwas ändern. Würde das Erzstift dann die Salzausfuhr sperren, so werde er, Maximilian, wenigstens sein Lager los: » . . . so khumb ich derweil vom übrigen vorrat.«[19]

Das gespannte Verhältnis zwischen den beiden Souveränen war allgemein bekannt, wurde durch die Hofräte geschürt und in der

Folge schrieb die Bevölkerung selbst Ereignisse, die in keinerlei Zusammenhang damit standen, dieser Spannung zu. Ein Paradebeispiel dafür bildete die Pilgerreise, welche der Altherzog Wilhelm in Begleitung einiger Jesuiten nach St. Wolfgang unternahm und dabei am 5. Februar 1604 Salzburg durchquerte. Sicherlich über Wunsch des weltabgewandten Herzogs, der »wie ain Ainsidl« reiste, traf Wolf Dietrich die Anordnung, niemand dürfe dem kleinen Zug aus den Fenstern zusehen oder gar »sich bedretten lassen, der Caretta nachzulaufen.« Das wurde als Zeichen von Mißachtung ausgelegt und Johann Steinhauser schrieb, dies sei »ein zuvor unerhörtes, selzames Gebot und Verbot gewesen, darob sich vil alte Leüt, die dergleichen niemalen hetten erlebt, höchlich verwunderten.«[20]

Eine Zeitlang schien es, als könne wenigstens einer der Konfliktpunkte aus der Welt geschafft werden. In aller Stille begannen die beiden Fürsten im Jahre 1601 wegen eines großangelegten Tauschgeschäftes zu verhandeln.[21] Die Propstei Berchtesgaden sollte wieder Salzburg einverleibt, dort ein Kommissar eingesetzt und Maximilians Bruder Ferdinand, der jetzige Propst, mit einer spanischen Pfründe entschädigt werden. Diese würde der österreichische Erzherzog Albrecht zur Verfügung stellen und dafür von Wolf Dietrich bei seinen Aspirationen auf die Kaiserkrone unterstützt werden. Rudolf II., der seinen Bruder Matthias haßte und ihn von der Nachfolge auszuschließen trachtete, war in die Pläne eingeweiht. Maximilian sollte für die Aufgabe Berchtesgadens außer der Pfründe für Ferdinand mehrere Grenzstädte und die in Bayern gelegenen Salzburger Enklaven erhalten.

Die heikle Angelegenheit, die bis in die Reichsspitze ging, wurde so geheim behandelt, daß Wolf Dietrich darauf bezügliche Schriftstücke selbst ausfertigte. Als Vermittler und Kommissär des Papstes, dessen Zustimmung natürlich benötigt wurde, trat der Nuntius in Graz, Hieronymus Porta auf. Bis 1604 wurde verhandelt; man setzte bereits die Tauschurkunde auf, da zerschlug sich das Vorhaben im allerletzten Augenblick. Vielleicht hatte Maximilian doch noch Bedenken, Bayerns Unabhängigkeit von fremdem Salz mit den Berchtesgadener Bergwerken aufzu-

15 Erzbischof Marcus Sitticus von Hohenems, Wolf
Dietrichs Vetter und Nachfolger

16 Eine der goldenen Trinkschalen, welche die Bergleute von Gastein
und Rauris alljährlich gegen Erlaß der Alkoholsteuer zu liefern
hatten.

geben, möglicherweise spielten auch Gerüchte eine Rolle, die nun schon an den verschiedensten Orten und selbst in Frankreich auftauchten: der ehrgeizige und tatkräftige Bayernherzog strebe selbst nach der Kaiserkrone.

Berchtesgaden stand also weiterhin als Zankapfel zwischen den Nachbarn. Offenbar war der Raitenauer darüber sehr aufgebracht, denn er begann nun, dem Stift und seinem Propst das Leben so sauer wie nur möglich zu machen. Ferdinand quittierte mit einer Klageschrift an den Reichshofrat in Prag. Durch ein kaiserliches Mandat vom 9. August 1607 wurde Salzburg bei einer Strafe von 30 Mark Gold aufgetragen, die bisherigen Verträge zu befolgen. Der Erzbischof nahm das nicht unwidersprochen hin. Der daraus entspringende Prozeß dauerte noch volle zwanzig Jahre und überlebte die beiden ursprünglichen Kombattanten.

Selbst den Kaiser, der jahrelang Wolf Dietrichs lebhaften Geist und seine politischen Konzepte bewundert hatte, machte sich dieser im Lauf der Zeit zum Gegner. Noch um die Jahrhundertwende fand eine vertrauliche und für den Raitenauer schmeichelhafte Korrespondenz statt, in welcher der Monarch sogar um ein Gutachten des Salzburger Erzbischofs bezüglich der Gestaltung der Reichsregierung ersucht hatte. Auch auf dem Reichstag von 1603 stellte er den Bayernherzog in den Schatten, als er mit 90 Römermonaten das Nachbarland überrundete, das nur für 75 stimmte. Aber selbst daß er die Aufnahme Erzherzog Karls in das Salzburger Domkapitel vorschlug und durchführte, konnte den schlechten Ruf, den ihm religiöse Duldsamkeit, Streitlust und Sprunghaftigkeit am Prager Hof eingetragen hatten, nur mehr vorübergehend mildern. Durch das »Ewige Statut«, welches Zukunftshoffnungen zerstörte und das Maximilian so geschickt von sich abzuschieben verstanden hatte, machte er sich den Erzherzog Leopold, Bischof von Passau, und damit auch Rudolf II. zum Feind. (Der Kaiser hielt von diesem Verwandten am meisten, weil er das Habsburgische Familienübereinkommen vom 25. April 1606 nicht mitunterzeichnet hatte. Darin war nicht mehr Rudolf, sondern Matthias zum Haupt des Hauses erklärt worden.)

Dazu kam noch, daß Wolf Dietrich den Hilferuf des Kaisers vom 15. Jänner 1605 in neuer, dringender Türkennot »wegen ausgestandener Schwachheit und Leibesblödigkeit« drei Wochen lang uneröffnet hatte liegen lassen. Diesmal war es keine Ausrede oder Verzögerungstaktik, wie man ihm in Bayern vorwarf und sogar mit Klageführung beim Reichsgericht drohte, sondern die tatsächliche Erkrankung dieses Winters. Doch selbst aus seinem Schlaganfall suchte er noch finanziellen Vorteil zu ziehen: von der bis auf das Jahr 1592 zurückreichenden Kontribution, die er dem Kaiser immer noch schuldete, zog er eine Rechnung seines neuen Leibarztes Dr. Peuerelli an die Hofkammer ebenso ab, wie alte Soldforderungen seines Bruders Jakob Hannibal. In zähen Verhandlungen anerkannte er nur etwas über die Hälfte dessen, was er auf all den Reichstagen seit 1597 zugesagt hatte. Botschaft nach Botschaft wurde aus Wien und Prag zum Salzburger Erzbischof entsandt, der Grenzbefestigungen der Alpenpässe in Gegenrechnung stellen wollte, die er selbst schon öffentlich als »dem Kaiser nachgesehen und geschenkt« bezeichnet hatte. Mit dieser Art von Zahlungsmoral stand er allerdings nicht allein da; fast jeder drückte sich mit List oder offenem Widerstand nach Möglichkeit von allen Verpflichtungen gegenüber dem Reich.

1606 verlangte der Kaiser nochmals Hilfeleistungen gegen die Türken, – offenbar in Unkenntnis der Tatsache, daß sein Bruder Matthias bereits Friedensverhandlungen führte. Während Maximilian noch eifrig für Beiträge plädierte, handelte Wolf Dietrich nach besseren Informationen und wartete den Waffenstillstand ab. Im März 1607 empfing er den Abgesandten des Kaisers Sebastian Zach kränklich zu Bett und versicherte ihn zugleich seiner Loyalität gegenüber Seiner Majestät und der eigenen Zahlungsunfähigkeit. Er könne unmöglich weitere Steuern im Erzstift eintreiben, schon bestehe die Gefahr von Aufstand und Unruhen. Er habe bereits drei Rädelsführer einer Rebellion in Zell enthaupten lassen müssen.

Nun war also auch der Kaiser, der Jahr um Jahr auf die oftmals so großsprecherisch zugesagten Beiträge warten mußte, kein Freund des Erzbischofs mehr. Dieser aber scherte sich um den Unwillen, den er rechts und links erregte, keinen Deut, ja er betrachtete ihn offenbar als Beweis seiner Macht und Unabhängigkeit. Durch den zwanzigjährigen Waffenstillstand, welchen Erzherzog Matthias mit der Pforte schloß, schwand schließlich sein erprobtestes Druckmittel dem Kaiser gegenüber. Für geleistete Türkenhilfe waren nunmehr weder persönliche Vorteile noch politische Einflußnahme und schon gar nicht Rückendeckung gegen Bayern einzuhandeln.

Während der Salzburger Erzbischof so voll Selbstherrlichkeit und Hoffart die Gewitter übersah, die überall am Horizont aufzogen, schien in seiner unmittelbaren Umgebung alles nach Wunsch abzulaufen. Die Familie blühte und gedieh und seine städtebaulichen Pläne reiften ihrer Verwirklichung entgegen. Der Residenzneubau, die Kirche am Dürrnberg, die »Dietrichsruhe«, der Marstall und Schloß Altenau standen vollendet. Im Winter 1606/7 hatte Scamozzi die Pläne für den neuen Dom nach Salzburg geschickt.

Die Pfarrkirche und die Augustinerkirche in Mülln waren durch Seitenkapellen ergänzt, ihren Mönchen übergeben und die letztere mit 4000 Gulden aus Strafgeldern für Verbrechen dotiert worden. Auch der noch von Bertoletto geplante, dann von Elia Castello ausgeschmückte neue Nobelfriedhof der Stadt mit seinen Arkaden und dem zentralen Monument der Gabrielskapelle war eingeweiht und seiner Bestimmung übergeben. Obwohl diese als Grabmal für den Erzbischof selbst erbaut war, schien es noch eine gute Weile bis dahin zu haben.
Im Jahre 1606 wurde der Domplatz durch die Errichtung eines zweistöckigen Bogentraktes, heute »Wallistrakt« genannt, abgeschlossen. Nun sollte mit dem Dombau begonnen werden, um der Stadt den krönenden Mittelpunkt zu geben, auf den schon alles andere ausgerichtet war. Offenbar schwebte Scamozzi im Einvernehmen mit seinem Auftraggeber ein gewaltiges Gebäude vor, das aber die Proportionen der Stadt Salzburg gesprengt hätte. Der Erzbischof erkannte das Mißverhältnis sehr bald und sandte die Pläne zwecks Verkleinerung an den Architekten zurück. Dessen neuer Entwurf sah immer noch eine Länge von 104 Metern vor (der heutige Dom mißt 99 Meter), entsprach aber in seiner nord-südlichen Ausrichtung bereits der später verwirk-

lichten Achse. In Rom galten Zentralbauten neuerdings als »heidnisch«. Um also nicht den Unwillen seiner Oberen zu erregen, bestellte Wolf Dietrich von Anbeginn ein Längsschiff nach dem Muster der Jesuitenkirche »Al Gesú« in Rom. Die letzten noch stehenden Mauern des alten Münsters und seine Grundfesten ließ er mit Pulver sprengen, wobei sich einige Unglücksfälle ereigneten. Laut Bericht des Chronisten vom Nonnberg wurde eine Bäuerin, die nichtsahnend auf dem Marktplatz saß, von Trümmern getroffen, ebenso einige, die »aus Vierwitz zu nachent hinzue gingen.« Ein welscher Maurer wurde verschüttet, und ein »verwogener Bub« durch einen fallenden Turm erschlagen.

Im März 1610 ließ Wolf Dietrich mit dem Aushub beginnen und betraute Giacomo Bertoletto (wohl ein Sohn jenes Andrea Bertoletto, welcher das »Neugebäude« erstellt hatte) mit der Bauleitung.

Inzwischen gewinnt das Schlangengeflecht aus Salzhader, wechselnder kaiserlicher Gunst und Ungunst, dynastischer Reichs- und Kreispolitik, besonders aber zunehmendem persönlichem Antagonismus der benachbarten Fürsten an Überschaubarkeit. Die Fäden laufen zusammen, der letzte Knoten wird geschürzt.

Beim Reichstag von 1608 zeigte sich der Raitenauer überraschend gemäßigt und verständig. Salzburg werde den Kaiser nicht im Stich lassen, falls es zu keinem endgültigen Friedensschluß mit den Türken kommen sollte, erklärten seine Räte, und sprachen sich sogar dafür aus, Seiner Majestät auch im Frieden einige Truppen zu bewilligen. Dennoch wurde auch dieser Reichstag gesprengt, diesmal aber aus regional-machtpolitischen Gründen. Friedrich IV. von der Pfalz hatte nämlich im Mai dieses Jahres die »Protestantische Union« gegründet, eine Vereinigung, welche sich offen zu der Aufgabe bekannte, den Katholizismus im Reich zu schwächen, dessen Geistliche und Anhänger aus den protestantischen Fürstentümern zu vertreiben, Klöster und Stifte aufzulösen und dabei nun ihrerseits alles anfallende Vermögen zu konfiszieren. Jetzt flogen die Pfeile aus der früheren Zielrichtung: nicht mehr gegen die Ketzer, die

Sektischen, lautete der Schlachtruf, sondern gegen »das antichristische Bapstthumb«.

Maximilian, der eifersüchtig über die Machtposition des Katholizismus im Reich – und damit seine eigene – wachte, versuchte sogleich, ein neues Gegenbündnis zustande zu bringen, da der Landsberger Bund bereits 1599 sanft entschlafen war. Er schrieb an alle katholischen Reichsstände und benachbarten Bischöfe, die sich fast sämtlich mit dem Gedanken einverstanden erklärten. Einer der wenigen, die noch zögerten, war der Erzbischof von Salzburg. Nun ging Maximilian daran, dessen persönliche Stellung zu unterminieren. Im Juni 1608 erstellten bayrische Räte ein Gutachten, in dem sie auf Wolf Dietrichs »zwielichtigen Lebenswandel« verwiesen, der eine Gefahr für das Erzstift darstelle. Maximilian sandte das Gutachten unter anderem an Kardinal Millino in Rom, aber der Raitenauer erfuhr bald auch davon, und erklärte nun seinerseits, daß »etliche böse und schädliche räte« Schuld an der Spaltung des Reiches trügen.[22] In Sachen der Katholischen Liga erteilte er Bayern am 17. September 1608 die Antwort, daß er mit dem Kurfürsten von Mainz über die Bündnisfrage sprechen und sich dann erst entscheiden wolle.

Mit einiger Verzögerung, am 10. Juli 1609, wurde die Katholische Liga in München begründet und, wie zu erwarten, Maximilian von Bayern zu ihrem Obersten gewählt. Nun bemühten sich außer diesem noch der Papst, die Nuntien und die Mitglieder des neuen Bundes, den Salzburger Fürsten zum Beitritt zu bewegen. Über ihre Mißerfolge zürnten sie so heftig, daß der Verdacht, Wolf Dietrich beabsichtige aus dem Erzstift ein weltliches Fürstentum mit Nachfolgerecht seiner Söhne zu machen, bereits offen ausgesprochen wurde. Sogar die Untertanen erfuhren von dem Gerücht. Es hieß, er sei mit seiner Weigerung, der Liga beizutreten, »pey dem Papst in grossen Verdacht gekommen und luedt im durch diss Mitl grosse Ungunst bey den Catolischen auf den Hals.«[23]

Daß der Salzburger Erzbischof ungeachtet aller Angriffe immer wieder in geheimer Korrespondenz mit dem Kaiser und seinen Räten stand, hatte Maximilian schon auf dem Reichstag von

1603 erfahren. Nun aber gab es auch Gerüchte von engeren Beziehungen zwischen ihm und dem Führer der protestantischen Union, Fürst Christian von Anhalt. Die Anschuldigung, er habe »haimbliche verstand- und verbundnus« mit protestantischen Ständen war um so gefährlicher, als sie auf Wahrheit beruhte, die allerdings verzerrt wurde. Wolf Dietrich plante keineswegs, sich einem protestantischen Bündnis anzuschließen, doch schrieb er anfangs 1610 an Christian von Anhalt, daß er die beiden Bündnisse für geeignet halte, kriegerische Auseinandersetzungen zu provozieren. Daher solle man sich lieber einigen und dem Reich zu einer neuen Ordnung verhelfen.

Es steckte also keine Konspiration hinter dieser Korrespondenz, viel eher handelte es sich um eine Fühlungnahme vernünftiger Gesprächspartner aus verschiedenen Lagern. Die bei Wolf Dietrich ungewohnte Friedliebe war von dem Bemühen getragen, eine bayerische Vormachtstellung innerhalb des katholischen Lagers und des Bayrischen Kreises möglichst zu verhindern. Übrigens befand sich der Raitenauer hier auf einer Linie mit dem Kaiser, der kein Freund von Spezialbündnissen innerhalb des Reichsverbandes war, und seien sie noch so katholisch. Absetzungen und Gegenkaiser hatte es schon mehrmals gegeben. Hegte Maximilian wirklich derartige Ambitionen? Trotz mangelnden Interesses an den Regierungsgeschäften hing auch Rudolf II. an seiner Krone. An Seine Römische Majestät hatte Wolf Dietrich aber gerade damals jenes Anliegen, dessen Erfüllung ihm so viel bedeutete: die Erhebung von Salome und den gemeinsamen Kindern in den Reichsadelsstand.

Aus all diesen Gründen wurden die Abgesandten, welche die Bischöfe von Konstanz und Augsburg der Liga wegen im September 1609 nach Salzburg schickten, ebenso hinhaltend beschieden, wie zwei weitere Gesandtschaften im November desselben Jahres. Je weiter die Zeit fortschritt, desto klarer erkannte der Salzburger Erzbischof: ihm lag nichts daran, einem Bündnis anzugehören, in dem Bayern die erste Geige spielte. Sollte er sich etwa die Hände binden, Beiträge bezahlen und Truppen stellen, die dann dem Befehl seines Rivalen unterstehen würden? Vergeblich schrieb ihm der Kurfürst von Mainz, Bischof Johann

Schweighard, daß durch seinen Beitritt allen Gerüchten über mangelnden Religionseifer die Spitze abgebrochen werden könnte. (Das Problem wurde also bereits offen diskutiert). Am 12. Juli 1610 antwortete Wolf Dietrich mit seiner Lieblingsfloskel:»Gleichwie wir Uns niemals angemasset, einigem Stand des Reiches Mass und Ordnung zu geben, also würde auch nit unbillig Uns und Unserm Erzstift ganz schwer fallen, wenn man Uns wider Unsern Willen diese und dergleichen neue Servituten aufzuladen suchte. Wir sind aus besonders wichtigen und hochbeweglichen Ursachen entschlossen, Unser Stift auch ohne Beystand von Seiten irgend einer Union, aus blosser Gnade und Hülfe Gottes die übrige Zeit Unseres Lebens noch in dem Zustand zu erhalten, in welchem es sich jetzt durch Gottes Segen befindet, und Uns und Unsere Nachkommen weiters nicht zu beschweren, bevoraus und in besonderer Betrachtung, da Wir mit Unseren Landen dermassen gelegen sind, dass sich die oberländischen Stifter im Reich weniger thätlicher Hülfe von Uns zu versehen hätten, und Wir auch nicht gesinnet sind, ihnen zu mehrerem Hoffnung zu machen als Wir wirklich leisten könnten, wie Uns dann auch nicht minder genugsam bewusst, dass es denselben in Ansehung ihrer Ortslage ebenso ungelegen wäre, Uns und Unserm Stifte, wenn Uns einige Noth aufstiesse, beyzuspringen.«[24]
Diese klare und realistisch begründete Absage erboste die Mitglieder der Liga noch weiter. Man erwog, abzuwarten, bis genügend Truppen beisammen wären, um den Beitritt und die Beiträge Salzburgs »auf ein ander gestalt« als durch ersuchung« zu erzwingen. Mit ein paar anderen, ebenfalls unwilligen Städten und Grafen, sowie dem auch noch zögernden Bischof von Eichstätt könnte man dann leicht fertigwerden, indem man Musterplätze oder die gefürchteten Winterquartiere in deren Gebiet verlegte. Hinter dieser massiven Drohung läßt sich Maximilians beharrliche Planung erkennen, aber auch seine Absicht, notfalls Gewalt gegen Salzburg anzuwenden.
Hätte Wolf Dietrich vorsichtiger gehandelt, wenn er die wahre militärische Stärke Bayerns gekannt hätte, die der Herzog so absichtsvoll verbarg? Dem alternden, von Krankheit gezeichne-

ten Erzbischof, der schon von der »übrigen Zeit« seines Lebens sprach, und bereits hauptsächlich an der Sicherstellung seiner Familie interessiert war, stand jetzt ein Mann von konzentrierter Willenskraft und Initiative gegenüber, dem sprunghaften Improvisator ein planender Systematiker, der nichts dem Augenblick überließ, sondern sein Konzept unbeirrbar verfolgte. Hier divergierten nicht nur Alter und Charaktere, sondern auch Herkunft, Erziehung, religiöse Strenge, Moralauffassung und Ehrenkodex. Die beiden hätten einander selbst bei bestem Willen kein Verständnis entgegenbringen können.

Der ehrgeizige Älteste eines braven Reiterobristen bekam eben anderes mit auf den Lebensweg als der Erstgeborene eines etablierten Fürstenhauses. Ein weiteres Kriterium bestand darin, daß Maximilian einen festen Halt an seiner Familie besaß, während der Raitenauer seine Brüder in jeder Hinsicht stützen mußte und sein Privatleben von allen Seiten angefeindet wußte. Daher suchte er auch die Seinen immer besser, immer unumstößlicher abzusichern. Die Verleihung des niederen Adels an Salome durch ihn selbst und des Reichsadels durch den Kaiser im August 1609 genügte ihm immer noch nicht. Auch Steuerfreiheit und Asylrecht sollten »seinem Blut« zukommen. Also erhob er unter Berufung auf das kaiserliche Diplom das trotzige Schloß Altenau am 24. Mai 1610 zu einem Adelssitz mit Landsassenfreiheit des Erzstiftes Salzburg. Frau Salome Alt von Altenau und ihre Kinder werden als Besitzer dieses Stammhauses »im Burgfried der Hauptstadt Salzburg vor dem Bergstrasstor mit den dazu erkauften Untertanen ... von allen gemeinen Bürden befreit, auch unser adelichen Landschaft allerdings incorporiert und ... von allen bürgerlichen Anlagen eximiert und die städtische Obrigkeit Übeltäter darin nicht greifen, sondern nur ausser des Thors und der Dachtraufe zu empfangen schuldig sei.«[25]

Obwohl zunehmende äußere Anzeichen dafür sprachen, daß sich das Kräfteverhältnis der beiden Länder bereits wesentlich verlagert hatte, konnte oder wollte Wolf Dietrich sich nicht von dem Bild des finanziell und militärisch schwachen Bayern trennen, wie es unter Wilhelm dem Frommen bestanden hatte. Aber Maximilian hatte seinen eisernen Willen und seine zähe Sparsamkeit schon allen Bewohnern des Herzogtums aufgezwungen. Seine spartanischen Kleidervorschriften erinnern geradezu an jene Calvins in Genf. Den Bauern wurden seidene Hosenbänder und karmesingefärbte Tücher verboten, weil die Farbe daran zu teuer kam, ihren Weibern Filzhüte, feine Leinwand, mit Stepperei verzierte Schuhe, gestickte Strümpfe und alles, was von Gold oder Silber war. Den Trauring durften sie gerade behalten, aber selbst am Brautkranz mußte gespart werden. Einfache Bürger und ihre Frauen durften keine Seide, keinen Samt und keinerlei Schmuck tragen, nicht einmal silberne Nadelbüchsen oder »die so vielen überflüssigen silbernen Knöpfe«. Bis zum Bortenbesatz, der »nicht über eines schmalen Fingers breit seyn« durfte, zum Preis eines Hutes, der einen Gulden nicht übersteigen sollte, und zur Verwendung von Spitzenkragen reichte Maximilians »Generalverordnung.« Etwas besser durften sich die Töchter der »herrendiener« kleiden, auch Schmuck um höchstens sechs Gulden tragen. Adel und Ritterschaft, denen der Herzog die Hofräte und Universitätsprofessoren gleichstellte, sollten »den anderen Untertanen billig vorleuchten«, mußten ausländische Trachten ablegen und auf köstliche Verbrämungen, Schmuck und »geschmelzte goldene Rosen von Pariser Arbeit mit dicker Lasur« verzichten.

Damit nicht genug, guckte der Landesherr seinen Untertanen auch in die Kochtöpfe und zwang sie, nicht nur die eigenen Gürtel enger zu schnallen, sondern auch etwaige Bewirtung karg zu halten. Zu Hochzeiten durften nur 50 Gäste eingeladen werden, die Mahlzeit sollte höchstens fünf Gänge haben, und der Genuß teurer Fische und Krebse war den Bauern gänzlich verboten. Gastmähler aus Anlaß von Taufen oder Begräbnissen schaffte der Herzog einfach ab. Sogar in den Nachtisch der Bayern steckte er seine Nase: nur Obst, Nüsse, Käse, Lebzelten oder Kuchen waren gestattet. In den Wirtshäusern durfte eine Fleischmahlzeit höchstens sechzehn, ein Fischmenü zwanzig Kreuzer kosten, und das Lagergeld für arme Reisende sollte einen Kreuzer betragen. Im Spiel durfte niemand mehr als fünfzehn Kreuzer verlieren, für Jugendliche war das Spielen überhaupt verboten. Wer sich betrank, wurde eingelocht, bis er wieder nüchtern war. Und überhaupt sollte nicht viel Zeit mit Festlichkeiten verbracht werden, sondern jeder sich schleunigst wieder an seine Arbeit machen.

Seiner streng religiösen Erziehung gemäß legte Maximilian beinahe ebenso viel Wert auf die Moral seiner Untertanen wie auf deren Arbeit und Sparsamkeit. In einem weiteren Abschnitt des Generalmandats wurden »das hochsträfliche Laster des Ehebruchs«, das »hochverbotene Laster der Leichtfertigkeit und unehelichen Schwängerung«, und sogar der beliebte alpenländische Brauch, »das nächtliche Fenstern, wie man es insgemein zu nennen pflegt«, mit hohen Strafen bedroht. Wer zum dritten Mal Ehebruch beging, sollte mit dem Schwert hingerichtet werden. Frauen, ob edel oder unedel, schon beim zweiten Mal. (Vordem konnten sie von ihren Ehemännern, die sie ertappten, auf Lebenszeit eingemauert werden.)

Auch die üblen Elemente, welche sich in die Reihen der Geistlichen geschlichen hatten, um deren Vorteile zu genießen, Raufbolde, Spieler, Gotteslästerer, Ehebrecher und Trinker suchte Maximilian zu verfolgen, doch da warnten ihn seine Hofräte: der hohe Klerus und der Papst könnten solche Eingriffe in ihre Gerichtsbarkeit übelnehmen.

Jene Mittel, die seine Untertanen erarbeiten und an der Kleidung wie am Mund absparen mußten, verwendete der Herzog zum großen Teil für die Aufstellung seines Landheeres, das er 1607 gleichsam probeweise gegen die in die Reichsacht verfallene Stadt Donauwörth einsetzte und weiterhin für Aktionen der katholischen Liga bereithielt. Dennoch blieb ihm genug übrig, um die Staatskasse wieder zu füllen. In diese gewährte er niemandem Einblick, sondern verschleierte auch hier die wahre Lage nach Kräften. Sein Biograph, P. Ph. Wolf: »Oft klagte er über Unvermögen, während er Millionen verborgen im Schatze hatte.«

Die Probleme, welche sich aus den Beziehungen zum benachbarten Erzstift ergaben, harrten allerdings noch ihrer Lösung. Weder war dessen Herrscher dazu zu bewegen, der Katholischen Liga beizutreten, noch konnte bisher die Salzfrage in zufriedenstellender Weise gelöst werden. Das »weiße Gold« sollte sich wieder in gelbes Metall verwandeln, statt höchst überflüssigerweise Strafgelder für unterlassene Hallfahrten zu kosten. Dem standen die unbequemen Salzverträge entgegen. Maximilian wartete nur auf eine günstige Gelegenheit, sie zu Fall zu bringen. Daß er zu warten verstand, hatte er bereits bewiesen.

12. Kapitel

Das letzte Kapitel

Die offenen Feindseligkeiten wurden durch ein Privilegium zur Einhebung verdoppelter Mauten und Zölle ausgelöst, welches sich Herzog Maximilian im Jahre 1609 auf nicht gerade vornehme, aber durchaus übliche Weise verschafft hatte: insgesamt 2200 Taler und Dukaten sollen in den Taschen von sieben kaiserlichen Räten verschwunden sein, bevor das Dekret an Bayern erging.

Die Halleiner Salzfertiger waren sehr überrascht, als man ihnen bei der nächsten Lieferung im Jahre 1610 in Schärding und Braunau an der bayrischen Grenze doppelte Einfuhrzölle abverlangte. Wolf Dietrich stellte sich sogleich hinter seine Fergen. Schriftlich und durch Gesandtschaften argumentierte er rechtskundig, daß das Salz ja schon ab der Übernahme in Hallein bayrisches Eigentum wäre, der Herzog also seine eigene Ware besteuern wolle. Die Fertiger seien, wie ihre Berufsbezeichnung besage, reine Lohnarbeiter. Die Gefahr während des Transportes trügen sie nur auf Grund eines besonderen Abkommens, das überflüssig wäre, wenn ihnen das Salz während der Verschiffung noch gehörte. Hätte man ihnen den erhöhten Zoll nicht erst an der bayrischen Grenze vorgeschrieben, dann hätten sie das Salz in Hallein gar nicht erst übernommen.

Aber, so lenkte er ein, vermutlich seien diese Maßnahmen nur »Attentate von Euer Liebden Offizieren, welche die Verträge nicht genügend kennen.« Seine Liebden möge geruhen, dies abzustellen und wenigstens die Verträge während der kurzen Zeit des Salzausganges in diesem Jahr noch einhalten.[1]

Wie vor ihm sein Vater tat Maximilian selten etwas, ohne vorher die Hofräte zu befragen. Auch diesmal legte er ihnen die Protestschreiben des Erzbischofs vom November und Dezember 1610 zur Begutachtung vor. Zum Rechtsstandpunkt fanden die Herren keine Gegenargumente, also erklärten sie ihrem Fürsten nur das, was er hören wollte: die Argumente Salzburgs seien nicht fundiert. Punktum. Außerdem könne der Erzbischof das Halleiner Salz weder zu Wasser noch zu Lande ausführen, ohne bayerisches Gebiet zu berühren. Er werde daher klein beigeben müssen. Andernfalls werde er selbst dem Herzog »Mittel und Wege an die Hand geben, die S. Durchlaucht zu ihrer Absicht, des Vertrages von 1594 los zu werden, nicht undienlich, ihm aber wenig ersprießlich sein werden.«[2]

Maximilian hatte den Beratern offenbar seine Absicht nicht verborgen, auf irgend eine Weise aus den Salzverträgen von 1594 und 1602 auszusteigen. Dem Partner gegenüber zeigte er sich weniger offenherzig, vermerkte vielmehr eigenhändig auf dem Kommissionsgutachten, daß er noch zögere, sich zu deklarieren, »damit der Erzbischof Unserer eigentlichen Gemütserklärung so zeitlich nicht erinnert werde«.

Das Schicksalsjahr 1611 brach an. Jetzt war es der Raitenauer, welcher nach einer Kompromißformel suchte, da die nächste Liefersaison vor der Türe stand. Er schlug vor, das Salz in Hallein direkt an bayrische Fertiger zu übergeben und monatlich bar abzurechnen. Maximilian, der ja einen Bruch provozieren wollte, zeigte sich nicht interessiert. Briefe gingen hin und her. In einem Schreiben vom 11. März 1611 erklärte der Bayer ziemlich schroff, er denke nicht daran, auf das Privileg der doppelten Mauten, das ihm der Kaiser mit gutem Grund gegeben habe, zu verzichten. Eine Verrechnungskommission, welche im März 1611 zusammentrat, mußte unverrichteter Dinge auseinandergehen, da beide Teile von ihren Herren angewiesen waren, unnachgiebig zu bleiben. Am 23. April, dem St. Georgstag, sollte die Lieferung wieder anlaufen. Keine Einigung stand in Sicht. Also instruierte Wolf Dietrich seine Räte folgendermaßen: Er erkenne jetzt klar, daß die bayrischen Absichten nur darauf ausgehen, wie man die geltenden Verträge »gleichsam zu Wasser machen möge.« Er sei nicht gesinnt, irgend jemanden wider dessen Willen mit seinem Kammergute zu beschweren und stelle es dem Herzog frei, dasselbe künftig anzunehmen oder nicht. Aber auch er behalte sich freie Hand vor und sei nicht willens, sich weiterhin zu den Verträgen zu bekennen. Nachdem jedoch »Bayern zu seinem Handel Salz eben nicht im Überfluß zu Gebote steht«, wäre er bereit, dem Herzog in diesem Jahr noch die gewünschte Menge abzulassen, aus Nachbarschaft und Gutwilligkeit, jedoch gegen monatliche Bezahlung. »Wenn aber dem Herzog das Halleinische Salz für die Zukunft gefällig seyn möchte, so werde er sich darum zu rechter Zeit bey dem Erzbischofe in Salzburg anzumelden und ferner zu vergleichen wissen.«[3] Genau das hatte Maximilian angestrebt: nicht er war es, der die bestehenden Verträge brach, sondern der Raitenauer. Sofort erklärte er, diese »Nichtigerklärung« der Vereinbarungen anzunehmen. Nicht oft, nicht deutlich genug kann er es sagen: die Verträge von 1594 und 1602 sind damit »ganz und gar aufgehoben, kassiert und vernichtet.«[4]

Was sich hier abspielte, war ein Salzpoker. Jeder der beiden Spieler bluffte, erwartete, der andere werde darauf hereinfallen und er selbst den Gewinn einstreichen. Wolf Dietrich tat, als wüßte er schon ganz genau, wohin und auf welchem Wege er das Salz absetzen könnte, das Bayern vielleicht doch nicht mehr nahm. Maximilian, der sich genauso hart gab, hatte letztlich keineswegs die Absicht, den Salzhandel mit dem Erzstift abzubrechen. Er wollte ihn nur ertragreicher gestalten und zu diesem Zweck sogar ausbauen, weil sein eigenes Salz, außer daß es in ungenügender Menge anfiel, auch Schwierigkeiten bei der Gewinnung bot. Der Holzmangel in Bayern war bereits so drückend geworden, daß nicht mehr alle anfallende Sole versotten werden konnte. Viel davon floß ungenützt ab. Maximilian sah sich gezwungen, die Ausfuhr von Holz und Flößen streng zu untersagen, ja sogar den Bauern den Gebrauch ihrer eigenen Badestuben wegen Holzverschwendung zu verbieten. Er benötigte das Holz nicht nur für die Salzgewinnung, sondern auch für den Bergbau, aus dem er sich weitere Gewinne erhoffte. Jedem, der es versuchen wollte, wurden Freischürfrechte zugesagt, alte Bergwerke wurden wieder in Betrieb genommen und neuen Schürfern von jedem Lot Silber, das sie gewannen, drei Gulden zugesagt. Dazu aber mußte genügend Stockholz zur Verfügung stehen.

Der Bayernherzog hatte damit gerechnet, daß Wolf Dietrich schnell nachgeben würde. Als das nicht geschah, stand er bald ohne Handelsware da. Das Reichenhaller Salz wurde im Land selbst verbraucht. Nur einen kleinen Teil davon konnte er nach Schwaben und in die Schweiz liefern. Der Erzbischof wiederum hatte bisher rund 200 000 Gulden jährlich für die Salzlieferungen an Bayern erlöst. Trotz verminderter Abnahme hatte sich der Betrag durch die Preissteigerungen etwa auf dieser Höhe gehalten. Auch die Inflation spielte dabei eine Rolle, denn der Reichstaler galt bereits elf Gulden. Wolf Dietrich mußte sich so schnell wie möglich um andere Kunden umsehen. Das tat er auch. Schon war er mit dem Bau einer neuen Straße beschäftigt, die den bayrischen Weg vermeiden und über St. Wolfgang, also oberösterreichisches Gebiet, führen sollte. Das Recht dazu durfte er aus dem Vertrag mit den Habsburger Salinen von 1600 ableiten. Auf diesem Weg konnte er nicht nur Salz direkt nach Böhmen liefern, sondern auch Getreide, Wein und andere Güter ins Erzstift schaffen. Die Straße war sehr bald fertig und benützbar. Auch wurde jetzt in Fässer verpacktes Salz durch Saumpferde über die Gebirgspässe nach Tirol befördert. Infolgedessen stieg der Salzpreis in Bayern rapid an. Für das Herzogtum bestand die Gefahr, alle bisherigen Abnehmer zu verlieren und die Salzeinkünfte gänzlich schwinden zu sehen.

Zu gleicher Zeit mit dem wirtschaftlichen Kräftemessen ging ein ebensolches auf politischer Ebene vor sich. Zunächst hatte es den Anschein, als habe Wolf Dietrich bezüglich der Katholischen Liga klug gehandelt. Sowohl das protestantische wie auch das katholische Bündnis kämpfte mit innerer Uneinigkeit und Geldnot. Ob Bischof, Prälat, Ritter, Fürst oder Stadt, sie alle konnten oder wollten nicht zahlen. Es kam so weit, daß die Liga beschloß, ihre Bundestruppen abzudanken. Nur Maximilian hielt den Verein noch mühselig zusammen. Aber auch das Haupt der Protestanten, Fürst Christian von Anhalt, mußte am 24. November 1610 den Städten, Märkten, Bürgern und Bauern seines Landes befehlen, ihm gegen den erhöhten Zinssatz von sechs Prozent Darlehen zu geben. Der finanzielle Druck stimmte die Herren hüben und drüben nachgiebiger. Und so schlossen Union und Liga einen Vergleich, der am 29. November in Augsburg ratifiziert wurde. Salzburg war mangels Mitgliedschaft bei dieser Versammlung nicht vertreten.

Maximilian war es dennoch gelungen, die Truppen der Liga aufrechtzuerhalten. Diese verschlangen laufend Geld, und so drängte er als ihr Oberster darauf, daß die Bundesmitglieder ihre rückständigen Beiträge bezahlten. Erstmals wollte er auch den Klerus schröpfen. Schließlich vertrete man dessen ureigenste Sache, argumentierte der Bayer, und schlug vor, daß Welt- wie Ordensgeistliche ein Fünftel ihres Einkommens beitragen sollten. Er stieß bei den steuerungewohnten Herren auf heftigen Widerstand. Neben einigen Städten und Märkten sowie dem Bischof von Eichstätt blieb als wichtigster Abseitsstehender und Nichtzahler weiterhin der Fürst von Salzburg, der sich darauf berief, daß der Kaiser dieses unwillkommene Bündnis überhaupt noch nicht genehmigt habe. Trotzdem fand vom 18.–30. April 1611, also gleichzeitig mit dem Abbruch der Salzverträge, ein Bundestag der Liga in Würzburg statt, dessen Hauptthema wieder die Geldbeschaffung bildete. Angesichts dieses Konflikts weigerte sich Wolf Dietrich auch, den bayrischen Kreistag, welchen Maximilian ebenfalls für April 1611 einberief, zu beschicken. Die Gelegenheit der Divergenzen benützte er gleich noch dazu, auch dort seine Beitragszahlung einzustellen.

So unruhig waren die Zeiten, Sinne und Gemüter so beschäftigt mit Hader und Machtgier, daß ein Ereignis ohne viel Aufhebens vorbeiging, das als letztes in Wolf Dietrichs Leben wahrhaft festesfrohe Stimmung hätte hervorrufen können. Offenbar war der Erzbischof nicht einmal selbst anwesend, als am 18. April 1611 der Weihbischof Claudius von Pola zwei Grundsteine für den neuen Dom aus weißem und rotem Marmor in die Erde segnete.

Daß Maximilian die Truppen der Katholischen Liga auch weiterhin zu halten vermochte, verschaffte ihm eine breitere militärische Basis und erfüllte den Raitenauer mit verstärktem Argwohn. Die Möglichkeit eines Gegengewichtes glaubte er in dem »Passauer Kriegsvolk« zu sehen. Diese Söldnerschar hatte der Erzherzog und Bischof von Passau, Leopold von Habsburg, mit kaiserlichem Patent anwerben und in seinem Bistum lagern lassen. Offiziell sollten die Knechte Leopold zur Eroberung von Jülich und Cleve dienen, dahinter stand jedoch der schwelende

Streit zwischen dem Kaiser und seinem Bruder Matthias, dem Rudolf die Thronfolge noch immer verwehren wollte. Nachdem aber die finanziellen Mittel Seiner Majestät genauso erschöpft waren wie die der Fürsten seines Reiches, und seine Beamten oft lange auf ihren Lohn warten mußten, bekamen auch die Passauer Landsknechte bald keinen Sold mehr. Also plünderten sie zunächst einmal die umliegenden Gebiete leer und bedrohten anschließend die Nachbarländer.

Auf einmal zeigte sich der Erzbischof erstaunlich freigebig. Obwohl er selbst Söldner geworben und die Salzburger Landwehr aufgeboten hatte, um die eigenen Grenzen gegen das wüste Kriegsvolk abzuschirmen, bot er jetzt Leopold bare 24 000 Gulden an, um »die Passauer«, wie man sie bald kurz nannte, zu befriedigen. Angesichts solcher Großzügigkeit tat der Erzherzog seinen Groll wegen des »Ewigen Statuts« beiseite und hielt sich auf der Reise nach und von Graz im Spätsommer und Herbst 1610 kurz in Salzburg auf. Einmal begleitete ihn dabei auch der Anführer der Passauer, ein gewisser Rameus. In den Fragen des Salzes wie des Passauer Kriegsvolkes lagen die Interessen des Erzbischofs und der Habsburger wieder einmal auf der gleichen Linie. Der Salzburger Hofrat Sunzinger bekam, als er am 24. Oktober nach Passau reiste, neben der Hälfte des versprochenen Geldes eine Instruktion mit, wonach er anregen sollte, das »Passauer Volk« weiterhin nicht abzudanken, »damit dem Adler die Nägel nicht zu kurz geschnitten würden.«

Die Landsknechte hingegen kümmerten sich herzlich wenig um etwaige Abmachungen ihrer Obersten, sondern fuhren fort, plündernd umherzuziehen. Dieser Haufen erwies sich als ein rechter Zauberlehrling. Seine Hauptleute erklärten prahlerisch, sie würden, nachdem sie das Bistum Passau ausgefressen hätten, »nun ihren Kopf nach Salzburg kehren und dasselbig auch gleichermaßen helfen ausfressen, verzören und verderben.«

Wolf Dietrichs Maßnahmen gegen die Passauer wirkten planlos und unsicher. Hin und her mußten jeweils ein paar hundert Mann seiner eigenen Landstruppen ziehen, von der oberösterreichischen an die bayrische, dann wieder steirische Grenze, neuerdings gegen Oberösterreich und wieder gegen Bayern zu. Es entsteht der Eindruck, als wüßte er nicht mehr, wen er am meisten fürchten sollte. Mitte Mai veranstaltete er eine allgemeine Musterung, setzte Hauptleute ein, ließ Lager errichten und befestigte die Grenzen gegen Bayern – angeblich von neuem aus Furcht vor den Passauer Knechten. Aber gleichzeitig ließ er Offiziere von ihnen abwerben und »... bis in die achtzig als Rittmeister, Haubtleut ... Helleparten geben, die haben wie die Trabanten auf ir fürstliche Gnaden Leib warthen muessen; solche Befelchshaber hat man von Stunt an etliche darvon under das Kriegsvolk ausgetailt.«[5]

Der bayrische Salzhandel führte zu dieser Zeit mangels Lieferungen aus Salzburg nur mehr ein Schattendasein. Jetzt riet selbst die bayrische Hofratskommission ihrem Herrn zu einem Vergleich. Im Widerspruch zu ihrer früher so selbstsicher geäußerten Meinung, der Erzbischof werde klein beigeben müssen, schrieben die Räte nun in einem Gutachten vom 30. Juni 1611 von »entstandenen Irrungen zwischen zweyen der fast vornehmsten Reichsstände.« Es wäre doch »der Sache am fürständigsten ... wenn dieses Unwesens halber mit Salzburg ein billiger und gleichmäßiger neuer Vergleich geschlossen werden könnte.« Salzburg wäre dazu vielleicht nicht ungeneigt, und seine Durchlaucht müsse den Vergleich ja nicht selbst anregen, sondern könnte ihn durch Mittelspersonen »und gar nicht als käme er von Ew. Durchlaucht selbst« vorbereiten lassen. Wäre es nicht am besten, einen Vermittler offiziell nach Graz oder St. Wolfgang auf die Reise zu schicken, »mit welchem am Durchreisen etwa Se. hochfürstliche Gnaden zu diskuriren Ursache suchen und unter anderem auch dieses Wesen auf die Bahn gebracht werden möchte?«

Der mit diesem Vorschlag eine so genaue Kenntnis der subtilen Ehrbegriffe seines Herrn verriet, war der von Maximilian hochgeschätzte Landschaftskanzler Hörwarth, von welchem ein Amtskollege sagte, daß er »weder Hände noch Füße, aber umso besser die Zunge rühren kann.«

Als der Pfalzgraf von Neuenburg von dieser Sinneswandlung erfuhr, bot er sich sofort als Unterhändler an. Mittelbar war auch er von dem Streit betroffen, da die bayrischen Salzlieferungen an

322

ihn ausblieben. Aber Maximilian winkte ab. Er zog fremde katholische Vermittler vor. Nacheinander versuchte er, den päpstlichen Nuntius und den spanischen Gesandten am Kaiserhof, Balthasar de Zuniga, sowie den als eine Art Winkeldiplomaten bekannten, schlauen Kapuzinermönch Lorenzo da Brindisi einzuschalten.

Wolf Dietrich hörte über Prag von diesen Plänen und ließ sogleich durch seinen obersten Kämmerer Anton von Lodron erklären, daß er nicht gewillt sei, »weltliche Reichssachen Ausländern an die Hand zu geben.« Vergleichsverhandlungen seien ihm zwar gar nicht zuwider, doch müßten sie von »tauglichen und qualifizierten Personen teutscher Nation mit genugsamer Gewalt (Vollmacht) geführt werden.«[6]

Noch stand die Möglichkeit eines abermaligen Vergleichs offen, doch zeichneten sich die Fronten für den Ernstfall schon deutlich ab. Das jetzt militärisch wie finanziell straff durchorganisierte Bayern wußte notfalls hinter sich die katholische Liga, die ihm aber gegen einen Kirchenfürsten nur beistehen durfte, wenn dieser als verbrecherisch oder abtrünnig gebrandmarkt war. Wolf Dietrich dagegen konnte sich höchstens auf den ebenso morosen wie weltfremden Kaiser stützen. Seine einzige Rückendeckung bestand in einem verwahrlosten und gierigen Kriegshaufen, vor dem er offenbar nur mit Mühe sein eigenes Land zu schützen vermochte. Dazu kam das Ansehen, welches Maximilian in Rom genoß, während sich der Salzburger Erzbischof durch seine hochgespielten Beziehungen zu protestantischen Fürsten, sein Privatleben und seine Abneigung gegen militante Stellungnahme für den Katholizismus unbeliebt und verdächtig gemacht hatte. Der Briefwechsel mit dem Fürsten Christian von Anhalt war zwar streng vertraulich durch Wolf Dietrichs Kanzler Dr. Johann Kurz geführt worden, aber Geheimhaltung war eine problematische Sache, und die Besuche des Anhalter Abgesandten Dr. Theophilus Richius in Salzburg konnten schon gar nicht verborgen bleiben. Dieser war im Frühjahr 1609 gekommen, um wegen direkter Salzlieferungen zu verhandeln und ganz nebenbei das Terrain zu sondieren. Der Erzbischof gewährte ihm mehrere Audienzen; er sprach sich gut mit dem klugen Mann und ein angeregter Briefwechsel mit dessen Fürsten folgte. Dabei konnte die Erörterung der Religionsfrage nicht völlig ausgeklammert bleiben. Wolf Dietrich bekannte sich offen zu seiner Ablehnung aller Dispute und theologischen Streitschriften, von welcher Seite auch immer sie kämen, und vertrat damit einen unzeitgemäßen und für ihn selbst gefährlichen Freigeist. Richius berichtete seinem Herrn, der Erzbischof habe geäußert, »wir hetten auch alle einen Gott und ein einigen Christentum, uf welchen wir alle das Fundament setzten. Bei den Juden wären Pharisäer, Saduccäer, Esseer und andere Secten mehr gewesen, doch unter einer Synagoga und Tempel unter dem Volk Gottes ohne Zank aufgehalten. Religionem nolle cogi.« (Vom Bekenntnis wolle er nichts wissen.)[7]

Ermutigt schickte die Protestantische Union von ihrem Bundestag in Rothenburg ob der Tauber eine eigene Gesandtschaft an den Erzbischof, offiziell wieder der Salzlieferungen halber, doch wurde schon gemunkelt, die »Sectischen« wollten nur den Streit zwischen den beiden wichtigsten katholischen Ländern »im Feuer erhalten.« Dolchstöße von hinten waren in vollem Gang. Wenn Wolf Dietrich das Gerücht nährte, Maximilian strebe nach der Kaiserkrone, so revanchierte sich dieser mit Hinweisen auf des Erzbischofs religiöse Lauheit und möglichen Abfall, verbunden mit Säkularisierungsabsichten für das Erzstift.

Eines Nachts im Juli 1611 besetzte der Raitenauer ganz plötzlich mit ein paar hundert Soldaten die Straße von Schellenberg nach Hallein und schnitt mit weiteren Sperren Berchtesgaden gänzlich von seinen Ausfuhrwegen ab. Sofort begann der Bayernherzog mit dem Bau einer neuen Straße, die unter Vermeidung von Salzburger Gebiet direkt nach Böhmen führen sollte. Angeblich ließ er 1000 Mann daran arbeiten, jedenfalls wurde sie in sechs Wochen fertiggestellt. Noch wagte er nicht, Gewalt anzuwenden, denn die öffentliche Meinung bezichtigte ihn des Bruches der Salzverträge und schob ihm die Schuld an der Knappheit in den umliegenden Ländern zu. Er trachtete, seine Ehre wieder herzustellen, indem er sorgfältig ausgearbeitete Gutachten an alle Potentaten weit und breit versandte. Außerdem suchte er die Habsburger zu veranlassen, daß auch sie ihre Grenzen gegen Salzburg sperrten. Aber in Prag und Graz winkte man ab. Für Böhmen war die jetzige Situation lukrativer als die frühere und der Grazer Erzherzog Ferdinand, Maximilians Vetter, entschuldigte sich damit, daß der größte Teil seiner Untertanen auf den Handel mit Salzburg angewiesen sei.»Sie sind ohnehin schwierig genug«, beklagte er sich.»Es ist Unnoth, sie noch schwieriger zu machen.«

Im August 1611 schickte Maximilian – es muß seine Räte viel vorsichtiges Zureden gekostet haben – seine höchsten Beamten, den Generalleutnant Johann Tscherclass von Tilly und den Vizepräsidenten des Hofrats Alexander von Haslang, auf außertourliche Inspektion nach Berchtesgaden. Die beiden sollten Gelegenheit suchen, mit salzburgischen Räten Kontakt aufzunehmen, doch, wie ihre Instruktion lautete,»es solle den Schein nicht haben, als hätten wir den Salzburgern nachgeschickt oder zuerst den Akkord gesucht.«[8]

Ebenso »zufällig« begaben sich aus Salzburg der Oberst Ehrgott und der Kämmerer Levin de Mortaigne auf Besuch in das Stift, das jeder gerne unter seine Herrschaft gebracht hätte. In dem kleinen Berchtesgaden konnte und wollte man aneinander nicht vorbeisehen. Ganz von ungefähr kam die Rede auf das Salz. Die Bayern wünschten Salzburgs Stellungnahme schwarz auf weiß zu haben. Also gab man in Salzburg am 24. August eine nichtssagende Erklärung zu Papier: der Erzbischof sei nicht gesinnt, seiner fürstlichen Durchlaucht auf bayrischem Grund und Boden Maß und Ordnung zu geben, sehe sich aber durch das bisher Vorgefallene gezwungen, seine Rechte und Gerechtigkeiten in gebührliche Obacht zu nehmen.

Genauso einfallslos antworteten Tilly und Haslang am 31. August, es sei nur recht und billig, daß man seiner hochfürstlichen Gnaden auf ihrem Grund nicht Maß und Ordnung gebe, man würde auch anderes nicht gestatten. Auch seine fürstliche Durchlaucht wolle ihrerseits nur »Ihre Interessen gegen Gewaltthathandlungen, unter welchem gesuchten Defensionsscheine dies immer geschehen möchte, schützen und handhaben.«

Es kam also zu keiner Annäherung »und gyenge den ganzen Sommer von Hallein khain äuniges Schiff Salz in Bayrn.«

Da begann der Raitenauer überflüssigerweise – denn er befand sich ohnehin in der vorteilhafteren Lage und verkaufte jetzt sein Salz im Detailhandel zu Höchstpreisen[9] –, Attacken zu reiten. Am 14. September schrieb er nach Bayern, daß die Anlage einer zweiten Pfanne und der neuen Straße von Berchtesgaden eine Rechtsverletzung sei. Überhaupt gestehe er dem Herzog gar kein Anrecht auf das Berchtesgadener Salz zu. Am 2. Oktober gebot er seinen Forstleuten, »daß man kain ainigen Drilling Holz mehr auf Reichenhall zuekumen lass bei Leibstraff.« Dann schaffte er die Salzausfertiger ab und befahl den salzburgischen Untertanen in Bayern und den bayrischen Untertanen in Salzburg, vorläufig alle Salzgeschäfte zu unterlassen. Schließlich überrannte er in der Nacht vom 7. auf den 8. Oktober mit einigen hundert Mann unter Oberst Ehrgott »ganz still ohne Drumbel und Pfeifen« das umstrittene Stift Berchtesgaden. Alle Ausgänge wurden besetzt, die Brücken abgebrochen, Wege und Stege zerstört und den Berchtesgadenern die Waffen gewaltsam abgenommen. Es war der Anfang von Wolf Dietrichs Untergang.

Im Lauf der nun folgenden Ereignisse tritt immer klarer hervor, daß der Erzbischof des Jahres 1611 nur mehr ein Schatten jenes Mannes war, der vor 24 Jahren die Regierung des Erzstiftes angetreten und dieses zu vorher nie erfahrenem politischem Ansehen geführt hatte. Zweifellos hatte der Schlaganfall des Winters 1604/5 mit seiner vorübergehenden Lähmung körperliche und psychische Spuren hinterlassen. Auch andere Leiden, wie Krampfadern in den Beinen, plagten ihn. Immer schon sprunghaft, war der alternde Fürst noch labiler und unberechenbarer geworden. Sein Eigenwille hatte sich zu blindem Starrsinn gesteigert, den Zaghaftigkeit ablöste. Im Versuch, seine Schwäche zu überspielen, rannte er ins Unglück, ohne die Folgen seines unüberlegten Trotzes und seiner oftmals beleidigenden Heftigkeit im mindesten zu bedenken.

Zwei Tage nach der Besetzung von Berchtesgaden schlug er dem Bayernherzog schriftlich vor, ein unparteiisches Schiedsgericht zusammentreten und einen Vergleich ausarbeiten zu lassen. Die Schlußworte klingen allerdings wenig nach Vergleichsbereitschaft: Sollte dieser Vorschlag dem Herzog nicht gefällig sein, so würde jedermann daraus ersehen können, »auf wem die Weiterungen beruhen.« Er würde sich dann zur Verteidigung seiner Rechte »bis auf den äußersten Blutstropfen obligiert befinden.«[10] Maximilian antwortete noch am gleichen Tag. Er lehnte die Schiedsrichter ab. Gleichzeitig zog er in größter Eile 10 000 Mann an der Salzburgischen Grenze, bei Burghausen am Inn, zusammen. Endlich hatte ihm der Erzbischof die moralische Rückendeckung dazu verschafft. Darauf legte er besonderen Wert: Nun würde niemand mehr sagen können, daß Bayern Verträge gebrochen und angegriffen habe. Seiner verbesserten Position gewiß, schickte er sofort den Grafen Preysing als Berichterstatter an den Kaiserhof nach Prag.

Schon einige Zeit vorher hatte der Herzog direkte Verbindung mit dem Salzburger Domkapitel aufgenommen. Ein Keil zwischen dem Erzbischof und den ohnedies unzufriedenen Domherren konnte ihm nur von Nutzen sein, ja vielleicht vermochte er die Person des Raitenauers auf diese Weise überhaupt auszuschalten. Bereits am 4. Oktober 1611 – also noch bevor Wolf Dietrich Berchtesgaden besetzte – hatte Maximilian einen Brief an die Herren gerichtet, in welchem von dem »armen Erzstifte« und dessen »unschuldigen armen Untertanen« die Rede ist. Er erinnerte die Domherren daran, daß die letzten Maßnahmen des Erzbischofs ohne Mitfertigung des Kapitels getroffen worden seien, »auf dass Ir selbst eures Interesses wahrnehmen werdet«. Ein weiterer Brief Maximilians vom 15. Oktober wurde bereits auf verschwörerische Art befördert: der bayrische Kurier trug ihn in sein Gewand eingenäht und übergab ihn persönlich dem Dompropst Anton von Lodron.

Von diesen Vorkommnissen erfuhr das Volk so gut wie nichts. Auch der Chronist Steinhauser hatte keine Ahnung, was sich in Residenz und Kapitelshaus abspielte. Daß irgend etwas vorging, fühlten zwar die meisten, aber sie wußten auch, daß sie keinen Einfluß auf den Gang der Ereignisse nehmen konnten. Steinhauser tut Gerüchte und Vermutungen daher mit der bündigen Bemerkung ab, es seien »dergleichen Sachen uns in der Gemein verborgen und ganz unnot zu wissen.«

Der »Kurtzen und summarischen Verzaichnung ...«[11] zufolge

Am 19. Oktober 1611 schickt Wolf Dietrich der Delegation von
Domherren, welche mit Herzog Maximilian von Bayern verhandelt, die Kopie eines Briefes von Erzherzog Ferdinand nach.
Dieser hat sich erbötig gemacht, in dem bewaffneten Konflikt
zu vermitteln.

328

Mit Schreiben vom gleichen Tag (19. Oktober 1611) drängt Maximilian von Bayern das Domkapitel zur Stellungnahme gegen Wolf Dietrich.

versammelte der Dompropst nach Erhalt von Maximilians Brief schleunigst seine Mitkapitularen und teilte ihnen den Inhalt mit: Der Herzog sehe sich gezwungen, den Erzbischof mit Waffengewalt zu überziehen, da er dem Erzstift Unheil und Verderben, dem Hause Bayern aber großen Schimpf und Spott aufdränge. Maximilian hoffe, daß sich das Kapitel »des Erzbischoffen unfug nitt thailhaftig machen«, sondern der gerechten Sache Beistand leisten werde. In wenigen Tagen erwarte er eine Antwort.

Die Kalkulation des Herzogs ging auf. Von diesem Augenblick an begann sich das Domkapitel, das unter Wolf Dietrich zu einem Dornröschendasein verurteilt war, seiner einstmals so glanzvollen Rolle im Erzstift zu entsinnen. Schließlich lagen die goldenen Zeiten der Domherren unter den Erzbischöfen Johann Jakob und Georg von Kuenburg ja nur wenige Jahrzehnte zurück und mochten wiederkehren. Waren sie nicht selbst die Königsmacher und hatten als solche Anspruch auf Achtung und Mitsprache, Rechte, welche außerdem noch in den Wahlkapitulationen niedergelegt und beschworen waren? Aber es hieß, die Trümpfe vorsichtig auszuspielen. Vorläufig stand noch gar nicht fest, welcher der beiden Fürsten Sieger in dem Duell bleiben würde. Jedenfalls bestand nun eine Spaltung in der Spitze des Erzstiftes und damit eine Schwächung seiner Widerstandskraft.

Die Herren berieten noch längere Zeit, ließen sich am nächsten Morgen aber doch beim Erzbischof zur Audienz melden und informierten ihn von dem Schreiben. Der Raitenauer, niemals imstande, seine Gefühle zu verbergen, zeigte lebhaften Ärger darüber, daß der Herzog mit dem Kapitel Kontakt aufgenommen hatte, statt mit dem allein zuständigen regierenden Erzbischof. Hochmütig erklärte er, das Capitulum solle sich »dieser Handlung, welche es ohne das nit verstehe, gänzlich entschlagen«. Schließlich regiere er jetzt schon 24 Jahre und werde Einmischungen, die er den Alten nicht gestattet habe, den Jüngeren schon gar nicht zugestehen. Damit ließ er die Herren stehen und ging brüsk aus dem Zimmer.

Am nächsten Tag, dem 17. Oktober, schickte er dem Kapitel durch seine Hofräte Dr. Perger und Dr. Kurz das Konzept einer

Antwort zu, welche die Domherren dem Bayernherzog erteilen sollten. Der Bayer habe nichts anderes im Sinn, als »ein hochwürdiges Domkapitel von Ihrer hochfürstl. Gnaden abzusondern«, ließ er dazu mitteilen. Er selbst habe das Stift zu Reichtum und Ansehen gebracht und wolle es weiterhin gegen alle Feinde schützen.

Die Domherren versicherten in ihrer Antwort Maximilian der getreuen Dienste des Kapitels, hielten sich nur sehr vage an Wolf Dietrichs Konzept und faßten ihr Schreiben möglichst »in terminis generalibus« ab, um weder die eine noch die andere Seite zu verstimmen. Keinesfalls wollten sie in Bayern den Eindruck erwecken, als seien sie mit dem Vorgehen des Erzbischofs einverstanden.

Schon am 14. Oktober hatten sich nämlich die in Residenz befindlichen neun Domherren – Anton und Paris von Lodron, Ernfried von Kuenburg, Albrecht von Törring, Marquardt von Freyberg, Nikolaus und Christoph von Wolkenstein, Hans Krafft von Weittingen und Wolf von Schrattenbach – mit einem heiligen Eid auf das Evangelium verschworen, einander »beharrlich, mannlich, treulich und briederlich beizustehen«, einer den anderen nicht im Stich zu lassen und keine Feindseligkeiten mit Bayern aufzunehmen. Es war der erste Akt einer Palastrevolution.

Daher gelobten sie auch nicht nur selbst Verschwiegenheit »bis in die Grueb«, sondern ließen ein gleiches Jurament auch den hoffremden Notar Veit Renner leisten, der die Beglaubigung des gesiegelten Protokolls vornahm.[12]

Am 19. Oktober begehrte eine Abordnung des Kapitels bereits um neun Uhr morgens, gleich nach der Frühmesse, so eilig Audienz beim Erzbischof, daß die Herren sich nicht einmal die Zeit nahmen, ihre Chorröcke abzulegen. Seine hochfürstliche Gnaden sei vielleicht »nitt aller Dinge bericht« teilten sie atemlos mit, aber sie hätten erfahren, daß der Bayernherzog mit 20 000 Mann auf das Erzstift anrücke, »und seine Soldaten seien des Kriegs gewohnt.« Ob man nicht noch schnell eine Deputation entgegenschicken und . . .

Unwirsch erklärte der Raitenauer, sie verstünden die Sache wenig, sollten den Gedanken an eine Deputation aufgeben, im übrigen habe er ohnehin schon den Bischof von Pola abgeschickt.

Die Herren beschlossen, die Rückkehr des Bischofs von Pola in der *anticamera* abzuwarten. Inzwischen schlug Wolf Dietrichs Stimmung jäh um. Um zehn Uhr befahl er, »man möge die Rais wol fürnemmen«, um zwölf Uhr verlangte er »mit weinenden Augen«, daß die Abfahrt beschleunigt werde. Gleich darauf zeigte er sich wieder optimistisch, erinnerte daran, daß es Maximilians Heer so ergehen könnte wie den Spaniern vor Maastricht und behauptete, er »wolle mit ihnen allen leben oder sterben.«

Doch erst am Abend begaben sich die Domherren Törring und Freyberg – beide Bayern freundlich gesinnt – bis Laufen und tags darauf weiter nach Burghausen. Während der Reise ereilte sie ein Bote des Erzbischofs, der ein Schreiben von Erzherzog Ferdinand mitbrachte. Darin erbot sich dieser als Friedensmittler. Offenbar hatte der Bericht des bayrischen Gesandten Preysing Kaiser Rudolf aufgeschreckt und dieser seinen Vetter Ferdinand in Graz »zu einem Commissario beordert, damit die Gefahr noch gütlich beigelegt würde.«

Am 20. Oktober erhielt Wolf Dietrich noch einen zweiten Brief, diesmal von seinem Gegner selbst. Er war in Burghausen unter dem 19. Oktober datiert und in dem harten Ton des Heerführers abgefaßt, der 20000 Mann kampfbereite Truppen hinter sich weiß. Das Schreiben enthielt nicht mehr und nicht weniger als ein Ultimatum.

Zunächst wiederholte Maximilian alle bereits bekannten Anschuldigungen: Der Erzbischof trage die Schuld am Bruch der Salzverträge, habe die Salzausfuhr Berchtesgadens »mit bewehrter Hand« unterbunden und durch den Überfall auf dieses Stift sich »das Gebiet eines freien Reichsstandes impatroniert.« Er, Maximilian, sei schon im Interesse seines abwesenden Bruders, des Propstes und Herrn Koadjutors zu Köln, verpflichtet, dessen Stift zu verteidigen. Vergleichsangebote des Erzbischofs seien nur erfolgt, »um so sicherer Ihr feindseliges Vorhaben gegen Uns hinausdrucken« zu können, denn Seine Liebden habe wohl um

»Unser friedsames, zur Güte geneigtes Gemüt« gewußt. Die Bedingungen, um diese »unerträglichen und unleidlichen Tätigkeiten« abzuschaffen und »den Missverstand und die Irrungen auf leidentliche, billige, schleunige und annehmliche Weise« zu vergleichen, seien folgende: Der Erzbischof müsse den Berchtesgadnern die Waffen zurückgeben, die Straßen und Brücken wieder öffnen, alle Grenzbefestigungen gegen Bayern und Berchtesgaden schleifen, sein Kriegsvolk abdanken und das Halleiner Salz sowie das Holz nach früherem Brauch liefern. Auch der Herzog werde danach sein Heer entlassen, behalte sich jedoch Schadenersatzforderungen vor.

Die Bedingungen entsprachen dem Diktat eines bereits siegreichen Gegners, und das Ultimatum war eines von jenen, mit deren Annahme niemand rechnet, am wenigsten derjenige, welcher es stellt. Aber noch fühlte sich Wolf Dietrich keineswegs als der Unterlegene. Daher antwortete er mit einiger Zuversicht, daß er die Salzfrage erst vorgestrigen Tages mit seinem besonders lieben Freund, dem Erzherzog Ferdinand, besprochen und dessen Vermittlung angenommen habe. Der Herzog möge noch zehn Tage Waffenruhe halten, damit die beiderseitigen Räte versuchen könnten, die Sache doch noch »zu einem guten und richtigen Verstand zu bringen«.

Aber zugleich bot auch er nächtlicherweile und hastig die Landwehr auf, sandte Truppen nach Laufen, Mattsee, Tittmoning, Lofer, Glanegg und Raschenberg und belegte Residenz, Tore, Brücken, die Schranne, Mülln, den Mönchs- und Nonnberg und vor allem die Festung mit je zwischen 100 und 800 Mann.

Inzwischen war die Salzburger Delegation nach Burghausen weitergereist und stieß kurz davor – diesmal wirklich zufällig – auf den Herzog, der zusammen mit seinem Feldobristen Tilly auf Rekognoszierung gegangen war. Dieser ließ sich nicht aufhalten, sondern schickte die Domherren nach Burghausen voran, wo er sie abends um sechs Uhr nicht besonders freundlich zur Audienz empfing. Er hatte bereits wissen lassen, daß er sich auf seinen Brief vom 15. Oktober »eine andere Antwort verhofft« habe. Den Domherren blieb nichts übrig, als sich zu deklarieren. Betrübten Gemüts und ungern habe es das Kapitel mitansehen müssen, daß der Erzbischof zur Wehr gegriffen habe, sagten sie, und baten den Herzog,»das unschuldige Capitl und die armen Underthonen« zu verschonen. In Maximilians Namen antwortete dessen geheimer Hofrat Dr. Jocher, daß der Erzbischof sich mit der Besetzung Berchtesgadens gegen die Reichsverfassung und die Goldene Bulle vergangen habe. Das sei in Rom ebenso bekannt wie am Kaiserhof.

Das Domkapitel wisse von all dem nichts, flehten die Herren. Der Erzbischof pflegte sie nicht einzuweihen, ihnen im Gegenteil jede Einmischung bei Strafe zu verbieten. Das war genau, was Maximilian hören wollte. Er werde solches ferner nicht gestatten, sagte er, und er wisse sehr wohl, wie dieser Erzbischof das Kapitel und die Untertanen traktiert habe. Dann schlug er mit der Hand auf das Rapier, das er an der Seite trug, berief sich auf seine Reputation und verabschiedete die Herren, die im Wirtshaus noch »herrlich tractiert und bedienet« wurden.

Am folgenden Tag brachte ihnen Dr. Jocher die herzogliche Resolution: Innerhalb von zwei Tagen müsse Berchtesgaden evakuiert, das Fraunreuther Holz restituiert, die Kriegskosten bezahlt und Satisfaktion gegeben werden. Der Herzog habe sich entschlossen,»das betrangte Capitl sambt den armen Underthonnen« von der tyrannischen Regierung dieses Erzbischofs zu befreien. Die Praktiken mit den Protestanten müßten auch ein Ende nehmen. Er erwarte vom Kapitel und der Bürgerschaft, daß sie keine Gegenwehr leisteten. Wenn der Erzbischof einen Waffenstillstand von zehn Tagen erhalte, würde er ihn nur dazu benützen, mit den »Protestierenden« zu paktieren. Falls man ihm aber doch Widerstand leisten würde, fügte der Hofrat mit grimmigem Humor hinzu, so habe Seine Durchlaucht einige tausend »ungerathene Kinder, mit denselben sie zu übermächtigen.«

Unterdessen hatten den Erzbischof in Salzburg die Nerven offenbar völlig verlassen. Die Nachrichten lauteten aber auch recht übel. Der Herzog hatte die Salzburger Enklaven in Bayern besetzt. Er befand sich in Mühldorf und rückte auf Tittmoning vor. Kopflos schickte Wolf Dietrich der ersten Delegation eine zweite nach. Die bereits von Maximilian abgefertigten beiden

Domherren hielten es jedoch für zwecklos, noch einmal umzu-
kehren. Der Herzog ließ denn auch die zweite Gruppe gar nicht
mehr vor. An der Spitze seiner Truppen überschritt er bereits die
Grenze des Erzstiftes. Wolf Dietrich fühlte, daß er sich auf sein Kapitel nicht mehr
verlassen konnte. Am 21. Oktober schickte er Dr. Kurz zu den
daheim gebliebenen Domherren und ließ sagen, er »spier yhe
länger yhe mehr«, daß das Kapitel ihm »fürgreiffen und Mass
und Ordnung geben wolle und sich sachen anmasse, die ihm nit
gebührn.« Undiplomatisch und hitzig wie gewöhnlich stritt er
mit den heimkehrenden Domherren, bedrohte sie mit Festungs-
haft und spottete über ihre Schilderungen von der Streitmacht
Bayerns: Mit seinen zwölf Kanonen werde der Herzog auch
keine Berge einschießen. Die alten Herren des Kapitels sollten
sich zur Ruhe begeben und nicht mehr einmischen und auch die
jungen besser auf sich achten.

Die Domherren hatten nichts Eiligeres zu tun, als dem Herzog
von diesen Reden Bericht zu erstatten. Daneben ließen sie aber
die Urkunde über ihr Geheimbündnis aus dem Kapitelshaus
schaffen, da sie fürchteten, der Erzbischof könnte sich in aufwal-
lendem Mißtrauen mit Gewalt der dort erliegenden Schriftstük-
ke bemächtigen und ihre verräterische Haltung so an den Tag
kommen. Da sie sich allesamt weigerten, weitere Missionen zu
übernehmen, schickte Wolf Dietrich zwei Kapuzinermönche
nach Tittmoning, wo Maximilian nun schon die Festung besetzt
hielt. Ihr Kommandant Ehrenreich von Schneeweiss hatte sich
noch heldenhaft bis zum Abend verteidigt, mußte aber, als der
Herzog »fliegende Brände« hineinwerfen ließ, die Übergabe anbieten. Ein gewisser kriegerischer Ehrenkodex wurde beiderseits
eingehalten: Schneeweiß fiel einem Pinzgauer Schützen in den
Arm, der auf Maximilian persönlich angelegt hatte, und der
Herzog wieder gewährte der Besatzung freien Abzug mit Gepäck
und sogar mit ihren Waffen.

Der Pater Guardian der Kapuziner und noch ein Mitbruder,
welche in Wolf Dietrichs eigener Kutsche reisten, überbrachten
dem Herzog einen beinahe unterwürfigen Brief des Erzbischofs.
Eher wolle er selbst das Äußerste ertragen, die Wehren ablegen

und Abbitte tun, als seine armen Untertanen in ein Blutbad zu stürzen, schrieb er. Der Herzog verhandelte gar nicht weiter mit den Mönchen. Am 22. Oktober, schon vom Geist des sicheren Sieges erfüllt, erklärte er sich zwar verhandlungsbereit, aber nur mit Herren des Kapitels, die zu ihm kommen müßten. Im übrigen werde es ihm Seine Liebden nicht verdenken, wenn er mit Hilfe des allmächtigen Gottes weiter vorrücke. Würde er keinen Widerstand merken, so werde er sich »also sanftmüthig, fürstlich und löblich erzeigen, daß keinem Menschen einiger Schaden zugefügt werde.« Sollte seine Truppe sich gegen die scharfe Kriegsdisziplin vergehen, »so wollen wir es abtun und ergözen. (vergüten.)«

An seinen Landhofmeister Rechberg schrieb Maximilian am 23. Oktober weitaus aufrichtiger: »Ich habe den Erzbischof so weit gebracht, dass er diesen Morgen durch zwei Kapuziner mit etwas demütigerer Form als früher sich abermals zu neuen Conditionen, auch zu gütlicher Handlung und vielleicht zu noch mehr, als ich begehrt habe, mit schönen Worten anerboten. Ich kann aber diesem bekannten Manne nicht wohl trauen, sondern will zuvor mit seinem Kapitel handeln. Sein Hochmuth ist merklich erniedrigt und er sieht nun selbst ein, wie unbesonnen er sich und sein Stift in Weiterungen geführt und wie sehr er mit seinem Intent und seinen Praktiken abwegs gegangen. Wenn ich das wirklich erhalte, was im Namen des Erzbischofs die Kapuziner angeboten, so habe ich mein Geld nicht übel und Unserm Haus nicht zum Schaden angelegt. Jetzt beruhet die Sache nur noch auf einigen Umständen, die der Feder nicht anzuvertrauen sind.«[13]

Sehr wahrscheinlich ließ Wolf Dietrich schon damals durch die Kapuzinerfratres seinen Rücktritt anbieten. Maximilian aber wollte sicher gehen und das Domkapitel fest in der Hand haben, bevor er Frieden schloß. Die Domherren waren sich des nahenden Umschwunges zwar bewußt, wollten jedoch noch nicht offen Farbe bekennen. Sie sprachen ihrem Erzbischof zu, sich sicherheitshalber nach der Festung Werfen zu begeben und beschlossen, »gute Kundschaft zu halten«, um dem Herzog dessen eventuellen Abzug rasch melden zu können. Dann wurde die

Parole ausgegeben, jeder solle »in seinem losament« bleiben, um sofort greifbar zu sein, falls eine Sitzung einberufen werden müsse. Dem Domdechanten hatte Wolf Dietrich schon um acht Uhr morgens des 23. Oktober mitgeteilt, »er traue im nitt, den Bayrischen gewalt widerstand zu thuen«. Deshalb sei er entschlossen, »sich an annderen Ortt zu retirieren.« Nachmittags um ein Uhr brach er in Tränen aus und erklärte, er müsse sich in Sicherheit bringen, da er persönlich von Maximilian verfolgt werde. Die Herren sprachen ein Mitleid aus, das bestenfalls Ausdruck der Erleichterung gewesen sein kann. Sicher war es die vorteilhafteste Lösung, wenn der Raitenauer für eine Zeit von der Bildfläche verschwand.

Des Erzbischofs hatte sich tiefe Depression bemächtigt. Es sei alles seine eigene Schuld, sagte er jetzt. Früher ein großer Fürst sei er jetzt minder und geringer als jeder seiner Diener. Er werde dem Kapitel für die Zeit seiner Abwesenheit Vollmacht zur Verwaltung des Erzstifts geben.

An demselben 23. Oktober gegen acht Uhr abends konnten die eifrig spähenden Kapitelsherren beobachten, wie ihr Erzbischof, begleitet von seinem geheimen Sekretär und Untermarschall Thomas Perger und weiteren dreizehn Dienern, in weltlicher Kleidung, den Degen an der Seite, von der Kirchengasse zum Rathaus und über die Brücke zum Steintor seiner Residenzstadt Salzburg hinausritt.[14]

Die Flucht des Erzbischofs gab das Signal für eine fieberhafte Tätigkeit, die auch sofort einsetzte. Noch in der gleichen Nacht eilte der Domherr Marquardt von Freyberg, begleitet von Hofrat Dr. Gruber dem heranrückenden Bayernherzog entgegen, um ihm die geänderte Lage zu schildern und die Erfüllung aller für einen Waffenstillstand geforderten Bedingungen zuzusagen. Die Salzburgischen Truppen wurden sofort entlassen – wofür die Bürgerschaft 21 000 Gulden zusammenkratzen und »herleichen« mußte – der Herzog habe also nirgends Gegenwehr zu erwarten. Das Kapitel empfehle das Erzstift Maximilians Großmut.

Der Herzog »vernahm die Botschaft mit höchster verwunderung

und schier nitt glauben wollen«, stieg sofort vom Pferd und schrieb einen Brief an seinen Vetter, den Erzherzog Ferdinand der Steiermark. Dann verlangte er Verpflegung für seine Leute. Würde diese nicht beschafft, so müßten sie die Erlaubnis zur Plünderung erhalten. Auch solle man für 12 000 Mann Unterkunft und weiteren Proviant vorbereiten, mit weniger Leuten könne er nicht nach Salzburg kommen.

Nur mit großer Mühe vermochten ihn die Salzburger Herren von dem Vorsatz abzubringen, mit seinem gesamten Heer in die besiegte Stadt einzuziehen. Schließlich erklärte er sich bereit, seinen Geheimen Rat, Dr. Jocher, einen gebürtigen Salzburger, nebst drei Fähnlein Truppen, etwa 800 Mann, vorauszuschicken um seine Ankunft vorzubereiten.

Das Kapitel hatte unterdessen eine provisorische Regierung eingerichtet, wie sie für Sedisvakanzen vorgesehen war: der Domdechant Johann Krafft von Weittingen bezog mit zwei weiteren Herren die erzbischöfliche Residenz, je ein Kapitular wurde zum Präsidenten des Hofrats (Nikolaus von Wolkenstein) und zum Obersten Kämmerer (Paris von Lodron) bestellt. Das Kommando über die Festung übernahm ebenfalls ein Domherr; sechs Hofräte wurden als solche bestätigt oder neu bestellt. Den Offizieren der salzburgischen Truppe wurde mitgeteilt, daß das Kapitel jetzt die volle Verantwortung für die Regierung trage und sie daher diesem zu Gehorsam verpflichtet seien.

Worauf es dem Herzog am allermeisten ankam, geht aus den Forderungen hervor, die Dr. Jocher unverzüglich stellte: Besetzung der Feste Hohensalzburg durch bayrische Truppen, freie Salzausfuhr und Wiederaufnahme der Holzlieferungen. Beim Salz und beim Holz gab es keine Diskussion. Was dagegen die Festung betraf, so hatte das Domkapitel große und berechtigte Bedenken. Wer sie innehatte, beherrschte Stadt und Land. Selbst die »parolla« Maximilians, die Schlüssel dem nächsten Erzbischof auszuhändigen, reichte da nicht aus. Schließlich einigte man sich dahin, daß eine bayrische Besatzung aufziehen, aber unter den Befehl des Kapitels gestellt werden sollte.

Als nächstes lag dem Bayernherzog die Ergreifung des flüchtigen Erzbischofs am Herzen. Ihn wollte er sich ein für allemal vom

Halse schaffen. Als guter Sohn hatte er seinen Vater Wilhelm laufend über das Geschehen unterrichtet und dessen Stellungnahme nebst Ermahnungen empfangen. Daß Maximilian an der Spitze seiner Truppen selbst vor Tittmoning gekämpft hatte, gefiel Wilhelm gar nicht. »Dieser Pfaff ist es nicht wert, daß Ihr Euch der Gefahr aussetzt«, rügte er besorgt. »Es ist gegen Eure Reputation. Nehmt Euch Eurer bösen Sucht wegen in Obacht.« Reputation und Ehre wurden bei den Wittelsbachern immer groß geschrieben, doch die »böse Sucht« hätte man auch Mut nennen können. Der Rest der Familie veranstaltete indessen ein zehnstündiges Gebet bei den Jesuiten und ein vierzigstündiges bei »Unserer lieben Frau«. In beiden Fällen wurde Gott angefleht, Sieg über einen seiner höchsten Diener zu verleihen.

Maximilian war dieses Sieges ohnehin gewiß. Am 24. Oktober schrieb er dem Vater über die Ankunft des Domherrn von Freyberg: »... er wäre vom Domkapitel abgefertigt, mich zu berichten, daß der Erzbischof gestern nachts um neun Uhr samt seinem Frauenzimmer und mit den besten Kleinodien an Edelgestein, Gold und Geldeswert, so über eine Million geschätzt wird, entwichen und seinen Weg ins Gebirge gegen Hallein und Werfen genommen habe. Ein ehrwürdiges Domkapitel thue mirs zu wissen, auch daß es alles Volk (Kriegsvolk) zu Berchtesgaden und sonst sogleich abgeschafft habe. Thue sich mir ganz und gar ergeben, solle in dem Erzstifte schaffen zu meinem Gefallen.« Salzburg hatte kapituliert.

Die Domherren fanden, als sie die Residenz bezogen, nur sehr wenig Barschaft vor: 1300 Gulden in der Hofkammer, 2500 Gulden in der »Steuerstube« und 800 Gulden beim Generaleinnehmeramt. Der Erzbischof hatte alles, dessen er habhaft werden konnte, mit sich genommen, die versprochene Vollmacht zur Administration des Erzstiftes aber ausgestellt, trotz aller Eile ordnungsgemäß unterschrieben und gesiegelt. Es hieß darin, daß das Verbleiben des Erzbischofs in der Hauptstadt der ganzen Gemeinde wie auch dem Domkapitel unwiderbringlichen Schaden verursachen würde und ein großes Blutvergießen der armen Untertanen – auch der bayrischen – zu gewärtigen sei. Also habe sich der Erzbischof »die eigene Reputation so hoch nicht als das gemeine Obliegen angelegen sein lassen wollen, sondern für bequemer erachtet, Uns auf ein Zeit lang an andere Orte ausser Unserem Erzstift zu retirirn und zu begebn, so lange, bis Wir ohne sonderbare Gefahr und Blutvergiessen Unserer armen Unterthanen ihrer Regierung mit minderer Gefahr und zu ihrem mehrern Nutzen als bisher wieder vorstehen mögen.«[15]

Am ersten Tag seiner Flucht gelangte der Erzbischof über Werfen nach Altenmarkt, wo er im Pfarrhof Quartier nahm. Er ließ sich den Pfleger des nahe gelegenen Radstadt, Wolf Siegmund von Haunsperg, zur Tafel rufen, »zeigte sich gar lustig, frölich und wohlauf«, und erklärte, daß er dem Kapitel zwar Verwaltungsvollmacht gegeben, sich jedoch die hochfürstliche Obrigkeit in geistlichen wie weltlichen Dingen vorbehalten habe. Auch entlasse er niemanden aus seiner Pflicht, bevor man sich nicht mit ihm vergleiche. Er wolle nach Gmünd in Kärnten weiterreisen, dort aber auch nicht lange Aufenthalt nehmen.

Wohin er letztlich zu fliehen beabsichtigte, ist nicht geklärt. Er selbst gab später dem Papst gegenüber Italien als Ziel an. Wahrscheinlicher ist, daß er in die Vorlande, nach dem Familiensitz Langenstein strebte. Vermutet wurde auch, daß er in der Schweiz mit Salome wie ein protestantischer Bischof hätte leben wollen.

Denn Salome und die Kinder ließ er auch in dieser bisher schwersten Stunde seines Lebens nicht im Stich und wollte nicht ohne sie sein. Laut Bericht des Pflegers Josef Niggl, desselben, der schon anläßlich des Zeller Bauernaufstandes als eifriger Zuträger der Obrigkeit auftrat, war die Familie »in vier Gutschen von Weiberwerch und Khündern neben mitreitung eines jungen Herrn Steinhausers und Wenzel, Cammerdieners«, sowie mehrerer Frachtwagen am 23. Oktober durch Werfen hindurch und »gegen die Flachau« gereist.

Aber nicht nur jene Wagen waren am 23. Oktober 1611 von Salzburg abgegangen. Wolf Dietrich hatte zwar hastig, aber methodisch »die allerbesten Clenodia von Gold und Silber, gen Hof und zur Kirche gehörig, alle Barschaft und Tapezereyen« in Kisten und Fässer packen lassen und ins Gebirge geschickt. Für seine Bequemlichkeit auf der Reise führte er weiteres Silbergeschirr und Bargeld mit sich. An Büchern hatte er außer der Bibel nur die »Nachfolge Christi« von Thomas a Kempis eingesteckt. Ebenso wie Maximilian an der Person des Erzbischofs gelegen, war das Domkapitel nun an der Wiedererlangung des Geldes und der Wertsachen interessiert. Schon am 25. Oktober schrieben die Herren an Erzherzog Ferdinand, daß sich ihr Erzbischof mit 20 Wagen voll der »besten Sachen der Kirche und des Hofstaats« auf der Flucht befinde. Man solle in der Steiermark seine Person und »aller bagage arrestieren.« Die 20 Wagen waren genauso übertrieben wie der Wert von einer Million Gulden, den die Herren Maximilian angegeben hatten.

Am gleichen Abend erteilte man Befehle an alle Landrichter und Pfleger zu Werfen, Moosham, Radstadt und Mauterndorf, mitzuteilen, ob der Erzbischof mit seinen Güterwagen durchgekommen sei und wohin er sich weiter gewendet habe. Sogleich kam die Antwort von Niggl aus Werfen: der Erzbischof hat am Montag Früh mit dem Herrn Untermarschall Perger, vier Kammerdienern, einem Koch, drei reisigen Knechten, zwei Lakaien, zwei Jungen und dem Kammerdiener Märtl gefrühstückt und dann »haben sy solche Güter sämbtlich mit Ihnen fort nach Radstadt gefiert ... Wohinaus von Radstadt der Weg genommen worden, wais ich nit, allain haben Ir hochf. Gnaden gegen mir vermeld, das Sy alsbald über den Thaurn nach Mosshaim wollen. Sy haben auch von hier aus dero Bruder Herrn Vicedom zu sich auf den Thaurn beschieden.«

Am 25. Oktober war Wolf Dietrich mit seinem Gefolge um fünf Uhr morgens von Altenmarkt aufgebrochen und kam um sechs Uhr abends nach Schloß Moosham oberhalb von Tamsweg im Lungau, hatte also den Tauernpaß an diesem Tag hinter sich gebracht und war dementsprechend müde. Nacheinander trafen nun sein Bruder Rudolf, dem er erst in diesem Jahr die Herrschaft Gmünd in Kärnten von Erzherzog Ferdinand erkauft hatte, dessen Schwager Christoph von Welsperg sowie Rudolfs Sekretär Wolf Weikl in Moosham ein. Der Erzbischof befand sich nicht wohl. Sein Schenkel war von dem anstrengenden Ritt des Vortages angeschwollen, auch Krampfadern machten ihm zu schaffen. Er wollte einen Rasttag einschalten. Offenbar war er nicht so sehr besorgt, verfolgt zu werden, als ihn etwas anderes beunruhigte. Dazu schrieb er von Moosham aus einen langen Brief an das Domkapitel. Es ist das letzte, noch in Freiheit von seiner Hand unterzeichnete Dokument, zugleich die erste Selbstverteidigung des Raitenauers. Er habe, diktiert er dem Hofrat Dr. Perger, »von etlichen sonderbaren orthen bericht empfangen, mehreres als etwan uns selbst bekhannt«, daß ihm eine der katholischen Religion nachteilige Korrespondenz mit den Protestierenden im Reich vorgeworfen werde.[16]

Sofort – und mit Recht – deutet er solche Anschuldigungen als äußerst gefährlich, besonders in seiner jetzigen Situation. Sie zerstören seine Verhandlungsbasis für günstige Resignationsbedingungen. An weitere und größere Gefahren denkt er vorläufig noch nicht. Dennoch müssen die Behauptungen möglichst schnell und möglichst schlagkräftig zurückgewiesen werden.

Also schickt er nicht nur den Brief sondern zugleich auch den Untermarschall und Hofrat Dr. Perger »durch welliches handt alle unsere concept und handlungen nun eine geraume Zeit her aufs Papier gebracht worden« als Entlastungszeugen nach Salzburg zurück, »ob Wir gleichwohl in jetziger Zeit seiner Person ganz schwerlich entrathen.«

Perger reist mit dem Befehl, alle Korrespondenzen des Erzbischofs im Original vorzulegen, »inmassen dieselbige alle noch zu Salzburg sein und Wir daraus khain ainiche mit unns genommen.« Auch alle seine übrigen Diener entbindet er als Fürst der Schweigepflicht, »zu disem intent, damit Sy sicher und frey aussagen mögen.« Es würde sich dabei nichts ergeben, was seinem Stand und Beruf nicht gemäß wäre, auch nichts, was »der catholischen Religion im wenigsten nicht nachteilig, darzue Wir uns nicht allein bekennen, sondern auch vermittels Göttlichen beistands und gnaden darbei zu leben und zu sterben gedenken.«

Was die Gesandtschaft protestantischer Fürsten und Städte wegen des Salzes betrifft, »so bezeugen wir auch mit Gott, dass mit ihren Abgeordneten zu unns der Religion halber auch das wenigiste nicht, weder von einem Theil oder dem anderen mündtlich gerürt worden.«

Dieser Verdacht sei also ganz ohne seine Schuld entstanden und

Bericht des Pflegers von Werfen Josef Niggl vom 27. Oktober
1611 an das Domkapitel über die Festnahme von Salome Alt
samt Begleitung und Güterwägen.

er erwarte, daß die Domherren sowohl für sich selbst wie bei seinen Anklägern »unser Unschuld also an den Tag geben und entdecken.« Damit würden sie nicht allein dem Erzstift wieder zur Ruhe verhelfen, sondern auch »Unns von aller derhalben unns bevorstehenden Ungelegenheiten entheben und fürderlich erledigen.« Abschließend begehrt er unverzügliche Antwort und Rücksendung des dringend benötigten Sekretärs. Dann malt er mit unsteter Hand einen wackeligen Namenszug auf das Papier.

Für den 26. Oktober abends hatte Maximilian seinen Einzug in Salzburg angekündigt. Vier Domherren reisten ihm entgegen. Der Empfang wurde mit gedämpfter Feierlichkeit, den üblichen Windlichtern und respektvollen Geschützsalven veranstaltet. Doch widersetzten sich die Herren auch weiterhin standhaft dem Begehren, die Festungsschlüssel auszuliefern. Der Herzog, so argumentierten sie, sei doch als Freund gekommen, anderes könne »gegen die Welt und gegen die Posteritet« nicht verantwortet werden. Maximilian, klug wie immer, gab nach. Ihm genügte die tatsächliche Gewalt; mochte das Kapitel immerhin als offizieller Machthaber auftreten und damit die Verantwortung für alles, was noch geschehen würde, übernehmen. Mit einem Hofstaat von 60 Kavalieren quartierte er sich in der erzbischöflichen Residenz ein, erklärte jedoch, daß er sich hier nur als Gast fühle und es den Kapitelsherren jederzeit freistehe, mit ihm zu speisen. Wie stolz er in Wahrheit auf seinen Erfolg war, beweisen ein paar Zeilen, die er an seinen Bruder Albert richtete: »Nun bewohne ich die nämlichen Zimmer, von welchen aus kurz vorher ein mächtiger Fürst mir und der ganzen Welt getrotzt hat.«

Dem Vater aber berichtete er, daß er 200 Musketiere und 100 Reiter auf die Spur des Flüchtigen gesetzt habe. Wenn schon nicht dessen Person, so hoffe er doch wenigstens den Schatz zu erlangen, »damit sowohl dem ganzen katholischen Wesen als dem armen Erzstifte geholfen werde.«

Am Morgen des 27. Oktober berief der Bayernherzog nach der Messe die Kapitelsherren zu sich, um die nächstfälligen Maßnahmen zu besprechen. Er war kein Freund von langen Palavern.

Als die Herren zögerten, Entschlüsse zu fassen, wünschte er knapp, nur mehr mit einem Ausschuß zu verhandeln. Auch müßten sie sich sofort »des Dr. Kurzen entschlagen«, welcher des Erzbischofs geheime Korrespondenz mit den Protestanten und Calvinisten geführt habe.

In Moosham erfuhr der Raitenauer, daß er verfolgt werde. In der Hast des Aufbruchs hinterließ er nicht nur vier Fässer mit besonders wertvollen Gütern im Schloßkeller und die ausgepackten silbernen Gebrauchsgegenstände in den Zimmern, die er bewohnt hatte, sondern vergaß auch die Schlüssel zu den Truhen auf den Güterwagen. Sein Gesinde schickte er mitsamt den Pferden nach Salzburg zurück; für den Rest des Weges wollte er die Postkutsche benützen. Am 27. Oktober um sechs Uhr morgens brach er mit seinem Bruder Rudolf und Christoph von Welsperg in Richtung Kärnten auf.

Der Pfleger von Moosham, Alexander Grimming, berichtete pflichtgemäß an das Domkapitel, daß der Erzbischof mit sieben Güterwagen am 25. Oktober angekommen und am 27. unter Hinterlassung all seiner Habe weitergereist sei.[17]

Die Häscher folgten ihm bereits dicht auf den Fersen.

Der Katschberg war passiert, die rettende Grenze gegen Kärnten überschritten. Ein Spitzentrupp von fünf bayrischen Reitern holte die Flüchtenden nur 20 Kilometer vor Rudolfs Herrschaft Gmünd ein. Zwischen ihren Haltrufen schrie der Erzbischof dem Postmeister Hans Rottmayr zu, er solle die Pferde vorwärts treiben. Doch dieser zügelte sie statt dessen. Er sei nicht mehr der Diener des Erzbischofs, erklärte er.

Alle wurden verhaftet, der Erzbischof auf rüde Weise gefesselt und dem nachfolgenden Detachement unter Rittmeister Hercelles übergeben. Wolf Dietrich soll, völlig außer Fassung, Selbstbezichtigungen ausgestoßen haben: er verdiene dieses Schicksal, trage selbst an allem die Schuld, Gott strafe ihn nun billig seiner Sünden wegen. (Diese Äußerungen, die stets wiederkehren, sooft Wolf Dietrich in schwierige Situationen geriet, zeugen von einer tiefinneren Unsicherheit, die letztlich doch ihre Ursache in dem Zusammenleben mit Salome hatte. Mochte er sich selbst und die Geliebte noch so sehr zu überzeugen versuchen, daß ihre

Beziehung keinem göttlichen Gesetz widersprach und auch irgend einmal legalisiert werden könne, so blieb die Tatsache bestehen, daß sie nach kirchlichem Recht in Todsünde lebten.) Über Befehl Maximilians wurden die Gefangenen auf die Festung Hohenwerfen gebracht. Dem Turnus gemäß, welchen die Domherren einhielten, stand diese gerade unter dem Befehl Nikolaus von Wolkensteins, der dem Erzbischof nicht wohl gesinnt war. Er lehnte es ab, mit dem Gefangenen zu sprechen, worauf dieser gebrochen nur mehr nach seinem in Salzburg zurückgelassenen Brevier, seinem Beichtvater und dem Hofapotheker Onuphrius Mony verlangte.

Inzwischen war der Konvoi von Frauen und Kindern mit den tatsächlich vorhandenen sieben oder neun Gepäckwagen – einiges davon gehörte den Steinhausers – durch Werfen nach Flachau gereist, wo das Geschäftshaus Steinhauser ein Eisenwerk besaß. Da dem Pfleger Niggl auf seinen Bericht hin befohlen worden war, Personen wie Güter festzunehmen und nach Werfen zu bringen, reiste er den Flüchtenden nach, nahm alle und alles unter Arrest und lieferte ein genaues Verzeichnis nach Salzburg: »Frau Salome Altenauerin sambt zwayen Sönen und dreyen Töchtern, Wenzel, Cammerdiener, fünf Beschliesserin und annder Dienerin . . . Frau Steinhauserin unnd drey Leuth, Herrn Maximilian Steinhausers Hausfrau, Maximilian Steinhauser der Jung, sambt ain pfert. Herrn Maximilian Steinhausers Tochter Jungfrau Magdalena, ain Aufwarterin. Herrn Samuel Altens Hausfrau sambt vier Söhnen, ain aufwarterin.«

Die Gepäckwagen blieben vorläufig in Werfen. An dem »Weiberwerch und Kindern« war Maximilian wenig gelegen. Nach ein paar Tagen gingen Salome und ihre Angehörigen schon frei. Sie wurde nur aufgefordert, den Schlüssel »zu ainem eisenen Trüchlin« nach Salzburg zu übersenden, in welchem man offenbar wichtige Dokumente vermutete. Es solle ihr »solches ohne alle gefahr sein.«

Maximilian hatte ein klares Konzept: Zugkräftigster Anklagepunkt sollte nicht Wolf Dietrich Lebenswandel, sondern sein Paktieren mit den Ketzern werden. Unbeirrbar bereitete er die »resignation und ewige gefängnus« des Feindes vor.

Ebenso zügig lenkte er die Salzfrage in die von ihm gewünschte Bahn. Am 28. Oktober begannen die Verhandlungen mit dem Kapitel wegen eines neuen Vertrages, am 2. November ging das erste beladene Schiff die Salzach hinunter. Die »Halleinischen Saltz Compromiss Schriften« formulierten die Vorgänge später, daß »das schon intimidierte Dom-Capitul gegen sein rechtmässiges Haupt aufgehetzt« worden sei. Mitten unter »all diesen kriegerischen Vergewaltigungen« habe Bayern dann mit eben diesem »bey so gehäuften Zerrittungen seiner selbst nicht mächtigen Kapitel« in einem einzigen Tag einen Vertrag über eine Sache ausgehandelt, »woran dem Erzstift alles gelegen.«[18] Selbstverständlich enthielt der neue Vertrag die Erfüllung sämtlicher bayrischen Wünsche. Das Herzogtum sollte aus Hallein bis zu 265 000 »Scheiben« jährlich beziehen, aber für nicht bezogenes Salz kein Strafgeld mehr bezahlen müssen. Salzburg durfte zu Wasser niemand anderen beliefern, wohl aber zu Land, insbesondere Kärnten, die Steiermark und Tirol. Dafür sollte Bayern nirgends anders Salz einkaufen. Steigerungen des Salzpreises sollten – wie vor Wolf Dietrichs Verträgen – nur mehr im gegenseitigen Einvernehmen erfolgen und alle diese Punkte von jedem neuen Erzbischof sofort nach Regierungsantritt bestätigt werden.

Ganz glatt ging die Sache aber auch für Maximilian nicht vonstatten. Bereits am 25. Oktober warnten ihn seine Hofräte, daß das Kapitel kein rechtmäßiger Verhandlungspartner sei. Weder habe der Erzbischof resigniert, noch sei er ordnungsgemäß abgesetzt. Auch sei er eine geistliche Person und daher »Ew. Durchlaucht nicht gebührlich«, ihn lange gefänglich innezuhalten.« Maximilians Vorgehen hatte außerhalb der Grenzen großes Aufsehen erregt und sogar unter seinen eigenen Verwandten sehr ablehnende Kritiker gefunden. Der Kurfürst Ernst von Köln ließ den Neffen am 1. November 1611 wissen, daß auf dem Nürnberger Kurfürstentag, den er gerade besuchte, heftige Vorwürfe gegen ihn laut würden. Nur die protestantischen Fürsten rieben sich die Hände: Zwei katholische Reichsstände führten Krieg gegeneinander. Der Herzog von Sachsen habe spöttisch gefragt, ob Maximilian etwa daran denke, das Erzstift ganz an sich zu bringen? Das wäre ein feiner Handel, den man sich zum Beispiel nehmen könnte.

Jeder auf diesem Kollegialtag fühlte sich offenbar zu Äußerungen berechtigt und verpflichtet. Kardinal Khlesl, als graue Eminenz des Böhmenkönigs und Erzherzogs Matthias, sagte, er könne dem Herzog nur raten, den Erzbischof nicht mehr aufkommen zu lassen oder gar ihm zu trauen. (Er war verärgert, weil Wolf Dietrich die Aspirationen der Erzherzöge Albrecht und Leopold auf die Nachfolge Rudolfs II. gegen seinen Herrn begünstigt hatte.) Fürst Christian von Anhalt befürchtete eine Exkommunikation, weil Wolf Dietrich das Zölibat gebrochen habe. Sein Sekretär Richius kam mit seiner Auffassung der Wahrheit am nächsten: die Domherren seien heimlich im Bund mit Bayern und der Erzbischof, »ein Ausbund eines verstendigen Herrn«, habe sich durch seine Ablehnung der Jesuiten sehr verhaßt gemacht. Der päpstliche Nuntius in Prag, Melfi, schilderte den Fall nach Rom als »un gioio degli heretici«, eine Freude für die Ketzer.

Sehr aufgebracht war Maximilians Vetter, der Erzherzog Ferdinand, dem die kärntnerische »Landschaft« heftig zusetzte: sowohl Wolf Dietrich als auch Hans Rudolf von Raitenau gehörten durch ihre Besitzungen in Kärnten dem dortigen Verband des Landadels an, der sich durch die Verhaftung von zweien seiner Mitglieder auf Kärntner Boden in seinen Freiheiten und seiner Ehre tief verletzt fühlte und ihre Rücküberstellung verlangte.[19] Maximilian beeilte sich, überallhin beruhigende Erklärungen abzugeben: Nein, er denke nicht daran, das Erzstift seinem Herzogtum einzuverleiben. Er wolle nur die Salzangelegenheit regeln und dann sofort nach München zurückkehren. Die Verhaftung auf fremdem Boden sei ohne sein Wissen erfolgt, seine Leute hätten dazu keinen Befehl gehabt. Auch einem Jäger könne es passieren, daß sich seine Hunde über die Reviergrenzen verirrten. Er habe dem Feind, das Kapitel dem Dieb nachgesetzt. Zeit, dafür um Erlaubnis zu fragen, habe niemand gehabt. Im übrigen sei der Erzbischof nicht sein, sondern des Kapitels Gefangener. Was er getan habe, sei auf Ansuchen dieses Kapitels geschehen, das in Salzburg die Regierung führe.[20]

Wie wichtig ihm die öffentliche Meinung war, geht schon daraus hervor, daß er Salzburg zwar schon am 5. November verließ, aber nicht zurück nach München, sondern geradewegs nach Nürnberg eilte, um seine zarthäutige Ehre dort vor den versammelten Kurfürsten zu verteidigen. In dieser wirren Situation kochte überhaupt jeder an seinem eigenen Süpplein. Das Domkapitel trachtete vor allem danach, sein Wahlrecht für Gegenwart und Zukunft zu behalten. Dazu mußte der Gefangene baldigst resignieren, und zwar »in die Hände des Kapitels«. Ferner hielten die Herren es für angezeigt, schleunigst Gesandtschaften nach Rom und Prag abzufertigen, damit »alle gefährliche practiken verhindert würden«, die sie schon auf sich zukommen sahen. Maximilian war fest entschlossen, alle Fäden in der Hand zu behalten und dabei womöglich die Verantwortung auf das Domkapitel abzuschieben. Im habsburgischen Erzhaus verfolgten zwei Lager verschiedene Ziele: Matthias, jetzt schon König von Böhmen und Ungarn, neigte zu Verhandlungen mit dem geflüchteten Erzbischof, von dem er sich mindestens ein Vorschlagsrecht, wie es Österreich schon bei einigen Bistümern besaß, als Gegenleistung für die Wiedereinsetzung in die Regierung erwartete, während der Kaiser mit seinen Räten in Prag zwar die Verhaftung eines Reichsfürsten als Präzedenzfall verurteilte, bei einer eventuellen Neuwahl aber auch ein Wort mitzureden gedachte. Was Rom betraf, war sowohl Maximilian, als auch den Domherren etwas unbehaglich zumute. Man hoffte aber, durch ausreichende Erklärungen sowohl den Papst als auch die Kardinäle beruhigen zu können.

Am 29. Oktober 1611 meldete Nikolaus von Wolkenstein aus Werfen, daß der Erzbischof, sein Bruder Hans Rudolf, Christoph von Welsperg und der Sekretär Weikl in die dortige Festung eingeliefert worden seien. Schon wenige Stunden danach erschienen der Domherr Marquardt von Freyberg und der Hofrat Dr. Thomas Perger als Abgesandte des Kapitels auf Hohenwerfen. Aber vor der Türe, hinter der Wolf Dietrich gefangensaß, stand eine bayrische Wache. Die Herren wurden »mit grosser unbeschaidenheit« abgewiesen, da für ihren Besuch keine Erlaubnis des Herzogs vorliege. Die Soldaten hatten den Gefangenen ihre Kleidung, ja dem Erzbischof sogar die durch seine Krankheit nötigen Fußwickel abgenommen und waren im Begriff, sich auch der erzbischöflichen Güterwagen zu bemächtigen, die sie als Kriegsbeute beanspruchten.

Den Kapitularen saß die Ehrfurcht vor ihrem harten Herrn, der so unvermutet zu ihrem Gefangenen geworden war, noch in den Knochen, doch brachten sie bereits Vorschläge für dessen Resignation mit. Diese bestanden in einer jährlichen Pension, sofortiger Freilassung der Frauen und Kinder, sowie des Vizedoms Hans Rudolf, einem Barbetrag und der Bereitstellung reichlichen Hausrats. Laut ihrer Instruktion sollten die Abgesandten den Erzbischof darauf hinweisen, daß die bayrischen Truppen im Lande bleiben und er selbst »seiner trübsal nit entladen werde«, solange er nicht resigniert habe. Er solle sich darüber auch mit seinem Beichtvater besprechen. Im übrigen werde er bald aus der Festung in die Propstei Werfen gebracht und dort »ehrlich und wie sich's gebührt, tractiert und bedient werden.«

Maximilian allerdings dachte nicht daran, seinen Feind freizugeben. Wolf Dietrich mußte trotz der Zusage des Kapitels unter strenger Bewachung auf der Feste Hohenwerfen bleiben, durfte jedoch mit seinem Bruder zusammenkommen und wurde ordentlich versorgt. Zu diesem Zweck verlangte Nikolaus von Wolkenstein, daß ein oder zwei Köche »sambt victualien« und weiteres Bedienungspersonal nach Werfen geschickt würde, »dieweil er (der Erzbischof) ybel auf sei.« In die Resignationsverhandlungen mischte sich der Bayernherzog vorläufig nicht ein, ja seine Räte verweigerten sogar jede Teilnahme daran.

Die Frage, ob Wolf Dietrich freigegangen wäre, hätte er sofort allen gestellten Bedingungen zugestimmt, erübrigt sich. Kaum anzunehmen, daß Maximilian gewillt war, dieses Risiko einzugehen. Jedenfalls stimmte der Erzbischof nicht zu und ging nicht frei. Viermal erhielten die verhandelnden Herren neue Instruktionen vom Kapitel, die nur wenig voneinander abwichen, aber niemals kam es zu einer vorbehaltlosen Einigung, eher redete man sich noch weiter auseinander. Dabei waren die Vorschläge an den Gefangenen ziemlich großzügig: eine Rente von jährlich

30 000 Gulden, ein Barbetrag von 40 000 Gulden, zahlbar innerhalb von zwei Jahren, und die Übernahme aller Schulden des
Erzstiftes durch das Kapitel. Es waren deren um 160 000 Gulden
mehr als zu Regierungsantritt des Raitenauers. Alle Schenkungen Wolf Dietrichs sollten den Bedachten verbleiben, insbesondere den Brüdern. Salome und den Kindern wolle man zugestehen, was er ihnen außer Landes angelegt hatte. Schloß Altenau
sollte dem Erzstift zufallen. Nur die Fahrnisse daraus sollten
Salome und die Kinder erhalten, ebenso die ihnen auf der Flucht
abgenommenen Habseligkeiten.

Wolf Dietrich handelte noch die Pension auf 32 000 Gulden
hinauf, erklärte sich aber grundsätzlich einverstanden, sein Amt
in die Hände des Kapitels zurückzulegen, soferne seinem Bruder
Rudolf und »seinen Leuten« alles verbleibe, was er ihnen geschenkt und erkauft habe. Gerade diesen Punkt betont er immer
eindringlicher: seine »Blutsfreunde« und Deszendenten müßten
»beständig, beharrlich und unwiderruflich« im Besitz aller ihrer
Gnaden und Gaben verbleiben. Weder das Kapitel noch sein
künftiger Nachfolger dürfte diese Rechte jemals, »unter welchem Schein auch immer«, anfechten. Ferner müsse außer Papst
und Kaiser auch der Herzog von Bayern den Resignationsbedingungen zustimmen. So lange, bis alle diese erfüllt seien, wolle er
sich auf ein Schlößchen bei Radstadt zurückziehen.

Da seine Haft augenblicklich nicht allzu streng gehandhabt
wurde und außer den Mitgefangenen auch Besuche aus Salzburg
bei ihm vorsprechen konnten, war es möglich, daß Wolf Dietrich, wie Nikolaus von Wolkenstein mißbilligend nach Salzburg
schrieb, »allerlay in der Feder practiciern kunde.« Offenbar unsicher, ob er tatsächlich resignieren sollte, schrieb er an den Papst
und bat um dessen Entscheidung.

Das Vatikanische Archiv birgt Schreiben aller drei Parteien –
Herzog Maximilian, Erzbischof und Kapitel – aus diesen ersten
Hafttagen. Der Bayernfürst bürdete die ganze Verantwortung
den Domherren auf, die ihn um Intervention gebeten hätten,
diese wiederum fürchteten, die Gefangenhaltung des eigenen
Erzbischofs könnte sie »in censuras« bringen[21] und betonten,
daß durch des Fürsten eigenes Verhalten eine Veränderung

»hochnotig« geworden sei. Wolf Dietrich schließlich, der die Denkweise Roms noch am besten kannte, schrieb, daß niemand die Gefangennahme eines Erzbischofs verantworten könnte. In jedem Standpunkt steckte mehr als nur ein Korn Wahrheit. Wenn der Papst auch Wolf Dietrichs Verhalten verurteilte, so war er über die Mißachtung und Verletzung der geistlichen Immunität ebenso erzürnt wie der Kaiser. Solange Rom nicht das letzte Wort gesprochen hatte, durfte niemand wagen, Hand an einen so hohen Kleriker zu legen. Dem bayrischen Gesandten Crivelli fiel die unangenehme Aufgabe zu, im Vatikan für die Handlungsweise seines Herzogs geradezustehen. Etwas euphemistisch berichtete er nach Hause, Seine Heiligkeit habe »einiges Mißfallen« gezeigt.

Auch am Kaiserhof, der die gleiche Haltung einnahm, mußte man sich rechtfertigen. Dort war es die Verletzung eines freien Reichsstandes, welche als Präjudiz nicht widerspruchslos hingenommen werden konnte. Also schickte Maximilian am 31. Oktober seinen Mundschenk Albrecht von Dorndorff mit ausführlicher Instruktion nach Prag. Er war angewiesen, um eine persönliche Audienz bei Seiner Majestät anzusuchen. Falls ihm diese nicht gewährt würde, sollte er ein verschlossenes Schreiben überreichen, das etwa den gleichen Inhalt hatte wie seine Instruktion: Maximilian sei zur Verteidigung des Stiftes Berchtesgaden gezwungen gewesen. Der Erzbischof habe die Domherren unterdrückt und seine Untertanen in große Armut gestürzt. Er, Maximilian, sei als Befreier gekommen und mische sich in die Regierung des Kapitels überhaupt nicht ein. Ruhe, Friede und Einigkeit seien »gleichsam in ainem augenblickh« wieder eingekehrt.

Beim Kurfürstentag in Nürnberg hatte des Herzogs eigene Verteidigung offenbar nicht zu dem erwünschten Erfolg geführt, seine angeschlagene Reputation wiederherzustellen. Auch das Salzburger Kapitel sollte ihn nun dort verteidigen. Einige Kurfürsten waren der Ansicht, Wolf Dietrich müsse die Regierung wieder übernehmen, doch sollte man ihm einen Koadjutor geben, »damit er ein Gepiss im Maul habe und künftig witziger sei.«[22] Eine solche Lösung wäre weder Maximilian noch den

Domherren genehm gewesen. Also versah man in Salzburg den Domherrn Eytel Friedrich von Zollern mit einem Kredenzschreiben an alle sieben Kurfürsten und erteilte ihm den Auftrag, die Darstellung von Wolf Dietrichs Verfehlungen und Maximilian als Befreier des Erzstiftes jedem Einzelnen von ihnen zu wiederholen.

Diese Instruktion, datiert vom 8. November 1611[23], unterstrich nochmals Redlichkeit und friedfertige Absichten Maximilians – und zugleich auch des Kapitels. Keiner wollte vor den hohen Autoritäten mit dem schwarzen Peter in Händen dastehen. Also schob man – was war naheliegender und einfacher? – dem gefangenen Erzbischof alle Schuld an dem Vorgefallenen zu. Er habe gegen den Willen des Kapitels zu den Waffen gegriffen, habe dem Herzog in Bayern Salz und Holz verweigert und sei mit den größten Schätzen des Erzstiftes geflohen. Vorher habe er dem Domkapitel die Regierungsgewalt schriftlich übergeben. Der Herzog habe ihn verfolgen und gefangennehmen lassen. Auf Schloß Werfen, wo man wegen der Resignation mit ihm verhandle, werde er seinem Stand gemäß gehalten. Das ehrwürdige Kapitel beabsichtige deswegen eine Gesandtschaft nach Rom zu schicken. Wie er mit seiner Konkubine und ihren Kindern im Erzstift gehaust habe, die Untertanen »ausgemerglet«, die herrliche Domkirche und andere Monumente ruiniert, wie er sein Kapitel traktiert und diesem neue Statuten aufgezwungen habe, sei bekannt. Er habe die Ketzerei im Erzstift einreißen lassen. Das Kapitel müsse umso mehr auf seine Resignation dringen, als der Herzog ihn absolut nicht mehr dulden wolle. Übrigens sei ein Vergleich über das Salzwesen bereits geschlossen worden und das Kapitel regiere ohne jede Einschränkung von bayrischer Seite.

Von einigen Übertreibungen abgesehen, entsprachen die in der Instruktion enthaltenen Anklagen der Wahrheit. Der letzte Punkt, die freie Regierung des Kapitels, war allerdings nur ein Wunschtraum der Herren. Nicht einen Schritt durften sie ohne Zustimmung der ihnen als »Berater« beigegebenen bayrischen Hofräte tun.

Indessen hatte sich die Behandlung des Gefangenen auf der

353

Festung Hohenwerfen wirklich gebessert. Sein Selbstbewußtsein erwachte aufs neue und er forderte die ihm als einem Fürsten zustehenden Lebensumstände, vor allem herrschaftliche Bedienung. Sein Mundkoch, zwei Franziskaner und einige Leibdiener wurden zu ihm abgeordnet. Der gewissenhafte Niggl verzeichnete wöchentlich die Kosten der Verpflegung und ließ aus Salzburg fässerweise Wein, Konfekt, Salat, ferner »Zwifl, claine und grosse Vögl, vier gemäste Capauner, vier Mässl Pfeffermehl, fünf Scheit Stockfisch, 24 Platvisch und 400 Khörzen« kommen.[24]

Am 4. November erhielten die Domherren Nikolaus von Wolkenstein und Paris von Lodron sowie der Kanzler Thomas Perger – der sich sofort nach seiner Rückkehr auf die Seite von Wolf Dietrichs Gegnern geschlagen hatte – die dritte Instruktion, um mit dem Erzbischof wegen seiner Resignation weiterzuverhandeln. Außer den früheren Zusagen heißt es darin, daß der Raitenauer mit Silbergeschirr, Tapezereyen und anderem so ausgestattet werden solle, daß er »verhoffentlich damit zufrieden sein und aines hochw. Domcapitls affection gegen dero Person merkhlich verspieren« werde. Wieder kam man zu keiner Einigung.

In der vierten Instruktion vom 8. November klingt schon Ungeduld über die festgefahrenen Gespräche an. Immer fallen dem Erzbischof neue, meist kleinliche Forderungen ein. Es wäre höchste Zeit, daß ein Domherr mit eigenhändig unterschriebenen und gesiegelten Briefen Wolf Dietrichs an den Papst, den Kardinal Borghese und seinen Anwalt Augustin Fumei nach Rom abgehen könnte. Als wieder kein endgültiges Resultat erzielt werden kann, halten es die Herren für das Beste, sich nach Hause zu verfügen.

Dabei wissen beide Teile – und spielen es gegeneinander aus – daß auch die Langmut Seiner Heiligkeit ein Ende haben könnte. Ein päpstlicher Kommissar in Salzburg, ein Prozeß und eine Resignation in die Hände des Papstes könnte allerlei Zukunftshoffnungen zunichte machen.

Auch die Stimmung unter der Bevölkerung trug nicht dazu bei, die Gemüter und Gewissen der nunmehrigen Machthaber zu beruhigen. So unbeliebt Wolf Dietrich von Raitenau bei vielen

Hochmögenden sein mochte, so populär hatte er sich durch sein fürstliches Auftreten, seinen Sinn für Gerechtigkeit, seine Großzügigkeit und seine Armenfürsorge gemacht. Er hätte nicht fliehen müssen, die Bevölkerung wäre zu ihm gestanden, hieß es und »das Kriegsvolk het gehrn gestritten«, schon um seine Ehre zu verteidigen, wäre aber vom Kapitel daran gehindert worden.[25] In Werfen verhaftete man den Hofapotheker Onuphrius Mony, weil er sich ungebührlich über die jetzige Regierung geäußert habe. In Mittersill gab es einen Aufstand lediger Burschen und der Pfleger Haunsperg von Radstadt weigerte sich, seinen Untertanen Beschwerden über Wolf Dietrich abzufordern, wie das in anderen Pflegen geschehen war. Er wolle mit diesem »wider einen Gesalbten angestrengten Prozess« nichts zu tun haben.[26] Ein Bänkelsänger namens Jörg Haider allerdings, der am Kampf um Tittmoning teilgenommen hatte, zog die Moral aus der Geschichte: Ihr geistlichen Potentaten / Gedenkt der armen Gmain / Ihr Bischof und Prelaten / Laßt euchs ein Warnung sein. / Lasset aus eure Hende / allhie auf dieser Erd / das weltliche Regimente / und braucht das geistlich Schwert!«[27] Im November 1611 ging es in Salzburg hinter den Kulissen ziemlich turbulent zu. Einerseits ließ der Bayernherzog die Domherren wissen, er wundere sich, daß die Botschaften nach Rom und Prag noch nicht abgegangen seien. Andererseits kündigte König Matthias die Ankunft eines Delegierten an. Und schließlich war der gefangene Erzbischof nicht tatenlos geblieben, hatte sich Geld und willige Diener zu verschaffen gewußt und intrigierte von Schloß Werfen herüber. Gerüchte von einer Sequestration des Erzstiftes durch das Haus Österreich verdichteten sich. Das scheuchte Maximilian ebenso auf wie das Kapitel. Dieses beschloß endlich, »dieweil die Bayrische für nottwendig halten«, mittels eines Kuriers Schreiben an Seine päpstliche Heiligkeit und an den Kardinal Borghese, der in Rom mit den Angelegenheiten Deutschlands befaßt war, zu übersenden. Es sollten aber »blosse generalia erzelt werden und beneben vertröstung geschechen, dass in wenig Zeitt ain Domherr nacher folgen werde.«
Von der Festung Werfen wird die meiste Dienerschaft abgezo-

gen, durch neue ersetzt und an einen Agenten namens Dr. Martin Rebmann in Prag ein Brief geschickt, welchen dieser Seiner Kaiserlichen Majestät übermitteln soll. Darin entschuldigt sich das Kapitel, daß es »durch allerhand eingefallene ungelegenheiten« bisher an der Berichterstattung verhindert worden sei. (Den Inhalt des Schreibens wörtlich anzuführen hält selbst der gewissenhafte Verfasser der »Kurtzen und Summarischen Verzaichnung« schon für überflüssig, weil ständig dasselbe Stroh gedroschen wird, und vermerkt nur, es wäre darin »wie oben in simili an anndere vermeldt« worden.)

Inzwischen trifft der Bote des Königs Matthias ein, Job Harttman Ennenkhel, ein oberösterreichischer Edelmann, und versetzt die Domherren in noch größere Unruhe durch seine Behauptung, Österreich besitze ein Vorschlagsrecht für die Salzburger Bischofswahl. Der Bericht Dr. Rebmanns aus Prag verstärkt solche Befürchtungen noch weiter. Zwar nicht der bereits todgeweihte Kaiser, wohl aber seine Räte kündigen für den Fall einer Neuwahl die Entsendung »besonderer commissarien« an. Auch werde der Hof einen »dem Haus Österreich wohl affectionierten« Kandidaten rekommandieren.

So befinden sich die Domherren vorzeitig mitten in einem hektischen Wettlauf um den noch gar nicht vakanten Bischofsstuhl. Im Lavieren sind sie geübter und geschickter als in tatkräftigem Handeln: wortreich versichern sie Matthias ihrer ergebensten Dienste und übergehen die Frage des »Jus advocatiae« (Empfehlungsrecht) wohlweislich mit völligem Stillschweigen. Berichte versenden sie in alle Himmelsrichtungen – nur nicht nach Rom. Als Kurier ist »der Schiltl«, wahrscheinlich jener Postmeister, der Wolf Dietrich seinen Verfolgern auslieferte, längst namhaft gemacht. Die Instruktion für ihn ist approbiert und ins Lateinische übersetzt, doch er bekommt keinen Marschbefehl. Von Tag zu Tag hoffen die Herren ja, Wolf Dietrichs Resignation als Faktum melden zu können – vorläufig noch immer vergebens. Aus diesem Grund wird der Verhandlungston immer frostiger. Man erklärt dem Gefangenen, das Kapitel habe schon mehr zugesagt, als es verantworten könne. Der Erzbischof solle »sich selber nitt vor dem liecht stehen.« Wo wolle er übrigens seine

Residenz nach erlangter Freiheit aufschlagen? In Mittersill oder lieber in Mühldorf? Man sähe es gerne, wenn er in der Nähe bliebe und spricht den Wunsch aus, daß er sich dann »seinem Stand nach und dem Stift unschimpfflich verhalten« würde. Das bedeutet: nicht mit Salome und den Kindern leben.

Am 13. November wird dem Erzbischof mitgeteilt, das Kapitel könnte sich gezwungen sehen, Mittel anzuwenden, »deren es lieber geübt sein wolle« – die erste Drohung. Zwei Tage später wird er von seinen Mitgefangenen getrennt. Auch Briefe dürfen nun nicht mehr hinausgehen. Am 18. November erklärt er sich bereit, zu resignieren, sobald man ihn freilasse – allerdings außer Landes, im oberösterreichischen Mondsee. Dahinter argwöhnt Maximilian eine Querverbindung zu dem Abgesandten des Königs Matthias. Offenbar kann die Bewachung in Hohenwerfen nicht streng genug gehandhabt werden. Darum soll Wolf Dietrich auf die Feste Hohensalzburg überstellt werden. Er erklärt sich damit einverstanden. Schließlich ist sie sein eigenes Hauptschloß.

In der Nacht vom 22. auf den 23. November 1611 wird der gefangene Erzbischof in der Kutsche des bayrischen Obersten Haslang von Werfen abgeholt und unter Bedeckung von 50 Musketieren morgens um fünf Uhr mit einem Arzt und seinem Kammerdiener »hinauf zum Nunnberger thor und an dem hochen Weg hinumb und auf das Hauptschloß auf ainer Gutschen mit sechs Pfärten gefürt ... damit ain hochwürdig Thumbcapitl in bei der Näche hette, mit ime zu handlen.«[28]

Wie gewohnt will er sich geradewegs in die Fürstenzimmer begeben, wird aber von dem bayrischen Rittmeister Herleberg grob daraus verwiesen. Herzog Maximilian hatte angeordnet, daß er von seinem Zimmer aus nicht auf die Stadt hinunter schauen dürfe. Das Volk hätte ihn sonst sehen und sich zu seinen Gunsten erheben können.

Bei einer Restaurierung des Schlosses Werfen im Jahre 1905 wurden an eine Wand gekritzelte Verse gefunden, die von Wolf Dietrichs Hand stammen sollen:

Gibt in der Welt viel Trug
Tue recht und fürcht die Lug

Damit ward ich wetrogen
Ich tat recht und ward verlogen.
Dazu noch die Worte:
Lieb ist Leydes Anfangkh,
über kurz oder lang. W. D.

13. KAPITEL

Silber, Gold und Juwelen

Die Domherren und der Bayernherzog wußten sehr wohl, was auf dem Spiel stand, wenn es dem Erzbischof gelänge, sein Gepäck in Sicherheit zu bringen. Schon am Tag vor seiner Flucht hatte Wolf Dietrich den größten Teil des Domschatzes und der Silberkammer in Fässer und Kisten schlagen lassen. Als er dann beim Steintor hinausritt, fuhren die Frachtwagen bereits dem Tauerngebirge zu. Wie das ganze Erzstift, mit dem er seit fast einem Vierteljahrhundert nach seinem Belieben geschaltet hatte, betrachtete er diese Schätze nicht wie ein ihm zur zeitweiligen Verwaltung anvertrautes Gut, sondern viel eher als sein persönliches Eigentum. Gerade im Fall der Silberkammer verlieh ihm die Tatsache, daß ihre schönsten und wertvollsten Stücke durch seine Initiative dahin gelangt waren, eine gewisse Berechtigung dazu.

Dem Raitenauer wurde von seinen Gegnern vorgeworfen, daß die Schulden des Erzstiftes zu Ende seiner Regierung um 160 000 Gulden höher waren als zur Zeit seines Antritts. Dieser – ziffernmäßig richtigen – Behauptung hätte er ein Mehrfaches an Greifbarem und dazu unmeßbare ideelle Werte entgegenstellen können. Damals allerdings wurden ihm die etwa 60 angekauften und abgerissenen Bürgerhäuser Salzburgs und die Abtragung des alten Münsters nicht als Wertzuwachs, sondern als sträfliches Zerstörungswerk angekreidet. Die glücklichen Ergebnisse seiner Stadtplanung genossen erst spätere Generationen.

Wolf Dietrich ist es zu danken, wenn statt einer mittelalterlich zusammengedrängten, unübersichtlichen Altstadt ein wohlgegliederter Raum mit weiten Dimensionen Distanz zur Würdigung der inzwischen berühmt gewordenen kirchlichen und profanen Gebäude gewährt und den Ausblick auf die umliegende Landschaft ermöglicht. Alexander von Humboldt, den seine Reisen um einen großen Teil der Welt führten, hätte Salzburg kaum zu einer der sieben schönsten Städte der Erde gezählt, wenn Dom, Residenz, Glockenturm, Paläste, Brunnen, Kirchen und Berge durch ein ungelockertes Winkelwerk verschlungener Gäßchen verborgen und der große Friedhof in der Stadtmitte bestehen geblieben wären.

Allein Wolf Dietrichs Vorarbeiten zur Durchforstung der Stadt verschlangen schon mehr als den inkriminierten Betrag. Den Dom- und Residenzschatz bezifferten die Kapitelsherren – wenn auch übertrieben – mit einer Million Gulden und führten so den Anklagepunkt des Schuldenmachens selbst ad absurdum. Aber zu dieser Zeit sprach man lieber von den hohen Beträgen, welche der Raitenauer für seine Brüder und seine Nachkommenschaft abgezweigt hatte, als vom Erwerb der Kostbarkeiten, die man selbstverständlich als dem Erzstift zugehörig betrachtete und die buchstäblich erst im letzten Augenblick vor der Beutelust bayrischer Soldaten in Sicherheit gebracht werden konnten. Doch Maximilian hatte seinen Truppen Disziplin beizubringen verstanden und über seinen strengen Befehl trafen die Frachtwagen mit dem Salzburger Schatz unter militärischem Geleit aus Werfen in der Hauptstadt ein. Die Offiziere, welche sie unversehrt ablieferten, wurden von den erleichterten Domherren mit der beachtlichen Summe von 500 Talern belohnt.

Bei Wolf Dietrichs Regierungsantritt bestand der Besitz des Doms und der »Kunst- und Wunderkammer« nur aus wenigen Stücken. Der Zierat für den Gottesdienst war ebenso bescheiden wie der für die erzbischöfliche Tafel. Wie die meisten Klöster und Stifte hatten auch die Salzburger Herren früh damit begonnen, eine Sammlung von Reliquien und anderen »Heiltümern«, meist Erinnerungsstücke an verehrungswürdige Personen, anzulegen. Diese erhielten Fassungen oder Hüllen, deren Material und kunstvolle Handarbeit ihren emotionalen Wert unterstrich. Reliquiare aus Edelmetallen, Holz- und Beinschnitzerei wurden von frommen und geschickten Händen ebenso angefertigt wie gewebte und gestickte Textilien. Nach und nach bereicherten wertvolle Kultgegenstände wie Leuchter, Weihbrunnkessel, Sakramentenhäuschen und Kelche diese anfängliche Sammlung. Derartig fried- und liebevolles Zusammentragen pflegte in

Kriegszeiten jäh unterbrochen zu werden. Dann zögerte man auch nicht, auf den Kirchenschatz wie auf eine Art eiserner Reserve zurückzugreifen. Als letzter kriegerischer Kirchenfürst vor Wolf Dietrich hatte Matthäus Lang von Wellenburg alles Wertvolle, das nicht niet- und nagelfest in den Gotteshäusern verankert war, zu Münzen prägen lassen, um die Schulden zu bezahlen, welche seine kostspielige Niederwerfung der Bauernaufstände verursacht hatte. Nur wenige Stücke von geringem Materialwert blieben erhalten, darunter Kelch, Pastorale und Pilgerflasche des heiligen Rupert. Matthäus selbst speiste, als er sich auf der Hohensalzburg verschanzte, keineswegs von Silber, sondern von Zinn wie ein einfacher Mann. So knapp war das Geld unter seiner Regierung geworden, daß er dem Stiftskustos Friedrich von Riesenbach befehlen mußte, »keines newen noch grossen gepews ... zu thun sich untersteen«. Auch durfte der Kustos »in derselben Kirchen nichts News machen lassen.« Wolf Dietrichs Einstellung ging genau in die gegenteilige Richtung. Gar nicht genug »News« konnte erstehen. Leider zeigte auch er wenig Sinn für das Schaffen der Vergangenheit, wie ja überhaupt zu dieser Zeit das Verständnis für Kunstwerke vergangener Epochen noch völlig fehlte. Einzig und allein die Schöpfungen der Antike wurden während der Renaissance geschätzt. Was danach kam, zählte nicht als eigenberechtigter Stil, an den neue Maßstäbe anzulegen waren. Werke der jüngeren Vergangenheit galten schlichtweg als veraltet und unmodern. Bedenkenlose Übermalungen, Verkleidungen, Benutzung früherer Arbeiten der Bau- und Bildhauerkunst als Materialquellen für neu zu Schaffendes legen davon Zeugnis ab. Selbst wenn jemand wie Johann Steinhauser von sich behauptete, ein »liebhaber alter antiquitäten« zu sein, lag dieser Einstellung nicht Kunstverständnis, sondern ausschließlich Pietät oder ein Gefühl für Tradition und das Hängen am Altvertrauten zugrunde. Sicher fand Wolf Dietrich den riesigen, massiv silbernen Passionsaltar, welchen der Salzburger Goldschmied Wolfgang Faust im Jahre 1466 angefertigt hatte, unschön und nicht der Erhaltung wert. Als er im Jahre 1597 weiteres silbernes Tafelgeschirr, Leuchter und Weihbrunnkessel bestellte, ließ er das wuchtige Stück ohne

Bedenken einschmelzen. Es wurden mehr als 110 kg Silber daraus gewonnen.

Anläßlich fast jeder Neubesetzung des Bischofsstuhles pflegte man in Salzburg ein Inventar der Schatzkammer anzufertigen, so auch am 21. Mai 1586, als Erzbischof Johann Jakob von Kuen-Belasi starb. Die Liste war seit Erzbischof Matthäus Lang nicht viel umfangreicher geworden. Jeder Erzbischof nach ihm hatte nur wenige Stücke angeschafft. Johann Jakob ließ die weltliche Sammlung von der Festung herunterschaffen und sie in einer Galerie der Residenz aufstellen. Sie bestand damals aus »vierzehn kuriosen Gefäßen« und einigem Silberzeug, dessen Prunkstück ein wunderbarer Weihbrunnkessel in klassischer Renaissanceform bildete. Diesen hatte Abraham Pfleger in Augsburg kunstvoll gefertigt.

Für Tischkultur hatten die Herren noch wenig übrig. Ein paar Trinkbecher, Schalen oder Leuchter aus glattem Silber, wenn es hoch kam, mit vergoldetem Rand – damit waren ihre Repräsentationswünsche und ihr ästhetischer Bedarf vollauf gedeckt. Aus der Zeit des Erzbischofs Leonhard von Keutschach war im Jahre 1586 nur mehr das vergoldete Legatenkreuz mit den Lilienenden vorhanden, das sich die Erzbischöfe bei feierlichen Gelegenheiten vorantragen ließen, von Matthäus weitere drei Stücke. Michael von Kuenburg hatte elf, Johann Jakob 21 Stücke hinzugekauft. Von Wolf Dietrichs unmittelbarem Vorgänger, Georg von Kuenburg, stammten zwölf dreieckige, vergoldete Salzfässer und sechs runde, silberne »Vischgetter« (Fischroste?).

Da dieser Erzbischof nur wenige Monate regiert hatte, unterblieb eine Neuaufnahme der Schatzkammer nach seinem Tod. Hingegen ordnete Wolf Dietrich eine solche für den 22. Mai 1607 an. Da kein äußerer Anlaß zu dieser Inventarisierung bestand, ist anzunehmen, daß der Raitenauer einmal schwarz auf weiß sehen wollte, was er in den 21 Jahren seit der letzten Bestandsaufnahme alles gekauft hatte und neu anfertigen ließ, zu welchem wahrhaft höfischem Umfang er den Schatz des Erzstiftes aufgestockt hatte.

Im Rahmen seiner im Jahre 1590 persönlich entworfenen »Hofstaatsordnung« hatte schon der junge Wolf Dietrich genaue Vorschriften für die Verwaltung der damals noch recht karg bestückten Silberkammer entworfen.[1] Zum verantwortlichen Aufsichtsorgan bestimmte er den Untermarschall oder »Stabelmeister«. Ihm sollten die Silberdiener und »credenziers« unterstehen, welche verpflichtet waren, Tische und Kredenzen ordentlich und geschmackvoll zu decken, das in der Küche benötigte Silbergeschirr zu zählen, auszugeben und nach Gebrauch und Reinigung wieder in Empfang zu nehmen. Allen nur möglichen Fleiß sollten sie daran wenden, daß das Tafelgerät weder beschädigt wurde noch abhanden kam. »Tischgewand und andere fahrnuss« wurde ihnen auf Grund des jährlich zu erneuernden Inventars ausgehändigt. Sie sollten die Silberkannen mit Wasser füllen, den Nachtisch in die dazu bestimmten Schalen ordnen und sogar die Kerzen »trewlich verrechnen«. Dafür erhielt der erste Credenzier 60 Gulden Jahresgehalt, seine Gehilfen 30.

Außer der Kirchenzier und der Ausstattung der fürstlichen Privatkapellen wurde also in der Silberkammer vor allem das Tischgerät des erzbischöflichen Haushaltes evident gehalten und verwaltet. Von dort forderte die Küchenmeisterei die jeweils benötigten Leuchter, Konfektschalen, Tortenaufsätze und Servierplatten für die Hoftafel an. Diese Stücke waren zum größten Teil mit »Seiner hochfürstlichen Gnaden Erb- und Stiftswappen«, also dem Raitenauwappen, kombiniert mit dem Salzburger Löwen, gemerkt.

Nachdem auch nach dem Jahre 1607 weitere Anschaffungen von Wolf Dietrich vorgenommen wurden, gibt erst die Inventur, welche das Domkapitel anläßlich der Wahl von Erzbischof Marcus Sitticus im März 1612 vornahm, einen vollständigen Überblick über alle kostbaren Gegenstände, welche der Raitenauer gekauft und in Auftrag gegeben hatte. Ebenso wie das Inventarverzeichnis von 1607 bestätigte Hofrat Dr. Thomas Perger auch diese Aufstellung mit seinem Namenszug. Damals wurde im Beisein des Domdechanten Johann Krafft von Weittingen, des Kustos Marquardt von Freyberg und des Anwalts Albrecht von Thörring »alles und jedes Silbergeschirr, so sich in der hochfürstlichen Silberkammer befindet, aus verordnung eines hochwirdigen Thumb Capitels« aufgenommen.

Von den 96 Positionen dieser Aufstellung, deren manche ganze Service oder Garnituren umfassen, stammen mehr als zwei Drittel von Wolf Dietrich. Der Ursprung der Gegenstände ließ sich damals noch durch das jeweilige Bischofswappen oder durch Überlieferung leicht bestimmen.

Zur leichteren Überschaubarkeit wird heute der Schatz des Salzburger Erzbistums in drei Gruppen aufgegliedert: die alten »Heiltümer« und kirchlichen Geräte, die Gegenstände der »Kunst- und Wunderkammer« und die Stücke, die dem täglichen Gebrauch und der Repräsentation in der erzbischöflichen Hofhaltung dienten.

Das Wenige, was der Raitenauer vorgefunden hatte, war hauptsächlich den ersten beiden Kategorien zuzuzählen gewesen. Neben den Reliquien und Kultgegenständen hatten schon frühere Erzbischöfe, vor allem aber Wolf Dietrich selbst, Kuriositäten erworben, deren Sammlung unter den Fürsten der Zeit einem Modetrend entsprach. Besonders Kaiser Rudolf II. in Prag und Erzherzog Ferdinand auf Schloß Ambras bei Innsbruck erwarben Straußeneier, Haifischzähne, Kokosnüsse, Büffelhörner, Riesenmuscheln und seltene Hölzer. Phantasievoll legte man diesen Gegenständen die Herkunft von Drachen, Einhörnern oder Greifen zu, ließ sie in Silber gefaßt zu Kannen und Pokalen montieren und glaubte an ihre Heilwirkung gegen Gifte.

Solche »Greifeneier«, Meerschnecken und »indianischen Nüsse« in Silberfassung fügte auch Wolf Dietrich dem Schatz des Erzstiftes hinzu, vor allem aber sorgte er dafür, daß genügend Besteck für die erzbischöfliche Tafel bereitlag. Sein erster Hofgoldschmied hieß Jonas Ostertag, ein guter Handwerksmeister, der Dutzende von Löffeln, Messern und den »Pirons« genannten Gabeln anfertigen mußte. Die letzteren waren als neue Mode zuerst in Paris hergestellt worden. In Salzburg bewiesen sie den vorurteilsfreien Sinn des neuen Erzbischofs, der das Unheil nicht fürchtete, welches angeblich aus diesen Hexenwerkzeugen entstehen konnte.

Bis zu seinem Tod im Jahre 1601 arbeitete Ostertag fast ausschließlich für den Bischofshof. Ihm wurde viel altes, schadhaftes Silberzeug übergeben, das er einschmelzen und neu formen sollte. Noch seine Witwe lieferte Bestecke, Becher und Leuchter aus, die er begonnen hatte, und die seine Gehilfen fertigstellten. Silbergeschirr ausländischer Herkunft kaufte Wolf Dietrich erstmals auf dem Reichstag von Regensburg 1594. Über Auftrag des Fürsten lieferte der Augsburger »Silberkramer« Bartlmee Fesenmayr »zwölf kleine silberne und ganz vergulte Schalen von getriebener Arbeit« und 24 geätzte Silberschalen, »daran die Zier verguldt«, nach Salzburg. Etwa gleichzeitig brachte Paul Endris 52 Besteckteile in die Silberkammer, die wahrscheinlich sein Bruder Hans Endris hergestellt hatte. Dieser Goldschmied arbeitet später als »Münzwardein«, d. h. Prüfer, in der erzbischöflichen Münze, während Paul Endris 1608 Zahlmeister in Salzburg wurde. Schon ab 1597 arbeitete auch Hans Mentz aus Fulda für den Midas von Salzburg, ferner Hermann Weber aus Köln, der 1605 das Salzburger Bürgerrecht erhielt und im Jahre 1606 als »hochfürstlicher Goldschmied« zehn viereckige, vergoldete Salzfässer mit dem hochfürstlichen Erb- und Stiftswappen ablieferte. Wenn auch die Hoftafel den Beamten und Domherren nicht mehr jederzeit offenstand, da Wolf Dietrich schon bald nach seinem Regierungsantritt erklärt hatte, nur mehr »nach seiner gnädigen Gelegenheit« in ihrer Gesellschaft speisen zu wollen, traf er viele Anordnungen, was zu geschehen habe, falls vornehme fremde Herrschaften ankämen und bewirtet würden. Für solche Anlässe wurde so prächtiges Tafelgerät angeschafft, daß noch viele spätere Erzbischöfe mit den Erwerbungen Wolf Dietrichs prunken und höchste Bewunderung ernten konnten. Der großzügige und dekorative Lebensstil, den der Erzbischof schon in jungen Jahren pflegte, erforderte Kult- und Gebrauchsgegenstände von so kunstvoller Fertigung, daß ihr der brave Meister Ostertag offenbar nicht gewachsen war. Nach seinem Tod suchte Wolf Dietrich einen Nachfolger und fand deren gleich zwei: die begabten Goldschmiede Hans Mentz und Hans Karl. Das erste Stück aufwendiger Kirchenzier war eine vergoldete und mit Edelsteinen besetzte Monstranz. Es folgte ein prächtig gebundenes Meßbuch, ein Ziborium, ein Kelch von purem Gold, viele Leuchter, Kruzifixe, Weihbrunnen und Ampeln aus Silber, eine goldene Kreuzigungsgruppe und schließlich noch ein Reliquiar mit der in einem Strahlenkranz auf der Mondsichel stehenden Madonna, ein Werk des Augsburgers Johannes Lencker, dessen Lieferung Wolf Dietrich vermutlich nicht mehr selbst in Empfang nehmen konnte. Für Hans Mentz sprechen in Salzburg nur seine Werke, doch über das Leben von Hans Karl sind ziemlich genaue Einzelheiten bekannt. Er stammte aus einer Nürnberger Goldschmiedfamilie und soll als junger Mann etwas über die Stränge geschlagen haben. Daß er das Vaterhaus deshalb verließ, klingt wahrscheinlich, weil er auch weiterhin einigen Eigenwillen bekundete. Von der Salzburger Goldschmiedezunft wurde er nicht gerade mit offenen Armen empfangen. Der Erzbischof – und eine junge Salzburgerin – vermochten ihn dennoch an diese Stadt zu fesseln. Laut hofrätlichem Bescheidbuch suchte er am 20. Oktober 1599 um das Salzburger Bürgerrecht an und bewarb sich auch um Aufnahme in die Zunft. Am 15. November 1600 heiratete er die »tugenthafte jungfrau Magdalena Hoffmanin«. Die Hochzeit fand sehr vornehm in der Franziskanerkirche statt, die damals als Domkirche fungierte. Trauzeugen waren die Herren Tobias und Samuel Alt, Salomes Onkel und Bruder – ein Zeichen der Wertschätzung für den noch jungen Meister. Das Kindlein, das die tugendhafte Jungfrau bereits am 13. Jänner 1601 gebar, hob der Kammerdiener Wolf Dietrichs Matthäus Janschitz aus der Taufe, welcher nachgerade eine gewisse Übung in diesem Ritus erlangt haben muß.

Obwohl Hans Karl schon damals als der »wolachtbare und fürnemb Johann Karl, Goldarbeiter allhie« bezeichnet wurde, nahm ihn die Zunft noch immer nicht als Meister an. Sie hatte verschiedenes an dem Nürnberger auszusetzen: er arbeitete nur in Gold und nicht auch in Silber, hielt keinen offenen Laden und sollte endlich auch sein Versprechen wahr machen, und ein Meisterstück anfertigen. Karl antwortete wahrheitsgetreu, daß er mit den Arbeiten für Seine Hochfürstliche Gnaden dermaßen beschäftigt sei, daß ihm für ein Meisterstück keine Zeit bliebe. Nach den strengen Regeln konnte er also nicht in die Zunft aufgenommen werden und arbeitete weiterhin als ein sogenannter »hofbefreiter Meister«.

So viel Freude Schätze an Gold- und Silbergerät, Schmuckgegenstände für Leib und Gemach und andere köstliche Überflüssigkeiten durch ihren Besitz oder sogar schon durch ihre bloße Betrachtung erwecken können, so monoton wirkt es, sie aufzuzählen und ihr Aussehen zu beschreiben. Die Inventarverzeichnisse der Salzburger Silberkammer lesen sich noch trockener als Ausstellungskataloge. Wie diese dienten sie ja auch rein sachlichen Zwecken. Ihren historischen Wert erhielten sie erst durch die Tatsache, daß die wenigsten Stücke, welche im Jahre 1612 inventarisiert wurden, ihren angestammten Platz in Salzburg behielten. Das wechselvolle Schicksal des Erzstiftes zu Beginn des 19. Jahrhunderts verstreute sie über Europa, manche davon – ebenso wie Teile von Wolf Dietrichs Prunkrüstung – bis nach London und St. Petersburg. Im Jahre 1803 kam das säkularisierte Erzstift als Kurfürstentum unter die Regierung Ferdinands III. von der Toskana, der jedoch nur zwei kurze Jahre dort bleiben durfte. 1805 entnahm Ferdinand der Salzburger Silberkammer die schönsten und wertvollsten Kunstgegenstände, soweit sie nicht rein dem Gottesdienst vorbehalten waren, und brachte sie auf dem Umweg über Würzburg im Jahre 1814 mit in sein heimatliches Florenz. Die kaiserlich-habsburgischen Beamten fanden, als sie im Namen Österreichs die Regierung in Salzburg übernahmen, nur mehr etwas Mobiliar, Münzen und einige Gegenstände aus Bergkristall vor. »Soweit sie einen Platz im kaiserlichen Kabinett verdienen« wurden diese nach Wien geschafft. Die wenigen Stücke sakralen Charakters mußten auch die Habsburger der Domkirche ihres neuen Kronlandes belassen. Auf diese Weise gelangte der überwiegende Teil von Wolf Dietrichs Silber- und Goldschatz in die Sala d'Argenteria des Palazzo Pitti in Florenz. So bedauerlich der Verlust für Salzburg ist, wird er doch durch die Freude gemildert, fast die ganze Sammlung dort geschlossen – und kürzlich neu geordnet – beisammen zu sehen.[2] Trotz seines schon damals hohen Wertes kam der Schatz im Jahre 1611 allerdings nicht annähernd auf jene Million Gulden, welche die aufgebrachten Domherren dem Bayernherzog angegeben hatten, um ihn zur Verfolgung anzuspornen. Heute ist er von unschätzbarem Wert.

Alles für den Profangebrauch Bestimmte, vor allem Tafelge-schirr und Leuchter, aber auch die Kreuzigungsgruppe aus purem Gold und ein hohes, silbernes Standkreuz, welches das Raitenauwappen trägt, war in die Toskana gewandert. In Salzburg blieb von Wolf Dietrichs Anschaffungen vor allem die erwähnte Monstranz, das Meßbuch und das Ciborium, der Speisekelch. Das Missale wurde im Jahre 1596 bei Plantin in Antwerpen gedruckt und in goldgepreßtes Schweisleder gebunden. Rükken und Schließen sind aus Silber. Seine Schönheit und seinen ungewöhnlichen Wert verdankt es den Einbanddeckeln, welche in Goldemail auf Silber gearbeitet sind und mit großer Wahrscheinlichkeit Hans Karl zugeschrieben werden. Noch heute leuchtet in ungebrochenen Farben das große (gebesserte) Raitenauwappen mit Kugel, Federhüten und Löwen, vom Legatenhut gekrönt und von einem Engel gehalten. Ein lockeres Geflecht zarter Emailranken und vergoldete Rahmenleisten ordnen sich diesem dominierenden Wappen unter.

Obwohl Monstranz und Speisekelch hinsichtlich ihrer Entstehungszeit nicht weit auseinanderliegen, geben sie eine ausgezeichnete Darstellung der eben im Gang befindlichen Stilwandlung. Der klare, architektonische Aufbau der Scheibenmonstranz zwingt förmlich den Blick auf die rundgerahmte und darüber mit einem Vierkant aus Arabesken gezierte Hostie. Den Gläubigen wurde das Allerheiligste neuerdings in einer solchen Monstranz besser sichtbar zur Schau gestellt als in den früher gebräuchlichen Sakramentenhäuschen. Die Monstranz trägt am Fuß das einfache Raitenauwappen, das Wolf Dietrich bis 1594 verwendete. Das Wappen ist in dunkelblauer Emailarbeit angefertigt und die Monstranz selbst mit Amethysten, Saphiren, Smaragden, Citrinen und Granaten besetzt.

Auch das Ciborium besteht aus vergoldetem Silber, doch ohne Edelsteinbesatz. Dafür sind Fuß, Kelch und der von einem Kruzifix gekrönte Deckel mit reicher Treibarbeit bedeckt, welche bereits unverkennbar den manieristischen Stil aufweist.

Als Kultgegenstand von großer Schönheit blieb in Salzburg ein Reliquiar aus silberbeschlagenem Ebenholz. Das eigentliche Behältnis dient als Postament für eine edle Madonnengestalt aus gegossenem und getriebenem Silber. Die Mutter stützt nur ganz leicht das beinahe schwebende Kindlein, sie steht auf der Mondsichel und ist durch eine goldene Flammengloriole, welche ihre ganze Figur umgibt, ins Überirdische erhoben.

Noch deutlicher als durch solche künstlerisch geformten Gegenstände für den sakralen Bereich werden Geschmack und Lebensstil dieses Fürsten, sein ästhetischer Bedarf und seine Selbsteinschätzung durch jene Geräte offenbar, die er für seinen persönlichen Gebrauch und zur bewunderten Augenweide seiner Gäste anfertigen ließ oder heranschaffte. Obwohl den alten Chroniken zu entnehmen ist, daß nicht allzu häufig bedeutende Persönlichkeiten von jenseits der Grenzen anreisten, beflügelte die Vorstellung, daß »fremde Herrschaften ankumen mögen« die Phantasie des Erzbischofs und spornte ihn zu weiteren Käufen und Bestellungen an. Je älter er wurde, desto mehr Wert legte er auf die Pracht der Hofhaltung. Auf Grund einer verständlichen Polarität pflegt mit dem Schwinden der eigenen Jugendfrische das Bedürfnis nach äußerer Schönheit zu wachsen. Blumen, Bilder, liebliche Landschaften, Kinder und wohlgestaltete, junge Menschen, Kunst- und Bauwerke, gewählte Einrichtung und schmückende Kleidung schätzt gerade der Gereifte zwischen fliehender Jugend und müder Resignation am meisten und genießt sie am intensivsten. Die edelsten, kostbarsten, mit wählerischer Sorgfalt erworbenen Stücke aus Wolf Dietrichs Silbersammlung stammen dementsprechend aus den Jahren nach 1600.

Bis zu diesem Zeitpunkt hatte der Erzbischof tüchtige, aber nicht hervorragende Meister beschäftigt, die aus Salzburg stammten oder dahin zuwanderten: den unermüdlich werkenden Ostertag, Hermann Weber, Hans Endris und seit 1597 auch den begabten Hans Mentz aus Fulda. Den großen Wurf tat er dann – sicherlich bewußt –, indem er Hans Karl aus Nürnberg anstellte.

In Florenz wurde eines der schönsten und wertvollsten Stücke aus der Salzburger Schatzkammer, eine reingoldene Pilgerflasche, zur Gänze mit subtilster Emailarbeit überfangen, lange Zeit als Arbeit Benvenuto Cellinis angesprochen. Die Medici hätten sie in Auftrag gegeben, hieß es. Diese Flasche war zusammen mit ebenfalls in Gold und Emailarbeit hergestellten Trinkschalen als »Garnitur einer Reiseflasche mit vier Henkelschalen« etikettiert. Offenbar untersuchte niemand die kostbaren Stücke genauer und niemandem fiel das Mißverhältnis zwischen einer Flasche, die kaum mehr als einen halben Liter faßt zu den vier verhältnismäßig großen Trinkgefäßen auf. Höchstens zwei davon hätten aus der Pilgerflasche gefüllt werden können. Es nahm sich auch niemand die Mühe, die Wappen zu deuten, welche die Henkelschalen deutlich sichtbar in Emailarbeit trugen. Diese Emailarbeit oder »geschmelzte Lasur«, wie sie damals genannt wurde, war eine französische Spezialität und hochgeschätzter Zierat, der nun auch im übrigen Europa angefertigt wurde. Ihre zarte und farbenfrohe Technik eignete sich außer für Ornamente besonders für die Anfertigung kleiner Wappenschilder, die auch fertig gekauften Stücken als Zeichen stolzen Besitzes nachträglich angefügt wurden.

In einer Arbeit über Cellini wies E. Plon 1883 erstmals darauf hin, daß diese »Garnitur« nicht von dem italienischen Meister stammen, sondern eher süddeutscher Herkunft sein dürfte. Sein in Paris erschienener Aufsatz fand jedoch wenig Beachtung, und erst 1928 erregte die Veröffentlichung des deutschen Kunsthistorikers Walter Holzhausen, welche im »Pantheon« erschien, größeres Aufsehen. Holzhausen hatte die damals nicht leicht zugängliche »Sala d'Argenteria« im Palazzo Pitti besuchen dürfen, untersuchte einige Stücke genau und fand im Deckel der Pilgerflasche die Inschrift »Hans Karl fecit 1602«. Die laut Beschreibung des Salzburger Inventars von 1612 »ganz guldene Flaschen von geschmelzter Arbeit mit Erzbischof Wolf Dietrich Wappen« war damit identifiziert. Sie ist das kunsthandwerklich wohl bedeutsamste Werk, das der Erzbischof bei Hans Karl in Auftrag gab.

Immer noch blieb jedoch die Version einer »Reisegarnitur« aufrecht, und erst in den letzten Jahren konnte die Entstehungsgeschichte der Henkelschalen aus Gold und Emailarbeit aufgedeckt werden. Infolge der Ähnlichkeit von Stil und Dekor wird ebenfalls Hans Karl als verfertigender Goldschmied angenommen, doch entstanden die Schalen weder zugleich noch in irgend einem Zusammenhang mit der Flasche. Ihre Schaffung hängt vielmehr eng mit dem Salzburger Goldbergbau zusammen, wie Dr. Johannes Moy 1967 nachweisen konnte, und ihr Ursprung geht – etwas ungewöhnlich – auf Steuererleichterungen zurück.

Unter Wolf Dietrichs Vorgängern brachte der Goldbergbau noch reiche Erträgnisse, wie die vollgültigen »Rübler« beweisen, die Erzbischof Leonhards Keutschacher Wappen tragen. Das Jahr 1577 stellte einen Höhepunkt dar: der Ertrag von Gold- und Silberbergwerken soll zusammen 543 000 Gulden erbracht haben. Von da an sank die Ausbeute der überforderten Gruben. Dazu kam, daß die Bergknappen zum Teil aus Deutschland zugewanderte Protestanten waren, die religiöse Verfolgungen befürchteten. Schon war der Stand der Bergleute von 500 auf 200 herabgesunken. Um sie nicht vollends aus dem Land zu treiben, bot der Raitenauer den Gewerken einen Vertrag an, welcher besondere Freiheiten enthielt. Da die Zeit seiner religiösen Toleranz bereits angebrochen war, konnte er Konzessionen machen, ohne über den eigenen Schatten zu springen. Der Vertrag, welchen die Gewerken mit Gegenrevers vom 28. Dezember 1602 annahmen, gestand den Bergleuten zu, »dass sy der religion halben über iren willen unangestrengt sollen verbleiben.«[3] Durch diesen Vertrag wurden die Gewerken außerdem zu Eigentümern der bisher erzbischöflichen Bergwerksanteile, mußten jedoch ein Zwanzigstel des erschmolzenen Edelmetalls abliefern. Den durstigen Bergknappen dürfte es gleich geblieben sein, für welchen Herrn sie arbeiteten. Ihnen war eine andere Vertragsstelle viel wichtiger, in der es hieß: »Gleicher gestalt und eben messig befreien Wir sy aus sonder gnaden sovil iren pergwerchshandel und ire personen anbelangt, des umbgeltes bei den drei gelegnen Gastein, Rauris und Lendt mit diser geding und vorbehalt, dass sy an statt und für dasselbig unns jerlich zu Ruperti im Herbst ain gantz gulden tringkhgeschirer von 200 cronen in goldt ausser des macher lohns allhie peehren und übergeben sollen lassen, und dass sy solches auf nechstkument jar 1603 würgkhlich anfachen.«
Bei dem »umbgelt« handelte es sich um die 1587 eingeführte

Getränkesteuer und insgesamt um ein originelles Tauschge-
schäft: der Erzbischof erließ den Bergleuten die Getränkesteuer,
doch mußten sie ihm dafür jährlich ein goldenes Trinkgefäß
schenken. Bestimmt überließ er ihnen nicht blindlings die Auswahl des Meisters, sondern empfahl dazu seinen begabtesten
und geschicktesten Hofgoldschmied: Hans Karl.[4]
Wurde die erste Schale vertragsgemäß am Rupertitag 1603 geliefert, so hätten neun davon bis zur Erstellung des Inventars von
1611 zusammenkommen müssen. Marcus Sitticus hob den Vertrag mit den Gewerken im Jahre 1614 auf, verlangte aber noch
die Lieferung der Schale für das Jahr 1613. Insgesamt müßten
also elf Schalen angefertigt und geliefert worden sein. Schon im
Inventar von 1612 scheinen aber nur fünf goldene Trinkgefäße
auf. Eine Goldschale schenkte Wolf Dietrich seinem Bruder Rudolf. In einer Welspergschen Aufstellung vom Jahre 1630 findet
sie sich noch als »die ganz guldine niedre Schallen mit zway
handtheben mit Raitenauschem Wappen.« Zwei Schalen kamen
später unter den Regierungszeiten der Erzbischöfe von Lodron
und Guidobald von Thun abhanden. Ein sehr ähnliches Stück,
die sogenannte Radziwillschale – benannt nach dem Wappen,
das sie trägt – beherbergt die Schatzkammer der Münchner Residenz. Ob dieses Wappen auf einer Raitenauischen Schale später
angebracht wurde, ob Wolf Dietrich noch weitere Schalen verschenkte, ob etliche auf seiner Flucht verschwanden oder – etwa
in schlechten Bergbaujahren – gar nicht geliefert wurden, sind
noch zu klärende Fragen.
Von den vier im Palazzo Pitti befindlichen, gleißenden Schalen
tragen drei das unverwechselbare Raitenauwappen mit der
schwarzen Kugel, die vierte den hohenemsischen Steinbock des
Erzbischofs Marcus Sitticus. K. Rossacher rechnet diese Henkel-
gefäße zu den schönsten Goldemailarbeiten ihrer Zeit. Obwohl
sie einander ähneln, sind sie weder in Form noch Verzierung
vollständig gleich. Die eine ist breiter geschwungen, die andere
mit steilerem Rand geformt, die Höhe variiert ebenso wie die
Henkel, welche in Form von Drachen, Greifen oder weiblichen
Torsi gestaltet sind. Auch das zarte Dekor ist auf jeder Schale
anders. Neben Jagdmotiven, Genien, Symbolen der Musik und

anderer fröhlicher Unterhaltung finden sich beziehungsvolle Szenen aus dem Bergmannsleben: zipfelmützige Knappen hakken, graben und winden Gestein empor und deuten damit die harte Arbeit an, welcher die Schalen ihr strahlendes Leben verdanken.

Aber – wie schon die Salzburger Goldschmiedezunft beanstandet hatte – Hans Karl arbeitete nur in Gold und nicht auch in Silber, und nachdem Wolf Dietrich durch die ersten Lieferungen aus Augsburg im Jahre 1594 mit Werken des dortigen Meisters Paul Hübner Bekanntschaft gemacht hatte, entwickelte er eine Vorliebe für dessen üppig ornamentierten Stil, der besonders in großen Tafelaufsätzen, Becken und Kannen reich und prunkvoll zur Geltung kam.

Um das Jahr 1600 hatte Augsburg das lange dominierende Nürnberg als Entstehungsort kunstvoller Goldschmiedearbeiten bereits überflügelt. Jetzt waren die Augsburger Meister die berühmtesten und ihre Werke die gesuchtesten in ganz Deutschland. Neben großen Begabungen fehlte in Salzburg auch der Kontakt zur Welt und ihrer Geschmacksänderung. Neue Techniken waren entstanden, die neues Handwerkszeug verlangten: Gußmodelle für Henkel und Füße, Vorlagen für Ornamente und Bleiplaketten für Schalenböden. In Augsburg gab es nicht nur das alles, sondern neuerdings auch Spezialisten für die einzelnen Arbeitsgebiete wie Modelleure, Gießer, Graveure, Ornamentenstecher, Ziseleure und vor allem Emailleure.

Solange Wolf Dietrich die Regierung des Erzstiftes Salzburg innehatte, ergänzte er den Silberschatz von Dom und Residenz immer noch weiter und bestellte sämtliches Prunkgeschirr für die Hoftafel in jenem oft überladenen Reliefdekor, welches sinnfälligsten Ausdruck des Manierismus bildet. Lassen sich die einzelnen Stücke auch nicht immer mit Sicherheit bestimmten Meistern zuordnen, so war doch eine geschlossene Linie durch den Geschmack des Bestellers gegeben. Der Raitenauer hatte den Schritt vom Sammler zum Mäzen vollzogen, zu einem jener Männer, die durch ihre Auswahl Stilrichtung und Kunstverständnis ihrer Zeit prägten und sie der Nachwelt überlieferten. Dabei bevorzugte der Erzbischof Gegenstände, die ihm als Symbole eigener Macht und persönlichen Reichtums gelten konnten; er liebte deren Schaustellung mit jener, der Renaissance eigenen hellenistischen Freude am Leben und dessen Gütern, die seine geistige und emotionelle Heimat war. Wie für alle Renaissancefürsten bildete auch für ihn der Sonnenglanz des Goldes eine unwiderstehliche Faszination. Wenn schon nicht alles, was er erwarb, aus purem Gold sein konnte, so wurden Silbergegenstände wenigstens teilweise vergoldet. Welche Kluft trennte diesen Salzburger Fürsten von dem Begründer des Erzstiftes, dem heiligen Virgil, der nur ein einfaches silbernes »V« auf sein Siegel setzte!

Von der im Palazzo Pitti aufbewahrten Sammlung an Salzburger Tafelsilber tragen 61 Stücke das Augsburger Beschauzeichen. Den überwiegenden Teil davon fertigte Paul Hübner an, der sich auf Treibarbeit spezialisiert hatte. Es handelt sich um 54 Kredenzschalen, drei Kannen mit den dazu passenden Becken und einen Krug aus Muranoglas mit vergoldeter Silbermontierung, der auf dem Deckel das gebesserte Raitenauwappen trägt. Die 54 Kredenzschalen sind im Salzburger Inventar von 1612 in drei Positionen aufgegliedert: »zwölf kleine silberne und ganz verguldte Schalen von getriebener Arbeit«, »drei Tutzet silberne, innen und aussen verguldte Schalen von getriebener Arbeit«, und sechs von Cornelius Erb gefertigte »silberne, ganz vergulte Credenzschallen mit Ihr hf. Gnaden Erb- und Stiftswappen.« Einem barbarischen und eitlen Brauch folgend entfernten spätere Besitzer die Wappen am Boden der großen runden Becken und ersetzten sie durch glatte Silberplatten.

Auch die wohlgeformten Krüge mit ihren schlanken Hälsen – sogenannte Dekanter – schmückte Paul Hübner mit mythologischen Szenen. Solches Kokettieren mit antiken Kulturen, besonders den Mysterienreligionen, entsprach einer gerne zur Schau getragenen snobistischen Mode der Spätrenaissance. So zeigt die überschäumend reiche Treibarbeit der Schalen und Servierplatten in seltsamer Verquickung Christus, der an Stelle von Orpheus wilde Tiere durch Leierklänge zähmt, und auf dem Silberfuß des Muranokruges sind lateinische Distichen eingraviert, welche ihn dem Dienst Apolls ebenso wie dem seines nunmehrigen Besitzers, des Fürsten Theoderich mit seinem »neuen Gott« und seinen Gästen widmet.

Manchen Objekten aus massivem Silber und in künstlerisch bemerkenswerter Form konnte Kurfürst Ferdinand offenbar nicht widerstehen, obwohl sie dem Kirchendienst zugeordnet waren, und nahm sie mit in die Toscana: Hohe Leuchter, ein schweres, silbernes Standkreuz und ein Retabel. Die Altartafel zeigt auf teilweise vergoldetem Silber die Wiedergabe einer »Maria im Rosenhag« von Kaspar Memberger, der Dürers »Madonna mit den Tieren« zum Vorbild gedient haben dürfte. Die Gravüre ist von sechzehn Motiven aus dem Madonnenleben nach Stichen niederländischer Meister umgeben und in Ebenholz gerahmt.

Das fast mannshohe Standkreuz, welches Hans Mentz zugeschrieben wird, trägt noch das alte Raitenauwappen mit der einfachen schwarzen Kugel, die vier etwa 70 cm hohen Altarleuchter schon das gebesserte, quartierte Wappen. Und auch das wahrscheinlich wertvollste Stück des gesamten Salzburger Schatzes hatte Ferdinand unbekümmert mit sich genommen, eine Kreuzigungsgruppe, aus reinem Gold getrieben und gegossen, die Paul von Vianen zugeschrieben wird, jenem Angehörigen einer berühmten niederländischen Goldschmiedsfamilie, der im Winter 1602 durch Salzburg reiste, dem dort ein Sohn geboren wurde, welchen der Erzbischof selbst aus der Taufe hob, und der einige Landschaftsskizzen der Residenzstadt zeichnete.

Über diese kunstvollen Gold- und Silberschmiedarbeiten hinaus schaffte der Fürst unablässig neue Gebrauchsgegenstände aus den edlen Materialien an: Flaschen, Becher, Ampeln, Rauch- und Weihwassergefäße, Teller und Bestecke, Blumenvasen, Salzfässer, Tischglocken, Krüge aus Bergkristall in Silbermontierung, ja sogar eine silberne Bettpfanne, und einen dickmäuligen, aus Silber getriebenen Delphin, der als Wasserspender diente.

Das einzige, nachweislich aus Wolf Dietrichs Besitz stammende Stück im Wiener kunsthistorischen Museum ist ein Krug aus geflammtem, rötlichem Jaspis, eine Mailänder Arbeit, die wahrscheinlich in der Werkstätte Saracchi um 1580 entstand.[5] Der Deckelknauf des als »Raiger« bezeichneten Gefäßes besteht aus einem etwa zollgroßen Miniaturdrachen, dessen Leib eine in Email gefaßte längliche Barockperle bildet. Auch der goldene Fuß des Schaugefäßes ist mit Perlen, Edelsteinen und Emailarbeit verziert. An der Kehle zeigt das gevierte Raitenauwappen, ebenfalls in Goldemail, den früheren Besitzer an, der dieses Signum wahrscheinlich erst in Salzburg anbringen ließ und das kostbare Gefäß – vermutlich als Geschenk – nach Wien schickte. Dort scheint es bereits in dem Inventar auf, das im Jahre 1619 nach dem Tod von Kaiser Matthias in der Wiener Schatzkammer angelegt wurde.

Im Besitz beziehungsweise der Hinterlassenschaft Wolf Dietrichs fanden sich auch – etwas ungewöhnlich für einen Erzbischof – »fünf ganz guldene Rosen mit Diamant, Robin und Saphier versetzt«. Wahrscheinlich waren die Blumen als Geschenk für Salome bestimmt, die schon eine große Anzahl solcher Rosen aus Goldemail besaß. Der geistliche Hausherr hatte ja stets Wert darauf gelegt, daß seine schöne Lebensgefährtin prächtig geschmückt und gekleidet an der Hoftafel erschien, und damit noch den besonderen Unwillen seiner Feinde erregt. Wie reich die Familie des Fürsten ausgestattet war, wie sehr es Wolf Dietrich liebte, wenn Gewänder in leuchtenden Farben und aus kostbaren Materialien Salomes Schönheit unterstrichen, geht aus einer Aufstellung hervor, die über den Inhalt von Salomes Fluchtgepäck gemacht wurde, als auch dieses nach Salzburg zurückgebracht und inventarisiert wurde. Noch zu Ende des 19. Jahrhunderts – der Zeit, welcher Kronprinz Rudolf »Weihrauchgestank« nachsagte –, wurde alles, was mit Wolf Dietrich zusammenhing, als so anstößig empfunden, daß diese Aufstellung ohne Namensangabe als »Verzeichnis von Kleidern und Wertsachen einer adeligen Frau und ihrer Kinder aus dem Anfange des 17. Jahrhunderts« überschrieben ist.[6]

Derselben Chronik zufolge wurde das teilweise vergoldete Silbergeschirr des Schlosses Altenau mit 2865 Gulden bewertet. Sicherlich nahm Salome allen persönlichen Schmuck auf die Fahrt ins Ungewisse mit. Demnach besaß sie 25 Ringe mit Edelsteinen und 34 ohne Steine, 72 goldene Rosen mit Perlen, »auf blauen Daffet geheftet«, noch weitere 207 goldene Rosen und 61 »kleine guldene Rösl mit Perlen«, dazu noch »35 Haar-pändter mit guldenen Rosen.« Die Rosenmode hatte offenbar ganz unvernünftige Ausmaße angenommen, was ja auch Maximilians Verbot »der geschmelzten Rosen von Pariser Arbeit« in seinem Land beweist. Für sich selbst und die Töchter hatte Salome in aller Eile zahllose Ohrgehänge, Ketten, Gürtel, Armreifen, Perlenschmuck und Haarzierden zusammengerafft, dazu noch Eßbesteck, Gold- und Silbermünzen, Paternoster, »Petbüchl, Spiegel und andere dergleichen weibliche Zier.« Auch führte sie »542 Tuch und andere Facilet« (Mund- und Taschentüchlein) mit sich, ferner 65 Hemden und 44 Tischtücher, doch nur zwei Paar seidene und drei Paar der neumodischen, weißgestrickten Strümpfe.

An Kleidern verzeichnet die Liste Obergewänder mit poetischen Farbbezeichnungen: ein »scharlachener Rock mit ainem gulden Passamantporten«, ein goldfarbener, ein himmelblauer, pomeranschenfarbener, aschenfarb, veiel (veilchen-)farb, sittichgrün, nagelbraun, schwarz gestreifter und, als dem Beamten schließlich die Vergleichsmöglichkeiten ausgingen, noch »Wämser von allerley gefärbtem Zeug.« Das »Zeug« bestand aus teuren Materialien, die oft von weither kamen, aus Venedig, Florenz und den Niederlanden, es gab da Seidenrupfen, Samt, Taft, Atlas und Damast. Die Mäntel waren mit Luchs und Marder, ja sogar mit Hermelin gefüttert und verbrämt, mit Borten, Spitzen und Posamentriearbeit garniert.

Die mit diesen Kostbarkeiten gefüllten Truhen hatte zuerst der Pfleger von Werfen Josef Niggl beschlagnahmt, als er Salome und ihre Angehörigen nebst der Dienerschaft in Flachau festnahm. Auftragsgemäß wurden sie von dort nach Hohenwerfen und weiter nach Salzburg befördert. Erst nach Wolf Dietrichs Resignation ordnete der päpstliche Nuntius Antonio Diaz an, daß Salome ihr Privateigentum wieder ausgehändigt werden sollte.

Für den Raitenauer selbst war das Leben in luxuriöser Umgebung, der tägliche Umgang mit Kunstwerken und erlesenem Hausrat so sehr zum Bedürfnis geworden, daß er sich auch auf der Flucht nicht damit begnügen konnte, den Schatz für späteren

Gebrauch in Truhen und Fässern vernagelt mit sich zu führen. Ohne seine Silberutensilien glaubte er sich keinen Tag behelfen zu können. Die in Schloß Moosham, seiner letzten Fluchtstation, zurückgelassenen Gegenstände wurden vom dortigen Pfleger Alexander Grimming am 28. Oktober 1611 inventarisiert und der Bestand nach Salzburg gemeldet. Die Liste gibt Aufschluß darüber, was der Erzbischof auch auf Reisen für unumgänglich notwendig hielt: Ein silbernes Kruzifix, Leuchter, eine Glocke, ein silbernes Waschbecken mit Krug, zwei Silberflaschen, ein Dutzend silberne Teller mit vergoldetem Rand, ein vergoldeter Weihbrunnkessel, vergoldete Salzfässer und Teller, das meiste davon mit den zugehörigen Futteralen, ließ er erst hinter sich, als es ums nackte Leben ging.[7]

14. KAPITEL

Der Prozeß

Auch als Gefangener auf der Festung seiner eigenen Hauptstadt gab Wolf Dietrich nicht alle Hoffnung verloren. Noch bestand die Möglichkeit seiner Rehabilitierung, noch hatte Rom nicht gesprochen. Erst sobald er rechtmäßig abgesetzt wäre oder selbst in aller Form abgedankt hätte, war die Partie verloren.

Daß der Salzburger Erzbischof die Resignation, zu der er nur halb entschlossen war, immer wieder hinausschob, neue Bedingungen stellte, Kontakt mit dem Papst herzustellen versuchte und seine Freiheit verlangte, bevor er den letzten Schritt täte, entsprang dem tiefen und begründeten Mißtrauen aller gegen alle in diesem bitterernsten Spiel. In dunklen Stunden, wenn ihn Krankheit, fortschreitendes Alter und die Sehnsucht nach den Seinen plagten, war er wohl amtsmüde und sein Wunsch nach Ruhe und Frieden ebenso ehrlich gemeint wie die Klagen über seine eigene Sündenschuld. Aber unvermittelt schöpfte er wieder neue Hoffnung, gaukelte sich selbst mächtige Freunde vor – die das Interesse an ihm längst verloren hatten –, hoffte auf Befreiung durch die Reiterscharen, die er erst in diesem Herbst angeworben hatte und die nun planlos Salzburg und die umliegenden Länder durchstreiften, erhielt Beweise der Anhänglichkeit seiner Untertanen, erfuhr von Unzufriedenheit über das neue Salzabkommen mit Bayern, verschaffte sich Geld, schrieb und empfing Briefe und dachte an Konspiration mit dem einen oder anderen Habsburger – kurz, Lebenshunger und Machtgier packten ihn wieder. Seine Natur ließ Ruhe und Frieden nicht zu, so sehr sich der geschwächte Körper danach sehnen mochte. So lange er atmete, mußte er Pläne ersinnen, Fäden ziehen, nach oben streben. Aber auch dem Wohl der ihm Nahestehenden fühlte er sich weiterhin zutiefst verpflichtet. In jeder Liste der Resignationsbedingungen – es wurden deren mindestens vier aufgestellt – stehen gleichberechtigt neben seinen eigenen Ansprüchen die Forderungen für

Salome und die Kinder, welchen ein standesgemäßes Leben gesichert werden sollte, denn, sagte der Vater, »sie sind wohl erzogen«.

Aber auch Freiheit und sichergestellten Besitz seines Bruders Rudolf forderte der Gefangene, ja sogar die Apanage für Christoph von Welsperg, weil dieser »ein alter und wohlverdienter Cavalier seye«.

Unterdessen zerbrach sich Maximilian von Bayern längst schon den Kopf wegen der Nachfolge in Salzburg. Ebenso wie die Kurfürsten auf dem Nürnberger Kollegialtag hatten ihn auch seine Räte davor gewarnt, das Erzstift ganz an sich zu bringen. Vater Wilhelm der Fromme tauchte mahnend aus seiner Abgeschiedenheit auf: Es sei jetzt nicht an der Zeit, sich mit Prag, Wien oder Graz zu verfeinden. Die Habsburger hätten stets jeden Vorteil Bayerns als eigenen Verlust betrachtet. Wenn auch Ferdinand in der Steiermark weniger mißgünstig sei, als die andern, so traue er sich doch ohne Spanien keinen Schritt zu tun. Die Auswirkungen der Salzburger Tragödie griffen also weit über das kleine Erzstift hinaus.

Mußte das Nachbarland schon bestehen bleiben, dann sollte es wenigstens von einem Bayern gefügigen Herrn regiert werden. Maximilians erster Plan ging dahin, einen der älteren Salzburger Kapitularen wählen zu lassen und ihm einen Wittelsbacher als Koadjutor und Nachfolger aufzuzwingen. Dieses Vorhaben scheiterte einfach daran, daß kein geeignetes Familienmitglied mehr aufzutreiben war. Von Maximilians Brüdern war Philipp, der junge Kardinal, im Jahr 1598 gestorben, Albrecht stand knapp vor einer standesgemäßen Vermählung, und nun raffte der Tod auch Onkel Ernst dahin, den Kölner Kurfürsten, der sich nicht abgeneigt gezeigt hatte, »seinen vielen Bischofsmützen auch die Salzburgische beizufügen«. Seinen Bruder Ferdinand, der als Salzburger Domherr in erster Linie in Frage kam, hielt Maximilian für zu eigenwillig. Dieser hatte als Propst von Berchtesgaden schon erhöhte Preise für das dortige Salz verlangt und war darüber mit dem herzoglichen Bruder in Streit geraten, auch war er vollauf damit beschäftigt, seine bisherigen, über halb Europa verstreuten Ämter und Pfründen zu behaupten.

Maximilian hatte seinem römischen Gesandten Crivelli zwar geschrieben, er würde nicht gestatten, daß dem Hause Wittelsbach zur Vergeltung der erzeigten Wohltaten ein anderer vorgezogen werde. Jetzt aber mußte er sich wohl oder übel um einen fremden Kandidaten umsehen. Mehrere Möglichkeiten wurden erwogen und wieder verworfen. Die erklärten Freunde Bayerns innerhalb des Domkapitels machten sich Hoffnungen, Eytel Friedrich von Zollern bewarb sich sogar direkt bei Maximilian um die begehrte Stellung. Diesen aber erklärte der Herzog als »für einen Nachbarn viel zu gescheidt«.
Dafür war ein anderer auf leisen Sohlen herangetreten.
Von den fünf Halbwaisen, deren sich nach dem frühen Tod der Mutter ihre Tante Helena von Raitenau 1578 so liebevoll angenommen hatte, war der zweitjüngste ein vierjähriger, schmächtiger Knabe. Bald nach seiner Geburt war der Vater, Jakob Hannibal von Hohenems, wieder in Flandern gestanden und Mutter Hortensia sorgte sich um die eheliche Treue ihres vielgeliebten Gemahls. Am liebsten wäre sie ihm nachgefahren und spann bereits abenteuerliche Pläne: Als Marktfrau verkleidet, nur von einigen treuen Dienern begleitet, wollte sie nach Frankfurt und von da auf dem Wasserweg bis Antwerpen gelangen. Einer ihrer Begleiter würde schwören müssen, sie zu töten, ehe ihr Unehrerbietiges begegnen konnte.
Aber ein fünftes Kind wuchs ihr vom letzten Heimaturlaub des Gatten im Leib und vereitelte solche Hirngespinste wirksamer als alles gute Zureden. Also blieb sie zu Hause, bis Jakob Hannibal mit Schätzen beladen wiederkehrte, ein weiteres Brüderchen wurde geboren und Wolf Dietrich genannt. Damit waren die Kräfte der zarten Mutter jedoch erschöpft und sie erlag der nächsten Pocken- oder auch nur Masernepidemie.
Am Johannistag 1574[1] war das vierte Kind zur Welt gekommen, von dem Hortensia noch nach Flandern schrieb, sein älterer Bruder Kaspar habe in einem Bein mehr Kraft, als Merk Sittich im ganzen Körper. Kaspar sei kühn und angriffslustig, er wolle »slaga und stecha«; der Jüngere ist »dolce« – und wird dementsprechend verwöhnt.
Für diesen kleinen Neffen, der seinen Namen trug, fühlte sich

Kardinal Marcus Sitticus ganz besonders verantwortlich. Als zweiter Sohn wurde Merk Sittich zum Kleriker bestimmt und schon als Achtjähriger 1582 ins Collegio dei Nobili nach Mailand gebracht. Über Wunsch des Onkels sollte er sich dort jederzeit bereithalten, nach Rom abzureisen, um in einem günstigen Augenblick seiner Heiligkeit Papst Gregor XIII. vorgestellt zu werden. Von 1584 bis 1587 studierte er am Collegium Germanicum in Rom. Nach dessen Abschluß wollte ihn der Kardinal »mit einer herrlichen Resignation seiner Sachen versehen und versichern«.

Wer resignierte, war allerdings nicht der Oheim, sondern Vetter Wolf Dietrich von Raitenau, der gerade Erzbischof von Salzburg geworden war und sein Kanonikat von Konstanz zugunsten des jungen Merk zurücklegte.

Diesen Knaben mußte man nicht zum geistlichen Stand drängen. Er selbst drängte dazu. Der vorarlbergische Kavalier Kaspar Fetz, geschätztes Mitglied im Hofstaat des Kardinals, berichtete am 12. Mai 1584 nach Hohenems: »Neulich hat er auf eigenen Wunsch sieben Kirchen besucht. Der Kardinal gab ihm zwei Priester mit, um ihm die Reliquien zu zeigen. Als er zurückkam, wußte er besser Bescheid, als mancher, der schon zehn Jahre in Rom ist, was den Kardinal sehr freute«.[2]

Er war wohlerzogen, gottesfürchtig und unglaublich höflich für sein Alter. Auch an seinen mütterlichen Oheim, den Kardinalstaatssekretär Carlo Borromeo trat dieses vorbildliche Kind heran und erbat sich gute Ratschläge für sein Fortschreiten in der geistlichen Laufbahn. Nur einen Bruchteil jener Tugenden möchte er erwerben, den Borromeo besitze.

Aus Wolf Dietrichs Studienzeit ist solche Mustergültigkeit nicht überliefert, allerdings lernte er besser. Und bewies nun Großzügigkeit in Taten: am 15. April 1589 resignierte er auch die Salzburger Domherrnwürde, um sie dem noch nicht fünfzehnjährigen Vetter zuzuschanzen. Der fromme Jüngling, der zu dieser Zeit in Ingolstadt studierte, wurde ins Salzburger Kapitelregister eingetragen: Marx Sittich, Graf zu Hohenems, Sohn des Jakob Hainwald, Graf zu Hohenems und Gallera und der Hortensia, geb. Gräfin Borromeo. Leider war er immer geldknapp und borgte trotz

anständiger testamentarischer Zuwendungen, wo er konnte –
auch bei Wolf Dietrich. Wozu brauchte er eigentlich das viele
Geld?

Doch sonst konnte die Familie nur ihre helle Freude an einem
Sprößling haben, der artige Briefe schrieb und über Aufforderung
des Vaters den Todestag der Mutter »herzlich beklagt und verrichtet«. Im Jahre 1591, nach dem Germanicum und Ingolstadt,
wurde Merk Sittich in Bologna zu weiteren Studien eingeschrie-
ben. Er reiste dann in Italien, und 1594 auch in Spanien herum,
immer noch in dem Bemühen, die Forderung seines Vaters an
Philipp II., die dieser mit 270 788 Gulden beziffert hatte, einmal
einzutreiben. Doch findet er Spanien zu teuer, um lange dort zu
bleiben, kehrt zurück und verlangt von seinem Bruder Kaspar
die Grafschaft Gallarate oder ein Haus in Ems. Als dieser sich
weigert, mehr als die im Testament des Vaters enthaltenen
Begünstigungen zu leisten, begibt sich der junge Hohenemser
nach Rom, wo er 1601 Ehrenkämmerer des Papstes Clemens
VIII. wird. Nach dem Residenzjahr in Salzburg (1601/2) schiebt
ihn der erzbischöfliche Vetter in gut dotierter, aber nicht näher
umschriebener Mission wieder nach Rom ab. Nachdem es gelungen ist, ihm 1604 die Dompropstei von Konstanz zu verschaffen, hält er sich wieder vorwiegend um den Bodensee auf und
verzichtet in einem Vertrag mit seinem Bruder Kaspar am 31.
August 1604 auf weitere Ansprüche aus dem väterlichen Erbe.[3]
Merk Sittichs Anwesenheit in Salzburg ist während dieser Jahre
nur zweimal belegt: beim Capitulum Peremptorium am Rupertitag des Jahres 1604, und anläßlich der Beschlußfassung über
das »Ewige Statut« von 1606. Auch er bemühte sich vergeblich
um den Kardinalspurpur, da er sich »zu höheren Dingen berufen« fühlte. Alle nur erreichbaren Fürsprecher spannte er dazu
ein, von Erzherzog Maximilian in Tirol bis zu Rudolf II. allmäch-
tigem Kammerdiener Philipp Lang. Als das Projekt scheiterte,
schob er die Schuld Wolf Dietrich zu. Dem wäre es unerträglich,
schrieb er am 21. November 1607 an Kaspar, wenn ihm in Rom
ein jüngerer Verwandter vorgezogen würde. Auch habe das Haus
Österreich schon viele »disgusti« von dem Erzbischof erfahren,
und lasse es nun die Familie entgelten. Offensichtlich hatte sich

bei dem bisher erfolglosen Hohenemser, der nur in die abgelegten Domherrnwürden seines älteren Vetters schlüpfen durfte, ein Komplex von Neid und Mißgunst herausgebildet, wie es manchmal bei jüngeren Kindern geschieht, die die Kleider der »Großen« auftragen müssen. Um für alle Eventualitäten gerüstet zu sein, richtete sich Merk Sittich in Salzburg, Konstanz und Gallarate, nordwestlich von Mailand, Häuser ein und wartete die weitere Entwicklung ab.

Kaum zwei Wochen nach Wolf Dietrichs Verhaftung befindet sich der Hohenemser bereits ungemein geschäftig in Salzburg. Besonders aufmerksam und diensteifrig erzeigt er sich dem Bayernherzog, liest ihm die Wünsche von den Augen ab und läßt seine römischen Beziehungen im Interesse einer Neuwahl spielen. Wie sein gleichnamiger Onkel ist er nicht besonders gescheit, noch hat er sich in all den Studienjahren eine umfassende Bildung angeeignet, dafür erweist er sich als schlau, intrigant und geldgierig. Das Kapitel in Salzburg jedenfalls bescheinigt ihm eine »sonderbare dexterität und discretion«, was im heutigen Sprachgebrauch etwa gleichbedeutend mit besonderem Verhandlungsgeschick wäre. Dazu kam noch der Vorteil seiner italienischen Sprachkenntnisse. Tatsächlich bediente sich Merk Sittich lieber und geläufiger der italienischen als der deutschen Sprache. Schließlich hatte er viele Jahre in Mailand, Rom und Bologna verbracht, seine Mutter wie seine väterliche Großmutter Chiara de Medici waren Italienerinnen. Infolge dieser Qualitäten wird er am 19. November 1611, versehen mit einem »Credenzschreiben« des Domkapitels, nach München geschickt. Seine Instruktion lautet, bei dem Bayernherzog verschiedene heikle Fragen »anzubringen und zu verrichten«.

Die Herren in Salzburg waren beunruhigt darüber, daß der gefangene Erzbischof offenbar versuchte, »mittels Practiken und Interposition ettlicher Fürsten und Stände des Reichs« das Kapitel und den Herzog zu entzweien. Er trachte auch, eine Sequestration des Erzstiftes durch Österreich anzubahnen. Zu diesem Zweck habe König Matthias bereits den Herrn von Ennenkhel gesandt. Man erbitte den Rat des Herzogs, wie dem zu begegnen sei. Schließlich sollte auch etwas geschehen, um dem

17 Die von Hans Karl 1602 signierte Pilgerflasche aus reinem Gold mit bunter Emailarbeit

18 Altersbild Wolf Dietrichs, wahrscheinlich während seiner Gefangenschaft gemalt

Eindruck entgegenzuwirken, daß der Erzbischof ausschließlich der Gefangene des Kapitels wäre. Dem Vorschlag der bayerischen Räte, Wolf Dietrich auf die Feste Hohensalzburg zu überstellen, stimmte das Kapitel zu.[4] Schon aus der beflissenen Formulierung der Instruktion läßt sich die prekäre Lage des Domkapitels ablesen. Seit dem 26. Oktober mußten die Herren bei jeder Maßnahme Maximilians Meinung einholen, ihn von jeder Kleinigkeit devotest in Kenntnis setzen und dabei erleben, daß er die Verantwortung auf sie abschob. Dennoch mußten seine Weisungen, die in knapper Befehlsform oder als diplomatische Ratschläge nach Salzburg kamen, minutiös befolgt werden. Fast täglich erschienen bayerische Vertrauensleute – Haslang, Hercelles, Dr. Jocher – bei den Sitzungen des Kapitels. Es wäre ganz ausgeschlossen gewesen, ohne Billigung Maximilians zu einer Neuwahl zu schreiten und nach Gutdünken einen Erzbischof – möglichst aus den eigenen Reihen – zu bestellen. Selbst wenn sich Wolf Dietrich endlich zu einer Resignation entschlossen hätte, wäre päpstliche oder kaiserliche Einmischung nur durch das bayerische Gegengewicht aufzuhalten gewesen.

Doch ohnehin verhinderte der Gefangene durch seine Weigerung, auf den Bischofsthron zu verzichten, ein Ende des Schwebezustandes. Die Herren begannen sich ernstliche Sorgen wegen ihres Ansehens in der Welt und vor allem in Rom zu machen. Von dort, aber auch aus Wien und Prag, liefen dauernd Urgenzen ein. Man wollte authentisch erfahren, was eigentlich in Salzburg vor sich gehe. Durch Kuriere überbrachte Schreiben genügten höchsten Orts nicht mehr. Die Zentren der Macht forderten Delegationen aus den Reihen der Kapitelsherren zum Referat. Anläßlich der Berichterstattung sollten die entsendeten Domherren dann auch entsprechend beeinflußt werden.

In München wurde der Domherr und Reichsgraf Marx Sittich von Hohenems freundlich empfangen und eingeladen, mit der herzoglichen Familie zu speisen. Er fühlte sich in seinem Element und berichtete genauestens, was sich dort vom 23. bis zum 25. November abgespielt habe. Der Herzog lasse das Kapitel, das »samt und sonders gegen ihr Durchlaucht in ihr unterthänigsten

Devotion beharrlich continuieren« will, auch seinerseits unveränderter Huld und Gnade versichern. Wegen Einmischung von außen oder päpstlichen Mißfallens sollte man sich keine Sorgen machen. Auch die Instruktion für den Grafen Paris von Lodron und den Bischof von Pola, die demnächst nach Rom abreisen sollten, hatte seinen Beifall gefunden.[5] Er rügte nur, daß sich die Herren mit der Abfahrt so unverantwortlich viel Zeit ließen. (In Salzburg hoffte man von einem Tag auf den anderen, dem Papst die erfolgte Resignation »in die Hände des Kapitels« melden lassen zu können. In die Hände des Kapitels – das war für die unangefochtene Wahlfreiheit im Erzstift so wichtig, daß selbst päpstlicher – hoffentlich vorübergehender – Unmut riskiert werden mußte.) Maximilian war da anderer Meinung. Ob nun das Kapitel den nächsten Erzbischof pro forma wählt, ob der Papst ihn vorschlägt oder sogar ernennt – der Herzog war fest entschlossen, nur einen Kandidaten auf den Thron des Nachbarlandes gelangen zu lassen, der seine Zustimmung besaß. Nachdem er Salzburg nochmals dringend ermahnt hatte, die Botschafter abgehen zu lassen, befahl er seinen Hofräten, eine erweiterte Instruktion zu verfassen. Auch eine bayrische Gesandtschaft sollte nach Rom gehen und zu erreichen suchen, daß der Papst nicht nur einer Resignation zustimme, sondern den Häftling womöglich auch exkommuniziere. Für eine schwerwiegende Anklage war längst alles in die Wege geleitet. Schon am 9. November hatte Maximilian, der jeden Schachzug sorgfältig vorplante, seinem Hofrat Dr. Jocher, der als eine Art grauer Statthalter in Salzburg verblieben war, den Auftrag gegeben, Nachforschungen über Wolf Dietrichs Vorleben anzustellen, denn »es wird zur Beförderung des Salzburgischen Resignationswerks . . . ein Nothdurfs seyn, dass man des Erzbischofs bisher geführten ärgerlichen Lebens, Übelhausens und dergleichen mehr verübten, unverantwortlichen Thuns und Lassens . . . zum Grund informiert sei«. Der Herzog legte dabei besonderen Wert auf Beweise für »Verstattung allerhand Ketzereyen« und »Verwendung merklich grosser Summen ins Ausland, um bemeldter Konkubine und Kindern stattliche Provisionen zu machen«.[6]

Während Jocher auftragsgemäß die Papiere des Erzbistums durchstöberte, machte er eine Entdeckung, die ihn mehr überraschte als seinen Herrrn: Er geriet an die Vorgeschichte des »Ewigen Statuts«. Am 11. Dezember 1611 schrieb er nach München »Es ist gleichwohl ein unleidenliches statutum allhie neulich aufgerichtet, das beide heuser, Bayern und Österreich ebig davon ausgeschlossen sein sollen, darüber alle canonici geschworen und tregt solches etwas gewisses auf sich, als wann das Haus Bayern dazu ursach geben, also etwas unverantwortliches fürgangen sein müsste. Daher E. D. in allweg begern sollen, dasselb zu kassieren«.[7] Dem Herzog war die Entdeckung seines Kanzlers ziemlich peinlich. Er leugnete seine Urheberschaft an dem »Ewigen Statut« zwar nicht direkt, winkte aber ab: »Es ist solches aus vielen bewegenden ursachen mit unserm wissen geschehen, dabei wir es auch der Zeit bewenden lassen«.

Was aber auch dem Herzog bisher unbekannt geblieben war, die Aufhebung des Ausschließungsparagraphen durch päpstliches Breve, die 1607 direkt an das Kapitel erfolgt war, veränderte die Situation in für Bayern ungünstiger Weise. Jetzt war also der Thron des Erzstiftes auch österreichischen Erzherzögen wieder zugänglich. Offenbar bemühte sich Wolf Dietrich, eine solche Wahl zu provozieren, Leopold von Passau und Karl der Steiermark, beide Salzburger Domherren, kamen als nächste Fürsten an erster Stelle in Frage. Maximilian mußte rasch handeln. Die Instruktion, welche die bayrischen Hofräte auf Grund der Salzburger Unterlagen ausgearbeitet hatten, wurde ergänzt, die Anklagen verschärft und einer Delegation unter der Leitung des bayrischen Kanzlers Dr. Christoph Peutinger auf den Weg nach Rom mitgegeben.[8] Sie umfaßte alles, was sich nur an Belastungsmomenten gegen den Raitenauer finden ließ und diente später als hauptsächliche Grundlage für dessen römische Anklage. Darin hieß es, daß der Erzbischof trotz aller Vermittlungsversuche bedeutender Herrschaften und gegen den Willen seines Kapitels Berchtesgaden überfallen und bei Herannahen des bayrischen Heeres in weltlicher Kleidung geflohen sei. Es sei zu vermuten, daß er mit seiner Konkubine und den Kindern protestantisches Gebiet erreichen und von dort aus gegen das Erzstift arbeiten wollte. Um dies, ebenso wie die Verschleppung großer Schätze zu verhindern, habe man bayrische Soldaten ausgesandt, die seiner habhaft wurden. Zu der vorhandenen Konkubine wurde noch eine frühere mit fünf Kindern erdichtet. Salome sollte persönlich den Dom angezündet haben. Gleich zu Anfang seiner Regierung habe der Erzbischof sie, die Tochter eines ehrbaren Bürgers, zu sich in die Residenz genommen, mit ihr zehn Kinder erzeugt und diese mit großem Aufwand bei sich zu Hause und im Ausland erziehen lassen. Wie eine Fürstin habe er die Geliebte gehalten und gekleidet, ihr außer Kleinodien auch köstliche Gebäude geschenkt und sich wahrscheinlich mit ihr einsegnen lassen. Aus den Salzgeldern habe sie monatlich 4 000-6 000 Gulden bekommen, so daß sie 120 000 Gulden auf Zinsen verleihen konnte. Ebensoviel habe Wolf Dietrich seinem Bruder Hannibal geschenkt, dem Bruder Rudolf eine Herrschaft für mehr als 100 000 Gulden erkauft, ansehnliche Gebäude aufgerichtet, wieder niedergerissen und damit die Stadt beinahe umgekehrt. Er habe das Domkapitel gezwungen, ihm in allem beizupflichten, den Landständen ihre Gewalt genommen, Steuern eingeführt und unbarmherzig eingetrieben, einen »köstlichen, unnothwenigen Hofstaat auf Burgundische Weise« geführt, und sich durch all dies im ganzen Lande so verhaßt gemacht, »dass Männiglich wider ihn unwillig, ihm feind und abhold gewesen, auch bey jeder Gelegenheit selbst Hand an ihn gelegt haben würde«.[8]

Alle diese Vorwürfe enthielten gleichermaßen Wahrheiten wie Übertreibungen oder sogar Erfindungen, darüber hinaus aber betrafen sie rein innersalzburgische Verhältnisse, über die Bayern nicht zum Richter bestellt war. Das übersah die Anklageschrift geflissentlich, stellte in bewährter Manier vielmehr Maximilian als den erwünschten Retter eines bedrängten Volkes dar. Für jeden Fall wies man noch auf Wolf Dietrichs Weigerung hin, der Katholischen Liga beizutreten und deutete ein von ihm gegen Bayern geplantes Bündnis an.

Nachdem Herzog Maximilian und seine Räte aber selbst diese Argumente noch nicht für ausreichend hielten, um eine so dramatische Maßnahme wie die Exkommunikation eines Erzbischofs in Rom durchzusetzen, wurden weitere Vorwürfe erhoben, die ketzerische Einstellung erweisen sollten: Wolf Dietrich habe den Domfriedhof profaniert und Litaneien drucken lassen, in welchen, wie bei den Calvinisten, nicht um die Fürbitte der Heiligen gefleht, sondern ihnen nur Dank gesagt werde. Offenbar glaube dieser Erzbischof an eine göttliche Vorbestimmung und halte daher die Fürbitten der Heiligen für wirkungslos. Er sei gegen die Ketzer nicht eingeschritten, habe vielmehr gute Beziehungen zu protestantischen Fürsten unterhalten, habe an gebotenen Fasttagen Fleisch gegessen, kirchlichen Besitz in Steier an Protestanten verkauft und damit die dort beheimateten katholischen Untertanen »muthwillig und vorsetzlich in den Stand der Verdammung gesetzt«. Er habe in zwei Schriften das Recht der Bischöfe auf Eheschließung verteidigt und die Auferstehung der Toten geleugnet. Auf Reichstagen habe er mit den Protestierenden gestimmt, weder Papst noch Kaiser respektiert, keine Disziplin unter der Geistlichkeit gehalten, und sei überhaupt selbst ein erwiesener Konkubinarier, der Ketzerei verdächtig, ein Unordentlicher und Unterdrücker von Witwen und Armen. Unmöglich könne Seine Heiligkeit einen solchen Mann länger dulden, sondern müsse ihn »hinwegthun und amoviren«. Gegen eine etwa geplante Wiedereinsetzung würde Bayern vor der ganzen Welt protestieren und sich ihr auf das äußerste widersetzen.

»Dies geben wir Sr. Heiligkeit zu bedenken und lassen Sie künftig gegen Gott verantworten«, schloß die Instruktion beinahe drohend.

Ein zweites Schriftstück, das den Gesandten ebenfalls mitgegeben wurde, teilte in italienischer Sprache noch mit, Wolf Dietrich habe »aus fleischlicher, täglich grösserer Liebe zu der Donna und den Kindern« im Falle eines Sieges über Bayern im Einverständnis mit den Protestanten aus dem Erzstift ein erbliches Fürstentum für seine Söhne machen wollen, zur Verdammnis seiner Seele und zum unwiderbringlichen Schaden für die katholische Religion.[9]

Mit diesen beiden Instruktionen reisten die bayrischen Gesandten noch im Dezember 1611 nach Rom. Dort war man über die Vorgänge in Salzburg informiert; kein einziger Punkt der Anklage überraschte irgend jemanden. Aber selbst in ihrer Gesamtheit konnte sie den Papst nicht dazu bewegen, ohne weitere unwiderlegliche Beweise einen Erzbischof zu entsetzen oder gar zu exkommunizieren, und damit im Nachhinein die Übergriffe Maximilians und des Domkapitels gutzuheißen. Weltliche Herren und auch Kleriker, die in der kirchlichen Hierarchie tiefer rangierten, durften keinen geistlichen Fürsten gefangennehmen und zur Abdankung zwingen. Ein solches Vorgehen einfach hinzunehmen, hätte ein Präjudiz schaffen und zu ähnlichen Eigenmächtigkeiten ermutigen können. Eine nach Kirchenrecht geführte Untersuchung des Falles mußte sich zwar in erster Linie gegen den Gefangenen richten, hatte aber auch zu prüfen, inwieweit sich die anderen Beteiligten gegen die Freiheiten des Klerus vergangen hätten.

In Salzburg wie in München trachtete man aus genau den gleichen Gedankengängen die Entsendung einer päpstlichen Untersuchungskommission zu vermeiden. Niemand hatte ein ganz reines Gewissen, jeder fürchtete, bei einer Entscheidung von oben Vorteile zu verlieren, und jeder reagierte darauf in seiner persönlichen Weise: der Erzbischof mit erwachenden Hoffnungen, die Domherren abwartend, Maximilian aktiv. Hatte sich Bayern bisher von den Resignationsverhandlungen zwischen Wolf Dietrich und dem Kapitel ferngehalten, so redete Dr. Jocher auf einmal den Herren zu, in die »Conditiones alle, wie ihr hochf. Gn. soliche begert, einzuwilligen«. Man sollte einen Vergleich schließen und damit einem Prozeß zuvorkommen, der »underschidenliche Difficulteten« mit sich bringen würde. Reichs- und Wahltage stünden bevor, und es sei nicht abzusehen, wozu die protestantischen Fürsten Ihre kaiserliche Majestät überreden mochten. Ganz nebenbei ließ Jocher auch die Bemerkung fallen, daß sein Herzog ja durch Abkommen des Kapitels mit dem Gefangenen »in nichten präjudiciert« werde. Die Domherren verstanden den Wink: Ihre Zusagen konnten durch Maximilians Eingreifen unerfüllbar werden – nur die Resignation sollte, war sie einmal unterschrieben, ihre Gültigkeit behalten.

Dem Gefangenen teilte man davon zwar nichts mit, doch wußte er wohl, wer hier die Macht in Händen hielt und verlangte die Zustimmung des Bayernherzogs zu jeglicher Resignation. Sein Wunsch nach Freiheit war so übermächtig geworden, daß sich der ehemals so stolze Fürst zutiefst demütigte. Er bot Maximilian an, in dessen Dienste zu treten und ihm Gehorsam zu geloben. Der Herzog möge ihm irgendwo in Bayern einen Wohnsitz anweisen. Die ihm zugesagte Rente könnte dann als Pfand für sein Verhalten dienen.[10] Da alle Teile nun zu einem schnellen Abschluß drängten, kam die trügerische Einigung endlich zustande. An der Neufassung der Resignationsbedingungen wirkte diesmal auch Dr. Jocher mit. Am 14. Dezember 1611 konnten Dr. Perger und der Bischof von Pola dem Kapitel berichten, daß der Erzbischof sich einverstanden erklärt und verlangt habe, man solle ihm die Ausfertigung in zwei Exemplaren zur Unterschrift auf die Festung schikken. In dieser neuen Fassung sollte die Pension nur mehr 24 000 und die Abfertigung 10 000 Gulden betragen. Zur Ablöse seines Silbergeschirrs wurden dem Raitenauer 5 000 Gulden und eine seinem hohen Stand entsprechende Ausstattung an »fahrnus« zugesagt. Schuldverschreibungen über 84 900 Gulden, »so bei den Steinhauserischen und anderen liegen«, sollten ihm ausgehändigt werden, ebenso seine Kleider und Pretiosen aus den Truhen und Fässern. Bruder Rudolf sollte im Besitz seiner Güter verbleiben.

Dagegen verpflichtete sich der Erzbischof »in die Hände des Kapitels« zu resignieren, machte aber die Gültigkeit des Vertrages von der Zustimmung des Papstes und des Bayernherzogs abhängig, »da an ihrer fürstlichen Durchlaucht viel und merkliches gelegen«.[11]

Tags darauf, am 15. Dezember, diktierte Wolf Dietrich einen langen Brief an den Papst, in welchem er um dessen Konsens zur Resignation bat. Mit zitternder Hand fügte er selbst demütige Schlußworte an, wie man sie von dem hochfahrenden Schwaben niemals gehört hatte: schwere und andauernde Leiden hinderten ihn daran, eigenhändig zu schreiben. Er bitte den Papst als dessen niedrigster Diener, ihn darob gütigst zu entschuldigen.

Obwohl Wolf Dietrich von Raitenau am 17. Dezember 1611 im Beisein mehrerer Domherren, des Bischofs von Pola, des Abtes von St. Peter und des Hofrats Dr. Jocher seine Resignation unterzeichnete, blieb er Gefangener auf der Festung. Keineswegs klargestellt war allerdings, wessen Gefangener er nun eigentlich sei. Das Kapitel hatte ziemlich vage zugesagt, sich bis zur völligen Erledigung beim Herzog von Bayern für »mehr Freiheit« einzusetzen, aber der Zustand erfuhr keine Veränderung. Noch am Tag der Unterzeichnung reisten Paris von Lodron und der Bischof von Pola in Richtung Rom ab.

Aus Salzburg wurde dem Bayernherzog sofort das Zustandekommen eines Vergleichs mit dem Erzbischof gemeldet; man schickte auch zu Kaiser Rudolf nach Prag und berichtete von der Einigung, man schrieb nach Wien höfliche und ganz unverbindliche Worte – Maximilian hatte sich mehrmals gegen einen Kontakt mit König Matthias ausgesprochen – aber inzwischen drehte sich das Karussell in der bisherigen Art weiter: Der Erzbischof forderte seine Freisetzung, das Domkapitel berief sich auf Maximilian, und dieser verfolgte ohne Konzession und ohne Gnade sein Ziel, den geschlagenen Gegner für alle Zeiten unschädlich zu machen.

Die Instruktion, die Paris von Lodron nach Rom mitnahm[12], glich der bayrischen, der sie ja als Vorlage gedient hatte, in vielen Punkten, war aber nicht so umfangreich und zeigte auch nicht den gleichen grimmigen Vernichtungswillen selbst um den Preis abgebogener Wahrheiten. Bewußt hatte man »ettliche scharffe wort moderiert«, und die Stelle betreffend »ewige gefenkhnus« ausgelassen. Die Anklage, der Erzbischof habe das Stift verweltlichen und sich aneignen wollen, unterblieb gänzlich. Die Schrift zählt zwar anklagend die Straftaten des Erzbischofs auf, macht aber darüber hinaus den Eindruck, als wollte das Kapitel seine Maßnahmen vor dem Heiligen Vater rechtfertigen und ihm sein Herz ausschütten. Naiv sind Berichte rein lokalen Charakters eingefügt, welche weder die Herren in Rom zu interessieren noch den Verlauf zu beeinflussen vermochten: daß der Salzpreis von 34 auf 45 Kreuzer pro Kufe gestiegen sei, daß Maximilian erst »nach lange gehabter Geduld« in das Erzstift eindrang, und daß die Kutsche, in welcher Salome und die Kinder fluchtbereit saßen, gerade vor der Pfarrkirche zusammenbrach, so daß auf eine andere gewartet werden mußte, was sich »nicht ohne sonderbares, merkliches Scandalum begeben«. Nun aber sei Ruhe eingekehrt. Der Erzbischof habe schon von Moosham aus seine Resignation angeboten. Dem Herzog Maximilian sei man zu großem Dank verpflichtet. Das Kapitel übe die Regierung nach besten Kräften nur interimistisch und von Bayern unbehindert aus.

So unterwürfige und beruhigende Versicherungen die Instruktion auch enthielt, in einem Punkt blieben die Salzburger Herren fest: zur Beseitigung aller Unsicherheit, die in so schwarzen Farben geschildert wird, als sei durch den Salzburger Zwischenfall gleich auch der Römische Stuhl, das heilige Reich und »alle Katholischen in Teutschland« mit bedroht, gebe es nur einen Weg. Den nämlich, daß »durch uns legitime vermög des geistlichen Rechts unserer Statuten und Herkommen zur weitern Election eines andern beständigen Haupts und Erzbischofens geschritten werde«. An dem Wahlrecht des Kapitels sollte und durfte keinesfalls gerüttelt werden. Darüber hinaus schlug auch das Kapitel vor, der gefangene Erzbischof möge »infolge androhender äusserster Gefahr noch der Zeit in kein Weis noch Weg auf freyen Fuss gestellt werden«.

Der Papst übergab die Untersuchung der komplexen Situation einem Kardinalskollegium und dieses riet letztlich zu dem, was die Domherren fürchteten: Der Fall sollte an Ort und Stelle überprüft werden und der Erzbischof neuerlich in die Hände eines apostolischen Gesandten resignieren. Für diese Funktion war zunächst der päpstliche Nuntius in Graz vorgeschlagen. Als Maximilian davon erfuhr, befahl er sofort, man solle sich vorbereiten, »dass man ime das Maul stopfen künde«. Auf derlei war man in Rom aber gefaßt. Statt seiner wurde ein Mitglied des vatikanischen Staatsrates, der Referendar der Signatura Romana Antonio Diaz entsendet. Am 18. Jänner 1612 teilte Dr. Jocher den Salzburger Herren die bevorstehende Ankunft des Nuntius mit. Diaz traf am 14. Februar in Salzburg ein, stieg aber ostentativ nicht bei den Domherren in der Residenz, sondern im neutralen

Stift St. Peter ab. Seine Aufgabe lautete ja nicht nur, das Verhalten des Raitenauers zu prüfen und ihn zum Gefangenen des Papstes zu erklären, sondern er sollte auch untersuchen, wieweit andere die unantastbaren Rechte der Kirche verletzt hätten. Daß ihm drei Domherren, darunter Merk Sittich von Hohenems ehrfurchtsvoll entgegengereist kamen, beeindruckte ihn daher wenig. Nur das flüssige Italienisch des Hohenemsers empfand er, der kein Deutsch sprach, als Annehmlichkeit.

Dieser Dr. Antonio Diaz, der von nun an bis zu seiner Abreise die Szene souverän beherrschte, glich offenbar jenen düsteren Spaniern, welche auch die Richterbänke der Ketzertribunale bevölkerten, ein Mann ohne Humor, sendungsbewußt, unbestechlich, ziemlich eitel und nachträgerisch. Ohne viel Zeit zu verlieren, forderte er in Salzburg die Ausfolgung aller in der Resignationssache ausgestellten Dokumente, dazu genaue Informationen. Bevor die Domherren auch nur Zeit hatten, ein Wort anzubringen, war er schon nach München weitergereist. Gegen etwaige Februarstürme nahm Diaz einen Trupp Schneeschaufler auf die Fahrt mit. Allein aus dieser Maßnahme ist zu ersehen, daß der Nuntius Hindernisse mit einkalkulierte.

Als er eine Woche später zurückkehrte, hatte er in zähem Ringen durchgesetzt, daß Maximilian den Erzbischof nun als Gefangenen des Papstes anerkannte. Erleichtert händigte ihm das Salzburger Kapitel die Schlüssel des Gefängnisses aus.

Diaz erklärte alle bisherigen Abmachungen für hinfällig, vor allem Wolf Dietrichs mit dem Kapitel abgesprochene Resignation. Er nahm die bayrische Wachmannschaft neu unter Eid – diesmal auf den Heiligen Vater. Wenn wieder von vorne angefangen werden mußte, so ging das mit einem Verhandlungspartner vom Schlag dieses Abgesandten sehr zügig vonstatten. Wolf Dietrich erwartete von einem päpstlichen Nuntius bessere Bedingungen als von seinen Feinden, zu denen er mindestens einen Teil der Domherren zählen mußte, und stellte wieder höhere Geldforderungen. Damit verringerte er das ohnehin kärgliche Wohlwollen des Gesandten noch weiter. Der bemühte sich, nachdem die Sache europaweit Staub aufgewirbelt hatte, um einen schleunigen Abschluß, an dem nicht mehr gerüttelt werden konnte. Das Vorgehen Maximilians und des Domkapitels wurde außer Landes immer ablehnender kritisiert, besonders von Habsburgern und kirchlichen Würdenträgern. Aus den verschiedenen Lagern kamen die unterschiedlichsten Vorschläge. Erzherzog Ferdinand forderte auch weiterhin namens seiner Landschaft, der Erzbischof müsse mit allen seinen Gütern genau an der gleichen Stelle Kärntens in Freiheit gesetzt werden, wo man ihn widerrechtlich festgenommen habe. Um den Schwiegersohn zu beruhigen, reiste sogar der fromme Einsiedler Wilhelm von Bayern nach Graz. Der päpstliche Nuntius Biseglia in Köln erklärte öffentlich, das Ganze stelle ein unerhörtes Präjudiz für Verletzungen der kirchlichen Immunität dar und verlangte, man solle den Erzbischof zwar als Gefangenen, aber mit einem ehrenvollen Geleit von 500 Pferden nach Rom zitieren und als vorläufigen Regenten in Salzburg einen Suffraganbischof einsetzen, damit das Kapitel nicht zu hochmütig werde. Allgemein wartete man gespannt, wie Diaz mit dem Problem fertigwerden würde. Die Neugierigen hatten nicht lange zu warten. Am 23. Februar, dem Tag nach seiner Rückkehr aus München, erklärte der Nuntius den Erzbischof offiziell zum Gefangenen des Papstes. Am 7. März ließ er Wolf Dietrich unter starker Bedeckung das kurze Wegstück von der Festung herab zum Frauenkloster auf dem Nonnberg bringen. Ort der Amtshandlung war die Sakristei der Klosterkirche, deren Türen verriegelt wurden, und die zur Gänze mit Wachen umstellt war. Nur zwei Diener fungierten als Zeugen. Der Nuntius las dem Häftling die Resignationsbedingungen vor – ungünstigere als die mit dem Kapitel vereinbarten. Noch einmal bäumte sich der gedemütigte Fürst auf. Er kämpfte um die Schenkungen, welche er seiner Familie rechtmäßig gemacht habe, um die ihm abgenommenen Schuldverschreibungen, um die Höhe seiner Rente. Er argumentierte, daß die Schulden, die er im Erzstift gemacht habe, durch die ihm vorenthaltenen Einkünfte während seiner Haftzeit mehr als gedeckt seien. Diaz machte eine unverbindliche Zusage: Die Bedingungen könnten noch verbessert werden, er wolle sich dafür einsetzen. Erschöpft legte Wolf Dietrich als vereinbartes Zeichen des Einverständnisses schließlich die linke Hand auf die

Brust. Damit hatte er auf die Würde und die Rechte eines Erzbischofs von Salzburg endgültig verzichtet.[13] Das Salzburger Domkapitel wurde von dieser neuerlichen, verstohlen und hastig vollzogenen Resignation nicht gleich verständigt. Obwohl den Herren ihr Wahlrecht von Rom zugestanden wurde, sollten sie es weder zu eilig noch frei ausüben. Der Bayernherzog jedoch, mit dessen Wissen der Nuntius gehandelt hatte, fand diese Lösung recht befriedigend. Nun begann das letzte Rennen an der Nachfolgefront. Maximilian wollte weder einen Österreicher noch einen Freund Österreichs auf dem Salzburger Bischofsthron sehen. Das engte den Kreis der Wählbaren ein. Der kluge junge Graf Paris von Lodron schied ebenso aus wie sein Bruder Anton, der Dompropst. Die Neutralen und Bayernfreunde versuchten einander auszustechen. Schon am 20. November 1611 hatte sich der Domdechant bei Dr. Jocher wegen der »Praktiken einzelner Herren« beschwert. Der Herr Graf von Ems besonders »verstehe sich vortrefflich zu accomodieren und verhoffe, der negste Successor zu werden«. Um sich beim Herzog Liebkind zu machen, habe er mit diesem bereits über den Salzvertrag verhandelt. Das Kapitel versehe sich aber bei ihm »nichts besseres als beim Vettern«. Als ebenso wie das Kapitel nun auch der Nuntius Maximilian auf die »geringe Capacitet« des begierigen Hohenemsers aufmerksam machte, bildete das offenbar für den Bayernherzog keineswegs einen Ablehnungsgrund, eher das Gegenteil. Daß dieser Merk Sittich »zu wenig im Kopf habe und auch nit gestudiert sey«, war ihm sehr willkommen. Am 3. März 1612 schrieb er an Dr. Jocher, das sei nicht so wichtig. Trotzdem könne der Reichsgraf sehr wohl kandidieren. Er hätte einen guten natürlichen Verstand und werde eben von seinen Räten abhängen.[14] Damit waren die Weichen für eine Kandidatur des Hohenemsers gestellt. Nachdem auch seine persönlichen Beziehungen zu Kardinal Scipio Borghese, dem einflußreichen Neffen des Papstes Paul V. (Camillo Borghese, 1605-1621) und anderen römischen Würdenträgern für ihn sprachen, überraschte das Ergebnis der Wahl, die am 18. März 1612 stattfand, diesmal kaum jemanden. Dem Wahlakt war ein vierzigstündiges Gebet und ein vom

Nuntius persönlich zelebriertes Hochamt vorangegangen. Die Domherren hatten gelobt, ihr Gewissen zu erforschen und den Würdigsten zu wählen. Die Danksagungen, welche Merk Sittich von Hohenems noch am Wahltag an Maximilian von Bayern, an den Nuntius und an Kardinal Borghese richtete, sprechen allerdings kaum für eine freie und unbeeinflußte Entscheidung der Domherren. Bis zum Eintreffen der päpstlichen Bestätigung wohnte der Gewählte in der Dompropstei und nannte sich l'eletto di Salzburg. Der Nuntius war den diplomatischen Mittelweg gegangen: Wolf Dietrich mußte »in die Hände des Papstes« resignieren, doch das Wahlrecht des Kapitels blieb offiziell erhalten. Allerdings hatte Diaz Anweisung aus Rom, weder einen österreichischen noch einen bayrischen Prinzen wählen zu lassen.

Für den Vetter des neugewählten Erzbischofs oben auf der Festung war mit seiner Resignation eine kurze Periode gesteigerter Freiheitshoffnung angebrochen. Schon am 8. Februar hatte Maximilian gestattet, der Gefangene dürfe »in dem grossen Saal vor dem gulden Zimmer gehen und allda sein Recreation nehmen«. Von der Erlaubnis wurde aber wegen der bevorstehenden Ankunft des päpstlichen Gesandten kein Gebrauch mehr gemacht. In Hinblick auf eine unmittelbar bevorstehende Freilassung gaben nun der Gefangene selbst und durch ihre Rechtsvertreter auch Salome am 14. und 16. April 1612 Verzichtserklärungen auf beinahe alle ihre Besitztümer ab.[15] Es handelte sich dabei außer dem Realbesitz um Forderungen im Wert von 242953 Gulden und 25 Kreuzern. Salome durfte ihre Forderungen an Privatpersonen, hauptsächlich an die Firma Steinhauser, behalten, doch auf das höchste Darlehen von 120000 Gulden an die Tiroler Landschaft mußte sie verzichten.

Nun hatte der Gefangene alles verloren, Amt, Titel, Würden und Vermögen. Seine Kostbarkeiten und Wertpapiere wurden dem Nuntius ausgehändigt. Er besaß nur mehr das nackte Leben. Die Freiheit muß ihm jedoch zugesagt gewesen sein. Am 11. April ersuchte er das Domkapitel, ihm etwas von seiner Fahrhabe zu überlassen, damit er »in seinem Abwegreisen nit in ains jeden Gastgebers Bett schlaffen und aus dem Schisslein essen dörfte«.

Er ersucht, man möge ihm einiges Silbergeschirr leihen und Bettgewand ausfolgen. Das Kapitel zeigte sich aus Erleichterung großzügig: Statt der vereinbarten 5 000 Gulden wollte man ihm 8 000 als Ablöse für Kleider und Hausrat geben und versprach Pferde, Kristallschalen, ja sogar einen Diamantring. Die Freilassung wurde durch eine gemeinsame Intrige Maximilians und des neugewählten Erzbischofs Marcus Sitticus verhindert, die den päpstlichen Gesandten auf ihre Seite zu bringen verstanden. Der Bayernherzog schrieb an den Papst, Wolf Dietrich habe noch zu viele Anhänger unter den »Widerwärtigen im Reich«, von denen er zu neuen Machenschaften aufgereizt werden könnte. Einem so unruhigen Kopf könne man nicht trauen. Ähnlich berichtete Diaz am 5. April 1612 an Kardinal Borghese und fügte hinzu, es bestehe die Gefahr, daß Wolf Dietrich fliehen oder – schlimmer noch – mit seiner Konkubine zurückkehren würde. Die ahnungslosen Domherren mochten ruhig Zusagen machen – hinter ihren Rücken und über ihre Köpfe hinweg wurden die endgültigen Entscheidungen getroffen. Wenn sie also den Brüdern Wolf Dietrichs später schrieben, »die nothwendigen praeparatoria zu seinem Verraisen seien bereits fertig gewöst«, dann aber sei er auf Befehl seiner Heiligkeit wieder strenger verwahrt worden, äußerten sie dies guten Gewissens.

Aber nicht nur Maximilian fürchtete Wolf Dietrichs »unruhigen Kopf«. Sein eben gewählter Vetter lebte in geradezu panischer Angst vor dem geistig überlegenen Verwandten. Ihm war jedes Mittel recht, dessen Freilassung zu hintertreiben. Nur solange der Raitenauer hinter Schloß und Riegel saß, konnte sich der Hohenemser auf dem Thron einigermaßen sicher fühlen. Noch nicht vier Wochen waren seit seiner Wahl vergangen, da schrieb er neuerlich an Kardinal Borghese, um die beiden alten Hauptanklagepunkte gegen den Gefangenen ja nicht in Vergessenheit geraten zu lassen: Dieser habe 24 Jahre lang in einem »ärgerlichen Konkubinat« gelebt, und er habe mit den protestantischen Fürsten Deutschlands korrespondiert. Diesen Punkt feilte er noch im Hinblick auf den Bayernherzog aus, dem er eine Abschrift des Briefes zuschickte: Würde der Gefangene frei, so nähme er ohne Zweifel nicht nur seine frühere Lebensweise wieder auf, sondern schlösse sich auch den Protestanten noch fester an. Dann würde er versuchen, sich Salzburgs wieder zu bemächtigen und vielleicht sogar Bayern anfallen.[16] Um allen Möglichkeiten zuvorzukommen, verständigte der neue Erzbischof auch den Festungskommandanten Herleberg, er halte es keineswegs für ratsam, den Gefangenen freizugeben. Der Nuntius sah die Dinge eher von einer gesamteuropäischen Warte aus. Rudolf II. war am 20. Jänner 1612 gestorben. (Wolf Dietrich hatte früher einmal geäußert, er wisse, daß er selbst und der Kaiser in demselben Jahr untergehen würden, könne aber nichts dagegen unternehmen.) Infolge des Interregnums war die Reichsgewalt auf einem Tiefpunkt angelangt, und ein Konflikt zwischen katholischen und protestantischen Fürsten nicht auszuschließen. Wurde Wolf Dietrich freigelassen, so konnte er leicht von den Protestanten gegen Bayern aufgereizt werden und das Kräfteverhältnis entscheidend verschieben. Das Kölner Gespenst spukte noch immer in katholischen Hirnen, und auch Diaz beschrieb den Raitenauer Rom gegenüber als »instabil et inquieta«.

Als Mann des Rechts empfahl Diaz, den Gefangenen nach Rom überstellen zu lassen. Auch dies scheiterte am Nein Maximilians. In Rom kannte man die Härte des Bayernherzogs, der nicht leicht beizukommen war, auch mußte man ihn als Haupt der Katholischen Liga und Vorkämpfer des Papsttums bei Laune halten. Dazu kam, daß man im Vatikan nicht allzu begierig war, einen Erzbischof als Gefangenen bei sich in Rom zu haben. Was sollte man letzten Endes mit ihm anfangen? Es war immer noch die beste Lösung, die Sache auf die lange Bank zu schieben und andere verantwortlich zu halten. Paul V. verfügte, daß die Freilassung auf einen späteren Zeitpunkt zu verschieben sei. Inzwischen sollte der Nuntius die Untersuchung des Falles fortsetzen. Als mit der Wahl des Königs Matthias zum Deutschen Kaiser das Interregnum zu Ende ging, stand die Enthaftung des Raitenauers nicht mehr zur Diskussion.

Nun sollte der Nuntius also Rechtsgrundlagen für die Haft schaffen und die Schuldfrage klären, wobei dem subjektiven Eindruck ausschlaggebende Bedeutung zukam. Wolf Dietrich

lieferte ihm mit seiner Ungeduld und seinen Temperamentsaus-
brüchen reichlich belastendes Material. Von Demut und Reue
war im Augenblick keine Spur bei ihm zu finden.
Wieder ganz zuversichtlich redete er sich selbst um Kopf und
Kragen. Spitzfindig erklärte er, daß er nur als Erzbischof, aber
nicht als Landesfürst resigniert habe. Noch sei er ein weltlicher
Reichsfürst, noch stünden ihm die vom Kaiser verliehenen Regalien zu. Ein gewisses Einvernehmen mit Matthias dürfte tatsächlich bestanden haben, da dieser gleichzeitig die Verleihung
der Regalien an den neuen Erzbischof hinauszögerte. Der wurde
seines Thrones nicht froh, denn »die Gesandten weren bald
unverrichteter Sach abgefertigt worden«, und so griff Marcus
Sitticus zu dem bewährten Mittel der Bestechung. »Hette er es
mit dem übrigen Gelt nit erkauft und Schmieralia ausgegeben,
so het ers wol nit bekumen«.[17] Der Wolf Dietrich ohnehin übel
gesinnte Erzbischof Khlesl hatte dabei seine Hand im Spiel und
erhielt »ain Truhen mit Silbergeschirr . . . ungeverlich bey 2 300
Taler wert«, welche Paris von Lodron im Namen des neuen
Erzbischofs im Juli 1612 überbrachte.[18]
Doch bevor das geschah, sah sich der phantasievolle Raitenauer
schon wieder als Herrn von Welt und Bedeutung, und forderte
angemessenen Hausrat für seine eigene und seiner Diener Bequemlichkeit. Dazu schickte er Briefe an alle diejenigen aus, von
denen er sich Hilfe versprach: an Kaiser Matthias – der tatsächlich die Entsendung einer eigenen Untersuchungskommission
erwog –, an den Papst, ja in totaler Verkennung der Sachlage
auch an Kardinal Khlesl.
Vergeblich. Die Zeit seiner großen Gönner unter Päpsten und
Kardinälen war vorüber. Hatte Sixtus V. seine Wahl noch freudig
begrüßt, so stand ihm Clemens VIII. (1592-1605) von Anfang an
kritischer gegenüber. Jetzt, da er mächtige Freunde am nötigsten
gebraucht hätte, besaß der Entthronte keinen einzigen mehr.
Kardinal Camillo Borghese, der nun als Paul V. die Tiara trug,
kannte ihn ebensowenig persönlich wie der neue Kaiser Matthias. Er hatte seine kurzlebige Generation überdauert.
Am 14. April 1612 nahm der päpstliche Nuntius die Regierungsübergabe auf eine in Salzburg bisher noch nie gehandhabte

19 Wolf Dietrichs Grabstätte, die Gabrielskapelle, inmitten des Seba-
stiansfriedhofs zu Salzburg

20 Innenraum der mit buntem Stuck und farbigen Fliesen ungewöhnlich ausgestalteten Grabkapelle Wolf Dietrichs

Weise vor. Von einem überdachten Thronsessel aus sprach er zu dem versammelten Kapitel. Dann ließ er dem Erwählten vom Domdechanten die Schlüssel des Erzstiftes überreichen. Marcus Sitticus dankte, die Domherren küßten seine Hand und die übrigen Anwesenden seine Gewänder. Bevor Maximilian seine Zustimmung zur Kandidatur des Hohenemsers gab, hatte er ihm eine schriftliche Verpflichtungserklärung abverlangt. Die Wahlkapitulation, welche Marcus Sitticus den Domherren zu unterzeichnen hatte, enthielt ähnliche Bedingungen: Er müsse den zwischen Bayern und dem Kapitel abgeschlossenen Salzvertrag ratifizieren, der Katholischen Liga beitreten, die Kriegskosten ersetzen, bayrische Adelige bei der Besetzung von Domherrenstellen bevorzugen und »allen Überfluss abtun«. Die Kapitularen legten weniger Wert auf die Bezahlung der Kriegskosten und auf die bayrischen Adeligen, dafür wünschten sie, der Erzbischof möge den Dom neu errichten, ein Collegium, vorzugweise unter jesuitischer Leitung, ins Leben rufen, die entfremdeten Güter zurückkaufen und eine Diözesansynode einberufen.

Merk Sittich war bereit, alles zu unterschreiben, was man ihm vorlegte, wenn er dafür nur Erzbischof von Salzburg werden konnte. Sehr bald bewies er jedoch eine ähnliche Denkweise wie sein Onkel, der Kardinal gleichen Namens, der einmal geschrieben hatte:»Machen sie es aber, wie sie wollen, so werden sie es mit einem Pfaffen zu schaffen haben, der ihm nicht ein Haar, dann mit Gewalt, wird nehmen lassen«.

Versprechen und Halten war zweierlei. Zunächst einmal zweifelte der neue Erzbischof die Höhe der Reparationskosten an, welche Maximilian mit 221 000 Gulden für den Dreitagekrieg bezifferte. Sie sollten von Sachverständigen überprüft werden. Maximilian, welcher den Hohenemser nur als schmeichlerischen Jasager gekannt hatte, war ebenso perplex wie wütend. Schließlich hatte er den Salzburger Feldzug nebenbei auch als gute finanzielle Spekulation angesehen. Also schlug er dort zu, wo er den Erwählten am empfindlichsten zu treffen hoffte: Er schrieb nach Rom, man möge die Ausfertigung der Konfirmationsbulle so lange hinauszögern, »bis wir mit ihm im Reinen sind«.

Die Argumente, die der Erwählte, und auch das Kapitel, für ihren Standpunkt geltend machten, ließen den Herzog ziemlich kalt. Sogar Diaz gab zu bedenken, daß Marcus Sitticus doch bereit sei, der Katholischen Liga beizutreten. Maximilian antwortete übellaunig, auch ohne die Liga bleibe er immer noch Herzog von Bayern. Ob man dasselbe von dem Salzburger Erzbischof behaupten könne, sei zweifelhaft. Auch Beteuerungen über den Geldmangel im Erzstift tat er kurzerhand ab. Er habe erfahren, daß dessen Einkünfte jetzt höher seien als je zuvor. Durch eine sparsame Führung des Hofstaates könne man die Lage auch noch weiter verbessern.

Trotz seiner Zusagen auch in dieser Hinsicht dachte aber Marcus Sitticus keineswegs daran, sparsamer zu leben als sein Vorgänger – er suchte ihn sogar noch zu übertrumpfen. Zur Besserung seiner Finanzlage trug bei, daß ihm der korrekte Nuntius Salomes Tiroler Schulverschreibung von 120 000 Gulden ausgefolgt und die Vergütung seiner Diskretion überlassen hatte. Darüber hinaus tat er alles nur Mögliche, um dem Gefangenen auf der Festung weder die zugesagte Pension noch die Abfertigung je auszubezahlen.

Indessen sammelte Diaz zunehmend enttäuscht und verärgert weiteres Material für die Anklageschrift und notierte gewissenhaft alles, was ihm an Gereimtem und Ungereimtem zugetragen wurde. Als Briefe abgefangen wurden, die Wolf Dietrich hatte hinausschmuggeln können – darunter wahrscheinlich auch einen an den Fürsten Christian von Anhalt – begann ihn Diaz nun wirklich für einen gefährlichen Mann zu halten. Das Schreibgerät wurde ihm entzogen und die Fenster der von ihm bewohnten Gemächer so hoch mit Brettern verschlagen, daß nur mehr von oben etwas Licht in den Raum fiel. »Alles hat zusammengeholfen, ihn beim Papst als lutherisch zu verschwätzen, das haben sie ihm etliche Wochen triben, das hat den Wolf Dietrich in Zorn gebracht und er hat den Nuntius einen verlogenen Schelm gescholten. Da ist Feuer im Dach gewesen und haben ihn selbvierter ganz und gar vermauert und verzimmert ... wie in Frauenklöstern der Brauch ist, und stark verwacht, dass die Zeit seines Lebens kein Mensch bei Leibsstraff mit ihm reden

dörffen ... Da hat man alles fleissig durchsucht und beschaut
im Essen, in der Wesch und was man hinein und heraus hat
geben, ob nit ein Brief oder Schreiben darin verporgen wer«.[19]
Sein Schicksal war nun so beklagenswert, daß es »vielen, die es
mit ansehen mußten, die Tränen in die Augen trieb«. Die Bevölkerung stand zu Merk Sittichs Beunruhigung jetzt mehr denn je
auf Wolf Dietrichs Seite und manche, besonders die ehemaligen
Soldaten, wären willig gewesen, Leib und Leben für den abge-
dankten Fürsten zu riskieren.

Ab 5. Juli 1612 befand sich Wolf Dietrich in der geschilderten
Isolierungshaft. Am 10. Juli wechselte der Nuntius die bayrische
Wachmannschaft gegen eine neu angeworbene aus, der er nach
dem Muster der päpstlichen Schweizergarde rot-gelbe Uniformen schneidern ließ. Zwei Franziskanermönche und zwei Diener waren mit dem Fürsten eingeschlossen worden und teilten
recht widerwillig das Los des Gefangenen. Selbst Lebensnotwen-
diges wurde ihnen nur mehr durch ein Drehkreuz zugeschoben.
Während Diaz, von Marcus Sitticus unterstützt, noch an Rechtsgrundlagen für eine Verurteilung in Rom arbeitete, war der Fall
für Maximilian abgeschlossen. Er hatte seine Untersuchungen
gleich nach Wolf Dietrichs Flucht angestellt, und nachdem er
die übrigen Anschuldigungen für erwiesen hielt, noch besondere
Mühe daran gewendet, den Nachweis einer geheimen Eheschließung des Erzbischofs mit Salome Alt zu erbringen. Eine in Bayern ansässige Verwandte Salomes, die Witwe Magdalena von
Haunsperg, geborene Alt, war schriftlich befragt worden und
antwortete am 22. November 1611 »diemütig gehorsambist« zu
des Herzogs eigenen Händen, daß ihr »in hechster, mit Gott
bezeugender Wahrheit eigentlich nit bewusst« sei, ob eine
solche Ehe eingesegnet wurde. Allerdings sei in Salzburg die
Rede von Haus zu Haus gegangen, der Erzbischof habe sich mit
Salome von seinem Kaplan, den man Herrn Hans nannte, und
der »ein junger, frecher Priester war«, im Zimmer trauen lassen.
Mehr wüßte sie nicht, habe auch keinen Kontakt mehr mit
Salome gehabt, seitdem diese »ein solches Leben« anfing.
Auch ein anderer gebürtiger Salzburger, der Dechant Jakob Golla
bei »Unserer lieben Frau« in München wurde befragt, wußte aber

ebensowenig Präzises anzugeben. Unbestimmt schrieb er: »indicie sind gleichwohl vorhanden«. Doch fügte er hinzu, da die Konkubine ja jetzt dingfest gemacht sei, »künde man die Wahrheit aus ihr bressen, sie würde auch solche zu vermeintlicher Errettung irer Ehr und zu Entpflichtung der Straff wegen langwierigen Concubinats gern entdecken. Die Cammerdiener, insonderheit die alten, sol man auch zwischen den Sporn nehmen, wie nit weniger ire Befreundte«.[20] Es spricht für Maximilian, daß er solchen Anregungen kein Gehör schenkte. Er hielt es für sein Recht und für eine staatsmännische Notwendigkeit, den Gegner mit allen Mitteln des Krieges und der Politik für immer unschädlich zu machen. Weibern und Verwandten nachzusetzen, verschmähte er und gab auch noch vor der Ankunft des päpstlichen Nuntius seine Zustimmung zur Freilassung von Wolf Dietrichs Bruder Rudolf gegen einfaches Gelöbnis. Als kühlen Rechner interessierten ihn augenblickliche Beuteschätze weniger als die viel höheren Beträge, welche er für sein Herzogtum durch günstige Salzvereinbarungen erhoffte. Mochte das Kapitel ruhig um die Höhe einer Rente feilschen, welche der neue Erzbischof ohnehin einbehielt. In diese Dinge mischte er sich nicht ein, nahm jedoch eine Schale aus Bergkristall im Wert von 1 000 Gulden, einen Seidenstoff und einen italienischen Schreibtisch für seine Gemahlin, der 4 000 Gulden gekostet hatte, ebenso wie Diamantringe für seine Schwestern als Geschenke von den Domherren an.

Auch an bayrische Offiziere und Hofbeamte verteilten die Salzburger Herren Gaben im Wert von 15 000 Gulden – meist aus dem Besitz des gefangenen Raitenauers. Während man mit ihm noch über seine Abfertigung stritt, bekamen die Oberste Tilly und Haslang je ein Pferd und ein Goldgefäß. (Vielleicht befanden sich eine oder beide der fehlenden, von den Bergleuten geschenkten Trinkschalen darunter.) Verschiedenen Offizieren wurden goldene Ketten, Becher, Schalen und Bargeld verehrt. Die Herren knauserten auch nicht mit eigenen Ausgaben: Pro Person und Woche sprachen sie einander für die Zeit ihrer Interimsregierung 375 bis 400 Gulden zu. Ihre Hofhaltung erwies sich als teurer, denn je unter Wolf Dietrich.

Sofort nach seiner Wahl hatte sich Marcus Sitticus bei dem Bayernherzog mit überschwänglichen Worten bedankt: »Jezunder aber soll mich meine höchste Schuldigkeit dahin weisen, daß ich mich nit allain gegen I.F. Durchlaucht zum allerhöchsten und gehorsamst bedanken thue, sondern weilen Sie für dises Erzstifts Vater billich erkannt sollen werden, wegen vielfältig empfangener Gutthaten dass ich mich Zeit meines Lebens will befleissen...«.[21]

Seine Taten bewiesen bald, daß sein Dank nur in Phrasen bestanden hatte. Die Kriegskontribution konnte er mit Hilfe von Diaz auf 150 000 Gulden herunterhandeln. (Maximilian machte dabei immer noch ein ausgezeichnetes Geschäft, denn die Sachverständigen hatten seine Auslagen mit 60 000-70 000 Gulden beziffert.) Aber weder trat der neue Erzbischof wirklich der Katholischen Liga bei – noch am 21. Februar 1613 gab er seinen Abgesandten zum Ligatag die Weisung mit, sie sollten die Hoffnung auf einen Beitritt Salzburgs schüren, sich aber auf keine Geldzusagen einlassen – noch begünstigte er die Freunde Bayerns im Kapitel. Bei allen Zahlungsforderungen klagte er über das »arme Stift« und nahm Domherren weder in den Geheimen Rat noch in die Kammer auf. Vor allem anderen aber mißachtete er die Zusage der Sparsamkeit.

Am 3. August trafen die Gesandten, die er um die Konfirmationsbulle und das Pallium nach Rom geschickt hatte, wieder in Salzburg ein. Am 9. August schrieb Diaz an den Papst, daß er genug belastendes Material gefunden habe, um den früheren Erzbischof auf Lebenszeit festzuhalten. Dessen Schlechtigkeit sei bodenlos. Am 24. August übergab er den Gefangenen persönlich dem neuen Erzbischof mit dem Auftrag, ihn streng zu bewachen. Völlig eingenommen von Merk Sittichs geschickten Reden erteilte er diesem am 10. September 1612 die Erlaubnis, alle Pensionsbeträge zurückzuhalten. Zum dritten Mal wurde die Wachmannschaft, diesmal auf Marcus Sitticus, vereidigt.

Die harte Behandlung steigerte aber auch das Mitleid mit dem Gefangenen. Trotz aller Strenge gelang es einem Soldaten, dem Häftling doch wieder Schreibmaterial zukommen zu lassen. Wolf Dietrich benützte es zu einem langen Brief an den Papst. Er wurde zum letzten offiziellen Dokument von seiner Hand und legt ebenso Zeugnis ab für den klaren Geist wie für den gebrochenen Körper des gestürzten Fürsten.[22] Gerechtigkeit, nicht Gnade, erbat sich der Raitenauer »im zehnten Monat seiner Gefangenschaft«. Der Nuntius, auf den er alle Hoffnung gesetzt habe, gerate immer mehr unter den Einfluß seiner Gegner und habe einmal selbst zugegeben, von diesen irregeführt worden zu sein. Immer von neuem fänden in München Besprechungen statt, bei dem es um sein, Wolf Dietrichs, Schicksal gehe und deren Ergebnis ihm vorenthalten werde. Er wisse nur so viel, daß man sich alle Mühe gebe, für ihn Nachteiliges zu sammeln und es zu seinem Untergang zu benützen. Er könne diese Haft, in der niemand mit ihm sprechen, ja sich nicht einmal durch Zeichen mit ihm verständigen dürfe, nicht länger ertragen. Nicht einmal die infolge seiner Krankheit nötige Pflege erhalte er und sei erst kürzlich auf ebenso grobe wie ehrenrührige Weise einer Leibesvisitation unterzogen worden. Er wolle sich den Nachforschungen keineswegs entziehen und bitte um die Aufstellung unparteiischer, mit der Lage vertrauter Untersuchungsrichter, die über seinen Glauben und seine Sitten urteilen sollten.

Der Brief schließt mit den Worten: »Ich glaube, dass, der Umgang mit einem Weibe ausgenommen, E. Heiligkeit alle üble Meinung von mir fallen lassen werden. Doch schreibe ich alles dieses nicht, um etwa wieder in meine Würden eingesetzt zu werden, nein, nur Freiheit und ein stilles, ruhiges Leben wünsche ich, sowie, dass man mir in Bezug auf die Meinigen und meine Rente gerecht werde. Wird mir dies nicht verweigert, so verzichte ich gerne auf die Regalien und ziehe mich, künftig nur Gott, meinem Seelenheil und den Wissenschaften obliegend, in einen Winkel meines Vaterlandes zurück. Niemand will ich meiner erlittenen Unbilden wegen eine Verlegenheit bereiten. Da meine Gefangenschaft geradehin unerträglich ist, da Niemand zu mir Zutritt hat und ich das Nötigste nur nachts von einem Soldaten durch das Fenster erhalte, so dass die mit mir Lebenden diese Haft nicht mehr mit mir teilen wollen, bitte ich denn E. Heiligkeit, mich ehestens daraus zu erlösen.«

Es gelang, den Brief aus der Festung zu schmuggeln, doch eine halbe Stunde vor Abgang der Post nach Rom wurde er abgefangen und dem neuen Erzbischof ausgehändigt. Also sprach der Raitenauer noch immer von Freilassung! Wieder wurden die Wachen verstärkt, und selbst der Abt von St. Peter schrieb in seine Chronik, daß der frühere Erzbischof von seinem Nachfolger, der ihm viele Wohltaten verdanke, schimpflich und grausam behandelt werde.

Im Spätsommer 1612 bereitete man sich in Salzburg auf zwei wichtige Ereignisse vor: den feierlichen Einritt des neuen Landesfürsten und die Abreise des päpstlichen Nuntius. Dieser hatte den abschließenden Bericht für Rom fertiggestellt. In dieser »Endrelation« heißt es etwas bitter, daß er bei seiner Arbeit infolge der Zuneigung der Bevölkerung zu dem gefangenen Erzbischof mit großen Schwierigkeiten zu kämpfen gehabt habe.[23] Wahrscheinlich bestanden die Schwierigkeiten nicht nur bei der Bevölkerung. Das Kapitel überreichte dem strengen und scharfäugigen Mann, der ihm alle Wünsche erfüllt hatte, ein Abschiedsgeschenk, an dessen Wert seine Beliebtheit in Salzburg abgelesen werden kann: zwölf silberne, vergoldete Schälchen, zusammen auf 400 Gulden geschätzt. Er nahm sie und verließ das Erzstift am Tag vor Merk Sittichs Einritt. Seine Aufgabe hatte er erfüllt. Es macht ganz den Eindruck, als habe ihn deren Vollzug wenig befriedigt.

Bis zum Herbst 1612 hofften die Brüder Wolf Dietrichs offenbar noch auf eine Erledigung in der einen oder anderen Richtung. Jetzt aber, da die Entscheidung nur mehr bei Rom lag, versuchten sie, sich für ihn einzusetzen oder wenigstens seine Haft erträglicher zu gestalten. Jakob Hannibal war im Vorjahr gestorben und Hans Ulrich trat wenig hervor, doch die Anhänglichkeit der beiden anderen Raitenauer an ihren Ältesten ist ebenso erfreulich wie ihre Ausdauer bewundernswert.

Rudolf hatte am eigenen Leib erfahren, wie rasch man in Gefangenschaft geraten konnte. Aber der vernünftige, korrekte und auf die raitenauische Ehre sehr bedachte Hans Werner war der eigentliche Motor ihrer Bemühungen. Vier volle Jahre verbrachten diese beiden Brüder mit Gesuchen, Reisen, Urgenzen und griffen sogar zu Listen wie fingierten Boten und zu Bestechungen. Sie wendeten sich an den neuen Erzbischof, das Kapitel, den Papst, die Kardinäle, den Kaiser, ja selbst an den Herzog von Bayern. Nicht ein einziges Mal wurden sie trotz aller Vorstellungen zu dem Gefangenen gelassen, waren allerdings über dessen Gesundheitszustand und die Schärfe der Haft immer genau informiert. Als sie im September 1612 eines der ersten Ansuchen an Kaiser Matthias richteten, von dem sie sich noch am ehesten Unterstützung erhofften (es war bekannt, daß Wolf Dietrich sich dem Papst gegenüber für die Wahl eines österreichischen Erzherzogs zum Erzbischof von Salzburg ausgesprochen hatte) nahm Marcus Sitticus sofort dagegen Stellung. Am 3. Oktober schrieb er, durch die Enthaftung des Raitenauers könnten »Unruhen im Reich« entstehen. Seine Argumentation war immer genau auf die Besorgnisse des jeweiligen Adressaten abgestimmt.

Die »Endrelation«, welche Antonio Diaz in Rom überreichte, umfaßte 147 Anklagepunkte, die in »erwiesene« und »erhobene, aber nicht ganz erwiesene« eingeteilt waren.[24] Über einen weiteren Prozeßverlauf wurde der Öffentlichkeit nichts bekanntgegeben. Vielleicht wurde ein geheimes Urteil gesprochen; eher ist anzunehmen, daß die Kurie davor zurückscheute, durch eine Erledigung in dem einen oder anderen Sinn ein Präjudiz zu schaffen. Man dachte einerseits realistisch, andererseits streng formaljuristisch. (Der Papst hatte Diaz deshalb auch vorgeschlagen, Wolf Dietrich zu seiner Resignation in die Residenz bringen zu lassen, damit er dort unter dem Schein der Freiheit abdanken könne, aber alle Vorkehrungen zu treffen, um eine Flucht zu verhindern.) Mußte man sich denn unbedingt festlegen? Manchem anderen Kirchenfürsten hätte man ähnliche Vergehen vorwerfen können, wahrscheinlich auch einigen seiner Richter. Wie immer die Entscheidung ausfiel, sie würde Kontroversen hervorrufen. Und der gewesene Erzbischof kränkelte ja, die Haft trug nicht zu einer Besserung bei, wie leicht konnte er ins Jenseits abberufen werden. Mit ein wenig Geduld . . .

Die Anklageschrift, in welcher sich dieser Prozeß erschöpfte, durchleuchtete Wolf Dietrichs ganzes Leben, angefangen von seiner Studienzeit und der Förderung durch Kardinal Marcus

Sitticus. Obwohl er die Abtei von Murbach und Lüders während der wenigen Wochen seiner nominellen Regierung als Koadjutor nicht einmal betreten hatte, sollte er dort sehr schlecht gewirtschaftet haben. Erst nachdem der nächste Abt, Kardinal Andreas von Österreich, auf alle Restitutionsansprüche verzichtet hatte, habe er zu resignieren gewagt.

In Salzburg beschuldigte der Domherr Ernst von Wolkenstein den Raitenauer, vor seiner Wahl zum Erzbischof einige der Kapitularen und sogar deren Konkubinen (!) bestochen zu haben. Der Besitz von Schriften Machiavellis und Pietro Aretinos wird ebenso übel vermerkt wie die schon aus den Salzburger und bayrischen Instruktionen bekannten Punkte der Ausschaltung von Kapitel und Landständen und die Kennzeichnung von Bauwerken mit dem bloßen raitenauischen Wappen ohne die kirchlichen Insignien. Sein Briefwechsel mit Tycho von Brahe wird unter die Lupe genommen, in dem die Herren rein wissenschaftlich darüber diskutierten, ob es möglich sei, in die Zukunft zu sehen. Die Anklage dazu lautete, er habe sich zu diesem Zweck der Totenbeschwörung bedient.[25]

Für besonders gravierend hielten alle seine Ankläger die Korrespondenz mit dem protestantischen Fürsten Christian von Anhalt und dessen Kanzler Theophilus Richius. Der salzburgische Hofrat Dr. Kurz, welchem der Fürst diese Briefe diktiert hatte, wurde darüber streng verhört und über Wunsch Maximilians zeitweilig sogar gefangengesetzt. Doch ergab sich keinerlei Beweis für eine tatsächliche Hinneigung Wolf Dietrichs zum Protestantismus. Seine Äußerungen waren bloß der Freude an gelehrter Diskussion mit aufgeschlossenen Geistern entsprungen. Diesen zum Teil sehr ernst zu nehmenden Anklagepunkten stand sein Leben mit Salome nebst einer Fülle von zusammengetragenem Gewäsch gegenüber. Schon die bayrische Instruktion hatte bigott jene »konterfeis der holdseligen Jungfräulein«, welche den unbekannten Chronisten so sehr entzückten, als »lüsterne Bilder und Darstellungen poetischer Fabeln« abgelehnt, und gleich ein Verzeichnis dieser lasziven Steine des Anstoßes mitgeliefert.

Aber ob nun die Anklage für schwerwiegend oder nicht ausreichend befunden worden war, blieb offen, und Maximilian von Bayern behielt recht, welcher Diaz schon bei dessen Abschiedsbesuch erklärt hatte, Wolf Dietrich werde niemals freikommen, solange Bayern, der neue Erzbischof und der Papst sich darüber einig seien. Der Kaiser werde nichts für ihn tun.

Weder der Gefangene noch seine Brüder wußten von dieser festen Entschlossenheit. Jedes Stückchen Papier, dessen er habhaft werden konnte, benutzte Wolf Dietrich zu Bittgesuchen. Dem Kaiser Matthias und dessen Gemahlin Anna von Tirol kam, »eingehändigt von einem schlechten Schiffmann«, ein Schreiben zu, dessen »Papier grob und intrikat zusammengelegt war, dass es mit seltsamer Manier muss von dem Schloss erpracticiert worden sein«. Nachdem bei Hof ohnehin ziemliche Mißstimmung über die Untersuchung in Salzburg herrschte, weil man fand, daß Diaz sich in eine weltliche Sache gemengt habe, ordnete Matthias den stellvertretenden Gouverneur von Linz, Adam Gienger, ab, der sich von der Richtigkeit der Beschwerden Wolf Dietrichs überzeugen sollte.

Mit der ihm eigenen Überredungsgabe versicherte Marcus Sitticus dem unbefangenen Besucher, daß es dem Gefangenen an nichts fehle. Täglich erhalte er reichliche Speisen auf Silberschüsseln serviert und werde überhaupt nach Rang und Würde behandelt. Allerdings verweigerte der Erzbischof strikte jeden Besuch auf der Festung und erklärte voll Bedauern, sein Vetter sei Gefangener des Papstes und dürfe ohne dessen ausdrückliche Weisung keinen Besuch empfangen.

Dennoch erkannte Gienger die Härte der Haft, wurde aber bei einem zweiten Aufenthalt in Salzburg – wahrscheinlich durch Geschenke – umgestimmt. Marcus Sitticus konnte am 13. Jänner 1613 an Kardinal Borghese berichten, der Oberösterreicher sei »contento« geschieden.

Die Brüder Raitenau schickten einen steirischen Priester nach Rom, der viel Geld für Anwaltshonorare und als Geschenke getarnte Bestechungen ausgab. Sogar zwei Audienzen bei Papst Paul V. konnte dieser Mann, der Christoph Römer hieß, erreichen, erfuhr dabei aber nur, daß aus Salzburg berichtet würde, es ginge dem Gefangenen so gut, daß er die gebratenen Hühner beim

Fenster hinauswerfe. Nur deshalb habe man diese verschlagen müssen. Aber er berichtete auch, daß dem Raitenauer die Anmaßung der Regalien als Rebellion ausgelegt worden sei.

Doch der Steiermärker hatte dem Papst eine eigenhändige Bittschrift Wolf Dietrichs überbracht, die »der betrangte und gefangene Herr selbst mit aigner Hand in Mangl Papiers auf undterschidliche Bletter geschrieben, so er aus den Büchern geschnitten«. Diese und die Dienste eines teuer bezahlten Anwalts führten endlich dazu, daß Kardinal Borghese im Mai 1613 an Marcus Sitticus schrieb, der Papst lege Wert darauf, daß Wolf Dietrich standesgemäß gehalten und daß ihm seine Pension ausbezahlt werde. Der Salzburger Erzbischof geriet in heiligen Zorn. Was? Diesem Bischof, der dem Papst die Treue gebrochen hat, die Pension auszahlen? Er hat die Kirche so schwer geschädigt, den Dom so jammervoll zerstört, daß der Wiederaufbau viel Geld verschlingt. Er verdient nicht, daß man sich an die bei der Resignation getroffenen Abmachungen hält. Überhaupt hätte er für das Geld gar keine Verwendung, es fehlt ihm ja an nichts. Was täten er und seine Familie denn damit, als nur wieder Unruhe stiften? Der Schacher um das Geld spielte nun eine weitere wichtige Rolle für Wolf Dietrichs Festhaltung. Schloß Altenau war an das Erzstift gefallen, der übrige Realbesitz kam an die Kapitelsherren. Salomes »Tirolische Schuldverschreibung« über 120 000 Gulden hatte Marcus Sitticus in Händen, die Zinsen daraus überließ er den Domherren. So war kaum jemand in Salzburg daran interessiert, dem früheren Erzbischof zu seiner Freiheit und damit etwa auch wieder zu seinen Gütern zu verhelfen. Daß er die Kinder Wolf Dietrichs, die er verächtlich als »suae creaturae« bezeichnete, abfertigen mußte, wurmte den Hohenemser ohnehin. Und hatte der päpstliche Nuntius vor seiner Abreise nicht ausdrücklich verfügt, daß dem Raitenauer die Pension nicht ausbezahlt zu werden brauche?
Marcus Sitticus hatte bessere Verwendung für Geld, als es seinem Vorgänger zu überlassen. Am 8. Oktober 1612 ritt er in rotem Mantel und Legatenhut in die Stadt Salzburg ein. Sein Pferd trug eine rotsamtene »Qualdrappa« und war mit Gold aufgezäumt.

Die hohenemsischen Farben blau und gelb dominierten in den Uniformen der Garden und Trabanten, alle Salzburger Prominenz nahm daran teil, sogar zwei junge Altsöhne als Fahnenjunker. Der Einritt kostete 1 198 Gulden und übertraf an Pracht und Aufwand alle früheren.[26]

Aber noch weit größeren Aufwand trieb der neue Erzbischof, als er am 26. Juli 1613 zum Reichstag nach Regensburg reiste, um dort endlich von Kaiser Matthias die weltlichen Rechte des Erzstifts zu empfangen. Für die Zeit seiner Abwesenheit verfügte er besondere Sicherheitsmaßnahmen, damit der Gefangene aus der Festung nicht etwa flüchten könnte und ließ ihm androhen, daß er im Fall eines Ausbruchsversuches in Eisen geschlagen würde. Dann begab er sich mit einem riesigen Gefolge nach Regensburg, wo er zweieinhalb Monate blieb. Zur Bewachung Wolf Dietrichs ließ er nur Oberst Ehrgott in Salzburg zurück, sonst aber mußte der gesamte Hofstaat mitreisen. Sekretäre, Hofräte, Schreiber, Kuriere, aber auch Schneider, Kellermeister, Zuckerbäcker, sechs Silberdiener, neun Köche, Trompeter, die gesamte Hofmusik, ja sogar der Tanzmeister der Edelknaben und zwei Kammerheizer.

Auch die Brüder Raitenau besuchten diesen Reichstag, weil sie hofften, die Anwesenheit so vieler einflußreicher Herren zu Gunsten des gefangenen Bruders nützen zu können. Einzeln und in den Kollegien wendeten sie sich an alle anwesenden Fürsten, um zu erreichen, daß der »allt Herr« frei werde. Schon sprachen sie in ihren Bitten von der »wenigen übrigen Zeit«, die Wolf Dietrich noch bleibe, um ein kurzes Lebensende ohne Schimpf und Spott zu verbringen. Sogar ihren Vetter Marcus Sitticus sprachen sie darauf an, der aber machte ganz den Eindruck, als wolle er »dises unser billich Begeren hindern und abwehren«. Immer wieder betonten sie, daß ihr Bruder »von vilen Krankheiten und Widerwertigkeiten verzehrt« würde und nur mehr Frieden und Ruhe wünsche. Als gehorsamer Diener des Papstes wolle er leben und sterben und sich dazu in jeder nur möglichen Form verpflichten.[27]

Der Gefangene fand noch weitere Fürsprecher: Österreichische Erzherzöge, den Bischof von Bamberg, die Großherzogin der Toskana. Am 21. Oktober 1613 schrieb sogar Kaiser Matthias einen Brief an den Papst, in welchem er die Freilassung oder wenigstens Erleichterung der »unerhörten Strenge« befürwortete.[28] Alles blieb vergeblich, weil der wort- und listenreiche Hohenemser jede Bemühung so überzeugend zu durchkreuzen verstand. Die ständigen Bemühungen der Brüder wurden ihm jedoch lästig, und so sperrte er Rudolf von Raitenau, welcher seinen Besuch für den 13. November 1613 angekündigt hatte, die Salzburger Stadttore vor der Nase zu. Nachdem offenbar immer wieder Post hinausgelangte und die Brüder über das Befinden des Gefangenen überraschend gut informiert waren, ließ er nun auch noch die Wachmannschaften beobachten. Infolge der verschärften Kontrollen wurde, in eine Pastete eingebacken, Schreibpapier, Tinte und Wachs entdeckt. Der Koch floh, und zwar nach Wels, wo Salome Asyl gefunden hatte. Der Mesner des St. Georgskirchleins auf dem Nonnberg wurde als Mitwisser eruiert. Unter der Folter gestand er, die geschmuggelten Nachrichten seien ohne Adresse von einer Nonne des Frauenstiftes befördert worden. (Möglicherweise war es die Priorin des Klosters, Cordula von Mundenhaim (1600-1614), die mit der Familie Alt verwandt war, welche die Botschaften weitergab.) Eines Tages verloren die mit Wolf Dietrich Eingeschlossenen die Nerven. In einem Anfall von Klaustrophobie zertrümmerten sie schreiend Türen und Fenster, Tische und Stühle. Marcus Sitticus ließ einen Diener in Handschellen abführen. Wolf Dietrichs flehentliche Fürsprache, man möge den Barbier nicht bestrafen, er habe ja nur aus Liebe und Treue zu ihm so gehandelt, beantwortete der Erzbischof mit einem Gnadenakt gegen den Barbier und einer Belehrung für seinen Vetter: Dieser solle sich in Zukunft ruhig verhalten und mit Geduld und Einsicht die Entscheidung des Papstes über sein Schicksal erwarten. Sofort lieferte er einen Bericht über den Vorfall nebst Kommentar nach Rom: »So sieht jener durch Alter und lange Gefangenschaft gebrochene und apathische Wolf Dietrich in Wahrheit aus!« Im März 1614 unternahm Hans Werner von Raitenau, der keinen anderen Ausweg mehr sah, selbst eine Reise in die Ewige Stadt. Schon mußte ein Darlehn von 12 000 Gulden auf die Herrschaft Langenstein aufgenommen werden. Die Einkünfte der Brüder waren gesunken und ohne Beteilung der vielen ausgestreckten Hände kam man nirgends vor. Wieder wurde davon gesprochen, den Häftling nach Rom bringen zu lassen, wieder ergoß sich ein Wortschwall des Nachfolgers dorthin: Jede Veränderung würde das Volk in Salzburg aufwiegeln und mit neuer Hoffnung erfüllen, die Reise sei lang und gefährlich, er könne die Verantwortung nicht übernehmen und der Kaiser biete kein sicheres Geleit.

Als Marcus Sitticus aber auch die neuerlichen Anordnungen des Papstes über verbesserte Haftbedingungen unbeachtet ließ, wendeten sich die Brüder, nun schon ganz verzweifelt, an Maximilian von Tirol: Man möge doch nochmals intervenieren, damit der Gefangene nicht »in sollich Custodia denen übrigen Raitenauern zum ewigen, unauslöschlichen Spott also ellendt ersterben muese«.

Es ist das erste Mal, daß die Befürchtung geäußert wird, Wolf Dietrich könnte den Tag der Freiheit nicht mehr erleben.

In ihrer treuen brüderlichen Liebe scheuten die beiden Raitenauer keine jener Demütigungen, welche in dieser Zeit überspitzter Ehrbegriffe so nachhaltig schmerzten. Von neuem wendeten sie sich im Mai 1614 an den Kerkermeister Marcus Sitticus, erinnerten ihn an die päpstlichen Anordnungen und ersuchten, Wolf Dietrich im Beisein erzbischöflicher Beamter aufsuchen zu dürfen. Im Juli des gleichen Jahres apostrophierte Hans Werner sogar den Feind, der hinter den Kulissen immer noch als letzte Instanz über Wolf Dietrichs Schicksal entschied: Er möge doch alles Vorgefallene vergessen und sich der Brüder des armen Gefangenen erbarmen. Aber auch Maximilian redete sich steif heraus: Sollte ihm ein diesbezügliches Ansuchen von dem regierenden Erzbischof zukommen, so werde er sich darüber »verner gegen Euch der Gebühr vernemen lassen«.

Nun machte selbst das Kapitel den Hohenemser auf die Mißbilligung aufmerksam, welche die Strenge gegen den gestürzten

Fürsten allgemein auslöste. Merk Sittich entschloß sich, eine Augenauswischerei großen Stils zu veranstalten. Er berief Leonhard Ehrgott zu sich, den Kommandanten der Festungswache, einen pflichtgetreuen und engstirnigen Offizier, der schon unter Wolf Dietrich gedient hatte. Aus lauter Sorge, er könnte in ein schiefes Licht geraten, sprach er seit dessen Festnahme kein einziges Wort mehr mit ihm. Nun sollte er die Mitglieder der Wachmannschaft über die Haftbedingungen befragen. Damit war er sehr einverstanden, weil er hoffte, so auch sich selbst in den Augen des empörten Volkes reinzuwaschen. Am 30. Juni und 1. Juli 1614 führte er die Befragung durch, ließ alle Aussagen protokollieren, die Niederschrift notariell beglaubigen und verfaßte im Anschluß daran noch einen Bericht für seinen jetzigen Herrn.[29] Die Soldaten wurden befragt, ob es wahr sei, daß Wolf Dietrich in einem abscheulichen Gefängnis schmachte, ob Sonne, Mond und Luft zu ihm kämen oder ob es wirklich »böse Luft und übelriechenden Geschmack« dort gebe; wie Speisen und Geschirr des Gefangenen beschaffen seien, ob er sich bei guter Gesundheit befinde, auf Verlangen Arzt und Apotheker zu ihm geschickt würden und so fort.

Es wäre wunderlich zugegangen, wenn die Erklärungen der Wachsoldaten auf diese Suggestivfragen anders gelautet hätten als vorgesehen. Aus den 83 Antworten, die nichts als Lobpreisungen der Haftumstände enthielten, zog Ehrgott einen Extrakt und fügte seinem Bericht noch hinzu, es schmerze ihn, in seinem Alter verdächtigt zu werden, daß er seinen früheren Herrn, der ihm viel Gutes erwiesen habe, übel traktiere.

Marcus Sitticus ließ das Ganze viele Male kopieren und versendete den Bericht an alle, die zu intervenieren versucht hatten, ferner an den Papst, den Kaiser und die Brüder des Häftlings. Damit war den Befreiungsversuchen wieder einmal der Boden entzogen. Der Erzbischof konnte aufatmen.

Ebenso furchtsam wie durchtrieben achtete Marcus Sitticus stets sorgfältig darauf, daß ihn niemand bei einer plumpen Lüge ertappen konnte. Was in den Aussendungen stand, entsprach immer teilweise der Wahrheit. Wolf Dietrich erhielt mehr zu essen, als er bewältigen konnte. Schweigend wurden ihm die

Speisen auf Silberschüsseln durch das Drehkreuz gereicht, Kerzen brannten in silbernen Kandelabern. Von Gott und der Welt abgeschnitten hockte er Tag um Tag in dem gleichen, »mit Tapezereyen gezierten« Zimmer, durch Wandschirme von seinen beiden Dienern und zwei Franziskanern getrennt. Ehrgott hatte noch besonders hervorgehoben, daß der Gefangene so viel Wein erhielt, daß er sich von einer Mahlzeit zur anderen einen Rausch hätte antrinken können.

Wolf Dietrich war immer ein maßvoller Mann gewesen und jetzt war ihm weniger nach Räuschen zumute denn je. Er sehnte sich nach Freiheit, nach den Menschen, die er liebte, dem gewohnten Kontakt zur Welt, nach Pflege seines kranken Körpers, nach einer letzten Entfaltung seiner geistigen Gaben, Rechtfertigung und Wiederherstellung seiner Ehre. Gerade für diesen äußerst kontaktfreudigen Mann mußte die Art seiner Haft eine subtile Folter darstellen, wie sie nur vorsätzliche Grausamkeit ausdenken konnte.

Im Dezember 1614 begab sich der unermüdliche Komtur Hans Werner von Raitenau nochmals nach Rom und überreichte ein Memorandum aller drei Brüder, worin sie um Übernahme des Gefangenen in päpstlichen Gewahrsam baten. Daß nach mehr als dreijähriger Untersuchung noch immer kein Urteil erflossen war, scheint die Kardinalskommission beschämt zu haben. Man erwog eine Überstellung nach Ferrara, das kürzlich dem Kirchenstaat angegliedert worden war. Am 17. Jänner 1615 schrieb Kardinal Scipio Borghese etwas energischer als bisher an den Erzbischof in Salzburg. Der Papst habe angeordnet, daß Wolf Dietrich in der Haft alle Bequemlichkeiten zuteil werden sollten und er in Gegenwart eines Vertrauensmannes auch Besuche empfangen dürfe. Seine Pension solle, wenn schon nicht bar ausbezahlt, so wenigstens irgendwo für ihn angelegt werden. Das meldete der bayrische Gesandte Crivelli nach München. Auch der päpstliche Nuntius Diaz wollte den Fall, an den er so viel Mühe verwendet hatte, nun endlich erledigt sehen – allerdings mit einem Schuldspruch.

Hans Werner glaubte, in Rom keine weiteren Zugeständnisse erreichen zu können und reiste am 27. Jänner ab, was Marcus

Sitticus mit Schadenfreude erfüllte. Wie allem, hängte er auch dieser ein frommes Mäntelchen um:»...wie wunderlich es der Allmächtige geschickt, dass der Comentur eben zu der Zeit, da er aller Vernunft nach seiner angefangenen Sollicitation am meisten hette abwarten sollen, unverrichter Ding davon zogen und also nicht minder dann sein Herr Bruder, als dessen Liberation allbereits vor der Hand gewest, gethan«. Und:»... dahero wir inskünftig der... gehabten vielfeltigen Unruhe etlichermassen entladen zu sein verhoffen«.[30] Dennoch ließ der nie beruhigte Hohenemser ein neues Gutachten von dem willigen Ehrgott ausarbeiten. Darin stand, daß es gefährlich wäre, den Brüdern Zutritt zu Wolf Dietrich zu geben. Ein offener Aufstand könnte die Folge sein. Die Auszahlung der Pension müsse aus demselben Grund unterbleiben.

Der Begleitbrief, mit welchem der Erzbischof dieses Gutachten am 15. Februar 1615 an Kardinal Borghese schickte, ist ein solches Meisterstück an Intrige, daß er verdiente, in diplomatische Lehrbücher aufgenommen zu werden. Nachdem alle Vergehen des Gestürzten von neuem aufgezählt, nachdem die Zahlung der Pension nochmals als überflüssig erklärt wird, da Wolf Dietrich ohnehin nichts abgehe, heißt es darin, der Gefangene verdiene die Güte des Papstes nicht; tatsächlich mißachte er diesen und versuche, ihn gegen den Kaiser auszuspielen. Der Papst könnte ihn zu ewigem Kerker verurteilen, was er verdiente. (Die Geldmittel der Brüder seien erschöpft, sie könnten nichts mehr unternehmen, flicht er zynisch ein.) Der Papst könnte ihn auch freilassen. Bei jedem anderen wäre das am Platz, nur gerade bei diesem Unruhigen nicht. Die Auszahlung der Pension würde die Salzburger Kirche ins Verderben stürzen. Dennoch sei er, Marcus Sitticus, bereit, sie beim Herzog von Bayern zu hinterlegen. Sie Wolf Dietrich selbst auszuhändigen und auch die Brüder mit ihm sprechen zu lassen, wäre sehr gefährlich. Das gehe schon aus dem (beiliegenden) Gutachten des Wachobersten hervor. Daher sei auch dringend davon abzuraten. Wer das täte, würde sich vielleicht als treuer und aufrechter Diener des Papstes gebärden, in Wahrheit aber nur seinen eigenen Interessen dienen. Wer Marcus Sitticus nicht genauer kannte, mußte von den

Schlußworten dieses Briefes sehr beeindruckt sein: Er selbst, erklärte der Hohenemser, wünsche für seinen Vetter nur das Allerbeste. Noch mehr allerdings liege ihm das Interesse der Kirche am Herzen. Zwar vergönne er Wolf Dietrich die völlige Freilassung, doch wäre er ein schlechter Diener Seiner Heiligkeit und ein schlechter Hirte seiner Kirche, wenn er dazu seine Einwilligung gäbe.

Anfang Februar wurde ein Schrank des Gefangenen, welcher außerhalb seines Zimmers stand, visitiert und dabei festgestellt, daß Seidendecken und Kleidungsstücke fehlten. Die Untersuchung ergab, daß ein Befreiungsplan bestanden hatte, dessen Vorbereitungen schon ziemlich weit gediehen waren, von dem aber der Gefangene selbst offenbar nichts wußte. Einige Soldaten hatten sich aus Mitleid, Abenteuerlust und Gewinnsucht – ein Postraub an Salzgeld war zur Finanzierung des Unternehmens mitgeplant gewesen – dazu verschworen, Wolf Dietrich zu befreien und Kontakt mit den Brüdern Raitenau aufgenommen. Sie beschafften sich einen Nachschlüssel zu den Dachkammern oberhalb der Räume, welche als Gefängnis dienten und bohrten ein Loch in die Zimmerdecke. Der Soldat Andrä Auer sollte das Zeichen geben und die Brüder Raitenau den an Seilen oder Tüchern herabgelassenen Gefangenen »unter dem Gewölb, wo die drei Stück (Kanonen) stehen« mit Leitern erwarten, deren notwendige Länge auch bereits ausgemessen war. Einer der Verschworenen, Johann Pritschan, nahm noch während der Untersuchung, die längere Zeit in Anspruch nahm, seinen Abschied und begab sich eiligst nach Wien, dem zweiten namens Ulrich Reitenegger gelang es, nach Kärnten zu entkommen. Nur des Soldaten Jakob Schnitzlechner wurde man habhaft, folterte ihn und hängte ihn auf, sobald er alles gestanden hatte.[31]

Marcus Sitticus meldete das Komplott sofort nach Rom und bemerkte dazu, nun sehe man, wie es erst zuginge, wenn Wolf Dietrich Geld in Händen hätte und mit jedermann reden dürfte. Nach diesem Zwischenfall erhielten die Brüder, als sie die vom Papst erteilte Besuchserlaubnis ausnutzen wollten, vom Erzbischof eine ausweichende und vom Kapitel die klipp und klare Antwort, man möge die Herren »mit solchen Schreiben fürbas verschonen«. Das Kapitel wolle sich »aus vielen erheblichen Ursachen« der Sache weiters gar nicht annehmen.

Die »Sache« war zu einem noli-me-tangere geworden, einem leidigen Zustand, an den niemand gerne erinnert sein wollte, den man am liebsten ganz vergessen hätte. Aber trotz seiner unwirschen Antwort an Rudolf von Raitenau trat das Kapitel nochmals an den Erzbischof heran, mit dem einzigen Erfolg, daß dieser »mit einem Eid und bei seiner fürstlichen Ehre« beschwor, dem Gefangenen fehle es an nichts. Sowie er von Seiner Heiligkeit eine Erledigung in Händen habe – die in Wahrheit längst vorlag – werde die Angelegenheit »ihren schleinigen Fortgang« nehmen. An den Ränken und der aalglatten Beredsamkeit des Hohenemsers prallten dieser und noch alle weiteren Versuche, Wolf Dietrichs Los zu verbessern, wie an einer Gummiwand ab. Selbst Maximilian schrieb einmal, daß der Erzbischof von Salzburg »solche Erledigung hoch difficultiert«.

In den letzten eineinhalb Jahren seiner Haftzeit beruhigte sich der Gefangene und resignierte. Seine körperlichen Leiden mögen ihm dabei geholfen haben. Er wurde sanft und demütig, bereute seine Sünden und behandelte seine unfreiwilligen Haftgenossen wie seine Kinder. Was er selbst nicht aß, verschenkte er an die Wachmannschaft und an seine beiden Diener, deren einer aus Verzweiflung bereits hartes Brot sammelte, weil er hoffte, irgendwen damit zum Zweck seiner Befreiung bestechen zu können. Wolf Dietrich hatte nun die Hoffnung aufgegeben, je wieder freizukommen, betete viel, befaßte sich mit Bußübungen und las in seinen Andachtsbüchern.

Einer der beiden Franziskanerpatres, die ihm seit fünf Jahren beigesellt waren, sein Beichtvater namens Caspar Gopeltsrieder, gab am 30. Jänner 1617 mit Erlaubnis seiner Oberen eine schriftliche Erklärung über Wolf Dietrichs letzte Lebenszeit ab. Er legte darin nieder, daß ihn der gestürzte Fürst öfters gebeten habe, nach seinem Tod die Brüder wissen zu lassen, daß er nun seine Gefangenschaft als Strafe und väterliche Heimsuchung Gottes erkenne. Die Brüder sollten »gegen niemanden einiger Rache begeren«, denn er selbst verzeihe allen von Herzen; auch wolle er Gott für alle, die ihm sowohl Böses als Gutes getan,

»treulich und inständig und christlich bitten«. Er ließ den Brüdern für »ihr brüderliches Mitleiden und Willfährigkeit«, für ihre ausgestandene Mühe und Arbeit »gar hochfleißigen Dank sagen«, und sie »treuherzig ermahnen, sich nunmehr gänzlich zur ruh zu begeben«. Bis an ihr Ende sollten sie einen gottseligen Wandel führen und wohl betrachten, was »das zeitliche Vergängliche für ohnentliche sorg, müh und arbeit« nach sich ziehe.[32]

Aus den Barbieren suchte man noch nach Wolf Dietrichs Tod Rechtfertigungsgründe für die gesetz- und vertragswidrige Haft herauszupressen, doch vergeblich. Das enge Zusammenleben mit dem geistig hoch über ihnen stehenden und nun der Welt entsagenden Fürsten hatte die Gemüter der einfachen Diener in seinen Bann gezogen und veredelt. Sehr schlicht, beinahe würdevoll, sagten Johannes Strauß und Adam Stainer am 22. Jänner 1617 auf die Frage aus, ob der gewesene Erzbischof sich noch das Erzstift angemaßt und mit seiner Konkubine habe zusammenleben wollen: Wolf Dietrich habe nichts anderes gesagt, als daß er in Ruhe und Frieden leben und keine weiteren Würden begehren wolle, wenn er frei würde. »Um der Leute Nachred willen« begehrte er nicht einmal mehr Frau und Kinder zu sich. Die Kinder hätte er wohl um sich leiden mögen, da er sie sehr geliebt habe. Er sei keinem Menschen, auch seinem Nachfolger nicht, Feind gewesen, sondern habe oft gesagt, daß er allein mit seinem halsstarrigen Kopf alles verursacht habe. Mehrmals habe er während seiner letzten Krankheit ausgerufen: »Wolf Dietrich, leid, leid! Dann du solches alles wohl verschuldet hast«.[33]

15. KAPITEL

Im Spiegel

Die Geisteshaltung der Renaissance, die mit ihren neuen politischen Gedanken und Kunstrichtungen, ihrer wissenschaftlichen und wirtschaftlichen Entwicklung im goldenen Cinquecento kulminierte, war nur zögernd und unvollkommen über die Alpen gedrungen. Ein Kirchenfürst, dessen gefühlsmäßige wie intellektuelle Fundamente in dieser Richtung lagen, konnte in dem noch ganz mittelalterlichen Süden der deutschsprachigen Länder kaum Verständnis erwarten. Dazu kam, daß Wolf Dietrich in Salzburg zu weit von den Quellen der Entwicklung entfernt war, um die Veränderungen mitzuerleben, welche in Italien das politische und religiöse Weltbild neuerdings prägten. Nach einem letzten Aufbranden in Florenz, Venedig, Mailand, Urbino, Mantua, Cremona wie in Rom dämmerte der Untergang der Renaissance, von ihren eigenen geistigen Trägern und Künstlern ahnungsvoll vorweggenommen. Der schrankenlose Absolutismus kriegerischer Herrscher ging seiner Endphase entgegen und der Durchbruch der Reformation bedrohte die Selbstherrlichkeit von Päpsten und Kirchenfürsten.

Der Raitenauer hingegen vermochte sich nie von dem Rom seiner Studienjahre zu lösen, wo ihn der Schutz versippter Kardinäle so verläßlich umgeben hatte, wo Päpste wohlwollend auf den Jüngling blickten, der sich voll hoffnungsfroher Demut niederwarf, um den Pantoffel zu küssen. Der ehrgeizige Kleriker sah auch weiterhin nur Ansehen und Reichtum seines Onkels und Protektors, des Kardinals Marcus Sitticus d'Altemps, seine zähe Skrupellosigkeit in Gelddingen, sein strafloses Überspielen der Zölibatsverpflichtung und hielt sich für berechtigt, das überlebte Erfolgsrezept nachzuahmen. Ihm kam nicht in den Sinn, daß der Kardinal zu Ende seines Lebens schon zum Monument einer verflossenen Zeit geworden war und daß ähnliches Verhalten einige Jahre später und in einer anderen Umgebung nicht nur überholt, sondern auch fehl am Ort sein könnte.

In Salzburg lebte man unter einer kühleren Sonne, dafür aber bedeutend näher den brennheißen Zentren reformatorischer Ideen, wo die Schlachten zwischen Papsttum und Protestierenden unmittelbar ausgetragen wurden. Wer hier, auf vorgeschobenem Posten, zum Fahnenträger bestellt war, durfte dem Feind nicht ungestraft Propagandamaterial liefern. Obwohl sich auch in Rom die Erkenntnis durchzusetzen begann, daß der Fortbestand der katholischen Kirche von inneren Reformen abhing, hatte die absolute Verläßlichkeit innerhalb der Hierarchie noch immer Vorrang. Wer treue Gefolgschaft leistete und daneben heimlich tat, was ihm beliebte, stellte nicht das Prinzip in Frage, sondern nur das eigene Schicksal und Seelenheil. Als schlimmster Feind galt der mögliche Überläufer. Dem ersten Schritt der Vernichtung des Ketzertums würden zweifellos Korrekturen in den eigenen Reihen folgen. Diesem Problem kam aber noch nicht Vorrang zu. Der eigentliche Grund, warum Wolf Dietrichs Sturz endgültig blieb, lag nicht in seinen weltlichen Fehltritten, sondern in der Tatsache, daß es Maximilian von Bayern und Marcus Sitticus von Hohenems gelang, den Vatikan von der Unverläßlichkeit des Raitenauers zu überzeugen.

Um den Trendwechsel in Rom ungeachtet der Entfernung wahrzunehmen, fehlten dem Salzburger Erzbischof Fingerspitzengefühl und Anpassungsfähigkeit. Auf einzelnen Gebieten war Wolf Dietrich unleugbar seiner Zeit voraus wie bei seinen Ideen der Stadtgestaltung, aber in vielem traf genau das Gegenteil zu: Ein Mann von hervorragenden Fähigkeiten scheiterte an seiner Gestrigkeit. Daß er den richtigen Weg erkannte, geht aus seinen eigenen Aufzeichnungen deutlich hervor. Was ihm fehlte, waren die nötige Konsequenz und Charakterstärke, um sein Temperament zu zügeln und diesen Weg auch zu gehen. Geradezu beispielhaft erweist sich an ihm jene Affinität zwischen Persönlichkeit und Lebensablauf, die Julian Huxley so einfach formulierte: »Alles, was einem Menschen zustößt, sieht ihm selbst unweigerlich ähnlich«.

So zog es Wolf Dietrich also vor, mit einem überholten Weltbild weiterzuleben, weil gerade dieses ihm auf den Leib geschneidert schien. Das Schicksal kam dem autoritär veranlagten und unter

Autokraten herangewachsenen Mann gefährlich entgegen, als es ihn auf einen Platz stellte, wo er seine Herrschergelüste ausleben konnte. Nicht ganz zu Unrecht hieß es in der Anklageschrift des apostolischen Nuntius Antonio Diaz: »Quod retinuerit allegaverit et usus fuerit libris et doctrina Aretini et Machiavelli dixeritque ab eis tradita esse verum modum gubernandi« – er habe die Schriften Aretinos und Machiavellis nicht nur besessen, sondern auch gesagt, daß sich aus ihnen die richtige Regierungsart ableite.[1]

Der Florentiner Diplomat Machiavelli fiel zwar dem Irrtum zum Opfer, er habe den Souverän schlechthin amoralisch gesehen und propagiert – eine ähnliche Mißdeutung wie jene, welche den Jesuiten den Satz »Der Zweck heiligt die Mittel« zuschob –, doch finden solche Assoziationen nicht von ungefähr statt. Jedenfalls war Wolf Dietrich ein Bewunderer Machiavellis, dessen Werke bereits als reaktionär und unethisch galten; »Il Principe« war 1559 sogar verboten und auf den kirchlichen Index gesetzt worden.

Für einen Mann mit der politischen Einstellung eines Renaissancefürsten galt das Wort von den Schicksalssternen in der eigenen Brust bestimmt noch viel mehr als für selbstkritische und disziplinierte Naturen. Aber Zurückhaltung, Zweifel, Mäßigung und Vorbedacht standen völlig in Widerspruch zu Wolf Dietrichs vorwärtsstürmendem Temperament. Die Renaissance lehrte die Selbstverwirklichung antiker Helden, ihr Maß war die Maßlosigkeit. An die Stelle des Müßigganges mittelalterlicher Edelleute hatte sie vielfache Interessen und Betätigungsformen gesetzt. Auch diese Facette entsprach genau dem oftmals kritisierten »unruhigen Kopf« des Raitenauers.

Gerade daß er nicht so sehr eine schillernde als eine wirklich vielseitige Persönlichkeit war – der *uomo universalis*, wie ihn die Renaissance forderte – verhindert eine einfache Charakterisierung. Kein einzelnes Adjektiv, kein Beiname vermochte seine Gestalt knapp und prägnant zu umreißen, wie das bei vielen historischen Gestalten der Fall ist. So konnte dieser Erzbischof trotz vielfach bezeugter Beliebtheit beim Volk und trotz seines dramatischen Schicksals niemals eine populäre Figur werden.

Erstaunlich wenig an mündlicher Überlieferung rankt sich um ihn, kaum fand er Eingang in die Legende. Viele kennen den Namen, aber sehr wenigen sind Einzelheiten über sein Schicksal geläufig.

Nur in seltenen Ausnahmefällen räumt die Mitwelt ihren Zeitgenossen den gleichen Platz ein, auf welchen historische Sicht sie dann – mehr oder minder endgültig – stellt. Die unterschiedliche Beurteilung Wolf Dietrichs über die Jahrhunderte hinweg erklärt sich zum Teil aus dem Wechsel orthodoxer Weltanschauung, zum Teil aber auch durch die Disharmonie seiner Natur. Er stellte Probleme zur Diskussion und bot Lösungen dafür an – aber nur in der Theorie.

Vermutlich fordert ein Leben von besonderer Intensität an sich schon zu Kritik und Stellungnahme heraus. Deren gab es mehr als genug. War er tatsächlich ein schlechter Bischof und daneben ein Genie, das an der Wirklichkeit zerbrach, wie ihn der Erforscher vieler seiner Lebensabschnitte, Franz Martin, beurteilte? Oder »groß, aber unglücklich«, wie ihn ein späterer Erzbischof von Salzburg sah?

Maßstäbe gibt es mehr als nur einen, doch steht fest, daß zu jeder Zeit und in allen Fällen ungeschickte Form und zur Schau getragene Menschenverachtung läßliche Vergehen zu schweren Delikten umgemünzt hat. Nicht geistliches oder moralisches Versagen richteten den Raitenauer zugrunde, der allen Anzeichen nach weder ein schlechter Mensch noch ein schlechter Priester war, sondern eine Reihe von politischen Mißgriffen. In seiner Überheblichkeit hielt er sich für unbesiegbar. Hätte er in seiner Jugend »die Krieg' in die Erfahrung bringen« können, wie er so gerne wollte, dann wäre ihm vielleicht auch noch bei der Niederlage eine bessere Taktik eigen gewesen.

Seitens des Nachfolgers war eine günstige Beurteilung Wolf Dietrichs nicht zu erwarten. Die Worte, die er unter das Porträt des Raitenauers in der Galerie der Erzbischöfe setzen ließ, waren angesichts der vielfältigen Aktivitäten des Verstorbenen mehr als karg:

| *Plura aedificavit* | Er hat viel gebaut |
| *maiora destruxit* | mehr noch zerstört |

Cappucinos introduxit   die Kapuziner eingeführt
Augustinianos fundavit   das Augustinerkloster gegründet
denique resignavit.   und dann abgedankt.

Der Verfasser dieses Nachrufs, Johann Steinhauser, der sich ja nur bemüht hatte, die Gefühle seines Brotherrn, des Erzbischofs Marcus Sitticus in Worte zu kleiden, fand die Inschrift wohl selbst zu unfreundlich, so daß er wenigstens die zweite Zeile ausließ.

Die zeitgenössischen Chronisten Dr. Johann Baptist Fickler und Johannes Steinhauser, welche den Fürsten persönlich kannten, sprechen ihre Urteile begreiflicherweise noch etwas verblümt aus. Als negativ hebt jeder der beiden die ihm wichtigste Eigenschaft hervor: Fickler verurteilt den mangelnden Religionseifer bei der Verfolgung der Ketzer, der Kaufmannssohn Steinhauser seufzt mehrfach über die offenbar planlose Geldverschwendung. Erstmals in Rom sprach Papst Clemens VIII., vermutlich beeinflußt durch Wolf Dietrichs Feinde in Bayern und den Weihbischof Cattaneo, von dem »seltsam geschwinden Kopf« des Erzbischofs. Von diesem »pericolosum ingenium« sei eine Wiederholung der Kölner Tragödie zu befürchten. Ebenso wie Kardinal Khlesl, der diesen Ausspruch zitiert, war der Papst also schon 1593 – bei dem ausgezeichneten Nachrichtensystem damaliger Höfe wahrscheinlich noch weit früher – von Wolf Dietrichs Zusammenleben mit Salome Alt informiert, ohne besondere Schritte dagegen zu unternehmen. Auf diese Lebensgemeinschaft bezog sich auch das Urteil des Erzherzogs Leopold, Bischofs von Passau, wenn er von dem Salzburger Fürsten als von einem »schlimmen Pfaffen« sprach. (Leopold hatte leicht reden. Als er selbst ins weltliche Leben zurückkehren und sich vermählen wollte, wurde der päpstliche Konsens beschafft und die Regierung in den habsburgischen Erblanden war ihm zugesichert.)

Fast gleichlautend mit Clemens VIII. sprach der in seiner Würde verletzte Herzog Wilhelm von Bayern von einem »unruhigen, hochmütigen und anmassenden Fürsten, dessen Kopf nit feiren kann«. Der päpstliche Nuntius in Graz, Hieronymus Porta, schrieb am 6. Mai 1601 nach Bayern: »Er misst seine Pläne mit der Elle seiner Interessen«. Herzog Maximilian von Bayern, schon seit dem Reichstag von Regensburg im Jahre 1594 dem Raitenauer gegenüber mißtrauisch, gab doch zu, daß dieser ein »weltweiser, gelehrter Kopf« sei. Noch 1608, bevor sich der Salzstreit zwischen den beiden Ländern auf das Äußerste zuspitzte, meinte er, Wolf Dietrich habe gute Einfälle und »rathe zu den Sachen, wolle aber niemalen dessen den Namen haben und nienderst offendieren«. Vermutlich dachte er dabei an das »Ewige Statut«, das auch er von sich abgeschoben hatte. Als er dann mit seinen Soldaten in Salzburg einrückte, durfte freilich an dem Erzbischof kein gutes Haar bleiben. Die Bewohner des Erzstiftes hätten ihn selbst ins Land gerufen, behauptete der Herzog. Sie seien der hohen Steuern, der Beschimpfungen des Kapitels, der Ausschaltung der Landstände, der Verschwendung und des Hochmuts ihres Fürsten müde gewesen und hätten all dies »neben seinem unbehutsamen und dem geistlichen Stand übel anständigen privat-leben« nicht länger dulden wollen.

Der Chronist vom Nonnberg ist darüber ganz anderer Ansicht. Er schätzt die Beliebtheit des Fürsten bei seinem Volk sehr hoch ein; dieser hätte gar nicht zu flüchten brauchen. Die Stadt und das Kriegsvolk hätten gerne für ihn gekämpft. Die Meinung des Mannes von der Straße faßt er in bodenständiger Manier und ebensolcher Orthographie folgendermaßen zusammen: »Dye Zeit seiner Regierung fierdt er ein ernnstliches Regiment, war geschwindt bedacht, liess nicht alle Dinge bratschlagen unnd macht im ein grossen Gehorsamb. Er wahr ehrerbietig und gastfrey, auch freigebig und so jemanndt in Ungebuer und Beschwernissen beclagt war, so verschonet er Niemannt in der Straff. War auch insonderhaitt ein Vater der Armen, gab überall gross Almusen den hausarmen Leiten, seinen alten Dyenern unnd ihren hinderlassenen Witben begnadet er mit reichlicher Profisohn, sowoll auch etlichen alten schwachen Kranckhen, nottdürftigen Bürgern er hete dye Bürgerschaft lüeb bezallet auch jedermann schön, wolt aber darueber kainen Betrug leiden, er sache gern, dass Jedermann in seinen Haushalten glickhlichen aufnamb darzue er auch ghern halff. Er hat in seiner 24järigen Regierung vill Glickh unnd Unglickh ausgestanndten«.

Erst 100 Jahre nach Wolf Dietrichs Tod wagte ein Chronist, den Erzbischof offen gegen seine Ankläger zu verteidigen und sogar Salome in Schutz zu nehmen.[2] Daß der Erzbischof nicht allzu keusch gelebt habe, sei zwar in Salzburg Tagesgespräch gewesen, aber gerade dieser Fehltritt habe dazu beigetragen, daß er »mittels einer strengen abbüssung und gottgefälligen Lebenswandels Eingang in das Himmelreich gefunden hat«. Er sei eben, wie so viele heilige Männer, aus Gottes Zulassung in menschliche Schwachheit verfallen, habe sich aber daraus wiederum mit der Gnade Gottes erhoben und befreit. »Ist doch Fehlen menschlich, Aufstehen aber englisch«, schließt J. B. Schlachtner sein Urteil ab.

Er weiß wohl, schreibt er weiter, daß sich dieser oder jener über seine Aufrichtigkeit ärgern werde. Bedenke man aber, was Erzbischof Gebhard von Köln der schönen Agnes von Mansfeld wegen angestellt habe, so finde er nicht, daß Wolf Dietrichs Fehltritt, welcher »die Persohn des Erzbischoffens allein verunglikket, nicht aber Kirche und Land in Mitleidenschaft gezogen hat«, verschwiegen oder vertuscht werden müsse.

Doch selbst dieser wohlwollende Beurteiler kommt nicht um die Erwähnung der »häfftigen Verwegenheit« herum, mit welcher der Raitenauer darauf bestand, daß stets alles nach seinem Kopf gehen sollte.

Zu Ende des 18. Jahrhunderts, als liberalere Auffassungen Platz griffen, wandelte sich auch die historische Meinung zugunsten Wolf Dietrichs. In dieser undogmatischen, zeitweise sogar kirchenfeindlichen Atmosphäre sprachen sich auch zwei seiner Amtsbrüder aus dem hohen Klerus offen für den Raitenauer aus. Der Salzburger Erzbischof Hieronymus von Colloredo erklärte in einem Schreiben an das Domkapitel am 20. Jänner 1779, Wolf Dietrich sei ein Opfer nachbarlicher Eifersucht geworden. Unglücklich, aber groß sei er gewesen. Der Salzburger Domherr Friedrich Graf Spaur nannte ihn ein »sein Zeitalter weit überragendes, von den Seinigen mißkanntes Genie«.

Weitere historische Urteile aus dieser Zeit befassen sich hauptsächlich mit Wolf Dietrichs innen- und außenpolitscher Tätigkeit. Auch hier bestimmt persönliche Einstellung die Werte:

Während Zauner von des Erzbischofs »unbändiger Herrschsucht« spricht,[3] hebt Hübner im Jahre 1793 erstmalig hervor, daß Erzbischof Wolf Dietrich »die ganze Stadt mit seinem Reformationsplan umfaßte« und sie gerade ihm ihre »neue, verherrlichte Gestalt« verdanke.[4]

In seiner Untersuchung über Schulwesen und Kultur in Salzburg, die 1804 erschien, nannte Michael Vierthaler Wolf Dietrich einen Fürsten, »der das Gute gewiß wollte, und nur in der Wahl der Mittel und in der Art der Ausführung gewöhnlich zu rasch und zu gewaltsam verfuhr«.[5]

Die verständnisvollen Stimmen wurden nach 1848 wieder zum Schweigen gebracht. Eine betont klerikale Moralauffassung überließ die suspekte Persönlichkeit des Raitenauers entweder dem Vergessen oder sie urteilte mit unnachsichtiger Strenge. Man warf ihm »bizarres und absonderliches Denken und Fühlen, Launenhaftigkeit, Jähzorn, Hochmut, rücksichtslose Härte und unbezähmbaren, selbstsüchtigen Ehrgeiz« vor.[6]

Zwei Urteile mögen die Bandbreite der Meinungen illustrieren. Karl Mayr-Deisinger: »Ihn leitete kein Pflichtgedanke; nicht einmal durch religiöse Beweggründe wurde er veranlaßt, seinen Herrscherpflichten gemäß zu leben«. Nur Talent und Arbeitsfreude billigt er dem Raitenauer zu.[7]

Dagegen Georg Abdon Pichler: »Nicht bloß glänzte Wolf Dietrich durch Wissenschaftlichkeit, vorurtheilsfreie und gesunde Politik, vielfache Einsichten und selbst durch guten Geschmack und Kunstverständnis, sondern er besaß auch Edel-, Wohltätigkeits- und Rechtssinn«.

Und der Ansicht: »Er scheiterte als Bischof, als Mensch, als Politiker«, steht die Aussage des Salzburger Geschichtsforschers Hans Widmann gegenüber: »Die Nachwelt ist ihm gerechter geworden, als es die Mitwelt war, und eine nicht voreingenommene Geschichtsschreibung wird wenigstens an seinen staatsmännischen Eigenschaften nichts zu krittteln finden; denn seine nächsten Nachfolger haben dieselben politischen Bahnen verfolgt, die er einst eingeschlagen und mit denen er dem Lande Salzburg einen kaum ganz zu würdigenden Dienst erwiesen hat«.[8]

Dieser vorbehaltlosen Anerkennung von Wolf Dietrichs politischer Weitsicht standen auch im zwanzigsten Jahrhundert noch kritische Stimmen gegenüber. Fragen wurden aufgeworfen, die leicht begreifliche, nur allzu menschliche Reaktionen zum Inhalt hatten: Ob sich der Erzbischof denn tatsächlich seiner Sympathisanten und sogar der Bestechung zu bedienen versucht habe, um sein Los zu erleichtern, als er gefangensaß, und ob er wirklich mit den Habsburgern konspirierte und seine Rehabilitation durch sie erwog.

Selbstverständlich tat er all dieses. Er war kein Heiliger und verspürte wenig Neigung zum Märtyrer. Er wollte in Freiheit mit seiner Familie leben, womöglich in Luxus und vielleicht sogar wieder als Herrscher. Welcher entthronte Fürst wollte das nicht? Der letzte Punkt spielte im Laufe seiner Haftzeit eine immer geringere Rolle. Um Freiheit und ausreichenden Lebensunterhalt hingegen kämpfte der Gefangene, solange noch ein Funken Kraft in ihm wohnte und mit allen ihm zu Gebote stehenden Mitteln. Wozu sonst hätte er mehrfach nach seinen »Busanzen« verlangt, den Geldkatzen, die man ihm bei der Verhaftung abgenommen hatte und in denen immerhin noch 865 Dukaten steckten? Warum wollte er im habsburgischen Mondsee resignieren, dessen Grenze kein bayrischer Soldat ungestraft überschritten hätte, warum rechtfertigte er sich vor dem Papst, demütigte sich vor Maximilian und führte endlose Verhandlungen mit dem Domkapitel?

Der Salzburger Josef Mayr hält die Vorwürfe, die Wolf Dietrich gemacht wurden, zwar für berechtigt, meint aber »über allen Schlacken menschlicher Schwäche darf der gute Kern, der allerorten durchbricht, niemals übersehen werden«.[9] Fern von solcher etwas überheblicher Nachsicht urteilt Ernst von Frisch, der allerdings die nobelste und unverfänglichste Seite des Raitenauers, dessen Kunstverstand, zum Gegenstand seiner Untersuchungen machte. In künstlerischen Liebhabereien sei sein Verhalten, so sprunghaft es anderweitig gewesen sein möge, beständig geblieben. An Wolf Dietrichs Feinden rügt er »Mißtrauen, Angst und die Herzlosigkeit eines schlechten Gewissens«. Auch spricht er offen aus, was viele vor ihm kaum zu denken wagten: »Auf seinem Familienleben lastet im Gedächtnis der Menschen auch nicht der Schatten eines Makels«.[10] Während Wilfried Keplinger den Erzbischof als ein »Genie des Eigensinns« bezeichnet (was immer das sein mag), formuliert Franz Martin sachlich: »Wolf Dietrich hat durch seine Neutralitätspolitik Salzburg vor dem 30jährigen Krieg bewahrt, und seine Richtlinien für die bauliche Erneuerung der Stadt blieben maßgebend für seine Nachfolger«.

Soviel Köpfe, soviel Sinne und Urteile. Jedenfalls war der Raitenauer ein Mann, der faszinierte und abstieß, der beeindruckte, verletzte, Neid, Begeisterung, Ablehnung, Hingabe und Haß hervorrief, aber niemanden gleichgültig ließ. Er paßt in kein Klischee und wahrscheinlich kann auch in seinem Fall das, was über der Norm steht, erst aus der Entfernung einigermaßen objektiv betrachtet werden.

Der für die Beurteilung eines Menschen so ausschlaggebende persönliche Eindruck, die Beobachtung von Gesten, Mienenspiel, Gang, Wortwahl und Stimmklang wird bei historischen Figuren nur sehr unvollkommen durch Berichte von Augenzeugen ersetzt. In Wolf Dietrichs Fall bildet die große Anzahl von Portraitgemälden, die meist noch zu seinen Lebzeiten, also aus unmittelbarer Anschauung des Künstlers entstanden, einigen Ersatz. Zu diesen »Contrefacten« gehört das im Salzburger Dommuseum befindliche Jugendbildnis in Medaillonform, wahrscheinlich ein Geschenk des Domherrn an Salome Alt. Ein Gemälde aus dem Besitz des Oberösterreichischen Landesmuseums sowie ein nach diesem angefertigter Stich von Dominicus Custodis zeigen ein konzentriertes, nachdenkliches Antlitz. Ein anderes Portrait, ebenfalls aus jüngeren Jahren, blickt den Betrachter aus überlegen-spöttischen Augen an. Mehrere Abbildungen in der erzbischöflichen Residenz weisen jene flachen und pastosen Züge auf, welche derartigen offiziellen Portraits ohne besondere Rücksicht auf Ähnlichkeit häufig gegeben werden. Es soll mit ihnen ja nicht die einzelne Persönlichkeit dargestellt, sondern die Kontinuität gezeigt werden – weit zurückreichende Reihen von Bischöfen oder Äbten dienen hier den

gleichen genealogischen Zwecken wie eine Ahnengalerie. Das erst 1967 von Erich Wickenburg vorgestellte und ihm zufolge von Bassano stammende Portrait zeigt einen fülligen Kirchenherrn, dessen derber Gesichtsschnitt nicht viel mit dem auf einigen anderen Bildern gezeigten Raitenauer gemeinsam hat.[11] Zwei von den zahlreichen Portraits des Erzbischofs tragen sehr lebendige Züge und geben darüber hinaus Aufschluß über den jeweiligen Gemütszustand des Raitenauers. Das auf der Feste Hohensalzburg ausgestellte Kniestück wurde in seinem 30. Lebensjahr, also 1588/9, für offizielle Zwecke gemalt und ist dementsprechend mit dem kombinierten Raitenauer- und Erzstiftwappen versehen. Ein schlanker, durchgeistigter Herr – nicht bloß ein Mann, ein Herr! – scheint im Begriff, aus dem Lehnstuhl, auf welchem er leicht vorgebeugt sitzt, aufzuspringen, vielleicht um einer im Gespräch geäußerten Ansicht größeren Nachdruck zu verleihen oder eine allgemeine innere Unruhe abzureagieren. Das Haar, das in »Hofratsecken« zurückzuweichen beginnt, ist dunkel und leicht gelockt, die kurze Barttracht modisch geschnitten. Unter hohen Brauen blicken weit geöffnete Augen aufmerksam prüfend den Beschauer an. Untätigkeit ist ihm kaum zuzutrauen, diesem Fürsten, dessen schmale, beringte Hände Schriftrolle und Facilettlein achtlos umfassen, der das geistliche Gewand eines Kirchenfürsten mit der nachlässigen Eleganz des geborenen Herrschers trägt.
Anders ein Altersbild, das als Leihgabe in der Salzburger Residenz ausgestellt ist: Es ist während Wolf Dietrichs Haftzeit entstanden. Der Erzbischof wirkt mager und leidend. Furchen durchziehen seine schlaffen Wangen, Silberfäden das Haar. Unverändert groß und dunkel leuchten nur die Augen aus tiefer gewordenen Höhlen, wölbt sich die hohe und breite Stirne über dem rastlosen Hirn. Kaum verbirgt der weit älter wirkende Fünfzigjährige die Müdigkeit, die sich unverkennbar eingenistet, die Krankheit, die ihn schon mehrfach heimgesucht hat. Nicht nur gegen äußere Gegner kämpfte das vornehme Urbild dieses Portraits. Die größten Schwierigkeiten sind jene, welche er ohne Ende sich selbst bereitet hat.
Auf keinem Portrait, am wenigsten auf einem dieser beiden

wahrscheinlich ähnlichsten Bilder trägt der Raitenauer primitive, bösartige oder brutale Züge. In einer Zeit realistischer Darstellungen, wie sie aus italienischen, spanischen und besonders niederländischen Bildern zur Genüge bekannt sind, hätte kein Künstler gezögert, einem Konterfei solche mitzugeben, hätte das der Wirklichkeit entsprochen.

Ist es möglich, alle die divergierenden Meinungen nebst dem Anschauungsunterricht der Abbildungen auf einen gemeinsamen Nenner zu bringen, einen eindeutigen Extrakt zu ziehen? Sicher nur in der Erkenntnis, daß dieser Erzbischof und Souverän mit seiner persönlichen Arhythmie den Forderungen entsprach, welche die Renaissance an ihre Fürsten gestellt hatte. Doch in ihrer Geburtsstätte Italien wich der freiere Geist bereits dem repressiveren Barock, das Pendel schwang zurück. Der Humanismus hatte seinen jugendlichen Elan schon verloren. Galileo Galilei, seit 1589 Professor der Mathematik in Pisa, wurde von den Consultoren des heiligen Officiums widerlegt und seine Lehre für »töricht, absurd und häretisch« erklärt. Schön- und Freigeister verschwanden als bewunderte Mittelpunkte höfischer Zirkel. Das geistige Trapez der Renaissance hieß Naturwissenschaft; ihre Vorkämpfer hatten erste Versuche gemacht, sich von der Mystik des Mittelalters und vom Aberglauben zu lösen. Jetzt gerieten sie in Gefahr, mit Glaubensdogmen in Konflikt zu geraten und als Ketzer oder schwarze Magier gebrandmarkt zu werden. Der Wunsch nach größerem Wissen war so vordringlich gewesen, daß sich nicht die geringsten Geister der Alchemie verschrieben, weniger, um Gold zu machen, als um den Stein der Weisen, dieses erstrebenswerteste Gut, zu finden und mit ihm zu höherer Erkenntnis zu gelangen.
Doch die Ideologen in Rom sahen Versuche, das einprägsame, biblische Weltbild zu zerstören, das um den irdischen Mittelpunkt kreise, ebenso ungern wie die Behauptung, man könne die Zukunft voraussehen. Daß Wolf Dietrich mit Tycho von Brahe und dessen Schüler Johannes Kepler korrespondierte, legte den Verdacht nahe, er glaube wie Calvin an ein unentrinnbar von Gott vorherbestimmtes Schicksal, wenn sich auch die bei-

den ehrlichen Wissenschaftler über die Unverläßlichkeit der Astrologie beklagten, die Kepler »das törichte Töchterlein der Astronomie« nannte.

Gerade sein den Fortschritten der Wissenschaft zugeneigtes Denken wurde Wolf Dietrich gefährlich, fast mehr noch als seine eigenwillige Politik. Da ihm jede Art von Heuchelei oder Hinterhältigkeit wesensfremd war, ließ er selbst ein Mindestmaß an kluger Zurückhaltung oder Verschwiegenheit vermissen. Seine Offenherzigkeit steigerte sich nicht selten zu Prahlerei, und den füchsischen Methoden seiner Gegner vermochte er bis zuletzt nichts entgegenzusetzen als eine geradezu kindlich naive Aufrichtigkeit. Da er selbst Winkelzüge verschmähte, Verstellung und Verrat in seinem Vokabular nicht vorkamen, rechnete er auch nie bei anderen damit. Als der Weihbischof Cattaneo schon 1595 mit Bayern über Wolf Dietrichs Nachfolge konspirierte – der Bischof von Chiemsee sei ja Wahlleiter bei der Salzburger Bischofswahl, gab er dem bayrischen Hofrat Ulrich Speer zu bedenken, und »da sey nit zu glauben, was einer nützen oder befürdern könne« –, machte der Hintergangene seiner Empörung über solch unerwartete Arglist Luft. Keinen Welschen wolle er »nimmermehr so hoch promoviern und erheben, denn sie haben ihn bisher alle rödlich für die empfangenen Guttaten mit Undank abgedankt«.

Bei den vielen Urteilen über seine spektakulären Eigenschaften wurde stets versäumt, das Fehlen sonst sehr gebräuchlicher Untugenden in Betracht zu ziehen. So hat sich Wolf Dietrich von Raitenau niemals ein Amt erschlichen, erkauft oder andere daraus verdrängt. Die Behauptung von seiner Habgier wird durch die Resignation aller seiner Pfründen widerlegt, die erfolgte, sobald er zum Erzbischof von Salzburg gewählt war. Ein solches Verhalten stand in scharfem Gegensatz zu dem vieler seiner Zeit- und Standesgenossen: Ferdinand von Bayern, Erzherzog Leopold von Habsburg, Erzbischof Ernst von Köln und manche andere brachten so viele Sinekuren unter ihre Hüte, als sie nur erlangen konnten. Auch unter den früheren Herren des Erzstiftes hätte er schlechte Beispiele zur Genüge finden können. Leonhard von Keutschach hatte sich die Salzburger Dompropstei um

3 000 Dukaten erkauft und gab sie auch nicht ab, nachdem er im Jahre 1495 zum Erzbischof gewählt worden war. Nach Wolf Dietrich behielt Marcus Sitticus von Hohenems die Propstwürde von Konstanz unbeschadet der Salzburger Fürstenkrone. Viel eher denn als Habgieriger erwies sich der Raitenauer als ein Verschwender, der mit großer Geste gab und erst hinterher an die Auffüllung der leergewordenen Kassen dachte. Dann allerdings nahm er auch wieder mit rascher Hand oder knauserte mit Beiträgen zu den ihm ohnehin verhaßten Bündnissen. Dieser Erzbischof führte kein zuchtloses Leben. Seinetwegen mußten die Väter hübscher Töchter nicht mit ihren Familien aus der Stadt flüchten wie in Bamberg, wo Bischof Johann Philipp jedem adretten Mädchen nachstellte. Kein noch so gehässiger Gegner konnte ihm anderes nachsagen als das Leben mit Salome und den Kindern, welches der Kirche zwar als Sünde des Fleisches galt, doch durch unwandelbare Treue und Fürsorge den Stempel subjektiver Sittlichkeit, ganz im Sinne der christlichen Eheerfordernisse fides, proles, matrimonium trug – Treue, Nachwuchs, Ehewillen. Seiner Kirche gegenüber stellte sich dem Raitenauer zweifellos das Dilemma zwischen Sinnenlust und Seelenfrieden, doch allein schon die Legitimierung und Adelsverleihung an die Altenauische Familie durch Rudolf II. beweist die Einstellung maßgebender Kreise: Selbst am Hof Seiner Majestät war man bereit, Nachsicht zu üben.
Zu den Eigenschaften, welche Wolf Dietrich mangelten, muß wahrscheinlich auch der Humor gezählt werden. Wer weder über den Dingen noch über sich selbst steht, vermag kaum zu scherzen. Allerdings amüsierte man sich im Deutschland jener Zeit nicht auf die geistreiche und pointierte Weise, die an italienischen Höfen üblich war, sondern derb, ja sogar gewalttätig.
Was zu seiner Zeit als Verbrechen galt, die Duldsamkeit Protestanten gegenüber, die sich »unergerlich« verhielten, oder die Weigerung, der Katholischen Liga beizutreten, bewährte sich in der Folgezeit als vorteilhaft für das Salzburger Bistum. Einerseits blieb das Erzstift von den Verwüstungen des 30jährigen Krieges verschont, andererseits stellten sich die Ausweisungen, die Erzbischof Leopold Anton von Firmian 1731/32 an Protestanten

434

vornahm, als eklatanter Mißgriff heraus, der das Land an den Rand von bevölkerungspolitischem und wirtschaftlichem Ruin brachte. Daß Wolf Dietrich versuchte, einen Mittelweg zwischen den Forderungen seiner Kirchenoberen und dem weltlichen Gedeihen seines Fürstentums zu gehen, kam freilich aus der Sicht des Vatikans einer unbefriedigenden Erfüllung seiner Aufgaben gleich. Bei seinem Abrücken von Rom spielten der verweigerte Kardinalshut und sein illegales Familienleben mit eine Rolle, noch mehr aber die späte Erkenntnis, in welch labiler Lage er sich eigentlich befand. Er war nur ein Fürst von päpstlichen Gnaden, der in seinen Rechten beschnitten und sogar abgesetzt werden konnte. Mit der geistlichen Würde wäre fast sicher auch seine Souveränität verlorengegangen. Da nie vorauszusehen war, welche Rechte sich ein ehrgeiziger und kampflustiger Bayernherzog dem Erzstift gegenüber anmaßen mochte und wie weit es ihm gelingen konnte, sich dabei die Unterstützung Roms zu sichern, ist begreiflich, daß Wolf Dietrich im Laufe seiner Regierungszeit immer mehr den Habsburgern zuneigte. Schließlich war es der Kaiser aus dem Hause Österreich, welchem die Macht zustand, weltliche Rechte und Einkünfte – auch im Erzstift – zu verleihen. Ohnehin teilte der Erzbischof mit Rudolf II. persönliche Neigungen wie Mathematik, Sternkunde und Sammeleifer. Und auch Rudolfs Vater, Maximilian II. hatte Aussprüche religiöser Toleranz getan wie später der Raitenauer: weder Papist noch Protestant hatte dieser Kaiser sein wollen, sondern Christ.

Aus dem Munde eines katholischen Kirchenfürsten hörten sich solche Ansichten freilich rebellisch an und trugen dazu bei, seine Grube zu schaufeln. Seine Äußerungen gegenüber Theophilus Richius brauchten noch 400 Jahre, um Allgemeingut zu werden.

Trotz vieler Irr- und Umwege darf als politisches Ergebnis von Wolf Dietrichs Regierungszeit gelten, was heute für seine Bautätigkeit anerkannt ist: Obwohl Unsicherheit und Planlosigkeit vorzuherrschen schienen, zog er Richtlinien von so nachwirkender Gültigkeit, daß seine Nachfolger nichts Besseres zu tun wußten, als die eingeschlagenen Wege weiterzugehen.

Die Schuld an seinem tragischen Ende fällt allerdings auch Wolf Dietrichs Gegnern nicht ungeteilt zu. Neben seinen wirklichen Fehlern besaß er kaum das Talent, sich selbst und seine Ziele gefällig verpackt anzubieten. Während dieser geistig hochstehende Mann auf politischem, gedanklichem und kulturellem Gebiet unwiderlegliche Beweise fortschreitender Reife erbrachte, blieb er menschlich in der Sturm- und Drangperiode stecken und ließ jede Klugheit vermissen. Erst in seinen letzten Lebensmonaten gewann er den Sieg über sich selbst – nicht aus innerem Antrieb, sondern erzwungen von einer unerträglichen Lebensform, der er sich nur auf diese Weise zu entziehen vermochte.

Voltaire sprach ein großes Wort aus, als er für die Toten nichts anderes als die Wahrheit forderte. Wo sie finden angesichts so vieler divergierender Meinungen? Vielleicht kam ihr einer aus dem feindlichen Lager am nächsten, der Beichtvater Herzog Maximilians, der bayrische Jesuit Vervaux. Unter dem volkstümlichen Decknamen »Johann Adlzreiter« notierte er nach Wolf Dietrichs Tod in seiner lateinisch geführten Chronik, daß dieser ein wahrer Vater der Armen und Unglücklichen gewesen sei, der sein Leben in seltener und außerordentlicher Frömmigkeit beschlossen habe. Auch dieses Urteil schließt Vorbehalte mit ein: »Er war ein Mann von ausgezeichneten Geistesgaben, aber unruhig und neuerungssüchtig. Hätte er sich im Glück gemäßigt und sich an die Reinheit seines priesterlichen Standes gehalten, so hätte ihm nichts zu einem großen und glanzvollen Fürsten gefehlt«.[12]

16. KAPITEL

Tod und Überlebende

Der Gefangene auf Hohensalzburg starb, versehen mit den heiligen Sterbesakramenten, am 16. Jänner 1617 um die Mittagszeit. Tags zuvor hatte ihn ein Anfall epileptischer Art heimgesucht, der sechs Stunden lang andauerte und den Kranken so geschwächt zurückließ, daß der regierende Landesherr vom nahen Ende seines Vorgängers verständigt wurde. Der Anfall wiederholte sich am nächsten Morgen. Daraufhin traf Marcus Sitticus Vorbereitungen für einen letzten Besuch bei seinem Vetter, um, wie er nachher schrieb, »ihn anzuspröchen und bestermassen zu trösten«. Der Tod enthob ihn der Mühe und ersparte Wolf Dietrich wenigstens diese letzte Heimsuchung. Als der Hohenemser vernahm, der Gefangene habe bereits das Bewußtsein verloren, hielt er »unsere persönliche Visitation weiter nit für ratsam« und ließ die Pferde wieder ausspannen. Der Mann auf der Festung war weder rechtmäßig verurteilt noch gewaltsam zu Tode befördert worden. Daß die Haft sein Lebensende beschleunigt herbeiführte, steht allerdings außer Zweifel. Während man seinen Leib mit zahllosen Gerichten auf Silberschüsseln traktierte, ließ man seinen Geist Hungers sterben. Um einen letzten Beweis für die vortrefflichen Haftbedingungen vorweisen zu können, wurde ein Inventar jener Gegenstände angelegt, deren sich der abgedankte Fürst bis zuletzt bedienen durfte: silberne Teller, einige davon mit vergoldetem Rand, silberne Flaschen, Schüsseln, Löffel und Leuchter, Hand- und Barbierbecken, eine silberne Salbenbüchse, eine Tischglocke, zwei Lichtscheren und ein Tintenfaß. Vorhänge und Stuhlbespannungen waren zwar von Brokat, doch mangelte es dem Gefangenen an der notwendigen Wäsche, so daß der sicherlich nicht allzu penible Wachekommandant Ungeziefer festgestellt und um mehr Leibzeug ersucht hatte.[1]

Noch am gleichen Tag beschloß das Kapitel, den Leichnam obduzieren und einbalsamieren zu lassen, obgleich sich Wolf

Dietrich dies ausdrücklich verbeten hatte. Doch das Wort Gift war schnell ausgesprochen und eventuellen Verdächtigungen mußte auf jeden Fall vorgebeugt werden. Ein ganzes Team von Ärzten, Chirurgen – was damals noch keineswegs identisch war – und Handlangern nahm die Leichenöffnung vor, welcher Oberst Ehrgott und der Hofmarschall neben einigen weiteren Zeugen beiwohnte. Den abschließenden Bericht erstattete der Leibarzt des Erzbischofs Marcus Sitticus, Vinzenz Cratinus in holprigem Küchenlatein.² Ihm war das dringendste Anliegen seines Herrn bekannt, und so beeilte er sich, selbst aus diesem makabren Anlaß noch auf die gute Behandlung hinzuweisen, welche der Verstorbene während seiner Haft genossen habe. Nach Umständen des Ortes und der Dinge sei er »mit allem Notwendigen bequem und seinen Wünschen gemäß reichlich versehen« gewesen. Wolf Dietrich von Raitenau, Erzbischof, Herr und Fürst von Salzburg habe sich am 8. Jänner ganz und gar gebrochen gefühlt, habe »umstimmende Mittel« erhalten und sei am 7. Tag um die 8. Stunde bewußtlos geworden. Epileptische Zuckungen schüttelten seinen Körper, er röchelte und Schaum trat auf seine Lippen. Selbst die kostbare Medizin aus orientalischen Perlen wollte nichts mehr helfen. Seine linke Körperseite war nun völlig gelähmt. Am folgenden Tag verlangte er zu essen, konnte aber nichts mehr aufnehmen. Gegen Mittag trat der Tod ein.

Das Ergebnis der Obduktion entsprach der Lebensweise, die dem Gefangenen mit ihrem völligen Mangel an frischer Luft und Bewegung zugemutet worden war: der Körper fett, die Gliedmaßen abgemagert, die Milz verhärtet, eine Niere durch 5 kleine Steine verstopft und die Lunge mit klebrigem Schleim gefüllt. Da das Herz sich als gesund erwies, vermuteten die Ärzte die Todesursache im Kopf. Von einer Schädeluntersuchung wurde jedoch Abstand genommen. Die geplanten Feierlichkeiten sollten nicht durch einen Toten verunziert werden, dessen Haupt eine Larve trug.

Marcus Sitticus ordnete Hoftrauer an. Alle Festlichkeiten, alles Saitenspiel und jegliches Faschingstreiben wurden verboten. Er erließ Rundschreiben, denen zufolge im ganzen Erzstift Seelen-

438

messen und Exequien für den Verblichenen zu lesen seien, der
»aus dem irdischen Jammertal sonder Zweifels zu den ewigen
Freuden abgefordert worden« sei. Nach Rom meldete der Erzbischof den Tod seines Vorgängers mit einem Dankgebet: »Meine
Kirche ist von der Möglichkeit befreit, in Gefahren und in nicht
nur vermuteten Verdacht zu geraten. Gott hat dieser Frage ein
Ende gesetzt, Ihm sei Dank.«[3]
Er fügte noch hinzu, daß er um Wolf Dietrich trauere wie um
einen leiblichen Bruder und gebärdete sich auch innerhalb der
Familie als untröstlicher Hinterbliebener. In einem Brief an seinen Bruder Kaspar heißt es: »Unsers Antecessors Ableiben ist
uns also schmerzlich und mitleidiglich fürkommen, als wenn er
unser leiblicher Bruder gewest wäre.« Daß der Allmächtige
durch seinen Ratschluß dem Erzstift viele Sorgen, große Unkosten und andere Ungelegenheiten erspart habe, vermerkt er allerdings auch. Der Reichsgraf Kaspar von Hohenems schlägt mit
seiner Antwort in die gleiche Kerbe: »Lob und Dank sei Gott,
dass nun die großen Sorgen, fastidi und merklichen Unkosten
geübriget sind.«[4]
Entgegen dessen Anordnungen ließ der Hohenemser den Verstorbenen mit größerem Pomp begraben, als jeden früheren Erzbischof, »da er sich nit gern nachreden lassen wollte.«
So lag nun Wolf Dietrichs entseelter und ausgeweideter Leib mit
der Inful auf dem Haupt und dem goldenen Brustkreuz, jedoch
ohne das Pastorale – er hatte die Schäflein nicht mehr gehütet –
in der St. Veitskapelle zu St. Peter drei Tage lang aufgebahrt und
ausgestellt. Zwei Jahre vor seinem Tod hatte er testamentarisch
die Anordnungen wiederholt, welche bereits auf einer Bronzeta-
fel in seiner vorgesehenen Grabkapelle ehern standen: er sollte
nicht ausgeweidet in einfacher Kleidung nur 24 Stunden lang zur
Schau gestellt und nachts ohne Zeremonien begraben werden.
Dessen ungeachtet zog man dem Leichnam Staatskleidung über,
legte ihn auf ein mit schwarzem Samt bezogenes Trauergerüst
und gab ihn drei Tage lang dem öffentlichen Zugang preis, bis
am 19. Jänner der Dompropst Paris von Lodron die Einsegnung
vornahm und die Prozession zur Beisetzung in der Gabrielskapelle auf dem Sebastiansfriedhof aufbrechen konnte.

Friedhof wie Kapelle hatte Wolf Dietrich selbst geplant und in Auftrag gegeben. Sie bilden das einzige Architekturwerk, das heute noch so steht, wie er es sah.

Nachdem er beschlossen hatte, den Domfriedhof in der Stadtmitte der Neugestaltung Salzburgs zu opfern, beauftragte der Raitenauer den Baumeister Andrea Bertoletto mit der Erstellung eines Friedhofes nach Art eines italienischen Camposanto. Zu diesem Zweck wurde der kleine Gottesacker neben der Sebastianskirche im neueren Stadtteil jenseits der Salzach erweitert und mit einem Arkadengang umgrenzt. In der Mitte des nun fast quadratischen Friedhofes ließ der Fürst durch Elia Castello sein eigenes Grabmal erstellen.

Der Sebastiansfriedhof mit seinen 88 Arkadengrüften galt sofort als der neue Nobelfriedhof der Stadt; wer dort ruhen wollte, mußte selbst oder es mußten seine Erben eine Stange Geldes aufbringen, das den Armen des anliegenden Bruderhauses zufloß. »So sich ein Herr oder Bürger darein begraben liess, muesst er den armen Leuten ainhundert Gulden dafür erlögen so hat er's für sich und sein Geschlecht auf ewig, für ainen Stein darein dreissig Gulden, ohn einen Stein zechen Gulden und war der Freidthoff sambt der Kapele ausbaut anno 1600.«[5]

Das kleine, runde Gebäude, das inmitten dieses Friedhofs nach Angaben des Fürsten entstand, glich viel eher einem Zierpavillon als einem Ort der Trauer und wurde infolge seiner stilistischen Eigenart schon der Hochrenaissance ebenso wie dem Barock und dem Manierismus zugeschrieben. Es enthält einen kuppelgedeckten Raum mit einem Durchmesser von dreizehn Metern, dem im Norden eine rechteckige Altarnische angefügt ist. Die axiale Ausrichtung wird durch Dekorelemente und vier Kuppelfenster betont, denen außen Scheinsäulen entsprechen. Der Schwung der Kuppel und die Innenausstattung weisen Merkmale auf, die keine Vorgänger in den Alpenregionen hatten und möglicherweise auf orientalische Vorbilder zurückgehen. Tatsächlich zeigen Grundriß wie Kuppelgestaltung eine unleugbare Verwandtschaft mit dem sogenannten »Grünen Grabmal« in Bursa, einer berühmten Grabstätte des vorderen Orients, welche um 1420 für Sultan Mehemet I. errichtet wurde. Als schlüssigsten Beweis für türkisch-arabische Einflüsse sehen manche Fachleute jedoch die innere Ausgestaltung des kleinen Grabtempels an.

Elia Castello hatte eben den Residenzneubau reichlich mit bunter Stuckarbeit versehen, als Wolf Dietrichs Mausoleum so weit gediehen war, daß mit der Ausschmückung des Innenraumes begonnen werden konnte. Die Kuppel wurde durch stilisierte Blattranken aus goldgehöhtem Stuck in acht Segmente geteilt, deren Scheitelpunkt das große, buntfarbige, von Cherubsköpfchen umgebene Raitenauwappen bildet. In Wandnischen stehen die Statuen der vier Evangelisten, überreich figural und ornamental umrahmt. Auch in der Altarnische findet sich die für Castello charakteristische, meisterhafte Stuckarbeit. Sie ist im Material gefärbt, nicht nur oberflächlich bemalt, und funkelt durch eingefügte Kristallsplitter wie von innerem Licht.

Unter dem 24. August 1603 notierte Johann Steinhauser, daß Erzbischof Wolf Dietrich die »sehr kunstlich gemachte neue wol erpaute Capellen ... in mitten des Freithofs bei sanct Sebastian stehunde, mit Kupfer decken und grün anstreichen« ließ, »und kost das bemelte Tach darbei 66 Centen Kupfer ist, jedes Pfunt p. sechzehn Kreizer gerechnet, 1166 fl.«[6]
Die Kapelle wurde in Anwesenheit des Erzbischofs von dessen altem Studienkameraden Johann Jakob von Lamberg, den er kurz zuvor zum Bischof von Gurk bestellt hatte, feierlich geweiht »und haben die Hof-Trummeter dazu aufgeblasen.«
Erst nach Castellos frühem Tod 1602 gab der Erzbischof bei dem Salzburger Hafnermeister Hans Knapp eine große Anzahl buntfarbiger Fliesen in Auftrag und dazu genaue Anweisungen, wie sie beschaffen sein sollten.
Hans Knapp erklärte ein paar Jahre später offenherzig, er habe so viel von dem Erzbischof gelernt, daß er es ohne dessen Weisungen niemals so weit gebracht hätte.
Die Wandbekleidung der Gabrielskapelle, welche Wolf Dietrich mit acht Zentimeter im Quadrat messenden und rhombischen Täfelchen in satten Farbtönen herstellen ließ, war in dieser Zeit nur noch in Venedig vertreten und führte zu einigen Vermutungen. Die kleinen Fliesen innerhalb des Rundbaues können in

ihrer schachbrettartigen Anordnung eventuell auch durch maurisch-spanische Einflüsse erklärt werden, nicht aber die ganz unregelmäßig geformten Platten der Altarnische, deren Umrisse der Bemalung folgen. Auf weißem Grund zeigen sie Akanthusranken, welche mit dem Stuck des Kuppelgewölbes harmonieren. Der Gesamteindruck ist der eines individuell gestalteten, in sich geschlossenen Konzepts, durch das sich die Gabrielskapelle nicht einfach irgendwo einordnen läßt. Angesichts der Ähnlichkeit des Bauentwurfes mit türkischen Grabmälern wurde mehrfach angenommen, daß auch die Fliesen auf Vorbilder der berühmten arabisch-türkischen Fliesenkunst zurückgehen könnten.[7] Ungarische Fürsten hatten schon öfters türkische Fliesen zur Ausschmückung ihrer Paläste verwendet, und als Kriegsgefangener oder Überläufer aus dem türkischen Heer konnte leicht ein türkischer Baumeister oder Fliesenleger seine Kunst ins Salzburgische getragen haben.

In diesem durch Oberlichtfenster, durch Gold und Farbenspiel festlich, ja geradezu fröhlich gestimmten Raum künden nur zwei Bronzetafeln rechts und links der Altarnische von seiner eigentlichen Bestimmung. Über Auftrag Wolf Dietrichs hatte sie der Nürnberger Radschmied Christoph Herold in den Jahren 1605 und 1607 in kunstvoller Ornamentik gegossen und signiert. Beide Tafeln tragen das Raitenauwappen, das übrigens in dieser Kapelle noch an vielen anderen Stellen wiederkehrt: am Giebel der Marmorpforte, am Schmuck des Tonnengewölbes in der Altarnische, als Zentralpunkt der Kuppel und in Castellos *stucco lustro* als mehrfache Unterbrechung des Kranzgesimses. Die linke Tafel berichtet in lateinischer Sprache über die Errichtung der Kapelle, für deren Ausschmückung Erzbischof Wolf Dietrich »in jeder Weise« (also nicht nur finanziell) gesorgt habe, und ordnet die priesterliche Betreuung an. Nur die rechte Tafel zeigt erloschene Fackeln als Insignien des Todes und enthält jene Verfügungen über die Beisetzung des Erbauers, die Erzbischof Marcus Sitticus so geflissentlich mißachtete: hier, mitten unter seinem geliebten Volk wünschte der Raitenauer zur Ruhe gebettet zu werden. Nicht bei Tage, sondern des Nachts sollte sein Sarg von seinen Leibdienern getragen und nur von sechs

Kapuzinern geleitet werden, die ihm mit einem Kreuz und Kerzen voranschreiten sollten. Als einzige sollte die Glocke von St. Sebastian dazu läuten. Niemand sollte seinetwegen Trauerkleider anlegen, vielmehr solle man für seine Seele und um Vergebung seiner Sünden beten. Diese Vorschriften sollen seine Nachfolger so wortwörtlich befolgen wie sie für sich selbst nach ihrem Tod die Gnade Gottes erhofften.[8]
Nichts von alledem geschah.
Feierlich wandelte ein Prachtkondukt dem Friedhof von St. Sebastian zu. Vor und neben der Bahre gingen sechzig »vergugelte« (mit Kapuzen bekleidete) Buben, gleich hinter dem Sarg schritt als Hauptleidtragender der regierende Erzbischof Marcus Sitticus von Hohenems, gefolgt von vier offiziellen Klageherren. Einer davon war sein Lieblingsneffe Jakob Hannibal, welcher ihn noch besser auszunützen verstand, als er selbst es mit Wolf Dietrich getan hatte. Dem lebenden Erzbischof konnte man den Kummer, den er um den Toten trug, so deutlich vom Gesicht ablesen, daß der anwesende Chronist Johann Steinhauser sehr beeindruckt verzeichnete: »Diese Bestattung ist dermassen ansehnlich und statlich beschechen, dass, wie meniglich sagt, dergleichen mit keinem Herrn Erzbischof alhie, so in der Regierung gestorben, nie gesehen worden. Ihre hochfürstl. Gnaden haben die Leich selber begleitet und in allem ein sonderbares treuherziges Mitleiden wirklich erscheinen lassen.«[9]
Nur »erscheinen lassen«? War der Chronist vielleicht doch mißtrauisch? Wie auch immer, die Hofmusik spielte unterwegs »gar trauriglich«, der Domchor sang das Miserere und der Sarg wurde in die unterirdische Grabkammer der Gabrielskapelle versenkt. Am Tag nach der Beisetzung zelebrierte Paris von Lodron noch ein Pontifikalamt für den Verstorbenen.
Die nächsten Angehörigen des Dahingegangenen waren entweder gar nicht – Salome und die Kinder – oder so verspätet – die Brüder – von dem Todesfall verständigt worden, daß sie unmöglich rechtzeitig zum Begräbnis eintreffen konnten.
Salome, die seit ihrem achtzehnten Jahr gewohnt war, ihr Leben bis in jede Einzelheit den Wünschen ihres »gnädigsten Herrn« unterzuordnen, hatte sich, als man sie mit den fünf gefangenen

Kindern freiließ, zunächst in die Steiermark gewendet, dann aber Zuflucht bei ihrer Kusine Felicitas in Wels gesucht. Diese und ihr Ehemann Christoph Weiss nahmen die Verstörten in ihrem großen Haus freundlich auf. Der erfahrene und inzwischen zu Reichtum gelangte Kaufmann stand ihnen in jeder Weise bei. Salomes Schwester Sabine Steinhauser und die Frau ihres Bruders Samuel Alt, die mitgeflohen waren, kehrten nach Salzburg zurück.

Nicht der Fürst, sondern der Mann Wolf Dietrich von Raitenau hatte im Leben der schönen Bürgerstochter die entscheidende Rolle gespielt. Ihn hatte sie geliebt, liebte ihn wie am ersten Tag und war genauso bereit, seinen Sturz zu teilen wie seinen Glanz. Im Unglück erst zeigte diese Frau ihren Charakter, die gegen alles Herkommen und Gesetz, ja gegen alle Wahrscheinlichkeit, einen Mann so ausschließlich zu fesseln vermocht hatte, der zugleich Politiker, Kriegsherr, Kunstfreund, Landesfürst und standesbewußter Kleriker gewesen war, aufbrausend, starrköpfig, ehrgeizig, bedenkenlos, großzügig, fürsorglich – und dieser Gefährtin vorbehaltlos treu. Ihr ganzes Leben liefert den Beweis dafür, daß sie nicht leichtsinnig und skrupellos handelte, als sie ihr Dasein mit dem eines katholischen Kirchenfürsten verband, sondern aus einem überwältigenden Gefühl heraus, das alle Schwierigkeiten überdauerte. Ihre Anziehungskraft kann nicht nur in ihrem Aussehen bestanden haben, denn sie besaß »neben vollkommener Schönheit solche Fertigkeit in der Zung und darbey so ville Freundligkeit, dass jedermann ob ihren Annehmligkaiten erstaunete«.[10] Jetzt im Unglück bewies sie Frömmigkeit, Mut und Vernunft.

Schwere wirtschaftliche Sorgen bedrückten Salome auch in Wels nicht. Zwar hatte sie am 16. April 1612 auf einen großen Teil ihrer Schuldverschreibungen verzichtet, sich jedoch vertraglich dafür eine »annehmliche recompens und ergezlichkeit« ausbedungen. Auch durfte sie die Schuldscheine gegen Privatpersonen, besonders gegen das Handelshaus Steinhauser behalten. Einen schweren Schlag für sie bedeutete allerdings der Bankrott, den diese Firma »wegen ansehnlicher Schuldenlast und übertriebenem Verpauen der Pergwerkh« erklären mußte. Die

wahren Gründe lagen wohl in der Mißgunst des neuen Landesherrn und dem Fortfall der geschäftlichen Möglichkeiten, welche Wolf Dietrich Salomes Schwager geboten hatte. Zwar hatte
der Raitenauer die Steinhauserischen manchmal tüchtig ge-
schröpft, ihnen faule Forderungen angedreht und war selbst ein
säumiger Zahler gewesen, aber im Wesentlichen führte der Boy-
kott durch die neue Regierung dazu, daß wegen Forderungen von
450 000 Gulden ein »accordo mit den creditores« gesucht werden mußte. Dazu kam noch »die Absteigung der Münz«, die sich
aber für das Handelshaus als Schuldner eher günstig ausgewirkt
haben dürfte. Jedenfalls warf eine von Marcus Sitticus einge-
setzte Kommission unter diesem willkommenen Vorwand die
drei geschäftsführenden Brüder Maximilian, Andreas und Felix
in den Schuldturm. Der unbedeutende Bruder Johann, der nun
als Archivarius für Marcus Sitticus arbeitete und dessen Geschichte schrieb, blieb als harmloser Mitläufer ungeschoren.
Für das Jahr 1611 erhielt Salome noch die Zinsenabrechnung
ihrer Guthaben mit 4750 Gulden. Obwohl sie zu den Vorzugs-
gläubigern, den »Prioritätischen« gehörte, bangte sie um den
größten Teil ihres ohnehin stark verringerten Vermögens und
schrieb an das Domkapitel mit der Bitte um Unterstützung ihrer
Forderungen, was dafür spricht, daß sie mit den Herren nicht auf
schlechtem Fuß stand. Es dauerte ziemlich lange, bis nach dem
Verteilungsbeschluß über das Steinhauserische Vermögen vom
1. August 1615 »Frau Salome von Altenau und deren khünder«
einen Betrag von 40 365 Gulden zugesprochen erhielten, einen
Teil davon in Form von Realbesitz, welchen sie sogleich veräu-
ßerte.[11] Immerhin besaß sie Reserven an Schmuck – der ihr von
dem päpstlichen Gesandten Diaz zurückgegeben worden war –
und vermutlich auch etwas Bargeld. Sie konnte ihre Söhne erziehen und später ihre Töchter ausstatten. Im Jahre 1622 kaufte sie
das Haus am Welser Stadtplatz Nr. 22. Dabei war ihr auch
wieder Christoph Weiss behilflich, der selbst mit 8000 Gulden
am Steinhauserischen Bankrott hängen blieb.
Seit ihrer Flucht lebte Salome nur für die Kinder, als deren Vater
in den Ahnentafeln »Dietrich von Altenau, obderennsscher
Landmann« angeführt ist. Nie gab sie die Hoffnung auf, doch

noch einmal mit Wolf Dietrich vereinigt zu werden und schob Entscheidungen möglichst hinaus, um seinem Willen nicht vorzugreifen. „Ich verheirat kein Kind, so lang es mit meinem gnettigsten Herrn die Gestalt hat« war ihre Antwort an Freier für die herangewachsenen Töchter.

Noch vor Wolf Dietrichs Tod, im Jahre 1616, starb im Alter von 23 Jahren der älteste Sohn Hannibal. Er wurde in der Welser Pfarrkirche beigesetzt – ein Zeichen des Ansehens, das die Familie auch im Unglück genoß. Salome hatte noch nicht Zeit gehabt, die Trauerkleider abzulegen, als sie vom Tod Wolf Dietrichs erfuhr. Von da an kleidete sie sich in Schwarz bis zu ihrem Tod.

Der Hoffnung beraubt, daß der Vater das Schicksal der Kinder jemals wieder lenken könnte, wendete sie sich im März 1617 ratsuchend an Rudolf von Raitenau. Sie wagte nicht, ihm persönlich zu schreiben, doch kannte sie seinen Sekretär Wolf Weikl, der während und nach der Gefangennahme der Herren von Raitenau Treue und Rückgrat bewiesen hatte, und auch eine Kammerfrau namens Elisabeth Fraunlob, die dem Schloßhaushalt in Gmünd angehörte. Die Briefe befinden sich dort im Lodronschen Archiv unter dem Vermerk »von der Donna«.

»Mein Petrüben ist nit auszusprächen«, schrieb sie, die vor Kummer in ein Nervenfieber verfallen war. Aber sie raffte sich zusammen. Nun war sie ja allein für die Zukunft ihrer Kinder verantwortlich. Ein Linzer Kanzlist warb um Euphemia. Zwar, »wie schwer es mich ankumbt in meiner betriebten Zeit mit sollichen Sachen umbzugehen das erkenn der liebe Gott«, doch im Interesse der Tochter erbat sie männlichen Rat, ob sie die 22jährige nun verheiraten solle. Weikl schrieb zurück, wenn die Tochter Lieb und Lust zu dieser Heirat hätte, so stelle es der Herr von Raitenau ihr als einer getreuen Mutter anheim. Man sehe es gerne, wenn die Töchter wohl versorgt würden.

Euphemia bekam also ihren Max Richtersberger und nach ihm sogar noch einen zweiten Gatten, Matthias Castner von Sigmundslust. Auch Cäcilia und Susanna kamen unter die Haube. Beide heirateten kaiserliche Beamte in Oberösterreich. Von den Söhnen vermählte sich nur der 1604 geborene Viktor. Er nahm eine bayrische Adelige, Maria Katharina Götz von Oberhausen zur Frau und bewohnte mit ihr das mütterliche Haus in Wels, auch noch nach Salomes Tod. Durch Heirat einer Enkelin oder Nichte kam es später an die Familie Eiselsberg.[12] Der 1602 geborene Anton leistete 1623 die Profeß im Stift Admont. Im gleichen Jahr trat ein anderer Sohn, Eberhard von Raitenau, der im Wappen wieder die einfache schwarze Kugel seines Großvaters führte, als Pater Ägydius in das altehrwürdige und bedeutende Stift Kremsmünster ein. Er hätte keinen besseren Platz für die Entfaltung seiner Talente wählen können.

In Kremsmünster pflegten die Benediktiner aus alter Tradition Künste und Wissenschaften, besonders aber die Sternkunde. Der junge Pater bewies so hohe mathematische Talente, astronomisches Interesse und Baulust, daß er vom Prior des Stiftes nach Graz und Rom zu seiner weiteren Ausbildung geschickt wurde. Heimgekehrt betätigte er sich bis zu seinem Tod im Jahr 1675 zu eigener Freude und zum Nutzen des Stiftes als Klosterarchitekt, Astronom, Verfasser einschlägiger Schriften und Verfertiger von Spezialwerkzeugen. Eine nur spannenhohe Sonnenuhr mit drehbarem Zifferblatt, eine magnetische Azimutaluhr, eine Rechenmaschine in Taschenformat mit sechs drehbaren Walzen, alles aus blankem Messing gearbeitet und präzise funktionierend, wurden auf der großen Ausstellung des Jahres 1977 zum zwölfhundertjährigen Jubiläum des Stiftes gezeigt, ebenso ein mathematisches Lehrbuch in lateinischer Sprache, geschrieben von Pater Ägydius. Neben vier Textbänden umfaßt das Werk vier weitere Bände, gefüllt mit geometrischen Zeichnungen und Abbildungen. Darin finden sich sogar Entwürfe für Festungsbastionen; auch Klöster konnten ja zum Ziel feindlicher Angriffe werden. Seine bewundernden Mitbrüder nannten den Pater einen »Archimedes von Kremsmünster.«

Glücklicherweise mußten die Bastionen nie errichtet werden und die Baukunst Eberhards von Raitenau durfte friedlicheren Zwecken dienen. Er erbaute dem Kloster den Prälaten- und den Konviktshof, außerdem aber auch einen zierlichen Gartenpavillon für den lebenslustigen und verschwenderischen Abt Bonifaz Negele, der dem Stift von 1639 bis 1644 vorstand.

Es ist nicht auszuschließen, daß der nichtsahnende Abt mit dem Lusthaus auch ein memento mori geliefert bekam. Der Mittelteil dieses in Form einer Orangerie gestalteten Gartenhauses erinnert stark an Wolf Dietrichs Grabmal, die Gabrielskapelle. Zwar ist der Pavillon vereinfacht und verkleinert, doch fordert schon die Tatsache zum Vergleich heraus, daß der an einem Steilhang erbaute Rundtempel ein Tiefgeschoß mit Nischen aufweist, die etwa der unterirdischen Grabkammer Wolf Dietrichs entsprechen. Wie in Salzburg ist auch in Kremsmünster der Blick hinunter durch eine Öffnung im Boden möglich, doch ist in Kremsmünster das Untergeschoß durch Seitenfenster an der Talseite zu einer freundlichen *sala terrena* erhellt. Der Klosterarchitekt, der das zierliche Gartenhaus seinem Abt zu weltlichen Vergnügungen erbauen sollte, mag sich selbst damit eine Gedenkstätte für den unvergessenen Vater errichtet haben. Jedenfalls gab er dem Bau eine zeltartig geschweifte Kuppel, sehr ähnlich jener der Gabrielskapelle. Im Inneren sind die Fenster von beturbanten Köpfen gekrönt, die lange Schnauzbärte über schmerzverzerrten oder zu grimmigem Kriegsgeschrei geöffneten Mündern tragen. Statt der Salzburger Engelsköpfchen fassen Türkenköpfe, statt der Akanthusblätter aus Stuck einfache gemalte Ranken die acht Segmente der Kuppelwölbung im Scheitelpunkt zusammen. Außen ist der Kuppel ein türkischer Halbmond als Standarte aufgepflanzt, was dem kleinen Bau im Volksmund den Namen »die Moschee« eintrug, obwohl er innerhalb katholischer Klostermauern natürlich niemals religiösen Zwecken diente. Es ist immerhin möglich, daß der Pater noch als Kind in Salzburg von türkischen Vorbildern für die Grabkapelle seines Vaters sprechen hörte, und seine Phantasie nun viel später bewußt oder unbewußt walten ließ.

Salome von Altenau starb am 27. Juni 1633 in ihrem 65. Jahr. Sie wurde in Wels beigesetzt. Ihr Grab ist heute nicht mehr aufzufinden. Von ihren Kindern liegen außer Hannibal auch Viktor und Eusebia in der Welser Pfarrkirche. Noch zu ihren Lebzeiten bestellte Salome Seelenmessen für ihren Geburts- und Sterbetag in der Augustinerkirche des Salzburger Stadtteiles Mülln, welche die Raitenauer überhaupt als eine Art Familienkirche betrachteten. Es heißt, daß die edelsteinbesetzte Monstranz des dortigen Klosterschatzes aus Schmuckstücken der Frau von Altenau gefertigt sei und daß Josef und Maria auf dem Altarbild der heiligen Familie in der ersten linken Seitenkapelle die Züge Wolf Dietrichs und Salomes tragen.

Ob tatsächlich ein »matrimonium clandestinum« in irgend einer Form geschlossen wurde – das nach damaliger Auffassung für eine gültige Ehe genügte – oder nicht, Salome fühlte sich als Ehefrau und wurde nicht nur von Wolf Dietrich wie eine solche angesehen. Himmelweit verschieden von dem geläufigen Bild der fürstlichen Maitresse, die zwischen Schmeichelei und Verachtung heimlich ein ehrgeiziges und intrigantes Spiel um die Macht betreibt, brachte sie Wolf Dietrich niemals in jene peinliche Lage, vor der schon der lebenskluge Kardinal von Altemps seinen Bruder gewarnt hatte: er solle sich nicht allzu sehr um die »favor« der schönen Philippine Welser bemühen, »denn mancher Herr, do schon ein Beischlafferin lieb hat, so ist ihm doch ehrenthalber nit lieb, dass man gespanne oder vermeine, er lasse sich diesen Weg regieren.«

Salomes Schönheit, Liebesfähigkeit, Mut und Häuslichkeit stehen außer Zweifel, doch bewies sie noch weitere schätzenswerte Eigenschaften durch Unterlassen. Keine Forderungen, keine Günstlingswirtschaft, keine Feindseligkeiten oder Rachegedanken. In den letzten Regierungsjahren Wolf Dietrichs hatte sie sich ganz in den engen Kreis der Familie zurückgezogen und betrat die Stadt kaum mehr. Einzig und allein Maximilian von Bayern sagte ihr Einfluß auf die Handlungsweise des Erzbischofs nach, weil dieser nicht strenger gegen das Priesterkonkubinat einschritt.

Auch noch in späteren Jahren und ohne den Liebreiz der Jugend muß Salome jene gewinnende Art besessen haben, welche nur Menschen ohne Arglist und Falsch eignet, die voll Herzensgüte weder ihren Gefühlen Zwang antun noch sie zu verbergen trachten. Nur so ist es erklärlich, daß diese Frau, die in den Augen ihrer Zeitgenossen ein sündhaftes und verwerfliches Leben führte, auch dann nicht ernstlich in Gefahr geriet, als ihr Beschützer keinen Finger mehr für sie rühren konnte. Weder Haß noch Neid, ja nicht einmal jene Volkswut erregte sie, die sich nur allzu gerne auf gefallene Größe stürzt. Selbst Wolf Dietrichs schlimmste Feinde verfolgten sie nicht. Unbehelligt kehrte sie sogar einmal für kurze Zeit nach Salzburg zurück, verließ die Stadt ihrer Jugend und ihrer Erinnerungen aber bald auf Nimmerwiedersehen.

Nach dem 23. Oktober 1611, dem Tag der Flucht, sah Salome ihren so ausschließlich und unwandelbar geliebten Herrn niemals wieder. Schon der Versuch, den Kammerdiener Wenzel, der Salome und die Kinder begleitet hatte, nach Hohenwerfen zu Wolf Dietrich zu schicken, wurde vereitelt und mit zunehmender Strenge der Haft trafen durchgeschmuggelte Botschaften immer spärlicher ein.

Nur einmal störte Erzbischof Marcus Sitticus Salomes ruhiges Leben in Wels. Sie besaß noch eine kleine Truhe mit Schriften von Wolf Dietrichs Hand, und der Hohenemser wollte keine Gelegenheit versäumen, handfeste Beweise für Wolf Dietrichs Ketzerei zu erbringen. Also ließ er durch den Hofrat Dr. Perger das Behältnis samt den Schriften anfordern. Salome hatte es wie einen Schatz gehütet (».. . ich hab noch einigs rotes Drichl mit meines gnettigsten Herrn inligete Hantschrifften alli weil pei mir gehabt und ichs nie geöffnet hab je und alzeit«), aber nun behauptete der Salzburger Erzbischof, er sei von seinem verstorbenen Vorgänger ermächtigt worden, das Dossier zu verlangen. Als Beweis dafür sandte man Salome die Schlüssel der kleinen Truhe zu. In ihrer Verzweiflung über Wolf Dietrichs Tod war ihr alles gleichgültig und sie lieferte die Schriften aus, berichtete darüber aber vorsichtshalber an Rudolf von Raitenau nach Gmünd. »Ihr hochfürstl. sellig Genaht«, so schrieb sie, habe den neuen Erzbischof ermächtigt, »dass er es von mir abfätern sol lassen«.[13]

Rudolf von Raitenau hörte es nicht gerne, obwohl es sich nur um die Manuskripte von Wolf Dietrichs theologischen und politischen Schriften handelte. Wer weiß, was in diese hineininterpretiert werden konnte. Sein Sekretär schrieb, der Herr von Raitenau habe »mit Nachdenken vernommen, warum sie es so schnell aus der Hand gegeben.«

Doch Salomes Angabe, der Inhalt sei den vier Kirchenlehrern entnommen, trafen zu und der neue Erzbischof fand darin keine weiteren Anklagepunkte. Während der unglücklichen Jahre in Wels wandelte sich Salomes ruhige Würde zu verschlossener Strenge. Angeblich trug sie schon seit der Geburt ihres letzten Kindes einen Arm »einer Schwachheit wegen« in der Schlinge. Sie behielt ihr volles Haar, doch das Gesicht war sehr schmal geworden. Ihre einförmig schwarze Kleidung schloß am Hals mit dem hohen weißen Mühlsteinkragen der Vornehmen ab.

Nicht nur die Familie Steinhauser war der Ungnade des neuen Landesherrn verfallen. Auch Salomes Verwandtschaft wurde perlustriert. Den Bruder Samuel, Stadtkämmerer, Generalzahlmeister und Steuerconsiliarius, nahm das Kapitel ins Gebet. Woher hatte er die Mittel für sein neu erbautes Haus genommen? Haimeram von Ritz, der Gatte von Salomes Schwester Barbara, wurde beschuldigt, sich Gegenstände aus dem Nachlaß des Bischofs von Chiemsee angeeignet zu haben, und alle miteinander verhörte man wegen ihrer »ausgegossenen bösen Reden«. Allzu schlimm ging die Sache für die Altische Sippe jedoch nicht aus. Bei der innigen Verflechtung des salzburgischen Patriziats wäre dem neuen Erzbischof kein Beamter und der Stadtverwaltung kein Amtsträger übrig geblieben, hätte man alle Verwandten und Verschwägerten ausgeschaltet. Schwester Katharina blieb von der Verfolgung ohnehin verschont, da ihr Gatte bereits verstorben war. Die Grabsteine für Ritz, Fabrici und Alt finden sich in den vornehmsten Kirchen der Stadt. Nur die Steinhausers konnten sich von ihrem Bankrott offenbar nicht mehr erholen. Dennoch wurde Maximilian Steinhauser, als er im Jahre 1624 starb, in einer der teuren Grüfte auf dem Sebastiansfriedhof beigesetzt.

Nicht so leicht abzuspeisen wie die rechtlose Gefährtin seines Lebens waren die Brüder des verstorbenen Erzbischofs. Ihre Bemühungen für den Gefangenen hatten, wie Marcus Sitticus sehr zutreffend bemerkte, ihre Barreserven aufgezehrt und nun verlangten sie als rechtmäßige Erben Wolf Dietrichs die Auszahlung der rückständigen Pension. Zuerst bedankten sie sich gezie-

mend für »die letzte Ehr zu seinem Ruhebettlein«, dann aber
ersuchten sie sachlich um Bekanntgabe der Kapitulationsbedin-
gungen, damit sie die Höhe ihrer Ansprüche feststellen könnten.
Auch ihnen tischte der Hohenemser die brüderliche Liebe auf,
die er zu dem Verstorbenen getragen habe. Schon der nahen
Verwandtschaft wegen habe er das Begräbnis so stattlich ausrichten lassen. Und auch während der Haftzeit habe er sich »also
treulich und mitleidenlich erzeigt, als ob er unser leiblicher
Bruder gewest wäre«.[14]
Die edlen Gefühle versiegten in dem Augenblick, als es darum
ging, zu berappen. Das Begehren der Brüder Raitenau kam Marcus Sitticus »nit wenig sonderbar für«. Sie hätten doch vom
Erzstift schon ansehnliche Gnaden und Wohltaten empfangen
und sollten sich endlich »zur Ruhe begeben und bedenken, in
welch unerdenklichen Schaden und Schuldenlast unser Erzstift
durch Euern Herrn Brueder selig gesetzt worden.« Sollten sie
aber auf ihrem Vorhaben beharren, so werde er, der Erzbischof,
»nit ermangeln, Mittel für die Hand zu nehmen, die wir nur aus
vetterlicher affection, mit der wir euch zugetan sind, bisher
unterlassen haben.«
Die Brüder Raitenau ließen sich nicht einschüchtern, sondern
wendeten sich mit gerichtlicher Klage nach Rom, wo sie durch
ihren Agenten Mansonio bei Kardinal Borghese eine Inventar-
aufnahme im Erzstift verlangten. Jetzt flog der Bumerang, welchen die Domherren vor ein paar Jahren gegen Wolf Dietrich
geschleudert hatten, prompt zurück: das Kapitel, das ja eine
Million in Gold erbe, könne die Pension leicht ausbezahlen,
argumentierten die Raitenauer.
Ausflüchte und weitere Drohungen halfen Merk Sittich nichts
mehr. Jetzt mußte er Rechnung legen. Er tat es – doch auf seine
Weise. Nicht nur, daß selbst die letzte Kerze, die während Wolf
Dietrichs Haftzeit auf der Festung abgebrannt worden war, als
Gegenpost erschien (insgesamt wurden davon nach seiner Aufstellung 49 500 Stück verbraucht), der gegenwärtige Landesherr
veranschlagte auch die Kosten, die seine eigenen Ängste verursacht hatten. Er hätte »bey so starkem Practicieren des verstorbenen Herrn und der seinigen zur notwendigen Versicherung

seiner eigenen Person« einer besonderen Leibgarde bedurft, teilte er mit. Und rechnete von den Pensionsbeträgen noch die Kosten für 30 Mann zu Roß und einen Leutnant, einen Kurier und drei Korporale ab. Die Festungswache allein habe in den Haftjahren 78 097 Gulden gekostet. Kurz, er brachte gegen die Schuldsumme von 116 600 Gulden insgesamt 113 799 Gulden an Gegenforderungen zusammen.[15] Die Brüder des Verstorbenen dachten nicht daran, sich mit weniger als 3000 Gulden zufriedenzugeben. Marcus Sitticus wendete die gleiche Taktik an, die sich schon gegen Wolf Dietrichs Forderungen bewährt hatte: Ausflüchte und Verzögerungen. Auch diesmal mit Erfolg – er starb, ohne bezahlt zu haben. Erst sein Nachfolger Paris von Lodron schloß am 8. Juni 1623 einen für beide Teile tragbaren Vergleich, wonach die Erben 40 000 Gulden in vier Jahresraten ausbezahlt erhalten sollten. Die Kurie bestätigte ein weiteres Jahr später das Übereinkommen. Aber auch diese Summe konnte den Niedergang des Hauses Raitenau nicht mehr aufhalten. Sie waren eine Familie von Mittelmäßigen, aus der nur der eine raketengleich emporgeschossen war und mit seinem Glanz auch einen goldenen Regen über alle seine Angehörigen ausgegossen hatte. Als er verlosch, war es mit dem Gabensegen zu Ende, der auf kein fruchtbares Erdreich gefallen war.

Am üppigsten war Jakob Hannibal bedacht worden, der Reiterobrist, der es genauso liebte, auf verschwenderischem Fuß zu leben, wie Wolf Dietrich selbst. Kaum hatte er den Familiensitz von dem großzügigen Bruder geschenkt bekommen, so nahm er auch schon Geld darauf zu Borg, und brachte es bis zu seinem Tod am 13. Juli 1611 auf rund 50 000 Gulden Schulden. Da er auch in Baulust dem Bruder nacheiferte, hinterließ er in Langenstein ein viel zu großes Schloßgebäude und eine geradezu pompöse persönliche Ausstattung, der allein 32 Mäntel angehörten. Sein Grabstein verzeichnet alle die ihm hauptsächlich vom Erzbischof Wolf Dietrich verliehenen Titel und Würden, deren Aufzählung mit einem melancholischen »Sic transit gloria mundi« endet.[16]

Er hinterließ zwei Töchter – ein weiteres kleines Mädchen starb noch während des Aufenthaltes der Familie in Salzburg und ist in der Franziskanerkirche beigesetzt. Entgegen dem Schenkungsvertrag hatte er versucht, das Gut Langenstein der Ältesten, Maria Jakobe, in ihre Ehe mit dem Grafen von Zollern mitzugeben. Doch der Erzbischof wollte das Gut raitenauisch erhalten und fuhr dazwischen. Um seinen Willen durchzusetzen, suspendierte er sogar die Pfründe des Salzburger Kapitelsherrn Eytel Friedrich von Zollern, der ein Bruder des Bräutigams war. Fast wäre die Ehe darüber geplatzt; als sie aber schließlich dennoch zustande kam, hatte niemand sehr viel Freude mit dem neuen, leichtsinnigen Familienmitglied. Durch eine zweite Ehe der früh verwitweten Maria Jakobe mit Rudolf von Raitenaus Sohn, ihrem Vetter Wolf Dietrich fand die ominöse schwarze Kugel der Raitenauer schließlich Aufnahme in das Wappen derer von Thun-Welsperg.

Der nächstältere Raitenauer, Hans Ulrich, tauchte schon zu Wolf Dietrichs Lebzeiten nur sehr sporadisch auf. Als Deutschordensritter konnte er zur Erhaltung des Stammes nicht mehr beisteuern als zwei uneheliche Söhne, welche Kaiser Ferdinand II. später legitimierte.

Ihm folgte dem Alter nach Hanns Werner, Jahrgang 1571, der seine Anhänglichkeit und Rechtschaffenheit während Wolf Dietrichs Gefangenschaft so nachhaltig unter Beweis stellte. Trotz einer philosophischen Ader zeigte auch er das aufbrausende Temperament der Raitenauer, als er im Jahr 1610 das Amt eines Vizedoms von Friesach, dessen sein Bruder Rudolf müde geworden war, »mit einem hitzigen Schreiben« ausschlug. Daraufhin drohte ihm der nicht minder hitzige Erzbischof, seinen Monatswechsel von 60 Gulden zu sperren. Schon diese Ziffer beweist die Bescheidenheit des Johanniterkomturs Hans Werner, der lieber in den Vorlanden blieb, als in Abhängigkeit von Wolf Dietrich ein ertragreiches Amt anzutreten. Nach Jakob Hannibals Tod mußte er als der einzig Verfügbare die Verwaltung von Langenstein übernehmen. Die Gebarung Jakob Hannibals und seines ebenso zehrfreudigen Schwiegersohnes Georg von Zollern waren dem vernünftigen Komtur Hans Werner sehr gegen den Strich gegangen.

Im Jahre 1632 häufte Kaiser Ferdinand auf die letzten beiden Raitenauer einen weiteren Gnadenbeweis: er erhob die Brüder Hanns Werner und Hans Rudolf in den Reichsgrafenstand. Hans Rudolf starb noch im gleichen Jahr. Der nüchtern rechnende Hans Werner schätzte die Grafenkrone nicht hoch ein. Er fürchtete im Gegenteil, aller Besitz der Familie werde durch Verschwendungssucht und Geltungsbedürfnis »in fumo«, in Rauch, aufgehen und schrieb in seine lapidar geführte Chronik: »Ist Gottes Will, das Geschlecht zu erhalten, muess man zuvorderst zu der Demuth lauffen, so khumpft man zu der Gnad Gottes und Alles wieder erhollen und mehrers als man durch Pracht, Fressen und Sauffen verthan hat. Umb Gottes Willen bitte ich meinen lieben Herrn Vettern Rudolf Hannibal sich des Grafen Kittel abthun und ihn in der Guardaroben ruhen lassen, sich der Edlen Herrn begnuegen lassen und sehen, dass man nit Graff und Edel Herren verliere.«[17]
Der also pessimistisch Apostrophierte war Hans Werners Großneffe, der einzige Enkelsohn seines Bruders Hans Rudolf. Nicht nur ihn, sondern auch seinen Sohn Wolf Dietrich hatte zur Zeit, als er diese Worte niederschrieb, der mäßige und weise Johanniter bereits überlebt. Hans Rudolf hatte seine Absetzung durch das Salzburger Kapitel im Jahre 1612 wenig gekränkt. Aus dem Amt eines Vizedoms von Friesach machte er sich nicht viel, solange ihm die von Wolf Dietrich im habsburgischen Kärnten erkauften Herrschaften Dornbach, Gmünd und Rossegg blieben, welche alle der Enkel erben sollte. Dessen Name war Rudolf Hannibal; er war der einzige Sohn aus der zweiten Ehe Maria Jakobes mit ihrem Vetter Wolf Dietrich. Durch diese Heirat war Langenstein wieder an einen Raitenauer gekommen. Um aber das Schloß erhalten und alle seine Schulden bezahlen zu können, hätte der Graf Wolf Dietrich von Raitenau, kaiserlicher Oberst und Kammerherr des Erzherzogs Leopold, seine Besitzungen in Kärnten verkaufen müssen. Er starb, bevor der Handel noch verbrieft und gesiegelt war, und der Vormund seiner Kinder, Erzbischof Paris von Lodron, erwarb die Besitzungen im Jahre 1639 um 200 000 Gulden für ein anderes seiner Mündel, den schwachsinnigen Christoph von Lodron.

Infolge dieses Verkaufs fiel nur mehr Langenstein an den jungen Reichsgrafen Rudolf Hannibal, der schon 1671 ohne männliche Nachkommen starb, womit der Name erlosch. Das Erbe, um das auch einer der legitimierten Enkel Hans Ulrichs von Raitenau vergeblich kämpfte, fiel an die in Südtirol ansässigen Welsperg; auch zahlreiche Familiendokumente wanderten nach Südtirol und befinden sich noch heute im Welspergschen Archiv zu Rasen. Ein weiterer Teil davon blieb in dem nun Lodron'schen Gmünd. Langenstein selbst vererbte sich in weiblicher Linie weiter und erlebte noch einen glanzvollen Wiederaufstieg. Seit 1872 befindet es sich im Besitz der Grafen Douglas und wurde zu einem der schönsten und bestgehaltenen Schlösser weit um den Bodensee ausgestaltet.[18]

Der Johanniterkomtur Hans Werner mußte während des 30jährigen Krieges das Amt des oberösterreichischen Kriegsratspräsidenten (1632) und 1638 die Beaufsichtigung der Tirolischen Grenzbefestigungen übernehmen. Er wurde beinahe 76 Jahre alt und verfaßte in seinen letzten Jahren eine Familienchronik, in welcher jeder Verstorbene – er überlebte drei Generationen – einen kurzen und prägnanten Satz in deutscher, lateinischer oder italienischer Sprache mit auf den Weg in die Ewigkeit bekam. Der Autor wog Lob und Tadel sorgfältig ab. Den in jungen Jahren »an einem Schnitt« zugrunde gegangenen Bruder Hans Jakob bezeichnete er als »Soldat und hochgelehrten Cavalier«, Jakob Hannibal ruft er das »sic transit gloria mundi« nach. Bei Hans Rudolf heißt es: »era cavaliero di buon tempo«. Den längsten Nachruf widmet er dem erzbischöflichen Bruder: »Hat dem Geschlecht vil Guets gethon, Aigeltingen, Volkertshausen zu Langenstein erkauft, wie dan denen Guetthaten noch mehrer folgen, aber der Fumo hat's wieder consumiert, per mal governo geht alles wieder dahin. Leider.«[19]

Auf seiner eigenen Grabschrift erbat Hans Werner von Gott nur eine »fröhliche Urständ« für sich selbst, seine Voreltern, Freunde und die gesamte Christenheit, fürsorglich und weitherzig bis über das Grab hinaus. Er war der Raitenauer, der am wenigsten genommen und am ausgiebigsten gedankt hatte, der erhielt statt zu verschwenden und mehr arbeitete und nachdachte, als – mit Wolf Dietrichs Ausnahme – alle anderen zusammengenommen.

Erzherzog Leopold, Bischof von Passau, dem dieser vornehmste Raitenauer diente, hatte auf Hirtenstab und Mitra mitsamt seinen Bistümern Passau und Straßburg verzichtet, nachdem sein Bruder Ferdinand, der nun die deutsche Kaiserkrone trug, ihn mit der Verwaltung der habsburgischen Erblande Tirol und Vorarlberg betraut hatte. Vom Papst seiner Priestergelübde entbunden, heiratete er Claudia von Medici.

Erzbischof Marcus Sitticus von Hohenems überlebte seinen Vetter nur um zwei Jahre. Er starb sieben Jahre und einen Tag nach seinem ungemein prunkvollem Einritt. Fünf von seinen sieben Regierungsjahren hatte ihn die würgende Angst verzehrt, der Raitenauer könnte die Freiheit wieder erlangen und ihn zur Rechenschaft ziehen. Teils um sich von diesen Befürchtungen abzulenken, teils aber aus aus angeborener Neigung richtete Marcus Sitticus in Salzburg ein Hofleben ein, das an Abwechslung und Kostspieligkeit dasjenige Wolf Dietrichs und aller früheren Landesherren bei weitem übertraf. Sein Einritt und der Aufenthalt beim Reichstag zu Regensburg stellten nur Stationen in einer niemals endenden Kette von Vergnügungen dar. Theateraufführungen, Fastnachtspiele, Musikdarbietungen, allegorische Bilder, Rennen, Jagden und Umzüge, geistliche Spiele, Maskeraden und andere »passatempi« wechselten einander pausenlos ab.

Es war, als wüßte der Erzbischof, daß ihm nicht viel Zeit vergönnt sei. Nichts konnte schnell genug gehen. Kurz nach Antritt seiner Regierung berief er Santino Solari, aus einer bekannten Tessiner Künstlerfamilie stammend, als Baumeister für den neuen Dom der Residenzstadt nach Salzburg. Dieser verkleinerte die Pläne nochmals und nahm der Kirche den von Scamozzi vorgesehenen umlaufenden Arkadengang. Ein zweiter Grundstein wurde am 14. April 1614 gelegt und bald wuchs der Bau, dessen Fertigstellung erst unter dem übernächsten Erzbischof Max Gandolph erfolgte, zügig in die Höhe.

Gleichzeitig verlangte Marcus Sitticus, der in Schloß Altenau nicht wohnen mochte, wenn er es auch in »Mirabella« umbenannt hatte, von seinem Architekten ein neues Lustschloß für den eigenen Gebrauch, und zwar schleunigst. So entstand von Juli 1613 bis April 1615 außerhalb der Stadtmauern ein reizendes, von gepflegten Gartenanlagen umgebenes Lustschloß nach italienischen Vorbildern mit Pavillons, Grotten, Wasserspielen und einem Felsentheater, zu dessen Aufführungen Marcus Sitticus möglichst viele Vornehme, darunter die Wittelsbacher und Erzherzöge des Hauses Österreich einlud.

Die Dekorationen, welche der Erzbischof in diesem neuen Lustschloß Hellbrunn anbringen ließ, gaben Wolf Dietrichs »holdseligen Jungfräulein« nichts nach, übertrafen sie eher an Phantasie und Verherrlichung schöner Frauen, welche galanten Kavalieren lustwandelnd begegnen. Im »Oktogon« von Hellbrunn hielt Arsenio Mascagni auf Wandfresken das Bild einer vornehmen, reich geschmückten Dame fest, vor der ein Edelmann huldigend das Knie beugt. Unverkennbar trägt der Kavalier die Gesichtszüge, ja sogar den rötlichen Vollbart des Erzbischofs Marcus Sitticus. Der gleichen Dame ähnelt auch die Gestalt der schlafenden Eurydike in der Orpheusgrotte des Parks von Hellbrunn. Vor ihr geigt ein Orpheus, welchen die hohenemsischen Wappentiere Löwe und Steinbock beziehungsvoll begleiten. Eurydike trägt an kurzer Kette um den Hals eine Medaille mit dem eingeprägten Bildnis des Erzbischofs. Auch dieser Erzbischof war Frauengunst also nicht abhold, und nachdem die Dame seiner Wahl mit dem Gardeleutnant Johann Siegmund von Mabon vermählt war, regnete es Gunstbeweise auf das Paar, dessen 1617 geborener Erstling auf den Namen Marcus Sitticus getauft wurde. Die junge Mutter war eine Brabanterin namens Katharina von Block. Mabon avancierte zum Gardehauptmann und erbaute 1618/19 das Schloß Emsburg, auf dem eine Tafel verkündete, daß dieser Besitz sein Entstehen dem Schutze und der Gunst des Erzbischofs Marcus Sitticus verdanke.

Auch die Schwester der Frau von Mabon soll das Gefallen des Hohenemsers gefunden haben, so daß ein maliziöser Chronist schrieb, man habe Wolf Dietrich abgesetzt, weil er eine Maitresse hielt und ihm einen Nachfolger gegeben, der deren zwei hatte.[20] Die zweite Dame durfte mit ihrem Gatten Perger die

Villa Emslieb vor den Toren von Hellbrunn beziehen, welche Marcus Sitticus ursprünglich für seinen Neffen Jakob Hannibal erbaut hatte. Dieser Neffe war seit jeher Merk Sittichs besonderer Liebling gewesen und er verwöhnte ihn in ganz unvernünftiger Weise. »Süssester Annibalino« redete er ihn brieflich an, und freute sich ganz offen über den Tod Hans Christophs von Hohenems, durch den sich die Erbaussichten des Knaben verbesserten. Sofort nach seiner Wahl ließ er ihn nach Salzburg kommen, bestellte ihn zu seinem Hofmarschall und quartierte ihn in Wolf Dietrichs Residenzneubau ein. Zur Zukunftsplanung für einen Nicht-Kleriker gehörte es unbedingt, Ausschau nach einer möglichst günstigen Heirat zu halten. Für seinen Annibalino schien Merk Sittich nur ein regierendes Haus genügend Glanz zu versprechen und so klopfte er bei den Grimaldis in Monaco an – vergeblich. Schließlich gelang eine Einigung mit dem Herzog von Teschen und die Hochzeit Hannibals mit dessen Tochter Sidonia wurde von dem Salzburger Erzbischof geradezu fürstlich ausgestattet, der auch weiterhin die verschwenderische und arbeitsscheue Lebensweise des jungen Mannes großzügigst unterstützte. Selbst sein Bruder, der Reichsgraf Kaspar von Hohenems, übte schonungslose Kritik an der prasserischen Lebensführung des Erzbischofs, der noch immer versuchte, ihm Geld abzuknöpfen, obwohl er auch neben der Salzburger Bischofswürde mit ihren hohen Einkünften die Stellung eines Dompropstes von Konstanz, die 10 000 Gulden jährlich einbrachte, keineswegs aufgab. Kaspar besuchte Salzburg im Herbst 1616 und gab seinem Mißfallen über das, was er dort sah, schriftlich ungeschminkten Ausdruck. Er war der Atmosphäre Salzburgs unter Merk Sittich »so voll, als wenn ichs mit Löffel gegessen hätte« und schrieb bereits von der ersten Station seiner Heimreise am 8. Dezember 1616: »Viele reden übel von dem grossen Geld, so ungespart welschen Musicanten, Comedianten und dergleichen Leuten angehenkt wird, und wann sie nit selbst kummen, sogar beschickt werden, und dass eine fürstliche Person wider ihre Reputation selbst grosse Zeit mit Preparierung solcher Comedien unter diesem Gesindel zubringe«. Er habe gehört, daß »der Klagen und

459

Nachreden eben viel« seien; nicht nur die übermäßige Pracht werde beanstandet, sondern auch das »überflüssige Halten so vieler Obristen, Hauptleute und ungewöhnlicher doppelter Guardien«. Noch von anderem werde übel geredet, »das ich nit gehört, was ich gern gewollt«, und bemerkt dazu, dass es nicht rätlich sei dem Erzbischof davon zu sprechen, denn er lasse es den Warner entgelten.[21]

Tatsächlich gelang es Marcus Sitticus trotz aller Vergnügungen, die er seinen schaulustigen Zeitgenossen bot, nicht, sich in Salzburg beliebt zu machen. Da er niemandem freundschaftlich zugetan war, sah er auch rings um sich nur Feinde, und beklagte sich bereits wenige Wochen nach seiner Wahl beim Domkapitel, böse Mäuler verbreiteten das Gerücht, man sei in Rom über seine Wahl keineswegs erfreut. Man solle solchen Behauptungen entgegentreten, verlangte er. Aber die Herren antworteten nur etwas kühl, man werde in Zukunft darauf achten. Sie waren unter anderem verärgert darüber, daß der Erzbischof ihre Wahl Ernfried von Kuenburgs zum Domdechanten mißachtete und ihnen statt dessen Paris von Lodron vor die Nase setzte – mit dem sich der Erzbischof in der Folge auch stritt.

Den Landständen, die gehofft hatten, endlich wieder Aufwind zu bekommen – schließlich war ihre Ausschaltung in den gegen Wolf Dietrich erhobenen Anklagepunkten enthalten – antwortete er auf Petitionen, sie seien doch ohnehin im Besitz ihrer Freiheiten. Auch unter seinem Vorgänger hätten sie sich niemals über deren Abschaffung beschwert.

Dieser Erzbischof zelebrierte täglich die Messe, (was »unter seinen Vorgängern nur die heiligen getan«) legte bei seinen religiösen Vorschriften großen Wert auf Fasten, Kleidung der Bruderschaften, »Entfernung der Gesellschafterinnen« und schriftliche Bestätigungen von Wohlverhalten, so daß Verfolgungen und Vernaderungen wieder in Schwung kamen. Er blieb zeitlebens ein Fremdkörper in dem von ihm regierten Land; schon drei Jahre nach seiner Thronbesteigung konnte das Grücht entstehen, er beabsichtige gegen eine Pension von 30 000 Gulden das Erzstift zu Gunsten des Erzherzogs Leopold, Bischofs von Passau zu resignieren.

Infolge seiner wenig gewinnenden Persönlichkeit übersahen die Zeitgenossen Verdienste des Hohenemser um Stadt und Land Salzburg, welche Jahrhunderte überdauerten. Seine rauschenden Festlichkeiten »Mumereyen und Aufzüge, welches er auch in geistlichen Sachen sehen lassen«[22] – etwa die Karfreitagsprozession des Jahres 1615 mit lebenden Bildern von Propheten, Engeln, Ölberg- und Kreuzwegszenen auf dekorierten Wagen[23] – seine erstmalige Musikpflege am Salzburger Bischofshof, die in den völlig neuartigen Opernaufführungen gipfelte, könnten als erste Vorstufe zu den Salzburger Festspielen angesprochen werden. Schloß und Park Hellbrunn bilden heute wie zur Zeit ihres Erbauers den Rahmen für musische Aufführungen aller Art und der Salzburger Dom, obwohl erst unter den folgenden Erzbischöfen vollendet, wurde selbst von Merk Sittichs Bruder Kaspar im Anfang der Bauzeit als »die erschröckliche machina des neuen Thumbs und Tempels zu Salzburg« bezeichnet. Der Maler seines großen Portraits hat die Zwiespältigkeit dieses Erzbischofs intuitiv festgehalten: in untadelig korrekter klerischer Kleidung steht er vor einer perspektivischen Darstellung des Lustschlosses Hellbrunn. Beifallheischend weist die Rechte auf eine Zeichnung des halbfertigen Domes. Doch der Blick geht seitlich am Beschauer vorbei, als könnte er eingehender Prüfung nicht standhalten.

Die Mittel für seine Hofhaltung und seine kostspieligen Bauvorhaben brachte der Erzbischof durch Feilschen um große und kleine Beträge – unter anderem Wolf Dietrichs Pension und die Beiträge zur katholischen Liga –, vor allem aber durch Borgen in großem Stil herein. In den sieben Jahren seiner Regierung erwarb das Erzstift eine höhere Schuldenlast als in dem Vierteljahrhundert unter Wolf Dietrich. Einer unbewiesenen Behauptung zufolge soll er allein für Damenschmuck 70 000 Gulden ausgegeben haben, nachweisbar fanden sich aber bei seinem Tod 267 150 Gulden auf der Sollseite in den Salzburger Büchern. Eine seiner letzten Ausgaben war ein Zuschuß von 50 000 Gulden für die Wahlkampagne des steirischen Erzherzogs Ferdinand zum deutschen Kaiser. Doch als Ferrdinand aus Frankfurt im stolzen Besitz der Kaiserkrone zurückkehrte und am 10. Oktober 1619

Salzburg berührte, kam der Triumph für den Hohenemser zu spät: er war tags zuvor gestorben. Da das Leiden, das zu seinem Tod geführt hatte, nicht eindeutig bestimmbar war, suchte man – schon damals – die Ursache im Gemüt. Der Salzburger Hofrat Dr. Perger, der nun schon dem dritten Salzburger Fürsten diente, schrieb an den Reichsgrafen Kaspar von Hohenems, daß »die überflüssige Melancolia und Schwermütigkeit diesen leidigen Todesfall vornehmlich causiert« habe; der Graf wieder nahm als Todesursache an, »was sich zwischen diesem Herrn und meistenteils Capitularen fürgeloffen sein solle«.[24] Tatsächlich hatte der Hohenemser trotz manchmal verbindlichen Wesens und betonter Frömmigkeit mit seiner Umgebung nicht in Frieden und Vertrauen zu leben vermocht. Aber auch die Winkelzüge, mit denen er seit der Bestätigung seiner Wahl die meisten Wünsche und Absichten des Bayernherzogs Maximilian zu durchkreuzen suchte, müssen an seinen Nerven gezerrt haben. Dazu kam, daß Marcus Sitticus seinen Vorgänger nicht mit den klaren, während der Renaissance üblichen Methoden von Gift oder Dolchstoß ums Leben brachte, sondern ihn auf langwierige und auch für ihn selbst aufreibende Art darum betrog. Dieses schwächlichere Vorgehen entsprach seiner eigenen Natur ebenso wie der neuen Zeitströmung, dem Barock. Denn der erste Barockfürst auf Salzburgs Thron war keineswegs der autokratische, jähzornige und extrovertierte Raitenauer, sondern der Mann, der im Leben wie in der Kunst die Schnörkel liebte. Nichts hätte seine Mentalität besser verkörpern können, als der eben in Mode gekommene, gewundene Stil, der wie jede neue Kunstrichtung eine Wandlung in Lebensweise und Weltanschauung der Menschen widerspiegelte: Zeitgeist in Stein, Abstraktion des täglichen Lebens, Form als Symbol.
Wolf Dietrichs Ausstrahlung reichte noch weit in die Regierungszeit des nächsten Erzbischofs Paris von Lodron. Diesen jungen Mann, den ihnen der Hohenemser wider ihren Willen »auf den Hals gebunden« hatte, lernten die Kapitelsherren schätzen und wählten ihn am 13. November 1619, diesmal wirklich frei und unbeeinflußt, zu ihrem Erzbischof. Der damals Zwei-

unddreißigjährige stammte aus südtiroler Adelsgeschlecht und vereinigte gesunden praktischen Sinn mit Mäßigkeit, Friedliebe und einer in Grenzen gehaltenen Großzügigkeit. Ohne Ressentiments vermochte er dort anzuknüpfen, wo Marcus Sitticus alle Verbindungen abgebrochen oder verleugnet hatte, ja er nahm sogar einige der entlassenen Diener des Raitenauers in Gnaden auf. Unter seiner Regierung hieß »Mirabella« wieder Schloß Altenau. Dort quartierte er Rudolf von Raitenaus Witwe ein, welche hochbetagt 1646 in Salzburg starb. Hans Werner von Raitenau machte ihm allerdings zum Vorwurf, daß er die Kärntner Besitzungen von deren Enkelkindern für sein geistesgestörtes Mündel Christoph von Lodron aufkaufte, und alsbald die Lehen im Hegau, die vordem zu Langenstein gehört hatten, an Lodronsche Familienmitglieder verliehen wurden. Politisch neigte dieser Erzbischof – auch darin Wolf Dietrich folgend – zu Österreich und machte sich dadurch beim bayrischen Nachbarn nicht beliebter. Ein Salzburger Gymnasiallehrer berichtete nach Ottobeuren, daß er Wolf Dietrich geradezu kopiere und die Chronisten Dückher wie Schlachtner finden beide eine Episode seiner Regierungszeit bezeichnend: jener Postmeister Rottmayr, auch unter dem Namen Schiltl bekannt, der Wolf Dietrich seinen Verfolgern auslieferte, indem er die Kutschenpferde bremste, wurde im Jahre 1643 »von einem Corporan zu Saltzburg mit der kurtzen Wehr oder Helleparte ohn alle Ursach« erstochen. Paris Lodron ließ den Täter ungeschoren und gar manche waren der Ansicht, daß die an Wolf Dietrich begangene Untreue nach vielen Jahren auf diese Weise doch noch vergolten worden sei.[25]

Die sterblichen Überreste des Raitenauers durften nicht allzu lange ungestört in der Gabrielskapelle ruhen, wenn auch sein »treuer Cammerdiener und sorgfältiger Guardaroba« Matthäus Janschitz *in effigie* den Eingang zu dem Mausoleum bewachte. Rechts neben der Pforte, ein Posten, den er wohl oft im Leben bezogen hatte, ist ein Epitaph für den 1605 verstorbenen Taufpaten von Wolf Dietrichs erstem Söhnlein angebracht. Der Diener kniet, die Hände zum Gebet gefaltet, vor dem Herrn, der geruht hat, ihm »in Anerkennung seiner gelaisten erspriesslich-langwirigen Dienste dieses Epitaphum anhero aufzurichten«. Der Leib des Dieners ruht allerdings auf dem St. Petersfriedhof. Als er sich zu Lebzeiten dort um 40 Gulden einen Grabplatz erkaufte, war der dortige Abt offenbar nicht ganz einverstanden, denn er vermerkte in seiner Chronik unter dem 22. Juli 1603: »Man hat ihn es bewilligen miessen, intuitu Illustrissimi, dessen innerster und geheimster Cammerdiener er gewesen.«

Obwohl die unterirdische Gruft mehrmals für weitere Beisetzungen eröffnet wurde, hielt sich hartnäckig eine Sage: »Ohnverwesen sitzt er darin auf einem Steinsockel, wie er sich vorgenommen hat, seine Schäflein zu hüten und ist an allen Gliedern wie im Leben annoch beweglich.«[26]

Baupläne und Stiftsbriefe sollte der Fürst auf seinem Steinsitz in Händen gehalten haben.

Graf Ferdinand Christian von Zeil, Fürstbischof von Chiemsee, hatte ausdrücklich gewünscht, zu Füßen Wolf Dietrichs, den er bewunderte, begraben zu werden.

Als anläßlich dieser Beisetzung der klägliche Zustand von Wolf Dietrichs Sarg festgestellt worden war, erfolgte im Jahre 1786 die erste offizielle Exhumierung. Aus unbekannten Gründen durfte der Kaufmann Franz Anton von Freissauf der Gruftöffnung beiwohnen. Er zeichnete seine Wahrnehmungen unmittelbar danach auf: »Man sah den Körper Wolf Dietrichs nicht sitzend und unverwesen, wie man bisher glaubte, sondern dessen blosse Gebeine in noch erkennbarer bischöflicher Kleidung in einer der gemeinsten glatten Todtentruhe von Bredern liegend. Meßgewand und Pluvia hielte man für großgeblumten sogenannten Lucaser Damast mit goldenen Börtln, Mitze und Pontificalstrimpfe megen weiss gewesen sein, gelbliederne gestickte Handschuhe mit einem falschen Ring, noch Schuhe an Füssen, sonst aber der ganze Körper gleichsam ganz nidergetruckt, das Haupt mit stark aufgesperrten Kiefern lag auf einem niedern verwesene Kisse, Pectoral, Pastoral und Legatenkreuz von Holz (!) erkannte man noch, aber das mehrere auch verwesen. Seine intestina oder Eingewayd standen ausser der Todtentruhe beyn Füssen ansichtig wie ein schwarzer Rolltobak in einem ganz zerlechsenen Fässl mit Handthaben. Dies alles mitten und ganz allein in der Gruft.«[27]

Die Mißachtung vor dem gestürzten Fürsten hatte sich also auch in bescheidenen Totengewändern und wertlosen Imitationen als Grabbeigaben geäußert. Aber mit dem Antiklerikalismus des auslaufenden 18. Jahrhunderts schwenkte die öffentliche Meinung über Wolf Dietrich um. Aus dem unbekümmerten Sünder und Rebellen wurde eine Art vollblütiger Märtyrerfigur. Diese Anschauung wurde im 19. Jahrhundert wieder zuungunsten des Raitenauers revidiert.

Insgesamt wurde die Gruft zwölfmal nach der Bestattung Wolf Dietrichs geöffnet. Beweggründe hierfür waren weitere Beisetzungen und Restaurierungsarbeiten. Am 16. April 1948 fand man im Sarg doch noch eine Kostbarkeit: das goldene Brustkreuz, welches Wolf Dietrich wahrscheinlich während seiner ganzen Haftzeit getragen hatte, war ihm als einziges Stück von irdischem Wert geblieben. Es ist aus reinem Gold geformt, 8 cm lang und zeigt auf der einen Seite den Gekreuzigten im Glorienschein, auf der anderen die Madonna. Die Kreuzbalken enden in Engelsköpfchen. Heute befindet sich das Kreuz im Salzburger Dommuseum.

Die bisher letzte und mit den umfassendsten Restaurierungsarbeiten verbundene Graböffnung fand am 26. Juli 1967 statt. Das Protokoll darüber verzeichnet die Anwesenheit mehrerer Beamter der Salzburger Landesregierung, des Landesarchivs und des Österreichischen Bundesdenkmalamtes sowie der Sanitätsbehörde. Nachdem der alte Holzsarg unrettbar zerfallen war, wurden der ganz erhaltene Schädel und die nicht mehr vollzählig vorhandenen Gebeine in einen von dem Salzburger Architekten Conrad Dorn entworfenen Marmorsarg umgebettet. Am 12. Oktober 1967 wurde die Gruft wieder verschlossen, jedoch nicht mehr mit der alten Steinplatte, sondern mit einem schmiedeeisernen Gitter, welches den Blick auf den Sarkophag mit der oben angebrachten, schlichten Schriftplatte gestattet. Der Skelettbefund sowie die Messungen an Kleidungsstücken und Schuhresten ergaben, daß der Raitenauer etwa 173 cm groß war. Sein Oberkörper war stärker ausgebildet als die Gliedmaßen, wie dies öfter bei seit Jugend zur Reiterei angehaltenen Männern vorkommt. Am Schädel fällt der starke Unterkiefer auf, ein

Merkmal, das mit Energie in Verbindung gebracht zu werden pflegt.[28]

Vor der letzten Beisetzung, im Oktober 1967, wurden die Gebeine Wolf Dietrichs dem Anthropologen Dr. Ämilian Kloiber übergeben, dessen Untersuchungsergebnis das kräftige, eigentümlich geformte Gebiß (Aufbiß) mit einer großen Anzahl erhaltener, kariesfreier Zähne hervorhebt. Die Gelenke zeigen keine Spuren von Arthrose. Die Schädelform – in der Draufsicht breit, von vorne gesehen hoch und schmal – spricht für ein schlankes Gesicht mit Betonung der oberen Kopfpartie und schmalrückiger Nase.[29]

Dies die »sterblichen Überreste« eines Lebens, in dem alles Menschliche überhöht in Erscheinung getreten war.

Eine zeitnahe Neigung zur Astrologie ließ Wolf Dietrich von Raitenau vermuten, sein Schicksal sei unentrinnbar von den Sternen gelenkt, was er wohl auch als Rechtfertigung für sich selbst deutete. Daß seine geistigen und charakterlichen Anlagen dieses Schicksal wesentlich beeinflußten, seinen Aufstieg bewirkt und später das Einlenken verhindert hatten, begriff er zu spät. Dann aber lastete er in erneutem Überschwang alle Schuld sich selber an.

Hatte er sie wirklich allein zu tragen? War in ihm nicht der rastlose Geist der Renaissance verkörpert, der den Menschen nach einer Pause von fast 2000 Jahren die Viren der Unrast und der zweifelnden, forschenden Neugier eingeimpft, sie selbst aber zu Halbgöttern erhoben hatte?

Ganz offenkundig war die Handlungsweise dieses Erzbischofs weitgehend von Ideen absolutistischer Macht beeinflußt, die zu Beginn seiner Regierungszeit vielleicht noch Gültigkeit besessen hatten, doch 25 Jahre später bereits als überholt angesehen wurden. Die Entwicklung politischen Gedankengutes hatte seine persönlichen Vorstellungen überrollt. Was blieb und bis zum heutigen Tage fortwirkt, ist sein kulturelles Erbe.

Anhang

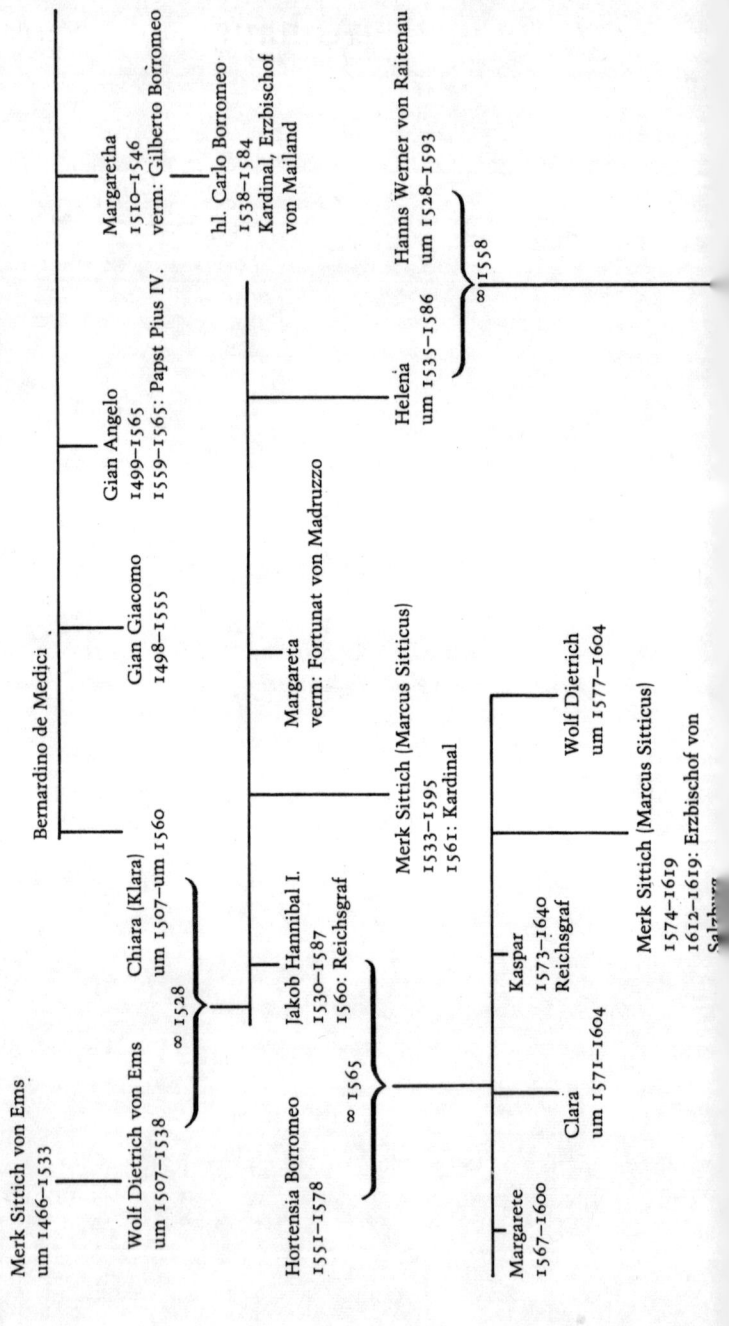

STAMMBAUM HOHENEMS-MEDICI-RAITENAU

Merk Sittich von Ems
um 1466–1533

Wolf Dietrich von Ems
um 1507–1538

Bernardino de Medici

Chiara (Klara)
um 1507–um 1560

∞ 1528

Gian Giacomo
1498–1555

Gian Angelo
1499–1565
1559–1565: Papst Pius IV.

Margaretha
1510–1546
verm: Gilberto Borromeo

hl. Carlo Borromeo
1538–1584
Kardinal, Erzbischof
von Mailand

Jakob Hannibal I.
1530–1587
1560: Reichsgraf

Hortensia Borromeo
1551–1578

∞ 1565

Margareta
verm: Fortunat von Madruzzo

Merk Sittich (Marcus Sitticus)
1533–1595
1561: Kardinal

Helena
um 1535–1586

∞ 1558

Hanns Werner von Raitenau
um 1528–1593

Margarete
1567–1600

Clara
um 1571–1604

Kaspar
1573–1640
Reichsgraf

Wolf Dietrich
um 1577–1604

Merk Sittich (Marcus Sitticus)
1574–1619
1612–1619: Erzbischof von
Salzburg

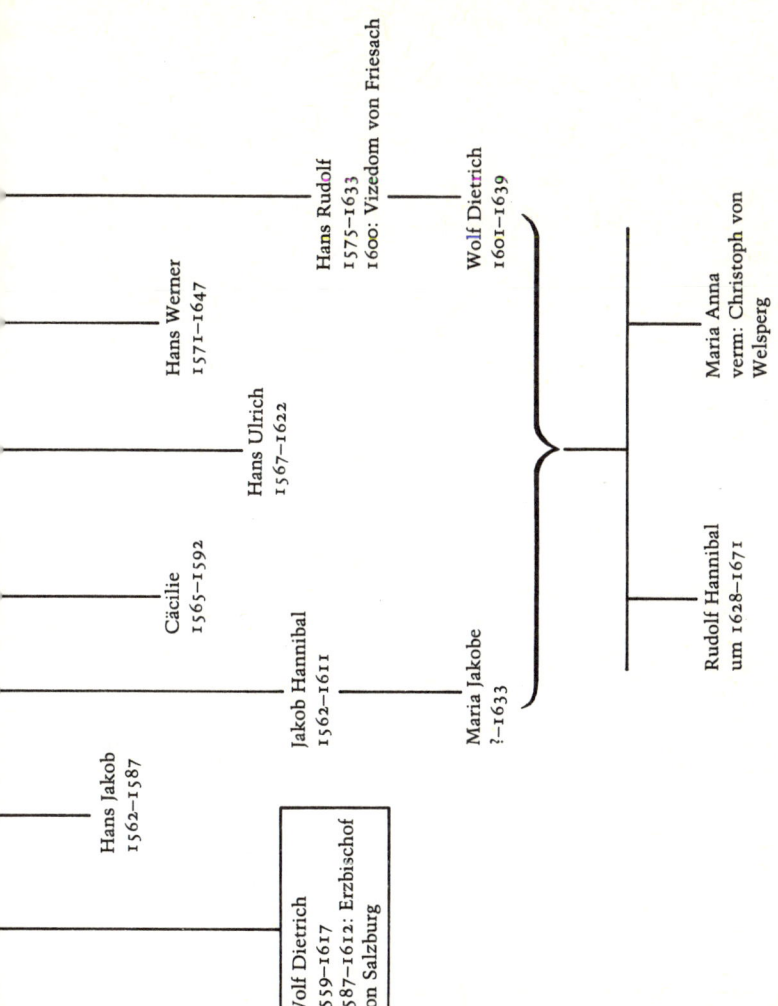

Hans Jakob
1562–1587

Wolf Dietrich
1559–1617
1587–1612: Erzbischof
von Salzburg

Jakob Hannibal
1562–1611

Cäcilie
1565–1592

Hans Ulrich
1567–1622

Hans Werner
1571–1647

Hans Rudolf
1575–1633
1600: Vizedom von Friesach

Maria Jakobe
?–1633

Wolf Dietrich
1601–1639

Rudolf Hannibal
um 1628–1671

Maria Anna
verm: Christoph von
Welsperg

469

Päpste:

Leo X. (Giovanni de Medici)	1513–1521
Hadrian VI.	1522–1523
Clemens VII. (Giulio de Medici)	1523–1534
Paul III.	1534–1549
Julius III.	1550–1555
Marcellus II.	1555
Paul VI.	1555–1559
Pius IV. (Gian Angelo de Medici)	1560–1565
Pius V.	1566–1572
Gregor XIII. (Ugo Buoncompagni)	1572–1585
Sixtus V. (Felice Peretti)	1585–1590
Urban VII.	1590
Gregor XIV.	1590–1591
Innozenz IX.	1591
Clemens VIII. (Ippolitio Aldobrandini)	1592–1605
Leo XI.	1605
Paul V. (Camillo Borghese)	1605–1621

Deutsche Kaiser:

Karl V.	1519–1555
Ferdinand I. (Bruder Karls V.)	1556–1564
Maximilian II. (Sohn Ferdinands I.)	1564–1576
Rudolf II. (Sohn Maximilians II.)	1576–1612
Matthias I. (Bruder Rudolfs II.)	1612–1619
Ferdinand II. (Erzherzog d. Steiermark)	1619–1637

Österreichische Erzherzöge:
Ferdinand von Tirol (zur linken Hand vermählt mit Philippine Welser)
Andreas von Österreich (Sohn Ferdinands, Kardinal)
Maximilian von Tirol
Karl der Steiermark (vermählt mit Maria von Bayern)
Ferdinand der Steiermark (später Kaiser Ferdinand II., vermählt mit Maria Anna von Bayern)
Leopold, Bischof von Passau (später weltlich, vermählt mit Claudia de Medici)

Bayernherzöge:
Albrecht V. (vermählt mit Kunigunde von Österreich)   1550–1579
Wilhelm V. (Sohn Albrechts V.)   1579–1597
Maximilian (Sohn Wilhelms V., 1. Kurfürst)   1597–1651
Philipp (Bruder Maximilians, geb. 1576, Bischof von Regensburg
1579, Kardinal 1596, gest. 1598)
Ferdinand (Bruder Maximilians, geb. 1577, Propst von Berchtesgaden,
Koadjutor u. später Kurfürst von Köln, gest. 1650)

Bischöfe und Erzbischöfe in Salzburg:

hl. Rupert	582–623
hl. Vitalis	623–646
hl. Virgil	745–784
Eberhard von Regensburg	1200–1246
Leonhard von Keutschach	1495–1519
Matthäus Lang zu Wellenburg	1519–1540
Ernest von Bayern (»Erwählter«)	1540–1554
Michael von Kuenburg	1554–1560
Johann Jakob von Kuen-Belasi	1560–4. 5. 1586
Georg von Kuenburg (Koadjutor seit 1580)	4. 5. 1586–25. 1. 1587
Wolf Dietrich von Raitenau	2. 3. 1587–17. 12. 1611
Marcus Sitticus von Hohenems	18. 3. 1612–9. 10. 1619
Paris von Lodron	13. 11. 1619–1653
Guidobald von Thun	1654–1668
Max Gandolph von Kuenburg	1668–1687
Johann Ernst von Thun	1687–1709
Franz Anton von Harrach	1709–1727
Leopold von Firmian	1727–1744

Dompröpste:

Michael von Wolkenstein	1586–1604
Balthasar von Raunach	1604–1605
Anton von Lodron	1606–1615
Paris von Lodron	1616–1619
Johann Krafft von Weitingen	1620–1638

Domdechanten:

Sigmund von Fugger	1580–1589
Johann Anton von Thun	1589–1602
Johann Krafft von Weitingen	1603–1626

Päpstliche Nuntien:
Felician Ninguarda, Nuntius für Deutschland
Minutio Minuzzi, Nuntius für Deutschland
Alphonso Visconti, Nuntius bei Rudolf II.
Monsig. Melfi, Nuntius in Prag
Hieronymus Porta, Nuntius in Graz 1590–1606
Peter Anton da Ponte, Nuntius in Graz ab 1606

Domherren von Salzburg (nach dem Zeitpunkt der Aufschwörung):

Sigmund Friedrich Graf Fugger	aufgeschworen 1558
Anton Graf Lodron	aufgeschworen 1559
Michael von Wolkenstein	aufgeschworen 1566
Wolf Dietrich von Raitenau	aufgeschworen 1578
Johann Anton von Thun	aufgeschworen 1578
Philipp von Bayern (geb. 1576)	aufgeschworen 1585
Ferdinand von Bayern (geb. 1577)	aufgeschworen 1586
Ulrich von Königseck	aufgeschworen 1587
Marx Sittich Graf zu Hohenems	aufgeschworen 1589
Wilhelm von Kuenburg	aufgeschworen 1589
Albrecht von Töring	aufgeschworen 1592
Johann Krafft von Weittingen	aufgeschworen 1593
Engelhard von Payrsberg	aufgeschworen 1594
Christoph von Wolkenstein	aufgeschworen 1595
Georg von Kuenburg	aufgeschworen 1596
Marquard von Freiberg	aufgeschworen 1596
Leopold, Erzherzog v. Österreich (geb. 1586)	aufgeschworen 1596
Johann Rudolf von Kuen-Belasi	aufgeschworen 1596
Ehrenfried von Kuenburg	aufgeschworen 1598
Marquard von Schwendi	aufgeschworen 1599
Wolf von Schrattenbach	aufgeschworen 1599
Wilhelm von Welsperg	aufgeschworen 1600
Johann Stefan von Klosen	aufgeschworen 1602
Karl, Erzherzog v. Österreich (geb. 1590)	aufgeschworen 1602
Eitel Friedrich Graf von Zollern	aufgeschworen 1603
Nikolaus von Wolkenstein	aufgeschworen 1604
Paris Graf Lodron	aufgeschworen 1606
Michael von Landenberg	aufgeschworen 1606
Johann Jakob Graf Königseck	aufgeschworen 1606
Wolf Wilhelm von Stain	aufgeschworen 1607
Wolf von Schrattenbach	aufgeschworen 1607

Äbte von St. Peter:
Andreas Graser –1582
Martin Hattinger 1584–23. 4. 1615
Amandus Pachler 1657–1673
Äbtissinnen des Klosters am Nonnberg:
Benigna Guetraterin 1572–1588
Anna Pütrich von Stegen 21. 12. 1588–1600 (von Wolf Dietrich persönlich bestellt)
Cordula Mundthaimerin, am 2. 6. 1600 von Wolf Dietrich bestätigt.

Hofbeamte:
Dr. Johann Baptist Fickler, Protonotar, Kanzler bis 31. 12. 1588
Kanzler Dr. Gervasius Fabrici
Kanzler Dr. Thomas Perger
Kanzler Dr. Kaspar Mayr
Kanzler Dr. Johann Kurz
Sekretär Augustin Tondio, gest. 1596
Sekretär Johann Baptist Ninguarda

Kammerdiener:
Matthias Janschitz, gest. 1605

Erzbischöfl. Münzmeister:
Mitglieder der Familie Thenn
Christoph Geizkofler

Kunst und Wissenschaft:
Architekt Andrea Bertoletto (Residenzneubau) gest. 1598
Architekt Elia Castello, Stukkateur und Mosaizist, gest. 1602
Architekt Vincentio Scamozzi (Residenzumbau, Dompläne)
Architekt Santino Solari, in Salzburg ab 1612 (endgültige Dompläne und Bauleitung)
Architekt Peter Schallmoser, (Kapitelshaus)
Hofmaler Caspar Memberger, Vater und Sohn, (Altarbild Maria Rast)
Hofgoldschmied Jonas Ostertag
Hofgoldschmied Paul Endris
Hofgoldschmied Hans Endris
Hofgoldschmied Hans Karl
Hofgoldschmied Hans Mentz
Hofgoldschmied Hermann Weber

Astronomie:
Kontakte mit Tycho von Brahe (1546–1601) und Johannes Kepler (1571–1630), beide als Hofastronomen Rudolfs II. in Prag

Wolf Dietrichs Abstammung und nächste Familie: siehe Stammbaum

Salome Alt: geb. 21. November 1568 in Salzburg, gest. 27. Juni 1633 in Wels (Oberösterreich)

Salome Alts Familie:
Eltern Wilhelm Alt, gest. 1585, Magdalena Alt, geb. Unterholzer, gest. 1593
Bruder: Samuel (Sebastian?) Alt, gest. 1621
Schwestern: Sabina Steinhauser, gest. 1621
Katharina Fabrici von Klesheim, gest. 1616
Barbara Ritz, gest. 1614
Kinder: Hannibal von Altenau, 1593–1616
Helena von Altenau, 1594–1610
Euphemia, um 1595–1638
Maria Salome 1596–1605
Eusebia um 1598–1624
Cäcilia 1601–1667
Anton 1602–1652 (vielleicht identisch mit Wolf Dietrich, geb. 1602)
Viktor 1604–1663 (1668?)
Eberhard von Raitenau 1605–1670 (P. Ägydius in Kremsmünster)
Susanne um 1607–1644

1496 Philipp der Schöne von Habsburg, Sohn Kaiser Maximilians I. heiratet Johanna von Spanien. Über seinen Tod wird sie wahnsinnig.

1498 Savonarola, katholischer Reformprediger, wird in Florenz verbrannt. Christoforo Colombo reist zum drittenmal nach Amerika. In Salzburg stirbt der Maler und Bildschnitzer Michael Pacher.

1499 Die Eidgenossen erkämpfen sich Unabhängigkeit vom Deutschen Reich.

1500 Albrecht Dürer malt sein bekanntestes Selbstbildnis (Christuskopf). Michelangelo erschafft die Pietà für die Peterskirche in Rom.

1504 Ein regelmäßiger Postdienst Wien–Brüssel wird nach Spanien ausgedehnt.

1506 Raffael malt die »Madonna mit dem Stieglitz«.

1512 Das Deutsche Reich wird in 12 Kreise geteilt.

1513 Papst Leo X. läßt Ablaßbriefe verkaufen, um den Bau des Petersdoms zu finanzieren.

1514 Die reichen Augsburger Kaufleute des Hauses Fugger werden in den Reichsgrafenstand erhoben. Sie sind Hauptgeschäftsstelle für den Ablaßhandel.
Niccolò Machiavelli schreibt »Il Principe«, Urbild des erfolgreichen, amoralischen Renaissancefürsten.

1519 Kaiser Maximilian I., »der letzte Ritter«, stirbt. Karl V. wird Deutscher Kaiser (bis 1555).

1521 Martin Luther, der die Unfehlbarkeit des Papstes und der Konzilien bestritten hat, verfällt in Kirchenbann und Reichsacht. In Zürich hält Ulrich Zwingli reformatorische Predigten.
Thomas Münzer begründet die Sekte der »Wiedertäufer«.
Einführung der »Römermonate« als Sondersteuer für die Reichsverteidigung. (Gegensatz: der »gemeine Pfennig«, eine unmittelbare Reichssteuer.)

1522 In Wittenberg wird Luthers Bibelübersetzung gedruckt.

1524 In Deutschland beginnen die Bauernkriege.

1525/6 Bauernaufstände in Salzburg.

1526 Luther wendet sich gegen reformatorische Sekten: Mennoniten, Mährische Brüder, Wiedertäufer.

Karl V. besiegt Franz I. von Frankreich in der Lombardei.

Die Türken besiegen Ungarn in der Schlacht bei Mohatsch.

Der Reichstag von Speyer stellt die Reformationsfrage den Landesfürsten anheim.

1527 »Sacco di Roma«, die Plünderung Roms durch Söldner Karls V.

1529 Die erste Türkenbelagerung Wiens.

1530 Aufkommen der Emailmalerei in Frankreich.

1532 Wegen der Türkengefahr wird das Wormser Edikt gegen die Protestanten vorläufig aufgehoben.

Karl V. erläßt die »Peinliche Halsgerichtsordnung«, in welcher die Folter zur Erzwingung von Geständnissen verankert ist.

Machiavellis »Il Principe« wird posthum gedruckt.

1534 Ignaz von Loyola gründet die »Gesellschaft Jesu«, den Jesuitenorden, zum Zweck der Gegenreformation.

Frankreich verliert das Herzogtum Mailand an Spanien.

Frankreich schließt ein Handelsabkommen mit dem Sultan.

1536 Calvin formuliert in Genf seine Prädestinationslehre.

König Franz I. von Frankreich schließt ein politisches Bündnis mit Sultan Soleiman II.

Paracelsus veröffentlicht die »Große Wundarznei«.

1541 Das türkische Heer erobert Ofen.

1542 Paracelsus stirbt in Salzburg.

Wilhelm IV. von Bayern beruft Jesuiten als Lehrer an die Universität Ingolstadt.

1545 Beginn des Konzils von Trient.

1546 Krieg zwischen Karl V. und dem protestantischen Schmalkaldner Fürstenbund. Die Fugger finanzieren diesen Krieg für den Kaiser.

1547 Heinrich VIII. sagt sich von Rom los und gründet die englische Hochkirche.

Michelangelo übernimmt die Bauleitung des Petersdomes und entwirft dessen Kuppel.

1548 Karl V. schlägt vor, Laienkelch und Priesterehe zu gestatten, um die Protestanten zurückzugewinnen.

1550 In Bayern kommt Albrecht V. an die Regierung (bis 1579). Er gründet eine Kunstkammer, Münzkabinett, und Antiquarium.

1551 Palestrina wird Domkapellmeister in Rom.

1552 Die Jesuiten gründen nach dem »Collegium Romanum« auch ein »Collegium Germanicum« zur Ausbildung deutscher Priester.

1553 Calvin läßt den Spanier Miguel Serveto in Genf als Ketzer verbrennen. In England verfolgt Maria I., Gemahlin Philipps II. von
Spanien, die Protestanten in grausamer Weise (»Bloody Mary«).
1554 Tizian malt »Venus und Adonis«.
1555 Philipp II., Sohn Karls V., wird König von Spanien, Sizilien und
Neapel, Mailand und der Niederlande.
Augsburger Religionsfriede: »cuius regio, eius religio.« Der Landesherr bestimmt über die Religion seiner Untertanen.
Petrus Canisius, Jesuit in Bayern, verfaßt einen neuen Katechis-
mus für den Religionsunterricht.
1556 Ferdinand I., Bruder Karls V., wird Deutscher Kaiser (bis 1564).
Hans Sachs in Nürnberg auf dem Höhepunkt seines populären
Schaffens.
1557 Die Habsburger müssen den Staatsbankrott erklären.
1558 In England kommt die Tochter Heinrichs VIII., Elisabeth I., an
die Regierung.
1559 Giovanni Angelo de Medici wird zum Papst gewählt. (Pius IV.)
Philipp von Spanien heiratet in 3. Ehe Elisabeth von Valois.
Höhepunkt der spanischen Inquisition.
Machiavelli's »Il Principe« wird vom Papst auf den Index
gesetzt.
1560 Orlando di Lasso wird Hofkapellmeister in München.
1562 Beginn der Hugenottenkriege in Frankreich.
1563 Ende des Tridentinischen Konzils, das in drei Teilabschnitten
seit 1545 getagt hatte.
Pieter Brueghel vollendet den »Turmbau zu Babel«.
1564 Maximilian II. wird nach dem Tod seines Vaters Ferdinand I.
Deutscher Kaiser (bis 1576).
Michelangelo stirbt.
William Shakespeare und Galileo Galilei werden geboren.
1565 Erhebung der Niederlande gegen die spanische Herrschaft.
1566 Sultan Soleiman II. stirbt. Sein Reich umfaßte Syrien, Mesopota-
mien, Ägypten und Nordafrika, Arabien, Kleinasien, Griechen-
land und Ungarn.
Gegen den Währungswirrwarr im Reich wird die Augsburger
Münzordnung erlassen.
1567 Herzog Alba wird spanischer Höchstkommandierender in den
Niederlanden.
1568 Baubeginn der Jesuitenkirche »Al Gesù« in Rom.
1569 Herzog Cosimo I. von Florenz wird Großherzog der Toskana.

Tycho von Brahe konstruiert ein Riesenfernrohr zur Sternbeobachtung.

1570 Philipp II. von Spanien heiratet als 4. Frau seine Nichte Maria von Österreich, Schwester Rudolfs II.

1571 Italienische und spanische Schiffe besiegen die türkische Flotte bei Lepanto.

1572 Katharina de Medici, Witwe Heinrichs II. von Frankreich, veranlaßt die Ermordung französischer Hugenotten (Bartholomäusnacht).

1576 Der Enkel Ferdinands I. wird als Rudolf II. Deutscher Kaiser (bis 1612).
Tycho von Brahe errichtet in Dänemark 2 Großsternwarten.

1579 Wilhelm V. wird Herzog von Bayern (bis 1597).

1580 In Vicenza stirbt der berühmte Architekt Palladio. Sein Schüler Scamozzi verwaltet seinen künstlerischen Nachlaß.

1581 Die Niederlande sagen sich von Spanien los.

1582 Einführung des »Gregorianischen« Kalenders.

1584 Kardinal Carlo Borromeo stirbt.

1585 Sixtus V. wird zum Papst gewählt.
El Greco malt das »Begräbnis des Grafen Orgaz«.

1588 Englische Schiffe vernichten die spanische Armada (160 Schiffe).

1589 Galilei wird Professor der Mathematik in Pisa und macht Fallversuche vom »schiefen Turm«.

1590 Der Goldschmied und Erzgießer Leone Leoni stirbt.
Tintoretto malt »Das Paradies« für den Dogenpalast in Venedig.

1597 Maximilian I. wird Herzog in Bayern (bis 1651).
Ferrara kommt zum Kirchenstaat (nach Ravenna).
Galilei korrespondiert mit Kepler über das neue Weltbild.

1598 Philipp II. von Spanien stirbt und hinterläßt Staatsschulden von 100 Millionen Dukaten.
Im »Edikt von Nantes« gewährt Heinrich IV. den französischen Protestanten Religionsfreiheit.
In London verfaßt Shakespeare eine Unzahl vielfältigster Theaterstücke.

1600 Heinrich IV. von Frankreich heiratet Maria de Medici.
In Florenz wird Giordano Bruno als Ketzer verbrannt, weil er eine von unzähligen Sonnen erfüllte Welt lehrte.
El Greco malt die »Auferstehung«, Rubens frühe Altarbilder.

1601 Nach Tycho von Brahes Tod wird Johannes Kepler Hofastronom Rudolfs II.

1602	Der Augsburger Goldschmied David Altenstetter verfertigt die Deutsche Kaiserkrone. (Schatzkammer Wien)
1603	Als neue Waffen kommen Gewehre mit Feuersteinschloß auf.
1605	Camillo Borghese wird zum Papst gewählt (Paul V. bis 1621). Cervantes verfaßt den »Don Quichote«.
1607	Die protestantische Stadt Donauwörth wird vom Kaiser geächtet.
1608	Gründung der Protestantischen Union.
1609	Rudolf II. gewährt den Protestanten in Böhmen Religionsfreiheit. Maximilian von Bayern gründet die Katholische Liga. Jülich-Klevescher Erbfolgestreit.
1612	In Prag stirbt Rudolf II. als geisteskranker Einsiedler. Sein Bruder Matthias wird Deutscher Kaiser. Endgültige Abdankung des Erzbischofs Wolf Dietrich von Salzburg nach dem salzburgisch-bayrischen Dreitagekrieg.

Bayr. St. B.	Bayerische Staatsbibliothek in München
Cod	Codex
ebd	ebenda
f	Folioseite
ff.	folgende
Hallein. S. C.	Halleinische Saltz Compromisschriften
HHSTA	Österreichisches Staatsarchiv, vormals Haus-, Hof- und Staatsarchiv
LAG	gräflich Lodronsches Archiv in Gmünd (Kärnten)
MGSL	Mitteilungen der Gesellschaft für Salzburger Landeskunde, Salzburg
Museum C. A.	Museum Carolino Augusteum in Salzburg
ÖNB	Österreichische Nationalbibliothek
p	pagina (Seite)
RAM	Reichsarchiv München
s.	siehe
S.	Seite
Vat. Arch.	Vatikanisches Archiv in Rom
WAM	Welspergsches Archiv in Rasen (Montguelfo, Südtirol)
w. o.	wie oben

ANMERKUNGEN

zu Kapitel 1

[1] Götz/Beck, s. Literaturverzeichnis

[2] Ludwig Welti zitiert in seinen Büchern über die Hohenemser (s. Literaturverzeichnis) aus F. J. Weizenegger, Geschichte Vorarlbergs, ferner Briefe und Dokumente aus dem Hohenemser Schloßarchiv, der Mailänder Biblioteca Ambrosiana, dem Tiroler Landesarchiv sowie aus den »Contrafecturen« des Reichsgrafen Jakob Hannibal von Hohenems für das »Ambraser Heldenbuch«

[3] L. Welti, Merk Sittich und Wolf Dietrich von Ems, S. 57

[4] ebd S. 60

[5] Original verschollen. Zeitgenössische deutsche Übersetzung in L. Welti, wie [2], S. 62: . . . dass diese Deine Schwägerschaft mit den Unsern und Dein Wille zur Rüstung wider die Ketzer uns angenehm und lieb sein soll.

[6] Schreiben Hanns Werners von Raitenau vom 4. Oktober 1563 in L. Welti, Graf Jakob Hannibal I., S. 60

[7] Brief Merk Sittichs vom 23. November 1564 in L. Welti wie [6], S. 75

[8] L. Welti wie [6], S. 90

[9] ebd S. 97 Brief Jakob Hannibals I. vom 1. Oktober 1566

zu Kapitel 2

[1] L. Welti wie [6], S. 57

[2] ebd S. 74

[3] das heutige Teatro Goldoni im Palazzo Bentivoglio

[4] L. Welti wie [6], S. 171

[5] ebd S. 343

[6] ebd

[7] ebd S. 346

[8] Die Reichsgrafen von Hohenems hatten die dortigen Schwefelquellen als Lehen inne. Diese wurden von den Bewohnern der Gegend und von den Mitgliedern des Herrschaftshauses gegen viele Gebrechen angewendet.

[9] L. Welti wie [6] zu Kap. 1, S. 316 ff., Brief des Hartmann Pappus an Jakob Hannibal vom 19. Mai 1579

zu Kapitel 3

[1] Wolf Dietrich von Raitenau, Biblische und christliche Kriegsordnung, HHSTA, W 200, Böhm 367

[2] Johann Steinhauser, Das Leben, Regierung und Wandel ..., (s. Literaturverzeichnis)

[3] Original im Staatsarchiv Bern, zitiert bei F. Martin, Beiträge zur Geschichte ... in MGSL 1911, S. 200 ff.

[4] Original im SLA Geh. Archiv, I, 9 1/2

[5] Die hohenemsische Gemäldegalerie, in welcher sich das Gemälde von Jakob Hannibals Hochzeitsturnier und das Altersportrait des Kardinals Marcus Sitticus befanden, wurde vom tschechoslowakischen Staat übernommen. Die Hohenemsische Festtafel soll sich derzeit im Museum für Bekleidungskunde in Nohalowetz an der Elbe befinden s. auch W. Schaffler im Literaturverzeichnis

[6] F. Martin, Beiträge zur Geschichte ... in MGSL 1912, S. 224

[7] E. Frisch, s. Literaturverzeichnis

[8] W. Keplinger, Die politischen und religiösen Schriften ... s. Literaturverzeichnis

[9] SLA, Protocollum Capitulare de anno 1585, No 55, f 46

[10] H. Ospald (s. Literaturverzeichnis) S. 47, zitiert aus Stiftsbibl. St. Peter b III 65, mit was ceremonien und geprang ein erzbischof zu Salzburg pflegt erwelt zu werden

[11] J. B. Fickler (s. Literaturverzeichnis) f 288

[12] F. Martin zitiert einen Codex saec XVII in Privatbesitz. (Lodronsches Archiv in Gmünd?)

[13] Deutsche Übersetzung bei J. Zauner-C. Gärtner, Chronik von Salzburg, 8. Zeitraum, S. 8

[14] J. B. Fickler wie [11], f 288

[15] HHSTA, Salzburger Urkunden Rep. VIII, Polit. Abteilung

zu Kapitel 4

[1] K. Mayr-Deisinger (s. Literaturverzeichnis) S. 12, zitiert Aventin's Deutsche Chronik, 1. Buch p 42

[2] F. Dückher, Saltzburgische Chronica, p 263

zu Kapitel 5

[1] J. Steinhauser wie [2] zu Kap. 3, § 6, auch Chronik vom Nonnberg, f 173 ff.

[2] L. Hübner (s. Literaturverzeichnis) S. 224 ff., auch J. Steinhauser, Lebensbeschreibung der Erzbischöfe Michael und Georg von Kuenburg

[3] J. Steinhauser wie [2] zu Kap. 3, § 6

[4] W. Erben (s. Literaturverzeichnis) S. 67 zitiert V. Bibl, Khlesls Briefe an Adam Freih. von Dietrichstein, Archiv für österreichische Geschichte, 88, 555

[5] J. B. Fickler wie [11] zu Kap. 3, f 287

[6] Original vom 25. Februar 1587 im SLA, Geh. Archiv I/7

[7] J. Steinhauser wie [2] zu Kap. 3, § 7

[8] Protocollum Capitulare vom 15. April 1589 im SLA

[9] J. Steinhauser wie [2] zu Kap. 3, § 8

[10] ebd § 7

[11] s. Vorwort und Quellengeschichte

[12] J. B. Fickler wie [11] zu Kap. 3, f 293

[13] J. Steinhauser wie [2] zu Kap. 3, § 2

[14] ebd § 16, Wortlaut:

Wolf Dietrichs Religionsmandat vom 3. September 1588
Wir Wolff Dietrich, von Gottes Genaden Erzbischove zu Salzburg, Legat des Stuels zu Rhom, thuen allen und jeden unsern Burgern und Underthannen zu wissen: Als wir in unser Haubtstadt Salzburg in fürgenommer Reformation der Religion etliche unsere Burger und Inwahner unserer alten, wahren und allain seeligmachunden catolischen Religion widerwerdig befunden, welche über beschechen threuherzige und vatterliche Vermanung, Information und Underweisung auch etlich Wochen lang ihrem gegebnen Termin auf ihrer gefasten widerwerdigen Mainung stracks verharet, derowegen wir ihnen zu Verhüetung mehrer Unraths und Widerwertigkait bemelte unser Statt und Erzstift zu raumen auferladen, demnach und damit si und andere unsere Burger und Underthannen wissen empfachen, was es für ain Gestalt mit ihren Weckziechen, auch ligenden und vahrunden Haab und Handelsgüetern, auch andere Articl halben, und menigklich sich darnach zurichten hab, so haben wir volgende Articl hiemit offentlich publiciern lassen wellen und ist hierauf
Erstlich unser ernstlicher Will, Mainung und Bevelch, daß die jenigen, so obbegriffner Gestalt sich aus unser Statt Salzburg und Erzstift begeben, alle ihre ligende Haab und Güeter, auch Gülden, die si in unserm Erzstift haben, vor ihrem Verrucken alhie, und die jenigen, so alberait schon weck sein, in Manatsfrist in ainen Anschlag bringen und darinnen nichts verschweigen oder unangezaigt lassen und denselben Anschlag uns schriftlich übergeben oder zueschicken sollen, dann da si sich hierinnen

ungehorsamb erzaigen, oder etwas geferlicher Weis verschweigen wurden, so soll uns solches als fiscalisch Guet verfallen und unser Kammer zugeaignet werden; und damit die Abwesenden sich der Unwissenhait nit haben zu behelfen, so sol unser nachgesezte stettliche Obrigkait ihnen solches durch ihre Inleüt oder aigne Potten zu wissen machen, sonst werden wir gegen den Verbrechern mit ainer schweren Geltstraff verfahren. Zum Andern sollen si ihre Heüser und Gärten, so si in und umb die Statt Salzburg haben, in Manatsfrist Personen, so uns annemblich, aintweders verkaufen oder aber nach Verfliessung solcher Zeit dieselben Andern, so ebenmessig uns annemblich und gefellig, in ainem gebürlichen Bestantgelt als lang, bis si dieselbig mit Gelegenhait verkaufen, zu Bestant verlassen, dann wir ihnen ihre Heüser zuezespören oder aber schlechte Gämer und Inwohner darein ze sezen, kaineswegs gestaten werden; wie dan auf jeztberürten Fall berürte ihre Heüser und Gärten durch unser nachgesezte stettliche Obrigkait alhie Andern eingeraumbt und nach billichen Dingen ain Zins darauf geschlagen werden solle, dann uns als Herrn und Lantsfürsten unser Haubtstadt zum Thail oet stehen zu lassen nit gemaint, sonder wir wellen, daß die vollkommentlich bewohnt werden.

Zum Dritten sollen die jenigen, so sich der Religion halber hinweck begeben, forthin kainer burgerlichen oder anderer Freihaiten in unserm Erzstift nit mehr fähig sein; auch alhie nit anderst als andere Frembde und Auslender gehalten werden, jedoch wann Jemants under ihnen sich konftiger Zeit wider zu der catholischen Religion begeben und deshalben die gebürliche Gehorsamb laisten wurde, wellen wir dieselben allerdings in ihren vorigen Stant komen laßen, mitlerweil aber soll ihnen ihre Güeter und Wahren, wie andern Frembden und Auslendern durch unsern Erzstift ze füern unverwöhrt sein.

Für das Viert sollen si sich in unser Statt Salzburg oder anderstwo in unserm Erzstift verner zu handlen nit unterstehen, es sei gleich auf was Weis und Weeg solches wöll, wann si auch Contrabanta brauchen und ihre Gewerb mit ihren aignen Dienern oder andern unsern Burgern und Inwohnern alhie oder sonst in unserm Erzstift in Gemain und Gesellschaft[1], oder aber ainziger Weis, wie das Namen haben konn, treiben wurden, so sollen uns berürte ihre Wahren als fiscalisch verfallen sein.

Zum Fünften soll ihnen ihrer Notturft nach durch unser Erzstift ze raisen unverwört sein, doch daß sie sich unergerlich und unverweislich verhalten und allain in den offnen Wiertsheüsern einkommen, auch ohne unser oder unserer Räthe Vorwissen über drei Tag, zumal in unser Statt Salzburg, nit aufhalten.

Zum Sechsten, was si in unserm Erzstift richtig zu machen haben, das soll ihnen durch catholische Gewalttrager und nit durch ihre sectische Diener zu thuen gestattet werden.

Zum Sibunten, welche Gerhabschaften und Pflegkinder haben, die sollen der Puppillen Güeter überantworten und ordenliche Raitung thuen und an dern Statt sollen von Obrigkait catholische Gerhaben verordnet werden, welche die Pflegkünder in den catholischen Glauben und an catholischen Orten auferziechen.

Zum Achten, die abwesenden Puppillen, so an sectischen Orten aufenthalten werden, sollen hieher durch unsern Stattrath alhie innerhalb Manatfrist erfordert und gebracht, auch andert nit als mit unserm Vorwissen an frembte Ort widerumb verschickt werden.

Zum Neünten, sollen die jenigen, so ihre Gerhabschaften schon richtig gemacht haben oder mit Gerhabschaften nit beladen und weckfertig sein, unser Statt Salzburg und unsern Erzstift in vierzechen Tagen nach dato raumen und sich darüber alhie anderst, als hieoben begriffen, nit betretten lassen. Dises Alles ist unser entlicher Will, Mainung und Bevelch, darnach sich menigklich hat zu richten. Des zu wahrem Urkunt haben wir dises unser Mandat mit aigner Hant underschriben und mit unserm Secret[1] verfertigen lassen. Geben in unser Statt Salzburg den dritten Tag Septembris nach Christi unsers lieben Herrn und Seeligmachers Geburde im fünfzechenhundert acht und achtzigsten Jhare

Wolf Dietterich.

[15] ebd § 17
[16] Die Säule steht heute in einer ebenerdigen Vorhalle des Bogengebäudes der Residen (Wallistrakt).

zu Kapitel 6

[1] F. Martin in MGSL 1911, (s. Literaturverzeichnis) S. 226 zitiert Vat. Archiv, Misc. Arm. II, 103, 275
[2] J. Riedl, Trinkstubenordnung in MGSL 1912, F. Martin, Die alte Stadttrinkstube, S. 3 ff.
[3] K. Roll, Eine Salzburger Hochzeit im Jahre 1581, MGSL 1912
[4] Chronik vom Nonnberg, f 175
[5] Erwähnungen der Familie Alt bei Mezger, Hist. Salisb. p 1116, Hübner Bd I S. 239, Novissima Chronica ab S. Petrum p 499 (zitiert bei Zauner-Gärtner)
[6] F. Martin, 100 Salzburger Familien S. 152 ff.
[7] J. Steinhauser wie [2] zu Kap. 3, § 168, (Handschrift B § 115, 107)

8 F. Martin, Chronik Haslberger in MGSL 1927

9 J. B. Schlachtner, (s. Literaturverzeichnis), p 2057 s. auch ¹ zu Kap. 7

10 In den Prozeßakten gegen Wolf Dietrich, Vatikan. Bibliothek, Codex Barbarini Lat 2852 ist ein Briefwechsel enthalten, wonach Salome, aufgefordert, sich zu verheiraten, antwortete, sie sei bereits verheiratet.

zu Kapitel 7

1 Erzbischof Gebhardt von Köln fiel im Jahre 1583 vom Katholizismus ab, um die protestantische Gräfin Agnes von Mansfeld zu heiraten, wollte aber sein Bistum nicht aufgeben und wurde erst mit Waffengewalt daraus vertrieben.

2 Theologische und politische Schriften Wolf Dietrichs im HHSTA/W 200, Böhm 367, Politica ab f 465

3 Prozeßakten gegen Hatzler im SLA, Causa Domini 1591 A, Schmähgedicht abgedruckt in MGSL 1912, S. 65 ff.

4 F. Martin, Zur Geschichte ... (s. Literaturverzeichnis) S. 3 zitiert Kapitelsprotokolle 1592, ferner SLA XVI, 9

5 Entwurf im SLA, Hofkanzlei Causa Domini 1591, 3 Lit. D Wortlaut in MGSL 1871/2

6 F. V. Zillner (s. Literaturverzeichnis) II, S. 432 ff.

7 SLA Geh. Archiv, XXIII/4/1

8 Wortlaut bei Fr. M. Vierthaler (s. Literaturverzeichnis) S. 210 ff.

9 J. Steinhauser wie ² zu Kap. 3, § 25

10 F. Dückher wie ² zu Kap. 4 p 268

11 J. Steinhauser wie ² zu Kap. 3, § 14

12 Durch diese Steuer stieg laut Chronik vom Nonnberg, f 176, der Preis für ein Viertel Wein von 6–7 auf 9–10 Kreuzer

13 J. Steinhauser wie ² zu Kap. 3, § 25

14 ebd § 24

15 ebd § 29

16 ebd

17 Ursprünglich wurde als Römermonat der Ablösebetrag bezeichnet, welchen Vasallen leisteten, anstatt den Kaiser zur Krönung nach Rom zu begleiten. 1594 bedeutete ein Römermonat die Stellung von 277 Mann zu Fuß, 60 Reitern oder 1828 Gulden bar

18 Das Dekret wurde zuerst irrtümlich als ›von Langenstein‹ statt ›von Raitenau‹ ausgefertigt. Richtige Ausfertigung erst im Dezember 1594. SLA, Hofkanzlei Causa Domini 1594 A und K, (Konzept), Original im WAM

19 J. Steinhauser wie ² zu Kap. 3, § 31

zu Kapitel 8

[1] F. Martin, Beiträge zur Geschichte ... in MGSL 1911, S. 310 zitiert diesen Brief. Original im WAM, B 138

[2] Original im SLA, Causa Domini 1594 A

[3] L. Welti, Graf Kaspar von Hohenems, S. 15

[4] Zauner-Gärtner, wie [13] zu Kap. 3, S. 89

[5] J. Loserth (s. Literaturverzeichnis) S. 39 zitiert diesen Brief vom 11. Dezember 1573

[6] ›In seinem Lande ist ein Priester, der weder Frau noch Konkubine hat, ein äußerst seltener Vogel‹

[7] J. Steinhauser wie [2] zu Kap. 3, § 35

[8] ebd § 23, auch J. B. Fickler wie [11] zu Kap. 3, f 292

[9] R. Schlegel (s. Literaturverzeichnis)

[10] J. B. Fickler, a a O, f 293

zu Kapitel 9

[1] F. Martin wie [1] zu Kap. 8, S. 278 zitiert aus dem STAM 86/87

[2] ebd S. 286, zitiert aus dem Stiftsarchiv St. Peter zu Salzburg, Ms. R.

[3] ebd S. 279, zitiert aus dem Vat. Arch. Borghese III, 85 B f 219

[4] Das große Türkengutachten, Original im HHSTA, W 200, Böhm 367

[5] Biblische und christliche Kriegsordnung, Standort wie [4]

[6] Original im SLA, Pflege Werfen 1596

[7] Catholische Predigt ... (s. Literaturverz.)

[8] J. Steinhauser wie [2] zu Kap. 3, § 55

[9] ebd. § 12

[10] E. v. Fritsch (s. Literaturverzeichnis)

zu Kapitel 10

[1] F. Martin wie [1] zu Kap. 8, S. 240 zitiert aus dem Stiftsarchiv zu St. Peter, Ms. R/3, p 264

[2] J. Steinhauser wie [2] zu Kap. 3, § 65

[3] ebd §§ 68, 72, 74, 76 ff.

[4] R. K. Donin, s. Literaturverzeichnis

[5] R. Schlegel (s. Literaturverzeichnis) S. 130 ff.

[6] J. Steinhauser wie [2] zu Kap. 3, § 135. Auch Anonyme Chronik der Bayr. St. B. Cgm 1694, f 200–206

[7] R. Schlegel S. 102

[8] Johannes Moy, Beiträge zur Geschichte des Neubaues in Salzburg, MGSL 1969

⁹ J. Steinhauser wie 27 zu Kap. 3, § 152, R. Schlegel S. 135

¹⁰ Bayr. St. B. Cgm 1694, f 204

¹¹ Beim Erdaushub fanden sich uralte heidnische Gräber, aus Steinquadern erbaut. Da aber Wolf Dietrich ›nichts auf dye alte Quiniteten gehalten‹, wurden sie zum Bau des Landschlosses mitverwendet. Chronik v. Nonnberg, f 195

¹² wie ¹⁰, f 235b

¹³ J. Steinhauser wie oben, § 168

¹⁴ L. Welti wie ³ zu Kap. 8, S. 37

¹⁵ A. Proschko, s. Literaturverzeichnis

¹⁶ findet sich in den Chroniken von F. Dückher und F. A. Haselberger

¹⁷ SLA, Protokolle des Domkapitels 1605 f 73 und 78, auch Zauner-Gärtner, S. 93

¹⁸ Abschriften der Originaldokumente in J. Felners Nachlaß, Bd. 3, SLA. Auch Chronik vom Nonnberg f 195

¹⁹ J. Steinhauser wie oben, § 152

²⁰ Originale im HHSTA, Cod. E 43 f 50–52. Abschriften wie ¹⁸

²¹ F. Martin, 100 Salzburger Familien S. 315

²² Original des ›Ewigen Statuts‹ im HHSTA, Salzburger Urkunden 1606, Bogen 26–39, Felners Abschrift (wie ¹⁸ Nr. 80)

²³ L. Welti wie ⁶ zu Kap. 1, S. 167

²⁴ Original der Instruktion für Hörwarth im STAM, MA 107/41, f 54, zitiert von Mayr-Deisinger S. 122

²⁵ Briefe an Maximilian und Kaiser Rudolf II. vom 8. Mai 1606 im STAM MA 107/41 f 21 und 31

²⁶ Konzept im STAM, MA 107/41 f 70 zitiert bei Mayr-Deisinger w. o.

²⁷ Originalbrief vom 19. Juli 1606 im STAM, MA 107/41 f 54 zitiert w. o.
Wortlaut:
Brief des Erzbischofs Wolf Dietrich an Maximilian von Bayern betreffend das ewige Statut vom 19. Juli 1606
Durchleuchtiger Fürst, besonders lieber her und freunt. Was E. L. unsz vertrewlich unter dem 12. dis communiciert haben von wegen dessen, so in unsrem jungst gehaltnen peremptorio capitulo, baide heuser Oesterreich und Bairn betreffent, beschlossen und nach müglichkait erwogen. Sollen auch derselben hierauf in antwort nicht verhalten, das weder wir noch unser capitl niemaln gesint oder bedacht gewest, baide hohe ansechliche heuser von dem zutrit zu dem ertzstift auszuschlieszen, sonder bloszlich und allein zu underpawen und fur zu kommen, damit von dem ertzstift Salzburg ausz disen baiden heusern nicht ursach gegeben werde, in kunftig seinethalben in unnachbarschaft und un-

freuntschaft zu erwachsen, nicht allain mit gefar baider heuser und des ertzstifts, sonder auch gemainer wolfart im reich und der religion; auch allain zu precaviern, dasz die kunftigen ertzbischove nicht anderst als neutral zwischen baiden heusern sich verhalten und kainer von denselbigen dem andern zue wissentlichem auch kuntlichem praejudicio und nachtail solte erwölt werden. Ob nun wol solches baiden loblichen heusern zue verklainerung, nachtail oder spot, wie E. L. schreiben anziecht, oder vilmer denen zu eren, sicherhait und reputation und dan der billichkait und christlichen lieb allerdings gemesz von unsz vermaint oder nicht neben deme das solches das werk an ime selbst gantz haiter und klar an tag gibt, ist aus dem ainigen allain überflüssig abzunemen, das dise heuser von dem ertzstift kaineswegs anderer gestalt excludiert, als so ser und wait aines oder des andern wal dem ainen oder dem andern prejudicirlich. Da diese lobliche heuser aber selbst sich undereinander solchergestalt vergleichen werden, das der erzstift von inen von zeit zu zeit vergwist, das sich kainer aus denselben ainichen prejudicii aus des andern wal befart oder beförcht, ist diesen heusern durch das jetztgemachte statutum im wenigisten nichts benommen, sonder bleiben die sachen allerdings im vorigen stant. Derohalben koennen wir unserstails nicht sehen, wie weder die Rö. Kai. M^t. unser allergnedigster her u. das hausz Oesterreich, oder auch e. L. und dero hausz sich mit fueg und baider heuser sicherhait diesem statuto zu opponieren ursach oder gelegenhait haben solten, da schon solches von den heuptern baider heuser nicht so stark gesuecht, begert, verursacht und angetriben were worden, alsz würklich beschehen, und verhoffentlich sowol der Kai. M^t. als E. L. und dero geliebten hern vattern mer als wol bewust und bekant ist. Damit auch E. L. desto klarer wissen und ir allerdings unverborgen bleibe, was über I. M^t. und E. L. sonderbar begeren und anhalten unsz zue diesem statuto bewegt, wöllen wir derselbigen hiemit vertrewlich zuentdecken nit underlassen, das wir bei unser erzstifts archivio genuegsamb befinden, das nun von langen jarren hero, und, damit die sachen nicht ferner erholt werden, insonderhait von der zeit an weilant hertzog Ernsten von Bairn alsz administratoris dieses ertzstifts lobseliger gedechtnus resignation E. L. anher und das hausz Oesterreich von wegen der election eines ertzbischoven zimblich stark hindereinander erwachsen, indeme das hausz Oesterreich damaln den cardinal von Trient, e. l. einher aber, hertzog Albrecht christseliger gedechtnus, den graven von Solm, zue zeit bischoven von Passaw irestails gern zue der wal befurdert gesehen hetten, also und solchergestalt, das weilant obwolgedachter hertzog Ernst dem capitl selbst stark geraten, zu fürkommnung weiterung zwischen diesen baiden heusern und zue verhüetung des besorgenden unwillens gegen dem ertzstift von ainem oder dem andern hausz, sie kainen aus dem fürgeschlagenen, sonder ainen dritten aus irem mitl elegiern solten; inmassen dan auch würklich ervolgt und beschehen. Nachmals alsz ertzbischof Michael lobseliger gedechtnus wenig jar regiert und nach des ableiben ertzbischof Johan Jacob zu ainem ertzbischoven erwölt und nach verflieszung ainer geraumen zeit mit solchen leibsschwachheiten von Got haimbgesucht worden, das er zue regierung des ertzstifts nicht mer tauglich gewest, ist meniglich unverborgen, wie stark sich weiland kaiser Maximilianus der ander allerhochlobichister gedechtnus bemüet und bearbeit, I. M^t. geliebten hern son, ertzhertzog Maximilianum, so noch im leben, zue dem ertzstift zu fürdern; sobalt aber weilant hertzog Albrecht in Bairn gleichfals lobseliger gedechtnus solches wargenommen und in erfarung bracht, befinden wir, das S. L. sich alspalt personlich nach Burkhausen begeben und etlich von dem capitularn desz ertzstifts Salzburg zue sich erfordert, auch denselben I. Kai. M^t. vorhaben und suechen entdeckt und sich gegen inen haiter u. rund erclert, das S. L. nicht zuwider, das bei der vorhabenden wal dero her son hertzog Ernst, der zeit churfürst zu Cöln preteriert wurde, da allain Oesterreich auch beseits gesetzt und ausgeschlossen werde. Da aber solches bei dem capitl nicht verfenglich, ercleren si sich rund, das S. L. nicht gedulden könnten, das derselben u. dero hausz Oesterreich so nahe an die seiten gesetzt werde, sonder eher sich für des ertzstifts feind ercleren und das eussert darauf setzen wolten, damit solches nit beschehe. Inmassen dan auch alspalt darüber von dem ertzstift aus diejenigen so in der Oesterreichischen handlung zu stark verwant, zu verhaft genommen und weilant erzbischof Geörg zu ainem coadiutorem erwölt worden. Nachmalsz und als diese sachen in ainen solchen stant ein zeitlang beruhen blieben und E. L. her vatter letztlich mitl und wege gesuecht, dero hern son ainen zu der coadiutorei Passaw zubefurdern, wissen E. und jetzt wolgedachts dero hern vatters L. selbst, was sich deszhalben zwischen der jetzt regierenden Rö. Kai. M^t. und denselben erhaben, was fur hitzige und ernstliche schreiben und anbringen hierunter gewechselt worden, wie stark und eifrig sich auch I. M^t. bemuet u. bearbeit, damit solches seinen vortgang nicht erraichen solle; und letztlich, alsz schier kain mitl mer vorhanden gewesen, ist I. M^t. räten mererntailsz allerdings unverborgen, das dieselbige ausz kainer merern oder andern ursach ertzhertzog Leopoldi son zu dem geistlichen stant verordnet, alsz zu fürkommen und zu verhindern, damit das hausz Bairn nicht andere und merere stift an sich brecht, I. M^t. und dero hausz zu besorgendem praeiudicio und nachtail, inmassen dan würklich und balt darauf mit Passaw ervolgt, bei welchem verlauf disz insonderhait wol war zunemen, das sichere und genuegsam benachrichtung vorhanden, das höchstgedachter I. Kai. M^t. intention niemaln gewest, dero hausz so stark zu der coadiutorei Passaw zu befurdern, alsz das hausz Bairn zu excludiern und zuverhuetten, damit dieser und andere stift in neutral handen verbleiben möcht. Wan dan disz alles uns unverborgen und genuegsamb bekannt, auch eben dieser sach halben I. Kai. M^t. mit unsz underschiedliche starke handlungen pflegen lassen; auch sich unlangst darauf begeben, das ein vergebens geschrai auszkommen, alsz solten wir ersuecht werden vorwolgedachts ertzhertzogs Leopoldi L. zu ainem coadiutore bei unserm erzstift zu machen, wissen E. L. sampt dero vilgeliebtem hern vattern sich verhoffentlich genuegsamb zu entsinnen, wie ernstlich si unsz durch sonderbare schikungen davon abgemanet und wie eifferig si sich gegen unsz erboten in allerhant vertraege unsz einzulassen zue unser und unsers erzstifts freihait, defension; wie nicht minder auch alsz wir jungstlich etwas schwerlich erkrankt und nachmalsz durch den segen Gottes unsz etlicher massen wider erholt, mit was gleichem eifer si unsz underschiedlich ersuecht haben, mitl und wege an die hand zunemmen, durch welche si versichert und vergwist, das ir nach unserm ableiben Oesterreich nicht möcht an die seiten gesetzt werden. Wan dan wir disz alles billich unserm capitl zue gemuet füren und vermoeg der pflicht, damit wir unserm ertzstift verwant, nicht verhalten sollen, noch können, also geben wir meniglich zuerkennen, ob wir auch bei so starker androhender gefar umbgen oder verschieben haben koennen, diesem besorgenden unhail durch ain solch und kain andersz statutum notwendig fürzukommen und zu begegnen; und ob disz ein freier motus unser und unsers capitls gewest und nicht vilmer ein unumbgengliche verursachung von baiden heusern. Und haben derohalben weder wir noch unser capitl unsz der umbstoszung dieses gefasten statuti so wenig verhoffentlich zu befürchten, alsz ursach dasselbige zuveraendern, oder zu cassiern; sonder seint erbütig, solchs bei der bäbstlichen heiligkeit sowol, alsz der R. Kai. M^t. und meniglich zu professiern u. one allen scheuch zu bekennen. Inmassen wir dan die vorhabende schickung zu unsz, wie auch alles anders, so diesem wesen anhangen mag zu E. L. gefallen und belieben hiemit gestelt wöllen haben. Mit dieser allain angeheften, wolmainenden, treuherzigen erinderung, das E. L. sambt den irigen wol und reif in acht nemmen, was si und ire lande von dem ertzstift Salzburg unentperlich zugewarten haben, was andere nicht minder, alsz si bedörffen, und was ainem oder dem andern nicht minder, alsz baiden heusern, welche schier gleichmessige interesse bei diesem ertzstift haben, ausz der anjetzo statuirten und hoch verursachten neutralitet guets, und was hergegen ausz der partialitet des ertzstifts mit dem ainen oder dem andern hausz dem andern nachtails entstehen kann, da die alte emulation zwischen baiden heusern sich etwas sterker alsz villeicht anjetzo widerrumben erregen und erheben solte, auch mer alsz leichtlich würklich sein kunte, und sich alszdan alsz ein löblicher hochverstendiger Fürst auf das entschliessen, so E. L. sicherhait und reputation erfordern mag. Dan so weit wir der welt lauf erfaren und vernemmen können, haben wir nicht künden spüren, das vil potentaten mit dem zu starken respect auch mer, alsz nutzer conniventz und dissimulation ire sachen mehr verbessert alsz geergert haben; aber wol vilmer das diejenigen potentaten und hern, so ire sachen genuegsamb in acht genommen und an alle dissimulation das offentlich professiert haben, so die ragion de stato und ir selbst aigne sicherhait, wie auch nutzbarkait unumbgenglich erfordert, nicht leichtlich angriffen, sonder von meniglich der gebür nach respectiert worden, dann: quo plus sunt potae, quo plus sitiuntur aquae; und gemaincklich ein schlechtes nachsehen im anfang verursacht ein gantz geferliches und preiudicierliches mitel und noch ein besorgender ende. Wolte E. L. mir vertrewlich und wolmainent in antwort ires schreibens nit verhalten, mit bit, unser hierunter gebrauchte libertet nicht anderst, alsz dero zu guetem zu versehen, und sich zu vergwissern, das wir es mit baiden heusern nicht anderst alsz trewlich und wol meinen, auch merers nicht wünschen oder suechen, alsz mit baider heuser nutz und wolfart zugleich zwischen inen eine guete vertrewliche correspondentz.

Datum in unser stat Salzburg den 19. Julii anno 1606.

Wolf Dietrich von Gottes gnaden
ertzbischove zue Salzburg, legat des stuels zu Rom.

[28] Kopie des Originals im STAM, MA 107/41, f 147, zitiert w. o.
[29] Konzept w. o. f 160, zitiert bei Mayr-Deisinger S. 126
[30] Abschrift J. Felner (wie [18]) Nr. 24
[31] Zauner-Gärtner, S. 102/3
[32] Abdruck des Urteilwortlauts bei Zauner-Gärtner S. 198

zu Kapitel 11

[1] Salz wurde in ›Hallfahrten‹, ›Kufen‹ und ›Scheiben‹ gemessen. Eine Hallfahrt enthielt etwa 225 hölzerne Kufen oder 211 Fuder. Das Fuder

war kein Gewichtsmaß, sondern ein aus der Kufe gestürzter nasser oder trockener Salzkegel. 1 große Kufe faßte 125–130 Pfund Salz, eine kleine Kufe ein Zehntel davon. Eine Scheibe wog 150–160 Pfund. (H. Widmann, Bd. II, S. 74)

[2] s. Vorwort und Quellengeschichte

[3] Halleinische S. C., Beilage Lit. Iii

[4] wie [3], Beilage 14

[5] wie [3], Beilagen 12 und 13

[6] P. Ph. Wolf (s. Literaturverzeichnis), Bd. I, S. 170

[7] ebd. Bd. I, S. 186

[8] F. Dückher wie [2] zu Kap. 4, p 263

[9] wie [3], Beilage 16

[10] Wortlaut der Salzverträge zwischen Wolf Dietrich und Maximilian von Bayern wie [3], Beilagen O, P und II. Nr. 17 und 21

[11] eine ›Hallfahrt‹ kostete damals 85 Gulden, s. auch [1]

[12] Wortlaut des Vertrages wie [3], Beilage 22

[13] ›Recess, das Verbot des Missbrauchs und der Unordnung, so in den Bergwerken von Gastein und Rauris eingerissen, betreffend‹ vom 17. August 1591 und ›Halleiner Bergwerksordnungen‹ von 1592, SLA, Geh. Archiv XXX, 12 1/2

[14] Zauner-Gärtner S. 68, 69 zitiert die Korrespondenz zwischen Rudolf II. und Wolf Dietrich aus Hansiz, Germania sacra, Tom. II, p 664

[15] w. o. zitiert Novissima Chronica Monasteri ad St. Peter, p 503

[16] P. Ph. Wolf, Bd I, S. 221

[17] ebd S. 292/3

[18] K. Mayr-Deisinger, S. 134

[19] Die Bezahlung mit minderwertigem (untergewichtigem oder schlechter legiertem) Geld war ein immer wieder versuchtes Mittel, sich auf billige Weise von Schulden zu befreien, was durch die Unzahl nebeneinander geltender Münzen erleichtert wurde. Die Reichsmünzordnungen von 1559 und 1570 vermochten diesem Unwesen nicht zu steuern.

[20] J. Steinhauser w. o., § 137

[21] Zauner-Gärtner S. 106/7

[22] R. R. Heinisch (s. Literaturverzeichnis) S. 258

[23] Chronik vom Nonnberg, f 200

[24] P. Ph. Wolf, Bd. II, S. 603/4

[25] J. Felner wie [18] zu Kap. 10, Abschrift Nr. 33

zu *Kapitel 12*

[1] Briefe Wolf Dietrichs vom 10. November und 9. Dezember 1610 in Halleinische S. C. Beilagen Lll und Mmm

[2] P. Ph. Wolf Bd. III, S. 56

[3] ebd S. 61

[4] ebd S. 63

[5] J. Steinhauser w. o. § 231

[6] P. Ph. Wolf, S. 70

[7] F. Martin, Erzbischof Wolf Dietrichs letzte Lebensjahre, in MGSL 1910, S. 267

[8] P. Ph. Wolf, S. 72

[9] In Salzburg kostete das Fuder Salz zu Beginn von Wolf Dietrichs Regierung 10 Kreuzer, zu Ende 42 Kreuzer. Chronik vom Nonnberg, f 176

[10] Halleinische S. C. Beilage Nnn

[11] SLA I, 9 1/3, s. auch Quellengeschichte. J. Felners Abschrift Nr. 36

[12] J. Felner wie [18] zu Kap. 10, Abschrift Nr. 34

[13] P. Ph. Wolf, S. 94

[14] Chronik vom Nonnberg, f 206

[15] SLA, Geh. Archiv I, § 1/2. Abdrucke bei P. Ph. Wolf S. 96 und G. A. Pichler (s. Literaturverzeichnis) S. 412, voller Wortlaut nach Pichler:
Wir Wolf Dietrich von Gottes Gnaden Erzbischof zu Salzburg, Legat des Stuhls zu Rom, bekennen und thun kund, dass, da wir auf starkes unvorgesehenes und beharrliches Zusetzen des Herzogs in Bayern bemerkt und genugsam abgenommen, dass Unser beharrliches und längeres Verbleiben bei Unserer Hauptstadt Salzburg den Bürgern und Handelsleuten, wie auch der ganzen Gemeinde merklichen Nachtheil und unwiderbringlichen Schaden wie auch zuvörderst Unserm Domkapitel nicht geringen Nachtheil verursachen möchte, ausser des grossen Blutvergiessens Unserer und des Herzogs armer Unterthanen, als dabei bevorsteht, also haben Wir Uns zur Vorkommung dieses Alles, Unsere eigene Gelegenheit und Reputation so hoch nicht als das allgemeine Obliegen angelegen sein lassen wollen, sondern für bequemer erachtet, Uns auf eine Zeit lang an andere Ort ausser Unserm Erzstifte zu retiriren und zu begeben, so lange, bis Wir ohne sonderbare Gefahr und Blutvergiessen Unserer armen Unterthanen ihrer Regierung mit minderer Gefahr und zu ihrem mehrern Nutzen als bisher wieder vorstehen mögen. Wir geben demnach Unserm würdigen Kapitel in dieser Abwesenheit Gewalt und Befehl: Unserm Erzstifte an allen den Orten, wo Wir Uns in Person nicht befinden können, in Unserm Namen und von Unser wegen vorzustehen und zu thun, was Unsern Unterthanen am

fürständigsten sein wird. Wir befehlen hierauf allen und jeden Unseres Erzstifts Offizieren, hohen und niedern Standes, wie auch insgemein allen dessen Unterthanen und Hintersassen, dem Domkapitel stets gehorsam und gewärtig zu sein, nicht minder als Unserer Person selbst, ausser demselben Niemandem zu gehorchen, jedoch mit Vorbehalt Unserer landesfürstlichen und erzbischöflichen Authorität inskünftig, wenn die Sachen wieder in einen ruhigern und stillen Gang gerathen werden. Gegeben in Unserer Stadt Salzburg unter Unserer eigenen Hand und geheimen Sekret-Insiegel den 23. Oktober 1611.

[16] SLA, Geh. Archiv I, 9 1/3, Wortlaut:
Unseren geneigten grues zuvor, Ehrwirdige Wohlgeborne und Edle, besonders liebe in Gott und getreue. Die Ursachen unsres unversehenen aufbruchs von unsrem Hoflager und Erzbischöflicher Residenz sind euch nit allein soviel als Uns selbst unverborgen, sondern auch der Ursprung dieser unserer unverhofften starkher und eilender verfolgung wie wir seither von etlichen sonderbaren orthen mehreren bericht empfangen, mehreres als etwan uns selbst bekhant. Wan wir dann vermerkhen, das wir fürnemblich angesehen und angegeben werden, der catholischen Religion nachtailiger Correspondenzen mit den Protestierenden im Reich, also ist unns solliches nicht allein frembdt zu vernemmen gewest, sonder auch unserer gewisste unnd der sachen beschaffenheit nach ganz ungleich und schmerzlich fürkhummen. Haben derohalber zu entdeck-hung der gründlichen beschaffenheit der sachen unseren Undtermarschallch und geheimen Secretarius Thomas Perger, als wellichem der ganzen sachen verlauf am maisten bekhannt, und durch wellliches handt alle unsere concept unnd Handlungen nun eine geraume Zeit her aufs Papier gebracht worden, welliicher auch als Schreiber und Actuar hiefür gehörig, schicr ainich undter der Handten hat, ob wir gleichwol jetziger Zeit seiner Person ganz schwerlich entrathen, alsbald zu unserer ankunft alhier unverzogentlich hiemit abordnen wollen. Mit bevelch auch nicht allein nichts zu verhalten, sondern alle Schreiben und Handlungen im originali fürzulegen. Inmassen dieselbige alle noch zu Salzburg sein, und wir daraus khain ainiche mit unns genommen. So habt Ihr auch ferner unnd weiters alle unsere Rhäte und Diener so wir zu diesen sachen gebraucht, geistlich unnd weltliche, standts bey der handt. Über dise geben wir euch vollkhummene Gewalt in disen Handlungen sy genauestens zu verhören und zu vernemmen. Unnd begeben sy vermög diss Schreibens zu sollichem effect allein, sonst aber kheines egs nicht, aller ihrer Pflichten, darmit sy unns verbunden, zu disem Intent, darmit sy sicher und frey aussagen mögen, alles das was hierundter ainem oder

dem andern bekhant unnd bewusst, unnd sein nicht allein ausser Zweifels, sondern bey unns selbst unnd in unserem Gewissen ganz sicher, dass sich in allem nichts befinden würdet, als was unserem Stand und Beruff hierundter gemäss unnd der Catholischen Religion im wenigsten nicht nachteilig darzue wir unns nicht allein bekhennen, sondern auch vermittels Götlichen beistands und gnaden darbei zu leben und zu sterben gedenkhen. Was aber die Salzstreit insonderheit belangt, so zwischen des Herzogen in Bayrn Hoheit unnd unserem Erzstift ein Zeitlang gewest, ist auch verhoffentlich unverborgen, was in dem Reich Teutscher Nation nun lange Jar zwischen beyder Religionen herkhummen, was auch der Religionsfrieden sambt andern Reichs Constitutionen hierundter mit sich bringen. Unnd neben denen werden auch die Handlungen selbst in disem unnd unsers Schreiben genaueste Zuerkennung geben, das Wir auch in disen Handlungen gegen den Protestierenden ihre nichts eingewendt oder Unns verwinden lassen, als den Gegentheil der Sachen bey ihnen einen Anfang gemacht. Wie dann solliches unsere Schreiben, so wie an beyder Pfalz, Chur und Neuburg, nichts minderes an die Stadt Nürnberg in namens und von wegen des frenkisch Khraiss abgehen lassen, haiter und klar an den Tag geben. So bezeugen wir auch mit Gott, dass mit Ihren abgesandten zu unns der Religion halben auch das wenigiste nicht, weder von einem Theil oder dem andern mündtlich gerürt worden. Wann dann aus disem allen sambt mehrerem so Ihr von vorgedachtem unserm gehaimen Secretarius unnd andern unseren Rhäten weitläuffig genauer werdet mögen vernemen, handtgreiflich zu erspüren und zu erkhennen, das wir in dieser argwohn und verdacht so woll im als ausser des Reichs, wie wir besorgen, allerdings ohne unser Verursachen und schuld gerathen und gesetzt sein worden, unnd das werkh weit ein anders von unns erweist unnd an den Tag gibt. Also gesinnen wir an Euch und wollen unns zu demselben ganz gnädiglich versehen, Ihr werdet nicht allein für eurer Person unns dergleichen anzichten unnd gedenklich eurer schuldigkeit nach entheben und ledig erkhennen, sonder auch by den jenigen von wellichen sie an euch gelangt und gebracht worden sein möchten der Sachen gründtliche Beschaffenheit unnd unser Unschuld also an Tag geben unnd entdeckhen, damit sie nicht minder als Ihr sinceriert werden. Das wir in disen Verdacht, da die Sachen anderst als beschaffen wie sie unns fürkhummen ohne alle billiche Ursachen gesetzt unnd gerathen und hierdurch nicht allein unserm Erzstift wieder zu rhue helffen. Sondern auch unns von aller derohalben unns bevorstehenden Ungelegenheiten entheben und fürderlich erledigen. Das neben dann es der Billigheit gemess begern wir auch sonderlich gegen un inskhünfftig mit gnaden mit denen wir euch ohne das gewogen zu erkhennen unnd sind also hierüber nachdem Ihr genugsame Information werdet haben Euer unverzogene antwort, wir auch Zurückordtnung gedachts unseres gehaimen Secretarius dessen wir in anderwege hochvonnöthig mit ehestem gewertig.   Geben in unserem Schloss

Mosshaimb, den 26. Octobris 1611   Wolf Dietrich

[17] SLA, Pfleggericht Tamsweg 1611
[18] Formell wurde der neue Salzvertrag erst am 22. Dezember 1611 abgeschlossen. Wortlaut in Halleinische S. C. Beilage 23
[19] F. Martin wie [7], S. 168, zitiert aus LAG 37/347, f 367
[20] ebd. zitiert aus STAM 519, f 254
[21] Offizieller Verweis durch die kirchliche Obrigkeit
[22] F. Martin wie [7], S. 170 zitiert HHSTA, Cod. w 292/5, f 236
[23] SLA I, § 1/3. J. Felner Abschrift Nr. 36, S. 60
[24] SLA, Pflege Werfen B XV, 17 f 207
[25] Chronik vom Nonnberg, f 206
[26] F. Martin wie [7] S. 169 zitiert aus STAM K 107/42, f 172
[27] Gedichtsammlung von A. Hartmann (s. Literaturverzeichnis) S. 96
[28] Chronik vom Nonnberg

zu Kapitel 13

[1] s. [5] zu Kap. 7
[2] Neuaufstellung im Jahre 1977
[3] Wortlaut bei Zauner-Gärtner S. 81
[4] Die Goldschalen wurden durch ein Team der Wiener Akademie der Wissenschaften untersucht, vermessen, abgezeichnet und photographiert. Prof. Dr. Richard Pittioni berichtete 1970 darüber, (s. Literaturverzeichnis)
[5] Beurteilung durch den Kustos des Kunsthistorischen Museums in Wien Dr. Rudolf Distelberger
[6] F. V. Zillner (s. Literaturverzeichnis) 2. Buch S. 727
[7] Bericht des Pflegers Alexander Grimming mit Liste der von Wolf Dietrich zurückgelassenen Gegenstände und Schlüsseln. SLA, Register des Pfleggerichtes Tamsweg.

¹ L. Welti gibt als Geburtsdatum Merk Sittichs den 21. Juni 1575 an. Im SLA, Domkapitelsprotokoll 1602, f 134 ist anläßlich der Aufschwörung als Domherr beim Altersnachweis der 24. Juni 1574 verzeichnet.
² L. Welti wie ⁶ zu Kap. 1, S. 358
³ L. Welti wie ³ zu Kap. 8, S. 28 ff.
⁴ Felners Abschrift wie ¹⁸ zu Kap. 10, Nr. 36, p 78, 86 ff.
⁵ Salzburger Instruktion für Rom vom 21. November 1611 lateinisch abgedruckt bei Zauner-Gärtner, Anhang S. 231
⁶ P. Ph. Wolf S. 122
⁷ F. Martin wie ⁷ zu Kap. 12 S. 178 zitiert aus RAM 519 f 238
⁸ Original im RAM, Abdrucke bei P. Ph. Wolf, S. 124–136, Halleinische S. C. Beilage 84.

Nach Inhalt dieser Instruktion mußten die Gesandten am päpstlichen Hofe vorstellen*:»Es sey bekannt, was für ein ärgerliches Leben der Erzbischof während seiner vier und zwanzigjährigen Regierung geführt, wie er eines ehrlichen Bürgers Tochter gleich Anfangs zu sich genommen, dieselbe die ganze Zeit seiner Regierung mit Männiglich Aergerniß im Erzbischöflichen Palaste unterhalten, mit ihr, ausser der verstorbenen Konkubine, die ihm fünf Kinder zur Welt gebracht, noch zehen lebendige Kinder erzeugt, diese in allem Ueberfluße auferzogen, ansehnliche Summen Geldes an sie verschwendet, sie in fremden Ländern unter einem andern Namen, doch, daß man sie für Erzbischöfliche Söhne wohl erkannte, unterhalten, der Konkubine sehr köstliche Sachen an Silber, Gold, Kleinodien, Kleidern, nicht anders, als wäre sie eine Fürstin, begabt, die sich fast der meisten Sachen unterfangen, des Erzbischofs in allen Sachen nach ihrer Willkühr mächtig, Alles im Lande und sonst angestellt, wie es ihr beliebte, gouvernirt, befohlen, zu geschweigen, der köstlichen Gebäude, die er ihr und den ihrigen in der Erzbischöflichen Residenz, in den Kirchen und Gotteshäusern errichtet habe.«

»Erwiesen sey es, daß er besagter seiner Konkubine, die er in seinem priesterlichen und Erzbischöflichen Stande die ganze Zeit, auch vor und nach den officiis divinis et sacramentis, actu permanenti et notorio in seiner Konkubernio gehalten, nur an baarem Gelde eine ansehnliche Summe, und von langer Zeit her unter andern von der monatlich verfallenden Salzbezahlung, monatlich von vier, fünf, bis sechs tausend Gulden geschenkt, wovon die Konkubine in zwey Posten gegen hundert zwanzig tausend Gulden auf Zinsen ausgeliehen habe.«

»Eben so viel habe er seinem Bruder Hannibal, wie man Nachricht hat, geschenkt; dann auch seinem Bruder Rudolph eine Herrschaft für mehr als hundert tausend Gulden erkauft, und demselben noch jährlich stattliche Pensionen ausbezahlt.«

»Es wolle auch glaubwürdig vorkommen, und es sey in und ausser dem Erzstifte allgemein Geschrey, daß er sich mit besagter seiner Konkubine habe einsegnen lassen. Dieses sey um so mehr zu vermuthen, indem er sie als ein Eheweib gehalten, sie vielmals und öffentlich sein Weib genannt, und neben sich im Erzbischöflichen Hofe nicht anders, als sein Eheweib, täglich zur Tafel habe sitzen lassen.«

»Es seyen jetzt gehörter und anderer folgender Ursachen wegen nicht wenig verdächtige Sachen, der Religion halber, gegen den Erzbischof vorhanden, womit er sein ärgerliches Leben während seines Konkubinats unter gesuchtem Scheine habe vertheidigen wollen.«

»So habe er erst dieses Jahr Littaneien, dergleichen bisher in der katholischen Kirche weder gesehen, noch gestattet worden, öffentlich drucken lassen, in welchen wider alten katholischen Gebrauch die lieben Gottes=Heiligen für uns, zu bitten nicht, sondern nur allein Dank zu sagen, angerufen werden. Diese Form sey dem Kalvinismus sehr ähnlich, welcher lehret, daß, wenn ja die Heiligen – Gottes für die Menschen etwas thun wollen, sie Gott pro ipsorum electione et praedestinatione danken sollen.«

»Der Erzbischof sey auch dieser Opinion gewesen, omnia à Deo fieri. Und als er in einer Konversation von einem Theologen erinnert worden, fieri quidem omnia à Deo, sed effectivè aut permissivè, habe er gehörtermaßen geantwortet: omnia à Deo fieri absolutà.«

»Der Erzbischof soll auch zwey unterschiedliche Traktätel geschrieben, und in dem Einen den Satz behauptet, Episcopo licere habere uxorem, und in dem Andern sich zu beweisen unterstanden haben, non fore resurrectionem mortuorum.«

»Obgleich der Erzbischof ohne besondere Beschwerlichkeiten aus seinem Erzbißthume, welches ringsum mit katholischen Fürsten, mit Oesterreich und Baiern umgeben, seine kezerischen Unterthanen hätte ausrotten können, so habe er dieß doch nicht gethan, sondern von Tag zu Tag, je länger, je mehr, solche einreissen lassen, und protestirenden Personen Unterschlauf gegeben.«

»Die von der katholischen Kirche gebotenen Fasttäge seyen gar nicht, oder doch gar wenig von dem Erzbischofe gehalten worden. Er habe am Samstag und in der Fasten mit und neben seiner Konkubine Fleisch gegessen, beynahe meistentheils im Erzbißthume an verbotenen Fasttägen das Fleischessen gestattet, und, wenn solches von den Beamten oder Pfarrern nach Hof berichtet worden, das geringste Einsehen nicht gethan, folglich die Unterthanen gleichsam in diesem Laster gestärkt.«

»Es sey allgemein bekannt, was er für ansehnliche, kaiserliche, köstliche Gebäude aufgeführt, die meisten davon wieder niedergerissen, und wieder aufgebaut, einen beträchtlichen Theil der Stadt zu solchen seinen Gebäuden an sich gezogen und abgerissen habe, also, daß die Stadt Salzburg beynahe umgekehrt worden; und dieß Alles mit unglaublichen Kosten.«

»Es solle Männiglich zu Herzen gehen, daß die herrliche Domkirche, die ein ansehnliches, stattliches Gebäude aus lauter Quarterstücken, dergleichen proper sanctam vetustatem nicht bald zu finden gewesen, durch des Erzbischofs Konkubine, welche in dem Erzbischöflichen Oratorio ein Licht verwahrloßte, angezündet worden seyn soll. Die Glocken und das ganz bleyerne Dach seyen zerschmolzen. Das Feuer sey gelöscht worden, und das Mauerwerk fast ganz stehen geblieben. Der Erzbischof aber habe dasselbe mehrere Jahre lang unbedeckt und im Ungewitter stehen, nachher ganz und gar niederreissen, und, obgleich dem alten Gebäude leicht zu helfen gewesen wäre, eine ganz neue Domkirche mit unermäßlichem Aufwande bauen lassen.«

»Nicht weniger schmerze es Männiglich, daß in dieser alten Domkirche mehrerer Theils heilige, Theils sonst fromme löbliche Erzbischöfe, Domherren, ansehnliche Ritter und vom Adel ihre Mausoleen und Denkmähler gehabt, die jetzt eingeworfen, die Denksteine auf die Seite geschafft, die Gruben mit Erde beschüttet, mit und neben dem ansehnlichen Hauptgottesacker ganz prophanirt, die wenigen vorhandenen Reliquien schlecht genug in Ehren gehalten, aus gedachtem Hauptgottesacker die Beine der Verstorbenen ausgegraben, und ein großer Theil davon in den vorüberfließenden Strom geworfen wurden:«.

»Er habe dem Domkapitel alle Gewalt genommen, und es gezwungen, alles einzuwilligen, was er gewollt und vorgeschlagen hatte. Sprach einer aus dem Kapitel dagegen, oder hatte er einen Verdacht auf einen geworfen, so habe er denselben bey Sonnenschein aus dem Erzstifte geschafft, oder ihn in andern Wegen bis zur Privation verfolgt.«

»Von uralten Zeiten her sey in diesem Erzstifte eine Landschaft aus dem geistlichen, ritterlichen, und bürgerlichen Stande gewesen, ohne deren Vorwissen und Einwilligung ein Erzbischof nichts Neues einführen, keine neue Auflagen erheben, oder sonst etwas Wichtiges vornehmen konnte. Dieser Landschaft habe der Erzbischof gleicher Weise alle Gewalt genommen, dieselbe an sich gezogen, und im Erzstifte Alles, was ihm in den Sinn gekommen, seinem Gefallen nach angeordnet.«

»Daraus sey erfolgt, daß er, wider die Reichs-Konstitutionen und das löbliche Herkommen, nicht nur allein ohne Erlaubniß unter dem Namen einer Türkensteuer, die kein Reichsstand ohne Verwilligung des Reichs einfordern kann, eine neue Auflage mit unerhörter Bedrückung seinem Lande aufgedrungen, und damit nun schon in das neunzehnte Jahr fortgefahren, sondern zu gleicher Zeit auch eine andere Exaktion, unter dem Namen einer Landesknechtssteuer erfunden habe, welche das an sich gute Salzburger Land dermaaßen ersteigert, daß es den armen Unterthanen unmöglich war, dieselbe zu erschwingen, und sie daher so schwierig wurden, daß sie, wenn gegenwärtige Aenderung nicht vorgegangen wäre, von selbst revoltirt hätten. Denn er habe nicht nur allein allen seinen Unterthanen ihr Einkommen, sondern sogar das Hausgeschirr, Kleider, tägliche Lebensbedürfnisse u. s. f. auf das Höchste geschätzt. Die Steuern dafür haben die Unterthanen so lange Jahre her entrichten müssen, daß sie beynahe fast den ganzen Werth des versteuerbaren Vermögens dem Erzbischofe bezahlt haben.«

»Wenn Jemand gestorben, habe der Erzbischof sogleich Alles obsigniren, und dann Alles, es mochte richtig oder unrichtig seyn, auf das Höchste schätzen lassen. Und wenn sich die Taxe höher, als der Verstorbene angesagt, befunden, (wie denn in solchen langen Jahren, und wenn man in exactione sonst nicht so genau zu Werke geht, leicht Aenderungen vorfallen) habe der Erzbischof dann die Hand darein geschlagen, seinem Gefallen nach davon jederzeit die vorhandene Baarschaft eingezogen, also, daß beinahe täglich viel Geld, und zwar bei Etlichen in die 5, 7, 10, 20, 30 und mehr tausend Gulden konfiscirt, das Uebrige, und, was ihm gefällig, den armen Erben und Kindern hinterlassen worden, da doch die Handelsleute und andere ihr Vermögen selbst nicht eigentlich wissen, und also die Schätzung nicht genau, oder auf das, was sie nicht genießen, oder was nicht Frucht bringt, machen können.«

»Daher habe der Erzbischof von allen Privatgütern, die nicht ihm, sondern andern zugehörig gewesen, viel mehr gefordert, als sie ihrem Eigenthumsherrn haben zahlen müssen, besonders weil die Steuern übermäßig, auch in solchen neunzehn Jahren alle Unterthanen einen guten Theil ihres Vermögens an Haus, Hof, Hausrath, Kleidern und täglicher Nothdurft kontribuirt haben.«

»So seyen auch des Erzstifts eigenthümliche Unterthanen darin sehr merklich beschwert, daß der Erzbischof wider die Natur der Erbrechte und des Leibgedings alle veros emphyteutos et colonos vitales um ein Merkliches erhöhet.«

»Nicht weniger habe er alle Zölle und Mauthen, ohne Bewilligung der

Römischkaiserlichen Majestät und des Reichs gesteigert, dadurch die in der Nachtmahls-Bulle einverleibte Pönen und Strafen auf sich geladen, er sich aber dessen wenig bekümmert, und in sacris fortgefahren, und also irregularitatem inkurrirt.«

»Er habe ferner viel und oft im Lande viel Kriegs-Volk, und viele Befehlshaber, mit großen Unkosten, unterhalten.«

»Er habe einen köstlichen, unnothwendigen Hofstaat, mit vieler überflüssiger Dienerschaft, wider das alte Herkommen, und wider die Gewohnheit aller vorigen Erzbischöfe, auf Burgundische Weise, mit großen Unkosten geführt.«

»So habe er auch zum höchsten Nachtheile der Kirche in Steyer, ohne gewöhnliche Rechtsform, unter andern ein ansehnliches Vitzdomamt meistens Protestirenden, Theils verkauft, Theils verschenkt. Weil die Unterthanen bey der katholischen Religion bleiben, und nicht also in die Hand der Ketzer kommen mochten, hätten sie den Kaufschilling selbst erlegen und ablösen wollen. Allein der Erzbischof habe dieses nicht geschehen lassen, und sie also gleichsam muthwillig und vorsetzlich in den Stand der Verdammung gesetzt.«

»Dadurch habe er sich im ganzen Lande und beynahe durchgehends also verhaßt gemacht, daß Männiglich wider ihn unwillig, ihm feind und abhold gewesen, auch bey jeder Gelegenheit selbst Hand an ihn gelegt haben würde, wie denn eben damals, als er auf seiner Flucht nur einige wenige Unterthanen zu seiner Versicherung hatte aufbieten lassen, keiner sich bey ihm eingestellt habe, sondern von Jedermann, und selbst von seinen eigenen Dienern, deren keiner bey ihm geblieben, verlassen worden.«

»So sey gleicher Weise bekannt, daß der Erzbischof meisten Theils seine vertrauliche Korrespondenz nicht mit katholischen Ständen, sondern mit den Protestirenden geführt, und mit ihnen heimlich traktirt habe, gestaltsam er sich denn unterstanden, eben in dieser zwischen ihm und Sr. Fürstlichen Durchlaucht obwaltenden Irrung alle benachbarte protestirende Stände gegen Se. Durchlaucht aufzuhetzen.«

»Als vor zwey Jahren der Protestirenden Anschläge auf alle Katholische, sie auszurotten, entdeckt, die sämmtliche Katholische in Deutschland zu ihrer Vertheidigung sich verbunden, ihrem Vermögen nach kontribuiret, wie auch Se. päbstliche Heiligkeit und der König in Spanien treulich zu ihnen gesetzt haben, sey dennoch der Erzbischof nie dahin zu bewegen gewesen, daß er zu einem so heiligen, nothwendigen Werke konkurirt hätte, sondern er habe sowohl Se. Fürstliche Durchlaucht, als auch den Churfürsten von Mainz, den Bischof zu Würzburg, und andere katholische Stände schimpflich abgewiesen, inzwischen aber seine heimliche Korrespondenz mit den Protestirenden fortgesetzt.«

»Es sey wissentlich, daß er sich von allen Kreistägen und den auf denselben gefaßten Schlüßen, obgleich sie zur Wohlfahrt der Christenheit wider den Türken und zur Beschützung des Landes erlassen worden, abgesondert, und mit dieser Absonderung vielen Schaden gethan habe.«

»Auf vielen Reichstägen habe der Erzbischof, zu des Kaisers und aller katholischen Stände Mißfallen, immer nur mit den Protestirenden zusammen gestimmt. Er habe öffentlich movirt, daß man dem Kaiser wider den Türken mit der durch die Majorität bewilligten Anzahl Monate zu helfen nicht schuldig sey. Alle Protestirende hätten ein solches Salzburgisches Votum auch zu ihrem Votum gemacht.«

»Es sey Sr. Heiligkeit, so wie auch der Römisch-Kaiserlichen Majestät bekannt, wie wenig Sie von dem Erzbischofe respektirt worden, und wie sehr dieser in Allem seinem eigenen Kopfe nachgegangen sey; wie ungütlich er ferner Se. Fürstliche Durchlaucht in der Donauwörthischen Executionssache allenthalben ausgeschrien habe, als wäre Ihre Absicht nicht der katholischen Religion zum Besten, sondern nur dahin gerichtet, Ihr Land zu erweitern.«

»Man wisse, wie er Sr. Fürstlichen Durchlaucht bey den Protestirenden, bey denen Sie ohnehin wegen des katholischen Glaubens übel angeschrieben sind, in vielen Wegen noch größern Unwillen, und erst noch in dieser Salzburgischen Sache erweckt habe, indem er Sr. Durchlaucht alle Schuld mit Ungrund aufgedrungen, die Protestirende selbst von freyen Stücken nach Salzburg berufen, um mit ihnen wider Se. Durchlaucht und Ihr zum Nachtheil zu traktiren, und Ihr noch mehr Feinde zu machen.«

»So seyen Se. Durchlaucht auch wohl gut unterrichtet, daß der Erzbischof mit einigen Benachbarten ein Bündniß gegen Baiern habe schließen wollen.«

»Man wisse auch, was er für eine Disziplin, besonders unter den Geistlichen habe einführen wollen, denen er das Konkubinat und allerhand Luxus gestattet, und wie stark von Neuem die Ketzereyen im Erzstifte wieder eingerissen seyen.«

»Im Falle nun«, heißt es am Schluße dieser Instruktion, »wider alle zuversichtliche Hoffnung, Se. Heiligkeit diesen Erzbischof, suspectum de haeresi, manifestum concubinarium, irregularem, exactorem pauperum et viduarum, wieder zu dem Erzbißthume sollte kommen lassen, woferne auch von Sr. Heiligkeit ein solcher unverhoffter widerwärtige Bescheid wollte gegeben werden, wodurch die Sache nur auf und in die

Länge gezogen, des Erzbischofs Restitution gesucht, oder auf dergleichen Vorhaben beharret werden wollte; dann sollen Unsere Abgeordnete entweder in einer Audienz bey Sr. Heiligkeit mündlich, oder schriftlich sich rund vernehmen lassen, und wollen Wir hiemit vor Gott, Sr. Heiligkeit und der ganzen Welt protestirt und bezeugt haben, daß Wir alle inskünftig aus einer solchen Restitution der katholischen Religion, und dem ganzen Vaterlande erwachsende Uebel Sr. Heiligkeit zu Gemüth geführt, daß Wir auch, Unserer und der Unsrigen deswegen besorgender Gefahr wegen, eine solche Restitution nicht gestatten, sondern Uns derselben mit rechtmäßigen, zuläßigen Mitteln, auf das äußerste widersetzen werden. Dazu werden es aber Se. Heiligkeit nicht kommen lassen, in besonderer Erwägung, daß dieser Erzbischof, wie Männiglich, und selbst seine eigene Leute und Diener wissen, von Zeit seiner Regierung an wider Uns in allem seinen Thun und Lassen einen äußersten Haß und Neid getragen, Alles, was Uns zuwider, leid und überlästig seyn konnte, höchsten Fleißes befördert, Unsere Handlungen, wie er konnte, vernichtet, verhindert, verkleinert, Uns Unsere Wohl-fahrt mißgönnt, auf Alle, sowohl seine Leute als Fremde, welche nicht gleich in allen vorfallenden Sachen wider Uns sind, und ihm nicht beyfallen wollen, oder nur etwas Geringes zu Unserm Vortheil vorbrin-gen, eine schwere Ungnade, Verdacht und Widerwillen geworfen, und aus lauter Gallsucht Unsern Namen nicht einmal hat hören wollen. Daher Wir diesen Mann dieß Orts länger nicht dulden können oder wollen, und müssen Se. Heiligkeit ihn hinweg thun und amoviren, auf den widrigen Fall Uns aber nicht verdenken, wenn Wir auf das Neue Unser Aeußerstes daran setzen, um Uns dieses Mannes los zu machen. Was aber Se. Heiligkeit dadurch erreichen, ob es Ihr auch zu rathen sey, daß Sie Uns dieses Mannes wegen so bey Seite setzen, und aus der Hand geben, was Sie der katholischen Religion, welche bisher mittels Unsers Hauses in Deutschland meisten Theils noch erhalten worden, für Nutzen schaffen, zu was bösem Ruf und Verkleinerung es auch Sr. Heiligkeit und dem apostolischen Stuhle sowohl gegenwärtig als inskünftig bey allen Katholischen gereichen würde, dieß geben Wir Sr. Heiligkeit zu bedenken, und lassens Sie künftig gegen Gott verant-worten.«

9 Abdruck bei P. Ph. Wolf, S. 136: . . . dal amor carnale verso la donna e figli che giornalmente piu si e scoperto in lui, che egli accordato con i Protestanti volesse appropriar quest arcivescovato a un principato hereditario per i figli con damnazione della anima sua e detrimento irrevocabile della religione cattolica.

[10] Briefe Wolf Dietrichs vom 26. und 27. November 1611 abgedruckt in Halleinische S. C., Beilagen 173, 174

[11] Resignationsurkunde im HHSTA, Cod R 43, J. Felner wie [18] zu Kap. 10, Abschrift Nr. 48

[12] S. [5]

[13] Schilderung in ›Kurze und summarische...‹ s. [11] zu Kap. 12

[14] P. Ph. Wolf S. 145

[15] J. Felner wie [18] zu Kap. 10, Abschriften Nr. 63, 64

[16] Briefe des Erzbischofs Marcus Sitticus vom 5. April 1612, lateinisch an Kardinal Borghese, deutsch an Herzog Maximilian von Bayern. Abdruck in Halleinische S. C. Beilagen Nr. 171, 172

[17] Bayr. St. B. Anonyme Chronik Cgm 1694, f 237 ff.

[18] SLA, Domkapitelprotokolle 1613, f 76

[19] wie [17]

[20] F. Martin wie [7] zu Kap. 12, Anhang, zitiert RAM, Erzstift Salzburg, Lit. 519 f 192

[21] Halleinische S. C. Beilage Nr. 90

[22] Lateinischer Text bei Zauner-Gärtner S. 204 ff. Deutsche Übersetzung bei G. A. Pichler, S. 423 ff., Wortlaut in Pichlers Übersetzung:
Schon sind es bereits 10 Monate, daß ich im Kerker schmachte, von aller Welt abgesondert lebe und daß mich alles, was in meine Nähe kommt, belauscht und beobachtet. Nicht einmal Schreibzeug stand mir zu Gebot. Doch trug ich bisher dies geduldig, solange mir in Kaiser Rudolf ein Funke Hoffnung blieb. Als jener nicht mehr war, setzte ich meine Hoffnung auf den Nuntius; allein wie betrog ich mich; denn lange kam er nicht zu mir, und nachdem dieses geschehen, ward mir statt Freiheit noch engere Haft denn zuvor, auch brachte er weder Aufträge, noch, wie ich erwartete, sonst ein Breve von E. Heiligkeit mit. Wie mir da zu Mut wurde, läßt sich denken. Inständig ersuchte ich darauf den Nuntius, einigen meiner früheren Diener und Räte zu erlauben, daß ich durch selbe mit ihm über meine Angelegenheit verhandeln könnte; allein er würdigte mich kaum einer Antwort.

Als er nach einiger Zeit wieder zu mir kam und ich ihn abermals um die Kundmachung seiner Mission bestürmte, sagte er mir trocken, ich hätte nur zu tun, wozu ich verhalten würde, sonst hätte ich noch Schlimmeres zu erwarten. Beim dritten Besuch berichtete er mir scheinbar freundlich, als wollte er mir etwas entlocken, von den Vorwürfen und Anschuldigungen meiner Gegner. Als ich auf dies mich verteidigen wollte, fiel er mir sogleich in die Rede, nahm mir diese sogar übel, und bedeutete mir, wohl zu wissen, was für Fehler mir anklebten. Wie ich aber dann mich selbst hiezu bekennen wollte und den Umgang mit einem Weibe und den Bestand einer Nachkommenschaft etc. eingestand, begann er über meine Entsagung zu sprechen, worauf ich ihm meine Geneigtheit hiezu zu erkennen gab, ihm beteuerte, daß ich nie nach meinem Kirchenthron selbst strebte, daß ich ihn mir vielmehr aufdringen ließ. Ja Viele wüßten, fuhr ich fort, recht gut, daß ich nach meiner Unterdrückung von Seite des Herzogs von selbst meinem Stuhle zu entsagen mich entschloß und mich zurückziehen wollte. Doch da ich, als es sich um die Modalitäten der Resignation handelte, sah, daß ich der Betrogene wäre, bat ich, daß mir Recht werde, daß mir Anwälte und Verteidiger und die nötigen Mittel zur Verfolgung meines Rechts zuteil würden. Doch dies geschah nicht. Nachhin wurde mir von Freunden bedeutet, nicht nur sei zwischen dem Nuntius und meinen Feinden verabredet worden, daß mir keine Gelegenheit zu meiner Rechtfertigung gegeben werden solle, sondern meine Feinde geben sich Mühe, alles, was nur immer mir Nachteiliges aufzutreiben wäre, zu sammeln und zu meinem völligen Untergang zu benützen. Als der Nuntius wieder einmal zu mir kam, ich denn wiederholt der Verteidigung wegen um Vorschüsse und daß ich endlich gehört würde, bat, gestand der Nuntius da selbst, von meinen Feinden irregeführt, selbst Unrichtiges nach Rom berichtet zu haben, und er versprach dieß gut zu machen. Doch ich zweifle sehr, daß es geschehen, um so mehr, als er sich immer mehr auf die Seite meiner Gegner gestellt haben soll und als seither keiner der Seinen wieder zu mir kam. Ich weiß aus Erfahrung, der Nuntius hat E. Heiligkeit Aufträge geradezu unterdrückt oder bis zur Nutzlosigkeit zurückbehalten. Denn als man mit mir der Resignation wegen unterhandelte, leitete er die Wahl eines neuen Bischofes eher ein, als das, was zwischen uns verabredet worden, von E. Heiligkeit gut geheissen worden. Nach geraumer Zeit, als er wieder zu mir kam, sprach er von Vergleichsbedingungen, welche von den früheren weit abwichen. Da ich mich darüber beklagte, äußerte er, er hätte die versprochenen Bedingungen bei meinen Gegnern nicht durchsetzen können, sowie daß schon alles stipuliert sei, er nicht in seinem sondern im Namen des apost. Stuhles handle, welcher Niemanden Unrecht thue. Sodann zog er eine Abschrift der Resignationsurkunde aus seinem Busen hervor und verlangte er, daß ich beistimme, sonst wäre das Aeußerste zu gewärtigen. Dazu erwiderte ich, der Freilassung wegen mich in alles zu fügen und meine Kirche zu Gunsten Oesterreichs oder in die Hände E. Heiligkeit zu resignieren. Hierauf begab er sich zum Kommandanten des Schlosses, und hieß einen meiner Diener mit ihm gehen, welcher mir weitere Beschlüsse mittheilen sollte. Unterdessen wurde der Schloßweg mit zahlreichem Militär besetzt und nach einer Weile kam der Diener wieder zu mir zurück und bedeutete mir, daß ich in die Nonnbergerkirche herabgeführt würde. Dortselbst wurde ich vom Nuntius in die Sakristei geleitet und in Gegenwart dreier Diener zur Einwilligung in die Resignation aufgefordert. Nachdem ich einige Einwendungen gemacht und der Nuntius die bezüglichen Abänderungen zu machen versprochen, enthielt ich mich jeder weitern Einrede und drückte mein Einverständniß dadurch aus, daß ich die linke Hand auf meine Brust legte. Wie herab wurde ich wieder zum Schlosse zurückgeführt. Ohne E. Heiligkeit Urtheil und Gutheissung abzuwarten, wurde dann die neue Bischofswahl schon am Palmsonntag bei Tag und bei Nacht mit großem Lärm gefeiert, ohne daß der Nuntius dagegen Einsprache that. Mit mir verfuhr man dagegen wie es beliebte. Nicht nur wurden die im Namen E. Heiligkeit gemachten Versprechungen nicht gehalten, sondern wurde mir auch die Freiheit nicht zu Theil. Allgemein weicht man den päpstlichen und kaiserlichen Gerichtshöfen aus, und niemals konnte ich von den über mich ergangenen Beschlüssen Abschriften erlangen. Ich weiß aus dem Munde der zuweilen vom Nuntius zu mir geschickten Personen nur, daß, als jener von Er. Heiligkeit den Auftrag erhielt, den neu Erwählten nicht eher in das Episcopat einzuweisen, als bis mit mir alles in Ordnung wäre, der Nuntius mit jenem so lange zurückhielt, bis der neue Erzbischof von seinem Stuhle Besitz ergriffen, und daß er dann ein verfälschtes Dokument vorzeigte, was, wie aus Briefen des Cardinals Borghese zu ersehen, volle Wahrheit ist.

So schwer mir dieß alles fiel, so ertrug ich es, so lange ich noch auf Befreiung zu hoffen Grund hatte und so lange der Kaiserthron unbesetzt war, mit Geduld und Hingebung. Als jedoch Mathias Kaiser geworden, wollte ich mich, ehe ich etwas an jenen brachte, wieder an den Nuntius wenden. Doch da er immer wieder noch Niemanden zu mir sandte, konnte ich meinen Wunsch erst vorgestern, d. i. unmittelbar vor der Abreise des Nuntius nach München, die er mir Abends durch einen Diener melden ließ, anbringen. Schon glaubte ich, jener wäre für immer von Salzburg geschieden, und seine Geschäfte in Betreff meiner wären abgethan, und somit wünschte ich in Hinsicht dessen, was noch vornehmlich in weltlicher Beziehung abzumachen erübrigte, daß dieß durch E. Heiligkeit und S. Majestät im Einverständniß geschehen möchte. Doch der Nuntius kam wieder nach Salzburg zurück und ließ mir durch einen Kapuziner melden, daß er mir meine obigen ihm hinterbrachten Aeußerungen verüble und er mich darüber zur Rede stellen werde lassen. Wirklich frug mich nach wenigen Tagen jener Diener des Nuntius, ob ich auf jene meine Worte bestehe, worauf ich äußerte, daß ich nicht einsehe, warum ich sie widerrufen sollte, denn in geistlicher Hinsicht hätte ich gethan, was nur im Sinne und Willen des apostolischen Stuhles war, und in Bezug auf das Weltliche soll nach dem Spruche, gib, was Gottes ist, Gott, und was des Kaisers ist, dem Kaiser, in Ordnung gebracht werden. Zugleich schrieb ich dem Nuntius, denn damals hatte ich wieder Schreibrequisiten, mir künftig anständigere Leute, vor Allen aber einen Consistorialnotar mit 3 oder 4 Hofräthen zu schicken, denen ich meine Wünsche und Anträge zu Papier dictiren könnte. Doch als meine Leute dieß Schreiben hinabtrugen, hörten sie schon unterwegs, daß der Nuntius abermals nach München abgegangen sei. Demzufolge sandte ich das Schreiben sowohl dem Erwählten (Markus Sittich) als dem Kapitel zu; allein ersterer und viele vom letztern waren ebenfalls nach München abgereist. Was man dort meinetwegen verhandelte, lehrte mich ihre Zurückkunft. Denn alsobald erschien jener mir so gehässige Diener auf dem Schlosse, sprach mit dem Kommandanten desselben und trat dann zu mir in's Zimmer ohne alle Meldung. Als ich zu erkennen gegeben, daß ich schon bei seinem Herrn gegen ihn Protest einlegte, ging er wieder hinaus, kam aber bald wieder zurück mit – einer Schaar Soldaten mit Stricken und Lanzen und nahm, überall alles durchsuchend, ohne ein Wort zu verlieren, Alles, selbst meine Siegel mit sich fort. Da ich dieß nicht mit ansehen konnte, wollte ich mich in das äußere Zimmer begeben, da verbot mir aber ein Soldat den Ausgang, und hieß mich barsch umkehren. Als ich dann den Abgesandten frug, ob man mit mir so umgehen dürfe, hieß er einen trotzigen Mann, mich selbst untersuchen. So wurde denn nicht nur das Oberkleid, sondern selbst ungestüm der Brustwamms geöffnet, worüber selbst Soldaten Thränen in die Augen kamen. Nachdem dieß vorbei, frug mich der Inquisitor, was ich dazu sage, doch ich schwieg, worauf er in das äußere Zimmer ging und den Arzt, welcher bisher beständig bei mir war, mitgehen hieß, so daß mir nur zwei Franziskaner und zwei Diener blieben. Dabei erhielt ich einen andern Koch und eine verstärkte Wache, noch mehr Vorthüren und die Speisen durch einen Dreher. Nichts durfte mehr ununtersucht zu mir gelangen, und den Wachen vor meinen Fenstern gegen den Schloßhof wurde bei Todesstrafe geboten, Niemanden mit mir sprechen oder zeichendeuten zu lassen. So bringe ich denn nun schon drei Monate zu. Gerne würde ich noch länger alles dieß hinnehmen; doch wird mir kränklichen Manne nicht einmal die nöthige Pflege zu Theil, und das alles geschieht, was mich am meisten schmerzt, in E. Heiligkeit Namen. Sogar der Herzog erklärte, an meiner Behandlung keinen Theil zu haben. Schon vom Anfange an bemühten sich meine Feinde, mich bei E. Heiligkeit in Ungnade zu bringen und mich zu verdächtigen, soviel ich auch für die katholische Religion gethan. Nicht will ich in Bezug auf mein sämmtliches Verhalten mich einer Untersuchung entziehen. Doch bitte ich E. Heiligkeit angelegendst die Bischöfe von Seckau und Lavant, zwei wohlunterrichtete Männer und etwa den P. Vilerius, Beichtvater des Erzherzogs Ferdinand und zwei Kapuziner, die mich kannten, als Untersuchungsrichter aufzustellen, welche über meinen Glauben und meine Sitten urtheilen sollen. Ich glaube, daß der Umgang mit einem Weibe ausgenommen E. Heiligkeit alle üble Meinung von mir fallen lassen werden. Doch schreibe ich alles dieß nicht um etwa wieder in meine Würden eingesetzt zu werden, nein, nur Freiheit und ein stilles, ruhiges Leben wünsche ich, sowie, daß man mir in Bezug auf die Meinigen und meine Rente gerecht werde. Wird mir dieß nicht verweigert, verzichte ich gerne auf die Regalien und ziehe ich mich, künftighin nur Gott, meinem Seelenheil und den Wissenschaften obliegend, in einen Winkel meines Vaterlandes zurück. Niemand will ich meiner erlittenen Unbilden wegen eine Verlegenheit bereiten. Da meine Gefangenschaft geradehin unerträglich ist, da Niemand zu mir Zutritt hat und ich das Nöthigste nur Nachts durch einen Soldaten durch's Fenster erhalte, so daß die mit mir Lebenden diese Haft nicht mehr mit mir theilen wollen, bitte ich denn E. Heiligkeit, mich ehestens daraus zu erlösen.«

[23] ›... con molta difficultà per la benevolenza di quel popolo verso la persona dell' arcivescovo‹. F. Martin wie [7] zu Kap. 12 zitiert diesen Text aus Vat. Arch. Codex Casanaticus 2107
[24] Endrelation des Nuntius wie [23]
[25] ebd: ›Quod profiteretur necromantiam. Quod dixerit se providisse ante annum huiusmodi suum infortunium, sed non potuisse remedium adhibere et Dei manum evitare, quia venerat pinctus et aderat periodus.‹
[26] F. V. Zillner (s. Literaturverzeichnis) S. 711–725; J. Steinhauser, Relationen über die Denkwürdigkeiten ... (s. Literaturverzeichnis)
[27] F. Martin wie [7] zu Kap. 12, S. 191 ff., J. Felner wie [18] zu Kap. 10, Abschrift Nr. 65
[28] Zauner-Gärtner zitiert Senkenberg, Versuch einer Geschichte des Teutschen Reiches, Bd. II, S. 459
[29] J. Felner wie [18] zu Kap. 10, Abschrift Nr. 66
[30] F. Martin wie [7] zu Kap. 12 zitiert diesen Brief des Erzbischofs Marcus Sitticus vom 17. Februar 1615 aus dem RAM 519, f 785.

³¹ u. a. Chronik vom Nonnberg, f 209
³² Wortlaut bei Zauner-Gärtner S. 229
Ich Fr. Casparus Gopelzrieder, Ordinis S. Francisci de Observantia, bekenne hiemit offentlich und thue kund mäniglich mit Vorwissen und Bewilligung meiner vorgesetzten Obrigkeit. Demnach Weyland dem Hochwürdigisten in Gott Herrn Wolf Dietrichen gewesten Erzbischofen zu Salzburg, meinem gnädigisten Herrn Christseliger Gedächtnuß, Ich in dessen Verhaftung auf dem hochfürstl. Hauptschloß allhier über die fünf Jahr lang und bis in seinen Tod treulich beygewohnt, daß er mich zum öftermalen in seinen Leibsschwachheiten und gefährlichen Zuständen ganz eifrig hoch ermahnet, ich soll nach seinem Ableiben an seiner Statt seinen Herrn Gebrüdern wohl mainend und brüderlich zu wissen machen, daß Er diese seine ausgestandene Gefäncknuß von dem Allmächtigen Gott als eine väterliche Haimsuchung, auch von Geist- und Weltlicher hohen Obrigkeit als eine Straf erkenne und aufnehme, und daß derowegen ermeldte seine Herren Gebrüder Seinetwegen gegen Niemand einige Rach begehren sollen; dann Er für seine Person verzeihe und vergebe von Herzen allen denjenigen, die Ihn in einige Wege mögen beleidiget haben, und wolle Gott für alle und jede, die Ihm sowohl Böses, als Gutes gethan, treulich und inständig und Christlich bitten. Dahero die Ihn lieben, in dieser seligen Geduld mit Stillschweigen die Sachen dem lieben Gott allerdings befelchen sollen. Welches obgemeldt' Er kürzlich vor seinem Ende, in Beyseyn unterschidlicher Personen, zu mehrmalen repetiert; mir aber hat Er insonderheit befolchen, nach seinem Ableiben obgedachten seinen Herren Brüdern anzufügen, daß Er denenselben für ihr brüderliches Mitleiden und vilfältig für Ihn ausgestandene Mühen und Arbeiten ganz hochfleißigen Dank sage, und sie treuherzig ermahne, daß sie sich nunmehro gänzlich zu Ruhe begeben, auch mit Gebeth und Danksagung gegen Gott, daß sie dasjenige, so sie anjetzo haben, genießen und verzehren, einen Christlich gottseligen Wandel führen bis in ihr End, und wohl betrachten sollen, was das Zeitliche Zergängliche für unendliche Sorg, Mühe und Arbeit nach sich ziehe. Daß nun deme also seye, habe ich disen Schein mit aigner Hand geschrieben und unterschrieben, und zu mehrer Bekräftigung hat solchen obgemeldte meine vorgesetzte Obrigkeit auch mit aigner Hand unterzeichnet. Actum in meines Ordens Convent zu Salzburg den 30. Januarii An. 1617.

F. Joannes Hoffmair,
Provinc. Argentinae Mag. Provincialis.
F. Casparus Gopelzrieder, qui supra.

³³ J. Felner wie¹⁸ zu Kap. 10, Abschriften Nr. 72, 73

zu Kapitel 15

¹ W. Keplinger wie ⁸ zu Kap. 2 zitiert S. 65 die römische Anklageschrift
² J. B. Schlachtner (s. Literaturverzeichnis) f 2059/60
³ Zauner-Gärtner S. 7
⁴ L. Hübner (s. Literaturverzeichnis) Einleitung S. XII
⁵ Michael Vierthaler (s. Literaturverzeichnis) S. 207
⁶ W. Erben (s. Literaturverzeichnis) in MGSL 1902
⁷ K. Mayr-Deisinger (s. Literaturverzeichnis)
⁸ H. Widmann, Geschichte Salzburgs, S. 207
⁹ Josef Mayr, Des Erzbischofs Wolf Dietrich Gefangennahme und Tod
¹⁰ E. v. Frisch, Wolf Dietrich von Salzburg S. 19
¹¹ E. Wickenburg (s. Literaturverzeichnis)
¹² J. Adlzreiter, Annal. Baivar. Part III lib II fol 26: ›. . . excelsi vir animi,
sed inquies et novandi studiosus, cui si par fortuna moderatus et Sacro
Sancti Ordinis libata puritas adfuisset, nihil erat, quod ad Magni Principi
Claritudinam in eo posset desiderari.‹ Zitiert bei Zauner-Gärtner S. 187

zu Kapitel 16

¹ F. V. Zillner (s. Literaturverzeichnis) S. 725
² Abschrift des Obduktionsberichts u. a. bei J. Felner wie ¹⁸ zu Kap. 10,
Abschrift Nr. 71. Dr. Vinzenz Crossin (Cratinus) wurde am 2. November
1616 von Erzbischof Marcus Sitticus um 600 Gulden jährlich als Leibarzt
angestellt.
³ F. Martin wie ⁷ zu Kap. 12, S. 219 zitiert das Schreiben des Erzbischofs
Marcus Sitticus vom 19. Jänner 1617 an Kardinal Scipio Borghese aus
Vat. Arch. Borghese IV 239, f 72
⁴ L. Welti wie ³ zu Kap. 8, S. 155
⁵ Chronik vom Nonnberg, f 194
⁶ J. Steinhauser wie ² zu Kap. 3 § 125
⁷ Th. Sehmer (s. Literaturverzeichnis)
⁸ Text der Tafeln lateinisch. Deutsche Übersetzung bei C. Dorn (s.
Literaturverzeichnis)
⁹ J. Steinhauser wie ²⁶ zu Kap. 14
¹⁰ J. B. Schlachtner f 2057
¹¹ SLA, Geh. Archiv XXV S. 39. Für die Achtung, die sie selbst im Vatikan genoß, spricht auch, daß Nuntius Diaz aus Rom die Weisung er-

hielt, die Salzburger Domherren müßten zurückgeben, was sie etwa vom Privateigentum des Erzbischofs, Salome oder der Kinder an sich genommen hätten. (Segretaria di Stato, Fondo Principe Nr. 160, fol. 214–249)

[12] Über Anfrage von F. Martin teilte Agnes Eiselsberg am 7. August 1947 mit: Franz Placidus von Eiselsberg heiratete um 1682 in Niederösterreich Christina Elisabeth Freiin von Raitenau. Graf Wolf Georg von Auersperg heiratete Maria Theresia Josepha von Raitenau, geb. 1667, beide vermutlich außereheliche Nachkommen des Malteserritters Hans Werner von Raitenau. Wolf Dietrichs Sohn Viktor von Altenau starb 1663 (1668?) in Wels

[13] W. Keplinger wie [8] zu Kap. 3, S. 11 zitiert aus LAG 36/347 f 5

[14] F. Martin wie [7] zu Kap. 12 S. 226 zitiert den Originalbrief aus LAG S. 7/347, f 29

[15] HHSTA, Abschriften J. Felners wie [18] zu Kap. 10, Nr. 70 und 75

[16] Götz/Beck (s. Literaturverzeichnis), S. 95, auch F. Martin wie [3] zu Kap. 3, S. 326 ff.

[17] F. Martin wie [16], Anhang

[18] Götz/Beck, S. 236 ff.

[19] F. Martin wie [17]

[20] Zauner-Gärtner, S. 89

[21] L. Welti wie [3] zu Kap. 8, S. 152 ff.

[22] F. Dückher, p 281

[23] MGSL 1861, S. 55

[24] L. Welti wie [3] zu Kap. 8, S. 226

[25] F. Dückher, p 281

[26] J. B. Schlachtner, f 2036

[27] F. Martin wie [7] zu Kap. 12, S. 221 zitiert nach Einsicht in das Original

[28] Exhumierungsprotokoll des Österreichischen Bundesdenkmalamtes vom 26. Juli 1967 abgedruckt in C. Dorn (s. Literaturverzeichnis) S. 173 ff.

[29] Studie Dr. Ämilian Kloibers abgedruckt in der Jahresschrift des Salzburger Museums C. A. 1968

Anonyme Chroniken:
Chronik im Kloster am Nonnberg, Salzburg, II, 25 C
Chronik in der Bayr. St. B. Cgm 1694
Chronik im LAG, Cod Saec XVII
Bayrischer Verlauf, SLA, Geh. Archiv VII 12 1/3
Kurze und summarische Beschreibung . . ., SLA I, 9¹/₃
Brion Marcel The Medici, London 1969
Dommuseum und alte erzbischöfliche Kunst- und Wunderkammer, Ausstellungskatalog, Salzburg 1974
Donin Richard Kurt Vinzenz Scamozzi und der Einfluß Venedigs auf die Salzburger Architektur, Innsbruck 1948
Dorn Conrad Der Friedhof zum hl. Sebastian in Salzburg, Salzburg 1969
Dückher, Franciscus Salzburgische Chronica, Salzburg 1666
Eckardt Anton Die Baukunst in Salzburg während des XVII. Jahrhunderts, Straßburg 1910
Elsinger Dorothea Der Salzburger Chronist Johann Benignus Schlachtner, Dissertation, Salzburg 1970
Erben Wilhelm Zur Beurteilung des Salzburger Erzbischofs Wolf Dietrich von Raitenau, MGSL 1902
Erzbischöfliche Hofratsprotokolle, SLA
Erzbischöfliche Hofrats-Katenichl, SLA
Felner Josef Codex Diplomaticus, (Dokumentenabschriften, hauptsächlich aus dem HHSTA), SLA, Felners Nachlaß, Band III.
Fickler Joh. Baptist Chronik von Salzburg, Manuskript 1588, Bayr. St. B. Cgm 2891 ff.
Friedell Egon Kulturgeschichte der Neuzeit, München 1927–1931
Frisch Ernst v. Wolf Dietrich von Salzburg im Lichte seiner Kunstsammlung, Wien 1947
Handzeichnungen alter Meister, Salzburg 1949
Fuhrmann Franz Salzburg in alten Ansichten, Salzburg 1963
Festschrift 900 Jahre Festung Hohensalzburg, Salzburg 1977
Götz Franz und Beck Alois Schloß und Herrschaft Langenstein im Hegau, Singen/Hohentwiel 1972
Gärtner Corbinian s. Zauner Judas Thaddäus
Hallsteinische Salz Compromiss Schriften, Salzburg 1761, SLA
Hartmann August Historische Volkslieder, München 1907

Haslberger Felix Ad.   Salzburger Chronik, Manuskript um 1730, Bayr. St. B. Codex lat. 27077

Heinisch Reinh. Rudolf   Die Neutralitätspolitik Erzbischof Paris Lodrons und ihre Vorläufer, MGSL 1970/1

Hübner Lorenz   Beschreibung der ... Residenzstadt Salzburg und ihrer Gegenden, Salzburg 1793

Keplinger Wilfried   Die politischen und religiösen Schriften des Erzbischofs Wolf Dietrich von Salzburg, Dissert. Innsbruck 1947
Eine unveröffentlichte Chronik über die Regierung Erzbischof Wolf Dietrichs, MGSL 1955

Klein, Kurt   Die Bevölkerung Österreichs vom Beginn des 16. bis zur Mitte des 18. Jahrhunderts, Wien 1973

Klein Herbert   Die älteren Hexenprozesse im Lande Salzburg, MGSL 1957

Knittler Herbert   Herrschaftsstruktur und Ständebildung, München 1973

Koch-Sternfeld E. J.   Die Tauern, Salzburg 1810

Kröner A., Verlag   Handbuch der historischen Stätten Österreichs, Band Alpenländer, Stuttgart 1966

Leardi, Peter   Reihe aller bisherigen Erzbischöfe zu Salzburg, Graz 1905

Loserth, Johann   Salzburg und Steiermark im letzten Viertel des 16. Jahrhunderts, Graz 1905

Martin Franz   Erzbischof Wolf Dietrichs letzte Lebensjahre, MGSL 1910
Beiträge zur Geschichte des Erzbischofs Wolf Dietrich von Raitenau, MGSL 1911
Die alte Stadttrinkstube, Salzburg 1920
Abt Willibald Hauthaler †, MGSL 1921
Zur Geschichte Erzbischof Wolf Dietrichs, MGSL 1921
Salzburg, ein Führer durch seine Geschichte und Kunst, Salzburg 1923
Wolf Dietrich von Raitenau, Wien 1925
Salzburgs Fürsten in der Barockzeit, Salzburg 1925
Die Salzburger Chronik des Felix Adauctus Haslberger, MGSL 1927
Die Familiengeschichte des Franz Dückher, MGSL 1928
Erzbischof Wolf Dietrich und die Goldschmiedekunst, Salzburger Museumsblätter 1929, Nr. 5/6
100 Salzburger Familien, MGSL 1937 und 1946
Kleine Landesgeschichte von Salzburg, Salzburg 1949
Erzbischof Wolf Dietrich und sein Mausoleum, MGSL 1949

Mc Guigan Dorothy   The Habsburgs, New York 1966

Mayr Josef Die Türkenpolitik Wolf Dietrichs, MGSL 1912/3
Geschichte der Salzburger Zentralbehörden von der Mitte des 13. bis
ans Ende des 16. Jahrhunderts, MGSL 1921/4
Des Erzbischofs Wolf Dietrich Gefangennahme und Tod, Salzburg
1876
Aus Wolf Dietrichs letzten Regierungsjahren. Das Passauer Kriegs-
volk, MGSL 1928
Mayr-Deisinger, Karl Wolf Dietrich von Raitenau, Erzbischof von
Salzburg 1587–1611, München 1886
Moy Johannes Wolf Dietrichs Goldgeschirr und die Gewerken von
Gastein und Rauris, MGSL 1967
Beiträge zur Geschichte des Neubaues in Salzburg, MGSL 1969
Ospald Hans Johann Steinhauser, Dissert. MGSL 1970/1
Österreichische Kunsttopographie, Bände Salzburg Stadt und Politischer
Bezirk Salzburg
Penninger Ernst Über die Gewehrlichkeit der Salzlieferung vom
Erzstift Salzburg an Churbayern, MGSL 1970/1
Pichler Georg Abdon Salzburger Landesgeschichte, Salzburg 1865
Pittioni Richard Die goldenen Trinkschalen des Erzbischofs Wolf
Dietrich, Wien 1970
Proschko Alois Die Todeskrankheiten der Erzbischöfe von Salzburg,
MGSL 1946/7
Protokolle des Salzburger Domkapitels, SLA
Raitenau Wolf Dietrich v. Das große Türkengutachten 1596, HHSTA,
W 200, Böhm 367
Politica, HHSTA wie oben, f 465–487
Biblische und christliche Kriegsordnung, wie oben, f 583–605
Von der Ehr und Anrucffung der heyligen Gottes, Predigt, gehalten am
15. April 1593, gedruckt in Salzburg 1593, Museum C. A. Nr. 14252
e. h. Entwurf einer Ordnung für den Salzburger Hofstaat, MGSL
1871/2
National Geographic Society, Washington D. C., The Renaissance
1977
Riedl Johann Salzburgs Domherren, MGSL 1867
Die Trinkstubenordnung, MGSL 1967
Roll Karl Eine Salzburger Hochzeit im Jahre 1581, MGSL 1912
Rossacher Kurt Der verschollene Schatz der Erzbischöfe von Salzburg,
Alte und moderne Kunst, Jg. 1962
Salzburgs alte Schatzkammer, Ausstellungskatalog, Salzburg 1967
Schlachtner Joseph Benignus Historisch-geographische ... Beschreibung

des hohen Erzstiftes Salzburg, Manuskript um 1720, teils im HHSTA, Böhm 325, teils im SLA, Hs 16

Schlegel Richard Fragmente zur Geschichte der Bautätigkeit Wolf Dietrichs von Raitenau, MGSL 1952

Schaup Wilhelm Alte Fotografien von Salzburg, Salzburg 1967

Schwab Franz P. Aegyd Everard von Raitenau, MGSL 1898

Schaffer Wenzel Die Gemäldesammlung im Schloß Frischberg des k. k. Privatgutes Bistrau in Böhmen, Wien 1881

Sehmer Theodor Das Geheimnis der Gabrielskapelle zu Salzburg, Innsbruck 1970

Steinhauser Johann Lebensbeschreibung der Erzbischöfe Michael und Georg von Kuenburg, Manuskript ca. 1612, Stiftsbibl. St. Peter in Salzburg, b III 65

Das Leben, Regierung und Wandel des hochwürdigisten ... Wolf Dietrichen ..., 3 Manuskripte (s. Quellengeschichte), A: Univers. Bibl. Salzburg M I 107, B: Stiftsbibl. St. Peter b XIII 32, C: SLA Hs 13, ferner auch HHSTA R 48, Böhm 347

Relationen über die Denkwürdigkeiten der Regierung des Erzbischofs Marcus Sitticus, Manuskript im HHSTA, R 34 ff., Böhm 329 ff.

Stieve-Ritter Briefe und Akten zur Geschichte des Dreißigjährigen Krieges. (zitiert in Widmann, s. unten)

Stein Werner Kulturfahrplan, Berlin-München 1977

Trdan Maria Corinna Beiträge zur Kenntnis der Salzburgischen Chronisten des 16. Jahrhunderts, MGSL 1914

Tuchmann Barbara A distant mirror, New York 1978

Vetters Hermann Bericht über die Grabungen im Salzburger Dom, MGSL 1968

Vierthaler Fr. Michael Geschichte des Schulwesens und der Cultur in Salzburg, Salzburg 1804

Wegner Wolfgang Die Goldschmiedekunst der Brüder Vianen, MGSL 1956 und 1958

Welti Ludwig Merk Sittich und Wolf Dietrich von Ems, Dornbirn 1952

Graf Jakob Hannibal von Hohenems, Innsbruck 1954

Graf Kaspar von Hohenems, Innsbruck 1963

Wickenburg Erik Ein neuentdecktes Bildnis Wolf Dietrichs von Raitenau von Leandro Bassano da Ponte, Kunst ins Volk, Jg. 9, 1958

Widmann Hans Geschichte Salzburgs, Gotha 1914

Wolf Peter Philipp Geschichte Maximilians I. und seiner Zeit, München 1867

Zauner Judas Thaddäus Chronik von Salzburg (nach Zauners Tod
fortgeführt durch Corbinian Gärtner), Salzburg ab 1798
Zillner Franz Valentin Geschichte der Stadt Salzburg, Salzburg ab
1885

BILDNACHWEIS